Schneider

Beweis und Beweiswürdigung

BEWEIS UND BEWEIS-WÜRDIGUNG

unter besonderer
Berücksichtigung des Zivilprozesses

von

DR. EGON SCHNEIDER
Richter am Oberlandesgericht i. R.

5., vollständig überarbeitete und erweiterte Auflage

VERLAG FRANZ VAHLEN MÜNCHEN

Die Deutsche Bibliothek – CIP-Einheitsaufnahme

Schneider, Egon:
Beweis und Beweiswürdigung : unter besonderer Berücksichtigung des Zivilprozesses / von Egon Schneider – 5., vollst. überarb. und erw. Aufl. – München : Vahlen, 1994
ISBN 3-8006-1810-9

ISBN 3 8006 1810 9

Satz und Druck: Druckerei Wagner, Nördlingen
Gedruckt auf säurefreiem, aus chlorfrei gebleichtem Zellstoff hergestelltem Papier

Vorwort zur 5. Auflage

Die wenigsten Juristen erwerben sich die wichtige Fähigkeit, ihrer rechtlichen Beurteilung durch eine fehlerfreie und überzeugende Beweiswürdigung eine überprüfbare und tragfähige Tatsachengrundlage zu schaffen. Es läßt sich allerdings nicht verkennen, daß dieses Gebiet nur selten die gebührende Beachtung findet. In den Lehrbüchern zum Zivilprozeßrecht wird man dazu nur auf wenige Seiten, oft nur auf einige Sätze stoßen. Auch während der Ausbildung fehlt eine hinreichende Unterweisung. Hier soll die Schrift helfen.

Die Darstellung behandelt vornehmlich die Beweiswürdigung im ordentlichen Zivilprozeß. Besonderheiten des Strafverfahrens sind berücksichtigt. Es darf aber nicht verkannt werden, daß es sich – von positiv-rechtlichen Besonderheiten abgesehen – im Grunde um allgemeingültige Ausführungen handelt. Die Wirklichkeit, deren Erkennen das Ziel der Beweiswürdigung ist, stellt sich dem Strafrichter, Sozialrichter oder Arbeitsrichter nicht anders dar als dem Zivilrichter. Die logischen und psychologischen Gesetzmäßigkeiten gelten eben unberührt von dem Gegenstand, auf den sie angewendet werden.

Alle einschlägigen Veröffentlichungen sind berücksichtigt und bei der Bearbeitung des Textes ausgewertet worden, insbesondere natürlich die umfangreiche Rechtsprechung. Auf vielfachen Wunsch sind auch in dieser Auflage im Anhang die Musterfälle der Vorauflage übernommen worden.

Das Manuskript ist im Frühjahr 1994 abgeschlossen worden. Herrn Fritz Biebrach habe ich für die Hilfe bei der Erstellung des Sachregisters zu danken.

Dr. Egon Schneider

Inhaltsverzeichnis

Besonderer Teil. Die einzelnen Beweismittel

Anhang
Lehrfälle aus der Praxis

Hinweise auf weiterführendes Schrifttum

Zeitschriftenaufsätze und Abhandlungen in Festschriften sind im Text bibliographisch genau angeführt. Die nachfolgende Zusammenstellung wichtiger einschlägiger Werke ist nicht erschöpfend. Insbesondere das Schrifttum zur Aussagepsychologie ist mittlerweile fast unüberschaubar. Die hier genannten Werke enthalten aber durchgehend zusätzlich Literaturangaben, auf die derjenige zurückgreifen kann, der sich noch intensiver mit der Materie beschäftigen möchte.

Altavilla, Enrico	Forensische Psychologie, herausgegeben und übersetzt von Gotthold Bohne und Walter Sax, Bd. I: Der psychologische Prozeß und die gerichtliche Wahrheit. Bd. II: Die Psychologie der Strafprozeßbeteiligten. Graz, Wien und Köln (ohne Jahr, erschienen zwischen 1955 und 1959).
Arntzen, Friedrich	Vernehmungspsychologie. Psychologie der Zeugenvernehmung, 2. Aufl. München 1989.
Arntzen, Friedrich	Psychologie der Zeugenaussage. System der Glaubwürdigkeitsmerkmale, 3. Aufl. München 1993.
Bender, Rolf/Röder, Susanne/Nack, Armin	Tatsachenfeststellung vor Gericht. Bd. I: Glaubwürdigkeits- und Beweislehre; Bd. II: Vernehmungslehre, München 1981.
Berelson, Bernhard/ Steiner, Gary A.	Menschliches Verhalten. Bd. I: Forschungsmethoden/Individuelle Aspekte, 3. Aufl. Weinheim und Basel 1974; Bd. II: Soziale Aspekte, Weinheim 1972.
Bohne, Gotthold	Zur Psychologie der richterlichen Überzeugungsbildung, Köln 1948.
Bürkle, Jürgen	Richterliche Alltagstheorien im Bereich des Zivilrechts mit einer Analyse amtsrichterlicher Urteile in Zivilsachen zu richterlichen Theorien für die Glaubhaftigkeitsbeurteilung von Zeugenaussagen, Tübingen 1984.
Döhring, Erich	Die Erforschung des Sachverhalts im Prozeß. Beweiserhebung und Beweiswürdigung. Ein Lehrbuch. Berlin 1964.
Geerds, Friedrich	Vernehmungstechnik. 5. Aufl. Lübeck 1976.
Graßberger, Roland	Psychologie des Strafverfahrens. 2. verbesserte Auflage. Wien, New York 1968.
Greger, Reinhard	Beweis und Wahrscheinlichkeit. Das Beweiskriterium im allgemeinen und bei den sogenannten Beweiserleichterungen, Köln und Berlin 1978.
Groß, Hans	Kriminalpsychologie. 2. Aufl. Leipzig 1905.
Hellwig, Albert	Psychologie und Vernehmungstechnik bei der Tatbestandsermittlung, 4. Aufl. Stuttgart 1951.

Langelüddeke, Albrecht/Bresser, Paul H.	Gerichtliche Psychiatrie, 4. Aufl. Berlin 1976.
Musielak, Hans-Joachim/Stadtler, Max	Grundfragen des Beweisrechts, Beweisaufnahme – Beweiswürdigung – Beweislast, München 1984.
Mönkemöller, Otto	Psychologie und Psychopathologie der Aussage, Heidelberg 1930.
Peters, Karl	Zeugenlüge und Prozeßausgang, Bonn 1939.
Peters, Karl	Fehlerquellen im Strafprozeß, Karlsruhe 1970.
Plaut, Paul	Der Zeuge und seine Aussage im Strafprozeß, Leipzig 1931.
Wegener, Hermann	Einführung in die forensische Psychologie, Darmstadt 1981.
Walter, Gerhard	Freie Beweiswürdigung. Eine Untersuchung zu Bedeutung, Bedingungen und Grenzen der freien richterlichen Überzeugung, Tübingen 1979.

Abkürzungsverzeichnis

AcP	Archiv für die civilistische Praxis
AfK	Archiv für Kriminologie
AgrarR	Zeitschrift für das Recht der Landwirtschaft, der Agrarmärkte und des ländlichen Raumes
AIZ	Allgemeine Immobilien-Zeitung
AnwBl	Anwaltsblatt
AP	Nachschlagewerk des Bundesarbeitsgerichts – Arbeitsrechtliche Praxis –
Bad-Württ NotZ	Zeitschrift für das Notariat in Baden-Württemberg
BauR	Baurecht
BayJMBl	Bayerisches Justizministerialblatt
BB	Der Betriebs-Berater
BGHSt	Entscheidungen des Bundesgerichtshofes in Strafsachen
BGHZ	Entscheidungen des Bundesgerichtshofes in Zivilsachen
BlGBW	Blätter für Grundstücks-, Bau- und Wohnungsrecht
BVerfGE	Amtliche Sammlung der Entscheidungen des Bundesverfassungsgerichts
CR	Computer und Recht
DAR	Deutsches Autorecht
DAVorm	Der Amtsvormund
DB	Der Betrieb
DGVZ	Deutsche Gerichtsvollzieherzeitung
DJZ	Deutsche Juristen-Zeitung
DNotZ	Deutsche Notar-Zeitschrift
DR	Deutsches Recht
DRiZ	Deutsche Richterzeitung
DStR	Deutsches Steuerrecht
DVBl	Deutsches Verwaltungsblatt
DWW	Deutsche Wohnungswirtschaft
EWiR	Entscheidungen zum Wirtschaftsrecht
EzFamR	Entscheidungssammlung zum Familienrecht
FamRZ	Zeitschrift für das gesamte Familienrecht
GoltdArchiv	Goltdammers Archiv für Strafrecht
Gruchot	Gruchot's Beiträge zur Erläuterung des Deutschen Rechts
GRUR	Gewerblicher Rechtschutz und Urheberrecht
HEZ	Höchstrichterliche Entscheidungen in Zivilsachen
HRR	Höchstrichterliche Rechtsprechung
JA	Juristische Arbeitsblätter
JMBlNRW	Justizministerialblatt für das Land Nordrhein-Westfalen
JR	Juristische Rundschau
JurBüro	Das juristische Büro

JuS	Juristische Schulung
Justiz	Die Justiz, Amtsblatt des Justizministeriums Baden-Württemberg
JVBl	Justizverwaltungsblatt
JW	Juristische Wochenschrift
JZ	Juristenzeitung
KTS	Konkurs-, Treuhand und Schiedsgerichtswesen
LAGE	Entscheidungen der Landesarbeitsgerichte
LM	Nachschlagewerk des Bundesgerichtshofes, herausgegeben von Lindenmaier-Möhring
MDR	Monatsschrift für Deutsches Recht
MedR	Medizinrecht
MittBayNot	Mitteilungen des Bayerischen Notarvereins, der Notarkasse und der Landesnotarkammer Bayern
NdsRpfl	Niedersächsische Rechtspflege
NJW	Neue Juristische Wochenschrift
NJW-RR	NJW-Rechtsprechungsreport
NVwZ	Neue Zeitschrift für Verwaltungsrecht
NZA	Neue Zeitschrift für Arbeits- und Sozialrecht
NZV	Neue Zeitschrift für Verkehrsrecht
OGHSt	Amtliche Sammlung der Entscheidungen des Obersten Gerichtshofes der Britischen Zone in Strafsachen
OGHZ	Amtliche Sammlung der Entscheidungen des Obersten Gerichtshofes der Britischen Zone in Zivilsachen
OLG Rechtsprechung	Rechtsprechung der OLG und LG zum Zivilrecht. Entscheidungsanalysen in Kurzform für die Praxis
OLGZ	Entscheidungen der Oberlandesgerichte in Zivilsachen einschließlich der freiwilligen Gerichtsbarkeit
PersVerk	Der Personenverkehr
r+s	Recht und Schaden
RAGE	Amtliche Sammlung der Entscheidungen des Reichsarbeitsgerichts
RdA	Recht der Arbeit
RdK	Recht des Kraftfahrers
RdL	Recht der Landwirtschaft
RGSt	Amtliche Sammlung der Entscheidungen des Reichsgerichts in Strafsachen
RGZ	Amtliche Sammlung der Entscheidungen des Reichsgerichts in Zivilsachen
Rpfleger	Der Deutsche Rechtspfleger
Schäfer/Finnern/Hochstein	Rechtsprechung zum privaten Baurecht
SchlHA	Schleswig-Holsteinische Anzeigen, Justizministerialblatt für Schleswig-Holstein
SeuffArchiv	Seuffert's Archiv für Entscheidungen der obersten Gerichte in den deutschen Staaten
StA	Zeitschrift für Standesamtswesen
VerkMitt	Verkehrsrechtliche Mitteilungen

VersR	Versicherungsrecht
VP	Die Versicherungspraxis
VRS	Verkehrsrechtliche Sammlung
Warneyer	Warneyer, Die Rechtsprechung des Reichsgerichts (Zusatz: RG)
Warneyer	Warneyer, Die Rechtsprechung des Bundesgerichtshofes in Zivilsachen (Zusatz: BGH)
WM	Wohnungswirtschaft und Mietrecht
WPM	Zeitschrift für Wirtschafts- und Bankrecht, Wertpapiermitteilungen Teil IV
WRP	Wettbewerb in Recht und Praxis
WuB	Entscheidungssammlung zum Wirtschafts- und Bankrecht
ZAP	Zeitschrift für die Anwaltspraxis
ZBlJugR	Zentralblatt für Jugendrecht und Jugendwohlfahrt
ZfA	Zeitschrift für Arbeitsrecht
ZfBR	Zeitschrift für deutsches und internationales Baurecht
ZfS	Zeitschrift für Schadensersatz
ZfV	Zeitschrift für Versicherungswesen
ZIP	Zeitschrift für Wirtschaftsrecht
ZMR	Zeitschrift für Miet- und Raumrecht
ZRP	Zeitschrift für Rechtspolitik (Beilage zur NJW)
ZSW	Zeitschrift für das gesamte Sachverständigenwesen
ZZP	Zeitschrift für Zivilprozeß

Einleitung

§ 1. Gegen die Unterschätzung und Vernachlässigung der Tatfrage

Die ganz große Mehrzahl aller Rechtsstreitigkeiten wird in der ersten oder zweiten Tatsacheninstanz erledigt. Entscheidungsgrundlage ist dabei wiederum meist das Beweisergebnis. Dementsprechend ist die wichtigste Aufgabe des Richters und des Rechtsanwaltes die **Tatsachenfeststellung**. Rechtskenntnisse sind dabei nur insofern von Nutzen, als die beweiserheblichen Tatsachen zutreffend herausgearbeitet werden müssen. Ob diese behaupteten Tatsachen als wirklich geschehen der Entscheidung zugrunde gelegt werden dürfen, darüber vermögen selbst die gelehrtesten Handbücher und Kommentare nichts auszusagen. Bei der Tatsachenfeststellung helfen dem Richter daher auch keine Rechtskenntnisse. Mancher Polizeibeamte oder aufgeschlossene und kritische Laie vermag deshalb auf diesem Gebiet mehr zu leisten als ein junger Jurist ohne Erfahrung. 1

Mit dem Erwerb juristischer Kenntnisse müßte hiernach die Unterweisung in der Sachverhaltsermittlung Hand in Hand gehen. Das wäre ein lebendiger, berufsbezogener Rechtsunterricht. Daran fehlt es auch heute noch. Das wiederum führt dazu, daß dem jungen Juristen für die Tatsachenfeststellung so ziemlich alles fehlt, wenn er mit praktischer Jurisprudenz in Berührung kommt. Als Student kümmert er sich kaum um das Beweisrecht. Als Referendar lernt er gewöhnlich nur die wenigen rechtlich schwierigen und die ganz wenigen rechtlich interessanten Sachen aus dem Dezernat seines ausbildenden Richters kennen, nicht dagegen die Masse der nur im Tatsächlichen schwierigen Fälle: Unfallsachen, Bausachen, Vertragsklagen und so weiter, – auf jeden Paragraphen kommen einige Zeugen, Sachverständige oder sonstige Beweismittel. Der Referendar, dem zum Erlernen der Relations- und Urteilstechnik rechtlich schwierige Fälle übertragen werden müssen, erkennt das nicht. So kommt er zu einer bedenklichen Unterschätzung der Tatsachen, die doch das einzig feste Fundament jeder Entscheidung sind. Die Folge ist häufig, daß bei der Tatsachenfeststellung hilflos, ungeschickt und oberflächlich gearbeitet wird. 2

Mit diesen Schwächen behaftet, beginnt der junge „Volljurist" dann als juristischer Praktiker zu arbeiten und verbindet nun die beweisrechtliche Unkenntnis mit dem beruhigenden Gefühl, nicht für Fehler einstehen zu müssen. Bei manchem führt das im Lauf der Jahre sogar dazu, daß er sich selbst als kritischen Beweiswürdiger einstuft und seine oft naiven Vorurteile[1] als überlegenes Wissen empfindet. Dann werden häufig minuziöse rechtliche Gedankengebäude auf äußerst schwankendem Tatsachenboden errichtet: Ein Fall wird rechtlich einwandfrei gelöst – nur eben nicht derjenige, über den die Parteien in Wirklichkeit streiten. 3

---

[1] Siehe dazu Bürkle, Richterliche Alltagstheorien im Bereich des Zivilrechts, 1984.

4 In der *Mehrzahl* der vor den Gerichten verhandelten zivilrechtlichen und in allen strafrechtlichen Fällen kommt es, wie gesagt, auf Beweise an. Die rechtlichen Schwierigkeiten eines Prozesses sind meist gering. Wichtiger und sehr oft schwieriger ist die Klarstellung der tatsächlichen Verhältnisse. In vielen Fällen verhält es sich sogar so, daß die gebotene Entscheidung einfach schon vom Judiz und vom Gerechtigkeitsgefühl her feststeht, wenn erst einmal der Sachverhalt vollständig aufgeklärt ist. Das setzt allerdings auch voraus, daß Anwälte und Richter sich die Zeit nehmen, die Parteien reden zu lassen, ihnen zuzuhören und dadurch auf den „springenden Punkt" zu kommen. Das Zuhören allein reicht allerdings leider vielfach nicht aus. Zur Klarstellung, das heißt zur Schaffung der tatsächlichen Entscheidungsgrundlage, ist bei streitigem Sachverhalt eine Beweiswürdigung nötig.

5 Während sich die Parteien mit den Rechtsausführungen des Gerichts in der Regel mangels eigener Sachkunde nicht auseinanderzusetzen vermögen, sind sie eher in der Lage, die Beweiswürdigung des Gerichts zu überprüfen. Und das tun sie auch! Insbesondere die Würdigung der Zeugenaussagen wird von den Parteien als erstes in Zweifel gezogen, wenn sie gegen eine ungünstige Entscheidung angehen wollen.

So hatte der Bundesgerichtshof[2] über einen Rechtsstreit zu entscheiden, in dem der Kläger Ersatz der Mehrkosten verlangte, die durch Aufhebung eines Urteils und Zurückverweisung der Sache entstanden waren, weil der Richter streitige Behauptungen als unstreitig behandelt und erhebliche Beweisangebote übersehen hatte.

6 Die Prüfungsämter legen dementsprechend großes Gewicht auf eine sorgfältige Beweiswürdigung. Es werden in der Ausbildung auch Vorträge ausgegeben, in denen es praktisch nicht mehr um Rechtsfragen, sondern ausschließlich um die Beweiswürdigung geht. Mit Recht! Denn sie ist ein zuverlässiger Befähigungsnachweis. Leider ist die in Gerichtsurteilen zu lesende Beweiswürdigung häufig der schlechteste Teil der Entscheidungsgründe.

7 Die *Fehler*, die dabei erkennbar werden, sind mannigfach. Manche Richter stellen einfach kategorisch fest, daß etwas bewiesen sei. Andere unterlassen sogar die Angabe der Beweismittel. Sehr viele bedienen sich lediglich formelhafter Wendungen, zum Beispiel der Zeuge mache einen glaubwürdigen Eindruck, eine Aussage habe den Anschein der Richtigkeit für sich, etwas sei als festgestellt anzusehen oder einfach: „Der Zeuge Schnabel hat das und das bekundet" – und damit basta! Eine kritische, den Leser des Urteils wirklich überzeugende Beweiswürdigung findet man selten.

8 Derartige Fehler, die sich durch keine Rechtskenntnisse ausgleichen lassen, können sich sehr schädlich auswirken. Und zwar trifft der Schaden ungerechterweise die Parteien, die sich dagegen nicht wehren können.[3] Zu welch erschreckenden Ergebnissen Gleichgültigkeit und Unfähigkeit führen können, darüber sollte man sich stets bewußt sein. Hier einige Beispiele:

---

[2] LM § 839 (G) BGB Nr. 5; siehe auch OLG Köln JurBüro 1969 Sp. 1211.
[3] Die Tatsachenfeststellung wird vom Richterprivileg des § 839 Abs. 2 S. 1 BGB gedeckt: BGH LM § 839 (G) BGB Nr. 5.

Einen krassen Fall der Verflachung einer Beweiswürdigung, die zwei Menschen die Ehre abschnitt, hat Krönig[4] mitgeteilt: „Eine Ehefrau und ihr angeblicher Freund nahmen Ehebruch und Ehewidrigkeit in Abrede. Gesehen war nur, daß beide mehrfach über ein Balkongitter gelehnt und dicht nebeneinanderstehend in einen Garten geblickt hatten. Nur daraufhin hat das Gericht Ehebruch festgestellt(!)." Daß sonst nichts vorlag und keine anderen Anhaltspunkte im Aktenstück enthalten waren, betont Krönig ausdrücklich. Wenn man bedenkt, daß der Ehebruch erst mit der Vereinigung der Geschlechtsteile beginnt, so erscheint diese „Feststellung" geradezu als Willkür. 9

Ein anderes Gericht war zu vorsichtig. Es *verneinte* den Ehebruch, obwohl der Ehemann mit einer fremden Frau *im Bett* ertappt worden war.

Ein anderer Fall wurde mir mündlich berichtet. In einem Unterhaltsprozeß sollte ein Zeuge darüber aussagen, ob er mit der Kindesmutter geschlechtlich verkehrt hatte. Er bestritt jeden Geschlechtsverkehr unter Berufung auf seine angebliche gleichgeschlechtliche Veranlagung. Seine blasse Gesichtsfarbe und sein schmächtiger Körperbau veranlaßten den Richter, ihm Glauben zu schenken. Im Urteil stand zu lesen: „Die Aussage des Zeugen ist glaubwürdig. Denn der Zeuge macht den typischen Eindruck eines Onanisten." 10

In einem anderen Fall, bei dem es um einen vom Kläger behaupteten Blechschaden infolge falschen Einparkens ging, lauteten die Urteilsgründe so:[5] 11

„Das Gericht hält die Darstellung des Klägers für glaubhaft. Sollte er entgegen dem äußeren Eindruck kein Ehrenmann sein, wird er sich auf Straftaten beschränken, bei denen Risiko und Ertrag in vernünftigem Verhältnis stehen. Er hat weder den Unfall erfunden, um eine alte Beule auf Kosten Unbeteiligter beseitigen zu lassen, noch sich das Fahrzeug des Beklagten „ausgesucht", weil der eigentlich Verantwortliche unerkannt entkommen ist. Er hat das Kennzeichen mit der vom Fahrer vorgezeigten Zulassung verglichen, aus dieser die Privatanschrift, dann vom Fahrzeug die Firmenanschrift des Beklagten abgeschrieben und schließlich mit dem Fahrer über die Höhe der Anhängerkupplung sowie den korrespondierenden Schaden an seinem, des Klägers, Pkw gestritten. Daß er am Ende Kennzeichen und Aufschrift eines anderen, am Unfall gar nicht beteiligten Fahrzeugs notiert hat, kann guten Gewissens ausgeschlossen werden. Der Kläger ist nämlich, wie schon eingangs angedeutet, **nicht debil**."

Die Vernehmungsniederschrift war übrigens von gleicher Qualität, wie etwa folgender Satz aus dem Protokoll zeigte:

„Ich wollte nach links auf die X-Straße abbiegen und verspürte einen Anstoß an meinem rechten hinteren Kotflügel."

Wenn *solche* Entscheidungen vorkommen können, dann bedarf es wohl keines besonderen Nachweises der Notwendigkeit, sich in der Beweiswürdigung zu schulen. Der Grundsatz der freien Beweiswürdigung hat die Stellung des Richters gestärkt. Dieser Grundsatz stellt aber auch weit höhere 12

[4] Die Kunst der Beweiserhebung, 3. Aufl. 1959, S. 75.
[5] Siehe ZAP Heft 6/1993, ZAP-Report: Justizspiegel S. 246 f.

Anforderungen an den Richter als der Formalbeweis oder die gesetzlichen Beweisregeln des altdeutschen und gemeindeutschen Prozeßrechts (Eideshelfer, Gottesurteil, Geständnis, zwei klassische Zeugen). An die Stelle starrer Formen und Regeln[6] sind die Denkgesetze und die Erfahrungssätze getreten, deren fehlerfreie Anwendung der Richter in den Entscheidungsgründen nachzuweisen hat. Zu den Erfahrungssätzen zählen insbesondere die Erkenntnisse der modernen Vernehmungskunde. Wer sich dieser Einsicht verschließt, wird Beweise oft nur unzulänglich würdigen.

13 Es gibt noch einen anderen schwerwiegenden und folgenreichen Fehler, der obendrein auch noch sehr häufig vorkommt: die *voreilige* Beschäftigung mit der Tatfrage! Ursächlich dafür ist immer eine mangelhafte oder gar oberflächliche Arbeit bei der Subsumtion. Bevor Beweis erhoben und gewürdigt werden darf, muß *rechtlich* genau herausgearbeitet worden sein, *worauf* der Beweis zu richten ist. Je genauer die Subsumtion unter die jeweils einschlägigen Anspruchsgrundlagen verläuft und je vollständiger diese herangezogen werden, um so klarer tritt das eigentlich erhebliche Beweisthema hervor. Nicht wenige Fälle, in denen Beweis erhoben wird, würden bei exakter juristischer Vorprüfung ohne ein besonderes Beweiserhebungsverfahren entschieden. Das allein aber entspricht dem Gesetz: Ist der Rechtsstreit zur Endentscheidung reif, so hat (= muß!) das Gericht sie durch Endurteil zu erlassen (§ 300 Abs. 1 ZPO) – und darf nicht überflüssigen Beweis erheben! Dieses allein gesetzmäßige Verfahren erspart nicht nur Zeit, sondern auch Geld; denn die Beweisaufnahme ist der teuerste Teil des Prozesses.

14 Selbst wenn Beweis erhoben und gewürdigt werden muß, ist die genaue Schlüssigkeitsprüfung nicht entbehrlich. Subsumtion und Beweiswürdigung stehen nicht isoliert nebeneinander – diese Trennung wird nur im Kopf des Juristen vollzogen, um der Komplexität eines Geschehens Herr werden zu können. In Wirklichkeit gehen Rechtsanwendung und Beweiswürdigung ineinander über.[7] Darauf beruht es, daß bereits das bloße rechtliche Durcharbeiten des Sachverhaltes eine weitgehende tatsächliche Klärung bringen kann, unter Umständen schon die Entscheidungsreife.

---

[6] Siehe heute als Beispiele etwa die §§ 416–418 ZPO im Gegensatz zu § 419 ZPO; ferner z. B. §§ 164, 202, 314 ZPO.

[7] Siehe dazu näher Karl Engisch, Logische Studien zur Gesetzesanwendung, 2. Aufl. 1960.

Allgemeiner Teil. Grundlagen

Erstes Kapitel. Der Grundsatz der freien richterlichen Beweiswürdigung

§ 2. Die geschichtliche Entwicklung

Dem Beweis haftet etwas Zufälliges, Ungewisses an. Daher kann man auch oft sagen hören, die Beweislast zu haben, sei halber Prozeßverlust. Die Urkunde über einen streitigen Vorfall mag verlorengegangen sein; die Zeugen – sofern überhaupt welche verfügbar sind – können sich nicht mehr erinnern, der einzige, der etwas zu sagen wüßte, ist verstorben; dem Gegner mag man seine Sache nicht anvertrauen, weil er sich selbst der Nächste ist und so weiter: Von all diesen Unberechenbarkeiten hängt der Ausgang des Rechtsstreits ab. Es geht aber natürlich nicht an, die Entscheidung eines Prozesses vom Zufall abhängig zu machen. Diese Erkenntnis spiegelt sich in der geschichtlichen Entwicklung der Bewertung von Beweismitteln wieder.[1] **15**

16 Im archaischen Recht war der Prozeß ein Duell der Parteien, das vor dem Richter ausgetragen wurde. Dieser hatte nur auf die Wahrung der Förmlichkeiten zu achten. Nur von deren Erfüllung hing der Ausgang des Verfahrens ab. Das Abweichen von festgelegten Formen zog den Prozeßverlust nach sich. Ein Stottern oder Versprechen konnte zur Folge haben, daß der in früheren Zeiten ausschlaggebende Eid als ungültig angesehen wurde. Das war gleichbedeutend mit dem Unterliegen.

Mit dem Aufkommen des Inquisitionsverfahrens ging die Entscheidungsbefugnis zunehmend auf den Richter über. Doch die Formen blieben, solange die formelle Beweistheorie galt: Ein Zeuge ist kein Zeuge[2] (unus testis nullus testis); zwei klassische Zeugen oder ein Geständnis waren zum Vollbeweis nötig. Da die beiden klassischen Zeugen sehr oft fehlten, hing der Beweis vom Geständnis ab. Um dieses zu erlangen, wurde die Folter angewandt.

17 Erst mit der Aufklärung kam das Streben nach materieller Wahrheit zum Durchbruch und führte zur **freien Beweiswürdigung**.

---

[1] Eine gute neue Darstellung zur Geschichte des Beweisrechts, die weitgehend eine Geschichte des Zeugenbeweises ist, findet sich bei Hauser, Der Zeugenbeweis im Strafprozeß mit Berücksichtigung des Zivilprozesses, 1974, §§ 2–9. Siehe ferner zur geschichtlichen Entwicklung Gerhard Walter, Freie Beweiswürdigung. Eine Untersuchung zu Bedeutung, Bedingungen und Grenzen der freien richterlichen Überzeugung, 1979, §§ 2–5.

[2] Siehe dazu Wacke JA 1982, 346.

Der Grundsatz der Freiheit des Richters in der Beweiswürdigung von Formen und Regeln war aber seinerseits bis in die jüngste Zeit mit einer schweren Hypothek belastet: mit dem Verhandlungsgrundsatz. Danach darf der Richter das Ergebnis der Beweisaufnahme bei der rechtlichen Beurteilung seines Falles nur berücksichtigen, wenn die Parteien es vortragen. Dazu reicht es aus, daß eine Partei sich das ihr günstige Beweisergebnis zu eigen macht, was allerdings auch für unerläßlich gehalten wird.[3]

Daß die Partei ein ihr günstiges Beweisergebnis übernimmt, ist im Zweifel anzunehmen. Manchmal erkennt sie aber gar nicht, was ihr günstig ist, und verneint deshalb sogar die Frage des Richters (§ 139 ZPO), ob sie dieses oder jenes, was sich in der Beweisaufnahme ergeben hat, vortrage. Ein solches Verhalten könnte den Richter bei Befolgung dieser Rechtsprechung dazu zwingen, trotz besserer Erkenntnis auf Grund eines unrichtig dargestellten Sachverhaltes zu entscheiden oder sogar offenkundige Tatsachen außer acht zu lassen, nur weil sie nicht vorgetragen worden sind. Die Praxis hält sich glücklicherweise nicht daran; und sie wird durch die neuere Prozeßrechtsliteratur in dieser Haltung bestärkt.[4] Das liegt im Zuge der Entwicklung des Prozeßrechts:

18 Die richterliche Ermessensfreiheit beginnt, den (Partei-)Beweis zu verdrängen. Deutliche Anzeichen hierfür finden sich auch in der Zivilprozeßordnung: Das Gericht soll das persönliche Erscheinen der Parteien zur Aufklärung des Sachverhaltes anordnen (§ 141 ZPO) und darf zur Parteivernehmung ohne Rücksicht auf die Beweislast schreiten (§ 448 ZPO). Es darf weiter anordnen, daß eine Partei die in ihren Händen befindlichen Urkunden, auf die sie sich bezogen hat, sowie Stammbäume, Pläne, Risse und sonstige Zeichnungen sowie Akten vorlege (§§ 142, 143 ZPO). Die Einnahme eines Augenscheines und die Begutachtung durch Sachverständige dürfen von Amts wegen beschlossen werden (§ 144 ZPO). § 273 ZPO erweitert diese Befugnisse noch. Sogar der Erlaß eines Beweisbeschlusses vor mündlicher Verhandlung ist zulässig (§ 358a ZPO). **Praktisch ist nur noch die Zeugenvernehmung ohne Parteiantrag unzulässig.** In Verfahrensarten, bei denen das öffentliche Interesse zu berücksichtigen ist, entfällt die Verhandlungsmaxime gänzlich: im Eheverfahren (§§ 616 Abs. 1, 617 ZPO) und im Kindschaftsverfahren (§ 640 ZPO). Beim sogenannten Freibeweis (unten § 48) entfällt die Bindung an die förmlichen Beweismittel der Prozeßordnungen (Zeuge, Sachverständiger, Urkunde, Augenschein, im Zivilprozeß noch subsidiär die Parteivernehmung). Bei der Schadensermittlung nach § 287 ZPO darf der Richter sogar seine Überzeugung auf solche Umstände stützen, über die *nicht* verhandelt worden ist, und Beweisangebote darf er nach seinem *Ermessen* übergehen.[5] Diese Tendenz, die Stellung des Richters zu stärken, um die Ermittlung der *materiellen* Wahrheit gegenüber dem hemmenden Einfluß der Parteien abzusichern, greift in das Recht der

---

[3] BGH NJW-RR 1990, 507 = VersR 1990, 872 = WPM 1990, 209.

[4] Siehe dazu Bernhard Hahn, Kooperationsmaxime im Zivilprozeß? Grenzverschiebungen in der Verantwortung von Parteien und Gericht bei der Tatsachenbeschaffung und Sachverhaltserforschung im neuen Zivilprozeßrecht, 1983, S. 274–283.

[5] RG JW 1909, 141 (rechts) Nr. 22.

Beweiswürdigung ein. Die Aufklärung des wahren Sachverhalts beginnt auch im Zivilprozeß, in den Mittelpunkt des Verfahrens zu rücken. Leider und aus rechtsstaatlicher Sicht äußerst bedauerlich sind aber auch **gegenläufige Tendenzen** unverkennbar. So ist der Unmittelbarkeitsgrundsatz (§ 355 Abs. 1 ZPO) für den Zeugenbeweis durch § 357 Abs. 1 Nr. 3, 1a ZPO und § 377 Abs. 3 S. 1 ZPO weitgehend aufgegeben worden, während zugleich die höchstrichterliche Rechtsprechung immer strengere Anforderungen daran stellt, daß das erkennende Gericht sich einen persönlichen Eindruck vom Zeugen verschafft (§ 3 Rn. 28 ff.). Und durch § 495a ZPO sind in Rechtsstreitigkeiten mit Streitwerten bis zu 1200 DM sämtliche rechtsstaatlichen Garantien der Tatsachenfeststellung aus vermeintlichen Entlastungsgründen abgeschafft worden (siehe dazu § 12 Rn. 238).

Allerdings ist nicht zu verkennen, daß der Grundsatz der freien Beweis- **19**
würdigung eben nur ein – Grundsatz ist. Er kann nicht verhindern, daß beim Beweiswürdiger nach wie vor das Bedürfnis besteht, sich an Ordnungs- und Wertungsregeln zu orientieren. So erklärt sich die Beobachtung, daß das Recht der freien Beweiswürdigung im Laufe der Jahrzehnte von der Praxis zunehmend formalisiert worden ist und strukturell teilweise schon wieder archaische Züge erkennen läßt. Fehlende Vertrautheit mit den Erkenntnissen der Aussagepsychologie fördern die in der Praxis eindeutige Tendenz, auf den Wortlaut einer Aussage abzustellen. Der Sachverständigenbeweis ist, jedenfalls auf schwierigen nichtjuristischen Wissensgebieten, weitgehend auf Gutachter verlagert worden; der Richter übernimmt im Ergebnis fremde Überzeugungen, ohne sie wirklich kritisch überprüfen zu können. Diese Tendenz läßt sich bis hinein in das materielle Recht verfolgen, etwa bei der Wahl richtiger Formulierungen zur Fristsetzung mit Ablehnungsandrohung nach § 326 BGB oder der Erklärungsfrist nach § 634 BGB. Richterliche Rechtsfindung hat auch den Grenzzaun zwischen Beweiswürdigung und materiellrechtlicher Subsumtion niedergelegt. Anscheinsbeweis, Beweislastverteilung und Beweislastumkehr (vor allem im Arztprozeß) sind letztlich nichts anderes als verkappte Beweisregeln. Sie fördern in der Regel die Wahrheitsfindung, können allerdings auch das Gegenteil bewirken, beispielsweise bei dem sogenannten „gestellten Unfall“ mit dem Ziel, einen Haftpflichtversicherer zu betrügen.[6]

§ 3. Der Inbegriff der Verhandlungen

Der Grundsatz der freien richterlichen Beweiswürdigung meint mehr als **20**
er nennt. Der Sachverhalt, *der gesamte Inhalt der Verhandlungen*, ist zu würdigen, nicht nur das Ergebnis einer Beweisaufnahme. Dementsprechend lautet § 286 Abs. 1 Satz 1 ZPO:

> **Das Gericht hat unter Berücksichtigung des gesamten Inhalts der Verhandlungen und des Ergebnisses einer etwaigen Beweisaufnahme nach freier Überzeugung zu entscheiden, ob eine tatsächliche Behauptung für wahr oder für nicht wahr zu erachten sei.**

---

[6] Siehe dazu E. u. H. Schneider MDR 1986, 991, sowie unten bei Rn. 396 ff.

Und gleichbedeutend lautet § 261 StPO[1]:

Über das Ergebnis der Beweisaufnahme entscheidet das Gericht nach seiner freien, aus dem Inbegriff der Verhandlung geschöpften Überzeugung.

21 Der „Inbegriff der Verhandlung" – wie es in § 261 StPO plastischer als in § 286 ZPO heißt[2] – besagt zweierlei: Der Richter muß *alles* berücksichtigen, was im Zusammenhang mit der mündlichen Verhandlung zutage gefördert wird. Er darf *nichts anderes* berücksichtigen, insbesondere keine Tatsachen, die von keiner Partei behauptet worden sind (oben Rn. 17) und von denen auch nach allgemeiner Lebenserfahrung nicht ausgegangen werden kann.[3] Unverwertbar ist vor allem sein privates Wissen.[4] Wenn etwa ein Amtsrichter bei einem geselligen Zusammensein in einem Restaurant beobachtet, wie am Nachbartisch der Kläger eines bei ihm anhängigen Rechtsstreits mit einer Frau Zärtlichkeiten austauscht, die vor einigen Tagen als Zeugin bekundet hatte, der Kläger sei ihr unbekannt, so ist das für die Entscheidung des Rechtsstreits unverwertbar. Der Richter, der sein privates Wissen nutzbar machen will, muß sich als Zeuge vernehmen lassen. Von praktischer Bedeutung ist zum Beispiel der Fall, daß in einem Strafprozeß, an dem die Öffentlichkeit regen Anteil nimmt, der Richter durch Zeitungsberichte Tatsachen erfährt und mit Werturteilen Dritter bekannt wird. Es ist dann seine Pflicht, sich durch genaue Selbstbeobachtung und höchste Objektivität davor zu bewahren, daß seine Überzeugungsbildung davon beeinflußt wird. Diese Pflicht besteht um so mehr, als eine hierauf beruhende Verletzung des Grundsatzes der freien Beweiswürdigung kaum jemals nachweisbar sein dürfte[5], so daß die betroffene Partei – der Angeklagte – keine Möglichkeit hat, die Folgen des Rechtsverstoßes im Instanzenzug zu beseitigen.

22 Zu dem unverwertbaren privaten Wissen rechnet jedoch nicht die Sachkunde über irgendwelche allgemeinen Fragen der Technik, Wissenschaft oder der Lebenserfahrung. Ob zum Beispiel Schwangerschaften von elf Monaten Dauer vorkommen können, auf welche Entfernungen man noch Farben mit bloßem Auge sicher erkennen kann, wie Kraftfahrer bei drohenden Zusammenstößen zu reagieren pflegen und dergleichen: das alles ist kein einmaliges, individuelles (Zeugen-)Wissen, sondern ein Wissen, das sich *jedermann* aneignen kann. Wenn der Richter es noch nicht besitzt, darf er es sich auf beliebige Weise *außerhalb der Verhandlung* verschaffen. Er kann sich zwar auch eines Sachverständigen bedienen; aber er muß es nicht, wenn er genügend eigene Sachkunde hat oder diese zu erwerben sich nicht scheut.

---

[1] Vgl. dazu Eb. Schmidt JZ 1970, 337.

[2] Die angeführten Bestimmungen gelten heute in allen Verfahrensarten; vgl. z. B. § 30 BVerfGG, § 46 ArbGG, § 108 VerwGO, § 96 FGO.

[3] BGH MDR 1977, 661 = Warneyer 1977 Nr. 7 = JR 1978, 18 mit Anm. Baumgärtel und Wittmann = WPM 1977, 407.

[4] Siehe dazu ausführlich Walter, Freie Beweiswürdigung. Eine Untersuchung zu Bedeutung, Bedingungen und Grenzen der freien richterlichen Überzeugung, 1979, § 11.

[5] Vgl. RGSt 65, 434 (436); BGHSt 22, 289.

Die **Hilfsmittel**, deren er sich dabei bedient, brauchen in der Verhandlung nicht vorgelegen zu haben; sie bedürfen nicht einmal der Erwähnung. So hat das Reichsgericht es in einem Verfahren wegen Urkundenfälschung für rechtlich bedenkenfrei angesehen, daß das Gericht im Beratungszimmer Versuche darüber angestellt hat, ob man seinen Namen zweimal völlig gleichmäßig schreiben könne. Der Bundesgerichtshof hat es für statthaft erklärt, bei der Beratung Tonbandaufnahmen der Äußerungen von Zeugen, Sachverständigen und Angeklagten als Gedächtnisstütze zu verwenden.[6] Dementsprechend darf das Gericht auch von einem Sachverständigen wissenschaftliche Werke entgegennehmen, an Hand deren es in der Beratung ein Gutachten überprüfen will. Das alles fällt mit unter den Vorgang der Beweiswürdigung, nicht aber unter die Beweiserhebung. 23

Die höchstrichterliche Rechtsprechung traut allerdings den Tatrichtern insoweit nicht viel zu. So heißt es beispielsweise in einer Entscheidung des BGH in VersR 1977, 819 (820/21): „Zwar steht es dem Richter grundsätzlich frei, sich Kenntnisse auf einem ihm von Haus aus fremden Fachgebiet auch aus einschlägiger Fachliteratur zu verschaffen und daher auf Sachverständigenbeweis zu verzichten. Dies muß aber dort seine Grenze finden, wo sich das gesuchte Ergebnis nicht unmittelbar aus der Literatur entnehmen läßt, sondern einer Auswertung bedarf, die ihrerseits wieder fachliche Kenntnisse voraussetzt." Damit wird der Richter praktisch auf die Benutzung des „Brockhaus" oder des „Meyer" oder anderer Nachschlagewerke verwiesen. Denn wie kann sich das im konkreten Fall „gesuchte Ergebnis" ohne eigene vermittelnde Denkleistung „unmittelbar aus der Literatur entnehmen" lassen? Der Richter hat angesichts dieser Rechtsprechung nur dann noch die Möglichkeit, ohne Sachverständigen auszukommen, wenn er erkennbar macht, daß er über eigene Fachkenntnisse zum Beweisthema verfügt. Aber damit wird er in der Regel auch wieder scheitern (siehe dazu unten § 46). 24

Um einen unerlaubten Erwerb eigener Sachkunde handelte es sich dagegen, wenn das Gericht sich etwa privat eine Unfallstelle ansähe, deren Beschaffenheit für die Entscheidung bedeutsam ist.[7] Darin läge die Einnahme eines Augenscheins zum Erwerb einer einmalig-individuellen Erkenntnis und nicht einer generellen Einsicht. Ebenso ist zu entscheiden, wenn einzelne Richter die Kenntnis der Örtlichkeit, die sie für sich allein gewonnen haben, bei der Urteilsfällung verwerten.[8] Verwerten sie ihre Kenntnis *nicht*, so ist selbstverständlich das bloße Wissen um die Örtlichkeit verfahrensrechtlich belanglos. 25

Im Strafverfahren wird häufig dann gegen § 261 StPO verstoßen, wenn Verfahren gegen mehrere Angeklagte verbunden, getrennt und abermals verbunden werden. Das Ergebnis einer der früheren abgetrennten Hauptverhandlungen darf nicht gegen einen Angeklagten verwertet werden, der in dieser nicht anwesend war.[9] Dem Angeklagten und seinem Verteidiger muß eben alles bekannt werden, was für die Bildung des Urteils Bedeutung hat. 26

---

6 BGHSt 19, 193; siehe auch RGSt 45, 102.

7 RGSt 69, 28; BGHSt 3, 187.

8 RGSt 26, 272; 50, 154.

9 Vgl. aus der Rspr. RGSt 67, 417; 69, 18 = JW 1935, 1098 Nr. 18 mit Anm. Klefisch; 69, 360; 70, 65; RG JW 1935, 2980 Nr. 59.

27 Zum Inhalt der Verhandlung gehören auch alle Parteierklärungen, die sich in Schriftsätzen, Protokollen, im Tatbestand einer Vorentscheidung usw. finden, ferner z. B. Lichtbilder oder Skizzen.[10] Eine „Auswahl" ist gesetzeswidrig. Die Vorschrift des § 286 ZPO *gestattet* nämlich nicht nur die Verwertung des gesamten Prozeßstoffes, sondern sie *gebietet* dies! Eine abschließende tatsächliche Feststellung kann deshalb nur aus der Würdigung *aller* Vorgänge entwickelt werden, indem diese in einen *Sinnzusammenhang* mit dem Beweisergebnis gebracht werden. Nichts, was erheblich sein könnte, darf unberücksichtigt bleiben[11], auch wenn nicht alles in den Entscheidungsgründen ausdrücklich abgehandelt werden muß.

28 Die Rechtsprechung muß sich ständig mit Verfahrensfehlern aus dem Bereich der tatsächlichen Feststellungen befassen und dabei immer wieder rügen, daß nicht ganz klar auf den „gesamten Inhalt der Verhandlungen" abgestellt wird: Heimliche Tonbandaufnahmen gehören nicht dazu; sie sind verfassungswidrig und deshalb keine tauglichen Beweismittel.[12] Über ihren Inhalt darf auch nicht etwa Beweis durch Vernehmung von Zeugen erhoben werden, denen das Tonband vorgespielt worden ist.[13] Wirkt bei der Urteilsfällung ein Richter mit, der der Beweisaufnahme selbst nicht beigewohnt hat, so darf der persönliche Eindruck der übrigen Richter nicht verwertet werden, weil er nicht Inhalt der (Schluß-)Verhandlung war.[14] Die Berücksichtigung ist prozessual nur dann zulässig, wenn der persönliche Eindruck des Vernehmungsrichters im Beweisprotokoll niedergelegt ist. Ebenso muß der Richter sein Wissen an Erfahrungssätzen den Parteien nach heutiger Rechtsprechung mitteilen, wenn er es zur Grundlage seiner Entscheidung machen will. Mit anderen Worten: Er darf seine Spezialkenntnisse, über die sonst nur ein Sachverständiger verfügt, nicht stillschweigend verwerten, sondern muß sie zum Prozeßstoff machen, weil es sich nicht um offenkundige Tatsachen handelt.[15]

29 Auch für denjenigen Richter, der nach Richterwechsel neu mit der Sache befaßt wird, ist die nicht protokollierte Zeugenaussage kein verwertbarer Prozeßstoff.[16] Denn das Gericht darf bei der Beweiswürdigung nur berücksichtigen, was auf der persönlichen Erinnerung aller an der Entscheidung beteiligten Richter beruht oder was aktenkundig ist.[17]

Das gilt auch im Verhältnis der Kammer zum Einzelrichter. Dessen Eindruck bei der Vernehmung durch ihn ist für die anderen Kollegialrichter

---

[10] BGH VRS Bd. 36, 189.

[11] Wieczorek, ZPO, § 286 Anm. D II c; RG JW 1911, 964 Nr. 16; OLG Karlsruhe VersR 1993, 1097 (angeblicher Diebstahl).

[12] OLG Köln ZIP 1986, 1402 = EWiR § 387 BGB 2/86, 1079; MDR 1978, 311; LG Hagen BB 1955, 489. Siehe näher unter § 11 Rn. 170.

[13] OLG Düsseldorf NJW 1966, 214.

[14] BGH LM Art. 14 (Cb) GrundG Nr. 60 = MDR 1992, 777; OLG Koblenz NJW 1960, 1014.

[15] BGH Warneyer 1967 Nr. 86; siehe auch BGH MDR 1961, 64. Grundlegend dazu Döhring JZ 1968, 642 ff.

[16] BGH VersR 1967, 25; LM Art. 14 (Cb) GrundG Nr. 60 = MDR 1992, 777.

[17] BGH NJW 1961, 1302; 1991, 1180 = WPM 1991, 566 = JZ 1991, 927 mit Anm. Helle; OLG Düsseldorf NJW 1992, 187 = DWW 1992, 15.

nur verwertbar, wenn er im Vernehmungsprotokoll festgehalten worden ist.[18]

30 Im Verhältnis der Instanzen zueinander gilt das ebenfalls, also dann, wenn das Berufungsgericht die Glaubwürdigkeit eines Zeugen abweichend vom Erstrichter beurteilen will. Es muß dann den Zeugen erneut vernehmen, weil er nur so den persönlichen Eindruck gewinnen kann, den auch der Erstrichter von der Aussagepersönlichkeit gewonnen hatte.[19] Der Bundesgerichtshof setzt diese Anforderung als Revisionsgericht kompromißlos durch, wie eine unwahrscheinlich große Zahl aufhebender und zurückweisender Entscheidungen belegt.[20] Die anderen obersten Bundesgerichte haben sich dem angeschlossen.[21]

31 Wenn der Berufungsrichter die persönliche Glaubwürdigkeit eines Zeugen anders als das Gericht erster Instanz beurteilen will, dann wird ihm auch keine Ermessensfreiheit bei der Entscheidung eingeräumt, ob er einen Zeugen nochmals vernehmen soll.[22] Für eine Ermessensausübung ist deshalb kein Raum, weil nur der unmittelbare Eindruck vom Zeugen Gewähr dafür bietet, daß dessen Urteilsfähigkeit, Erinnerungsvermögen und seine Wahrheitsliebe richtig bewertet werden.[23]

Diese Grundsätze gelten auch für den Indizienbeweis.[24]

32 Ebenso verhält es sich, wenn der Erstrichter Zweifel an der Aussage eines Zeugen nicht mit dessen persönlichem Verhalten bei der Vernehmung – beispielsweise mit Unsicherheit, verworrenen oder widersprüchlichen Erklärungen – begründet hatte, sondern mit anderen Erwägungen, sofern nur erkennbar ist, daß er daraus Bedenken gegen die Glaubwürdigkeit des Zeugen hergeleitet hat.[25]

33 Das vom Berufungsgericht zu beachtende Gebot der Unmittelbarkeit der Beweisaufnahme wird schon dann verletzt, wenn es bei der eigenen Beurteilung der Glaubwürdigkeit eines vorinstanzlich vernommenen Zeugen andere Erwägungen anstellt, ohne die Vernehmung wiederholt zu haben.[26] Sogar bei Anwendung des § 287 ZPO muß das Berufungsgericht die Vernehmung wiederholen, wenn es, gestützt auf die erstinstanzlich protokol-

---

[18] BGH VersR 1993, 334 = NJW 1992, 1966 = WPM 1991, 1896; BGH ZAP Fach 13 S. 109 – Schneider.

[19] Siehe dazu Schneider NJW 1974, 841; Nassall ZZP Bd. 98 (1985), 313; Pantle NJW 1988, 2027.

[20] Siehe beispielsweise BGH WPM 1988, 876; NJW-RR 1991, 829 = VersR 1991, 1194 = WPM 1991, 963; ferner die Nachweise bei Zöller/Schneider, ZPO, 18. Aufl. 1993, § 526 Rn. 3.

[21] Siehe z. B. BSG MDR 1989, 1131; BAG DB 1990, 332.

[22] BGH ZZP Bd. 78 (1965) 158; VersR 1966, 577; 1970, 323 u. 619; 1971, 951; MDR 1979, 310; 1977, 47 = Warneyer 1976 Nr. 151; VersR 1981, 1079; 1984, 582 = NJW 1984, 2629 u. ö. in ständiger Rechtsprechung.

[23] BGH VersR 1972, 951; MDR 1982, 297.

[24] BGH VersR 1993, 332 = NJW-RR 1993, 213.

[25] BGH WPM 1985, 323, 324.

[26] BGH NJW 1987, 3205 = LM § 398 ZPO Nr. 22 = MDR 1988, 42.

lierte Zeugenaussage, bei der Schadensschätzung kraß von der Wertung erster Instanz abweichen will.[27]

34 Diese Rechtsprechung zwingt zu der nicht immer einfachen Abgrenzung, wann eine abweichende Beurteilung „im subjektiven Bereich“ liegt. Dazu rechnen Umstände wie die Urteilsfähigkeit, das Alter oder das Erinnerungsvermögen,[28] natürlich auch die Wahrheitsliebe.[29]

35 Ein prozessualer Zwang zur erneuten Vernehmung besteht auch dann, wenn das Berufungsgericht die protokollierte Aussage anders als der Erstrichter deuten und auslegen will.[30] Ohne Wiederholung der Vernehmung darf zweitinstanzlich nicht von dem Wortsinn abgewichen werden, von dem der Erstrichter ausgegangen ist.[31] Der erstinstanzlich protokollierten Aussagen darf schließlich ohne erneute Vernehmung kein anderes Gewicht beigemessen werden.[32] Ebenso ist es unzulässig, eine Aussage ohne erneute Vernehmung des Zeugen abweichend von der Vorinstanz als objektiv unwahr anzusehen, weil dem Zeugen die Urteilsfähigkeit, das Erinnerungsvermögen oder die Wahrheitsliebe abgesprochen wird.[33]

36 Sind Anhaltspunkte dafür gegeben, daß der Zeuge in der Zeit zwischen erster Vernehmung und Berufungsverfahren neue Erkenntnisse gewonnen hat, die für die Entscheidung des Rechtsstreits ausschlaggebend sein können, dann ist auch das hinreichender Anlaß, den Zeugen noch einmal anzuhören.[34]

37 Wiederholt werden muß eine Vernehmung ferner, wenn das vorinstanzliche Vernehmungsprotokoll mehrdeutig[35] oder unvollständig ist.[36]

38 Umgehungsversuche sind unzulässig. Sind mehrere miteinander nicht zu vereinbarende Aussagen zu bewerten, dann genügt es nicht, nur einen der in Betracht kommenden Zeugen erneut zu vernehmen.[37] Im Streitgenossenprozeß darf die Wiederholung einer Zeugenvernehmung nicht auf eines der Prozeßrechtsverhältnisse beschränkt und gleichzeitig über das andere durch Teilurteil entschieden werden, wenn die Zeugenbekundungen durchgehend erheblich sein können.[38] Bei sich widersprechenden Zeugenaussagen, die das Erstgericht gleichermaßen als unglaubwürdig gewertet hat, darf das Berufungsgericht nicht ohne erneute Vernehmung einem dieser Zeugen glauben

---

[27] BGH NJW-RR 1988, 1371 = WPM 1988, 1029.

[28] BGH MDR 1983, 35; Warneyer 1985 Nr. 2 = VersR 1985, 341 = r+s 1985, 75; NJW-RR 1986, 285 = LM ZPO § 398 Nr. 18.

[29] BGH NJW-RR 1993 510 = LM § 398 ZPO Nr. 33.

[30] BGH WPM 1982, 16; Warneyer 1984 Nr. 345 u. 380; VersR 1985, 268; NJW-RR 1986, 284; r+s 1993, 59; FamRZ 1993, 1191.

[31] BGH NJW-RR 1986, 284 = MDR 1985, 390 = LM ZPO § 398 Nr. 17; NJW-RR 1989, 380; NJW 1991, 1183 = MDR 1991, 670 = LM § 398 ZPO Nr. 26.

[32] BGH NJW 1985, 3078 = MDR 1985, 556 = LM § 139 ZPO Nr. 17; NJW 1993, 668 = WPM 1993, 99 = MDR 1993, 475.

[33] BGH NJW-RR 1993, 510 = LM § 398 ZPO Nr. 33.

[34] BGH NJW-RR 1986, 284 = MDR 1985, 390 = LM § 398 ZPO Nr. 17.

[35] BGH MDR 1968, 850.

[36] OLG Karlsruhe Justiz 1988, 363.

[37] BGH r + s 1985, 200; VersR 1985, 183 = NJW 1985, 3078 = MDR 1985, 566.

[38] BGH NJW-RR 1992, 253 = WPM 1992, 242 = LM § 286 (D) Nr. 10 = 1992, 411.

und den anderen wegen aktenkundigen Prozeßstoffs für unglaubwürdig erklären.[39]

39 Auch wenn das Berufungsgericht die erneute Vernehmung nur hinsichtlich eines Teiles der in erster Instanz vernommenen Zeugen für erforderlich hält, muß es die gesamte Beweisaufnahme wiederholen, sofern nicht Beweismittelverzichte erklärt werden.[40]

40 Erneute Vernehmung wird selbst dann gefordert, wenn sich das erste Gericht gar nicht zur Glaubwürdigkeit eines Zeugen geäußert hatte.[41] Denn auch in diesem Fall fehlt dem Berufungsgericht der persönliche Eindruck, der zur Würdigung einer Aussage erforderlich ist.

41 Selbst eine schriftliche Zeugenerklärung nach § 377 Abs. 3 ZPO entbindet nicht vom Zwang der Vernehmung, wenn die diese wegen des damit verbundenen persönlichen Eindrucks bessere Feststellungen ermöglicht.[42] So erklärt es sich auch, daß die Beweiskraft einer Urkunde vom Berufungsgericht nicht im Hinblick auf die Aussage eines Zeugen verneint werden darf, wenn das Landgericht diesen Zeugen als unglaubwürdig angesehen hatte; das Berufungsgericht muß dann die Vernehmung wiederholen.[43]

42 Hat erstinstanzlich nur eine Rechtshilfevernehmung stattgefunden, dann besteht für das Berufungsgericht grundsätzlich kein Anlaß, die Beweisaufnahme zu wiederholen.[44] Die Aufklärungspflicht des Gerichts kann jedoch dazu zwingen, daß ein im Ausland durch den Rechtshilferichter vernommener Zeuge vor dem Prozeßgericht vernommen oder die erneute Rechtshilfevernehmung mit entsprechenden Fragen zur Glaubwürdigkeit beschlossen wird.[45]

43 Die vorstehend für den Zeugenbeweis dargestellten Grundsätze gelten auch für die übrigen Beweismittel, insbesondere natürlich für die Parteivernehmung.[46]

44 Von einem erstinstanzlich protokollierten Augenscheinsergebnis darf das Berufungsgericht deshalb nicht abweichen, ohne die Ortsbesichtigung zu wiederholen.[47] Das Gebot der Unmittelbarkeit der Beweisaufnahme kann auch die Wiederholung einer Augenscheinseinnahme wegen Richterwechsels erfordern.[48]

45 Entsprechend strenge Beweiswürdigungsgrundsätze hat der Bundesgerichtshof für den Sachverständigenbeweis aufgestellt.[49]

---

[39] BGH WPM 1991, 1896 · NJW 1991, 3285 = LM § 398 ZPO Nr. 28 = MDR 1991, 1089.

[40] BGH NJW 1991, 2082 = LM § 286 (B) ZPO Nr. 83 = MDR 1991, 899.

[41] BGH NJW 1982, 1080; Warneyer 1985 Nr. 47 = NJW 1986, 285 LM 398 ZPO Nr. 19; VersR 1986, 970 = NJW 1986, 2885; NJW-RR 1991, 1102; a. A. OLG Köln VersR 1993, 1373.

[42] BGH LM § 398 ZPO Nr. 6.

[43] BGH NJW-RR 1991, 1318 = MDR 1991, 953.

[44] OLG Karlsruhe NJW-RR 1990, 191.

[45] BGH NJW 1990, 3088 = LM ZPO § 386 (B) Nr. 78 = MDR 1991, 239.

[46] Siehe dazu unten § 47.

[47] BGH NJW-RR 1986, 190 = LM § 823 BGB (D) Nr. 148 = MDR 1986, 220.

[48] BGH VersR 1992, 883 = WPM 1992, 1712 = MDR 1992, 777.

[49] BGH VersR 1993, 1110. Siehe unten § 45.

46 Im Einzelfall können sich die möglichen Fehlerquellen überlappen. So kann beispielsweise die verfahrenswidrig unterbliebene wiederholte Vernehmung durch das Berufungsgericht zur Folge haben, daß bei der späteren Würdigung eines vom Berufungsgericht eingeholten Sachverständigengutachtens nicht alle Umstände berücksichtigt werden, die nach § 286 ZPO berücksichtigt werden müssen – nämlich die Überzeugungskraft der Aussagen nicht mehr vernommener Zeugen.[50]

47 Zu Schwierigkeiten können die vorstehenden Grundsätze führen, wenn im Verfahren auf Erlaß einer einstweiligen Verfügung eidesstattliche Versicherungen vorgelegt und in der mündlichen Verhandlung die versichernden Personen als Zeugen vernommen worden sind, die es dann ablehnen, erneut vor dem Berufungsgericht zu erscheinen. Gezwungen werden können sie dazu nicht (§§ 930 Abs. 2, 936, 294 ZPO).

48 Dem Berufungsgericht bleibt daher nichts anderes übrig, als die vorinstanzlich protokollierten Zeugenaussagen selbständig urkundenbeweislich zu würdigen. Es darf dabei nur nicht auf einen persönlichen Eindruck abstellen, den es nicht gehabt hat und der nicht protokolliert worden ist.[51]

49 Hin und wieder erweckt die höchstrichterliche Rechtsprechung den Eindruck, daß sie ins Formalistische abgleitet. So wird beispielsweise verlangt, daß das Berufungsgericht bei vom Landgericht abweichender Beweiswürdigung einen Zeugen auch dann nochmals zu vernehmen hat, wenn dieser im ersten Rechtszug nur vom Einzelrichter vernommen worden ist.[52] Es leuchtet nicht recht ein, warum die Richter des Landgerichts einem Zeugen glauben dürfen, ohne ihn gesehen zu haben, daß dies hingegen dem Oberlandesgericht verwehrt ist. Das Gebot an die Berufungsgerichte, einen Zeugen nicht anders, als der Erstrichter zu beurteilen, ohne ihn gesehen zu haben, beruht schließlich nur darauf, daß der Erstrichter einen persönlichen Eindruck mitberücksichtigt hat, den das Berufungsgericht ohne eigene Vernehmung des Zeugen nicht haben kann. Hat aber bereits der Erstrichter keinen solchen persönlichen Eindruck gewonnen, dann kann auch eine abweichende Beweiswürdigung des Berufungsgerichts nicht auf dieser Erkenntnis beruhen.

Der beweisrechtliche Fehler liegt in diesem Fall bei der ersten Instanz. Die Kammer hätte die Beweisaufnahme des Einzelrichters wiederholen müssen, wenn dies für die Glaubwürdigkeit entscheidend war.[53] Das Berufungsgericht wiederum hätte dann wegen wesentlichen Verfahrensmangels aufheben und zurückverweisen können (§ 539 ZPO) oder es hätte gemäß § 540 ZPO durchentscheiden müssen, dann aber unter Behebung des vorinstanzlichen Verfahrensmangels durch erneute Vernehmung vor dem Senat.

50 Noch kritischer ist Bender[54] gegenüber der Rechtsprechung des Bundesgerichtshofes eingestellt. Nach seiner Auffassung hat sie überhaupt keinen

---

[50] BGH GRUR 1981, 533; VersR 1984, 852 = MDR 1984, 1017 = Warnyer 1984 Nr. 112 = NJW 1984, 2629.

[51] Siehe näher dazu Schneider ZAP Fach 13 S. 90 ff.

[52] BGH Warneyer 1976 Nr. 151 = NJW 1976, 1742.

[53] BayObLG JurBüro 1988, 1533.

[54] Festschrift für Wassermann, 1985, S. 632.

Sinn. „Eine vom Richter formulierte Aussage kann man aussagepsychologisch überhaupt nicht würdigen, weder gleich noch anders", sondern – ich ergänze – nur ihre inhaltliche Ergiebigkeit feststellen, worauf sich heute die Beweiswürdigung allerdings faktisch in den meisten Fällen auch beschränkt. Umgekehrt dürfte es zu weit gehen, deswegen dem Berufungsgericht jede Ermessensausübung abzusprechen und ihm ausnahmslos die Wiederholung der erstinstanzlichen Beweisaufnahme zur Pflicht zu machen.[55] Von diesen Bedenken für und wider abgesehen, hat die Wiederholung der Beweisaufnahme ohnehin nur dann einen Sinn, wenn zweitinstanzlich eine bessere Vernehmung durchgeführt wird.

Zum Inhalt der Verhandlungen gehören *sämtliche* Behauptungen einer **51**
Partei, also auch solche, die unwahrscheinlich, widersprüchlich oder willkürlich erscheinen. Das Gericht darf deshalb nicht einfach darüber hinweggehen und sie unbeachtet lassen, sondern muß zuvor seine Zweifel und Bedenken mitteilen, damit die behauptende Partei sich dazu äußern und z. B. ihre Glaubwürdigkeitsargumente vorbringen kann.[56] Es verstößt auch gegen § 286 ZPO, wenn das Gericht eine tatsächliche Feststellung auf Mutmaßungen stützt, nachdem es versäumt hat, den darüber vernommenen Zeugen im Beweistermin zu befragen.[57] Sogar Äußerungen, die von einem Schwerkranken kurz vor seinem Tod auf der Intensivstation gemacht worden sind, dürfen nicht einfach wegen dieser Extremsituation als unbeachtlich behandelt werden.[58]

Weitere Beispiele zu bringen, erübrigt sich. Wichtiger ist die grundsätzliche **52**
Einsicht, *daß aller, aber auch nur der Verhandlungsstoff* bei der Tatsachenfeststellung zu berücksichtigen ist. Zweifel sind nicht durch stillschweigende Verwertung, sondern nur durch Erörterung in der Verhandlung zu beheben.

Indessen, es darf nie übersehen werden, daß eine tragfähige Beweiswürdi- **53**
gung immer und ausnahmslos auf einer vorangegangenen sorgfältigen Rechtsprüfung aufbauen muß (Rn. 13). Mangelt es daran, dann ist oft die größte Mühe bei der Tatsachenfeststellung im Ergebnis unnütz. Derartige Fehlleistungen kommen in der Praxis insbesondere in Verkehrsunfallsachen vor, wenn nämlich die juristische Vorarbeit vernachlässigt und vorschnell eine Schadensverteilungsquote nach §§ 7, 17 StVG „festgestellt" wird. Wer vor die Tatsachenfeststellung immer eine sorgfältige Rechtsprüfung setzt, wird bald erkennen, wieviel an Tatsächlichem dadurch als unerheblich herausgearbeitet werden kann.

Ein besonders markanter Verhandlungsinhalt ist **die Prozeßführung** **54**
selbst. So kommt es etwa in Verkehrsunfallsachen immer wieder vor, daß die Ansprüche des Geschädigten an einen Dritten abgetreten werden und dieser dann Klage erhebt. Das kann durchaus sachliche Gründe haben, etwa weil diese Zession ein Finanzierungsmittel darstellt. Es kann auch einfach darauf beruhen, daß der Geschädigte eine der des Gegners entsprechende Beweisstellung erlangen will, zum Beispiel wenn er gegen den Halter klagen

---

[55] Stein/Jonas/Grunsky, ZPO, 20. Aufl. 1977, § 526 Rn. 4.
[56] BGH Warneyer 1968 Nr. 68.
[57] OLG Köln VersR 1969, 383.
[58] OLG Köln FamRZ 1990, 1038.

muß, weil der Fahrer nach § 839 BGB, Art. 34 GG nicht als Haftender in Betracht kommt, wohl aber – gerade deshalb – als Zeuge. Aus einer solchen Prozeßtaktik folgt beweisrechtlich noch nichts. Das wird jedoch anders, sobald für die Abtretung kein billigenswerter Anlaß ersichtlich ist oder gar unlautere Absicht angenommen werden muß. Dies hat das OLG Frankfurt[59] in einem Fall bejaht, in dem der Geschädigte seine Forderung an seine Mutter abgetreten *und zugleich* völlig grundlos den Fahrer mitverklagt hatte, nur um diesen als Zeugen auszuschalten. Der Kläger hatte damit bewußt eine ungleiche, für ihn formell günstigere Beweislage herbeigeführt. Das OLG Frankfurt hat dies bei der Beweiswürdigung mit deutlichen Worten gerügt:

> „Ein solches Vorgehen nähert sich bereits der Skrupellosigkeit. Bei der Beweiswürdigung, welche die Glaubwürdigkeit eines Zeugen zu prüfen hat, kann dies nicht unbeachtet bleiben. Es rechtfertigt Mißtrauen in die Wahrheitsliebe des Zeugen."

55 Das ist der in Diktion vielleicht zu hart und in der Formulierung vielleicht nicht sachlich genug: im Ergebnis ist dem jedoch zuzustimmen. Dieses „Zeugenabschießen" kommt auch sonst vor, etwa durch Erhebung einer Widerklage gegen jemanden, der von der Gegenseite als Zeuge benannt worden ist. Das OLG Karlsruhe[60] hat dem Widerkläger den dadurch bezweckten Vorteil wieder genommen, indem es die Widerklage gegen den ausgeschalteten Zeugen durch Teilurteil mit Teilkostenentscheidung abgewiesen hat.

56 Es ist auch schon vorgekommen, daß ein Prozeßbevollmächtigter Zeugen benannt hat, die der Beklagte sogleich durch Widerklage „abzuschießen" versucht hat, jedoch erfolglos, weil sein Gegner kurz vor der mündlichen Verhandlung diese Beweisanträge zurückgezogen und andere, dieses Mal „richtige" Zeugen gestellt hat.[61] Dem voreiligen Widerkläger blieb dann nichts anderes übrig, als die Widerklage zurückzunehmen, was natürlich eine entsprechende Kostenbelastung nach sich zog.

§ 4. Die Überzeugung

57 Was ist eigentlich eine „Überzeugung"?[1] Welcher Grad der Gewißheit muß erreicht sein, damit der Richter von der Wahrheit einer tatsächlichen Behauptung überzeugt ist? Nun, jedenfalls darf man *keine absolute* Gewißheit fordern; denn damit würde die menschliche Erkenntnisfähigkeit überfordert:

---

[59] VersR 1978, 259; siehe auch § 36 Rn. 1062.
[60] BB 1992, 97 = OLG Rechtsprechung 4/1992 S. 2. f.
[61] Siehe dazu Schneider ZAP Fach 13 S. 184 ff.
[1] Siehe zu Wesen und Begriff der Überzeugung Gerhard Walter, Freie Beweiswürdigung. Eine Untersuchung zu Bedeutung, Bedingungen und Grenzen der freien richterlichen Überzeugung, 1979, §§ 6–8, mit umfassenden Nachweisen.

„Vermöge der Beschränkung der Mittel menschlichen Erkennens kann niemand (selbst im Falle eigener unmittelbarer Anschauung eines Vorganges) zu einem *absolut sicheren* Wissen von der Existenz eines Tatbestandes gelangen. *Abstrakte* Möglichkeiten der Nichtexistenz sind immer denkbar. Wer die Schranken menschlichen Erkennens erfaßt hat, wird *nie* annehmen, daß er in dem Sinne *zweifellos* von der Existenz eines Vorganges überzeugt sein dürfe, daß ein Irrtum *absolut* ausgeschlossen wäre."[2]

Wir müssen uns schon mit weniger begnügen. Und so heißt es in der **58**
angeführten Entscheidung des Reichsgerichts weiter:

„Deswegen *gilt* im praktischen Leben *der hohe Grad von Wahrscheinlichkeit, welcher bei möglichst erschöpfender und gewissenhafter Anwendung der vorhandenen Mittel der Erkenntnis entsteht, als Wahrheit*, und das Bewußtsein des Erkennenden von dem Vorliegen einer so ermittelten hohen Wahrscheinlichkeit, als die Überzeugung von der Wahrheit."

Die Überzeugungsbildung des Gerichts setzt also keinesfalls eine mathema- **59**
tisch lückenlose Gewißheit voraus, sondern sie wird sich in aller Regel eher aus einer Häufung von Beweisargumenten ergeben.[3] Damit ist allerdings nicht gesagt, daß sich eine Beweiswürdigung nicht mathematisch absichern läßt. Dahingehende Bemühungen nach mehr Berechenbarkeit der Beweiswürdigung haben sich jedoch bislang nicht durchsetzen können.[4]

Die hiernach geforderte Wahrscheinlichkeit läßt sich in drei Grade abstufen:[5] **60**

Erster Grad: Einfache Wahrscheinlichkeit. Sie wird verlangt bei der „Glaubhaftmachung" (§ 294 ZPO). Deren Besonderheit besteht darin, daß sie an die Überzeugungsbildung des Richters weniger strenge Anforderungen stellt. Zwar gilt auch für sie die Vorschrift des § 286 ZPO insoweit, als das Gericht sich seine Überzeugung unter Berücksichtigung des gesamten Inhaltes der Verhandlungen frei zu bilden hat. Jedoch genügt zur Glaubhaftmachung ein geringerer Grad der Wahrscheinlichkeit als beim (Voll-)Beweis.[6] Wieczorek spricht von „der guten Möglichkeit des Geschehens" oder von „großer Wahrscheinlichkeit".[7] Sie kann unter Umständen vom Richter schon auf Grund der Erklärung eines Betroffenen angenommen werden, wenn diese besonders einleuchtend erscheint.[8]

Da diese geminderte Gewißheit sich kaum nachprüfbar umschreiben läßt, **61**
hat der Gesetzgeber – anders als bei § 286 Abs. 1 S. 2 ZPO – keinen

---

[2] RGZ 15, 338 (339); BGH MDR 1970, 491; VRS Bd. 39, 103. Siehe dazu Schünemann JuS 1976, 560ff.

[3] OLG Karlsruhe VersR 1988, 1287.

[4] Siehe BGH NJW 1989, 3161 = MDR 1989, 804 = LM BGB § 276 (Ca) Nr. 40; vgl. dazu Schneider ZAP Fach 13 S. 21.

[5] Siehe dazu Bruns ZZP Bd. 91 (1978), 64; Reinhard Greger, Beweis und Wahrscheinlichkeit. Das Beweiskriterium im allgemeinen und bei den sogenannten Beweiserleichterungen, 1978, § 4; Allgaier MDR 1986, 626ff.

[6] LG München DAVorm 1976, 210; LG Dortmund AnwBl 1978, 242.

[7] ZPO, § 282 Anm. D III; § 294 Anm. A II.

[8] LG Dortmund AnwBl 1978, 242.

Begründungszwang vorgesehen.[9] Der Beweisführer darf sich obendrein „aller Beweismittel bedienen, auch zur Versicherung an Eides Statt zugelassen werden" (§ 294 Abs. 1 ZPO). So kann schon durch Vorlage unbeglaubigter Ablichtungen etwas glaubhaft gemacht werden.[10]

62 In den einschlägigen Fällen ist die eidesstattliche Versicherung das ganz überwiegend vorkommende Beweismittel. Sie ist beweisrechtlich wenig wert, wenn sie – wie es in der Praxis leider ständig vorkommt – keine eigene Sachdarstellung enthält, sondern nur auf den Inhalt eines anwaltlichen Schriftsatzes Bezug nimmt und dessen Richtigkeit versichert.[11] Anwaltschriftsätze bestehen nicht nur aus Tatsachenbehauptungen, sondern enthalten auch Wertungen, Rechtsausführungen und andere Angaben. Wenn jemand das alles mit einem Satz pauschal als richtig versichert, reicht das nicht zur Glaubhaftmachung aus.[12]

63 Auch die eidesstattliche Versicherung eines Rechtsanwalts über Vorgänge aus seiner beruflichen Tätigkeit ist ein geeignetes Mittel der Glaubhaftmachung.[13] Umstritten ist allerdings, ob ihr wegen der Stellung des Rechtsanwalts als eines unabhängigen Organs der Rechtspflege (§ 1 Abs. 2 BRAO) eine gesteigerte Beweiskraft zukommt. Der BGH[14] hat das verneint und keine Sonderstellung der Rechtsanwälte als Beweispersonen anerkannt. Die Instanzpraxis verfährt hier vielfach anders.[15] So erklärt sich auch, daß bereits eine einfache anwaltliche Erklärung als ausreichendes Mittel der Glaubhaftmachung angesehen wird, wenn sie sich auf die eigene Berufungstätigkeit des Anwalts und seine eigenen Wahrnehmungen bezieht. Es bedarf dann nicht des Zusatzes, daß an Eides Statt versichert werde, ja nicht einmal des Hinweises, daß es sich um eine „anwaltliche Versicherung" handele.[16]

64 Diese Auswahlfreiheit wird jedoch durch das *Erfordernis der Gegenwärtigkeit der Beweismittel* auf einen erträglichen Anwendungsbereich beschränkt. Eine Beweisaufnahme, die nicht sofort durchgeführt werden kann, ist unstatthaft (§ 294 Abs. 2 ZPO). Beweisanträge sind also nicht zu beachten, wenn ihnen nicht sofort entsprochen werden kann. Vertagungen, um die Beweisführung zu ermöglichen, sind unzulässig. Aber selbstverständlich ist auch hier eine Beweiswürdigung erforderlich, nur eben bezogen auf die Annahme einfacher Wahrscheinlichkeit. Widersprechende eidesstattliche Versicherungen müssen beispielsweise gegeneinander abgewogen werden.[17] Die Abstufung zum Strengbeweis des § 286 ZPO zeigt sich darin, daß auch

---

[9] Wieczorek, ZPO, § 294 Anm. B I a.

[10] OLG Köln FamRZ 1983, 709.

[11] BGH NJW 1988, 2045 = LM ZPO § 233 (Fd) Nr. 38 = VersR 1988, 616 = MDR 1988, 497 = AnwBl. 1988, 292.

[12] OLG Düsseldorf MDR 1986, 152.

[13] OLG Köln MDR 1986, 152 = WRP 1986, 170.

[14] VersR 1974, 1021.

[15] Siehe beispielsweise AG Hannover Rpfleger 1993, 296: „Das Gericht mißt ihr (der eidesstattlichen Versicherung) darüber hinaus ein besonderes Gewicht bei, weil sie von einem Rechtsanwalt abgegeben worden ist."

[16] BAG BB 1986, 1232.

[17] KG WRP 1979, 549 = GRUR 1979, 725.

in Verfahren, in denen Glaubhaftmachung genügt, der darüber hinaus vom Beweisführer erbrachte Vollbeweis, etwa durch Vorlage einer notariellen Urkunde, nicht durch Mittel der Glaubhaftmachung, in erster Linie also eidesstattliche Versicherungen, entkräftet werden kann.[18]

Zweiter Grad: Hohe Wahrscheinlichkeit. Sie ist dann anzunehmen, wenn **65**
kein vernünftiger, die Lebensverhältnisse klar überschauender Mensch noch zweifelt. Diese „an Sicherheit grenzende Wahrscheinlichkeit" genügt auch für den Sachverständigenbeweis. Ob es sich um das gewöhnliche Erkenntnisverfahren handelt oder um eine Verfahrensart, in der der Untersuchungsgrundsatz gilt, macht keinen Unterschied. Wird dieser Gewißheitsgrad nicht erreicht, dann steht die zu beweisende Behauptung nicht fest. Die bloße Möglichkeit oder einfache Wahrscheinlichkeit reicht daher nie zum Hauptbeweis aus.[19]

Dritter Grad: Sehr hohe Wahrscheinlichkeit. Es handelt sich hierbei um **66**
Sonderfälle, in denen das Gesetz selbst eine besonders strenge Prüfung vorschreibt, zum Beispiel in § 1591 BGB: die Abstammung eines Kindes von einem bestimmten Manne muß „offenbar unmöglich" sein; §§ 319, 660 BGB: „offenbar unbillig". Von Bedeutung sind nur die Abstammungsprozesse. Der „sehr hohe" Wahrscheinlichkeitsgrad wird dort praktisch dadurch erreicht, daß nur naturwissenschaftlich abgesicherte Beweismittel als für die Überzeugungsbildung geeignet anerkannt werden, also vor allem Blutgruppengutachten und erbbiologische Ähnlichkeitsgutachten.[20]

Im Strafverfahren ist neuerdings als Hilfsmittel zur Täteridentifizierung die DNA-Analyse entwickelt worden, deren Beweiswert allerdings noch umstritten ist.[21] Weil diese Analyse nur zu statistischen Aussagen führt, fordert die Rechtsprechung noch eine zusätzliche Würdigung aller Beweisumstände.[22]

Die kritischen Angriffe, die gegen das Reichsgericht erhoben worden **67**
sind[23], weil es eine hohe Wahrscheinlichkeit als Basis der Überzeugungsbildung genügen ließ[24], gehen m. E. fehl. Es ist unrichtig, dem Reichsgericht zu unterstellen, es habe die zur Urteilsfällung notwendige Gewißheit durch eine Wahrscheinlichkeit ersetzt.[25] Vielmehr hat es nur – und das mit Recht! – klargestellt, daß der Richter sich eine *Überzeugung* bilden kann und darf *auf Grund eines Wahrscheinlichkeitsurteils.* Etwas anderes ist auch nicht denkbar, da die den Naturwissenschaften erreichbare Evidenz der Wahrheit, also der

---

[18] OLG Köln MDR 1981, 765 = FamRZ 1981, 779.

[19] RG JW 1936, 3187 (3188 links) Nr. 11; RGZ 95, 249.

[20] Siehe dazu die Nachweise bei Soergel/Gaul, BGB, 12. Aufl. 1987, § 1591 Anhang nach Rn. 49; Arbab-Zadeh/Prokop/Reimann, Rechtsmedizin, 1977, S. 250 ff.

[21] Siehe BGHSt 37, 157 = JZ 1993, 102 mit Anm. Keller.

[22] BGH JZ 1993, 102 mit Anm. Keller.

[23] Vgl. z. B. Hirschberg, Das Fehlurteil im Strafprozeß, 1960, S. 71 ff.; Wassermeyer, Der prima facie Beweis, 1954, S. 32 ff.

[24] Siehe dazu Bohne, Zur Psychologie der richterlichen Überzeugungsbildung, 1948, S. 19 ff. mit Nachweisen.

[25] So aber Hirschberg, Das Fehlurteil im Strafprozeß. Zur Pathologie der Rechtsprechung, 1960, S. 79, 80.

ausnahmslose und unumstößliche Beweis, der Rechtswissenschaft prinzipiell versagt ist.[26] Allein die Gewißheit *des Richters*, das ist *seine* Überzeugung, steht im Gegensatz zum Zweifel. Wer den Zweifel überwunden hat, ist überzeugt. Der Weg vom Zweifel zur Überzeugung ist also der von der Wahrscheinlichkeit zum Bewußtsein dessen, daß das Wahrscheinliche gewiß sei. Nicht das Wahrscheinliche wird gewiß (objektive Gewißheit), sondern die Beurteilung, die der Richter jenem Wahrscheinlichen zuteil werden läßt (subjektive Gewißheit). Daß dies immer wieder verwechselt wird, ist der Grund mancher verfehlten Kritik.

68 Bohne[27] hat hier klar unterschieden zwischen quantitativer und qualitativer Wahrscheinlichkeit. Die quantitative oder numerische Wahrscheinlichkeit beruht auf ziffernmäßig festlegbaren Einsichten, zum Beispiel bei den Blutgruppengutachten oder den anthropologisch-erbbiologischen Ähnlichkeitsgutachten. Die Meßergebnisse der medizinischen Forschung führen wegen ihrer rechnerischen Auswertbarkeit in steigendem Maße zu immer zuverlässigeren Aussagen. Kein Richter kann sich diesen Ergebnissen entziehen mit der Begründung, es könnte vielleicht einmal eine statistische Ausnahme vorliegen, er vermöge sich deshalb nicht zu überzeugen. Das wäre eine Verkennung der Anforderungen, die an die Überzeugungsbildung gestellt werden dürfen.

69 Ganz anders verhält es, wenn etwa darüber befunden werden soll, ob ein Zeuge gelogen hat. Die Wahrscheinlichkeit, daß er es nicht getan hat, ist nicht quantitativ (numerisch) ausdrückbar. Diese Wahrscheinlichkeit läßt sich nur *qualitativ* ausdrücken: also nicht graduell ansteigend (wie etwa beim erbbiologischen Ähnlichkeitsgutachten), sondern entweder mit „ja" oder mit „nein". Die Beschaffenheit (qualitas) des richterlichen Urteils über die Glaubwürdigkeit kann dem Zweifel mehr oder weniger Raum geben: Wird er überwunden, so führt das zum Gewißheitsbewußtsein (Überzeugung), *aber eben nur beim Richter:* die Wahrscheinlichkeit *als solche* bleibt (dem Grade nach) von der Überwindung des Zweifels unberührt. Darauf beruht es auch, daß individuell durchaus verschieden sein kann, was jeder an Wahrscheinlichkeit genügen läßt, um eine Überzeugung zu erlangen. Dagegen ist nicht verschieden, was an Wahrscheinlichkeit notwendig ist, um die Ähnlichkeit eines Kindes mit seinem angeblichen Erzeuger zu ermitteln. Hier sind ziffernmäßig angebbare Stufen feststellbar (Häufigkeitsziffern); und man braucht sich nur auf Grund verstandesmäßiger Überlegungen auf bestimmte Gradmesser festzulegen. Das ist beispielsweise bei der Vaterschaftsbegutachtung längst geschehen, bei der man sich auf Wahrscheinlichkeitsgrade festgelegt hat, die – je nach der angewandten naturwissenschaftlichen Beweismethode – im Bereich von 99%iger Sicherheit liegen.[28] Durch solche Grenzwert-Feststellungen wird der individuelle Überzeugungsfaktor praktisch ausgeschaltet. Die so gewonnene Sicherheit ist meßbar, nämlich statistisch

---

[26] Siehe zum folgenden Bohne, Überzeugungsbildung, S. 11 ff. Davon geht auch der BGH aus, z. B. in MDR 1978, 353 = VersR 1978, 176.

[27] Überzeugungsbildung, S. 12 ff.

[28] Vgl. OLG Hamm DAVorm 1986, 887. Einzelheiten bei Soergel/Gaul, BGB, § 1591 Anhang nach Rn. 49.

verdichtete Wahrscheinlichkeit. **Die Statistik ersetzt also die Überzeugung,** wenn man es überspitzt ausdrücken will.

Wo immer aber statistische Wahrscheinlichkeit ausgeschlossen ist – also 70
bei allen nichtnaturwissenschaftlichen Beweisen – bedarf es der richterlichen Gewißheit = Überzeugung = persönliches Fürwahrhalten als Sicherheitskriterium, das sich aber eben nicht als objektiv richtig erweisen läßt wie etwa ein mathematischer Lehrsatz.[29]

Das Reichsgericht ist mit Recht der Verwischung der auf statistischer 71
Wahrscheinlichkeit beruhenden objektiven Gewißheit und der auf nicht meßbarer Wahrscheinlichkeit beruhenden subjektiven Gewißheit entgegengetreten, mögen auch einzelne Entscheidungen das Ziel verfehlt haben. Der Richter muß überzeugt sein. Er darf die Verantwortung der Überzeugungsbildung nicht von sich weisen, darf ihr nicht ausweichen, weil keine objektive Gewißheit erreichbar sei, wenn den Umständen nach nur subjektive Gewißheit in Betracht kommt. Verkennt er das, so hat er auch die Anforderungen verkannt, die an einen Beweis zu stellen sind. Er muß angewiesen werden, den Vorgang der Überzeugungsbildung erneut zu vollziehen, da er dann vielleicht zu einer anderen Auffassung gelangt. Das Reichsgericht hat sich diese Kontrollfunktion mit Recht nicht nehmen lassen, es aber mit gleichem Recht abgelehnt, sie so auszudehnen, daß es seine Überzeugung an die Stelle derjenigen des Tatrichters gesetzt hätte. An dieser Auffassung hat die höchstrichterliche Rechtsprechung bis heute grundsätzlich festgehalten.[30]

Richtig ist allerdings, daß die Überzeugungsbildung auch eine *moralische* 72
Aufgabe ist. Wer ohne gewissenhafte und gründliche verstandesmäßige Erörterung des Beweisergebnisses urteilt, wer aus Bequemlichkeit einfach von einem bestimmten Sachverhalt ausgeht, der hat sich nicht eine **Überzeugung** gebildet, sondern sich einfach auf einen der möglichen Geschehensabläufe festgelegt, ohne sich genügend Gedanken darüber gemacht zu haben. Ein solches Verfahren ist zu mißbilligen. Und doch kommt es immer wieder vor, daß irgendwelche Abläufe als möglich unterstellt werden, obwohl dafür nicht die geringsten Anhaltspunkte bestehen.[31] Doch dem Versagen des einzelnen kann man nicht durch Grundsätze über die Bewertung von Beweisen begegnen. Man kann nur an seine Verantwortung appellieren.

Auf dem Hintergrund dieser Einsicht in die Unterscheidung von bere- 73
chenbarer und nur bewertbarer „Gewißheit" muß auch die einschlägige Kasuistik gesehen werden:

Der Tatrichter hat aus dieser Sicht heraus nicht einen mehr oder weniger hohen Grad der Wahrscheinlichkeit festzustellen, sondern zu entscheiden, ob er die Überzeugung von der Wahrheit einer Behauptung erlangt hat oder

---

[29] Vgl. Bohne, Überzeugungsbildung, S. 13f., 15.

[30] Siehe die Nachweise aus der Rspr. des BGH bei Zöller/Stephan, ZPO, 18. Aufl. 1993, § 286 Rn. 13.

[31] Siehe das Beispiel in OLG Koblenz VRS Bd. 70, 18: Die Strafkammer hatte den Angeklagten vom Vorwurf des unerlaubten Entfernens vom Unfallort freigesprochen, weil nicht ausgeschlossen sei, daß ein unbekannter Dritter der Halterin des Wagens die Fahrzeugschlüssel entwendet und mit dem Fahrzeug den Unfall verursacht habe – wofür schlechthin nichts sprach.

nicht. Diese *persönliche* Gewißheit ist für die Entscheidung notwendig, aber auch genügend. Der Begriff der Überzeugung schließt die Möglichkeit eines anderen, sogar des gegenteiligen Sachverhalts begrifflich nicht aus; denn im Bereich der vom Tatrichter zu würdigenden Tatsachen ist der menschlichen Erkenntnis bei ihrer Unvollkommenheit ein absolut sicheres Wissen über den wirklichen Hergang verschlossen. Allein der Tatrichter hat – ohne Bindung an gesetzliche Beweisregeln und nur seinem Gewissen unterworfen – die Entscheidung zu treffen, ob *er* die an sich möglichen Zweifel überwinden und sich von einem bestimmten Sachverhalt überzeugen kann.[32] Deshalb vermag beispielsweise eine bloße, wenn auch hohe Wahrscheinlichkeit des ursächlichen Zusammenhanges zwischen einer Handlung oder Unterlassung und einem eingetretenen Erfolg nicht die richterliche Feststellung des Ursachenzusammenhanges zu ersetzen. Sie kann nur die Grundlage für die Gewinnung der richterlichen Überzeugung abgeben, daß ein bestimmter Erfolg auf ein bestimmtes Handeln oder Unterlassen zurückzuführen ist.[33]

74 So ist es nicht ausgeschlossen, daß der Tatrichter die Überzeugung gewinnt, der vorschriftswidrige Zustand von Reifen habe auf das Zustandekommen und den Verlauf eines Unfalls keinen Einfluß gehabt, obwohl die einzelnen Unfallfaktoren wie Geschwindigkeit und nasse Fahrbahn ihrerseits nicht genau festzustellen waren.[34]

75 Da der Richter sich bei seiner Überzeugungsbildung mit einem für das praktische Leben brauchbaren Grad von Gewißheit zu begnügen hat, kann er sogar in Kindschaftssachen die Vaterschaft des in Anspruch genommenen Beklagten feststellen, wenn theoretisch und denkgesetzlich noch die Möglichkeit der Vaterschaft eines anderen Mannes besteht.[35]

76 Auch der Beweis durch Indizien ist nach allgemeinen Beweisregeln erst erbracht, wenn die bewiesenen Indizien die volle richterliche Überzeugung von der Richtigkeit der zu beweisenden Tatsache begründen.[36] Doch auch hier darf und muß sich der Tatrichter mit einem für das praktische Leben brauchbaren Grad von Gewißheit begnügen, der dem Zweifel Schweigen gebietet, ohne ihn völlig auszuschließen.[37] Sprechen gewisse Beweisanzeichen für die Darstellung des Klägers, andere aber auch für die Darstellung des Beklagten, so muß der Tatrichter prüfen und entscheiden, ob eine Behauptung für wahr zu erachten ist.[38]

77 Verfehlt ist es daher, für den Indizienbeweis (Alibibeweis in Strafverfahren) irgendwelche besonderen Beweisregeln aufzustellen, wie dies vom

---

[32] BGH DRiZ 1962, 169 (1970); 1967, 239; 1969, 53; BGHSt 10, 208; BGHZ 53, 256; BGHSt 25, 207 u. ö. in std. Rspr.

[33] BGH VersR 1957, 248.

[34] BGH MDR 1978, 393 = NJW 1978, 1919 = VersR 1978, 146 = VRS Bd. 54, 181 = DAR 1978, 75.

[35] OLG Köln JMBlNRW 1959, 121.

[36] OLG München VersR 1959, 255.

[37] Siehe zum folgenden Bohne, Überzeugungsbildung, S. 11 ff. Davon geht auch der BGH aus, z. B. in MDR 1978, 353 = VersR 1978, 176.

[38] BGH VersR 1953, 401.

Bundesgerichtshof in einem obiter dictum versucht worden ist.[39] Der BGH[40] hat sich jedoch später korrigiert und ist davon abgerückt, nur ein **erwiesenes** Alibi könne von Einfluß auf die Entscheidung sein; das Scheitern des Alibibeweises sei nicht gleichbedeutend mit der Feststellung eines abweichenden Geschehens.

Bei all diesen Erwägungen stützt sich der Richter notwendig auf Sätze der **78** Lebenserfahrung. Welche Konsequenzen er im Einzelfall daraus zieht, hängt von der mehr oder minder großen Wahrscheinlichkeit dieser Sätze ab. Besonders große Wahrscheinlichkeit tendiert dazu, die Beweiswürdigung zu generalisieren, also vom persönlichen Überzeugungsurteil zu lösen. Darauf beruhen nicht nur die gesetzlichen Beweislastregeln, sondern auch tatsächliche Vermutungen (z. B. § 1006 BGB), Anscheinsbeweis oder die Grundsätze der sog. Beweisvereitelung.

Welche Überzeugungskraft dabei im *Einzelfall* anzunehmen ist, entschei- **79** det letztlich wieder der Richter, wobei er aber die Maßstäblichkeit des Erfahrungssatzes als solchen nicht verkennen darf.

Zweifelsfälle lassen sich natürlich nie ausschließen, so etwa wenn das OLG **80** Nürnberg[41] von einem Satz der Lebenserfahrung ausgeht, wonach ein Anwalt seiner Berufspflicht zur umfassenden Beratung seines Mandanten in vollem Umfang nachgekommen ist.

Der Richter ist auch in schwierig gelagerten Fällen verpflichtet zu ver- **81** suchen, eine bestimmte Überzeugung zu gewinnen. Dazu muß er gegebenenfalls „Mosaikarbeit" leisten. **Beispiel:** Bei Kraftfahrer/Fußgängerunfällen müssen die Weg-/Zeitwerte im „kritischen Moment" offengelegt und muß klargestellt werden, wann und wo dieser liegt. Der Umstand, daß echte Tatsachenfeststellungen bei der gegebenen Beweislage (keine oder unbrauchbare Tatzeugen) schwierig sind, entbindet nicht davon, sie zu treffen, gegebenenfalls Mindest- und Höchstwerte zu schätzen, oder eindeutig klarzustellen, was an Tatsachen nicht festgestellt werden kann.[42]

Der Richter muß den Tatsachenstoff ausschöpfen[43] und darf insbesondere **82** kein wesentliches Parteivorbringen übergehen.[44] Er muß aber andererseits bei der Überzeugungsbildung auch vor unüberwindbaren Schwierigkeiten haltmachen. Er darf keine unmögliche „Überzeugung" gewinnen. Unmöglich ist es beispielsweise, die Reaktionszeit eines Fahrers für eine bestimmte, einmalige Verkehrslage nachträglich festzustellen.[45] Auf bloße gedankliche Möglichkeiten, für deren Vorliegen keine Anhaltspunkte bestehen, darf

---

[39] Siehe BGHSt 25, 285 = MDR 1974, 502 mit krit. Anm. Schneider in MDR 1974, 944; abl. beispielsweise auch Hanack JR 1974, 383; Stree JZ 1974, 299; Foth NJW 1974, 1572.

[40] MDR 1983, 685 = LM § 262 StPO 1975 Nr. 13.

[41] AnwBl 1964, 257.

[42] OLG Köln JMBlNRW 1969, 138.

[43] BGH NJW-RR 1992, 1392.

[44] BGH FamRZ 1992, 537.

[45] BGH VRS Bd. 36, 189.

keine tatsächliche Feststellung gestützt werden.[46] Mutmaßungen[47] dürfen ebensowenig wie ein „Eindruck" des Gerichts[48] an die Stelle wirklicher Feststellungen treten.

83 Es kann jedoch auf Grund praktischer Erfahrung nicht dringend genug davor gewarnt werden, das Bemühen um konkrete Feststellungen vorzeitig abzubrechen und beweismäßig zu resignieren. Der Tatrichter hat weitgehende, umfassende Möglichkeiten, sich eine zuverlässige Überzeugung zu verschaffen, – leider werden sie nicht immer genutzt. Es gibt geradezu typische Beweislagen, die den einzelnen Richter auf die Probe stellen, ob er seiner Aufgabe gewachsen ist oder nicht, beispielsweise sind die Betrugsversuche gegenüber dem Haftpflichtversicherer zu erwähnen. Zahlreiche vorgetäuschte Versicherungsfälle stellen dem Richter die Aufgabe, in minuziöser Kleinarbeit betrügerische Manipulationen aufzudecken.[49] Andererseits gibt es auch Fälle, in denen gewissermaßen grobe Keile auf grobe Klötze zu setzen sind. Ist beispielsweise ein Kellerrohbau unstreitig mit zahlreichen schweren Mängeln behaftet, dann darf daraus ohne weiteres der beweismäßige Schluß gezogen werden, daß der beauftragte Architekt seine Vertragspflichten schuldhaft vernachlässigt hat. Es ist nicht notwendig, zu Einzelheiten Beweis und Gegenbeweis zu erheben; denn die Mängel als Beweisgrundlage können auch dadurch nicht aus der Welt geschafft werden.[50]

84 Wichtig ist bei der Überzeugungsbildung die Einsicht, daß die **Beweiswürdigung ein analytisches Vorgehen** ist. Deshalb muß – wie es auch § 286 ZPO vorschreibt – am Ende der Beurteilung des Beweissachverhaltes wieder eine ganzheitliche Betrachtung stattfinden, welche die einzelnen Beweismittel und deren Ergebnisse in Zusammenschau mit dem ganzen Fall und der Lebenserfahrung sieht. Von daher kommen meist die besten Richtigkeitskriterien und die so wichtige emotionale Überzeugung, der Wahrheit so weit wie möglich nahegekommen zu sein.

§ 5. Das Ergebnis der Beweisaufnahme

85 Das Ergebnis der Beweisaufnahme ist in § 286 ZPO ausdrücklich als Grundlage der Beweiswürdigung erwähnt. Angesichts der ausschlaggebenden Bedeutung des Beweisergebnisses ist diese Hervorhebung berechtigt.

Es gibt vier Hauptbeweismittel, die in jedem gerichtlichen Verfahren anwendbar sind: Augenschein, Urkunde, Sachverständiger und Zeuge. Im Zivilprozeß kommt als subsidiäres Beweismittel die Parteivernehmung

---

[46] BayObLG VRS Bd. 39, 49.

[47] OLG Köln JMBlNRW 1971, 101 = JZ 1970, 657.

[48] OLG Zweibrücken VRS Bd. 46, 383.

[49] Siehe dazu unten § 22 Rn. 396 ff. Ein gutes Beispiel dafür, wie ein Berufungsgericht an seiner „Feststellungsangst" gescheitert ist, bietet OLG Frankfurt VersR 1978, 74 ff. Der BGH aaO., der nicht in den Bereich der Überzeugungsbildung eingreifen darf, hat den Fall mit rechtlichen Überlegungen auf das richtige Geleis gebracht.

[50] OLG Köln VersR 1976, 352.

hinzu, die seit der ZPO-Novelle vom 27. Oktober 1933 an die Stelle des Parteieides getreten ist. Jedoch sehen die Strafprozeßrechtler die Aussage des Angeklagten ebenfalls als „echtes Beweismittel“ an, weil sie für die Überzeugungsbildung des Gerichts von Bedeutung sein könne.[1] Inwieweit das stichhaltig ist, bedarf hier keiner Erörterung; letztlich geht es dabei nur um Fragen der Terminologie. Sämtliche Hauptbeweismittel sind grundsätzlich gleichrangig. Jedoch gilt dieser Satz nur rechtlich. Psychologisch bestehen *erhebliche* Wertunterschiede, mit denen wir uns im Besonderen Teil befassen werden.

In einigen Ausnahmefällen haben die Prozeßordnungen die zulässigen Beweismittel ausdrücklich eingeschränkt. Beispiele: Der Bevollmächtigte hat die Bevollmächtigung durch eine *schriftliche* Vollmacht nachzuweisen (§ 80 Abs. 1 ZPO). Die Beobachtung der für die mündliche Verhandlung vorgeschriebenen Förmlichkeiten kann *nur durch das Protokoll* bewiesen werden (§ 165 ZPO, § 274 StPO). Der *Tatbestand des Urteils* liefert Beweis für das mündliche Vorbringen. Dieser Beweis kann *nur durch das Sitzungsprotokoll* entkräftet werden (§ 314 ZPO). Im Urkunden- und Wechselprozeß sind nur *Urkunden und Parteivernehmung* als Beweismittel zugelassen (§ 595 Abs. 2 ZPO) und der Urkundenbeweis wiederum nur in der Regelform der *Vorlage* (§ 595 Abs. 3 ZPO). **86**
In derartigen Fällen ist die Benutzung aller anderen Beweismittel unzulässig.[2]

Das Ergebnis einer Beweisaufnahme ist bei der Beweis**würdigung** selbst **87** dann zu berücksichtigen, wenn es Tatsachen enthält, die keine Partei vorgetragen hat, die also nicht Gegenstand der mündlichen Verhandlung waren.[3] Der im Zivilprozeß geltende Verhandlungsgrundsatz (oben § 2) findet auch nach der engen herrschenden Meinung seine Schranken da, wo die Beweiswürdigung beginnt.

Aus der Freiheit des Richters in der rechtlichen und tatsächlichen Würdi- **88** gung folgt weiter, daß das Gericht aus den vorgetragenen Tatsachen und den nicht vorgetragenen, bei der Beweisaufnahme zutage geförderten Indizien Schlüsse ziehen darf, die keine der Parteien gezogen hat.[4] Es braucht dann nicht nach § 139 ZPO darauf hinzuweisen, daß es Schlüsse aus einem Parteivorbringen ziehen will oder gar, welche Schlüsse es ziehen will.[5]

---

[1] So Eb. Schmidt, StPO II, 1957, Vorb. 8 vor § 244 mit Nachweisen; § 244 Anm. 3; Schlüchter, Das Strafverfahren, 2. Aufl. 1983, Rn. 467, S. 481.

[2] Vgl. dazu Wieczorek, ZPO, § 286 Anm. D II a bis D II a 2.

[3] Wieczorek, ZPO, § 128 Anm. B III e (S. 962 Abs. 3); RGZ 80, 363 (364); BGH WPM 1984, 1381. Nach Bernhardt, Zivilprozeßrecht, 3. Aufl. 1968, S. 143, ist dies sogar für die Rechtsanwendung geboten: „Ergibt eine Beweisaufnahme Tatsachen, die bisher von keiner Partei behauptet sind, z. B. daß das hingegebene Darlehen wucherisch ist, so darf sie der Richter bei seiner Entscheidung auch dann verwerten, wenn die Parteien ihr Vorbringen nicht ergänzen.“ Ausführlich wird diese Thematik erörtert von Bernhard Hahn, Kooperationsmaxime im Zivilprozeß? Grenzverschiebungen in der Verantwortung von Parteien und Gericht bei der Tatsachenbeschaffung und Sachverhaltserforschung im neuen Zivilprozeßrecht, 1983, S. 274 ff. mit zahlreichen Nachweisen.

[4] RGZ 80, 363 (365); 86, 143 (145); 95, 70 (72); weitere Belege bei Wieczorek, ZPO, § 282 Anm. B II a 1.

[5] RGZ 8, 371 (372); BGH NJW-RR 1987, 1018 = VersR 1987, 1003.

89 Diese Freiheit der Beweiswürdigung hat das Reichsgericht und ebenso der Bundesgerichtshof dem Richter jedoch nicht zugestanden, wenn unter den Parteien Einverständnis darüber herrscht, daß eine *Tatsache, die das Gericht auf Grund der Beweisaufnahme als erwiesen angesehen hat*, nicht wahr sei.[6] Das läuft darauf hinaus, daß die Parteien den Richter zwingen können, seine Entscheidung auf einem als falsch erkannten Sachverhalt aufzubauen (siehe bereits oben § 2). Eine solche Auffassung wird weder der Würde des Gerichts noch den ethischen Prinzipien des Prozeßrechts (Wahrheitspflicht: § 138 Abs. 1 ZPO!) noch der modernen zivilprozessualen Entwicklung mit dem Ziel einer wirklichen Sachverhaltsaufklärung gerecht. Sie ist daher auch gerade in letzter Zeit vielfach auf Widerspruch gestoßen.[7] Jedoch ist die Auffassung des Reichsgerichts noch immer herrschend, wenngleich sie bei sachgemäßer Verhandlungsführung (§§ 139, 278 ZPO!) kaum noch zum Zuge kommen dürfte.

90 Anders liegt es indessen, wenn das Gericht seine Beweiswürdigung auf einen Sachverhalt stützen will, den keine Partei behauptet hat. Das ist unzulässig, es sei denn, daß die Darlegungslücke durch Sätze der Lebenserfahrung geschlossen wird.[8]

91 Die Erklärungen von Zeugen oder Sachverständigen sind so hinzunehmen, wie sie abgegeben worden sind. Ein Umbiegen oder Zurechtmachen, um zu einem vorgefaßten Ergebnis zu kommen, ist absolut unzulässig und ein schwerer Fehler! Das enthebt selbstverständlich nicht des Rechts und der Pflicht, solche Erklärungen *auszulegen*, um ihren gemeinsamen Sinn zu ermitteln.[9] Auslegung ist keine Beweiserhebung. Es sind vielmehr zu unterscheiden die Feststellung der zu beweisenden Erklärung (Tatsachenfeststellung; § 286 ZPO) und die Klärung, welchen Sinn sie hat (Auslegung; §§ 133, 157 BGB). Soweit es um die Auslegung als solche geht, kann eine Partei daher auch nicht im beweisrechtlichen Sinne „beweisfällig" werden.[10] Vor der Auslegung steht aber die Pflicht des Gerichts, die Beweispersonen zu eindeutigen Erklärungen zu veranlassen![11]

92 Die Zeugnis- und Eidesverweigerung ist als Tatsache frei zu würdigen.[12] Aus einer von einem Angehörigen erklärten Zeugnisverweigerung dürfen nachteilige Schlüsse gegen den Angeklagten gezogen werden.[13] Zwar scheidet der Zeuge mit der Aussageverweigerung als Beweismittel aus; aber die Erklärung, nicht aussagen zu wollen, ist und bleibt eine Tatsache, die zum

---

[6] RG JW 1913, 385 (386 links) Nr. 21; 1914, 688 (rechts) Nr. 16.

[7] Vgl. Bernhardt, Festschrift für Rosenberg, 1949, S. 24 ff., 35; auch vorstehend Anm. 3; Sauer, Allg. Prozeßrechtslehre, 1951, S. 72 f., 170 ff.; Schmidt JZ 1956, 561 f.; Brauer JZ 1956, 713 u. a.

[8] Siehe zu diesem Fall BGH MDR 1977, 661.

[9] RG Seuff Archiv Bd. 51 Nr. 224.

[10] BGH NJW-RR 1989, 1282 = WPM 1989, 1344 = FamRZ 1989, 959.

[11] BAG DB 1976, 2356.

[12] Wieczorek, ZPO, § 286 Anm. D II d 4; OLG Köln VersR 1975, 163; LG Darmstadt MDR 1959, 581.

[13] RGSt 55, 20; BGHSt 2, 351. Aber durch BGHSt 22, 113 und BGH MDR 1979, 1040 = NJW 1980, 794 für den Strafprozeß aufgegeben! Ausführlich dazu Kühl JuS 1986, 115 ff.

„Inbegriff der Verhandlung" gehört und damit der freien Beweiswürdigung unterliegt. Jedoch kommt es auch hier, wie stets, auf die Umstände an. Es ist fehlerhaft, bei der Bewertung von Grundsätzen auszugehen, die über den Einzelfall hinausreichen, etwa: die Tatsache der Eidesverweigerung nehme einer Aussage in jedem Fall den Beweiswert.[14]

Im Strafprozeß kommt den Erklärungen des Angeklagten besondere Bedeutung **93**
zu. Dementsprechend gewichtig ist dort umgekehrt die Problematik des schweigenden Angeklagten. Teilweise wird sogar ein Beweisverwertungsverbot angenommen, so daß das Schweigen des Angeklagten niemals zu einer ihm nachteiligen Beweiswürdigung führen darf. Das geht wohl zu weit. Indessen dürfen dem Angeklagten beweisrechtliche Nachteile wegen seines Schweigens nur in besonderen Ausnahmefällen entstehen; insbesondere hat das Schweigen dann kaum noch eine Beweisfunktion, wenn der Angeklagte überhaupt nicht aussagt.[15]

Ist ein Zeuge verfahrenswidrig vereidigt worden, zum Beispiel entgegen **94**
§ 60 Ziff. 2 StPO trotz Teilnahmeverdachts, so verlangt die Rechtsprechung sowohl im Strafverfahren wie im Zivilprozeß, daß die eidliche Aussage als uneidliche bewertet werde.[16] Damit dürfte der Richter aber wohl überfordert werden: Das „geht über Menschenkraft". Wie soll ein Richter außer acht lassen können, „daß der Zeuge den Mut gehabt hat, sich für den Fall der Unrichtigkeit seiner Aussage der Meineidsstrafe auszusetzen?"[17] Daher kann man ein Urteil auch nicht dadurch „revisionssicher" machen, daß man in die Gründe schreibt, die eidliche Aussage sei nur als uneidliche gewertet worden.[18] Hierzu hat der Bundesgerichtshof ausgeführt:[19]

> „Ergibt die Beratung, daß ein Zeuge hätte unvereidigt bleiben müssen, so hat dies der Vorsitzende den Beteiligten in der Hauptverhandlung kundzutun, damit sie weitere Beweisanträge stellen können. Ohne Gewährung dieser Möglichkeit genügt die Mitteilung in den Gründen nicht, das Gericht habe die Aussage nur als uneidliche gewertet."

Zutreffend erscheint die Auffassung Wieczoreks[20], daß solche Aussagen *als* **95**
eidliche zu würdigen sind: „Auch die zu unrecht beschworene Aussage ist und bleibt eine eidliche." Schließlich droht § 154 StGB auch dem zu Unrecht vereidigten Zeugen Strafe an![21] Für die Prozeßpraxis ist diese Zweifelsfrage aber letztlich nicht so bedeutsam; es darf nur nicht die Bedeutung des Zeugeneides überschätzt werden (siehe dazu unten § 36, Rn. 1072).

Nicht selten kommt es vor, daß ein Zeuge nach seiner Vernehmung dem **96**
Gericht schriftlich eine Berichtigung oder Ergänzung seiner Aussage über-

---

[14] OGH NJW 1949, 146 Nr. 8. Zusammenhängende Behandlung dieses Themas bei Peters, ZZP Bd. 77 (1964), 444ff.

[15] Ausführlich mit Nachweisen dazu Günther JR 1978, 89ff.; Kühl JuS 1986, 115ff.

[16] Vgl. RG JW 1931, 1599 Nr. 55 mit Anm. Alsberg; RG Warneyer 1911 Nr. 229.

[17] Gage/Sarstedt, Revision in Strafsachen, 4. Aufl. 1962, S. 159f. (5. Aufl. 1983 von Sarstedt/Hamm, Rn. 238).

[18] BGHSt 4, 130; RGSt 72, 219.

[19] BGHSt 4, 130 = LM § 60 StPO Nr. 1 mit Anm. Hülle; ebenso BGH LM § 60 Ziff. 3 StPO Nr. 8; RGSt 72, 219.

[20] ZPO, § 391 Anm. B II a.

[21] Vgl. z. B. RGSt 25, 31; 62, 147 (149); 70, 142 (144).

mittelt. Solche Äußerungen müssen zur Kenntnis genommen werden. Jedoch dürfen sie nicht bei der Beweiswürdigung berücksichtigt werden, weil es sich um Bestandteile der Akten handelt, die nicht Gegenstand der mündlichen Verhandlung gewesen sind. Eine Verwertung ist nur nach nochmaliger Vernehmung des Zeugen gemäß § 398 ZPO möglich. Eine solche ist jedoch gegebenenfalls anzuregen, wenn eine prozessual ordnungsgemäß veranlaßte Berichtigung auf die Entscheidung von Einfluß wäre.[22]

§ 6. Das Parteivorbringen

97 Das Ergebnis der Beweisaufnahme ist nicht der einzige Anhalt für die Beweiswürdigung. Von wesentlicher Bedeutung ist auch das **Vorbringen der Parteien**, gleich ob es ihnen selbst günstig oder ungünstig ist. Jede Partei muß es sich gefallen lassen, daß die von ihr aufgestellten tatsächlichen Behauptungen zu ihren Ungunsten verwertet werden.[1] Man kann das häufige Wechseln im Vortrag einer Partei würdigen[2], die Art, wie sie sich äußert, wie sie ihrer prozessualen Förderungspflicht nachkommt und so weiter. Auch ein wahrheitswidriges Bestreiten oder Verschweigen[3] und sogar die bloße innere Glaubwürdigkeit einer Darstellung ist verwertbar.

98 Im Zivilprozeß – nicht im Strafprozeß (Rn. 92) – darf auch die Beweisverhinderung durch Nichtentbinden von der Verschwiegenheitspflicht[4] oder die Vereitelung einer Untersuchung[5] als Würdigungsumstand berücksichtigt werden. Sogar die Zeugnisverweigerung der Ehefrau kann Indizwert haben.[6] Fälle dieser Art lassen sich auch als Beweisvereitelung erfassen.[7]

99 Eine beweisbedürftige Tatsache kann sogar ohne förmliche Beweisaufnahme auf Grund von Erfahrungsregeln oder auf Grund der Würdigung des gesamten Prozeßstoffes als bewiesen angesehen werden.[8] Dann müssen aber selbstverständlich die unbestrittenen oder bereits erwiesenen Tatsachen dargelegt werden, aus denen das Gericht im Wege der Schlußfolgerung seine Überzeugung herleitet.[9] Erst recht müssen die angewandten Erfahungssätze natürlich bestehen und dürfen nicht vom Gericht erfunden werden.[10]

100 Aus der mangelnden Substantiierung des Bestreitens darf auf die Wahrheit

---

[22] Vgl. Wieczorek, ZPO; § 286 Anm. B II 2; BGH MDR 1952, 532 zu § 261.

[1] RG JW 1912, 533 Nr. 11; RGZ 86, 143 u. 331; 94, 384; BGH LM § 286 (B) ZPO Nr. 4; VersR 1974, 160; VersR 1970, 826 (sogar bei Unwahrheit).

[2] BAG NZA 1986, 289; OLG Celle r + s 1988, 29.

[3] OLG Frankfurt VersR 1991, 1070 = OLG Rechtsprechung 1/1992 S. 5.

[4] BGH ZIP 1983, 735 = WPM 1983, 653 = ZMR 1984, 34 (Steuerberater); OLG Frankfurt VersR 1981, 42 (Medizinalperson); OLG Celle ZIP 1982, 1323 (Bankgeheimnis); OLG München MittBayNot 1986, 140 (Notar).

[5] OLG Braunschweig DAVorm 1981, 51 (Blutgruppengutachten); OLG München NJW 1984, 807 (Zutrittsverweigerung bei Ortsbesichtigung).

[6] OLG Hamm VersR 1983, 870 (Frage nach dem Fahrer des Unfallwagens).

[7] Siehe § 10 Rn. 149ff.

[8] RGZ 159, 239; RG LZ 1925 Sp. 772; BGH MDR 1974, 831.

[9] BGH NJW 1955, 671 Nr. 9 a. E.

[10] BGH MDR 1993, 646.

der bestrittenen Behauptung geschlossen werden.[11] Dagegen darf aus sogenanntem „hilfsweisem Vorbringen" kein dem Behauptenden nachteiliger Schluß gezogen werden.[12] Ganz unzulässig, ja geradezu verwerflich ist es, aus der Vergleichsbereitschaft oder aus dem Rücktritt von einem gerichtlichen Vergleich irgendwelche Folgerungen zu ziehen.

Sich widersprechende Behauptungen, die nicht in ein Eventualverhältnis **101**
gebracht werden, heben sich gegeneinander auf.[13] Keine Darstellungsform ist glaubhaft, keine hat auch nur indiziellen Beweiswert *zugunsten* des Behauptenden. Der Widerspruch kann allenfalls *gegen* ihn wirken. Jedoch wird man widersprechendes *späteres* Vorbringen, das nicht in ein Rangverhältnis zum früheren gebracht wird, oft als Berichtigung des früheren Vortrags anzusehen haben. Dann muß aber das Fragerecht (§ 139 ZPO) ausgeübt werden!

Selbstverständlich ist auch im Strafverfahren das Verhalten des Angeklag- **102**
ten in jeder Hinsicht zu berücksichtigen. Der Grundsatz der freien Beweiswürdigung gilt nicht nur formell, sondern auch materiell (hinsichtlich des Inhaltes und des Umfanges) für alle Verfahrensarten gleichermaßen. Die Überzeugungsbildung beruht auf psychologischen Gesetzmäßigkeiten[14], nicht auf Verfahrensweisen. Darauf ist die Einheitlichkeit der Beweiswürdigungsgrundsätze zurückzuführen. So darf der Richter auch im Strafprozeß aus dem frechen, rohen oder bescheidenen Verhalten des Angeklagten Schlüsse auf den Tathergang oder auf das Verschulden ziehen. Er darf ein Geständnis als unglaubhaft, ein widerrufenes Geständnis als glaubhaft ansehen und im Zivilprozeß sogar ein Geständnis als Indiz berücksichtigen, obwohl es aufgrund eines Verfahrensfehlers im Ermittlungs- oder Strafverfahren zustande gekommen ist.[15] Der Richter darf sogar ein Vorbringen des Verteidigers, dem der Angeklagte nicht widersprochen hat, zu dessen Ungunsten verwerten und so fort.[16]

Die in einem früheren Rechtsstreit aufgestellten Behauptungen einer **103**
Partei, die zum Gegenstand der mündlichen Verhandlung gemacht worden sind, dürfen ebenfalls gegen sie verwertet werden.[17] Auch in sonstigen Fällen hat das Reichsgericht zugelassen, daß außerprozessuales Verhalten einer Partei als Indiz gegen sie verwertet wurde: Erklärungen anläßlich einer strafrechtlichen Untersuchung, betrügerisches Verhalten in anderen Rechtsstreitigkeiten[18] usw. Ob in dem anderen Verfahren die Klage vor mündlicher

---

[11] RG JW 1910, 154 Nr. 23 (zu I rechts); BGH MDR 1975, 48 = Warneyer 1974 Nr. 194.

[12] Wieczorek, ZPO, § 286 Anm. B IV b 2.

[13] Wieczorek, ZPO, § 282 Anm. A II b 3; § 286 Anm. B II.

[14] Siehe dazu Bohne, Psychologie der richterlichen Überzeugungsbildung, S. 50 ff.

[15] OLG Hamm NJW-RR 1989, 572.

[16] Vgl. z. B. BGHSt 20, 298 (Weigerung des Angeklagten, bei der Aufklärung eines bestimmten Punktes mitzuwirken, indem er seinem Anwalt keine Aussagegenehmigung erteilt); BGHSt 21, 285 (Widerruf früherer Erklärungen).

[17] RG JW 1915, 798 Nr. 14.

[18] RG Warneyer 1908 Nr. 93.

Verhandlung zurückgenommen worden ist, ist dabei unerheblich.[19] Dieser Rechtsprechung ist der Bundesgerichtshof gefolgt.[20]

104 Jedoch sind das alles nur Anhaltspunkte *neben anderen*, insbesondere neben dem Ergebnis der Beweisaufnahme. Als Grundsatz muß stets gelten, daß Bestrittenes im förmlichen Beweisverfahren *bewiesen* werden muß. Es geht nicht an, einfach den Angaben einer Partei zu folgen, weil sie vertrauenserweckender als die andere Partei erscheint. So vorzugehen verbietet sich auch dann, wenn Spezialfragen zu beurteilen sind, die eine beim Richter nicht vorhandene Sachkunde erfordern. Auch unsubstantiierter Gegenvortrag hat nur geringe Bedeutung, wenn die Tatsachenkenntnis und Sachkunde zur eingehenden Darlegung fehlt.[21] Stets ist in dieser Prozeßlage vor einer Entscheidung die Hinweis- und Fragepflicht nach §§ 139, 278 Abs. 3 ZPO auszuüben.[22]

105 Die Rechtsprechung[23] hält eine Partei auch heute noch an einem bewußt unwahren Geständnis fest, selbst wenn dadurch nach materiellem Recht bestehende Beweiserleichterungen verlorengehen.[24] Deshalb ist es wichtig, den Geständnistatbestand im Rechtsstreit klar herauszuarbeiten und die Parteien zu eindeutigen Stellungnahmen zu veranlassen. *Es darf nicht vorkommen, daß einer unterlegenen Partei erst im Urteil eröffnet wird, die Entscheidung beruhe (mit) auf ihrem Geständnis.*

106 Ein Geständnis setzt voraus, daß sich der Einlassung des Gegners ein zumindest konkludent zum Ausdruck gebrachter Geständniswille entnehmen läßt.[25] Das Geständnis muß also nicht ausdrücklich erklärt werden, sondern kann sich aus der Gesamtwürdigung des Parteivortrages ergeben.[26] Bindend ist es jedoch erst, wenn es in der mündlichen Verhandlung abgegeben wird, wobei selbstverständlich die Bezugnahme auf entsprechende schriftsätzliche Ausführungen genügt.[27] Die Geständniswirkung kann sich auch aus einer Parteivernehmung ergeben.[28]

107 Ein gerichtliches Geständnis liegt hingegen nicht vor, wenn der Beklagte sich das Vorbringen des Klägers zu eigen macht, der Kläger dann aber in einem weiteren Schriftsatz seinen Vortrag ändert, weil es dann an der erforderlichen Übereinstimmung der Parteivorbringen fehlt.[29]

108 In der Praxis muß dem immer wieder zu beobachtenden Versuch gewehrt werden, unmißverständlichen Prozeßerklärungen auszuweichen. Dement-

---

[19] Wieczorek, ZPO, § 286 Anm. B IVa 2.

[20] BGHZ 53, 254f. (Fall Anastasia).

[21] BGH MDR 1954, 831 = Warneyer 1974 Nr. 115.

[22] OLG Hamm VersR 1974, 296.

[23] Siehe BGH VersR 1970, 826; FamRZ 1978, 332 – ständige Rspr.

[24] OLG Frankfurt MDR 1982, 329.

[25] BGH NJW 1991, 1683 = MDR 1991, 791 = LM § 138 ZPO Nr. 30.

[26] OLG Köln NJW-RR 1993, 573.

[27] BGH NJW-RR 1990, 1150; LM § 652 BGB Nr. 129 Blatt 1652 Rückseite = NJW 1992, 2818; OLG Koblenz AnwBl. 1990, 166; OLG Hamm WPM 1990, 1105.

[28] Siehe dazu Orfanides NJW 1990, 3174.

[29] BGH NJW 1990, 392 = LM § 1191 BGB Nr. 34 = WPM 1989, 1862 = ZIP 1990, 31 = MDR 1990, 324.

sprechend hat das OLG Köln[30] hervorgehoben, ob die prozessuale Erklärung, nicht mehr bestreiten zu wollen, als ein Geständnis anzusehen sei, hänge von den Umständen des Falles und davon ab, welche Wirkung mit dieser Erklärung bezweckt worden sei. Die floskelhafte Wendung, es werde „für diese Instanz" nicht mehr bestritten, ist daher für sich allein nicht geeignet, die Feststellung eines gerichtlichen Geständnisses zu verhindern. Andererseits ist das Geständnis an den Erklärenden gebunden. Ein Streitgenosse kann daher nicht im Sinne des § 288 Abs. 1 ZPO zu Lasten des Klägers zugestehen.[31]

Das OLG München[32] hat sogar die Unterscheidung zwischen zugestande- 109
nen Tatsachen (§ 288 ZPO) und nicht bestrittenen Tatsachen (§ 138 Abs. 3 ZPO) aufgegeben und läßt auch den Widerruf eines lediglich nach § 138 Abs. 3 ZPO fingierten Geständnisses nur unter den strengen Voraussetzungen des § 290 ZPO zu. Diese Auffassung ist jedoch unhaltbar und wird dementsprechend in allen Kommentaren abgelehnt.[33]

Ist das Gericht ausnahmsweise ohne Beweisaufnahme von der Wahrheit 110
oder Unwahrheit einer Tatsache überzeugt, dann darf es aber selbstverständlich nicht den angebotenen Gegenbeweis übergehen. Das ist auch dann unzulässig, wenn dieser Beweis von der Partei selbst gegen ihr eigenes ungünstig bewertetes früheres Verhalten geführt wird.[34]

Gerade deswegen, weil das eigene Vorbringen der Partei beweisrechtlich 111
so wichtig ist, sollte man die Parteien auch zum Reden bringen und reden lassen. Das gilt insbesondere dann, wenn nach den Umständen des Falles eine faktische Beschränkung der Beweismittel eingetreten ist, etwa in Rechtsstreitigkeiten wegen mangelhafter Leistungen bei gebuchten Auslandsreisen, in denen insbesondere die gerade dort wichtige Ortsbesichtigung praktisch nicht möglich ist und auch eigene Vernehmung ausländischer Zeugen ausscheidet.[35]

§ 7. Beigezogene Akten und behördliche Auskünfte

Aus der Verhandlungsmaxime folgt, daß das Gericht im Zivilprozeß 112
beigezogene Akten und behördliche Auskünfte nicht verwerten darf, wenn

---

[30] JurBüro 1975 Sp. 1251. Vgl. ferner BGH DB 1979, 1793; MDR 1983, 661 = ZIP 1983, 449 = WPM 1983, 448 = NJW 1983, 1496 = JZ 1983, 442; OLG Karlsruhe VersR 1981, 645.

[31] OLG Karlsruhe BB 1971, 1384.

[32] MDR 1984, 321 = ZIP 1984, 76 = BB 1984, 239; siehe aber OLG Hamm WPM 1990, 1105.

[33] Siehe etwa Prütting im Münchener Kommentar zur ZPO, 1992, § 288 Rn. 10; Zöller/Greger, ZPO, 18. Aufl. 1993, § 288 Rn. 3; Thomas/Putzo, ZPO, 18. Aufl. 1993, § 139 Rn. 18; Zimmermann, ZPO, 3. Aufl. 1993, § 138 Rn. 9; Rosenberg/Schwab/Gottwald, Zivilprozeßrecht, 15. Aufl. 1993, § 114 I 1 h, S. 653; Schneider MDR 1991, 297, 298.

[34] RG JW 1900, 749 Nr. 8.

[35] Siehe dazu Otto Tempel, Materielles Recht im Zivilprozeß, 1983, S. 286.

keine der Parteien sich auf sie bezieht.[1] Man achte deshalb darauf, ob solche Akten ausweislich eines Sitzungsprotokolles von den Parteien zum „Gegenstand der mündlichen Verhandlung" gemacht worden sind. Ist das nicht festzustellen, dann dürfen sie bei der Beweiswürdigung nicht berücksichtigt werden. Eine unterbliebene Feststellung im Protokoll kann aber im Tatbestand des Urteils nachgeholt werden (§ 314 ZPO), vorausgesetzt natürlich, daß die Akten auch tatsächlich Verhandlungsgegenstand waren, da anderenfalls eine Falschbeurkundung vorläge.

113 Für alle Verfahrensarten gilt: *Umstände, die nicht der Verhandlung einschließlich etwaiger Beweisaufnahmen entnommen werden, dürfen nur dann zur Beweiswürdigung verwertet werden, wenn das Gericht sie in die Verhandlung einführt.* Das gebietet der Grundsatz der Mündlichkeit und vor allem das Gebot der Gewährung rechtlichen Gehörs (Art. 103 Abs. 1 GG). Zu denken ist dabei etwa an Akten, die von Amts wegen beigezogen werden, oder an Auskünfte anderer Behörden, die zwischen zwei Terminen eingeholt werden. Praktisch bedeutsam ist auch der Fall, daß beigezogene Akten den Parteien *nicht* zugänglich gemacht werden *dürfen.*[2] Zu dieser Sachlage hat der Bundesgerichtshof sich in einer Entscheidung geäußert, deren Leitsätze lauten:[3]

> a) Hat eine Behörde auf Ersuchen des Prozeßgerichts diesem Akten mit dem Bemerken übersandt, daß den Parteien in diese keine Einsicht gewährt werden darf, so darf sich das Gericht nicht über die Anordnung der über die Akten verfügungsberechtigten Behörde hinwegsetzen.
> b) Das Recht der Parteien auf Einsicht in die Prozeßakten und die Erteilung von Abschriften daraus besteht grundsätzlich nur bezüglich der eigenen Akten des Prozeßgerichts.
> c) Akten, die zu den Prozeßakten beigezogen sind und den Parteien nicht zugänglich gemacht werden dürfen, dürfen nicht zum Gegenstand der mündlichen Verhandlung gemacht und nicht als Beweismittel benutzt werden.

114 Streitig ist, ob eine behördliche Auskunft auch dann übernommen werden darf, wenn die der Auskunft zugrunde liegenden Unterlagen nicht mitgeteilt worden sind. Das ist zu bejahen, da die fehlende Bekanntgabe der Unterlagen in freier Beweiswürdigung berücksichtigt werden kann und muß.[4]

115 Die in den Händen einer Partei befindlichen Akten werden dadurch beschafft, daß das Gericht sie anfordert (§ 143 ZPO), sofern die Partei sie nicht von sich aus vorlegt.

116 Von praktisch oft größerer Bedeutung ist die Beiziehung von Behörden-

---

[1] So Wieczorek, ZPO, § 286 Anm. A Ia; aber streitig, siehe die Nachweise bei Wieczorek aaO. Zu Strafakten vgl. Rn. 1372ff.

[2] Vgl. BVerwG MDR 1969, 75: Die Vorlage von Verwaltungsgerichtsakten in einem zivilgerichtlichen Verfahren steht, soweit anderes nicht vorgeschrieben ist und insbesondere auch das Gebot der Amtshilfe nicht eingreift, im pflichtgemäßen Ermessen der aktenführenden Behörde. Die §§ 99f. VwGO sind auf das allgemeine Verfahren vor den Zivilgerichten nicht entsprechend anwendbar.

[3] BGH NJW 1952, 305 Nr. 11.

[4] RG DR 1945, 30 Nr. 31; a. A. Wieczorek, ZPO, § 283 Anm. A Ib.

akten. Für sie gelten die Vorschriften des Urkundenbeweises. Das Gericht darf Urkunden von Behörden ohne Parteiantrag anfordern (§ 273 Abs. 2 Nr. 2 ZPO) und auch ohne Zustimmung der Beteiligten verwerten.[5] Die Parteien wiederum können förmliche Beweisanträge stellen, das Gericht möge die Behörde um die Mitteilung der Urkunde ersuchen (§ 432 Abs. 1 ZPO).

Eine gewisse Schwierigkeit ergibt sich für die beweisführende Partei dabei **117**
insofern, als Urkunden bei Behörden in aller Regel nicht als Einzelstücke, sondern gesammelt zu einem „Vorgang" verwahrt werden. Diese Urkundensammlung zu einem behördlichen Vorgang ist ein Aktenstück. Die Beiziehung einer bestimmten Urkunde läuft daher auf die Beiziehung des gesamten Aktenstückes hinaus. Genau genommen muß aber der Beweisantrag die gewünschte Urkunde bezeichnen, also den einzelnen Aktenteil angeben, um den es geht (vgl. § 424 ZPO). Dazu wird der Beweisführer häufig nicht in der Lage sein, weil ihm die genaue Aktenkenntnis ermangelt. Die Praxis ist deshalb mit Recht sehr großzügig hinsichtlich der Anforderungen an diesen Beweisantrag. Es genügt, wenn der Beweisführer das Beweisthema nennt und die anzufordernden Akten so genau bezeichnet, daß die ersuchte Behörde den Vorgang finden kann. Dem Antrag auf Aktenbeiziehung wird daher allenfalls dann nicht entsprochen, wenn das Beweisthema unerheblich ist oder es sich um einen Ausforschungsbeweis handelt, der Beweisführer also aus den Akten erst Fakten heraussuchen möchte, um sie im Prozeß vortragen zu können.

Im Zweifel empfiehlt es sich immer, dem Antrag auf Aktenbeiziehung zu **118**
entsprechen, schon um bei dem Beweisführer nicht den Eindruck zu erwekken, die Aufklärung des Sachverhaltes werde nicht gründlich genug betrieben. Erweist sich die Vermutung als richtig, daß die beizuziehenden Akten inhaltlich unergiebig sind, so ist damit kein Nachteil verbunden. Oft aber kommt es vor, daß solche vermeintlich unwesentlichen oder unergiebigen Akten bei genauerem Lesen aufschlußreiche Indizien zur Beweiswürdigung enthalten. Eine solche Chance für die Sachverhaltsaufklärung sollte der Richter nicht ungenutzt lassen. Deshalb hat das BAG[6] mit Recht darauf hingewiesen, daß die Beiziehung von Strafakten zur Sachverhaltsaufklärung zwar im pflichtgemäßen Ermessen des Tatrichters liegt, die Unterlassung im Einzelfall jedoch verfahrenswidrig sein kann. In diesem Zusammenhang bekommt der Rechtssatz besonderes Gewicht, daß keine Partei die Beiziehung und Berücksichtigung von Strafakten durch einseitigen Widerspruch verhindern kann.[7]

Unzulässig ist die Beiziehung von Akten lediglich dann, wenn dies zu **119**
einer verfassungswidrigen Beeinträchtigung einer Partei führen würde, etwa wenn Ehescheidungsakten gegen den Willen einer Partei in einem Disziplinarverfahren beigezogen werden, ohne daß dafür ein sachlich dringlicher

---

[5] BVerwG NJW 1986, 3221.
[6] NJW 1977, 1504 = DB 1977, 1322 = AP ZPO § 313 Nr. 9 mit Anm. Grunsky.
[7] BGH VersR 1970, 375; Warneyer 1970 Nr. 5 = VersR 1970, 322; siehe näher dazu unten § 44 Rn. 1372ff.

Anlaß besteht.[8] Abzulehnen ist deshalb die Auffassung des LG Köln[9], der Antrag auf Beiziehung strafrechtlicher Ermittlungsakten für das Vorliegen eines Versicherungsfalles sei unzulänglich und deshalb unbeachtlich, wenn er nicht näher substantiiert worden sei.

120 Der Inhalt beigezogener Akten ist als unstreitig zu behandeln. Denn daß dieses oder jenes in den Akten enthalten ist und geschrieben steht, ist dem Augenschein zugänglich und daher immer zu klären. Zweifel können sich nur insofern ergeben, als die Bedeutung des Geschriebenen (Auslegung) oder die Echtheit eines Schriftstückes (Unterschriftsproblem) streitig wird. Die Auslegung obliegt dem Gericht (Rechtsanwendung, §§ 133, 157 BGB für rechtsgeschäftliche Erklärungen)[10], die Echtheitsfrage beantwortet sich nach den Regeln des Urkundenbeweises.[11]

121 Da der Richter sich nicht vorschnell auf die Beweislast zurückziehen und auf sie gestützt eine formale Entscheidung treffen darf, ist eine Beweislastentscheidung erst zulässig, wenn die über die beigezogenen Strafakten hinaus angebotenen Beweismittel erschöpft sind und weitere Feststellungen nicht möglich erscheinen.[12]

§ 8. Nachgereichte Schriftsätze

122 Wie mit Schriftsätzen zu verfahren ist, die nach Abschluß der mündlichen Verhandlung und vor Verkündung einer Entscheidung eingegangen sind, obwohl dies nicht nach § 283 ZPO gestattet worden war, wird nicht ganz einheitlich beantwortet. Das Reichsgericht[1] hat es gebilligt, daß ein solcher Schriftsatz gegen die Partei, die ihn eingereicht hatte, verwertet wurde, weil „eine Partei, die nach Schluß der Verhandlung noch in einem Schriftsatz Erklärungen zur Berücksichtigung bei einer zu erwartenden Entscheidung abgibt, sich ihrerseits nicht darüber beschweren kann, wenn das Gericht das so Erklärte bei seiner Entscheidung verwertet." Das OLG Nürnberg[2] hat die Verwertung eines Schriftsatzes gefordert, dessen Nachreichung gestattet worden war, obwohl die Voraussetzungen des § 283 ZPO nicht gegeben waren. Vielfach wird auch die Auffassung vertreten, daß Schriftsätze, die nicht durch § 283 ZPO gedeckt sind, nicht zu beachten seien[3] und daher zurückgegeben werden dürften.[4]

---

[8] BVerfGE 27, 344 = NJW 1970, 555 mit Anm. Becker S. 1075.
[9] VersR 1981, 245.
[10] Siehe oben Rn. 91.
[11] Siehe dazu unten § 44.
[12] BGH VersR 1969, 453.
[1] RGZ 115, 222 (224).
[2] NJW 1949, 29 Nr. 12.
[3] So z. B. RGZ 132, 330 (333); RG JW 1934, 2848 Nr. 7; BGH NJW 1966, 1657 (1658).
[4] Buchholz NJW 1955, 536.

Mit folgendem Verfahren wird man wohl immer das Richtige treffen: 123

a) Handelt es sich um einen ordnungsgemäß nach § 283 ZPO nachgelassenen Schriftsatz, dann ist er ohne weiteres bei der Beweiswürdigung zu berücksichtigen. Neue Tatsachen sind aber als bestritten zu behandeln.

b) Handelt es sich um einen nicht nachgelassenen Schriftsatz oder um einen entgegen § 283 ZPO nachgelassenen, so ist er auf jeden Fall zur Kenntnis zu nehmen. Enthält der Schriftsatz wesentliches neues Vorbringen, das auf die Entscheidung von Einfluß sein kann, so darf sein Inhalt nicht verwertet werden (§ 296 a Satz 1 ZPO)[5], und zwar auch dann nicht, wenn darin wesentliche neue Rechtsausführungen enthalten sind (unten Rn. 126). Vielmehr ist die Wiedereröffnung der mündlichen Verhandlung (§ 156 ZPO) zu erwägen (§ 296 a Satz 2 ZPO). 124

Sie ist *geboten,* wenn sich aus dem Vorbringen im nachgelassenen Schriftsatz ergibt, daß das Gericht seiner richterlichen Fragepflicht aus § 139 ZPO oder gar seiner Hinweispflicht nach § 278 Abs. 3 ZPO nicht hinreichend gerecht geworden, der Prozeßstoff deshalb auch nicht von vornherein – also vor der Schlußverhandlung – vollständig vorgetragen worden ist.[6] Die Wiedereröffnung der mündlichen Verhandlung ist *sachdienlich,* wenn das neue Vorbringen eine Fehlentscheidung verhindern könnte, die bei Zugrundelegen eines unzutreffenden Sachverhaltes unvermeidbar wäre. Die Wiedereröffnung ist *abzulehnen,* wenn hinsichtlich des neuen Vorbringens die Voraussetzungen der §§ 296, 528 ZPO gegeben sind.[7] 125

Ist das neue Vorbringen unwesentlich, dann bleibt es unberücksichtigt. Enthält der Schriftsatz lediglich eine zusammenfassende Wiederholung des in früheren Schriftsätzen bereits mitgeteilten Tatsachenstoffes, so bestehen gegen seine Verwertung keine Bedenken.[8] Anders verhält es sich, soweit in dem nicht nachgelassenen Schriftsatz neue Rechtsausführungen gebracht werden, da deren Berücksichtigung gegen das Gebot der Gewährung rechtlichen Gehörs (Art. 103 Abs. 1 GG) verstoßen würde, wenn der Prozeßgegner nicht Gelegenheit hätte, sich dazu zu äußern. Dies wiederum ist aus verfahrensrechtlichen Gründen nicht möglich, weil die mündliche Verhandlung geschlossen ist.[9] 126

Soweit **nachgelassene** Schriftsätze verwertet werden, ist ihr Inhalt in den Tatbestand des Urteils aufzunehmen oder in Bezug zu nehmen. 127

Wird die Verwertung eines nachgelassenen Schriftsatzes abgelehnt, weil er sich nicht auf eine Erwiderung beschränkt, sondern ganz neuen Prozeßstoff enthält, dann ist ebenso zu verfahren und in den Entscheidungsgründen auszuführen, warum der Inhalt des Schriftsatzes unberücksichtigt bleiben muß.

---

[5] So schon früher BGH NJW 1966, 1658; BayObLG HEZ 2, 291; OLG Nürnberg NJW 1949, 29 Nr. 12.

[6] BGHZ 53, 262; OLG Köln MDR 1983, 760; ausführlich dazu Schneider MDR 1990, 122 f..

[7] OLG Köln MDR 1971, 308.

[8] Vgl. Erdsiek NJW 1955, 939.

[9] Schneider MDR 1986, 903.; Prütting im Münchener Kommentar zur ZPO, 1992, § 296 a Rn. 8; Rosenberg/Schwab/Gottwald, Zivilprozeßrecht, 15. Aufl. 1993, § 81 IV 4 b.

128 Reicht dagegen eine Partei nach Schluß der mündlichen Verhandlung einen Schriftsatz ein, der ihr **nicht nachgelassen** worden ist, dann sollte er korrekterweise überhaupt nicht in den Tatbestand aufgenommen, darin nicht einmal erwähnt werden.[10] Der Tatbestand soll ja nach § 313 Abs. 2 ZPO die erhobenen Ansprüche und die dazu vorgebrachten Angriffs- und Verteidigungsmittel unter Hervorhebung der gestellten Anträge nur ihrem wesentlichen Inhalt nach knapp darstellen. Selbstverständlich ist, was nach altem Recht (§ 313 Abs. 1 Nr. 3 ZPO a. F.) ausdrücklich hervorgehoben worden war, daß die Darstellung des Sach- und Streitstandes auf dem *mündlichen Vorbringen der Parteien* aufbauen muß. Was **nach** mündlicher Verhandlung geschrieben worden ist, kann nicht dazu gehören (§ 296 a ZPO). Einzige Ausnahme ist eben die gesetzliche Erstreckung gemäß § 283 ZPO.

129 Die Überlegungen, die zur Ablehnung der Wiedereröffnung der mündlichen Verhandlungen führen, brauchen vom Gericht auch nicht schriftlich kundgetan zu werden. In der Praxis ist es jedoch teilweise üblich, die Begründung zu § 156 ZPO im Urteil zu bringen. Schädlich ist das nicht, vielleicht sogar angebracht. Auf keinen Fall haben die Parteien aber ein Recht darauf, daß so verfahren wird. Berichtigungsanträge (§§ 319, 320 ZPO), mit denen die Aufnahme eines nicht nachgelassenen Schriftsatzes in den Urteilstatbestand verlangt wird, sind deshalb unbegründet.[11]

§ 9. Die Bindungsfreiheit

130 In der Würdigung aller Umstände, deren wichtigste soeben in den §§ 5 bis 8 behandelt worden sind, ist der Richter **frei.** Grundsätzlich ist er nicht an Entscheidungen anderer Gerichte oder Behörden gebunden; und ausnahmslos ist er von Parteivereinbarungen unabhängig.

131 Die wichtigsten Fälle sind im Gesetz ausdrücklich aufgeführt. Der Strafrichter entscheidet über zivilrechtliche Vorfragen nach § 262 StPO selbständig. Er darf Feststellungen treffen, die denen eines Zivilurteils entgegengesetzt sind. Hat der Zivilrichter in einem rechtskräftigen Urteil den Besitz oder das Eigentum oder das Verschulden und so weiter bejaht, so darf der Strafrichter es im Strafverfahren verneinen. Für einen besonders wichtigen Fall – Verletzung der Unterhaltspflicht (§ 170 b StGB) – hat der Bundesgerichtshof das ausdrücklich betont.[1]

132 Selbstverständlich darf sich der Richter – darin besteht gerade seine Eigenverantwortlichkeit – auch der vom Zivilrichter gefällten Entscheidung

---

[10] OLG Köln JurBüro 1969 Sp. 1107.

[11] OLG Köln JurBüro 1969 Sp. 1107; Stein/Jonas/Schumann, ZPO, § 156 Rn. 18. Siehe auch BGH LM § 242 BGB [A] Nr. 7: Ist einer Partei gemäß § 283 ZPO gestattet worden, einen Schriftsatz nachzubringen, dann ist damit nur die in dieser Bestimmung vorgesehene Gegenerklärung auf Behauptungen des Gegners in den Tatbestand aufzunehmen, nicht aber sonstiges neues Vorbringen.

[1] BGHSt 5, 106. Insgesamt handelt es sich um einen wegen gesetzlicher Ausnahmen und zweifelhafter Fälle umstrittenen Fragenkomplex.

anschließen. Er darf ein Zivilurteil im Wege des Urkundenbeweises nach § 249 StPO seiner Entscheidung zugrunde legen und braucht dann nicht nochmals die Beweise zu erheben, auf denen das Urteil des Zivilrichters beruht.

Diese Bindungsfreiheit gilt auch für Vorfragen aus anderen Rechtsgebiete- 133
ten, zum Beispiel aus dem Verwaltungsrecht. § 262 StPO wird auf solche Fälle rechtsähnlich angewendet. Die gleiche Rechtslage besteht nach § 14 Abs. 2 Nr. 1 EG ZPO für den Zivilrichter. Er ist nicht nur von der Beurteilung eines bürgerlichen Rechtsverhältnisses durch Straf- oder Verwaltungsgerichte oder andere Behörden unabhängig, sondern auch davon, wie präjudizielle straf- oder verwaltungsrechtliche, arbeits- oder finanzrechtliche Fragen und so weiter beantwortet worden sind. In freier Überzeugung hat er zu entscheiden, ob die von einem anderen Gericht festgestellten Tatsachen für wahr zu erachten sind.[2]

Hiervon bestehen zwei Ausnahmen:

1. Die *Gestaltungswirkungen* behördlicher, insbesondere gerichtlicher Akte 134
sind zu beachten. Die Tatsache, daß eine Ehe geschlossen oder geschieden ist, die Bewilligung oder Entziehung einer Konzession durch eine Verwaltungsbehörde, die strafrechtliche Verurteilung als solche und dergleichen dürfen nicht deshalb ignoriert werden, weil ein Dritter die Rechtslage, die zur Gestaltung geführt hat, anders beurteilen möchte. Bei der Berücksichtigung solcher Rechtsfakten wird nicht ein Geschehen bewertet, gewürdigt oder beurteilt – darin ist der Richter frei –, sondern es sind Lebensverhältnisse gestaltet und dadurch Veränderungen hervorgerufen worden, die zu konstatieren sind, mehr nicht.

2. In besonderen Fällen hat der Gesetzgeber darüber hinaus auch eine 135
Beurteilungssperre angeordnet, zum Beispiel bei Fragen der Sozialversicherung, Entscheidungen der Steuerbehörde und in ähnlichen Lagen. Es handelt sich dann regelmäßig um Spezialmaterien.

Den *Parteien* ist *jeder* Einfluß auf die Beweiswürdigung des Gerichtes genom- 136
men. Das gilt zunächst für die sogenannten **Beweisverträge.** Darunter versteht man Vereinbarungen der Parteien, „die den Richter in der freien Beweiswürdigung beschränken wollen, indem sie etwa nur bestimmte Beweismittel, namentlich Urkunden, zur Beweisführung zulassen oder gewisse Arten des Beweises ausschließen oder die Beweiskraft einzelner Beweismittel festlegen oder den Richter zwingen wollen, die Wahrheit oder Unwahrheit bestimmter Tatsachen entweder ohne weiteres anzunehmen oder aus dem Vorliegen anderer Umstände zu erschließen."[3] Solche Verträge sind nichtig.[4] Einfluß auf die Entscheidungsgrundlage können die Parteien nur dadurch nehmen, daß sie bestimmten tatsächlichen Behauptungen die Beweisbedürftigkeit nehmen, indem sie ihren Streit darüber beenden; denn was die Parteien übereinstimmend vortragen, ist unstreitig und damit für den Zivilrichter feststehend. Für eine Beweiswürdigung ist dann kein Raum mehr.

---

[2] OLG Koblenz AnwBl. 1990, 215 = BB 1990, 591.

[3] So Rosenberg, Beweislast, 5. Aufl. 1965, S. 87.

[4] Wieczorek, ZPO, § 282 Anm. C III; Rosenberg, Beweislast, S. 87; LG Köln MDR 1960, 846.

137 Die Bindungsfreiheit des Richters kann auch nicht durch generalisierende Vertragsregelungen unterlaufen werden. In einem vom BAG[5] entschiedenen Fall war eine tarifliche Regelung getroffen worden, die einen Arbeitnehmer im Krankheitsfall verpflichtete, sich auf Verlangen des Arbeitgebers einer weiteren Untersuchung durch einen vom Arbeitgeber benannten Arzt zu unterziehen und von diesem Arzt ein zusätzliches Attest vorzulegen. Mit Recht hat das BAG den Standpunkt vertreten, auf diese Weise könne nicht in die allein dem Gericht in freier Beweiswürdigung vorbehaltene Feststellung darüber eingegriffen werden, ob ein Arbeitnehmer tatsächlich krank gewesen sei.

138 Verträge, die lediglich Beweis**last** abweichend vom geltenden Recht verteilen, halten Rosenberg und andere[6] für gültig. Man spricht hier von sogenannten **Beweislast- oder Beweisregelungsverträgen.** Nach der herrschenden Meinung sind auch diese nichtig.[7] Jedoch ist dieses Problem noch nicht hinreichend geklärt. Gesetzt den Fall, jemand verpflichte sich, bei Inanspruchnahme wegen ungerechtfertigter Bereicherung entgegen der Regelung des § 812 Abs. 1 BGB das Vorhandensein des rechtlichen Grundes zu beweisen; oder zwei Kontrahenten vereinbarten abweichend von § 285 BGB, daß der Gläubiger im Falle der Geltendmachung von Verzugsansprüchen das Vertretenmüssen des Schuldners zu beweisen habe. Dann wird man schwerlich sagen können, daß die Freiheit des Richters in der Beweisführung verletzt sei. Jedoch stellen sich andere Fragen, zum Beispiel ob die geschriebenen oder ungeschriebenen Beweislastnormen der Verfügungsbefugnis der Parteien unterliegen oder welchen Einfluß eine für zulässig erachtete Beweislastabrede auf die Behauptungslast hat. Diese und manche andere Zweifel sind bislang nicht ausdiskutiert.[8]

139 Mittelbaren Einfluß auf die richterliche Beweiswürdigung versuchen die sogenannten **Erklärungsverträge** zu nehmen. Sie legen einer Partei die Pflicht auf, sich vor Gericht nicht zu erklären. Solche Verträge sind ebenfalls nichtig. Die Einrede, eine Partei habe sich verpflichtet, sich nicht zu erklären, ist dementsprechend unbeachtlich.[9] Die schriftliche Erörterung des Prozeßstoffes ist unabdingbarer Bestandteil unserer Verfahrensordnungen.

140 Das erkennende Gericht ist nicht einmal an seine eigenen Feststellungen und Entscheidungen in Vorprozessen gebunden. Hat beispielsweise das Gericht eine Klage des A gegen B abgewiesen, weil B seine Verpflichtungserklärung wegen arglistiger Täuschung wirksam angefochten habe, so darf es sich im Schadensersatzprozeß B gegen A ohne Rechtsverstoß auf den Standpunkt stellen, es fehle am Nachweis der Arglist. Dies mag auf den ersten Blick befremdlich erscheinen, ist es aber in Wahrheit nicht. Es besteht kein Grund, dem Gericht eine bessere Einsicht deshalb zu versagen, weil es

---

[5] NJW 1979, 1264 = BB 1979, 577 = DB 1979, 653 = AP LohnFG § 3 Nr. 3.

[6] Rosenberg, Beweislast, S. 87 ff.; RGZ 96, 57 (59).

[7] Vgl. Wieczorek, ZPO, § 282 Anm. C III a.

[8] Siehe zu diesem Thema Baumgärtel, Wesen und Begriff der Prozeßhandlung einer Partei im Zivilprozeß, 1957, S. 248–260 mit ausführlichen Schrifttumsangaben, sowie Schlosser, Einverständliches Parteihandeln im Zivilprozeß, 1968.

[9] Vgl. dazu Wieczorek, ZPO, § 282 Anm. A. II b 4.

sich früher einmal auf eine fehlerhafte festgelegt hatte. Außerdem sind im Zweitprozeß vielleicht andere Richter zur Entscheidung berufen; auch die Beweismittel können andere sein (ein Zeuge ist gestorben, eine vermißte Urkunde aufgefunden worden usw.).

Eine vergleichbare Sachlage stellt sich häufig im Verfahren auf Bewilli- **141**
gung von Prozeßkostenhilfe: Der Hilfsbedürftige stellt einen ordnungsgemäß abgefaßten und mit Belegen versehenen Bewilligungsantrag. Diesem müßte stattgegeben werden, weil hinreichende Erfolgsaussicht (§ 114 ZPO) gegeben ist. Das Gericht müßte nun sofort einen Bewilligungsbeschluß erlassen. Das geschieht nicht; die Entscheidung wird auf die lange Bank geschoben. Zwischenzeitlich verändert sich der Sach- und Streitstand; es werden etwa Beweisurkunden eingereicht oder Zeugen vernommen oder dem Hilfsbedürftigen ungünstige höchstrichterliche Entscheidungen werden bekannt. Das kann dazu führen, daß fortan die ursprünglich gegebene hinreichende Erfolgsaussicht verneint werden muß. Umstritten ist dann, auf Grund welchen Verfahrensstandes das Gericht die verzögerte Entscheidung zu treffen hat.

Der Bindungsfreiheit des Gerichts entspricht allerdings auch im Zivilpro- **142**
zeß eine korrespondierende Aufklärungspflicht. Soweit Beweise ohne Beweisanträge der Parteien erhoben werden dürfen, muß das Gericht sich bei fehlendem Antrag überlegen, ob es den Beweis nicht von Amts wegen erheben will. Das gilt auch für andere Beweishindernisse. Zahlt beispielsweise eine vorschußpflichtige Partei den Auslagenvorschuß für ein Sachverständigengutachten nicht, dann kommt immer noch die Einholung des Gutachtens von Amts wegen in Betracht (§ 144 ZPO). Das Gericht muß sich Gedanken darüber machen, ob es so vorgehen soll oder in der angegebenen Verfahrenslage nicht sogar muß.[10]

§ 10. Typisierte Beweiswürdigung

Nach § 286 Abs. 2 ZPO ist das Gericht an **gesetzliche Beweisregeln** nur in **143**
den durch die Zivilprozeßordnung bezeichneten Fällen gebunden. Solche Anweisungen für die Wahrheitsermittlung sind *Gebote*. Diese Rechtssätze gebieten oder verbieten es nämlich dem Richter, bestimmten Beweismitteln Wahrheitswert zuzulegen. Ihre Bedeutung liegt darin, daß sie *ohne Rücksicht auf die Überzeugung des Gerichts* bei Vorliegen bestimmter Voraussetzungen die Wahrheit oder Unwahrheit einer tatsächlichen Behauptung festlegen. Das läßt sich am einfachsten an einem Beispiel aus dem älteren Recht erklären:

Im gemeinen Prozeß stellte ein Kläger einen unbeteiligten, gut beleumundeten Zeugen. Der Richter glaubte ihm. Dennoch war kein Beweis erbracht, weil die Aussage *eines* guten Zeugen nur *halben* Beweis lieferte: Erst „durch zweier Zeugen Mund wird allerwegs die Wahrheit kund".

Mit der Einführung des Grundsatzes der freien richterlichen Beweiswür- **144**
digung sind fast alle gesetzlichen Beweisregeln gefallen. Die Zivilprozeßord-

---

[10] BGH MDR 1976, 396 = LM GKG § 114 Nr. 1.

nung kennt noch einige beim Urkundenbeweis: § 415 (Beweiskraft öffentlicher Urkunden über *fremde* Erklärungen); § 417 (Beweiskraft öffentlicher Urkunden über *behördliche* Erklärungen); § 418 (Beweiskraft öffentlicher *Zeugnisurkunden*); § 415 (*Beweiskraft von Privat*urkunden); § 438 Abs. 2 (Echtheitsbeweis für *ausländische* öffentliche Urkunden). Daneben gibt es eine Reihe von Beweisregeln für prozessuale Vorgänge, insbesondere zur Beweiskraft des Protokolls: §§ 164, 167 Abs. 2, 198 Abs. 2, 202 Abs. 2, 212a, 357 Abs. 2 S. 2 ZPO.

145 Indessen lassen sich Beweiswürdigungsregeln nicht durch einen Federstrich des Gesetzgebers beseitigen. Es handelt sich bei ihnen nämlich weitgehend nicht um willkürliche Gebote, sondern um tausendfach erprobte **psychologische Klugheitsregeln.** Ihnen liegt der richtige Gedanke zugrunde, daß typisierende Regeln, die durch lange Erfahrung bestätigt worden sind und sich bewährt haben, der Wahrheitsfindung dienlich sind.[1] Gesetzliche Beweisregeln bringen Rechtssicherheit. Sie machen die Beweislage eines Rechtsstreits berechenbar. Allerdings ist diese Art der Rechtssicherheit grundsätzlich nur möglich auf Kosten der gerechten Entscheidung des Einzelfalles. Es gibt eben immer wieder Sachverhalte, in denen die statistische Regel durch eine Ausnahme außer Kraft gesetzt wird, in denen also beispielsweise *ein* Zeuge für die *ganze* (und nicht nur für die halbe) Wahrheit gut ist.

146 Wir messen der Ordnung keine solche Bedeutung mehr bei, daß ihretwegen im Einzelfall Unrecht geduldet werden müßte. Daher ist die Preisgabe gesetzlicher Beweisregeln letztlich zu begrüßen. Nur müssen wir uns ständig dessen bewußt sein, daß die dem Richter heute eingeräumte Freiheit in der Beweiswürdigung zugleich seine Verantwortung für die Wahrheitsfindung bis zur Grenze des Tragbaren gesteigert hat. Dem entspricht es, daß die Zivilprozeßordnung weitgehend das Antragserfordernis im Beweisrecht fallengelassen hat, um den Richter tunlichst nirgendwo zu zwingen, an der Wahrheit vorbeizugehen (siehe §§ 141–144, 273, 448 ZPO).

147 Die Vorschrift des § 286 Abs. 2 ZPO befreit den Richter ausdrücklich nur von der Bindung an „gesetzliche" Beweisregeln. Das hat seinen guten Grund; denn ohne allgemeine Beweiswürdigungsregeln kommen wir überhaupt nicht aus; nur sind sie nicht in die Paragraphen der Prozeßordnungen gegossen.

148 Einmal gibt es *gesetzliche* Regelungen, die auf einem *Umweg* die richterliche Beweiswürdigung steuern. Zurückgewiesene Beweiseinreden (§§ 282 Abs. 2, 296 Abs. 2 ZPO) etwa beschränken offenbar *auch* die Beweiswürdigung.[2] Die Subsidiarität der Parteivernehmung (§ 445 ZPO) bringt gesetzliche Beweismittel in ein Rangverhältnis der Zuverlässigkeit.[3] Auch

---

[1] Siehe dazu auch sehr aufschlußreich Reinecke MDR 1986, 630. Sehr ablehnend dagegen Wieczorek an vielen Stellen seines ZPO-Kommentars; vgl. z. B. § 128 Anm. B II c 2 oder § 282 Anm. C 1 b. Zu Beweisregeln insbesondere im Wettbewerbsprozeß vgl. Ulrich WRP 1986, 584.

[2] Siehe Wieczorek, ZPO, § 286 Anm. F II a.

[3] Hierzu kritisch Wieczorek, ZPO, § 282 Anm. C I b 4.

durch die gesetzliche Beweislastverteilung läßt sich die Beweiswürdigung steuern.[4]

Wichtiger als diese „heimlichen" Beweisregeln im Gesetz sind die Bindungen, die die Rechtsprechung sich selbst auferlegt hat. So könnte man den Anscheinsbeweis (dazu ausführlich unten §§ 19ff.) auch als Beweiswürdigungsregel deuten; sicher aber ist das geboten bei der Beweisführung durch **Beweisvereitelung des Gegners**.[5] Es handelt sich dabei um Prozeßsituationen, in denen der Gegner des Beweisführers durch Unterlassen von Mitwirkungshandlungen, Verstöße gegen Aufbewahrungsgebote oder gegen allgemeine Verhaltensgebote sowie gegen Berufspflichten die Ursache dafür setzt, daß ein Beweis nicht geführt werden kann. Dem Gegner des Beweisführers wird dann untersagt, sich auf die Beweislücke zu berufen, weil er sich anderenfalls mit seinem eigenen Vereitelungsverhalten in einen Widerspruch setzen würde (Gedanke des venire contra factum proprium). **149**

Ganz überwiegend wird dem Vereitelnden nur schuldhaftes Verhalten zugerechnet.[6] Das erscheint mir nicht richtig, weil der tiefere Grund für die Bejahung einer Beweisvereitelung in dem Widerspruch zum eigenen Verhalten liegt, einen Beweis vernichtet zu haben und sich dann zu seinen eigenen Gunsten und zu Lasten des Gegners auf diesen Erfolg zu berufen.[7] Die praktische Bedeutung des Verschuldenserfordernisses ist allerdings gering. Es genügt nämlich bereits leichte Fahrlässigkeit; und die liegt erfahrungsgemäß fast immer vor, weil die Beweisverhinderung in aller Regel auf einer Außerachtlassung der im Verkehr erforderlichen Sorgfalt beruht (§ 276 Abs. 1 S. 2 BGB). **150**

Hinzu kommt, daß die Vereitelung selbst wiederum durch Anscheinsbeweis nachgewiesen werden kann.[8] Der Gedanke des venire contra factum proprium kommt auch in der Rechtsprechung zum Ausdruck, wenn die Annahme einer Beweisvereitelung davon abhängig gemacht wird, daß die mit dem Beweis belastete Partei trotz aller erdenklichen Bemühungen den Beweis nicht sichern konnte.[9] **151**

Der Tatbestand der Beweisvereitelung bewirkt, daß der Beweisführer so behandelt wird, als habe er den Beweis geführt. Damit entfällt die Beweiserheblichkeit hinsichtlich der streitigen Behauptung. Prozeßtechnisch könnte man die Beweisvereitelung durchaus auch als Beweiswürdigungsumstand im Rahmen der §§ 286, 287 ZPO behandeln, wie es verschiedentlich vertreten wird.[10] Der eigentliche „Regelungsgedanke" dieses Beweisinstituts würde dabei jedoch verkannt. Denn bei Vorliegen der Voraussetzungen **152**

---

[4] Vgl. dazu Schneider DRiZ 1966, 281; Ulrich WRP 1986, 584.

[5] Siehe dazu Schneider MDR 1969, 4; Gerhardt AcP 1969, 289, Peters ZZP Bd. 82 (1969), 200 Stürner ZZP Bd. 98 (1985), 237; Michalski NJW 1991, 2069.

[6] Prütting im Münchener Kommentar zur ZPO, 1992, § 286 Rn. 78; Thomas/Putzo, ZPO, 18. Aufl. 1993, § 285 Rn. 17.

[7] Schneider MDR 1969, 4.

[8] Wieczorek, ZPO, § 282 Anm. B II d 1.

[9] BGH BB 1977, 866 = WPM 1976, 1056.

[10] Zu den unterschiedlichen „Konstruktionen" siehe Prütting im Münchener Kommentar zur ZPO, § 286 Rn. 80 ff.

einer Beweisvereitelung kommt es letztlich nicht mehr zu einer echten Beweiswürdigung: Die Beweisregel „Vereitelung" ist insoweit für den Richter, wenn er die Voraussetzungen dafür annimmt, schlechthin maßgebend, so daß ein Verstoß hiergegen revisibel ist.

153 Dies erklärt vielleicht auch, warum vielfach angenommen wird, eine Beweisvereitelung führe zur Umkehr der Beweislast – eine gedanklich sehr unklare Konstruktion, da die Beweislastverteilung eine gesetzliche Regelung ist, die sich nicht durch individuelles Parteiverhalten „umkehren" läßt.[11]

154 Die Anwendungsfälle der Beweisvereitelung sind zahlreich. Hier einige Beispiele aus der Rechtsprechung:

Nach Einleitung eines Beweissicherungsverfahrens über den Zustand der Straßenbeschaffenheit an der Unfallstelle läßt die Gemeinde die Straße ausbessern, ohne den bestellten Sachverständigen vorher zu informieren;[12] eine Gemeinde bewahrt einen eingebrochenen Kanaldeckel nicht auf, so daß der Unfallhergang nicht mehr genau aufgeklärt werden kann;[13] Krankenakten werden lückenhaft und ungenau geführt;[14] Vernichtung einer dem Gegner günstigen Beweisurkunde;[15] Nichtentbindung von der ärztlichen Schweigepflicht;[16] Ausnutzung des Bankgeheimnisses;[17] Verweigerung der eigenen Untersuchung[18] oder des Zutritts zum Grundstück bei einer Ortsbesichtigung;[19] Mängelbeseitigung durch Weiterbau;[20] Berufung auf die berufliche Verschwiegenheitspflicht eines Steuerberaters[21] oder Notars[22] und ähnliche Situationen.

155 Zahlreiche andere Sachlagen kommen aber ebenfalls in Betracht, wobei die Übergänge zur reinen Beweiswürdigung nicht sicher zu bestimmen sind, etwa wenn beeinträchtigende Tatsachenbehauptungen ohne Rücksicht auf die Beweislast als unrichtig angesehen werden, weil ihr Urheber im Rechtsstreit eine nähere Substantiierung verweigert, obwohl sie ihm ohne weiteres

---

[11] Kritisch mit Recht OLG Karlsruhe FamRZ 1990, 551.

[12] OLG Köln VersR 1992, 355.

[13] OLG München VersR 1992, 320.

[14] OLG Stuttgart VersR 1989, 199; ausführlich dazu Taupitz ZZP Bd. 100 (1987) 287.

[15] OLG München OLGZ 1977, 79; OLG Köln MDR 1974 227 = VersR 1974 673; OLG Düsseldorf MDR 1973, 592.

[16] BGH VersR 1973, 1028 = ZZP Bd. 86 (1973), 63 mit Anm. Gerhardt; OLG Düsseldorf MDR 1976, 762; OLG Frankfurt NJW 1980, 2758; VersR 1981, 42. – Hierher ist wohl auch die Verletzung materiellrechtlicher Mitwirkungspflichten zu rechnen, etwa die Nichterfüllung eines Anspruchs auf Duldung einer Augenscheinseinnahme (siehe dazu OLG Stuttgart NJW-RR 1986, 1448) oder die Pflicht zur Mitwirkung bei der Zeugenermittlung (LG Frankfurt CuR 1986, 388 mit Anm. Bischoff).

[17] OLG Celle ZIP 1982, 1323.

[18] BGH MDR 1986, 831; OLG Braunschweig DAVorm 1981, 51; VGH München VRS Bd. 55, 236.

[19] OLG München NJW 1984, 807; LG Frankfurt NJW-RR 1991, 13.

[20] OLG Düsseldorf BauR 1980, 289.

[21] BGH ZIP 1983, 735 = WPM 1983, 653.

[22] OLG München NJW-RR 1987, 1021.

möglich sein müßte.[23] In einer Entscheidung betreffend die Abrechnung fiktiver Reparaturkosten hat der BGH[24] beiläufig sogar den Fall unter die Beweisvereitelung eingeordnet, daß der Geschädigte dem Ersatzpflichtigen keine angemessene Möglichkeit verschafft hat, die Höhe des wirklich entstandenen Schadens festzustellen.

Auch die unten in § 11 behandelten Beweisverbote haben weitgehend den Charakter richterrechtlicher Beweiswürdigungsregeln.

Noch umfassender aber sind die Beweiswürdigungsregeln, die sich aus **156** Lebenserfahrung und wissenschaftlicher Psychologie einschließlich der Spurenkunde ergeben. Die gesamte Beweiswürdigung wird von solchen Erfahrungssätzen getragen.

Beispiele: Dem am Ausgang eines Rechtsstreits interessierten Zeugen ist mit Vorsicht zu begegnen; abgefahrene Reifen erhöhen bei Nässe die Rutschgefahr, bei trockener Straße dagegen die Bremswirkung; Geschwindigkeiten kann man kaum schätzen; Schläge mit einem Stock auf den nackten Körper sind schmerzhaft; Trunkenheit mindert die Reaktionsfähigkeit, und so fort.

Hier liegt das eigentliche Gebiet der Beweiswürdigungsregeln, nämlich der **157** Erfahrungssätze. Sie sind von verschiedener Überzeugungsstärke. Die gesetzlichen Beweisregeln, die es gab und gibt, stammen sämtlich aus dieser Quelle! Der Gesetzgeber sah nämlich manche Erfahrungssätze so sehr als die Regel an, daß er um der Rechtssicherheit willen einfach alle Ausnahmen davon verbot, so etwa, wenn er dem „unehrlichen Volk" die Zeugniseigenschaft schlechthin absprach.

Der Grundsatz der freien Beweiswürdigung hebt daher, richtig verstan- **158** den, nicht die Geltung der alten Beweiswürdigungsregeln auf (der Gesetzgeber kann niemanden seine Erfahrungen vergessen machen!), sondern befreit den Richter nur von ihrer *ausnahmslosen* Geltung. Je geringer die Überzeugungskraft eines Erfahrungssatzes ist, um so individueller wird die Beweiswürdigung des Richters. Umgekehrt vermindert die wachsende Überzeugungsstärke eines Erfahrungssatzes den Würdigungsbereich des Richters. Das kann bis zum praktischen Ausschuß richterlicher Beurteilungsfreiheit führen, etwa bei naturwissenschaftlich geführten Beweisen. Wird der als Vater in Anspruch genommene Beklagte serologisch mit Sicherheit als Erzeuger ausgeschlossen, dann kann der Richter diese naturwissenschaftliche Feststellung letztlich nur noch hinnehmen; für seine eigene Beweiswürdigung ist kein Raum mehr.

In diesem Bereich des stufenlosen Übergangs vom schwächsten Erfah- **159** rungssatz bis zur richtungweisenden Gesetzmäßigkeit bewegt sich die freie richterliche Beweiswürdigung. Doch immer ist sie orientiert an Erfahrungsregeln. In diesem Spannungsfeld zwischen Freiheit und Einsicht haben die früheren Beweisregeln als Erfahrungs- und Klugheitsregeln bei der Würdigung von Beweisen auch heute noch einen besonderen Stellenwert. Sie vermögen die Beweiswürdigung zu typisieren.[25]

---

[23] BGH MDR 1975, 48 = Warneyer 1974 Nr. 194.
[24] VersR 1978, 182 (183 zu 2a).
[25] Vgl. z. B. RGZ 85, 322 (326).

160 Das Gesetz kennt auch noch sogenannte **Vermutungen** (§ 292 ZPO), z. B. die des § 1006 BGB, wonach zugunsten des Besitzers einer beweglichen Sache bis zum Beweis des Gegenteils angenommen wird, er sei ihr Eigentümer. Auch hier handelt es sich dem Ursprung und der psychologischen Funktion nach um Beweiswürdigungsregeln, nämlich um legalisierte Erfahrungssätze im Bereich der Subsumtion, also der Rechtsanwendung.[26] In ihrer heutigen Form sind es jedoch keine gesetzlichen Beweisregeln im Sinne des § 286 Abs. 2 ZPO mehr. Sie schneiden nämlich jede Beweiswürdigung von vornherein ab. Sie sagen dem Richter nicht, welche Überzeugung er haben soll, sondern sie ordnen an, wie zu entscheiden ist, wenn er keine hat. Nicht der Richter zieht aus den Ausgangstatsachen der Vermutung den Schluß auf die vermutete Tatsache, sondern das Gesetz hat es getan; nicht der Richter, sondern das Gesetz vermutet die Tatsache.

161 In diesen Zusammenhang gehört letztlich auch das gesamte Beweislastrecht. Hinter der gesetzlichen und richterrechtlichen Beweislastverteilung steht auch nur die Lebenserfahrung und die Befreiung von unerträglicher Beweisnot. Darüber gibt es eine erdrückende Fülle von Judikatur. Die Rechtsprechung regelt auf diesem Weg das Beweisrecht ganzer Sondermaterien, etwa des Arztrechts[27], der Produzentenhaftung[28] oder des Wettbewerbsrechts.[29] Einzelfälle müssen an Hand der Nachweise im Spezialschrifttum[30] überprüft werden.

§ 11. Beweisverwertungsverbote

162 Der Beweisstoff kann vorliegen, und dennoch mag es zweifelhaft sein, ob er verwertet werden darf: weil er nämlich unrechtmäßig erlangt worden ist.* Jemand hat beispielsweise einem anderen eine Urkunde gestohlen, die er

---

[26] So richtig Wieczorek, ZPO, § 286 Anm. F.

[27] Baumgärtel, Handbuch der Beweislast im Privatrecht Bd. 1, 2. Aufl. 1991, § 823 Anhang C II (Arzthaftung).

[28] Baumgärtel, Handbuch der Beweislast im Privatrecht, § 823 Anhang C III.

[29] Ulrich WRP 1986, 584.

[30] In den ZPO-Kommentaren werden Beweislastfragen zusammenhängend meist bei § 282 ZPO, in den BGB-Kommentaren bei den jeweils einschlägigen Anspruchsnormen behandelt. Die bedeutendste Monographie zum Thema ist die von Leo Rosenberg. Die Beweislast auf der Grundlage des Bürgerlichen Gesetzbuchs und der Zivilprozeßordnung, 5. Aufl. 1965; die stoffreichste und aktuellste Darstellung ist das fünfbändige Handbuch der Beweislast im Privatrecht von Gottfried Baumgärtel.

* Literatur zu den Beweisverwertungsverboten im Zivilprozeß: Baumgärtel ZZP Bd. 69 (1956), 103; ders. Festschrift für U. Klug zum 70. Geburtstag, 1983, Bd. II, S. 477ff.; Dilcher, AcP Bd. 58 (1959/60), 469; Gamp DRiZ 1981, 41; Habscheid, Gedächtnisschrift für H. Peters, 1967, 840; ders. ZZP Bd. 96 (1983), 306ff.; Werner NJW 1988, 993; Kaissis, Die Verwertbarkeit materiell-rechtswidrig erlangter Beweismittel im Zivilprozeß, 1978; E. Peters ZZP Bd. 76 (1963), 145ff.; Zeiss ZZP Bd. 89 (1976), 377; w. Nachw. – auch zum strafprozessualen Schrifttum – bei Stein/Jonas/Münzberg, ZPO, 20. Aufl. 1985, § 284 Rn. 56 Fn. 85.

später im Prozeß als Beweismittel vorlegt. Oder: Ein Dritter, der ein zwischen den Parteien geführtes Telefongespräch ohne Wissen der betroffenen Partei mit einem Mithörgerät belauscht hat, soll als Zeuge aussagen.

Es liegt nahe, in solchen Fällen mit einer Pauschalantwort aufzuwarten 163
und die Verwertbarkeit allgemein zu bejahen oder zu verneinen. Indessen wäre das eine gewaltsame Vereinfachung der Problematik. Jeder einschlägige Sachverhalt muß für sich allein geklärt werden. In den meisten Fällen wird ein rechtswidrig oder grundrechtswidrig erlangtes Beweismittel verwertbar sein; denn es gibt kein generelles Verwertungsverbot in der ZPO und auch nur wenige Vorschriften, die hierzu überhaupt Aufschluß geben.[1] Die unrechtmäßige Verschaffung von Beweismitteln hat auch eine positive Seite: sie fördert in der Regel die Wahrheitsfindung.[2]

Die Verstöße bei der Beweismittelbeschaffung lassen sich allgemein nach 164
der Schwere des Eingriffs einteilen in: Verstöße gegen ein einfaches Gesetz, Verstöße gegen Grundrechte, ohne daß der Kernbereich des Persönlichkeitsrechts berührt wird, und Grundrechtsverstöße im absolut geschützten Kernbereich des Persönlichkeitrechts.[3] Diese dogmatische Aufteilung erspart es aber nicht, jeden einschlägigen Sachverhalt auf seine Besonderheiten hin zu untersuchen und entsprechend zu würdigen. Die für die praktische Rechtspflege wesentlichen Situationen werden deshalb im folgenden einzeln erörtert.

1. Nötigung

Eine Partei nötigt einen Zeugen oder einen Gegner, von einem Zeugnis- 165
oder Aussageverweigerungsrecht keinen Gebrauch zu machen. – Dann kommt es für den Richter grundsätzlich nur darauf an, daß der Zeuge oder die Partei ausgesagt hat, ohne von dem Weigerungsrecht Gebrauch gemacht zu haben. Die ZPO sieht kein Verwertungsverbot vor. Je nach Intensität des Eingriffs in die Freiheit der Willensentschließung kann sich aber aus Art. 1, 2 Abs. 1 GG ein Beweisverwertungsverbot wegen Verletzung des Persönlichkeitsrechts ergeben.

---

[1] Habscheid ZZP Bd. 96 (1983), 322; KG WRP 1977, 712.

[2] Habscheid ZZP Bd. 96 (1983), 322.

[3] Vgl. z. B. BVerfGE 34, 238, 245 ff.; 35, 202, 220 = JZ 1973, 509; OLG Hamm DAVorm 1991, 1079 = NJW-RR 1992, 583 = OLGZ 1992, 158 = MDR 1992, 298 = FamRZ 1992, 201 Gamp DRiZ 1981, 41; Baumgärtel, Festschrift für U. Klug zum 70. Geburtstag, S. 480.

2. *Entwendete und erschlichene Beweismittel*

166 In der Praxis kommt es vor, daß eine Partei Liebesbriefe oder Photographien[4] vorlegt, die sie entwendet hat, etwa in Familiensachen dem anderen Ehegatten.[5] Fast nie widerspricht die betroffene Partei dann der Verwertung. Sie bekämpft vielleicht nur die aus solchen Unterlagen gezogenen Beweiswürdigungsschlüsse. Diese Haltung ist Ausdruck eines natürlichen Rechtsempfindens. Die benachteiligte Partei erkennt, daß sie ertappt und überführt worden ist. Mehr verbirgt sich auch prozessual nicht dahinter. Die Zivilprozeßordnung hat kein Verwertungsverbot ausgesprochen. Im zivilrechtlichen Schrifttum wird deshalb auch überwiegend die Verwertbarkeit gestohlener oder unterschlagener Aufzeichnungen rein persönlicher Art bejaht.[6]

167 Der BGH hat demgegenüber in einer strafrechtlichen Entscheidung bei einem rechtswidrig erlangten Tagebuch mit intimen Aufzeichnungen ein Verwertungsverbot angenommen, weil durch die Verwertung selbst das Persönlichkeitsrecht verletzt werde.[7]

168 Die Thematik ist sehr umstritten. Einschlägige Fälle müssen immer unter Berücksichtigung aller Umstände des Einzelfalles und dürfen nicht lediglich mit allgemeinen verfassungsrechtlichen Überlegungen gelöst werden. Die Gerichte benutzen solche Beweismittel ständig, ohne ein Wort des Bedenkens darüber zu verlieren. Dieses Verhalten ist auch praktisch das einzig durchführbare. Nähme man ein Beweisverwertungsverbot an, so würde alsbald streitig, auf welche Weise die Briefe oder Photographien in den Besitz des Beweisführers gekommen sind. Es müßte vorab darüber Beweis erhoben oder ein Strafverfahren abgewartet werden. Was sollte bei einem non liquet der Vorfrage geschehen?

169 Kein Beweisverwertungsverbot begründen die lediglich unter Verstoß gegen **anwaltliches Standesrecht** erlangten Beweismittel.[8]

---

[4] Zur Frage der Verletzung des Persönlichkeitsrechts durch Photographien von Personen und Streitobjekten zu Beweiszwecken siehe OLG Celle MDR 1980, 311 Nr. 66; OLG Frankfurt MDR 1981, 316; KG MDR 1980, 311 Nr. 65 = NJW 1980, 894 = JZ 1980, 31 (Herausgabeklage).

[5] Z. B. LG Bonn FamRZ 1967, 678 mit Anm. Bosch.

[6] E. Peters ZZP Bd. 76 (1963), 153; Bd. 89 (1976), 380f., 385; Zeiss ZZP Bd. 89 (1976), 389f., 398f.; allgemein für die Verwertbarkeit gestohlener Urkunden: Baumgärtel, Festschrift für U. Klug, S. 481 f.; Gamp DRiZ 1981, 41; Habscheid, Gedächtnisschrift für H. Peters, S. 841, 858; abweichend Dilcher AcP Bd. 158 (1959/60), 488f., der den Beweis nur dann für zulässig hält, wenn die Partei ohne die rechtswidrige Erlangung ein Recht auf Urkundenvorlage gehabt hätte. – A. A. z. B. Stein/Jonas/Leipold, ZPO, 20. Aufl. 1985, § 284 Rn. 58; Bosch FamRZ 1967, 680; Kellner JR 1950, 270.

[7] BGHSt 19, 325 = NJW 1964, 1139 mit Anm. Händel = MDR 1964, 607 = JZ 1965, 32; siehe dazu auch Dünnebier MDR 1964, 965; Heinitz JR 1964, 441; Sax JZ 1965, 1.

[8] KG WRP 1977, 712.

3. Heimliches Mithören und Aufzeichnen von Gesprächen

Für heimliche Tonbandaufnahmen (zur Strafbarkeit siehe § 201 StGB) hat die Rechtsprechung[9] aus dem Verfassungsrecht ein grundsätzliches Verwertungsverbot hergeleitet. Sie bejaht einen Verstoß gegen das durch Art. 1, 2 Abs. 1 GG gewährleistete Persönlichkeitsrecht: die Verletzung würde durch Abspielen des Tonbandes im Prozeß fortgesetzt.[10] Nur bei Notwehr und Wahrung überwiegender Interessen wird daher die Widerrechtlichkeit heimlicher Tonbandaufnahmen verneint werden können.[11] Dann ist auch die Beweistauglichkeit gegeben. Einen solchen Fall hat das KG[12] angenommen, als ein Ehemann die Schimpfereien seiner Ehefrau durch Tonbandwiedergabe nachgewiesen hat. Er hätte sonst nur die Parteivernehmung (§ 445 ZPO) beantragen können. Zu der Zweifelhaftigkeit dieses Beweismittels kam im konkreten Fall hinzu, daß die Ehefrau vorprozessual angekündigt hatte, sie werde bei einer gerichtlichen Vernehmung alles abstreiten. **170**

Der BGH[13] hat allerdings die Aussage eines Dritten, der auf Anlaß eines Ehegatten den anderen Ehegatten durch ein Loch in der Wand heimlich beobachtet hatte, für unverwertbar erklärt und die Beweisnot des Klägers nicht berücksichtigt. Der BGH hat die heimliche Beobachtung als rechtswidrig angesehen. Begründung dafür: Die Rechtsordnung sichere dem einzelnen einen Kernbereich, der für die Entfaltung der Persönlichkeit unerläßlich sei; dazu gehöre es auch, in der Wohnung unbelästigt zu bleiben (vgl. Art. 13 Abs. 1 GG). In diesen persönlichen Bereich dürfe nur eingedrungen werden, wenn dies durch überwiegende öffentliche oder private Belange gerechtfertigt werde, etwa bei Überführung wegen schwerer Straftaten. Die Beschaffung von Beweismitteln, die anders nicht zu erlangen seien, begründe noch keine solche Notstandslage; die gegenteilige Auffassung des KG (siehe vorstehend bei Fußnote 12) sei abzulehnen. Sonst sei damit zu rechnen, daß die Intimsphäre durch Einsatz von Spitzeln vergiftet werde. **171**

Die Auffassung des BGH ist nicht recht überzeugend. Insbesondere irritiert, daß der Einsatz von Spitzeln dann rechtfertigend wirken soll, wenn **172**

---

[9] BVerfGE 34, 245; BGH JZ 1982, 199 = NJW 1982, 277 = MDR 1982, 397; MDR 1960, 856; BGHZ 27, 284 = NJW 1958, 1344 = MDR 1958, 679 = JZ 1959, 60 = BB 1958, 748; OLG Köln WPM 1986, 1531 = ZIP 1986, 1402 = EWiR § 387 BGB 2/86, S. 1079 mit Anm. v. Feldmann = NJW 1987, 265 = BB 1987, 432; LAG Berlin DB 1974, 1243; LG Hagen BB 1955, 489; ArbG Essen BB 1970, 258; ArbG Kassel BB 1955, 31. – Bei den strafrechtlichen Entscheidungen ist zu berücksichtigen, daß die am staatlichen Strafanspruch orientierte Güterabwägung nicht ohne weiteres auf einen zivilrechtlichen Konflikt übertragen werden kann, BGH JZ 1982, 199 = NJW 1982, 277 = MDR 1982, 397.

[10] Vgl. E. Peters ZZP Bd. 76 (1963), 154 ff. – Wer als Zuhörer in einer öffentlichen Sitzung eines kommunalen Ausschusses nicht genehmigte Tonbandaufnahmen macht, handelt rechtswidrig, OLG Köln DVBl 1979, 523 mit abl. Anm. Scheuer.

[11] Vgl. BVerfGE 34, 245; OLG Düsseldorf NJW 1966, 214. – Keine Verwertung eines zur Identifizierung der Stimme des Angeklagten aufgenommenen Gesprächs: BGH NJW 1986, 2261 unter Hinweis auf die Rspr. des BVerfG.

[12] NJW 1956, 26.

[13] NJW 1970, 1848 = JZ 1971, 387 mit Anm. Arzt = JR 1971, 65 mit Anm. Bökelmann.

es um die Aufklärung von Straftaten geht. Die Erwähnung dieser Ausnahme läßt ein wenig den Verdacht aufkommen, daß der BGH damit seine umstrittene strafprozessuale Rechtsprechung zum V-Mann als Zeugen stützen wollte.[14]

173 Hat ein Dritter ein zwischen den Parteien geführtes Telefongespräch ohne Wissen des betroffenen Gesprächspartners mitgehört, so ist die Vernehmung des Dritten als Zeuge grundsätzlich unzulässig.[15] Ausnahmen gelten im kaufmännischen Verkehr, wenn der Inhalt des Gespräches keinen vertraulichen Charakter hatte und der Gesprächspartner auch nicht ersichtlich Wert auf Vertraulichkeit gelegt hat.[16] Unter Kaufleuten ist die Benutzung von Mithöreinrichtungen üblich, ein Mithören deshalb nicht überraschend.[17] Ein Beweisverwertungsverbot besteht dementsprechend auch nicht, wenn der betroffene Gesprächspartner damit rechnen mußte, daß ein Dritter mithörte.[18]

174 Hingegen begründet die Verletzung des **Post- und Fernmeldegeheimnisses** (§ 354 StGB) ein Beweisverwertungsverbot.[19] Das Beweisverwertungsverbot des Gesetzes zur Beschränkung des Brief-, Post- und Fernmeldegeheimnisses (§ 7 Abs. 3) hat im Zivilprozeß kaum Bedeutung. Es erstreckt sich auch auf mittelbar aufgrund unzulässiger nachrichtendienstlicher Telefonüberwachung erlangte Beweismittel.[20] Auch eine unzulässige Telefonüberwachung nach § 100a StPO kann ein Verwertungsverbot begründen.

175 Auch bei einer zulässigen **Telefonüberwachung** sind der Ermittlungstätigkeit der Strafverfolgungsorgane Grenzen gesetzt. Es dürfen zwar Maßnahmen vorgenommen werden, von denen zu erwarten ist, daß sie zu entsprechenden Telefongesprächen führen. Unzulässig ist es jedoch, „Hör-

---

[14] Siehe dazu unten § 30 Rn. 871.

[15] BGH WPM 1985, 1481; NJW 1991, 1180 = LM § 286 (B) ZPO Nr. 79 = WPM 1991, 566 = AnwBl. 1991, 596 = MDR 1991, 672 = JZ 1991, 927 mit Anm. Helle; BAG NJW 1983, 1691 = MDR 1983, 787 = BB 1983, 1727 mit Anm. Schlund = DB 1983, 1827 = RdA 1983, 258 = ZIP 1983, 741; LAG Berlin JZ 1982, 258; LG Frankfurt NJW 1982, 1056; LAG Berlin ZZP Bd. 96 (1983), 113 mit abl. Anm. Gamp; LAGE § 371 ZPO Nr. 1; LAG Hamm LAGE ZPO § 373 Nr. 1; LAG Frankfurt DB 1980, 1127; LG Kassel NJW-RR 1990, 62; LG Heilbronn NJW-RR 1992, 77 = WPM 1992, 10; ArbG Berlin NJW-RR 1989, 861; AG Lübeck MDR 1981, 940. – Die zum heimlichen Mithören ergangenen Entscheidungen betreffen meist Fälle, in denen ein Arbeitgeber mit einem Arbeitnehmer telefoniert und einen Dritten als Zeugen hinzugezogen hat.

[16] BGH WPM 1985, 1481 = WuB VII A – § 286 ZPO; WPM 1982, 594; LAG Köln LAGE ZPO § 284 Nr. 1; LAG Hamm LAGE ZPO § 373 Nr. 1.

[17] BGH NJW 1982, 1397 = JR 1982, 373 mit zust. Anm. Schlund = JZ 1982, 375 = MDR 1982, 845 = BB 1982, 948 – DB 1982, 1214 = WPM 1982, 594 = ZIP 1982, 494.

[18] LAG Frankfurt DB 1980, 1127; vgl. auch OLG Karlsruhe OLGZ 1980, 207, das diese Ausnahmen unter den Begriffen „Sozialadäquanz“ und „mutmaßliche Einwilligung“ einordnet.

[19] Stein/Jonas/Leipold, ZPO, 20. Aufl., § 284 Rn. 59.

[20] BGH NJW 1980, 1700; OLG Köln NJW 1979, 1216.

fallen" zu stellen, z. B. indem ein Polizist eine falsche Identität vortäuscht.[21]

Auf welche Weise dem Dritten die Information ermöglicht wird, ist grundsätzlich unerheblich. Ein heimliches Lauschen ist deshalb vom LG Kassel[22] mit Recht darin gesehen worden, daß anläßlich eines persönlichen Gesprächs über eine gütliche Regelung die eine Partei den Telefonhörer auf den Tisch gelegt hat, so daß ein Dritter im Nebenzimmer das Gespräch mithören konnte. **176**

4. Aussagegenehmigung

Ein Beamter sagt aus, obwohl versehentlich die Aussagegenehmigung nicht eingeholt worden ist (§ 376 ZPO). – Es besteht kein Verwertungsverbot. Die mit der Genehmigung bezweckte Geheimniswahrung ist durch die Aussage hinfällig geworden. Es wäre sogar zu mißbilligen, nunmehr noch die Sachverhaltsaufklärung hinter einem zwecklos gewordenen Genehmigungsverbot zurücktreten zu lassen.[23] **177**

5. Aussageverweigerungsrecht

Einem Zeugen kann ein Zeugnis- und Eidesverweigerungsrecht (§§ 383–385 ZPO), einer Partei ein Aussage- oder Eidesverweigerungsrecht zustehen (§§ 446, 453 ZPO). Beim Zeugen ist das Eidesverweigerungsrecht nur durch eine Analogie zu § 61 StPO zu begründen.[24] **178**

Abgesehen von der Ausnahme in § 383 Abs. 2 ZPO ist im Gesetz keine Belehrung durch den Richter vorgesehen. Das Unterlassen der Belehrung ist daher auch keine Gesetzesverletzung; insofern sind Zivil- und Strafprozeß nicht vergleichbar.[25] Vor allem ist die Rechtsstellung einer Partei im Zivilprozeß eine andere als die des Beschuldigten im Strafprozeß, der vor Selbstbelastung und nachteiligen Folgen der Aussageverweigerung umfassend geschützt wird. Nach § 138 ZPO ist sie zum wahrheitsgemäßen Tatsachenvortrag verpflichtet. Auch bei einer Vernehmung (§§ 451, 395 Abs. 1 ZPO) muß die Aussage wahrheitsgemäß gemacht werden. Das Gericht ist nach § 446 ZPO berechtigt, je nach Umständen aus der Aussage- oder Eidesverweigerung nachteilige Schlüsse gegen die Partei zu ziehen.[26]

---

[21] BGH JA 1986, 111.

[22] NJW-RR 1990, 62.

[23] BGH NJW 1956, 500; OLG Celle VersR 1977, 361; E. Peters ZZP Bd. 76 (1963), 159.

[24] BGH NJW 1965, 1530.

[25] BayObLG DAVorm 1992, 983; OLG Köln Rpfleger 1985, 494 = JMBLNRW 1986, 8 = OLGZ 1986, 59; Festschrift für Ulrich Klug, Band II, 1983, S. 477f. – Deshalb darf im Strafverfahren beispielsweise die Aussage eines Zeugen, der jetzt von Zeugnisverweigerungsrecht Gebrauch macht, auch nicht in der Weise berücksichtigt werden, daß der im vorausgegangenen Sorgerechtsverfahren mit der Glaubwürdigkeitsprüfung beauftragte Sachverständige über die ihm gemachten Angaben vernommen wird (BGH NJW 1990, 1859).

[26] OLG Celle VersR 1977, 361.

179 Auch für die Personen, denen ein Zeugnisverweigerungsrecht kraft Amtes, Standes oder Gewerbes (§ 383 Abs. 1 Nr. 4–6 ZPO) zusteht, ist keine Belehrung vorgeschrieben.[27]Die Aussage der in § 383 Abs. 1 Nr. 4–6 ZPO genannten Personen ist auch dann verwertbar, wenn das Gericht gegen § 383 Abs. 3 ZPO verstoßen hat.[28] Die Verwertung der Zeugenaussage ist in diesen Fällen selbst dann zulässig, wenn der Zeuge sich nach § 203 StGB strafbar gemacht oder der Richter ihn zu seiner Aussage veranlaßt hat.[29] Eine Ausnahme gilt nur dann, wenn das Vertrauensverhältnis durch die Aussage selbst noch nicht zerstört worden ist, dies aber durch die Verwertung geheimhaltungsbedürftiger Tatsachen in den Entscheidungsgründen geschehen würde.[30] Dem liegt der allgemeine Gedanke zugrunde, daß das Gericht sich nicht zum „Gehilfen" einer strafbaren Handlung machen soll.

180 Ein Zeuge kann von seinem Zeugnisverweigerungsrecht bis zum Abschluß der Vernehmung Gebrauch machen.[31] Geschieht dies, so entsteht dadurch ein Verwertungsverbot.

181 Auf eine **abgeschlossene Vernehmung** hat die Berufung auf ein Zeugnisverweigerungsrecht keine Wirkung mehr. Macht der Zeuge bei einer späteren Vernehmung, z. B. im Berufungsverfahren,[32] von seinem Zeugnisverweigerungsrecht Gebrauch, so dürfen Vernehmungsniederschriften von seiner ersten Aussage im Wege des Urkundenbeweises in den Zivilrechtsstreit eingeführt[33] oder bei der ersten Vernehmung anwesend gewesene Personen als Zeugen vernommen werden.[34]

182 Anders verhält es sich aber, wenn Vernehmungsprotokolle eines Zeugen, der nicht über sein Zeugnisverweigerungsrecht nach § 383 Abs. 2 ZPO oder im Strafprozeß (§§ 52 Abs. 3, 165 Abs. 5 StPO) belehrt worden ist, verwertet werden sollen. Grundsätzlich besteht dann ein Verwertungsverbot. Wegen der Einheit der Rechtsordnung wirkt sich die strafrechtliche Belehrungspflicht auch im Zivilprozeß aus, jedoch mit der Besonderheit, daß nach § 295 ZPO der Verfahrensmangel der fehlenden Belehrung dann geheilt wird, wenn der Zeuge bei seiner erneuten Vernehmung nach ordnungsgemäßer

---

[27] Zu den Geheimhaltungspflichten des Steuer- und Sozialrechts siehe z. B. OVG Hamburg DVBl 1980, 887; BVerwG DVBl 1982, 694, 698. Zur Frage, ob sich aus dem Datenschutzrecht im Strafprozeß Beweisverwertungsverbote ergeben, siehe Kramer CR 1985, 103. Vgl. auch BVerGE 65, 1 (Volkszählungsgesetz – „Grundrecht auf informationelle Selbstbestimmung").

[28] BGH NJW 1977, 1198; a. A. Gießler NJW 1977, 1185; Thomas/Putzo, ZPO, 18. Aufl. 1993, § 383 Rn. 11.

[29] Habscheid ZZP Bd. 96 (1983), 306, 321; a. A. Gießler NJW 1977, 1185.

[30] Habscheid ZZP Bd. 96 (1983), 306, 321.

[31] Zöller/Greger, ZPO, 18. Aufl. 1993, § 383 Rn. 6; Stein/Jonas/Schumann, ZPO. 20. Aufl. 1988, § 383 Rn. 19; Wieczorek, ZPO, § 383 Rn. B I bis B II b 2.

[32] OLG Braunschweig NdsRpfl 1960, 162.

[33] Zöller/Greger, ZPO, § 383 Rn. 6; Thomas/Putzo, ZPO, § 383 Rn. 1; OLG Hamm DAVorm 1986, 804: für das Verfahren der freiwilligen Gerichtsbarkeit. Die Vorschrift des § 252 StPO gilt in derartigen Fällen nicht entsprechend (OLG Köln, VersR f1993, 335).

[34] Thomas/Putzo, ZPO, § 383 Rn. 1; Stein/Jonas/Schumann, ZPO, § 383 Rn. 19, 20.

Belehrung über sein Zeugnisverweigerungsrecht nunmehr zur Aussage bereit ist.[35]

Hat ein Kind vor dem Richter ohne die erforderliche Zustimmung seines gesetzlichen Vertreters ausgesagt, so kann diese Zustimmung nicht mehr rechtswirksam nachgeholt werden, wenn das Kind nunmehr die Aussage verweigert.[36] Verweigern Eltern als Beklagte in einem Zivilprozeß die Aussagegenehmigung für ihr Kind, dann darf die Niederschrift über eine polizeiliche Vernehmung des Kindes nicht als Beweismittel verwertet werden.[37]

Bei der Parteivernehmung hat die ZPO keine Belehrung und kein Beweis- **183**
erhebungsverbot (§ 383 Abs. 3 ZPO) vorgesehen (siehe § 451 ZPO). Für die Einführung von Niederschriften über die Vernehmung des Beschuldigten, die unter Verstoß gegen §§ 163a Abs. 4, 136a StPO zustande gekommen und nach der StPO unverwertbar sind, muß gleiches gelten wie beim Zeugen.[38]

6. Falsche Vereidigung

Hätte ein Zeuge nicht vereidigt werden dürfen (§ 393 ZPO), so ist seine **184**
Aussage gleichwohl verwertbar. Meist wird angenommen, sie sei dann als uneidliche zu würdigen. Das ist ein ziemlich schwierig zu erfüllendes Gebot (siehe oben § 5 Rn. 94). Wieczorek[39] nimmt deshalb an, wenn schon unzulässigerweise vereidigt worden sei, müsse die Aussage auch als eidliche gewürdigt werden. Beide Meinungen gehen aber letztlich zutreffend davon aus, daß die unzulässig beeidete Aussage besonders sorgfältig zu würdigen ist. Die Tatsache der Eidesleistung kann dabei als erlebte Wirklichkeit vom Richter psychologisch überhaupt nicht eliminiert werden. Er kann sich nur besonders deutlich vor Augen führen, wie wenig Wert dem Eid für die Wahrheitsermittlung zukommt (siehe dazu § 36 Rn. 1072).

---

[35] BGH r + s 1985, 129 = VersR 1985, 573 = NJW 1985, 1470 = Warneyer 1985, 108; Warneyer 1984, 23. Zu § 383 Abs. 2 ZPO: Habscheid ZZP Bd. 96 (1983), 306, 320. – In BGH VersR 1984, 458 = MDR 1984, 824 hat der BGH es offengelassen, ob ein Verwertungsverbot entstehen kann, da er im vorliegenden Fall den Verfahrensverstoß als nach § 295 ZPO geheilt ansah; weitere Nachw. siehe BGH aaO. – Die unterbliebene Belehrung bei Vernehmung des Beschuldigten durch Polizeibeamte (§§ 163a Abs. 4 S. 2, 136 Abs. 1 S. 2 StPO) begründet auch bei Widerspruch des Beschuldigten kein Verwertungsverbot. Im Falle absichtlicher Unterlassung kann dies anders sein (BGH NJW 1983, 2205).

[36] BGH NJW 1970, 766; BGHSt 21, 303.

[37] OLG Frankfurt MDR 1985, 151.

[38] BGH r + s 1985, 129 = VersR 1985, 573 = NJW 1985, 1470 = Warneyer 1985, 108.

[39] ZPO, § 391 Anm. B II a; § 393 Anm. A.

7. Verletzung des Unmittelbarkeitsgebotes

185 Eine Verletzung des Gebots der Unmittelbarkeit der Beweiserhebung[40] (§ 355 ZPO) stellt einen Verfahrensmangel dar. Dieser war nach früherer Rechtsprechung nicht angreifbar.[41] Infolgedessen ließ sich daraus auch kein Verwertungsverbot herleiten. Diese Problematik hat sich durch die Neufassung des § 348 ZPO verschärft. Danach muß der Einzelrichter eine ihm übertragene Sache grundsätzlich zu Ende führen; es gibt in der ersten Instanz keinen sog. „nur beweiserhebenden Einzelrichter" mehr. Erst recht ist die Neuregelung in § 361 bedenklich, die es erlaubt, die Beweisaufnahme dem Berichterstatter als „beauftragtem Richter" zu übertragen. Die Frage, wie sich Verstöße gegen den Grundsatz der Unmittelbarkeit der Beweisaufnahme auswirken, wird kontrovers beantwortet. Die Rechtsprechung tendiert dahin, in Anknüpfung an die frühere Judikatur den Verfahrensmangel als heilbar im Sinne des § 295 ZPO zu behandeln und damit – wieder einmal – die vom Gesetzgeber gewünschte Unmittelbarkeit der Beweisaufnahme zu unterlaufen.[42] Solange der Gesetzgeber nicht den Mut hat, Verstöße gegen den Unmittelbarkeitsgrundsatz zu sanktionieren, indem § 355 Abs. 2 ZPO ersatzlos gestrichen und § 295 ZPO auf diese Prozeßlage für unanwendbar erklärt wird, bleibt alles beim alten, weil zu viele Richter es (sehr zu Unrecht!) als entlastend ansehen, die Glaubwürdigkeit von Zeugen beurteilen dürfen, ohne diese jemals vor Augen gehabt zu haben.

8. Beweiserhebung durch Sachverständigen

186 Es kommt vor, daß ein Sachverständiger einen Zeugen „vernimmt" und dessen Aussage in seinem Gutachten verwertet. Das ist fehlerhaft. Das Gericht kann und darf dem Sachverständigen keine Zeugenbeweisaufnahme übertragen. Der Gutachter muß einen dahingehenden Auftrag ablehnen.[43] Vernimmt er gleichwohl, dann begründet dies ein Verwertungsverbot.[44] Jedoch entsteht es nicht deshalb, weil gegen § 355 ZPO verstoßen worden ist.[45] Es fehlt vielmehr insoweit an der Beweismaterie. Die Bestimmung des § 355 ZPO setzt eine Beweisaufnahme durch das Prozeßgericht oder ein anderes Gericht voraus. Im Ausgangsfall ist jedoch prozessual kein Zeuge vorhanden. Nicht „ein anderes Gericht" (§ 355 ZPO), sondern der Sachverständige hat vernommen; eine gerichtliche Vernehmung, die allein Vernehmung im Sinne der Zivilprozeßordnung ist, fehlt gänzlich.

---

[40] Siehe dazu Weth JuS 1991, 34.

[41] Vgl. die Belege bei Wieczorek, ZPO, § 355 Anm. B III; siehe ferner Bosch, Grundfragen des Beweisrechts, 1963, S. 105 ff.

[42] Die einschlägige Judikatur ist in den Erläuterungsbüchern zur ZPO bei den §§ 348, 355 nachgewiesen. Hier ist von einer Darstellung abgesehen worden, weil es sich weniger um ein Problem des Beweises selbst handelt, sondern um eine verfahrensrechtliche Thematik.

[43] Siehe Wellmann/Schneider/Hüttemann/Weidhaas, Der Sachverständige in der Praxis, 5. Aufl. 1988, Rn. 2.34 und 2.65; siehe auch RGZ 156, 383.

[44] BGH NJW 1955, 671.

[45] So begründet es aber der BGH in NJW 1955, 671.

Die Berücksichtigung der Niederschrift des Sachverständigen läßt sich auch nicht als Urkundenbeweis erhalten; das folgt schon aus § 420 ZPO. Das Sachverständigengutachten ist zwar prozessual verwertbar, scheidet jedoch nach § 286 ZPO als Urteilsgrundlage aus, weil es auf erkennbar mangelhaften Feststellungen beruht. Diesen Mangel kann auch die freie Beweiswürdigung nicht überbrücken. **187**

Anders ist es nur, wenn die Parteien den Mangel durch übereinstimmenden Sachvortrag beheben und damit das „Vernehmungsergebnis" des Sachverständigen unstreitig machen.[46] **188**

9. Zeugenvernehmung ohne Beweisantrag

Wird ein Zeuge versehentlich ohne Beweisantrag (§ 373 ZPO) vernommen, dann ist die Aussage verwertbar. Die Parteien haben nämlich, wenn es zur Vernehmung kommt, den Beweisbeschluß (§ 358 ZPO) gekannt und an der Vernehmung teilgenommen oder teilnehmen können. Die Erhebung des Beweises geschieht daher mit ihrer Billigung (konkludenter Beweisantrag); jedenfalls aber sind die Voraussetzungen des § 295 ZPO erfüllt. **189**

Aus diesem Grund ist es beweisrechtlich auch unerheblich, wenn Beweis erhoben worden ist, obwohl es an einem substantiierten Sachvortrag gefehlt hat, der den Beweisantrag hätte stützen können. Das Gericht hätte dann zwar von einer Vernehmung absehen müssen.[47] Die Hinnahme der Beweiserhebung durch eine Partei bewirkt jedoch, daß der Mangel keine Konsequenzen hat. **190**

Fehlt es nur am Auslagenvorschuß (§ 379 ZPO), dann ist das für das gesamte Verfahren einschließlich des Beweisverfahrens gänzlich belanglos. **191**

10. Partei als Zeuge

Schließlich kann es vorkommen, daß versehentlich eine Partei als Zeuge oder ein Zeuge als Partei vernommen wird. Maßgebender Zeitpunkt für die Parteistellung ist die Vernehmung.[48] Nachträglicher Wechsel der Parteistellung bleibt also stets außer Betracht.[49] Da auf Antrag sowohl die Vernehmung der Partei sowie des Zeugen stets möglich ist, liegt in der falschen Wahl des Beweisverfahrens nur ein Verfahrensmangel, der unter § 295 ZPO fällt, also nicht ohne weiteres ein Verwertungsverbot begründet.[50] **192**

Anders ist es hingegen, wenn eine Partei in eigener Sache lediglich aufgrund ihres Antrages (§ 447 ZPO) oder unter Verkennung der Beweislast (§ 445 ZPO) vernommen wird. Ein solcher Beweis darf nicht bei der **193**

---

[46] Vgl. OLG Nürnberg BayJMBl 1953, 9.

[47] Siehe z. B. OLG Köln MDR 1973, 233 = VersR 1973, 130; MDR 1976, 201.

[48] Einzelheiten bei Wieczorek, ZPO, § 373 Anm. B II e bis B II e 3.

[49] RGZ 29, 343.

[50] BGH LM § 27 DGB Nr. 2 – unter Aufgabe der abweichenden Rechtsprechung des RG (z. B. RGZ 91, 38). – In der Regel ist keine Partei dadurch beschwert, daß die Vernehmung als Zeuge statt als Partei bezeichnet worden ist, BGH WPM 1977, 1007.

Entscheidung bewertet werden, da es sich um ein im Gesetz nicht zugelassenes Beweisverfahren handelt[51] (siehe dazu § 47 Rn. 1522, 1523).

194 Nur ein Verfahrensmangel liegt vor, wenn über Feststellungen, die eine spezielle Sachkunde voraussetzen, statt eines Sachverständigen ein Zeuge gehört worden ist.[52] Darin liegt keine Verschaffung verbotener Beweise, sondern allenfalls eine mangelhafte Tatsachenfeststellung. So hat der BGH[53] es beispielsweise nicht beanstandet, daß das Gericht die Aussage einer auf Antrag beider Parteien vernommenen Person bei seiner Entscheidung verwertet hat, obwohl offengeblieben war, ob eine Zeugen- oder eine Parteivernehmung stattgefunden hatte. Die Zweifel daran, ob der Vernommene gesetzlicher Vertreter einer Partei sei, waren dem Gericht jedoch bewußt gewesen. Daher konnte es der offenen Frage in der Beweisführung gerecht werden. Beim Verhältnis Sachverständiger/Zeuge liegt es entsprechend.

11. Ausforschungsbeweis

195 Ist entgegen dem Verbot des Ausforschungsbeweises eine Beweisaufnahme durchgeführt worden, so besteht kein Verwertungsverbot.[54] Die Beweiserhebung beruht auf einem Beschluß des Gerichts. Dieser ist ohne Verfahrensverstoß durchgeführt worden. Der Fehler lag darin, daß das Gericht sich mit einem unsubstantiierten Beweisantrag begnügte.[55] Daraus leitet die Zivilprozeßordnung keine Hindernisse für die Wahrheitsfindung her. Es liegt im Grunde nicht anders als in dem Fall, in dem unter Verkennung der Beweislast Beweis erhoben worden ist. Auch der dadurch gewonnene Beweisstoff muß berücksichtigt werden.

196 Die Abgrenzung zwischen einem korrekten Beweisantrag und einem Ausforschungsbeweis oder – im Strafverfahren – Beweisermittlungsantrag[56] – kann im Einzelfall schwierig sein. Das Ausmaß der zu fordernden tatsächlichen Angaben des Beweisführers richtet sich auch danach, wie sich der Gegner eingelassen hat.[57] Das entscheidende Kriterium ist, ob sich der Beweisführer durch seinen Beweisantrag erst die Grundlage für substantiiertes Vorbringen schaffen will.[58] In diesem Fall geht der Beweisantrag, wie man es auszudrücken pflegt, „ins Blaue hinein", in der Hoffnung, der Beweisführer werde auf diese Weise ihm noch unbekannte Tatsachen erfahren, die er alsdann zur Stützung seines Anspruches vorbringen könne. Solchen Beweisanträgen ist nicht stattzugeben,[59] woraus aber nicht auch ein Verbot folgt, eine verfahrenswidrig angeordnete und durchgeführte Beweisaufnahme zu berücksichtigen.

---

[51] Born JZ 1981, 775.
[52] Siehe dazu RGZ 20, 394.
[53] ZZP Bd. 71 (1958), 114.
[54] E. Peters ZZP Bd. 76 (1963), 156f.
[55] Siehe dazu Gamp DRiZ 1982, 165.
[56] Siehe BGH JR 1988, 387 mit Anm. Welp.
[57] Zöller/Greger, ZPO, 18. Aufl. 1993, Rn. 4 vor § 284.
[58] OLG Schleswig NJW-RR 1991, 1338.
[59] Zu Einzelheiten siehe Zöller/Greger, ZPO, Rn. 5 vor § 284.

12. Parteiöffentlichkeit

Nach § 357 ZPO ist es den Parteien gestattet, der Beweisaufnahme beizuwohnen.[60] Sie müssen rechtzeitig vom Termin benachrichtigt werden. Geschieht das nicht und wird die Beweisaufnahme deshalb in Unkenntnis einer oder beider Parteien vom Gericht durchgeführt, so ist § 357 ZPO verletzt. **197**

Ein eigentliches Beweisverbot besteht damit aber noch nicht, weil die Parteien auf die Rüge des Verfahrensmangels verzichten können (§ 295 ZPO). Verzichten sie nicht, sondern verlangen sie die Wiederholung der Beweisaufnahme, so begründet dies allerdings nach allgemeiner Ansicht kein Verwertungsverbot, zwingt aber zur Wiederholung der Beweisaufnahme (Art. 103 Abs. 1 GG).[61] **198**

13. Nicht zugelassene Beweismittel

Wegen der geschlossenen Zahl der Beweismittel[62] sind alle Feststellungen, die nicht mit diesen im Gesetz vorgesehenen und zugelassenen Formen der Beweiserhebung getroffen worden sind, unverwertbar. Deshalb darf der Richter auch nicht sein privates Wissen zur Entscheidungsgrundlage machen. **199**

Von diesem Beweismittelausschuß ist zu unterscheiden die gesetzliche Beweismittelauswahl. Nach § 294 Abs. 2 ZPO ist zur Glaubhaftmachung keine Beweisaufnahme zulässig, die nicht sofort durchgeführt werden kann (siehe oben Rn. 64). Bleibt dies unbeachtet und wird etwa nach Erlaß eines Beweisbeschlusses ein Zeuge vernommen, dann ist das zwar verfahrenswidrig, aber deshalb noch nicht die Verwertung eines gesetzlich nicht vorgesehenen Beweismittels. Da der Fehler die Wahrheitsfindung nicht nachteilig beeinflussen, sondern in Gegenteil nur fördern kann, ist der entgegen § 294 Abs. 2 ZPO erhobene Beweis zu berücksichtigen.[63]

14. Zusammenfassung

Wenn sich im Einzelfall die Frage der Beweismittelverwertung stellt, ist immer sorgfältig zu klären, ob ein Beweiserhebungsverbot besteht und, falls das bejaht wird, ob daraus auch ein Beweisverwertungsverbot folgt. Überschauen wir die Sachverhalte (vorstehend 1–13), die im wesentlichen als Problemfälle für Beweisverbote in Betracht kommen, so zeigt sich, daß durchgreifende Verbote selten sind. Der Grundsatz der freien Beweiswürdigung wird also kaum berührt. Daraus darf indessen nicht gefolgert werden, auf derartige Beweisverbote brauche nicht besonders geachtet zu werden. Auch wenn ein Verfahrensmangel oder eine andere unrechtmäßige Handlung nicht zum völligen Verbot der Beweisverwertung führt, muß immer **200**

---

[60] Das kann zu einem Konflikt mit dem Geheimnisschutz führen; siehe Kürschner NJW 1992, 1804.

[61] Vgl. RG JW 1938, 3255 Nr. 37; RGZ 130, 300; Schneider MDR 1964, 819.

[62] Merkwort SAPUZ: Sachverständiger, Augenschein, Parteivernehmung, Urkunde, Zeuge.

[63] BGH FamRZ 1989, 373.

mit einer Schwächung der Beweiskraft des Beweismittels gerechnet werden. Die Beweiswürdigung kann also in jedem Einzelfall von solchen Fehlern beeinflußt werden. Darüber sollte sich der Urteilsverfasser in der Niederschrift der Beweiswürdigung oder der Prozeßbevollmächtigte in seiner schriftsätzlichen Stellungnahme zum Beweisergebnis deshalb auch auslassen.

§ 12. Das Verbot der Beweisantizipation

201 Ein Sprichwort sagt, man solle das Fell des Bären nicht verkaufen, bevor man den Bären habe. Ebenso soll man keine Beweise würdigen, bevor man sie erhoben hat. Das besagt das Verbot der Beweisantizipation. Die Gefahr, es zu übertreten, besteht oft. Der Kläger hat beispielsweise drei gute, glaubwürdige Zeugen benannt, die vernommen worden sind und seine Behauptungen bestätigt haben. Die Sachdarstellung des Klägers ist auch innerlich folgerichtig und paßt sich in den Gesamtablauf des Geschehens ein. In dieser prozessualen Lage beantragt der Beklagte, gegenbeweislich seine Ehefrau zu vernehmen. – Kein Richter liebt solche Beweisanträge, denn dabei kommt nichts heraus. Gleichwohl muß die Ehefrau des Beklagten vernommen werden. Es *könnte* nämlich so sein, daß sie eine Schilderung gibt, die das bisherige Beweisergebnis erschüttert. Mag das auch unwahrscheinlich sein; es ist denkbar. Nur wenn es *ausgeschlossen* ist, darf der Richter den Beweisantrag übergehen.

202 Das Recht der Beweisablehnung ist vornehmlich im Strafverfahren entwickelt worden.[1] Dort hat die Frage insofern große praktische Bedeutung, als ein nachgeschobener Beweisantrag zur Unterbrechung der Hauptverhandlung zwingen kann, wenn das Beweismittel nicht rechtzeitig beigebracht werden kann. Das Verfahren muß dann unter Umständen von neuem begonnen werden (§ 229 StPO). Diese Verzögerung durch Ablehnung des Beweisantrages zu verhindern, ist ein verständliches Bestreben des Gerichts. Verfahrensmäßig ist das jedoch nur in engen Grenzen möglich, denn § 244 Abs. 3 bis 5 StPO enthält genaue Anweisungen darüber, wann die Ablehnung eines Beweisantrages statthaft ist.

203 Im Zivilprozeß sind die nachgeschobenen Beweisanträge nicht minder häufig, aber ihnen kommt für den Verfahrensablauf nicht die gleiche Bedeutung zu wie im Strafprozeß. Eine Vertagung zerstört nicht die Einheit der Verhandlung. Die bisherigen Ergebnisse der Arbeit aller Prozeßbeteiligten bleiben verwertbar. Daher ist das Bestreben, Beweisanträge abzulehnen, im Zivilprozeß wohl geringer. Dies ist vielleicht auch der Grund dafür, warum diesem Problemkreis im Schrifttum trotz einer Fülle höchstrichterlicher Rechtsprechung verhältnismäßig wenig Beachtung geschenkt wird.

Der Fragenkreis ist von mir monographisch ausführlich behandelt worden in ZZP Bd. 75 (1962), 173 ff. Über die neuere Rechtsprechung habe ich in MDR 1969, 258 und VersR 1977, 598 berichtet. Aus Raumgründen kann hier nur eine

---

[1] Grundlegend Alsberg, Der Beweisantrag im Strafprozeß, später bearbeitet von Nüse (4. Aufl. 1969) und danach von Meyer (5. Aufl. 1983).

knappe Übersicht über die Thematik gebracht werden; im übrigen sei auf die angeführten Beiträge verwiesen.

Im Zivilprozeß gilt das Verbot der Beweisantizipation in gleicher Strenge **204**
wie im Strafverfahren. Verfehlt ist es jedoch, kurzerhand für den Zivilprozeß die Geltung des § 244 Abs. 3–5 StPO zu behaupten.[2] Die Sachfragen müssen für jede Verfahrensordnung selbständig beantwortet werden, auch wenn dabei mit weitgehender Übereinstimmung zu rechnen ist.[3]

Voraussetzung des Verbots der Beweisantizipation ist zunächst einmal, daß **205**
die unter Beweis gestellte tatsächliche Behauptung **beweisbedürftig** ist. Hierbei handelt es sich um eine Rechtsfrage, die in der sogenannten Schlüssigkeitsprüfung aufgeworfen wird. Sie muß beantwortet werden, *bevor* die Beweiswürdigung beginnen kann.

Zum zweiten muß ein prozessual ordnungsmäßiger und deshalb beachtli- **206**
cher **Beweisantrag** gestellt worden sein.[4]

Erforderlich ist dazu, daß die unter Beweis gestellten Tatsachen so genau bezeichnet sind, daß das Gericht ihre Erheblichkeit prüfen kann.[5] Bevor aus diesem Grund von der Beweiserhebung abgesehen wird, muß das Gericht aber gemäß § 139 ZPO den Beweisführer darauf hinweisen, daß und warum es sein Vorbringen für unzureichend hält. In der Praxis wird dagegen immer wieder verstoßen, um sich der als Last empfundenen Beweiserhebung zu entziehen. Deshalb darf auch keineswegs ein stillschweigender Verzicht auf einen bereits gestellten Beweisantrag angenommen werden, ohne daß der Beweisführer dazu befragt worden ist.[6] Geradezu verwerflich ist es, einen im Schriftsatz wiederholten und mit „Beweis: aaO." oder „Beweis: wie vor" formulierten Antrag als unzulässig zurückzuweisen.[7] Dieses „Abwürgen" von Beweisanträgen ist grob verfahrenswidrig und darüber hinaus auch wegen Verstoßes gegen Art. 103 Abs. 1 GG verfassungswidrig, weil es zwangsläufig zu einer Überraschungsentscheidung führt.[8] So verhält es sich auch umgekehrt, wenn das Gericht zunächst Beweis über bestimmte Tatsachen erhebt und dann ohne vorherigen Hinweis an die Parteien einen Sachverhalt zur Entscheidungsgrundlage macht, bei dem es auf die Beweiserhebung überhaupt nicht ankommt.[9]

Manchmal kommt es vor, daß die Vernehmung eines Zeugen beantragt **207**
wird, dessen ladungsfähige Anschrift dem Beweisführer noch nicht bekannt ist („Beweis: Zeuge N. N."). Dieser Beweisantrag darf nur zurückgewiesen

---

[2] So aber BGH VersR 1959, 729, 731.

[3] Siehe Schneider ZZP Bd. 75 (1962), 179 ff.

[4] Vgl. dazu Schneider MDR 1964, 562; VersR 1977, 599, 560; Teplitzky DRiZ 1970, 280.

[5] BGH LM § 130 ZPO Nr. 16 = MDR 1992, 76 = NJW 1991, 2707 = WPM 1991, 1737; NJW 1992, 1967 = VersR 1993, 593 = LM § 286 (E) ZPO Nr. 25 = MDR 1992, 804; OLG Köln NJW-RR 1993, 453 (Ablehnung eines Beweisantrages im Ehelichkeitsanfechtungsprozeß); BVerwG NJW 1988, 176.

[6] BGH NJW-RR 1987, 1403 = FamRZ 1987, 1019; BAG.

[7] So geschehen in der Vorentscheidung zu OLG Celle NJW-RR 1992, 703!

[8] Siehe die Nachweise dazu bei Zöller/Schneider, ZPO, 18. Aufl. 1993, § 539 Rn. 12.

[9] Zöller/Schneider, aaO.; OLG Hamm NJW-RR 1993, 894.

werden, wenn dem Beweisführer zuvor gemäß § 356 ZPO eine Frist gesetzt worden ist, innerhalb deren er die ladungsfähige Anschrift des Zeugen anzugeben hat. Verstößt das Gericht dagegen, dann darf es keineswegs die kurz vor oder im Termin zur mündlichen Verhandlung nachgeholte Mitteilung der Zeugenanschrift aus Präklusionsrecht (§ 296 Abs. 2 ZPO) zurückweisen und den Beweisantrag übergehen.[10]

208 Der nicht weiter erläuterte „Antrag auf Aktenbeiziehung" beispielsweise ist kein ordnungsmäßiger Beweisantrag und darf daher zurückgewiesen werden.[11]

Unzulässig ist weiter etwa der Beweisantrag auf Einholung eines Sachverständigengutachtens wegen eines behaupteten ärztlichen Kunstfehlers, wenn die Begutachtung nur im Zusammenhang mit einer lebensgefährlichen und mit gesundheitsgefährdenden Risiken verbundenen Operation möglich ist;[12] ebenso wenn der Beweisantrag auf Rekonstruktion eines Unfalls mit Einsatz eines Notfahrzeugs (§ 38 Abs. 1 StVO) gerichtet ist und dazu im fließenden Verkehr ermittelt werden müßte, ob die optischen und akustischen Warnzeichen für einen Kraftfahrer wahrnehmbar waren oder nicht.[13] Der Beweisantrag auf Durchführung einer demoskopischen Umfrage über die richtige Schreibweise ist vom ArbG Düsseldorf zurückgewiesen worden, weil es sich um ein ungeeignetes Beweismittel handele.[14]

209 Keine Partei hat einen Anspruch darauf, daß tatsächliche Feststellungen unter Voraussetzungen getroffen werden, die Schäden für Leib und Leben von Menschen einschließen. Jedoch setzt die Ablehnung des Beweisantrages wiederum voraus, daß vorher der richterlichen Aufklärungspflicht aus § 139 ZPO genügt worden ist,[15] und zwar auch dann, wenn anzunehmen ist, daß der von einer Partei in einem frühen Stadium des Rechtsstreit gestellte, aber nicht beschiedene Beweisantrag nicht aufrechterhalten werden soll.[16]

210 Ist ein ordnungsmäßiger und erheblicher Beweisantrag auf Einholung eines Sachverständigengutachtens gestellt worden, dann kann der Beweiserhebung entgegenstehen, daß der Beweisführer den ihm auferlegten Auslagenvorschuß (§ 379 ZPO) nicht zahlt. In diesem Fall muß das Gericht von sich aus prüfen, ob von Amts wegen ein Sachverständigengutachten einzuholen ist (§ 144 Abs. 1 ZPO).[17] Es darf also nicht der Beweisantrag übergangen werden, ohne daß auch diese Möglichkeit erwogen worden ist.

211 Ist ein ordnungsmäßiger Beweisantrag zu beweisbedürftigen Behauptungen gestellt, *dann muß ihm entsprochen werden*. Das ist der Grundsatz. Es gibt

---

[10] BGH NJW 1993, 1926.

[11] BGH DRiZ 1963, 60; vgl. aber auch oben § 7 Rn. 117.

[12] OLG Düsseldorf VersR 1985, 457; VersR 1987, 412.

[13] OLG Nürnberg VersR 1977, 64.

[14] NJW 1986, 1281.

[15] BAG AP ZPO § 286 Nr. 7 mit Anm. Mes.

[16] Darüber Schneider MDR 1965, 563f.; 1968, 721; Teplitzky JuS 1968, 71; Lepa DRiZ 1969, 6. Siehe dazu auch BAG NJW 1977, 727 = AP ZPO § 373 Nr. 1 mit Anm. Stephan.

[17] BGH MDR 1976, 369 = LM GKG § 114 Nr. 1.

eine Ausnahme davon, die in der Rechtsprechung entwickelt worden ist. Der Bundesgerichtshof[18] hat sie wie folgt umschrieben:

Ein Richter braucht keine **völlig wertlosen und überflüssigen** Beweismittel heranzuziehen. Deshalb darf der Tatrichter einen Beweisantrag ausnahmsweise ablehnen, wenn auch unter Berücksichtigung der bisherigen Beweisaufnahme jede Möglichkeit ausgeschlossen ist, daß die beantragte neue Beweisaufnahme Sachdienliches ergeben kann, wenn also von vornherein der völlige Unwert des Beweismittels ersichtlich ist. **212**

Die Parapsychologie gehört nicht zu den gesicherten wissenschaftlichen Erkenntnissen, die dem Sachverständigenbeweis zugänglich sind.[19] **213**

Im Einzelfall hilft eine solche allgemeine Fassung der Ausnahme kaum weiter. Denn sie sagt nicht – und *das* ist entscheidend! –, **wann ein Beweismittel völlig wertlos und überflüssig ist.** Der BGH[20] hat sich in anderen Entscheidungen konkreter ausgedrückt und ausgeführt, die Ablehnung eines Beweisantrages sei unter folgenden Voraussetzungen erlaubt: **214**

die unter Beweis gestellte Tatsache ist *unerheblich;*
die unter Beweis gestelllte Tatsache ist *bereits bewiesen* (Gegenbeweis zur Erschütterung muß jedoch erhoben werden!);
die unter Beweis gestellt Tatsache ist *offenkundig;* (Panthe MDR 1993, 1166)
das Beweismittel als solches ist *unzulässig;*
das Beweismittel ist *völlig ungeeignet* zur Wahrheitsfindung.

Als weiterer Ablehnungsgrund kommt noch in Betracht, daß eine Behauptung gar nicht mehr beweisbar ist,[21] beispielsweise weil ein auf Blechschäden zu untersuchender Personenkraftwagen bereits verschrottet worden ist. In einschlägigen Fällen können allerdings die Grundsätze zur Beweisvereitelung eingreifen (siehe § 10 Rn. 149 ff.). **215**

Hingegen darf ein Antrag auf Vernehmung eines Zeugen im Wege der Rechtshilfe nicht mit der Begründung abgelehnt werden, ohne unmittelbare Vernehmung vor dem Prozeßgericht sei der Wahrheitsgehalt der Aussage nicht zu beurteilen.[22] **216**

Vielfach findet sich die Wendung, die Ablehnung eines Beweisantrages sei dann – und nur dann – zulässig, wenn die unter Beweis gestellte Tatsache lediglich in das Gewand einer Behauptung gekleidet, tatsächlich aber erkennbar aus der Luft gegriffen sei.[23] Es handele sich dann um einen Beweisantrag „ins Blaue hinein“, der rechtsmißbräuchlich sei.[24] **217**

Die Revisionsgerichte müssen jedoch immer wieder beanstanden, daß diese Ausnahmesituation zu Unrecht als gegeben angenommen wird. So darf beispielsweise eine Partei zum Nachweis innerer Tatsachen bei einer be- **218**

---

[18] NJW 1956, 1480.
[19] So BGH NJW 1978, 1207; siehe aber dazu Bender NJW 1977, 1089. Zur Beweisantizipation beim Sachverständigenbeweis siehe im übrigen § 45 Rn. 1447, 1448.
[20] Warneyer 1973 Nr. 199; DRiZ 1974, 27.
[21] OLG Köln r + s 1986, 105.
[22] BAG AP ZPO § 355 Nr. 1.
[23] BGH NJW 1991, 2707 = WPM 1991, 1737.
[24] BGH NJW 1988, 2100 = WPM 1988, 1478.

stimmten Person auch einen Dritten als Zeugen benennen; daß sie diese Person nicht unmittelbar benennt, rechtfertigt keine Beweisablehnung.[25] Dementsprechend darf die Vernehmung von Zeugen einer Wandergruppe darüber, was nach dem Unfall einer Wanderin zwischen ihnen erörtert worden ist, nicht mit der Begründung abgelehnt werden, die benannten Zeugen hätten den Vorgang nicht gesehen.[26]

219 Auch sonstiges beweiserschwerendes Verhalten einer Partei hebt das Verbot der Beweisantizipation nicht auf. Der Beweis, daß eine Partei ein bestimmtes Fahrzeug gekauft und bis zum Unfalltag gefahren habe, darf beispielsweise im Deckungsschutzprozeß nicht mit der Begründung zurückgewiesen werden, die Fahrgestellnummer im Versicherungsschein entspreche nicht derjenigen des Unfallfahrzeugs.[27]

220 Ebenso muß einem Zeugenbeweisantrag stattgegeben werden, mit dem Beweis geführt werden soll, daß ein Passus in einem Schriftvertrag von den Vertragschließenden übereinstimmend in einem bestimmten Sinne verstanden worden sei. Die Zurückweisung eines solchen Beweisantrages mit der Begründung, dieser Antrag sei unerheblich, weil das Gericht den Vertrag anders auslege, ist verfahrenswidrig.[28]

221 Selbstverständlich darf Unglaubwürdigkeit bei der Beweis**würdigung** berücksichtigt werden. Nur dürfen keine Erfahrungssätze zur Beweiswürdigung herangezogen werden, um schon die Beweisaufnahme als Grundlage der Beweiswürdigung abzulehnen.[29]

222 Probleme der Beweisantizipation haben auch das Bundesverfassungsgericht wiederholt beschäftigt. Danach wird Art. 103 Abs. 1 GG nicht verletzt, wenn Beweisanträge unberücksichtigt bleiben, weil das Beweismittel völlig ungeeignet oder die Richtigkeit der unter Beweis gestellten Tatsachen bereits erwiesen ist oder zugunsten des Beweisbelasteten unterstellt wird.[30]

Das Bundesverfassungsgericht schließt sich im Ergebnis der Rechtsprechung der Instanzgerichte an. Die Ablehnung von Beweisanträgen zu erheblichen Tatsachen wird als grundsätzlich unzulässig herausgestellt. Sie ist nur ausnahmsweise zulässig bei völligem Unwert des Beweismittels, beispielsweise wenn „nach dem Ergebnis der Beweisaufnahme jede Möglichkeit ausgeschlossen ist, daß der übergangene Beweisantrag Sachdienliches ergeben und die vom Gericht bereits gewonnene gegenteilige Überzeugung erschüttern könnte".

In der Praxis verhält es sich fast immer so, daß die Durchführung der beantragten Beweiserhebung im Ergebnis zeitsparender und der Wahrheitsfindung dienlicher ist. Im Zweifel sollte dies stets beherzigt werden.

223 Sicherlich ist es so, daß die strenge Durchführung des Verbots der Beweisantizipation im Einzelfall dem Beigeschmack bekommen kann, ein

---

[25] BGH NJW 1992, 1899 = LM § 286 (E) ZPO Nr. 24.
[26] BGH NJW-RR 1990, 1276.
[27] BGH NJW-RR 1988, 1087.
[28] BGH NJW 1992, 2489 = LM § 286 (E) ZPO Nr. 26 = BauR 1992, 670 = MDR 1992, 1084.
[29] Siehe Söllner MDR 1988, 363.
[30] Siehe BVerfG NJW 1993, 254.

Prinzip müsse nur um seiner selbst willen beachtet werden. Denn hinter jeder Ablehnung eines Beweisantrages steht letztlich die Gewißheit, daß das Beweismittel an Überzeugungskraft hinter den bereits erhobenen Beweisen *absolut* zurücksteht. So wäre es z. B. *sinnlos*, Zeugen zu vernehmen, um das Ergebnis eines negativen serologischen Vaterschaftsgutachten zu erschüttern. Lichtbilder sind zuverlässiger als Aussgen. Nimmt das Gericht selbst einen Augenschein ein, so braucht es sich über die Beschaffenheit des Gegenstandes oder der Örtlichkeit nicht mehr durch Zeugen oder Urkunden belehren zu lassen. Hat ein gerichtlich beauftragter Sachverständiger ein Gutachten erstattet, dann braucht das Gericht nicht noch den Verfasser eines von einer Partei vorgelegten Privatgutachtens zu hören. In solchen Fällen darf ohne weiteres von dem Grundsatz des Verbotes der vorweggenommenen Beweiswürdigung abgewichen werden. Doch sind und bleiben das eben Ausnahmen.

Bevor ein Beweisantrag abgelehnt wird, sollte auch bedacht werden, wie **224**
schwierig es ist, angesichts der hohen Anforderungen, die die Rechtsprechung an den Tatrichter stellt[31], das Vorliegen einer zulässigen Ausnahme zu begründen. Jedenfalls ist es immer ungenügend, einen Beweisantrag beispielsweise mit der Begründung abzulehnen, das Gegenteil sei bewiesen[32] oder der Sachverhalt sei bereits genügend geklärt.[33] Umgekehrt ist es *verboten*, einen Gegenbeweis zu erheben, wenn der Hauptbeweisführer keinen Beweis antritt.[34] Das kann auch dann der Fall sein, wenn erstinstanzlich unerledigte Beweisanträge im zweiten Rechtszug nicht mehr verfolgt werden.[35] Es sollte jedoch nicht vorkommen, daß eine Partei erst im Urteil erfährt, das Gericht sei davon ausgegangen, ein erstinstanzlich gestellter Beweisantrag sei nicht wiederholt worden. Darin kann nämlich eine gegen §§ 139, 278 Abs. 3 ZPO und sogar gegen Art. 103 Abs. 1 GG[36] verstoßende Überraschungsentscheidung liegen.

In der gerichtlichen Praxis kommen, wie schon oben erwähnt, Verstöße **225**
gegen das Verbot der Beweisantizipation leider recht häufig vor. Hier noch einige Beispiele:

Die beantragte Vernehmung eines Zeugen darüber, daß der Kläger an ganz erheblichen Schmerzen gelitten habe, wird mit der Begründung abgelehnt, dies sei nicht beweisbar.[37] Ein erheblicher Beweisantrag wird abgelehnt, weil die Beweiserhebung „höchst unökonomisch" sei.[38] Der Antrag auf Einholung eines Sachverständigengutachtens zu einer auch nach Auffassung des Gerichts gutachtlich zu klärenden Tatfrage wird abgelehnt, weil bereits in einem anderen Rechtsstreit ein Gutachten erstattet worden sei.[39]

---

[31] Vgl. Schneider ZZP Bd. 75 (1962), 183f.

[32] BGH VRS Bd. 39, 95; BVerwG MDR 1983, 869.

[33] OLG Koblenz VRS Bd. 46, 302.

[34] Weber NJW 1972, 896; die gegenteilige Auffassung Walthers, NJW 1972, 237, ist abwegig. Siehe oben § 1 Rn. 13; § 3 Rn. 53.

[35] BGH MDR 1969, 746 = Warneyer 1969 Nr. 169.

[36] Siehe BVerfGE 36, 92.

[37] BGH VersR 1986, 183 = r + s 1986, 95.

[38] BVerfGE 50,32 = NJW 1979, 413 = JZ 1979, 23.

[39] BGH WPM 1977, 334.

Auch Schlußfolgerungen auf der Grundlage eines unzureichend aufgeklärten und besser klärungsfähigen Sachverhalts sind eine unzulässige vorweg genommene Beweiswürdigung.[40] Hierher rechnet auch die Ablehnung einer wiederholten Vernehmung bei anderer Glaubwürdigkeitsbeurteilung durch das Berufungsgericht (oben § 3 Rn. 29ff.) oder die Nichterhebung eines beantragten Zeugenbeweises mit der Begründung, die in den Strafakten enthaltenen Aussageniederschriften des Ermittlungsverfahrens würden ausreichen (unten § 44 Rn. 1373).

Bedenklich ist auch die Auffassung des LG Karlsruhe[41], dem Antrag des Klägers auf Vernehmung seiner Ehefrau über deren Startschwierigkeiten nach dem Stehenbleiben des Pkw auf einer Kreuzung brauche dann nicht entsprochen zu werden, wenn nicht anzunehmen sei, daß die Zeugin ihre im Bußgeldverfahren gemachte Aussage ändern werde.

Zweifelhaft ist, ob die Vernehmung eines Zeugen über dessen hypothetische Entschlüsse – möglicher Entschluß für einen Grundstückserwerb – zulässig ist[42], oder ob es sich um ein untaugliches Beweismittel handelt, wenn eine Vielzahl von Zeugen dafür benannt wird, daß dem Beweisführer die Benachteiligungsabsicht nach dem Anfechtungsgesetz gefehlt habe.[43] Der Bundesgerichtshof würde in beiden Fällen wohl die Beweisanträge als beachtlich ansehen[44].

226 Nicht selten kommt es vor, daß eine Person als Zeuge benannt wird, die im **Ausland** wohnt. Gelingt es dem Beweisführer, diesen Zeugen „zu stellen", das heißt, ihn dazu zu bewegen, freiwillig vor dem deutschen Gericht zu erscheinen, dann ergeben sich keine Schwierigkeiten. Gelingt das nicht, dann kommt nur eine Zustellung im Ausland nach § 199 ZPO zur Vorladung vor dem deutschen Gericht in Betracht. Auch dann ist der Zeuge nicht verpflichtet, zur Vernehmung nach Deutschland zu kommen. Lehnt er das ab, so bleibt nur der Weg des § 363 ZPO, nämlich ein Ersuchen an die zuständige Behörde um die Aufnahme des Beweises im Ausland. Steht in diesem Fall von vornherein fest, daß ein solches Ersuchen aussichtslos ist, dann darf der Beweisantrag abgelehnt werden.[45] Solange aber Aussicht besteht, daß der Zeuge sich doch bereit erklärt, vor einem deutschen Gericht zu erscheinen und auszusagen, oder daß dem Rechtshilfeersuchen im Ausland entsprochen wird, muß das Gericht tätig bleiben und darf den Beweisantrag nicht ablehnen.[46]

227 Obwohl das Gericht bei der **Schadensschätzung nach § 287 ZPO** (siehe dazu unten §§ 13ff.) sehr frei gestellt ist und sogar von Beweiserhebungen absehen darf, gilt das Verbot der Beweisantizipation im Prinzip auch dort. Auch bei der freien Schadensschätzung muß das Gericht nämlich um die Aufklärung des Sachverhaltes bemüht sein. Es muß versuchen, möglichst

---

[40] OLG Schleswig NJW 1983, 347.
[41] VersR 1980, 1081.
[42] Verneinend LG Frankfurt NJW 1986, 551.
[43] So LG Frankfurt ZIP 1986, 993.
[44] Vgl. BGH ZIP 1983, 860.
[45] OLG Hamm NJW-RR 1988, 703.
[46] BGH NJW 1992, 1768 = MDR 1992, 708 = LM § 286 (E) ZPO Nr. 23.

genau zu schätzen. Ist das nicht möglich, solange gestellte Beweisanträge nicht beschieden werden, dann ist das Übergehen dieser Beweisanträge willkürlich und auch nicht durch § 287 ZPO gedeckt.[47]

Erlaubt ist die Beweisantizipation im Verfahren auf Bewilligung von 228
Prozeßkostenhilfe. Dies ergibt sich daraus, daß nach § 114 ZPO Bewilligungsvoraussetzung nur die **hinreichende Erfolgsaussicht** der beabsichtigten Rechtsverfolgung oder Rechtsverteidigung ist. Dazu rechnet auch die vorgreifliche Beweisprognose.[48]

Liegt auch dann eine verbotene Beweisantizipation vor, wenn sich das 229
Gericht eines anderen als des beantragten Beweismittels bedient? Diese Frage führt zu dem Problem der **Austauschbarkeit von Beweismitteln.**[49] Sie ist zur Diskussion gestellt worden durch eine Entscheidung des Bundesgerichtshofes.[50] In jenem Fall ging es um eine Anklage wegen fortgesetzter Notzucht. Das Opfer hatte in der Hauptverhandlung ausgesagt, der Angeklagte habe auf der Fahrt von X nach Y, anläßlich deren es zu dem Verbrechen gekommen war, eine Straße benutzt, die durch keine Ortschaft führe. Um die Glaubwürdigkeit der Belastungszeugin zu erschüttern, stellte der Verteidiger den Beweisantrag, eine Auskunft der Verkehrspolizei darüber einzuholen, daß man von X nach Y nur auf Wegen gelangen könne, die durch Ortschaften hindurchführten. Die Strafkammer beschaffte sich statt dessen eine Straßenkarte im Maßstab 1:200 000 und entnahm ihr, daß es einen Weg gebe, der von X nach Y führe, ohne Ortschaften zu berühren. Der aufrechterhaltene Beweisantrag wurde durch Beschluß abgelehnt. Mit der Revision machte der Verurteilte geltend, das Gericht habe gegen das Verbot der Beweisablehnung verstoßen.

Der Bundesgerichtshof hat die Rüge verworfen: „Die Strafkammer hat den 230
Antrag nicht etwa deshalb abgelehnt, weil sie das genannte Beweisthema vom Beweise ausscheiden wollte, sondern weil der Beweis darüber bereits erhoben war und die Beweisaufnahme zu einem ganz bestimmten, das Gericht überzeugenden Ergebnis geführt hatte. Die Kammer hat sich lediglich bei der Beweiserhebung eines anderen als des vom Verteidiger bezeichneten Beweismittels (der Straßenkarte statt der Polizeiauskunft) bedient."

Weiter hat der Bundesgerichtshof aber ausgeführt, es dürfe nicht schlecht- 231
hin jedes Beweismittel durch ein anderes ersetzt werden. Bei Zeugen beispielsweise sei das gänzlich ausgeschlossen, weil es bei ihnen um individuelles Wissen gehe, das nicht ersetzbar sei. Anders sei es dann, wenn das Gericht das dem Beweisthema adäquatere Beweismittel des richterlichen Augenscheins wähle; das sei durch die Benutzung der Landkarte geschehen.

Die Entscheidung ist nicht unbedenklich. Richtig ist zwar, daß das Gericht 232
immer die Freiheit haben muß, das unmittelbare Beweismittel dem mittelba-

---

[47] Siehe Zöller/Greger, ZPO, § 287 Rn. 6, 7; OLG Köln JurBüro 1969 Sp. 645.

[48] Siehe Schneider MDR 1987, 22.

[49] Siehe dazu Hanack JZ 1970, 561; Alsberg/Nüse/Meyer, Der Beweisantrag im Strafprozeß, 5. Aufl. 1983, S. 420 ff.

[50] JZ 1970, 585. Der BGH hat in einer späteren Entscheidung (MDR 1983, 147 = NJW 1983, 126) seine Auffassung von der Austauschbarkeit der Beweismittel bestätigt.

ren vorzuziehen. Es darf also etwa eine Ortsbesichtigung beschließen und dafür auf den Zeugen verzichten, der die Örtlichkeit schildern soll. Eine solche bessere Erkenntnis war aber im Ausgangsfall mit der Landkarteneinsicht nicht gegeben. Die Karte war keinesfalls so zuverlässig wie eine Ortsbesichtigung. Der auf der Straßenkarte eingezeichnete Weg ohne Durchfahrt durch Ortschaften könnte durch Bauarbeiten, Erdverschiebungen, Wassereinbrüche, Sperrungen und dergleichen unpassierbar gewesen sein. Die zuständige Polizeistelle wäre darüber kraft ihrer Ortskunde informiert gewesen; der Landkarte konnte es unmöglich entnommen werden. Um gleichwohl die Vorrangigkeit der Karteneinsicht bejahen zu können, hat der Bundesgerichtshof sich eines etwas sophistischen Argumentes bedient. Er hat nämlich in den Vordergrund gestellt, daß die Betrachtung der Landkarte eine Augenscheinseinnahme sei, die als unmittelbare Beweiserhebung der Auskunft vorgehe. Das ist im gegebenen Problemzusammenhang aber unmaßgeblich. Der Augenschein konnte im Ausgangsfall nur dann zuverlässig sein, wenn er sich auf die reale Örtlichkeit bezog. Das war nicht der Fall. Die Karteneinsicht bezog sich vielmehr nur auf die zeichnerische Wiedergabe früherer Eindrücke eines Kartographen, betraf also bei Lichte besehen **einen anderen Beweisgegenstand.**

233 Der Fall zeigt, daß es gefährlich sein kann, Beweismittel von Amts wegen auszutauschen. Das geht nur dann an, wenn das ersetzende Beweismittel genauso unmittelbar und objektbezogen ist wie das angebotene. Der Austausch muß in concreto zu einer zuverlässigeren Feststellung führen. Das wird selten der Fall sein. In der Regel wird es nur beim Augenscheinsbeweis zu bejahen sein, wenn das Gericht sich also selbst an Ort und Stelle begibt. Dann braucht es sich nicht mehr mit mittelbaren Beweismitteln – Zeugen, Urkunden, Parteivernehmung – abzugeben, die lediglich von fremden Wahrnehmungen über eine Örtlichkeit handeln können.

234 Die freie Wahl des Beweismittels hat der Bundesgerichtshof[51] in einem zivilrechtlichen Fall bejaht und dazu ausgeführt: Bei gleichgerichteten Beweisanträgen hat das Gericht grundsätzlich die Wahl, in welcher Weise die tatsächlichen Feststellungen getroffen werden. Hat der Kläger Lichtbilder über die Örtlichkeit zu den Akten gereicht, die alle maßgeblichen Umstände erkennen lassen, dann braucht einem Beweisantrag auf Einnahme einer Ortbesichtigung (Augenschein) nicht stattgegeben werden, wenn keine von den Lichtbildern abweichenden Beurteilungsmerkmale behauptet werden.

235 Besondere Regeln gelten für die Beweisantizipation beim Indizienbeweis.[52] Er zielt nicht unmittelbar auf ein gesetzliches Tatbestandsmerkmal ab, sondern auf sekundäre tatsächliche Umstände, über die erst auf das Vorliegen eines erheblichen Tatbestandsmerkmales geschlossen werden soll. Vom gedanklichen Aufbau her handelt es sich daher um einen sogenannten mittelbaren Beweis. Seine Erheblichkeit hängt deshalb davon ab, ob die Schlußfolgerung, mit der der Beweis eines Tatbestandsmerkmales „vermittelt" werden soll, ihrerseits tragfähig ist. Wird das vom Gericht verneint,

[51] BGH NJW-RR 1987, 1237.
[52] Siehe dazu auch unten § 22.

dann braucht es keinen Beweis zu erheben, sondern darf den antizipierten Indizienbeweisantrag ablehnen. Dies hat der BGH[53] ausdrücklich mit folgenden Worten klargestellt:

> Die Notwendigkeit einer Erheblichkeitsprüfung „bedeutet, daß der Richter bei einem Indizienbeweis vor der Beweiserhebung prüfen darf und muß, ob der Indizienbeweis schlüssig ist, ob also die Gesamtheit aller vorgetragenen Indizien ihn von der Wahrheit der Haupttatsache überzeugen würde. Deshalb ist es kein Verfahrensfehler, wenn der Tatrichter bei einem Indizienbeweis von einer beantragten Beweiserhebung im Zivilprozeß deshalb absieht, weil die unter Beweis gestellte Hilfstatsache für den Nachweis der Haupttatsache nach der Überzeugung des Tatrichters nicht ausreicht. Sie reicht dann nicht aus und ist also unerheblich, wenn das Indiz für sich allein und im Zusammenhang mit den weiteren Indizien sowie dem sonstigen Sachverhalt für den Richter nach seiner Lebenserfahrung nicht den ausreichend sicheren Schluß auf die beweisbedürftige Haupttatsache zuläßt. Das ist keine verbotene vorweggenommene Beweiswürdigung." **236**

Für erhebliche Indiztatsachen gilt das Verbot der Beweisantizipation.[54] **237**
Nach § 244 Abs. 3 StPO darf ein Beweisantrag auch mit der Begründung abgelehnt werden, die unter Beweis gestellte Tatsache werde als wahr unterstellt. Der BGH[55] hält diese Wahrunterstellung selbst dann für zulässig, wenn der Tatrichter daraus andere Folgerungen zieht, als der Antragsteller erwartet. Im Zivilprozeßrecht hat die Wahrunterstellung, genau genommen, nichts zu suchen.[56] Wer genau subsumiert, wird immer erkennen, daß die sog. Wahrunterstellung nichts anderes ist als die Erklärung, eine Behauptung sei unerheblich. Der versierte Praktiker vereinfacht sich damit manchmal die Begründung, läuft dabei aber Gefahr, unsauber zu subsumieren.

Durch das Rechtspflege-Vereinfachungsgesetz vom 17. 12. 1990 ist in die Zivilprozeßordnung in dem Abschnitt über das Verfahren vor den Amtsgerichten der § 495a ZPO eingefügt worden. Bezweckt worden ist damit die Beschleunigung des Verfahrens durch bindungsfreie Anwendung des Prozeßrechts. Das Gericht kann danach bei Streitwerten bis 1200 DM „sein Verfahren nach billigem Ermessen bestimmen." Damit sind die rechtsstaatlichen Garantien des Beweisrechts weitgehend preisgegeben. Auch das Verbot der Beweisantizipation wird in der Praxis unter Berufung auf diese Vorschrift vielfach aufgegeben. Das „billige Ermessen" artet zunehmend zur Willkür aus. Dem Gericht wird etwa gestattet, sich Beweismittel ohne vorherigen Beweisbeschluß von Amts wegen zu beschaffen, und es muß noch nicht einmal die Partei vorher anhören. Der Richter darf sogar Informationen durch Telefongespräche einholen, eigenes Wissen mitverwerten, ist nicht mehr an Beweisanträge gebunden und so fort.[57]. **238**

---

[53] MDR 1970, 491 (492); ebenso BGH MDR 1983, 838 = NJW 1983, 2034 = WPM 1983, 825 = ZIP 1983, 860; NJW-RR 1993, 443; LM § 372 a ZPO Nr. 3 mit Anm. Wax = FamRZ 1993, 691 = NJW 1993, 139 = DAVorm 1993, 435.

[54] Siehe BGH Warneyer 1985 Nr. 256.

[55] BGH (Strafsache) NJW 1976, 1950 mit Anm. Tenckhoff u. Anm. Meyer in NJW 1976, 2355.

[56] Die Gründe dafür sind von mir dargelegt in ZZP Bd. 75 (1962), 207 ff.; zustimmend Teplitzky JuS 1968, 74. – Siehe auch unten Rn. 838.

[57] Siehe näher dazu Schneider ZAP Fach 13 S. 199 ff.

Zweites Kapitel. Die Schadensermittlung nach § 287 ZPO

§ 13. Die Bedeutung der Vorschrift

239 Bei der Schadensermittlung im Zivilprozeß wird der Richter durch § 287 ZPO in der Tatsachenfeststellung noch freier gestellt, als er es sonst schon ist. Die Vorschrift lautet:

> **„Ist unter den Parteien streitig, ob ein Schaden entstanden sei und wie hoch sich der Schaden oder ein zu ersetzendes Interesse belaufe, so entscheidet hierüber das Gericht unter Würdigung aller Umstände nach freier Überzeugung. Ob und inwieweit eine beantragte Beweisaufnahme oder von Amts wegen die Begutachtung durch Sachverständige anzuordnen sei, bleibt dem Ermessen des Gerichts überlassen. Das Gericht kann den Beweisführer über den Schaden oder das Interesse vernehmen; die Vorschriften des § 452 Abs. 1 Satz 1, Abs. 3 bis 4 gelten entsprechend.**
>
> **Die Vorschriften des Abs. 1 Satz 1, 2 sind bei vermögensrechtlichen Streitigkeiten auch in anderen Fällen entsprechend anzuwenden, soweit unter den Parteien die Höhe einer Forderung streitig ist und die vollständige Aufklärung aller hierfür maßgebenden Umstände mit Schwierigkeiten verbunden ist, die zu der Bedeutung des streitigen Teiles der Forderung in keinem Verhältnis stehen."**

240 Ihren Inhalt hat das Reichsgericht[1] einmal mit folgenden Sätzen knapp und klar umrissen:

> „Dieses freie Ermessen des § 287 ZPO greift über die freie Überzeugung des Gerichts, ob eine tatsächliche Behauptung für wahr oder für nicht wahr zu erachten sei, hinaus; es enthebt einerseits die Parteien einer genauen Angabe von Tatsachen, die einen zwingenden Schluß auf den behaupteten Schaden zulassen, andererseits das Gericht der Notwendigkeit, seine Überzeugung allein auf den Inhalt der Verhandlungen, das von den Parteien vorgebrachte Material und die darüber stattgehabte oder beantragte Beweisaufnahme zu gründen; das Gericht kann vielmehr nach § 287 ZPO seine Überzeugung auch auf solche Umstände stützen, die ihm sonst bekannt geworden sind, ohne daß es einer Verhandlung darüber und einer etwaigen Befragung der Parteien nach § 139 ZPO bedarf."

---

[1] JW 1909, 141 (rechts) Nr. 22; vgl. ferner Klauser JZ 1968, 167; Arens ZZP Bd. 88 (1975), 1 ff.; Schneider MDR 1976, 361. In einer stoffreichen Dissertation hat Franz-Wilhelm Heller das Thema behandelt: Die gerichtliche Schadensermittlung nach § 287 ZPO, Diss. Nürnberg 1977.

Jeder praktizierende Jurist sollte sich die Vorschrift und die präzise Erläuterung des Reichsgerichts gut einprägen! Denn nicht selten geht Gericht oder Anwalt von der Beweisfälligkeit einer Partei aus, obgleich sie mit Hilfe des § 287 ZPO zu einer Feststellung kommen könnten. Wenn auf diese Weise Feststellungen möglich sind, dann **müssen** sie auch getroffen werden. Aus der Ausdehnung des richterlichen Ermessens, um die Schadensermittlung zu erleichtern, folgt nämlich die *Pflicht* des Gerichts, unter Würdigung aller Umstände nach freier Überzeugung *auch tatsächlich zu entscheiden*. Es ist nicht zulässig, der Entscheidung mit dem Hinweis auszuweichen, ein sicherer Schluß sei nicht möglich. Nur, wenn sich das Gericht *trotz eingehender Auseinandersetzung* mit allen für die Schätzung in Betracht kommenden Anhaltspunkten keine Überzeugung über die Höhe des Schadens oder einer Forderung bilden kann, ist es berechtigt, auszusprechen, daß ein Beweis nicht zu führen sei.[2] In der Regel zeugt es von einem Mangel an Entschlußkraft, wenn man die Bestimmung des § 287 ZPO nicht als willkommene Hilfe behandelt, um eine dem wirklichen Schaden möglichst angenäherte Feststellung treffen zu können. 241

Im Anwendungsbereich des § 287 ZPO darf das Gericht deshalb grundsätzlich nicht einer eigenen Entscheidung wegen eines **non liquet** ausweichen. Das hat der Bundesgerichtshof in einem Fall betont, in dem der Wert einer Münzensammlung zu ermitteln war. Das Berufungsgericht hatte eine Schätzung gemäß § 287 ZPO abgelehnt, weil sie letztlich willkürlich ausfallen müsse. Der Bundesgerichtshof hat das Urteil aufgehoben und das Oberlandesgericht angewiesen, auf Grund der vorhandenen Anhaltspunkte die Zahl und den Durchschnittswert der Münzen zu schätzen. Die Nichtanwendung des § 287 ZPO sei nur dann gerechtfertigt, wenn es an *allen* Unterlagen dafür fehle: 242

> „Sieht das Gericht die Entstehung eines Schadens als erwiesen an, dann darf es nicht von der Zubilligung jeglichen Ersatzes absehen mit der Begründung, es fehle an ausreichenden Anhaltspunkten für die Schätzung des vollen Schadens; in diesem Falle ist zu prüfen, ob und wie weit eine ausreichende Grundlage für die Ermittlung (Schätzung) eines gewissen (Mindest-) Schadens vorhanden ist."[3]

Bringt daher der Rechtsanwender einen Fall in den Anwendungsbereich des § 286 ZPO, der unter § 287 ZPO paßt, so wird er möglicherweise falsch entscheiden. Er wird nämlich dazu verleitet, wegen des Mißlingens des Vollbeweises (§ 286 ZPO) *gegen* die beweisbelastete Partei zu entscheiden, obwohl er in Anwendung des § 287 ZPO ihrem Begehren wenigstens teilweise entsprechen müßte. Hierauf ist immer zu achten und in Beweislastfällen zu prüfen, ob nicht eine Schadensschätzung geboten ist.[4] 243

---

[2] So ausdrücklich RG JW 1939, 651 (652 links) Nr. 49 mit weiteren Nachweisen. Vgl. auch den Fall in RG JW 1906, 741 Nr. 31; ebenso der BGH in ständiger Rechtsprechung, z. B. NJW 1993, 2383.

[3] BGH MDR 1964, 302; siehe ferner BGH Schäfer/Finnern/Hochstein Z. 2. 320 – Bl. 35 (Lohnnebenkosten).

[4] Das AG Hamburg, DWW 1985, 186, hält es für zulässig, in einer zur Höhe noch

244 Diese Hinweise enthalten im Grunde nur Selbstverständlichkeiten. Leider sind sie gleichwohl notwendig. Noch unlängst bin ich auf ein Berufungsurteil hingewiesen worden, dessen Fehlerhaftigkeit einen fassungslos machen konnte. Der Kläger hatte den Beklagten nach einem Verkehrsunfall auf Zahlung in Anspruch genommen mit der Begründung, infolge eines vom Beklagten schuldhaft verursachten Zusammenstoßes sei am Wagen des Klägers ein Schaden in Höhe von 5000 DM eingetreten. Die Klage wurde im zweiten Rechtszug mit der Begründung abgewiesen, der Kläger habe nicht substantiiert dargelegt, welche Schäden im einzelnen entstanden und welche Reparaturkosten dafür jeweils angefallen seien. Der vom Berufungsgericht gezogene Schluß,

> wenn der geforderte Schadensbetrag von 5000 DM nicht im einzelnen substantiiert dargelegt werde, dann sei durch den Zusammenstoß der Fahrzeuge am Fahrzeug des Klägers überhaupt kein Schaden entstanden,

ist schlechthin unhaltbar. Es ist unerfindlich, warum keine Schadensschätzung nach § 287 ZPO vorgenommen worden ist; in den Entscheidungsgründen war diese Vorschrift nicht einmal erwähnt.

245 Die Strafprozeßordnung enthält keine dem § 287 ZPO entsprechende Vorschrift. Jedoch besteht eine *sachliche* Entsprechung. Nach der im Strafrecht herrschenden Bedingungstheorie ist ein Erfolg verursacht durch jede Bedingung (Handlung), die nicht hinweggedacht werden kann, ohne daß der Erfolg entfiele.[5] Bei der Begehung durch Unterlassen wird darauf abgestellt, ob die erwartete, aber nicht vorgenommene Handlung den Eintritt des Erfolges verhindert hätte.[6] Es läßt sich nicht verkennen, daß der Richter bei solchen Feststellungen letztlich mutmaßen und schätzen muß, um zu einer Überzeugung zu gelangen. Denn es geht nicht um die Ermittlung eines Geschehens, das sich in der Vergangenheit tatsächlich abgespielt hat, sondern um einen *unwirklichen,* hypothetischen Ablauf, der deshalb auch nie fest auf wirkliche Ereignisse gestützt werden kann. Letztlich läßt sich in den meisten Fällen nur sagen, daß bei einer bestimmten Ursachenkonstellation ein bestimmter Erfolg einzutreten pflegte, und daß im zur Entscheidung stehenden Fall keine Umstände ersichtlich seien, die für einen ausnahmsweise abweichenden Kausalverlauf sprächen.

246 Hat der Tatrichter in Anwendung des § 287 ZPO entschieden, dann darf das Revisionsgericht im Rahmen dieser Vorschrift nur nachprüfen, ob die tatrichterliche Schadensermittlung auf grundsätzlich falschen oder offenbar unsachlichen Erwägungen beruht, ob wesentliche, die Entscheidung bedingende Tatsachen außer acht gelassen worden sind und ob der Tatrichter die tatsächlichen Grundlagen seiner Schätzung und ihre Auswertung in den

---

nicht entscheidungsreifen Sache der Klage zur Hälfte stattzugeben, wenn eine weitere Sachaufklärung mit unverhältnismäßig großem Aufwand verbunden wäre. Auf so einfache Prinzipien läßt sich das Schätzungsermessen aber schwerlich reduzieren. Das erinnert an die Aufhebung eines amtsgerichtlichen Urteils, in dem die Beweiserhebung mit der Begründung abgelehnt worden war, sie sei „höchst unökonomisch" (BVerfGE 50, 32).

[5] Vgl. z. B. RGSt 56, 343 (348); BGHSt 2, 20 (24).

[6] Vgl. z. B. RGSt 15, 151 (153); 63, 211 (214) u. 392 (393).

Urteilsgründen ausreichend dargelegt hat.[7] Die Entscheidung nach § 287 ZPO ist also weitgehend irrevisibel, wodurch sich die Verantwortung des Instanzgerichts erhöht.

Belanglos ist, ob die Vorschrift des § 287 ZPO in den Urteilsgründen **247** erwähnt oder gar fälschlich § 286 ZPO angeführt ist. Es kommt nur darauf an, daß richtig nach ihr verfahren wird.[8]

Umgekehrt ist allerdings auch die fehlerhafte Heranziehung des § 287 **248** ZPO zur Rechtfertigung des haftungsbegründenden Ursachenzusammenhangs unschädlich, wenn der Tatrichter ohne Zuhilfenahme der ihm durch diese Vorschrift gebotenen Erleichterungen seine Überzeugung so gewonnen hat, wie es den Erfordernissen des § 286 ZPO entspricht.[9]

In der Praxis ist das Hauptproblem nicht die fehlerhafte Anwendung des **249** § 287 ZPO, sondern das Nichtausschöpfen der durch diese Vorschrift gebotenen Möglichkeiten. Tatsächliche Feststellungen im vereinfachten Verfahren nach § 287 ZPO sind auch dann statthaft, wenn die Führung des vollen Strengbeweises aus § 286 ZPO möglich wäre, die minuziöse Beweisführung jedoch unverhältnismäßig hohe Kosten verursachen würde.[10]

Das Gericht darf aus diesem Grunde sogar im laufenden Verfahren die **250** Beweisart wechseln und zur Schätzung nach § 287 ZPO übergehen, selbst wenn die beweisbelastete Partei widerspricht und sich zur vorschußweisen Kostenzahlung bereit erklärt. Mit Recht hat das LG Hamburg[11] dazu ausgeführt, kein Kläger könne das Gericht zwingen, Beweiskosten auszulösen, die es für unvernünftig halte.

Wirklichkeitsnahe Betrachtung wird dabei manche Gesichtspunkte be- **251** rücksichtigen, die häufig zu Unrecht außer Betracht bleiben. So hat beispielsweise das OLG Köln[12] einmal einen umfangreichen Bauprozeß nach dem Beweisverfahren des § 287 ZPO entschieden, um dem weitgehend erfolgreich klagenden Werkunternehmer die Realisierung seines Anspruches zu ermöglichen, die angesichts der angespannten finanziellen Lage des Baumarktes wirtschaftlich geboten war.

In der Praxis werden leider die Möglichkeiten der freien Schadens- **252** schätzung häufig nicht ausgeschöpft. Insbesondere gilt das hinsichtlich der Befugnis des Richters, die Höhe eines Schadensersatzanspruches oder einer sonstigen Forderung ohne besondere Beweisaufnahme zu beziffern. **Von der Vorschrift des § 287 ZPO wird zu wenig und zu ängstlich Gebrauch gemacht.** Das mag mit darauf beruhen, daß das methodische Vorgehen nicht genügend beherrscht wird. In Grenzfällen ist wie folgt vorzugehen:

Zunächst ist derjenige Beweisstoff gewissermaßen „herauszuentschei- **253** den", der in den Bereich des § 286 ZPO fällt. Dadurch wird der Objektwert

---

[7] BGH VersR 1962, 824; Arndt DRiZ 1970, 202. Siehe näher dazu Zöller/Schneider, ZPO, 18. Aufl. 1993, § 526 Rn. 3 und § 549 Rn. 13.

[8] BAG AP § 847 BGB Nr. 1.

[9] BGH VersR 1969, 327.

[10] BGH VersR 1971, 126; LG Hamburg MDR 1973, 942.

[11] MDR 1973, 942.

[12] MDR 1974, 321 = JMBlNRW 1974, 45 = VersR 1974, 673 = OLGZ 1974, 246.

des verbleibenden Streitgegenstandes verkleinert und damit – umgekehrt proportional – die Anwendungsmöglichkeit des § 287 ZPO vergrößert. Auf diese Weise lassen sich nicht selten auch Rechtsstreitigkeiten mit hohen Streitwerten schnell und beweismäßig überzeugend entscheiden. Das wirkt sich kostenmäßig oft wesentlich aus, besonders dann, wenn es darum geht, die äußerst zeitaufwendige und mit hohen Kosten verbundene Begutachtung durch gerichtliche Sachverständige zu vermeiden.

§ 14. Abgrenzung zu § 286 ZPO

254 Angesichts der Notwendigkeit, den Anwendungsbereich des § 286 ZPO von dem des § 287 ZPO zu scheiden, stellt sich die Frage nach einem geeigneten **Abgrenzungskriterium.** Die Rechtsprechung hat es mit Hilfe der Lehre vom Ursachenzusammenhang herausgearbeitet. Zu unterscheiden ist danach die *haftungsbegründende* von der *haftungsausfüllenden* Kausalität.

255 **Haftungsbegründend** ist eine Ursachenreihe, die von der schädigenden Handlung (Unterlassung) zur Verletzung führt.

Beispiele: Faustschlag ins Gesicht mit der Folge eines Nasenbeinbruches. – Lieferung erkrankter Zuchtschafe mit der Folge, daß der gesunde Bestand des Empfängers verseucht wird. – Zusage, einen Transport am 3. Januar 1994 durchzuführen, ohne das vertraglich verfestigte Versprechen einzuhalten.

256 Zur Bejahung des Haftungsgrundes genügt es dabei schon, daß der Schädiger auf das Rechtsgut des Geschädigten in einer Weise eingewirkt hat, die nachteilige Folgen auslösen kann.[1]

257 Kommt es für die Höhe des Schadensersatzes darauf an, ab wann jemandem fremde Schädigungshandlungen zuzurechnen sind, die über einen längeren Zeitraum hinweg in fortgesetztes Teilakten begangen worden sind, dann ist die Feststellung der „Zurechnungszäsur" im Strengbeweisverfahren nach § 286 ZPO zu treffen und insoweit eine Schätzung nach § 287 ZPO nicht statthaft, weil es sich um den konkreten Haftungsgrund handelt.[2]

258 **Haftungsausfüllend** ist eine Ursachenreihe, die von dem Verletzungserfolg zum Schaden oder zu der Entschädigung führt, die mit der Klage verlangt wird.

Beispiele: Für die Heilung des Nasenbeinbruches sind Arzt- und Krankenhauskosten in Höhe von 900,– DM aufzuwenden. – Die verseuchten Zuchtschafe müssen getötet und neue angeschafft werden. – Das Unterbleiben des terminlich fixierten Transports führt zu Produktionsausfällen mit entsprechender Gewinneinbuße.

259 Zur haftungsausfüllenden und damit unter § 287 ZPO fallenden Kausalität gehört auch die Feststellung von Folgeschäden, die sich an den ersten (nach § 286 ZPO festgestellten) Verletzungserfolg anschließen.[3]

---

[1] Vgl. BGHZ 4, 196 f.; VersR 1983, 985.
[2] BGH NJW-RR 1987, 1019 = VersR 1987, 765 = MDR 1987, 751.
[3] BGH NJW 1987, 705 MDR 1987, 43 = LM § 276 (HD) BGB Nr. 5; unten Rn. 261 Fußnote 16.

Darin erschöpft sich allerdings der Gegensatz zwischen § 286 ZPO und § 287 ZPO nicht. Vor der Darstellung von Einzelfragen sei deshalb eine kurze Gegenüberstellung gebracht, die die Unterschiede anschaulich verdeutlicht. **260**

Unter § 286 ZPO fällt:	**Unter § 287 ZPO fällt:**
a) Feststellung des Schadens*grundes* einschließlich der haftungs*begründenden* Kausalität[4] (das ist der Ursachenzusammenhang zwischen Handlung und Rechtsbeeinträchtigung).	a) Feststellung der Schadens*höhe* einschließlich der haftungs*ausfüllenden* Kausalität[5] (das ist der Ursachenzusammenhang zwischen Rechtsbeeinträchtigung und Schaden).
b) Strenger Begründungszwang.[6]	b) Gemilderter Begründungszwang.
c) Alle angetretenen Beweise müssen erhoben werden.	c) Ob angetretene Beweise erhoben werden, bestimmt das Gericht nach freiem Ermessen.[7]
d) Die Beweislast muß beachtet werden, wenn Beweise erhoben werden sollen.[8]	d) Die Beweislast ist für die Schadensermittlung grundsätzlich belanglos.[9]
e) Die *beweisbelastete* Partei ist nach § 139 ZPO gegebenenfalls auf das Fehlen von Beweisantritten hinzuweisen.[10]	e) Der Ausübung des Fragerechts nach § 139 ZPO bedarf es grundsätzlich nicht.[11]
f) Überzeugtsein verlangt eine an Sicherheit grenzende Wahrscheinlichkeit.[12]	f) Überzeugtsein verlangt eine geringere Wahrscheinlichkeit („so wird es wohl richtig sein").[13]
g) Normale Darlegungslast der Parteien.	g) Darlegungslast (Substantiierungslast) gemindert.[14]

---

[4] BGH VersR 1983, 985 = VRS Bd. 65, 344.
[5] BGHZ 4, 192 (196 f.); RGZ 98, 58 (59); ferner z. B. BGH VersR 1964, 408; 1961, 160; 1957, 373.
[6] BGHZ 7, 287 (295); BGH VersR 1957, 373 u. 446; 1981, 352.
[7] BGH VersR 1966, 338.
[8] Vgl. Schneider JZ 1957, 617 (621 zu Ziff. 8).
[9] BGH VersR 1957, 286; RGZ 151, 279 (284); 155, 38 (39).
[10] Schneider MDR 1968, 721; JZ 1957, 618 zu Ziff. 3.
[11] RG JW 1909, 141 (rechts) Nr. 22; BGHZ 3, 162 (177).
[12] Oben § 4.
[13] Wieczorek, ZPO, § 287 Anm. C III.
[14] Unten § 17.

261 Die „haftungsbegründende Kausalität" oder „haftungsbegründende Ursächlichkeit" wird in der Rechtsprechung oft auch als *„Frage des Schadensverlaufs"* bezeichnet. Alle diese Begriffe sind ihrem Inhalt nach identisch.[15] Zum „Schadensverlauf", also zur haftungsausfüllenden Kausalität, gehört auch die Prüfung, ob die haftungsbegründende Verletzung eines geschützten Rechtsguts eine weitere Schädigung dieses oder eines anderen Rechtsgutes zur Folge gehabt hat.[16] Ein solcher „Folgeschaden", der nach § 287 ZPO zu beurteilen ist, kann beispielsweise zwischen einer unfallbedingten Körperverletzung und dem späteren Tod des Verunglückten bestehen.[17]

§ 15. Schadensersatzansprüche und andere Forderungen

262 Die Entscheidung „nach freier Überzeugung" ist einmal bei Schadensersatzansprüchen möglich (§ 287 Abs. 1 ZPO). Von der Vorschrift darf selbstverständlich kein Gebrauch gemacht werden, wenn die Schadenshöhe unstreitig ist.[1] Das gilt gleichermaßen, wenn der streitige Sachverhalt unschwer aufzuklären ist. In solchen Fällen wäre ein Verfahren nach § 287 ZPO keine pflichtgemäße Ermessensausübung, sondern Willkür. Die Vorschrift soll *in Zweifelsfällen* eine angemessene Entscheidung ermöglichen, nicht dagegen den Richter von seiner Aufklärungspflicht freistellen.[2] Man könnte daher die unverhältnismäßige Schwierigkeit oder Unmöglichkeit restloser Sachverhaltsaufklärung über den Wortlaut des § 287 Abs. 1 ZPO hinaus mit guten Gründen als ein ungeschriebenes Tatbestandsmerkmal ansehen.

263 Auf Grund welcher Anspruchsnorm ein Schadensersatzanspruch geltend gemacht wird, ist belanglos. Es ist nur auf die Rechtsfolge „Schadensersatz" abzustellen. Vertragliche, deliktische und quasideliktische Haftungsgründe sind gleichzubehandeln. Unwesentlich ist auch, ob der Schadensersatzanspruch vermögensrechtlich oder nichtvermögensrechtlich (§§ 847, 1300 BGB) ist,[3] ob er auf das Erfüllungsinteresse oder den Vertrauensschaden geht, ob Naturalrestitution oder Geldersatz, Rente oder Kapitalabfindung verlangt wird.

Beachte jedoch: Nach § **286 ZPO** ist zu entscheiden, *ob* ein feststehender Schaden durch Kapital oder Rente (§ 843 Abs. 3 BGB) auszugleichen ist[4] oder *ob* die Wiedergutmachung des Schadens durch Geldersatz statt Naturalrestitution zu erfolgen hat.

---

[15] BGH VersR 1973, 619 = MDR 1973, 661; VersR 1971, 442.
[16] Oben Rn. 259; BGH VersR 1958, 547; 1963, 487; 1964, 844.
[17] BGH VRS Bd. 45, 4 = JZ 1973, 427; VersR 1971, 442.
[1] BAG AP §§ 22, 23 BAT 1975 Nr. 97.
[2] Vgl. RG JW 1901, 398 Nr. 11; OLG Köln JurBüro 1969 Sp. 645.
[3] BAG VersR 1971, 655.
[4] RGZ 45, 203 (206 f.).

Ausgetragen ist, daß § 287 Abs. 1 ZPO auch auf Enteignungsansprüche[5] und auf Aufopferungsansprüche[6] anzuwenden ist, obwohl es sich dabei nicht um echte Schadensersatzansprüche handelt. 264

§ 287 Abs. 2 ZPO erklärt den ersten Absatz der Vorschrift mit Ausnahme der Vernehmung des Beweisführers auch in **anderen vermögensrechtlichen Streitigkeiten** für anwendbar, wenn über die Höhe gestritten wird *und* die vollständige Aufklärung unverhältnismäßig schwierig ist. Da auch bei Schadensersatzansprüchen die Aufklärung nicht einfach mit Hilfe des § 287 Abs. 1 ZPO übergangen werden darf, decken sich die Anwendungsbereiche im praktischen Ergebnis weitgehend. Forderungen, die nicht unter den ersten Absatz des § 287 ZPO fallen, werden regelmäßig dem zweiten unterzuordnen sein. In Betracht kommen zum Beispiel Minderungsansprüche, Forderungen auf Herausgabe einer ungerechtfertigten Bereicherung[7], Erfüllungsansprüche oder Geldrenten nach § 844 Abs. 2 BGB.[8] Im Urteil kann in Zweifelsfällen meist offenbleiben, ob § 287 Abs. 2 ZPO anzuwenden ist. Für die Entscheidung wird die Einordnung in den seltensten Fällen erheblich sein. 265

In dem Fall, daß die genaue und vollständige Aufklärung der Höhe der Forderung nicht nur unverhältnismäßig schwierig, sondern unmöglich ist, muß ebenfalls nach § 287 Abs. 2 ZPO verfahren werden.[9] 266

Große Schwierigkeiten bereitet in der Praxis die Berechnung des Schadens aus Körperverletzungen freiberuflich tätiger Personen und Gewerbetreibender wegen **entgangenen Gewinns**. Das beruht vornehmlich darauf, daß das Einkommen dieser Personen nicht konstant ist, wie etwa bei Angestellten, Arbeitern oder Beamten. Zahlreiche Faktoren beeinflussen den Verdienst (Wirtschaftslage, Saisongeschäft, Geschäftsbau, Geschäftsrückgang, Fehldispositionen usw.). Daher ist fast immer mit Schwankungen in der Einkommenskurve zu rechnen, ohne daß Kausalität zwischen Verletzung und Einkommensminderung bestehen muß. 267

Häufig wird es deshalb unerläßlich sein, die Einkommensentwicklung über einen längeren Zeitraum zu verfolgen, da so die steigenden oder fallenden Tendenzen deutlicher hervortreten und in Prozentzahlen erfaßbar sind. Unter Umständen, etwa bei besonders hohen Verdienstausfällen, kann es erforderlich sein, Buch- oder Wirtschaftssachverständige einzuschalten, die wegen ihrer besonderen Sachkunde auch in der Lage sind, branchenspezifische Konjunkturverhältnisse zu berücksichtigen. Notfalls muß bei einem Anspruch auf Ersatz entgangenen Gewinns ein Mindestschaden geschätzt werden.[10] 268

Die Bezifferung des Schadens ist fast immer nur über § 287 Abs. 2 ZPO 269

---

5 BGHZ 29, 217 (219); BGH NJW 1986, 387.

6 BGHZ 29, 95 (99); BGH VersR 1963, 330; 1969, 801 (Pockenschutzimpfung); NJW 1970, 1231.

7 BGH GRUR 1962, 261.

8 LG Hannover DAVorm 1982, 1000.

9 BGH DB 1961, 1065.

10 BGH NJW 1987, 909 = MDR 1987, 401 = WPM 1987, 319 = ZIP 1987, 452 = BB 1987, 639 = LM § 287 ZPO Nr. 75.

möglich. In Rechtsprechung und Schrifttum finden sich kaum wegweisende Ausführungen zu den Zweifelsfragen, die im Streitfall auftreten können.[11] Eine zusammenfassende und sehr ausführliche Darstellung stammt von Ruhkopf/Boog.[12] Auf diese Abhandlung ist hinzuweisen, weil sie für die Schadensschätzung des Gewinnausfalls von Freiberuflern oder Gewerbetreibenden eine vorzügliche Hilfe bietet.

270 Zur Anwendung des § 287 ZPO in Schadensersatzprozessen gegen **Steuerberater** hat der BGH[13] nähere Ausführungen gebracht. Danach ist die Frage, ob eine von dem steuerlichen Berater begangene Pflichtverletzung einen Vermögensschaden verursacht hat, nicht nach § 286 ZPO, sondern nach § 287 ZPO zu beurteilen.[14] Es geht dabei nicht um den Haftungsgrund, sondern um den Kausalzusammenhang zwischen diesem und dem eingetretenen Schaden. Das entspricht der grundsätzlichen Abgrenzung, wonach gemäß § 287 ZPO zu beurteilen ist, ob eine Vertragsverletzung einen Vermögensschaden verursacht hat.[15]

271 Soweit gesetzliche Sonderregelungen zur Berechnung eines Vermögensschadens bestehen, gehen diese der Bestimmung des § 287 ZPO vor. Das gilt beispielsweise wegen § 472 BGB im kaufvertraglichen Minderungsrecht.[16]

272 Stets muß darauf geachtet werden, daß die Ausgangs- oder Anknüpfungstatsachen für den Schaden durch entgangenen Gewinn vom Gericht selbst festzustellen sind. Es ist daher verfahrenswidrig, der Entscheidung Tatsachen zugrunde legen, die nur einem mit der Erstattung eines Gutachtens beauftragten Sachverständigen durch Einblick in die Schätzungsunterlagen zugänglich gewesen sind.[17]

---

[11] Zur Schätzung des Verdienstausfalls siehe z. B. BGH VersR 1970, 256, 257 f.; 1965, 979; 1962, 622 u. 1099. Zum Lohnausfall vgl. BGH BB 1972, 711 = BB 1972, 442; BGH Warneyer 1969 Nr. 354, bei schwankenden Einkünften des Arbeitnehmers: BAG NZA 1986, 471. Zur Schätzung unfallbedingter entgangener Verdienstmöglichkeiten einer Gastarbeiterin vgl. BGH NJW-RR 1988, 534 = VersR 1988, 466 = MDR 1988, 488 = LM § 287 ZPO Nr. 80. – Bei der Schätzung des Einkommens von Handelsvertretern dürfen die sog. Grundsätze zur Errechnung der Höhe des Ausgleichsanspruchs (§ 89b HGB) als Erfahrungswerte berücksichtigt werden, obwohl sie nicht zum Handelsbrauch geworden sind (OLG Frankfurt VersR 1986, 814).

[12] Siehe VersR 1970, 690; 1972, 114; vgl. auch Wussow, Unfallhaftpflichtrecht, 13. Aufl. 1985, Rn. 1040 ff. mit Einzelheiten aus der Rechtsprechung.

[13] MDR 1982, 915 = NJW 1982, 2238 = JZ 1982, 679 = VersR 1982, 850 = WPM 1982, 903 = ZIP 1982, 1214.

[14] Ebenso BGH r + s 1986, 97.

[15] BGH MDR 1982, 918 = VersR 1982, 756 = VRS Bd. 63, 174 = WPM 1982, 718 = ZIP 1982, 724 = NJW 1983, 998.

[16] BGH Warneyer 1971 Nr. 202.

[17] BGH NJW 1988, 3016 = Versr 1988, 837 = MDR 1988, 849.

§ 16. Grenzfälle

273 Nie darf über den *Grund* des Anspruchs in dem freieren Verfahren entschieden werden; insoweit gilt stets § 286 ZPO. Zweifelhaft kann die Anwendbarkeit des § 287 ZPO allerdings dann werden, wenn sich im konkreten Fall die Feststellungen auf Grund und Höhe zugleich auswirken.

274 Bei der Haftung mehrerer Personen, die *nicht* Gesamtschuldner sind, hat das Reichsgericht[1] auch die Feststellung des den einzelnen Schuldner treffenden Anteils nach § 287 ZPO beurteilt; ebenso bei der Abgrenzung des Schadens, der durch zwei voneinander unabhängige Unfälle verursacht worden war, die zeitlich aufeinander folgten und zu Verletzungen desselben Klägers geführt hatten.[2]

275 Nach § 287 ZPO ist ferner der Schaden bei **mitwirkender Verursachung** und **mitwirkendem Verschulden** (§§ 254, 846 BGB) zu bestimmen.[3] Jedoch hat das Reichsgericht[4] für den Regelfall verlangt, daß bei Anwendung des § 254 BGB die Sachlage so weit wie möglich aufzuklären sei. Damit wird das Verfahren nach § 286 ZPO als vorrangig erklärt.

276 *Nur* § 286 ZPO ist maßgebend, soweit es sich um die Feststellung der Tatsachen handelt, die für die Annahme eines Verschuldens des Geschädigten von Bedeutung sind.

277 Der Bundesgerichtshof hat diesen Unterschied folgendermaßen formuliert:[5]

> Der Beweis der Umstände, die dem Geschädigten unter dem Gesichtspunkt des § 254 BGB angelastet werden, unterliegt der Vorschrift des § 286 ZPO. Die Ermittlung, wieweit ein so festgestelltes Verhalten oder Unterlassen des Geschädigten von Einfluß auf Entstehen und Höhe des Schadens gewesen ist, hat das Gericht dagegen unter Anwendung des § 287 ZPO zu entscheiden.

Die Frage, ob ein **Gewinn** überhaupt (von der Höhe noch abgesehen) 278
entgangen sei (§ 252 BGB), ist ebenfalls nach § 287 ZPO beurteilt worden;[6] desgleichen ob ein Nachteil für den Erwerb des Verletzten (§ 842 BGB) eingetreten sei.[7]

Bei Unfallrenten ist die mutmaßliche Lebensdauer, die nach der Recht- 279
sprechung kalendermäßig festgelegt werden muß[8], nach § 287 ZPO zu schätzen[9].

Gleiches gilt für die Frage des ursächlichen Zusammenhanges zwischen 280

---

[1] RGZ 36, 276 (279 ff.); 51, 248 (250); RG JW 1901, 250 Nr. 5.
[2] Wieczorek, ZPO, § 287 Anm. C II d.
[3] BGH VersR 157, 236; 1959, 233; 1961, 368; MDR 1968, 492; VersR 1986, 1208 = MDR 1987, 42 = NJW-RR 1986, 1403.
[4] JW 1938, 865 Nr. 17.
[5] VersR 1957, 236; MDR 1968, 492.
[6] RGZ 68, 163 (165).
[7] Wieczorek, ZPO, § 287 Anm. C II d.
[8] Vgl. z. B. RG JW 1931, 865 (866 rechts) Nr. 11.
[9] Vgl. z. B. BGHZ 1, 45; BGH VersR 1966, 2735.

der unterbliebenen Benachrichtigung des Gläubigers vom Termin zur Ableistung einer eidesstattlichen Versicherung (§ 807 Abs. 2 ZPO) und dem eingetretenen Schaden.[10]

281 Nach allgemeiner Meinung fällt unter § 287 ZPO auch die Beurteilung des **Kausalzusammenhanges zwischen dem Verhalten des Täters und dem entstandenen Schaden.**[11] Hierbei ist jedoch eine klarstellende Entscheidung des Bundesgerichtshofes zu beachten, deren maßgebende Stelle wichtig genug ist, wörtlich angeführt zu werden:[12]

> Die Verpflichtung zum Schadensersatz beruht in tatsächlicher Hinsicht darauf, daß ein bestimmtes Ereignis, durch das der Ersatzbegehrende betroffen worden ist, das schadenstiftende Ereignis, zu einem Schaden geführt hat. Ob ein solches Ereignis den Ersatzbegehrenden getroffen hat, ist nach § 286 ZPO zu beweisen. Daß dieses Ereignis einen Schaden verursacht hat, der Kausalzusammenhang zwischen schadenstiftendem Ereignis und Schaden, ist nach der ständigen Rechtsprechung der Gerichte nach § 287 ZPO festzustellen. Ein bestimmtes historisches Geschehen, das zu einem Schaden führt, besteht aus einer mehr oder weniger großen Zahl verschiedener Entschlüsse, Handlungen und Ereignisse, die schließlich den Schaden bewirken. Diese einzelnen Entschlüsse, Handlungen und Ereignisse bilden insgesamt und auf das Gesetz bezogen den konkreten Haftungsgrund. Damit eine Schadensersatzpflicht entsteht, muß ein Kausalzusammenhang im Rechtssinne zwischen den den konkreten Haftgrund bildenden Entschlüssen, Handlungen und Ereignissen bestehen und weiter zwischen dem konkreten Haftgrund als solchem und dem Schaden. Der Kausalzusammenhang ist in der Lehre vom Schadensersatz einmal von Bedeutung für den konkreten Haftungsgrund. Er bewirkt die Verbindung der einzelnen zum konkreten Haftungsgrund gehörigen Elemente tatsächlicher Art. Er ist weiter von Bedeutung für die Verbindung des konkreten Haftungsgrundes mit dem Schaden. Nur soweit die letztere Kausalbeziehung in Frage steht, ist § 287 ZPO anzuwenden. Die Kausalbeziehung im Ablauf des Geschehens, das den konkreten Haftungsgrund bildet und das hier in der Unmöglichkeit der Herausgabe seinen Abschluß gefunden hat, muß dagegen nach § 286 ZPO, im vorliegenden Fall nach § 282 BGB von der Beklagten bewiesen werden. Ist dieser Beweis erbracht, dann kann nach § 287 ZPO festgestellt werden, ob dadurch ein gleichfalls festgestellter Schaden verursacht worden ist. Steht fest, daß eine Person einen Schaden erlitten hat, dann muß sie auch von einem schadenstiftenden Ereignis betroffen sein. Besteht die Möglichkeit, daß sie von dem einen oder anderen Ereignis betroffen ist, dann kann nicht nach § 287 ZPO geschätzt werden, von welchem dieser Ereignisse sie betroffen ist. Insoweit muß der Beweis nach § 286 ZPO geführt werden. Die Frage, welches Ereignis den Geschädigten getroffen hat, betrifft die Feststellung des konkreten Haftungsgrundes, die nach § 286 ZPO zu erfolgen hat.

282 Bei den unter § 287 Abs. 2 ZPO fallenden Forderungen ist das Entstehen – anders als in Absatz 1 der Vorschrift – nicht erwähnt, sondern nur der Streit über die Höhe. Über die Höhe einer Forderung wird auch dann gestritten,

---

[10] BGHZ 7, 287.

[11] BGH ZfS 1993, 43 = MDR 1993, 175 = r + s 1993, 14.

[12] BGHZ 4, 192 (196 f.); ferner BGH LM § 823 (J) BGB Nr. 3 Bl. 1 Rückseite mit weiteren Nachweisen.

wenn fraglich ist, ob betragsmäßig überhaupt etwas zu leisten ist.[13] Bei *gegebenem* Haftungsgrund kann eine Zahlungspflicht entfallen, weil die Forderung gleich Null ist. Bestehen in dieser Hinsicht Zweifel, so darf kein Grundurteil ergehen.[14] Das ist aber ohne Einfluß auf die Frage, ob für die Tatsachenfeststellung § 286 oder § 287 ZPO gilt.[15]

In einigen Entscheidungen ist das Reichsgericht in der Anwendung des **283** § 287 ZPO sehr weit gegangen. So hat es diese Vorschrift bei der Feststellung einer Verkehrsauffassung angewendet;[16] desgleichen

> „in Ansehung der Prüfung, ob bei einem Deckungskaufe, auf Grund dessen der beanspruchte konkrete Schaden berechnet ist, nach Treu und Glauben im Verkehr verfahren wurde, oder ob die aus dessen Inhalte – hier der Höhe des Deckungspreises – gegen dessen Verwertung abgeleiteten Beanstandungen begründet seien“: diese Frage sei zu bejahen, weil der Deckungskauf „nur ein rein tatsächliches Element für die *Liquidation* des durch die Säumnis des Verkäufers entstandenen Schadens“ schaffe.[17]

In einer noch zum Preußischen Allgemeinen Landrecht ergangenen Entscheidung ist § 287 ZPO (damals § 260 ZPO) für anwendbar erklärt worden, „wenn die Unbestimmbarkeit der Höhe eines entstandenen Schadens darauf beruht, daß der Zeitpunkt der Entstehung des Schadens unsicher ist.[18] Die vorstehenden Entscheidungen werden von Wieczorek[19] nicht gebilligt. Später hat das Reichsgericht[20] die Frage, ob nach dem Inhalt eines Vertrages der Börsenkurs Ende August 1921 oder Anfang November 1921 für die Höhe des Schadensersatzes maßgebend sei, zutreffend nach § 286 ZPO beantwortet.

Weitere Beispiele aus der Rechtsprechung für den Anwendungsbereich **284** des Schätzungsermessens:

Die durch wirtschaftliche Aufwendungen erkaufte Urlaubsmöglichkeit ist ein nach objektiven Maßstäben feststellbarer und gegebenenfalls nach § 287 ZPO zu schätzender Vermögenswert.[21]

§ 287 ZPO ist auch dann anzuwenden, wenn die Höhe der Geldbeträge **285** streitig ist, die der auf Schadensersatz in Anspruch genommene Beklagte von einem Dritten, der die Gelder veruntreut hatte, in Einzelposten erhalten hat.[22]

Frei zu schätzen ist ferner der durch ein Fischsterben in einem fließenden **286** Gewässer begründete Schaden,[23] der Kausalzusammenhang zwischen Amtspflicht- oder Vertragsverletzung und Schadenseintritt,[24] Verletzung einer

---

[13] RGZ 139, 172 (174).
[14] RGZ 132, 16 (19).
[15] RGZ 139, 172 (175).
[16] RG HRR 1934 Nr. 128.
[17] RGZ 46, 407.
[18] RGZ 31, 81 (88 f.).
[19] § 286 Anm. E I a 3.
[20] RGZ 112, 373 (375).
[21] OLG Frankfurt VersR 1967, 958; OLG Bremen VersR 1969, 929.
[22] BGH MDR 1968, 1001.
[23] BGH VersR 1969, 928.
[24] BGH VersR 1975, 540.

Schwangeren und deren Leibesfrucht,[25] desgleichen bei ungeklärtem Verlauf eines doppelten Auffahrunfalls.[26] Es wird dabei der Schadensbeitrag der selbständigen Kausalabläufe schätzend bestimmt.[27]

287 In einem Urteil des OLG Karlsruhe[28] hatte der Unterhaltsbedürftige seine Obliegenheit verletzt, sich um eine angemessene Erwerbstätigkeit zu bemühen; das OLG hat die Kausalität einer solchen Unterlassung in Anwendung des § 287 Abs. 2 ZPO verneint.

288 Bei der Ermittlung der Unternehmervorteile eines Handelsvertreters, um dessen Ausgleichsanspruch gem. § 89b HGB es ging, ist es nach BGH[29] zulässig, sich mit Stichprobeninformationen bei Stammkunden zu begnügen. Es brauchen also nicht sämtliche benannten Zeugen vernommen zu werden.

289 Ob ein geschiedener Ehegatte, der Unterhalt beansprucht, keine angemessene Erwerbstätigkeit finden kann (§ 1573 Abs. 1 BGB), ist hingegen nach § 286 ZPO, nicht nach § 287 Abs. 2 ZPO zu entscheiden.[30]

290 Kann sich der Richter auch auf Grund des ihm nach § 287 ZPO eingeräumten freieren Ermessens nicht entscheiden, ob der Gesundheitsschaden einer Partei auf dem Unfall beruht, den sie erlitten hat, dann bleibt nur übrig, nach Beweislastregeln zu entscheiden.[31]

291 Die Anwendungsmöglichkeiten des § 287 ZPO lassen sich nicht vollständig aufzählen, weil die in der forensischen Wirklichkeit möglichen Fallkonstellationen unbegrenzt sind. Besonders schwierig ist die Schadensfeststellung in **Bausachen,** wenn die vereinbarte Herstellungszeit nicht eingehalten und die Endfertigstellung dadurch verzögert wird, hierfür jedoch auch Umstände mitursächlich sind, die der Unternehmer nicht zu vertreten hat. Nach § 6 Abs. 6 VOB Teil B hat der Auftraggeber dann einen Anspruch auf Ersatz des „nachweislich entstandenen Schadens". Die damit gemeinte konkrete Schadensberechnung ist aber meist wegen fehlender hinreichender Berechnungsgrundlagen (Stundenzettel usw.) nicht möglich. Es muß gemäß § 287 ZPO geschätzt werden, wobei die Darlegungslast des Geschädigten gemindert ist.[32]

292 Im **Arzthaftungsprozeß** ist der Behandlungsfehler, der zur Gesundheitsbeschädigung geführt hat, nach § 286 festzustellen, die Weiterentwicklung des Schadens auf Grund des ersten Verletzungserfolges hingegen nach § 287 ZPO.[33]

---

[25] BGHZ 58, 48 = MDR 1972, 406 = VersR 1972, 372 = JZ 1972, 363 mit Anm. Stoll.
[26] BGH VersR 1973, 762 = MDR 1963, 661; siehe dazu Henckel JuS 1975, 221.
[27] OLG Köln VersR 1978, 345; siehe aber OLG Nürnberg VersR 1978, 334 zur Unmöglichkeit der Schätzung bei einem solchen Sachverhalt.
[28] FamRZ 1985, 1045.
[29] MDR 1985, 644 = NJW 1985, 860 = Warneyer 1984, Nr. 336.
[30] BGH NJW 1986, 3080 = FamRZ 1986, 885 = MDR 1987, 37 = JZ 1986, 1020.
[31] BGH VRS Bd. 68, 31.
[32] Siehe dazu BGH BauR 1986, 347 = EWiR § 6 VOB/B 1/86, 733 mit Anm. Berg.
[33] BGH VersR 1986, 1121.

§ 17. Die Substantiierungslast

§ 287 ZPO will „den Schadensersatzberechtigten der genauen Angabe der Tatsachen, die einen zwingenden Schluß auf das Vorhandensein und den Umfang des Schadens zulassen, gerade ebenso überheben, wie er das Gericht frei über das von den Parteien vorgebrachte Material stellen will".[1] Daher ist eine Klageabweisung mangels hinreichender Substantiierung ausgeschlossen, soweit das Gericht zur Schätzung befugt ist.[2] Auch die einzelnen Posten einer Schadensberechnung brauchen nicht angegeben zu werden;[3] der Gläubiger ist vielmehr ebenfalls berechtigt, den Schaden oder die Höhe der Forderung zu schätzen.[4] 293

Jedoch ist er kraft einer prozessualen Förderungspflicht gehalten, die Unterlagen nach Kräften beizubringen.[5] Wenn das Gericht gar keine Schätzungsanhalte hat, wenn es also überfordert wird, darf und muß es verlangen, daß die für die Schätzung erforderlichen Einzelheiten dargelegt werden.[6] Dazu ist es nach § 139 ZPO verpflichtet.[7] So hat der Bundesgerichtshof[8] zum Beispiel ausdrücklich ausgesprochen, daß im Rahmen der Prüfung eines Ursachenzusammenhanges zwischen Amtspflichtverletzung des Impfarztes und Eintritt eines Impfschadens das Gericht über den Parteivortrag hinaus zu weitergehender Aufklärung gehalten sein kann. 294

Da das Gericht somit bei Anwendung des § 287 ZPO um die Aufklärung des Sachverhaltes bemüht sein muß, darf es Beweisanträge nicht willkürlich übergehen, ist also – in Grenzen – auch hier an das Verbot der Beweisantizipation (oben § 12) gebunden.[9] Umgekehrt kommt die Beweiserleichterung des § 287 ZPO einer Partei nicht zugute, die sich weigert, durch wahrheitsgemäße Angaben die Sachaufklärung zu fördern.[10] 295

Die Darlegungslast ist eingeschränkt, und das Gericht darf von der Erhebung angebotener Beweise absehen, wenn es sich davon keine weitere Klärung verspricht.[11] Folglich gibt es in der Regel innerhalb des Anwendungsbereiches des § 287 ZPO keine Beweislastentscheidungen.[12] Bei der Beweiswürdigung darf sich der Richter bei der Bildung seiner Überzeugung mit einer geringeren Wahrscheinlichkeit begnügen.[13] Die richterliche Entscheidung ist nur und erst dann von der gesetzlichen Beweislastverteilung 296

---

[1] RGZ 76, 204 (211); ebenso RG JW 1932, 1137 Nr. 7; 1938, 466 Nr. 28.
[2] RGZ 76, 204 (211); RGZ 77, 202 (206) u.ö.; BGH VersR 1970, 926f.; WPM 1986, 1479.
[3] Wieczorek, ZPO, § 287 Anm. D I a, D I a 2.
[4] Wieczorek, ZPO, § 287 Anm. D I a 1 mit Nachweisen.
[5] OLG Karlsruhe VersR 1988, 1164.
[6] Wieczorek, ZPO, § 287 Anm. D I b mit Nachweisen.
[7] RGZ 62, 384 (385); 77, 202 (206); siehe dazu auch oben § 13 Rn. 252, 253.
[8] VersR 1968, 987.
[9] OLG Köln JurBüro 1969 Sp. 645.
[10] OLG Hamm NJW-RR 1990, 42; OLG Frankfurt VersR 1991, 1070.
[11] BGH VersR 1959, 752; BGH NJW 1991, 1412 = VersR 1991, 437 = MDR 1991, 432 = LM § 254 (Dc) BGB Nr. 43.
[12] Rspr. dazu bei Wieczorek, ZPO, § 287 Anm. D II a.
[13] BGH VersR 1987, 310 = NJW-RR 1987, 339.

abhängig, wenn mangels greifbarer Anhaltspunkte eine Grundlage für die Überzeugungsbildung nicht zu gewinnen ist.[14]

297 **Beispiele:** Das Abstellen auf Vergleichspreise liefe auf spekulative Erwägungen hinaus.[15] – Das Gericht vermag sich nicht von dem Kausalzusammenhang zwischen dem konkreten Haftungsgrund und der behaupteten Schadensfolge zu überzeugen,[16] kann also auch bei Anwendung des ihm durch § 287 ZPO eingeräumten Ermessens keine Feststellung dazu treffen.[17]

298 Auf die Beweislast kommt es ferner insoweit an, als der Gläubiger Schätzungsumstände vorzutragen hat, um dem Gericht die Möglichkeit der Schätzung zu geben.[18] *Lücken im Vortrag gehen zu Lasten des Beweisführers,* da es Sache der beweisbelasteten Partei ist, alle Umstände darzulegen, damit ihr günstig entschieden (geschätzt) werden kann. Dazu ist sie aber nach § 139 ZPO aufzufordern!

299 Kann oder will sie gleichwohl keine Tatsachen beibringen, muß unter Umständen gegen sie eine Beweislastentscheidung gefällt werden.[19] Diese setzt voraus, daß alles von den Parteien Vorgebrachte gewürdigt wird. Das freie Ermessen des Gerichts geht nicht so weit, daß es bei der Feststellung des Ursachenzusammenhanges oder des Schadens den von den Parteien oder von einer Partei vorgebrachten Prozeßstoff unberücksichtigt lassen darf.[20] Zur Begründung einer Beweislastentscheidung im Rahmen des § 287 ZPO reichen deshalb allgemeine Redensarten wie „die Verhältnisse sind unübersehbar" nicht hin.[21] Der Tatrichter muß vielmehr die tatsächlichen Grundlagen seiner Entscheidung, insbesondere den ungenügenden Sachvortrag und die ergebnislose Befragung nach § 139 ZPO im Urteil darlegen.[22]

300 Die Frage der Beweislast kann bei einer Entscheidung nach § 287 ZPO auf ganz andere Weise dann bedeutsam werden, wenn ihre Verkennung dazu führt, daß die Schadensermittlung auf fehlerhaften Erwägungen aufbaut. Das wird vor allem der Fall sein, wenn die Beweislast als Umstand für die Schätzung verwertet, aber von einer unrichtigen Beweislastverteilung ausgegangen worden ist.[23]

301 Bei der Schätzung muß sich das Gericht ungeachtet aller ihm eingeräumten Ermessensfreiheit *am konkreten Fallgeschehen orientieren!* So ist eine völlig abstrakte Berechnung eines *Erwerbsschadens* ohne Berücksichtigung der tat-

---

[14] BGH VersR 1967, 665; zur Beweislastproblematik bei § 287 ZPO nimmt sehr ausführlich Stellung BGH VersR 1970, 926 f. Siehe auch unten Rn. 318, 319.

[15] BGHZ 91, 256 f. (Vermögensschaden durch Waldsterben).

[16] BGH VersR 1965, 489.

[17] BGH VersR 1961, 163.

[18] OLG Karlsruhe VersR 1988, 1164; OLG Hamm NJW-RR 1990, 42; OLG Frankfurt VersR 1991, 1070.

[19] Wieczorek, ZPO, § 287 Anm. D II b.

[20] BGH VersR 1953, 31 (Vorinstanz OLG Koblenz VersR 1952, 103).

[21] RGZ 148, 68 (70).

[22] Siehe auch BGH VersR 1967, 1095.

[23] Vgl. Rosenberg, Beweislast, 5. Aufl. 1965, S. 71 f.; ferner RG JW 1936, 2912 Nr. 5.

sächlichen Entwicklung des betroffenen Betriebes nicht statthaft.[24] Auch eine schematische Berechnung des Verdienstausfalles in der Weise, daß dem Geschädigten nur derjenige Teil seines erwarteten Jahresverdienstes zuerkannt wird, der dem Zeitraum seiner vollen Arbeitsunfähigkeit entspricht, ist bedenklich.[25]

Dagegen ist es dem Tatrichter nicht verwehrt, fallfremde Berechnungsarten anzuwenden, wenn diesen die Eigenschaft von Erfahrungsregeln zukommen. Der Verdienstausfall darf daher für einen geschädigten Unternehmer im Anschluß an eine finanzamtliche Gewinnschätzung berechnet werden.[26] Die *Bemessung der Aufopferungsentschädigung,* die an eine an Lues erkrankte und infolge einer Salvarsanbehandlung gesundheitlich schwer geschädigte (querschnittsgelähmte) Person zu leisten ist, darf auch im Rahmen des § 287 ZPO auf der Grundlage der Vorschriften des Bundesversorgungsgesetzes vorgenommen werden.[27] Ebenso darf der Schadensberechnung bei *Impfschäden* abstrakt auf der Grundlage der Bestimmungen des Bundesversorgungsgesetzes berechnet werden.[28] **302**

Weitere Rechtsprechung zu diesem Themenkreis: BGH VersR 1970 S. 256 *(Schätzung des Verdienstausfalls auf Grund von Arbeitgeberauskünften);* BAG DB 1972, 711 *(Lohnausfall an Feiertagen bei Fehlen einer kollektivrechtlichen Regelung);* BGH Warneyer 1969 Nr. 354 *(zu ersetzende Lohnaufwendungen);* OLG Köln VersR 1975,1105 *(entgangene Provision);* BGH VersR 1972 S. 948 = NJW 1972 S. 1716 *(vom Unterhaltsberechtigten in Anspruch genommene Ersatzkraft);* BAG AP § 252 BGB Nr. 2 mit Anm. Schneider *(Berechnung entgangenen Gewinns nach §§ 252 BGB, 287 ZPO)* und OLG Oldenburg VersR 1982, 175 (zur Schätzung des entgangenen Gewinns des Mitgesellschafters eines als BGB-Gesellschaft geführten Handwerksbetriebes); BGH NJW 1992, 2753 = ZIP 1992, 1340 (Schadensberechnung im Wege der Lizenzanalogie); BGH VersR 1992, 618 = NJW-RR 1992, 792 (unfallbedingter Mehrbedarf an Haushaltshilfen, § 843 BGB). **303**

§ 18. Die Schätzung

Bereits im vorstehenden Paragraphen (§ 17) ist hervorgehoben worden, daß die besonders freie Stellung des Gerichts im Rahmen des § 287 ZPO nicht gleich Bindungslosigkeit ist. **Ziel jeder Schätzung muß sein, unter Berücksichtigung aller wertbildenden Faktoren den tatsächlich aufzuwendenden Betrag so genau wie möglich zu erfassen.**[1] Bei der Schadensermittlung oder der Ermittlung der Höhe einer Forderung sind deshalb alle brauchbaren Tatsachen für die Schätzung beizuziehen. Ob diese Tatsachen von den Parteien vorgetragen worden sind, ist belanglos.[2] **304**

Die freie Stellung, die dem Richter durch § 287 ZPO eingeräumt ist, soll **305**

---

[24] BGH VersR 1966, 1158.

[25] BGH VersR 1965, 979.

[26] BGH VersR 1965, 85.

[27] BGH LM § 75 Einl. PreußALR Nr. 31.

[28] BGH NJW 1970, 1231 = MDR 1970, 400 = LM § 287 ZPO Nr. 38 mit Anm. Mormann.

[1] BGH VersR 1978, 664; 1992, 1410.

[2] Wieczorek, ZPO, § 287 Anm. D III c mit Belegen.

es ihm ermöglichen, ohne formale Bindungen nahe an die tatsächliche Sachlage heranzukommen. *Deshalb muß auch die Schätzung möglichst genau sein!* Es geht nicht an, runde Summen zu- oder abzuerkennen, wenn eine Partei Unterlagen beibringt, die eine rechnerisch einwandfreie Ermittlung ermöglichen. Ein solches Verfahren wäre keine einwandfreie Ausübung des Ermessens, sondern Willkür. Den Parteien würde mit Grund jedes Verständnis dafür fehlen. Sie würden an der Gewissenhaftigkeit des Richters zweifeln und seine „Entschlußfreudigkeit" durchaus zutreffend mit Bequemlichkeit übersetzen.

306 An die Erfordernisse, die § 287 ZPO an den Richter stellt, läßt sich nur über die höchstrichterliche Kasuistik heranführen. Deshalb sei diese durch **einige aufschlußreiche Entscheidungen** vorgestellt:

307 Kann schon für eine Feststellung nach § 286 ZPO *keine völlige,* jeden Zweifel und jede Möglichkeit des Gegenteils ausschließende *Gewißheit* verlangt werden, so gilt dies um so mehr für die freie richterliche Überzeugung bei der Schadensschätzung nach § 287 ZPO.[3] Für eine solche Schätzung ist insbesondere dann Raum, wenn im Rahmen der Prüfung des Ursachenzusammenhanges zwischen konkretem Haftungsgrund und Folgeschaden über den Ablauf und den Zusammenhang komplizierter physiologischer Vorgänger im menschlichen Organismus zu entscheiden ist, da hier eine nachträgliche Aufhellung mit naturwissenschaftlicher Sicherheit meist nicht gelingt.[4]

308 Zur Beurteilung der Frage, ob ein unfallursächliches Verhalten (überhöhte Geschwindigkeit) die erforderliche Sorgfalt in ungewöhnlichem Maße verletzt hat, können möglicherweise auch *nicht ursächlich gewordene Tatumstände* herangezogen werden. So kann im Rahmen des § 287 ZPO als Ursache die erhöhte Geschwindigkeit, die Dunkelheit und die Feuchtigkeit der Straße bewertet werden, selbst wenn zweifelhaft bleibt, inwieweit jedes dieser Momente zum Unfallgeschehen beigetragen hat.[5]

309 Bei der Frage des ursächlichen Zusammenhanges zwischen Polio-Schutzimpfung und Entstehen eines „Ewing-Sarkoms" (das sind aus Rundzellen bestehende weiche Geschwülste meist der langen Röhrenknochen) hat der Richter die beim prima-facie-Beweis zu berücksichtigenden Umstände im Rahmen seiner allgemeinen Beweiswürdigung aus § 287 ZPO mitzuwerten.[6]

310 Die Ausübung des freien Ermessens enthebt den Richter nicht der Notwendigkeit, die schätzungsbegründenden Tatsachen, die sich ihm für die Schadensermittlung oder für die Zeit der Schadensentstehung bieten, aus dem Parteivorbringen zu würdigen und seiner Schätzung zugrunde zu legen.[7] Wird eine Schätzung des *Verdienstausfalles* im wesentlichen aus der buchmäßigen Überprüfung eines gerade erst im Aufbau befindlichen Geschäftes hergeleitet, so wird damit nicht der Verpflichtung voll entsprochen, den von der Partei vorgetragenen Anhaltspunkten bei der Schadensschätzung nachzugehen und außerdem die allgemeinen wirtschaftlichen Erfahrun-

---

[3] BGH VersR 1960, 656.
[4] BGH VersR 1963, 287 – betrifft Unfallbedingtheit von Sehstörungen.
[5] BGH VersR 1959, 367.
[6] BGH VersR 1968, 989.
[7] BGH LM § 7 d. 3. DVO/UmstG Nr. 1.

gen, insbesondere solche auf dem Gebiet des Arbeitsmarktes, in die Beurteilung einzubeziehen.[8]

Bei der Bemessung der Höhe eines *Aufopferungsanspruchs* darf die Schätzung des dem Betroffenen auferlegten Opfers von einem Vergleich der fehlgeschlagenen Berufserwartung mit demjenigen sozialen Stand ausgehen, den der Betroffene durch Arbeitswilligkeit und Gewissenhaftigkeit tatsächlich erzielt hat.[9] **311**

Der Tatrichter ist nicht verpflichtet, einer durch *fortschreitendes Lebensalter des Geschädigten* bedingten allmählichen Einkommensminderung durch Staffelung der zuzuerkennenden Rente Rechnung zu tragen. Er darf vielmehr auf Zahlung einer Durchschnittsrente erkennen.[10] **312**

Wendet der Tatrichter zur Ermittlung des *Bodenwertes eines Trümmergrundstückes* die sog. Ertragswertberechnung unter Berücksichtigung eines fiktiven Neubaues an, so liegt darin kein Rechtsfehler.[11] **313**

Der durch einen Unfallschaden bedingte Wertverlust (sog. merkantiler Minderwert) eines Kraftfahrzeugs kann ohne Zuziehung eines Sachverständigen an Hand durchschnittlicher Erfahrungswerte geschätzt werden.[12] Bei der zu schätzenden Dauer des Nutzungsausfalles kann das Schadensbild einen Schätzungsumstand abgeben.[13] **314**

Wenn das Gericht auch bei Erlaß eines Grundurteils gemäß § 287 ZPO nach freiem Ermessen über den Eintritt eines Schadens entscheiden kann, so müssen doch *Anhaltspunkte für eine Schätzung* vorhanden sein. Bei einem Anspruch auf Ersatz entgangenen Gewinns muß eine Lage festgestellt sein, bei der mit einem Gewinn überhaupt zu rechnen ist. Hierbei dürfen nur Tatsachen verwertet werden, von deren Eintritt der Richter überzeugt ist.[14] **315**

Auch für eine *Schätzung von Nebenkosten* nach § 287 ZPO müssen, wenn bei Schadensersatzansprüchen wegen *Beschädigung eines Kraftfahrzeuges* und des dadurch verursachten Nutzungsausfalls ein über den üblichen Pauschalbetrag von heute etwa 40,– bis 50,– DM hinausgehender Betrag verlangt wird, tatsächliche Anhaltspunkte gegeben sein.[15] **316**

Soweit eine Schätzung nach § 287 ZPO nur auf Grund besonderer Sachkenntnis möglich ist, wird der Tatrichter durch die Rechtsprechung des BGH jedenfalls dann beschränkt und zur Beweiserhebung gezwungen, wenn es sich um Fragen handelt, die für die Streitentscheidung eine zentrale Bedeutung haben. **317**

---

[8] BGH VersR 1957, 750. Zur Schätzung des Verdienstausfalls eines selbständigen Vertriebsagenten siehe BGH VRS Bd. 63, 180, grundsätzlich zur Schätzung Freiberuflicher vgl. § 15 Rn. 198, 199.

[9] BGH VersR 1963, 330.

[10] BGH VersR 1964, 76.

[11] BGH MDR 1958, 313.

[12] LG Stuttgart VersR 1983, 692; siehe ferner BGH WPM 1983, 965 = NJW 1983, 2194 = VRS Bd. 65, 260 = DAR 1983, 322 zur Schätzung des merkantilen Minderwerts, wenn das betroffene Kraftfahrzeug nach zeitweiser Benutzung auf Grund einer Vereinbarung zwischen den Parteien gegen ein anderes Fahrzeug umgetauscht worden ist.

[13] AG Köln VersR 1984, 491 = DAR 1984, 225.

[14] OLG Karlsruhe VersR 1968, 1196. [15] BGH VersR 1963, 671.

318 In BGH VersR 1976, 389 ging es um einen Schadensersatzanspruch von rund einer halben Million. Die Klage war darauf gestützt, daß ein *Tanklastzug beschädigt und der Tankkessel undicht* geworden war, so daß erhebliche Reparaturkosten, Kreditkosten, Nutzungsausfall und weiterer Verdienstentgang ausgelöst worden waren. Es kam maßgeblich darauf an, ob die wiederholt aufgetretene Undichtigkeit des Tankkessels auf einer Nachwirkung des Unfalls beruhte. Das Landgericht hatte dies bejaht, das Berufungsgericht verneint, beide hatten von weiterer Aufklärung durch Einholung eines Sachverständigengutachtens abgesehen. Der BGH hat das gerügt:

> „Wenn sich damit das OLG im Gegensatz zum LG ohne weitere Beweisaufnahme und ohne Nachweis eigener Sachkunde oder einschlägiger sachverständiger Information, ja ohne näheres Eingehen auf die von den Parteien im einzelnen erörterten technischen Erwägungen vom ursächlichen Zusammenhang nicht zu überzeugen vermag, dann wird nicht ersichtlich, daß es seiner Verfahrenspflicht gerecht geworden ist. Zwar stellt § 287 Abs. 1 S. 2 ZPO ausdrücklich die Begutachtung durch Sachverständige in das Ermessen des Tatrichters, soweit es um die Höhe des Schadens geht. Diese auf Vereinfachung und Beschleunigung des Verfahrens zielende Vorschrift rechtfertigt es aber nicht, in für die Streitentscheidung zentralen Fragen auf nach der Sachlage unerläßliche fachliche Erkenntnisse zu verzichten."

319 Es zeigt sich somit, daß auch die Schätzung nach § 287 ZPO im Einzelfall recht schwierig sein kann. Der Tatrichter muß grundsätzlich schätzen, und er darf dieser Pflicht nicht durch überspannte Anforderungen an die Darlegungen des Geschädigten ausweichen.[16] Wird der Sachverhalt vom Tatrichter bei der Beweiswürdigung nicht ausgeschöpft, dann kann das eine Revisionsrüge rechtfertigen.[17]

320 Liegen die Umstände des Falles ausnahmsweise so, daß überhaupt keine Schätzung möglich ist, dann muß davon abgesehen werden.[18] So kann es beispielsweise liegen, wenn der Schaden aus einem Auffahrunfall geltend gemacht wird, nachdem bereits vorher eine Beschädigung des Unfallwagens stattgefunden hat und nicht mehr zu klären ist, um welche Schäden es sich dabei gehandelt hat.[19] Es geht dabei um die Problematik getrennter Ursachenketten für einen Schaden. Bestehen keine zuverlässigen Anhaltspunkte dafür, wie weit dieser Schaden auf die eine oder die andere Ursache zurückzuführen ist, dann kann unter Umständen nicht geschätzt werden.[20]

321 Ebenso kann es liegen, wenn als Feststellungsgrundlage lediglich Behauptungen des Geschädigten gegeben sind, etwa wenn auf einen Versicherungsnehmer ein Raubüberfall ausgeführt worden ist, er jedoch für keinen einzigen in seiner Schadensaufstellung enthaltenen Gegenstand den Nachweis zu führen vermag, daß er bei dem Raubüberfall abhanden gekommen ist.[21]

---

[16] BGH NJW-RR 1992, 202; VersR 1993, 1284.
[17] BGH VersR 1993, 1274.
[18] OLG Köln VersR 1978, 345; 1991, 1000.
[19] OLG Nürnberg VersR 1978, 334.
[20] OLG Nürnberg VersR 1978, 334; OLG Köln VersR 1978, 345.
[21] Siehe dazu LG Bochum VersR 1983, 283.

Drittes Kapitel. Der Anscheinsbeweis

§ 19. Bedeutung und Struktur der Erfahrungssätze

Literatur. *Monographien:* Wassermeyer, Der prima facie Beweis und die benachbarten Erscheinungen, 1954. – Kegel, Der Individualanscheinsbeweis und die Verteilung der Beweislast nach überwiegender Wahrscheinlichkeit, Festschrift für Kronstein, 1967. – Hainmüller, Der Anscheinsbeweis und die Fahrlässigkeit im heutigen deutschen Schadensersatzprozeß, 1966. – E. Pawlowski, der prima-facie-Beweis bei Schadensersatzansprüchen aus Delikt und Vertrag, 1966. – G. Walter, Freie Beweiswürdigung, 1979, S. 206 ff., 234 ff. 322

Zeitschriftenaufsätze: Fleck, Der Beweis des ersten Anscheins in der Rechtsprechung des BGH, VersR 1956, 329; Böhmer, Zur Frage des Anscheinsbeweises für eigenes Verschulden des Eisenbahnfahrgastes, NJW 1956, 1908; Weyreuther, Die höchstrichterliche Rechtsprechung zum Anscheinsbeweis, DRiZ 1957, 55; Henke, Individualität und Anscheinsbeweis, JR 1961, 48; Bergerfurth, Anscheinsbeweis im Ehescheidungsprozeß?, FamRZ 1966, 340; Diederichsen, Zur Rechtsnatur und systematischen Stellung von Beweislast und Anscheinsbeweis, VersR 1966, 211; ders., Fortschritte im dogmatischen Verständnis des Anscheinsbeweises, ZZP Bd. 81 (1968), 45; Sanden, Der prima-facie-Beweis in der Verkehrsrechtsprechung des BGH und seine Ausstrahlung auf die Haftpflichtschäden, VersR 1966, 201; Kollhosser, Anscheinsbeweis und freie richterliche Beweiswürdigung, AcP Bd. 165 (1965), 46; Wassermeyer, Verhandlungen des 46. Deutschen Juristentages, 1966, Bd. II E 7; G. Walter, Der Anwendungsbereich des Anscheinsbeweises, ZZP Bd. 90 (1977), 270; E. Schneider, Die neuere Beweisrechtsjudikatur in Haftpflichtprozessen, VersR 1977, 687; Greger, Praxis und Dogmatik des Anscheinsbeweises, VersR 1980, 1091; Goerke, Beweisanzeichen für eine Unfallmanipulation, VersR 1990, 707; Ludolph/Hierholzer, Anscheinsbeweis bei Injektionsschäden, VersR 1990, 716 (siehe dazu Jaeger VersR 1991, 717); Knoche, Der Anscheinsbeweis bei der Manipulation eines Verkehrsunfalles, MDR 1992, 919; Allgaier, Zur Anwendbarkeit des Primafacie-Beweises beim bestrittenen Zugang oder Nichtzugang einer Briefsendung, VersR 1992, 1070; Zopfs, Der Beweis des Versicherungsfalls, VersR 1992, 140.

Eine im Gesetz nicht geregelte, aber praktisch außerordentlich bedeutsame 323
Mittelstellung zwischen dem Beweiswürdigungsverfahren nach § 286 ZPO und der Schätzung gemäß freier Überzeugung nach § 287 ZPO nimmt der sogenannte Anscheinsbeweis ein. Man spricht auch vom Beweis des ersten Anscheins oder vom prima-facie-Beweis. Richtiger wäre es, von der Beweiswürdigung auf Grund des ersten Anscheins zu sprechen.[1] Denn es handelt sich – wie auch sonst bei der Wahrheitsermittlung – um die richterliche Überzeugungsbildung, nur mit der Eigenart, daß der Richter sich dabei besonders zuverlässiger Erfahrungssätze bedient: „Zu der dem Tatrichter obliegenden Beweiswürdigung gehört aber auch die Berücksichtigung der

---

[1] Vgl. z. B. RGZ 134, 237 (241 f.); BAG AP § 139 ZPO Nr. 1.

Erfahrungen des Lebens, die bei typischen Geschehensabläufen auf bestimmte Ursachen hinweisen.“[2]

324 Erfahrungssätze kommen nicht nur beim Anscheinsbeweis vor, sondern sind für *jede* Beweiswürdigung *schlechthin unentbehrlich*. Jedoch ist der Beweis*wert* von unterschiedlicher Stärke. Ihre Beweiskraft *kann* so stark sein, daß der Erfahrungssatz *allein* geeignet ist, eine tatsächliche Vermutung für einen bestimmten Geschehensablauf zu begründen. Nur in diesem Fall spricht man vom Anscheinsbeweis.[3] Erfahrungssätze, denen ein so starker Beweiswert nicht beizumessen ist, sind nur *neben anderen* Beweisgründen bei der Beweiswürdigung zu berücksichtigen.[4]

325 Die Grenzziehung ist nicht ein für allemal möglich. Letztlich gibt die in der richterlichen Beweiswürdigung enthaltene *Bewertung* im einzelnen Fall den Ausschlag. Will man einen Anhalt für die Abgrenzung gewinnen, so läßt sich sagen, daß der Anscheinsbeweis auf Sätzen der Lebenserfahrung beruht, nach denen aus bestimmten Ursachen in aller Regel bestimmte Wirkungen hervorgehen und umgekehrt bestimmte Wirkungen auf bestimmte Ursachen rückschließen lassen.

326 Auf eine allgemeine Formel gebracht, kann man das so ausdrücken: „Wenn der Sachverhalt X gegeben ist, dann tritt fast immer die Wirkung Y ein.“ Dabei ist Y in den weitaus überwiegenden Fällen ein Erfolg (Kausalität!) oder ein Verschulden. „Fast immer“ tritt die Wirkung ein, nicht notwendig! Denn träte sie notwendig ein, so handelte es sich um ein Naturgesetz, und an die Stelle des „Anscheins“ träte die unumstößliche Gewißheit. Der Anscheinsbeweis soll aber gerade die Brücke zwischen dem bloß Möglichen und dem Notwendigen schlagen, indem er dem Richter ein zur Überzeugungsbildung hinreichendes Maß von *Wahrscheinlichkeit* vermittelt: mehr als Möglichkeit – weniger als Notwendigkeit.

Auch wenn gewisse Tatsachen in besonderem Maße für die Richtigkeit eines vom Kläger behaupteten Geschehens sprechen, ist der Beweis des ersten Anscheins nicht schon gegeben, wenn nicht auch die Gesamtgestaltung des Falles von solcher Art ist, daß sich aus der Erfahrung des Lebens bei typischen Geschehensabläufen der Schluß auf die Richtigkeit der Klagebehauptung ohne weiteres aufdrängt.[5] Der Richter muß also zu einer festen Überzeugung kommen.[6] Das ist nicht etwa eine in sich widerspruchsvolle Forderung. Denn damit wird nicht die Überzeugung selbst graduiert, sondern die Beweiswürdigung von formalen Bindungen befreit.

327 Angenommen zum Beispiel, es gehe darum, ob der Beklagte einen Unfall verschuldet habe. Davon kann sich der Richter durch einen Erfahrungssatz auf der Grundlage des Unfallherganges ebenso sicher überzeugen wie durch Vernehmung von Zeugen. Je weniger jedoch der Erfahrungssatz hergibt, um

---

[2] BGH NJW 1951, 195 Nr. 9; NJW 1951, 360; OLG Karlsruhe VersR 1978, 771.

[3] BGHZ 2, 82 (85).

[4] BGHZ 2, 82 (85); BGH NJW 1961, 777 = MDR 1961, 315 = LM § 1006 BGB Nr. 8.

[5] BGH VersR 1955, 251.

[6] BGH VersR 1956, 170 mit Anm. Böhmer VersR 1957, 16.

so mehr muß er durch *konkrete* Umstände ergänzt werden. Ist die Überzeugungsbildung durch konkrete Beweiserhebung gelungen, dann ist für einen Anscheinsbeweis überhaupt kein Raum.[7]

Umgekehrt kommt ein Anscheinsbeweis z. B. nicht mehr in Betracht, 328
wenn bei einem Unfallereignis verschiedene Umstände ungewöhnlicher Art zusammentreffen, die dem Geschehen eine so eigentümliche Gestaltung geben, daß sich der Schluß auf das Vorliegen eines Verschuldens nach der Erfahrung des Lebens nicht ohne weiteres aufdrängt.[8] Aber das sind nur Fragen der Beweiswürdigung, die keine besonderen Probleme aufwerfen. Es ist eben *immer* vom „Inbegriff der Verhandlung" auszugehen.

Kommt der Richter trotz des Erfahrungssatzes nicht zu einer Überzeugung, dann 329
ist der Beweis nicht erbracht. Wahrscheinlichkeiten und Möglichkeiten könnten zwar bei der Beweiswürdigung den Ausschlag geben; sie können aber nicht stellvertretend für die richterliche Überzeugung stehen. „Die Wahrscheinlichkeit des Erfahrungssatzes muß durch eine nachfolgende Beweiswürdigung bewertet werden. Unter Abwägung des Für und Wider hat der Richter zu prüfen, ob er sich überzeugen kann."[9]

Das allein meinte auch das Reichsgericht und meint der Bundesgerichts- 330
hof, wie sich mit zahlreichen Entscheidungen belegen läßt: „Die Schlüsse, wiewohl sie auf tatsächlichen Vermutungen beruhen, dürfen aber nicht selbst Vermutungen sein, sondern sie müssen den Ausdruck der tatrichterlichen Überzeugung darstellen. Denn der Beweis des ersten Anscheins kann sich nicht mit einer Wahrscheinlichkeit begnügen; auch er muß zu einer richterlichen Feststellung führen."[10] „Bei diesem Beweis handelt es sich nicht um einen Wahrscheinlichkeitsbeweis, der die Grundlage für eine gewisse tatsächlich widerlegbare Vermutung darstellt und demzufolge eine Umkehrung der Beweislast rechtfertigt, sondern es muß der festgestellte Sachverhalt derart sein, daß er unter Verwertung allgemeiner Erfahrungssätze, insbesondere der allgemeinen Lebenserfahrung, die Überzeugung des Richters in vollem Maße begründet."[11]

Mit einem Wort: **Wenn der Richter erklärt, daß ihm der Anschein und die** 331
Anzeichen genügen, um sich zu überzeugen, dann ist der Beweis erbracht. Zweifelhaft kann dann nur noch sein, ob der Richter Fehler bei der Beweiswürdigung begangen hat, ob er beispielsweise zu hohe oder zu geringe Anforderungen an die Überzeugungsbildung gestellt hat oder ob er alle beweiserheblichen Umstände berücksichtigt hat. Zweifel des Berufungsgerichts daran geben Anlaß zur Wiederholung der Beweisaufnahme (siehe oben Rn. 29 ff.). Stellt das Revisionsgericht Verstöße an diese Anforderungen fest, dann muß es aufheben und zurückverweisen (§§ 550, 561 Abs. 2, 565 ZPO).

Erfahrungssätze sind Regeln, in denen die Summe der Ergebnisse gezo- 332
gen ist, die bei der Beobachtung typischer Geschehensabläufe immer wieder

---

[7] BGH VersR 1957, 248; OLG Köln JMBlNRW 1978, 22.

[8] BGH VersR 1962, 1158.

[9] Wassermeyer, prima facie Beweis, S. 17.

[10] RGZ 134, 237 (242); siehe ferner RGZ 157, 83 (87); 159, 235 (239).

[11] BGH NJW 1951, 360 Nr. 11; siehe ferner BGH LM § 286 (C) ZPO Nr. 7 u. 12.

festgestellt worden sind. Diese Regeln können auf Grund der allgemeinen Lebenserfahrung oder auf Grund wissenschaftlicher Forschung ermittelt worden sein.

333 Als Erfahrungssätze in einem anderen, hier außer Betracht bleibenden Sinne pflegt man auch *allgemeine Erfahrungstatsachen* zu bezeichnen, die als Tatbestandsmerkmale in eine Rechtsnorm aufgenommen sind. So ist z. B. eine Sache nach § 97 Abs. 1 S. 2 BGB nicht Zubehör, „wenn sie im Verkehr nicht als Zubehör angesehen wird". Die Verkehrsanschauung als Tatsache läßt sich nur aus der Erfahrung beantworten. In solchen Fällen deckt sich mithin die Feststellung von Erfahrungs„sätzen" mit der Feststellung von Tatsachen; denn das Gesetz behandelt diese Erfahrungsurteile durch Aufnahme in den Tatbestand als *subsumtionsfähige* Tatsachen. Sie können deshalb Gegenstand des Beweises sein. Behauptet der Kläger in einem Streit über die Zubehörseigenschaft eine bestimmte Verkehrsauffassung, so genügt er damit seiner Behauptungslast; eine nähere Begründung ist, wie stets bei Haupttatsachen, zur Schlüssigkeit nicht erforderlich; das Verlangen, darüber einen Sachverständigen zu hören, ist Beweisantritt nach § 403 ZPO.[12]

334 Erfahrungssätze im eigentlichen Sinne sind nur *abstrakte Regeln,* die in Voraussetzung und Folge aufgelöst werden können und **typische Geschehensabläufe** betreffen.[13]

Beispiele:

a) In einem Freibad ist ein Badegast ertrunken. Er konnte nicht schwimmen. Im Schadensersatzprozeß geht es unter anderem darum, wie es zu dem Unfall kommen konnte. Gesehen und gehört hat den Vorfall niemand. Er läßt sich aber aufhellen, wenn man folgenden Satz der Lebenserfahrung annimmt:[14]

> „Versinkt ein Nichtschwimmer lautlos in einer Badeanstalt an einer Stelle, die gefährlich tief ist **(Voraussetzung),** so spricht der erste Anschein dafür, daß der eingetretene Tod auf diese Tiefe zurückzuführen ist **(Folge)**."

Damit ist die Frage der Unfall**kausalität** beantwortet, obwohl der genaue Hergang unbekannt bleibt. Diese Antwort hat eine starke Wahrscheinlichkeit für sich.

335 b) Zwei Pkw fahren hintereinander. Der vordere hält an. Der hintere fährt auf. Die Kausalitätsfrage ist hier unproblematisch: Der hintere hat nicht rechtzeitig gebremst. Wie steht es aber mit dem **Verschulden** des Fahrers des zweiten Pkw? Wie soll der erste Fahrer konkrete Tatsachen behaupten und beweisen, aus denen der Vorwurf eines Außerachtlassens der im Verkehr erforderlichen Sorgfalt folgt?

336 Auch hier hilft die Lebenserfahrung weiter. Es spricht nämlich nach ihr alles dafür, daß derjenige, der auf einen vor ihm anhaltenden Pkw von

---

[12] RG JW 1914, 915 Nr. 4.

[13] Vgl. z. B. BGH VersR 1956, 147; NJW 1951, 360.

[14] Siehe BGH LM § 286 (C) ZPO Nr. 17.

hinten auffährt **(Voraussetzung)**, nicht genügend aufgepaßt hat **(Folge)**. Ein Satz der Lebenserfahrung gestattet es, aus dem Erfolg ohne weitere Heranziehung konkreter tatsächlicher Umstände auf ein **Verschulden** zu schließen.

Die Struktur solcher Sätze entspricht stets der Relation *„wenn – so"*. Das *„wenn"* leitet die Voraussetzung ein, das *„so"* die Folge. Es handelt sich demnach um *hypothetische Urteile,* die sehr große Struktur-Ähnlichkeit mit Rechtsnormen haben, die ja auch in Tatbestand und Rechtsfolge geschieden werden.[15] Dabei sind diese in Voraussetzung und Folge zergliederten Erfahrungssätze häufig auch umkehrbar. Beim Anscheinsbeweis kann nicht nur von einem feststehenden Ereignis auf den Zusammenhang mit einem eingetretenen Erfolg, sondern auch umgekehrt von einem eingetretenen Erfolg auf ein bestimmtes Ereignis als Ursache geschlossen werden.[16] **337**

Der Modalität nach handelt es sich um problematische Urteile, die bloß *wahrscheinlich* zutreffende Ergebnisse vermitteln.[17] Ausnahmslosigkeit kommt allein den Naturgesetzen zu. Daraus, daß die Folge nur zu einer Wahrscheinlichkeit führt, schließt Wassermeyer,[18] daß bei Erfahrungssätzen nicht Voraussetzungen und Folgen unterschieden werden könnten, so daß auch keine Ähnlichkeit mit Rechtssätzen bestehe. Daß diese Meinung nicht richtig ist, zeigen bereits die Beispiele oben. Wenn die Lebenserfahrung ins Bewußtsein gehoben und damit objektiviert werden soll, dann *muß* sie sprachlich Ausdruck finden. Dieser sprachliche Ausdruck kann nach den Mitteln, die dem Menschen gegeben sind, nur ein logisches Urteil sein, das in der Form eines (philologischen) Satzes auftritt. Die Begriffe Satz und Urteil werden meist synonym gebraucht. Daher ist es ohne Sinn, den hypothetischen Erfahrungs*urteilen* die Qualität von *Sätzen* abzustreiten: mit beiden Ausdrücken ist das Nämliche gemeint. Die abweichende Auffassung Wassermeyers ist daher nicht recht verständlich, zumal er selbst auf die „logische Operation der Subsumtion des konkreten Tatbestandes unter den Erfahrungssatz" hinweist.[19] **338**

Aus der Ähnlichkeit mit Rechtsnormen ergibt sich die Berechtigung und Zweckmäßigkeit einer gleichen Behandlung. Der Richter muß Erfahrungssätze von sich aus berücksichtigen, weil sie der Bewertung des Tatsächlichen (Beweiswürdigung) dienen. Keine Partei braucht sich darauf zu berufen oder Beweis dafür anzutreten, da es sich um *allgemein bekannte* Regeln handelt, die es nur zu *erkennen* gilt.[20] Jeder Richter – auch das Revisionsgericht[21] – kann aus eigener Sachkunde über das Bestehen von Erfahrungssätzen entscheiden.[22] Umgekehrt steht es dem Richter frei, wissenschaftliche Hilfsmittel beizuziehen, z. B. ein Sachverständigengutachten einzuholen, ohne daß eine Partei dies beantragt hat und ungeachtet des **339**

---

[15] RGZ 99, 70 (71); RG JW 1932, 3618 Nr. 13; siehe ferner Schneider, Logik für Juristen, 3. Aufl. 1991, S. 54f., 102ff.

[16] BGH VersR 1956, 577.

[17] Dazu Schneider, Logik für Juristen, S. 46, 49, 112ff.

[18] prima facie Beweis, S. 10, 26f.

[19] prima facie Beweis, S. 11.

[20] RG JW 1914, 36 Nr. 6.

[21] RGZ 99, 70 (71).

[22] RGZ 99, 70 (72).

Widerspruchs einer Partei.[23] Wer Erfahrungssätze bestreitet, äußert damit nur eine unrichtige *Ansicht*.

§ 20. Die Anwendung der Erfahrungssätze

340 Für hypothetische Urteile und damit auch für Erfahrungssätze gilt in der Logik die zu den Denkgesetzen im weiteren Sinn gehörende Schlußregel, daß aus der Bejahung der Voraussetzung auf die Bejahung der Folge geschlossen werden darf (sogenannter modus ponens). Mit dieser schlichten Feststellung haben wir uns über einen Punkt die Klarheit verschafft, die oft zu vermissen ist:

Im Rechtsstreit kann ein Erfahrungssatz nur Folgerungen ermöglichen, wenn seine Voraussetzungen unstreitig oder bewiesen sind.[1]

341 Nur dann ist die Bedingung des hypothetischen Urteils *gesetzt*. Ist das aber geschehen, so ist damit auch der Beweis erbracht. Dem Gegner obliegt es nunmehr, die richterliche Überzeugung zu erschüttern, etwa indem er darlegt, daß wegen nicht berücksichtigter atypischer Umstände der Erfahrungssatz unanwendbar, ein anderer Geschehensablauf also möglich sei,[2] oder dadurch, daß er die Voraussetzung durch Gegenbeweis wieder ungewiß macht. Die Rechtsverteidigung gegen einen Anscheinsbeweis kann auch darin bestehen, daß die Voreiligkeit der Beweisführung gerügt wird. ist beispielsweise zweifelhaft, ob jemand gestürzt ist und sich dabei eine Gehirnblutung zugezogen hat, oder ob die Gehirnblutung zuerst aufgetreten und Ursache des Sturzes geworden ist, dann ist eine Beweiswürdigung prima facie nicht schon deshalb zulässlig, weil eine dieser Möglichkeiten wahrscheinlicher als die andere war.[3]

342 Die mit dem Hinweis des Gegners auf atypische Umstände eintretende Erschütterung der prima facie gewonnenen Überzeugung des Richters setzt aber voraus, daß der Gegner die Umstände, mit denen er den Anscheinsbeweis zu Fall bringt, seinerseits beweist.[4] Bloße Vermutungen oder Annahmen reichen nicht hin. Darüber geht der Anscheinsbeweis ja gerade hinweg, indem er *denjenigen* Regelfall als gegeben setzt, der *typischerweise* mit der Vermutungsbasis gesetzt ist. Ein erheblicher Erschütterungsbeweis setzt – so die in der Rechtsprechung gängige Formel – voraus, **daß der Gegner die ernsthafte Möglichkeit eines vom gewöhnlichen Verlauf abweichenden Ganges des Geschehens darlegt und beweist**. So ist beispielsweise gegenüber dem Anscheinsbeweis einer bauseits bedingten Wohnungsfeuchtigkeit

---

[23] RG JW 1931, 1477 Nr. 17.

[1] BGHZ 7, 198 (201); BGH VersR 1958, 228, 252, u. ö.

[2] Vgl. z. B. BGHZ 2, 1; RGZ 159, 283 (290); 134, 234 (237); 130, 357 (359); OLG Hamm VersR 1978, 47.

[3] BGH NJW-RR 1988, 789.

[4] Herrschende Rspr.; vgl. etwa RGZ 95, 103 (104); BGHZ 8, 239; 6, 169; BGH VersR 1972, 767; OLG Koblenz NJW-RR 1988, 532; OLG Köln VersR 1992, 115.

die schlichte Behauptung, der Mieter lüfte nicht, zu allgemein gehalten, um den Anscheinsbeweis erschüttern zu können.[5]

Bei dieser Betrachtungsweise erhellt auch, daß es schief ist, von einer „Umkehrung der Beweislast" durch den Anscheinsbeweis zu reden. Die Beweislastverteilung bleibt als abstrakte gesetzliche Regelung unverändert.[6] Nur ist demjenigen, der die Voraussetzungen eines Erfahrungssatzes darlegt und beweist, damit der Beweis der Folge, die ein abstraktes Tatbestandsmerkmal der Anspruchsnorm setzt, gelungen. Die Frage, ob und wie dieser Beweis ausgeräumt werden kann, ist nicht anders als sonst – etwa beim Beweis durch Urkunden – zu beantworten: dem Richter muß die Überzeugung wieder genommen werden! Und das ist bereits dann geschehen, *wenn er keine Überzeugung mehr hat*, nicht etwa erst, wenn er vom Gegenteil überzeugt ist. **343**

Jedoch zeigt sich bei näherem Hinsehen, *daß sich der Beweisgegenstand verändert*. Der Kläger, der prima facie einen Verschuldensnachweis führt, beweist gar keine subsumtionsfähige Tatsache, sondern unmittelbar den abstrakten Rechtsbegriff „Verschulden", der in die Anspruchsnorm aufgenommen ist. Der Beweisgegenstand ist daher beim Anscheinsbeweis – genau genommen – keine Tatsachenbehauptung, sondern eine Rechtsbehauptung.[7] Zu dieser Beweisführung, die die starre und schematische Beweislastregelung des Gesetzes in Fällen der Beweisnot aufzulockern bestimmt ist, kommt es praktisch erst dann, wenn bezüglich subsumtionsfähiger (Verschuldens-) Tatsachen ein non liquet eingetreten ist. **344**

Jedoch setzt dieses non liquet keine Erschöpfung der Beweise voraus: Der Anscheinsbeweis ist dem konkreten Beweis nicht untergeordnet, sondern er steht ihm *gleichrangig* gegenüber. Es handelt sich ja nur um Modifikationen der *Beweiswürdigung!* **345**

Ein Beispiel: Wenn ein Motorradfahrer einen Fußgänger, der wegen des Fehlens eines Bürgersteiges scharf links auf der Straße geht, von hinten anfährt und feststeht, daß der Motorradfahrer betrunken war, so ist die Verschuldenstatsache klar: Führen eines Kraftfahrzeugs in trunkenem Zustand. Wenn der Motorradfahrer jedoch stocknüchtern war, dann fehlt jede *konkrete* Verschuldenstatsache. Der klagende Fußgänger kann solche Tatsachen nicht einmal behaupten, weil er den Unfallhergang nicht wahrgenommen hat und auch nicht wahrnehmen konnte. Ihn jetzt an der Darlegungs- oder Beweislast scheitern zu lassen, liefe dem Gerechtigkeitsempfinden zuwider. Das non liquet wird deshalb überbrückt, indem die Würdigung des konkreten Prozeßverhältnisses *trotz Unkenntnis des tatsächlichen konkreten Ablaufes* in der Lebenserfahrung Rückhalt sucht und findet. Mit Hilfe eines Erfahrungssatzes überbrückt der Richter die Lücke in den tatsächlichen Feststellungen (das non liquet), weil der erste Anschein dafür spricht, daß solche – dem Verletzten und dem Gericht unbekannten – Verschuldenstatsachen gegeben sein müssen: „Wenn ein Motorradfahrer einen Fußgänger, der mangels Bürgersteiges scharf links auf der Straße geht, von hinten anfährt **346**

---

5 AG Dortmund WuM 1993, 40.

6 Vgl. z. B. BGHZ 3, 261; BGH NJW 1951, 957; LM § 286 (A) ZPO Nr. 2.

7 Vgl. Wassermeyer, prima facie Beweis, S. 5, 14 ff.; BGH LM § 286 (C) ZPO Nr. 20.

(Voraussetzung), so spricht der erste Anschein für ein Verschulden des Motorradfahrers (Folge)." – Mag der Beklagte angesichts dieses Satzes, der nur der Niederschlag vielfacher Unfallerfahrungen ist, die Last auf sich nehmen, das Geschehen so lange zu klären, bis der Erfahrungssatz nicht mehr weiterhilft.

347 An einem **Beispiel** aus der Praxis sei im einzelnen verdeutlicht, auf welche Weise sich der Beklagte gegen einen Anscheinsbeweis verteidigen kann.

„Die verschluckte Nervnadel":
Herr A ist bei dem Zahnarzt B in Behandlung gewesen. Während der Behandlung hat A eine Nervnadel verschluckt, so daß er sich einer Operation unterziehen mußte, die dauernd sichtbare Wunden am Hals zurückgelassen hat. Mit der Klage begehrt A von B Schadensersatz und Schmerzensgeld. Er trägt vor: B habe nicht die Sorgfaltspflicht eines ordentlichen Zahnarztes beachtet, da er mit einer ungesicherten Nervnadel gearbeitet habe. B verteidigt sich lediglich damit, seine Arbeitsweise gereiche ihm nicht zum Verschulden, denn sie entspreche der allgemeinen zahnärztlichen Praxis. Dann ist der Sachverhalt unstreitig. B ist zu verurteilen, weil die Würdigung des Sachverhaltes in Verbindung mit einem Erfahrungssatz ergibt, daß er schuldhaft gehandelt hat. Der Erfahrungssatz lautet:[8]

> „Wenn ein Zahnarzt einen Patienten mit einer ungesicherten Nervnadel behandelt und der Patient diese verschluckt (Voraussetzung), so spricht der Ablauf des Geschehens für ein Verschulden des Zahnarztes (Folge)."

Damit, daß B sich auf die Üblichkeit ordnungswidriger Anwendung von Nervnadeln beruft, trägt er nichts vor, was die Anwendung des Erfahrungssatzes hindern könnte. Wollte B damit jedoch die Existenz des Erfahrungssatzes leugnen, so hätte er nur eine unrichtige Ansicht geäußert.

348 Wie wäre aber zu entscheiden, wenn B bestritten hätte, mit ungesicherter Nadel gearbeitet zu haben? Dann hinge die Anwendung des Erfahrungssatzes davon ab, ob es dem A gelänge, die Vermutungsbasis zu beweisen.

Angenommen, A habe nachgewiesen, daß die Nervnadel nicht gesichert war. (In der zahnärztlichen Praxis geschieht die Sicherung dadurch, daß die Nadel an einer Kette eingehängt und mit einem Ring verbunden wird, der über einen Finger der Arbeitshand gezogen wird.) Dann stünden dem B zwei Möglichkeiten offen, sich zu verteidigen:

Erstens könnte er versuchen, den Beweis des A zu erschüttern, etwa dadurch, daß er einen Zeugen für die Absicherung der Nadel während der Behandlung benennt.

Zweitens könnte er Tatsachen vortragen – die er dann aber ebenfalls beweisen müßte! –, aus denen sich die Möglichkeit eines atypischen Verlaufes der Behandlung ergäbe. Das wäre etwa dann der Fall, wenn er nachweisen könnte, daß bei A lediglich eine Zahnsteinentfernung, dagegen keine Wurzelbehandlung vorgenommen worden sei. In beiden Fällen bliebe die Beweislast bei A, auch wenn es vorübergehend so aussah, als sei ihm der Verschuldensnachweis prima facie gelungen.

---

[8] BGHZ 8, 138; OLG Nürnberg MDR 1953, 483 Nr. 356.

Es gibt typische Situationen, bei denen prima facie *mehrere* Möglichkeiten erschlossen werden können. Hier ist zu unterscheiden, ob die mehreren Richtungen des Anscheinsbeweises oder die mehreren Anscheinsbeweise den Beklagten sämtlich belasten oder ob er nur bei einem bestimmten Ablauf haftet. 349

Umfaßt der Anscheinsbeweis **mehrere mögliche schuldhafte Verursachungen**, dann muß der dadurch Belastete zur Entkräftung des Anscheinsbeweises alle diese Ursachen widerlegen.[9] Das gilt aber auch für den Beweis selbst: Wenn für einen Unfall, den ein Kfz infolge Verlassens der Fahrbahn erleidet, mehrere voneinander verschiedene Anscheinsbeweise in Betracht zu ziehen sind, läßt sich ein Anscheinsbeweis für ein Verschulden des Fahrers nur rechtfertigen, wenn sich aus jeder der für die Verursachung in Frage kommenden Möglichkeiten Anzeichen für ein Verschulden ergeben.[10] 350

Haftet der Beklagte bei mehreren möglichen Beweisrichtungen nur für eine, dann liegt es anders. Wenn von mehreren typischen Geschehensabläufen jeder für sich allein den Schaden verursacht haben kann, der Beklagte aber nur für einen Ablauf einzustehen hätte, sind die Regeln des Anscheinsbeweises überhaupt nicht anwendbar, wobei es unerheblich ist, welche der verschiedenen Ursachenmöglichkeiten die wahrscheinlichere ist.[11] Es ist dann Sache des Klägers, die vom Beklagten nicht verschuldete Möglichkeit auszuräumen, um dem Anscheinsbeweis eine „einseitige Richtung" zu geben.[12] Im Regelfall wird deshalb nach § 286 ZPO zu beweisen sein, auch soweit es um mitwirkendes Verschulden geht.[13] 351

Kann ein festgestelltes *Krankheitsbild* die Folge verschiedener Ursachen sein, liegen aber *nur für eine dieser möglichen Ursachen konkrete Anhaltspunkte* vor, dann spricht der Beweis des ersten Anscheins für diese Ursache, selbst wenn sie im Vergleich zu den anderen möglichen Ursachen relativ selten ist und das festgestellte Krankheitsbild nur eine zwar mögliche, aber keine typische Folge dieser Ursache ist.[14] 352

Ist nach einem ärztlichen Eingriff eine Schädigung eingetreten, die die Folge verschiedener Ursachen sein kann, dann spricht also für das Verschulden des Arztes der erste Anschein nur dann, wenn lediglich für die Ursächlichkeit dieses Verschuldens konkrete Anhaltspunkte bestehen.[15] 353

Der Anscheinsbeweis kann auch durch subjektive Umstände entkräftet werden, beispielsweise durch den naheliegenden Verdacht, daß der Kläger, der einen Entwendungsschaden gegenüber seiner Versicherungsgesellschaft geltend macht, ein notorischer Betrüger ist.[16] 354

---

[9] BGH VersR 1956, 53; 1962, 60; LG München VersR 1970, 144.

[10] OLG Nürnberg VersR 1966, 621.

[11] BGH VersR 1964, 1063; OLG Celle VersR 1968, 153; OLG Karlsruhe VersR 1969, 607; LG München VersR 1970, 144; siehe auch unten § 21 Rn. 363ff.

[12] BGH VersR 1959, 365.

[13] BGH VersR 1957, 445.

[14] BGHZ 11, 227.

[15] OLG Neustadt MDR 1958, 33.

[16] OLG Frankfurt VersR 1978, 459.

§ 21. Der Anwendungsbereich des Anscheinsbeweises

355 Die breiteste Anwendung findet der prima facie Beweis hinsichtlich des Kausalzusammenhanges und der Fahrlässigkeit. Er ist jedoch keineswegs darauf beschränkt. So wurde zum Beispiel im alten Scheidungsrecht in fast allen Ehescheidungsprozessen der Nachweis der Ehezerrüttung (stillschweigend) auf Grund des Anscheinsbeweises geführt: aus der nachgewiesenen schweren Eheverfehlung folgt prima facie die Zerrüttung.[1] Dabei wurde zwar auch auf die Ursache gefolgert, jedoch darüber hinaus noch auf die (ungewisse) Zerrüttung. Ähnlich muß zwangsläufig nach neuem Scheidungsrecht verfahren werden, wenn es um die „unzumutbare Härte" geht (vgl. §§ 1565 Abs. 2, 1568 Abs. 1 BGB). Desgleichen kann die Rechtmäßigkeit eines Verhaltens prima facie bewiesen werden. Wenn zum Beispiel der Verfasser von 5-Groschen-Romanen jahrzehntelang duldet, daß seine „Werke" von einem anderen verbreitet werden, dann ist davon auszugehen, daß der andere dazu befugt war.[2]

356 Der Anscheinsbeweis endet erst dort, wo es um **individuelle Ereignisse** geht, die erfahrungsgemäß von jedem Menschen nach verschiedenen, ihm besonders eigenen Gesichtspunkten gefaßt werden, z. B. bestimmte Willenserklärungen, Motive und dergleichen.[3] An der Typizität des Geschehensablaufs fehlt es daher, wenn über vertragliche Vereinbarungen gestritten wird, bei denen es auf die Umstände des Einzelfalles ankommt, z. B. auf die Frage, ob die Gewährung einer Architektenvergütung von einer Bedingung abhängig gemacht wurde[4] oder ob ein Architektenvertrag einen bestimmten Auftragsumfang hatte.[5]

357 In solchen Fällen kann nur auf die für nicht typische Geschehensabläufe geltenden Grundsätze der freien Beweiswürdigung zurückgegriffen werden. Diese können im Wege des Anzeichen- oder Indizienbeweises (siehe § 22) dazu führen, dem Gericht auf Grund der bewiesenen Umstände die Überzeugung von der Wahrheit der zu beweisenden Tatsache zu verschaffen.[6]

358 Die Regeln des Anscheinsbeweises sind weiter grundsätzlich unanwendbar, wenn es sich darum handelt, ob und in welcher Weise ein einzelner von einem bestimmten historischen Ereignis betroffen worden ist.[7] Gleiches gilt für die Ursächlichkeit einer arglistigen Täuschung[8] oder bei der Entscheidung, welche Berufswahl ein in der Ausbildung befindlicher Unfallgeschä-

---

[1] So z. B. für das grundlose Verlassen RGZ 164, 361 (364).

[2] Siehe RGZ 130, 11 (16): Hier kommt allerdings auch der Gedanke der Verwirkung zum Zuge.

[3] BGH VersR 1981, 1153; 1957, 585; LM § 286 ZPO (C) Nr. 11; vgl. auch BVerwG NJW 1980, 252.

[4] OLG Köln OLGZ 1969, 394.

[5] BGH NJW 1980, 122 = BauR 1980, 184; vgl. auch OLG Düsseldorf NJW 1982, 1541 = BauR 1982, 390.

[6] BGH MDR 1951, 98.

[7] BGH MDR 1959, 740.

[8] BGH MDR 1960, 660.

digter ohne den Unfall getroffen hätte.[9] Es gibt auch keinen Erfahrungssatz dahin, daß bei leitenden Angestellten das Fehlen des Zeugnisses die Ursache für den Mißerfolg von Bewerbungen um einen anderen Arbeitsplatz gewesen sei. Ein Arbeitnehmer muß in einem solchen Fall darlegen und im Streitfall beweisen, daß ein bestimmter Arbeitgeber bereit gewesen sei, ihn einzustellen, sich dann aber wegen des fehlenden Zeugnisses davon habe abhalten lassen.[10]

Daß neu eröffnete Betriebe in den ersten Jahren ihrer Tätigkeit nicht mit **359**
Gewinnen rechnen, läßt sich ebenfalls nicht prima facie beweisen.[11] Fragwürdig ist die Entscheidung des OLG Bamberg,[12] wonach im Rechtsstreit nach § 1300 BGB prima facie von der Unbescholtenheit der Braut auszugehen sein soll. Umstritten ist die Anwendung der Regeln des Anscheinsbeweises beim Nachweis von Absichten, z. B. Selbsttötungs- und Brandstiftungsabsicht (siehe dazu unter diesen Stichworten in § 23).

Bei Jugendlichen ist ein Anscheinsbeweis grundsätzlich genauso möglich **360**
wie bei Erwachsenen. Es ist aber darauf zu achten, daß von einem typischen Geschehensablauf beim Jugendlichen auf Verschulden nur geschlossen werden kann, wenn berücksichtigt wird, was von seiner Altersgruppe an Sorgfalt gefordert werden kann.[13]

Die Rechtsprechung zum Anscheinsbeweis bei Individualvorgängen ist, aufs **361**
Ganze gesehen, sehr undurchsichtig und unberechenbar. Für eine Mindermeinung ist dies einer der Gründe, das Rechtsinstitut des Anscheinsbeweises als überflüssig abzulehnen.[14]

Hin und wieder kommt es auch vor, daß mehrere Erfahrungssätze *denselben* **362**
Beweispunkt zu beweisen vermögen. Dann ist der dem Beweisführer günstigere Erfahrungssatz als erster zu berücksichtigen.

Jedoch muß genau herausgearbeitet werden, daß es sich auch um *denselben* **363**
Beweispunkt handelt. Das ist dann nicht der Fall, wenn nur einer der Erfahrungssätze zu einem Haftungsbeweis führt. Einen lehrreichen Fall hierzu hat der Bundesgerichtshof[15] entschieden:

Zu Gunsten des Klägers kamen zwei typische Geschehensabläufe in Betracht: Sturz durch Glatteis und Sturz auf einer verschneiten Straße. Dem Beklagten oblag nur die Pflicht, bei Glatteis zu streuen; Schnee brauchte er nicht zu räumen. Der Bundesgerichtshof hat erkannt:

„Kann ein Unfall durch zwei verschiedene Ursachen erklärt werden, die beide typische Geschehensabläufe sind, haftet der Beklagte aber nur für eine der möglichen Ursachen, so muß der Kläger nachweisen, daß gerade dieser Umstand ursächlich gewesen ist. Es kommt nicht darauf an, ob die eine oder andere Möglichkeit nach den Erfahrungen des täglichen Lebens oder aus sonstigen

---

[9] BGH VersR 1965, 489.
[10] BAG AP § 73 HGB Nr. 6.
[11] OLG Frankfurt NJW 1986, 855.
[12] FamRZ 1967, 334.
[13] BGH MDR 1970, 578 = NJW 1970, 1038.
[14] Z. B. Walter, Freie Beweiswürdigung, 1979, S. 207 ff., zusammenfassend S. 259 f.; zum Anscheinsbeweis als Mittel der Revision gegen tatrichterliche Feststellungen Walter JZ 1978, 112.
[15] LM § 823 BGB (J) Nr. 3.

Gründen eine größere Wahrscheinlichkeit für sich hat. In einem derartigen Fall kann weder der Beweis des ersten Anscheins noch § 287 ZPO zugunsten des Klägers angewendet werden."

Es kann auch so liegen, daß ein einziger Erfahrungssatz drei und mehr Folgerungen erlaubt.

Beispiel:[16] „Wird aus einer Ölfabrik vergiftetes Öl in Verkehr gebracht *(Voraussetzung)*, so spricht der erste Anschein dafür, daß es in der Fabrik:

a) an der nötigen Ordnung (1. Folge)
b) oder Aufsicht (2. Folge)
c) oder an Einrichtungen (3. Folge)
d) oder Anordnungen (4. Folge)

gefehlt haben muß, durch die solchen Vorgängen vorgebeugt wird."

In solchen Fällen erfordert die Arbeit mit dem Anscheinsbeweis große Sorgfalt. Das gilt besonders dann, wenn von mehreren Folgen eine den Gegner des Beweisführers nicht belastet. Dann ist zum Vollbeweis nötig, daß der Beweisführer diese Folge als nicht in Betracht kommend ausräumt, und zwar durch konkrete Beweisführung.[17] Die *Widerlegung* eines „mehrfolgigen" Erfahrungssatzes verlangt das Ausräumen *aller* prima facie erschlossenen Möglichkeiten.[18]

364 Noch verwickelter sind die Überlegungen beim „Anscheins-Stufenbeweis".

Beispiel: Auf einem freien Feld werden Kabel verlegt. Beim Verlöten der Anschlußstellen wird ein Propangasgerät mit offener Flamme verwendet. Unmittelbar neben der Arbeitsstelle steht eine Scheune, in der Stroh lagert. Das Stroh gerät in Brand. Im Ersatzprozeß geht es um zwei Fragen:

Wer hat den Brand *verursacht?*
Wer hat ihn *verschuldet?*

Augenzeugen fehlen. Gleichwohl kommt man in der Beweiswürdigung weiter, indem man mit einem Anscheins-Stufenbeweis arbeitet. Zunächst gilt der Satz:[19] „Wenn Stroh zu einer Zeit in Brand gerät, während der ein Propangasgerät mit offener Flamme in der Nähe Verwendung findet, so spricht der erste Anschein für die Benutzung des Geräts als *Brandursache*."

Damit ist die Kausalitätsfrage beantwortet. Diese Antwort – beweisrechtlich eine Feststellung des tatsächlichen Geschehensablaufes – ist nunmehr bei der Beantwortung der Verschuldensfrage *als Voraussetzung zugrunde zu legen.* Dann aber läßt sich der weitere Erfahrungssatz rechtfertigen: „Wenn jemand mit offener Flamme in der Nähe einer Scheune hantiert und das dort lagernde Stroh in Brand setzt, dann beweist dies, er habe nicht aufgepaßt *(Verschulden)*."

Beide Streitfragen des Prozesses sind damit im Sinne des Klägers geklärt.

---

[16] BGH LM § 286 (C) ZPO Nr. 12.
[17] BGH VersR 1959, 365 u. 463.
[18] BGH VersR 1962, 60.
[19] BGH VersR 1963, 142.

Kommt man in einem Rechtsstreit zur Überzeugung, daß der konkrete Geschehensablauf unaufklärbar ist (non liquet), so darf man noch keine Beweislast-Entscheidung fällen. Vielmehr ist stets zu prüfen, ob ein Anscheinsbeweis zum Zuge kommen kann. Unterbleibt die Prüfung, dann leiden Gutachten und Urteil an einer Gesetzesverletzung im Sinne des § 550 ZPO.[20] **365**

Die beim Anscheinsbeweis zurückbleibende Ungewißheit, das non liquet hinsichtlich der *Einzelumstände*, führt auch dazu, daß er im *Strafprozeß* und in allen Verfahren mit Inquisitionsmaxime *nicht* anwendbar ist. Der Grund ist einleuchtend: Der prima facie Beweis soll die in ihrer Starre oft ungerechte Beweislastverteilung des Gesetzes ausgleichen, indem er eine *geringere* Wahrscheinlichkeit zur vollen richterlichen Überzeugung genügen läßt und dem Gegner die Aufklärung überläßt. Beweislast und Aufklärungspflicht treffen aber im Strafverfahren nie den Angeklagten, sondern rechnen zur Amtsermittlung des Gerichtes. **366**

Damit ist selbstverständlich nicht gesagt, daß im Strafverfahren Erfahrungssätze keine Rolle spielen. Sie sind dort für die Beweiswürdigung ebenso unentbehrlich wie in anderen Verfahren, nur reichen sie eben nie hin, um von einem Beweis des individuellen Geschehens – der höhere Gewißheit verschafft – abzusehen.[21] **367**

Man achte aber darauf, daß ein Vorgang, der einem Anscheinsbeweis nicht zugänglich ist, immer noch (zusammen mit anderen Indizien) einen Anzeichenbeweis begründen kann.[22] **368**

Ich habe im vorangegangenen Text den *Anscheinsbeweis* so dargestellt, wie er in der Rechtsprechung unter Führung des Reichsgerichts und des Bundesgerichtshofs ausgestaltet worden ist. *Drei Gefahren* drohen bei seiner Anwendung: **369**

1. besteht die Gefahr, daß der persönlichen Entscheidung ausgewichen wird, da der bequemere Anscheinsbeweis an die Stelle einer exakten, auf minuziöser Berücksichtigung aller Umstände beruhenden *konkreten* Beweiswürdigung gesetzt wird;

---

[20] RGZ 112, 229 (232).

[21] Vgl. Louven MDR 1970, 295; Baumann MDR 1960, 355. – Beispiele für die Anwendung starker Erfahrungssätze im Strafverfahren, die praktisch dem Anscheinsbeweis nahekommen:
BGHSt 18, 330: „Wer einen nicht geradezu wertlosen Gegenstand in der Hand hält, ist nach der Erfahrung des täglichen Lebens in aller Regel bereits entschlossen, sich der Wegnahme dieses Gegenstandes, z. B. einer Handtasche, zu widersetzen."
BGHSt 20, 231: „Daß die Nichteinhaltung von Sicherheitsbestimmungen bei einem Scharfschießen schwerwiegende Auswirkungen haben kann, entspricht ... allgemeiner Erfahrung." (Siehe dazu die zivilrechtliche Parallele in § 23 „Verbote".)
Ein Beispiel für eine strafrechtliche Entscheidung, die im Zivilprozeß wohl kraft des Anscheinsbeweises anders ausgefallen wäre, findet sich im OLG Hamm NJW 1970, 1244: „Es gibt keinen Erfahrungssatz, daß der acht Tage nach einem schweren Unfall mit Schädelverletzung, schwerer Gehirnerschütterung und schwerem Unterschenkelbruch im Krankenhaus eintretende Tod des 74jährigen Opfers durch diesen Unfall verursacht worden ist.«

[22] Vgl. BGH MDR 1961, 315.

2. besteht die Gefahr, daß das Beweisrecht verwässert wird, indem an die Stelle der richterlichen Überzeugung eine Mutmaßung tritt, so daß die Berechenbarkeit des Prozeßausgangs entfällt und die Rechtssicherheit übermäßig gestört wird;
3. besteht die Gefahr einer Ausdehnung des Anscheinsbeweises auf Beweisgegenstände, die ihm seinem Wesen nach (Typizität) unzugänglich sind, insbesondere auf einmalige, individuelle Tatsachen, Gegebenheiten oder Geschehensabläufe.

370 Wer sich der Grenzen des Anscheinsbeweises bewußt bleibt, kann mit seiner Hilfe die Schwäche menschlichen Erkennens etwas ausgleichen. Wer aber diese Beweishilfe nicht in ihrer Struktur erfaßt hat, der kann unter Umständen dem Beklagten arges Unrecht zufügen. Darauf hinzuweisen besteht um so mehr Anlaß, weil von Seiten der Parteien keine klärende Hilfe zu erwarten ist. Im Gegenteil besteht die Neigung, lückenhafte Kenntnisse über den Anscheinsbeweis auch noch konsequent einseitig zu verwerten.

371 Wie verschwommen die Vorstellungen vom Anscheinsbeweis oft sind und wie sehr versucht wird, Wahrscheinlichkeiten gegen Wahrscheinlichkeiten auszuspielen, um der Klage oder der Verteidigung zum Sieg zu verhelfen, mag eine Stelle aus einem Anwaltsschriftsatz zeigen:

> „Zwar ist grundsätzlich (!) die Feststellung zu verlangen, daß der Schaden auch wirklich durch die Handlung verursacht ist. Da aber ein sicheres Erkennen vielfach (!) nicht zu erzielen ist, hat der Verletzte seiner Beweispflicht genügt, wenn er eine Wahrscheinlichkeit(!) dargetan hat, die die Entstehung des Schadens zu erklären(!) geeignet ist (prima facie Beweis). Diese zu verlangende Wahrscheinlichkeit ist durch den engen zeitlichen und räumlichen Zusammenhang zwischen dem Faustschlag und der Hirnblutung als der Ursache für die Lähmung genügend dargetan. Es ist Sache des Beklagten, diese Schadensvermutung(!) auszuräumen."

372 Man sollte sich daher die hier hervorgehobenen Bedenken stets bewußt machen, ehe man mit Hilfe des Anscheinsbeweises für oder gegen eine Partei Feststellungen trifft. Die dreifache Gefährdung der richtigen Sachverhaltsermittlung mit Hilfe des prima facie Beweises läßt sich im Kern zurückführen auf den *einen* Fehler:

> den Anscheinsbeweis auf Erfahrungssätze aufzubauen, die nicht genügend überzeugungsstark sind.

Der Beweiswürdiger muß sich daher darüber klar sein, daß der Anscheinsbeweis nur *ein* Weg der Überzeugungsbildung ist, und daß er nie dem Richter die Last der Verantwortung abnimmt, auf der Grundlage des *wirklichen* Sachverhalts zu judizieren.

§ 22. Anscheinsbeweis und Indizienbeweis

I. Die Abgrenzung beider Beweisarten

Der Indizien- oder Anzeichenbeweis*, auch mittelbarer oder indirekter 373
Beweis genannt, steht im Gegensatz zum sogenannten unmittelbaren oder direkten Beweis. Dieser ist dann gegeben, wenn der Richter die Gewißheit vom Vorhandensein eines gesetzlichen Tatbestandsmerkmals ohne Vermittlung, also auf direktem Wege erlangt. Das geschieht allein bei der Einnahme eines Augenscheins. In allen anderen Fällen muß er sich die Gewißheit *vermitteln* lassen. Diese Beweis„mittler" oder Beweis„mittel" sind Zeugen, Parteien, Sachverständige und Urkunden.

An deren Stelle kann jedoch auch eine *Tatsache* treten, die ihrerseits den 374
Schluß auf eine subsumtionsfähige Tatsache gestattet, also auf eine solche Tatsache, die sich mit einem abstrakten Tatbestandsmerkmal des Gesetzes deckt (Haupttatsache). Dann muß die sogenannte Indiztatsache, auch Hilfstatsache oder indizierende Tatsache genannt, aber ebenfalls bewiesen werden, und zwar wieder mit einem im Gesetz zugelassenen Beweismittel: Augenschein, Urkunde, Zeuge, Sachverständiger, Partei. Es handelt sich also genau genommen um einen doppelt mittelbaren Beweis: erst muß die indizierende Tatsache bewiesen werden, die dann ihrerseits (zweitens) die Haupttatsache beweist. In der juristischen Fachsprache wird nun lediglich der doppelt mittelbare Beweis als Indizien- oder Anzeichenbeweis bezeichnet. An diesen Sprachgebrauch müssen wir uns halten.

Ein **Beispiel** mag die vorstehenden Ausführungen verdeutlichen: 375
A verlangt von B Schadensersatz: B habe ihm den Mantel zerrissen. B bestreitet, daß der Mantel des A einen Riß habe, erst recht, daß gerade er dem A einen solchen Schaden zugefügt habe.
Die Beweisaufnahme könnte folgendermaßen ablaufen:
a) Der Richter läßt sich den Mantel zeigen und stellt fest, daß das Kleidungsstück einen Riß hat. Das ist ein unmittelbarer Beweis durch Einnahme eines Augenscheins.
b) Alsdann vernimmt der Richter zwei Zeugen, die aussagen, B habe einen Mantel des A beschädigt, ob es dieser sei, wüßten sie nicht. Das ist ein mittelbarer Beweis. Zwischen die Überzeugungsbildung des Richters und die Beweistatsachen schiebt sich ein Drittes: die Aussagen der Zeugen. Diese *vermitteln* dem Richter die Vorstellung des Geschehens: Der Richter sieht mit den Augen der Zeugen. Ob er sich auf deren Sinne verlassen kann, muß er selbst entscheiden. Dabei helfen ihm *besondere* Erfahrungssätze (Psychologie der Aussage) und *allgemeine* Erfahrungssätze (Lebenserfahrung).
c) Ein dritter Zeuge, die Ehefrau des A, sagt aus, daß A nur einen Mantel besitze. Das ist dann ein (juristischer) Indizienbeweis. Wenn A nur einen Mantel besitzt (Hilfstatsache), dann muß B eben diesen Mantel, wegen dessen Beschädigung Ersatz verlangt wird, zerrissen haben (Haupttatsache). Ist A's Ehefrau glaubwürdig, so läßt der Indizienbeweis auch einen zuverlässigen Schluß zu.

---

* **Literatur:** Bender/Röder/Nack, Tatsachenfeststellung vor Gericht, Bd. I, 1981, Rn. 401 ff.; Döhring, Die Erforschung des Sachverhalts im Prozeß 1964, S. 329 ff.; Nack, Indizienbeweisführung und Denkgesetze, NJW 1983, 1035; derselbe, Der Indizienbeweis, MDR 1986, 366.

376 Das Beispiel erhellt sogleich den *Unterschied* zwischen Anscheins- und Indizienbeweis.[1] Der Indizienbeweis schließt von individuellen Sachlagen auf Haupttatsachen. Dabei müssen alle Einwendungen, die geeignet sein könnten, die Überzeugungskraft zu schwächen, abgewogen werden. Je weniger die einzelnen Indizien voneinander abhängen, desto mehr darf ihnen vertraut werden – vorausgesetzt, daß sie qualitätsmäßig Bedeutung haben.[2]

377 Oft verhält es sich sogar so, daß es im Einzelfall schwierig ist, den Anscheinsbeweis vom Indizienbeweis abzugrenzen. In einem vom OLG Köln[3]entschiedenen Fall zur grob fahrlässigen Herbeiführung eines Unfalls waren so viele Indizien festgestellt worden, daß eine Überzeugungsbildung kraft dieser Indizien möglich war und nicht auf den Anscheinsbeweis ausgewichen werden mußte.

378 Der Indizienbeweis ist ebenso wie der Anscheinsbeweis ein Vollbeweis.[4] Bei der Beweiswürdigung müssen auch alle Indizien bei der Überzeugungsbildung berücksichtigt werden.[5] Revisionsrechtlich ist eine Begründung erforderlich, die nachvollziehbar macht, daß alle Indizien in einer Gesamtschau gewertet worden sind.[6] Eine Wahrscheinlichkeitsrechnung an Hand mathematischer Regeln – des Bayes'schen Theorems – hat der BGH für unzulässig erklärt, dabei allerdings anscheinend diese Beweisführung gar nicht verstanden.[7]

379 Überzeugungskräftig ist der Indizienbeweis dann, wenn andere Schlüsse aus den Indiztatsachen ernstlich nicht in Betracht kommen. Besteht etwa im Beispiel oben Rn. 375 die Möglichkeit, daß A bei dem Vorfall einen *geliehenen* Mantel getragen und B *diesen* beschädigt hat, dann ist die Aussage der Ehefrau des A *unergiebig*. Der Anscheinsbeweis schließt dagegen von typischen, der individuellen Gestaltung entbehrenden Sachverhalten auf ein gesetzliches Tatbestandsmerkmal *unter Übergehung subsumtionsfähiger Tatsachen.*

380 Der Indizienbeweis vermittelt oft höhere Wahrscheinlichkeit, weil er auf *konkreten Gründen,* der Anscheinsbeweis dagegen meist nur geringere Wahrscheinlichkeit, weil er auf *regelmäßig* zutreffenden Annahmen, also *abstrakten* Gründen beruht. Man kann daher *überspitzt* so formulieren: Der Indizienbeweis ist ein Anwendungsfall der §§ 286 ZPO, 261 StPO; der Anscheinsbeweis ist die praeter legem vorgenommene Ausdehnung des § 287 ZPO auf den Grund des Anspruchs.

381 Die Tatsache, daß der prima facie Beweis, eben *weil* er die *Unkenntnis* des konkreten Geschehens voraussetzt, auch zu einem *minderen* Gewißheitsgrad

---

[1] Siehe dazu auch BGH VersR 1991, 460; LG Würzburg MDR 1956, 490 Nr. 457; LG Wuppertal VersR 1960, 914.

[2] Döhring, Erforschung des Sachverhalts, S. 354, 369.

[3] r + s 1993, 129.

[4] LG Paderborn VersR 1990, 63.

[5] BGH NJW-RR 1990, 409.

[6] BGH NJW 1991, 1894 = VersR 1991, 566; NJW-RR 1993, 443.

[7] BGH NJW 1989, 3161 = VersR 1989, 637 = ZZP Bd. 103, 1990, 62 mit Anm. Rüßmann = ZAP Fach 13 S. 21 mit Anm. Schneider.

in der Feststellung des konkreten Geschehens führen *muß*,[8] läßt sich nicht durch Worte aus der Welt schaffen. Wenn zum Beispiel das Reichsgericht[9] ausführt, „der Beweis des ersten Anscheins kann sich nicht mit einer Wahrscheinlichkeit begnügen; auch er muß zu einer richterlichen Feststellung führen", so ist das nicht korrekt. Denn die richterliche Feststellung (Überzeugung) beruht ja gerade auf der Anscheins-Wahrscheinlichkeit. „Wahrscheinlichkeit" und „richterliche Überzeugung" sind keine Begriffe, die man in Gegensatz bringen kann. Hinter solchen Wendungen verbirgt sich letztlich nur die Warnung, den Anscheinsbeweis nicht auf beweisschwache Erfahrungssätze zu stützen. Nicht jede Wahrscheinlichkeit ist eben schon gleich Anscheinsbeweis.

Erfahrungssätze und Indizien sind ebenso Überzeugungsmittler wie die 382
gesetzlichen Beweismittel. Sie werden daher ebenso wie diese *in der Beweiswürdigung* bewertet.

Wieczorek[10] setzt den Anscheinsbeweis in Gegensatz zu den „Beweisanzeichen (Indizien)" und spricht diesen geringere Wahrscheinlichkeit zu. Das ist mißverständlich. Die einzelne Indiztatsache ist selbstverständlich nicht so beweiskräftig wie der Anscheinsbeweis. Jedoch ist die Gegenüberstellung schief. Man muß den Indizien*beweis* und nicht die einzelne Indiztatsache mit dem Anscheinsbeweis vergleichen. Dann kommt aber der Indizienbeweis besser weg! Denn er läßt sichere Schlüsse auf den Sachverhalt *in seiner konkreten Ausgestaltung* zu. Je konkreter aber eine Feststellung ist, um so genauer und sicherer ist sie; und je allgemeiner eine Feststellung ist, um so ungenauer und unsicherer ist sie: Sie nähert sich über die Wahrscheinlichkeit des Anscheinsbeweises der vagen Möglichkeit, die nicht mehr zu einer Feststellung hinreicht.

Von welch zwingender Folgerichtigkeit, die durch keinen Anscheinsbeweis 383
zu überbieten ist, Indizienbeweise sein können, sei an einem Beispiel aus der Praxis gezeigt:[11]

A klagt auf Feststellung der Nichtehelichkeit gegen das Kind K, das während des Bestehens der Ehe des A und der Kindesmutter B, Ehefrau des A, geboren wurde. Die gesetzliche Empfängniszeit reichte vom 3. Juni bis 2. Oktober. Beide Eltern hatten während dieser Zeit in verschiedenen Justizvollzugsanstalten Strafen verbüßt. Die Auskünfte der Anstalten ergaben: A hatte vom 5. Mai bis 5. Juli ohne Hafturlaub eingesessen. Die B hatte vom 3. Juli bis 10. Oktober ohne Hafturlaub eingesessen.

Aus diesen Indiztatsachen ergibt sich unumstößlich, daß A der B inner- 384
halb der gesetzlichen Empfängniszeit nicht beigewohnt haben kann. Es ist demnach „offenbar unmöglich" (§ 1591 Abs. 1 S. 2 BGB), daß A der Vater des Kindes K ist. Das Beispiel dürfte belegen, wie falsch es ist, dem Indizienbeweis grundsätzlich geringeren Beweiswert beizumessen. Es verhält sich eher umgekehrt: Ein lückenloser[12] Indizienbeweis ist dem Anscheins-

---

[8] So auch Weyreuther DRiZ 1957, 58 zu C; BGH LM § 61 VVG Nr. 2 Bl. 2; vgl. auch Nack, Der Indizienbeweis, MDR 1986, 366.

[9] RGZ 134, 237 (242).

[10] ZPO, § 282 Anm. D II c 5.

[11] Siehe auch Bender/Röder/Nack, Tatsachenfeststellung vor Gericht, Bd. I, Rn. 401 ff.

[12] Das ist allerdings eine unerläßliche, wenn auch nicht immer genügend beachtete

beweis an Überzeugungskraft überlegen, weil er nicht vom konkreten Geschehen abstrahiert, sondern es in seiner einmalig individuellen Gestaltung erfaßt.

385 Die *angebliche Schwäche des Indizienbeweises* beruht hiernach auf einer Legende. Indizienbeweis und Direktbeweis lassen sich hinsichtlich der Überzeugungskraft überhaupt nicht in einen Gegensatz bringen. Die Sicherheit *beider* Beweisarten hängt einzig und allein davon ab, wie gesichert das in ihnen verwendete Erfahrungswissen ist.[13] Wie jeder Beweis leitet auch der Indizienbeweis seine Kraft aus dem Erfahrungssatz her, der ihm zugrunde liegt.[14] Ist dieser Satz gesichert, so ist es auch der indizielle Schluß. Daher ist z. B. der Indizienbeweis des Vaterschaftsausschlusses durch Blutgruppengutachten einer der zuverlässigsten Beweise. Er beruht nämlich auf Erfahrungssätzen aus der Vererbungslehre, die den Rang von ausnahmslos geltenden Naturgesetzen haben.

386 Zieht jemand aus Indiztatsachen einen Schluß auf Haupttatsachen, ohne einen tragfähigen Erfahrungssatz zugrunde zu legen, so ist der Schluß in der Tat bedenklich. Doch ist das nicht in der Struktur des Anzeichenbeweises begründet, sondern in der *Leichtgläubigkeit des Beweiswürdigers*. Er kann bei jedem anderen Beweisweg ebenso versagen, etwa indem er kritiklos ein unzulängliches Sachverständigengutachten als Beweisgrundlage annimmt.

387 Für die Beweiswürdigung im Bereiche des Indizienbeweises läßt sich daher folgendes *Gebot* aufstellen:

> „Arbeite klar heraus, auf welche Erfahrungssätze sich der indizielle Schluß stützt und prüfe den Geltungsanspruch dieser Erfahrungssätze."

388 *Das zweite Bedenken* gegen den Indizienbeweis geht dahin, er berge große Gefahren des Irrtums in sich. Das ist jedoch eine schiefe Behauptung. Gewiß hat der Indizienbeweis gefährliche Stellen. Sie gehen indessen darauf zurück, daß manchmal bei der Beweiswürdigung gegen die Denkgesetze verstoßen wird.

389 Vorweg muß vor jedem Anzeichenbeweis sichergestellt sein, daß die zum Ausgangspunkt genommenen tatsächlichen Umstände (Hilfstatsachen) *feststehen*. Sie müssen also im Zivilprozeß ihrerseits entweder unstreitig oder bewiesen sein. Der Beweis wird dabei meist über die strengen Beweismittel der ZPO erbracht werden,[15] kann aber theoretisch auch durch einen Indizienschluß zweiten Grades oder mit Hilfe des Anscheinsbeweises geführt

---

Bedingung! Vgl. BGH VersR 1956, 84. Der Indizienbeweis ist deshalb etwas suspekt geworden, weil er in der Praxis – vor allem der strafrechtlichen – nicht immer mit der notwendigen Stringenz gehandhabt wird.

[13] Vgl. auch Engisch, Logische Studien, 2. Aufl. 1960, S. 78; Döhring, Erforschung des Sachverhalts, S. 329, 362ff. – Das OLG München (VersR 1959, 255) betont daher mit Recht, daß der Anzeichenbeweis erst dann erbracht ist, wenn die Indizien nach § 286 ZPO bewiesen sind und volle richterliche Überzeugung bringen.

[14] Vgl. Döhring, Erforschung des Sachverhalts, S. 334f., 339ff.

[15] Wobei dann deren Fehlerquellen hinzukommen! Siehe Döhring, Erforschung des Sachverhalts, S. 335.

werden. In dem Aufbau eines Indizienbeweises auf zweifelhaften Beweisumständen liegt ein Denkfehler.[16]

Die *zweite Fehlerquelle* ist die Gefahr der unvollständigen Disjunktion.[17] 390
Dem Erfahrungssatz wird dabei eine Alternative zugrunde gelegt, die lückenhaft ist:

Angenommen, es gehe um den Nachweis, daß bei einem Unfall eine Armbanduhr beschädigt worden sei. Der Richter erhebt Beweis über die behauptete Tatsache, der Kläger habe die Uhr nach dem Unfall weggeworfen. Er stellt dabei folgende Überlegungen an:

> „Kein vernünftiger Eigentümer wirft eine unbeschädigte Uhr weg. Wenn der Kläger dies doch getan hat, so spricht das nach der Lebenserfahrung dafür, daß die Uhr nicht mehr in Ordnung war. Ich will also einmal feststellen, ob er sie wirklich weggeworfen hat. Wenn das zutrifft, genügt mir das, um die Überzeugung zu erlangen, daß die Uhr wirklich beschädigt war."

Der Richter schließt also:

> „Entweder ist der Kläger vernünftig; dann wirft er nur eine beschädigte Uhr fort. Oder er ist unvernünftig; dann mag er anders gehandelt haben. Nun muß aber davon ausgegangen werden, daß der Kläger vernünftig ist. Folglich hat er eine **beschädigte** Uhr fortgeworfen."

Dem ließe sich entgegenhalten, daß die Voraussetzungen dieser Überlegungen bedenklich sind. Der Kläger kann nach der Lebenserfahrung durchaus vernünftig sein und dennoch eine unbeschädigte Uhr weggeworfen haben, z. B. um die Versicherung zu prellen und eine bessere als Ersatz zu bekommen. Nimmt man das an, dann müßte, um den indiziellen Schluß abzusichern, auch diese Möglichkeit ausgeräumt werden. Somit läßt sich folgendes *zweite Gebot* für den Indizienbeweis aufstellen: 391

> „Arbeite klar heraus, daß die den Schluß stützenden Indizien feststehen und prüfe, ob nicht weitere ernstzunehmende Schlußfolgerungen übersehen worden sind."

Wer die beiden Gebote beachtet, wird mit dem Indizienbeweis keine Schwierigkeiten haben und auch keine Fehler begehen. Er wird ihn auch im Zivilprozeß[18] sicher handhaben und sich beispielsweise nicht scheuen, allein aus dem „gesamten Inhalt der Verhandlungen" (siehe oben § 3) tragfähige Beweiswürdigungsschlüsse zu ziehen. Das kann die Anordnung einer besonderen Beweisaufnahme (§ 358 ZPO) ersparen! 392

Der Anscheinsbeweis und der Indizienbeweis können auf den nämlichen Sachverhalt anwendbar sein. Ein Beispiel aus der Rechtsprechung[19] mag das deutlich machen: 393

[16] Vgl. Schneider, Logik für Juristen, S. 175; Bender/Röder/Nack, Tatsachenfeststellung vor Gericht, Bd. I, Rn. 401 ff.
[17] Vgl. Schneider, Logik für Juristen, § 54.
[18] Vgl. dazu Döhring, Erforschung des Sachverhalts, S. 330.
[19] BGH LM § 286 (C) Nr. 26 = VersR 1956, 577.

Frau A, eine 20jährige, in guten Verhältnissen lebende junge Dame, wurde von dem Arzt B am Brustkorb operiert. Da die Wunde nicht heilte, wurde die A späterhin von einem anderen Arzt erneut operiert. Dieser entfernte dabei Tamponreste aus der Wunde. Die A behauptet, B habe die Tamponreste schuldhaft in der Wunde zurückgelassen. B bestreitet das und behauptet seinerseits, die A habe durch eigenmächtige Eingriffe an der Wunde die Heilung vorsätzlich verzögert.

Hier ist bei der Beweiswürdigung folgendermaßen vorzugehen:

1. Der erste Anschein spricht dagegen, daß ein 20jähriges Mädchen in guter Stellung sich selbst durch Eingriffe die Brust verstümmelt, um die Heilung der Wunde zu verzögern und arbeitsunfähig zu bleiben.[20]
2. Damit ist der Sachverhalt einem Indizienbeweis zugänglich gemacht: Wenn B als erster Arzt operative Eingriffe am Brustkorb der A vorgenommen hat, der später behandelnde Arzt Tamponreste aus der Wunde entfernt hat und die A in der Zwischenzeit nicht mehr operiert worden ist, dann *muß* B die Tamponreste in der Wunde zurückgelassen haben. (Die Möglichkeit, daß die A dies selbst getan habe, ist durch den Anscheinsbeweis zu 1. ausgeräumt.)
3. Wenn B – wie durch die beiden Schlüsse feststeht – die Tamponreste bei der ersten Operation zurückgelassen hat, so spricht wiederum der erste Anschein für sein *Verschulden*.

Der Bundesgerichtshof hat in diesem Fall auch den zweiten Beweiswürdigungsschluß als Anscheinsbeweis angesehen und ist dafür von Weyreuther[21] mit Recht getadelt worden, weil es sich um einen indiziellen Schluß handelt.

394 Wiederholt hat der Bundesgerichtshof praktikable Hinweise für den Indizienbeweis gebracht: Bei einer Beweisführung durch Indizien darf nicht jedes Indiz für sich gewertet werden, sondern es ist eine Gesamtschau und Gesamtwürdigung nötig. Das auffallende Zusammentreffen mehrerer für sich allein unergiebiger oder unscheinbarer Beweisanzeichen kann eine andere Schlußfolgerung ergeben oder ermöglichen. Ungeachtet dieser notwendigen Gesamtschau ist aber die Tragfähigkeit jedes Indizes abzusichern, damit die Gesamtwürdigung eine feste Basis hat.[22] Die Beweisnot einer Partei, z. B. nach Versterben eines wichtigen Zeugen, kann das Gericht im Interesse der Wahrheitsermittlung verpflichten, mit besonderer Nachhaltigkeit Beweiserhebungen über Indizien anzuordnen.[23]

395 Von Bedeutung für den Indizienbeweis sind weiter die im Fall „Anastasia“[24] vom Bundesgerichtshof gebrachten Ausführungen, insbesondere zum Verbot der Beweisantizipation. Es heißt dazu[25] im Zusammenhang:

„Weiter war zu bedenken, daß es sich bei dem sogenannten Erinnerungswissen der Klägerin um Teile eines *Indizienbeweises* handelte; für die Behandlung von Beweisanträgen im Rahmen einer Indizienbeweisführung gelten im Zivilprozeßverfahren wiederum Besonderheiten: Bei einer Beweisaufnahme unterscheidet

---

[20] So RGZ 157, 83 (86 f.) m. w. Nachw.
[21] DRiZ 1957, 57 bei Fn. 38.
[22] BGH NJW 1970, 946 (949).
[23] BGH DB 1969, 300.
[24] BGHZ 53, 245.
[25] BGHZ 53, 260 f. (Hervorhebungen von mir).

man den unmittelbaren Beweis und den mittelbaren (indirekten) Beweis (Indizienbeweis). Der unmittelbare Beweis hat tatsächliche Behauptungen zum Gegenstand, die unmittelbar und direkt ein gesetzliches Tatbestandsmerkmal als vorhanden ergeben sollen; der Indizienbeweis bezieht sich auf andere, tatbestandsfremde Tatsachen, also Hilfstatsachen, die erst durch ihr Zusammenwirken mit anderen Tatsachen den Schluß auf das Vorliegen des Tatbestandsmerkmals selbst rechtfertigen sollen. Diese Hilfstatsachen – meist Indizien oder Indiztatsachen, aber auch Anzeichen genannt – sind also Tatsachen, aus denen auf andere erhebliche Tatsachen geschlossen wird. Ein Indizienbeweis ist überzeugungskräftig, wenn andere Schlüsse aus den Indiztatsachen ernstlich nicht in Betracht kommen. **Hauptstück des Indizienbeweises ist also nicht die eigentliche Indiztatsache, sondern der daran anknüpfende Denkprozeß, kraft dessen auf das Gegebensein der rechtserheblichen weiteren Tatsache geschlossen wird.** Nach ständiger Rechtsprechung des Bundesgerichtshofes **ist der Richter im Zivilprozeß bei Beweisanträgen im Rahmen eines Indizienbeweises freier gestellt als bei sonstigen Beweisanträgen.** Gewiß sind im weiteren Sinne diese Indiztatsachen auch „erhebliche" Tatsachen; aber wie der Richter beim unmittelbaren Beweis prüft, ob die behauptete Tatsache für den Rechtsstreit rechtlich von Bedeutung, also rechtlich erheblich ist, muß der Richter bei einem Indiz dessen tatsächliche, denkgesetzliche Erheblichkeit überprüfen, nämlich seine Bedeutung für die weitere Schlußfolgerung auf die Haupttatsache. **Das bedeutet, daß der Richter bei einem Indizienbeweis vor der Beweiserhebung prüfen darf und muß, ob der Indizienbeweis schlüssig ist, ob also die Gesamtheit aller vorgetragenen Indizien** – ihre Richtigkeit unterstellt – **ihn von der Wahrheit der Haupttatsache überzeugen würde.[26] Deshalb ist es kein Verfahrensfehler, wenn der Tatrichter bei einem Indizienbeweis von einer beantragten Beweiserhebung im Zivilprozeß deshalb absieht, weil die unter Beweis gestellte Hilfstatsache für den Nachweis der Haupttatsache nach der Überzeugung des Tatrichters nicht ausreicht. Sie reicht dann nicht aus und ist also unerheblich, wenn das Indiz für sich allein und im Zusammenhang mit den weiteren Indizien sowie dem sonstigen Sachverhalt für den Richter nach seiner Lebenserfahrung nicht den ausreichend sicheren Schluß auf die beweisbedürftige Haupttatsache zuläßt.** Das ist keine verbotene vorweggenommene Beweiswürdigung, sondern die denkmäßige Anwendung richterlicher Erfahrungssätze, wie der Richter sie ähnlich bei der Rechtsanwendung immer vor jeder Beweisaufnahme vornehmen muß."

II. Zwei Beispiele für Indizienbeweise: Gestellte Unfälle – fingierte Kfz-Diebstähle 396

Der Indizienbeweis hat in einigen Fallgestaltungen eine herausragende Bedeutung erlangt: beim Nachweis eines „gestellten Unfalls" im Straßenverkehr und bei fingierten Kfz-Diebstählen.[27] Die dabei immer wieder vorkommenden typischen Umstände für diese Fallgruppen werden im folgenden zusammengestellt. Die Umstände haben nicht nur Bedeutung für

[26] BGH NJW 1983, 2034 = MDR 1983, 838 = WPM 1983, 825 = ZIP 1983, 860; VersR 1983, 375; 1982, 972.

[27] Siehe zu „Gestellten Unfällen" auch das unten in § 53 abgedruckte Berufungsurteil sowie E. u. H. Schneider MDR 1986, 991; Goerke VersR 1990, 707; Zopfs VersR 1993, 140; Lemcke r + s 1993, 121 u. 161.

den Indizienbeweis; sie können bei ausreichender Erheblichkeit oder Konzentration auch einen Erfahrungssatz des täglichen Lebens begründen und dann Grundlage eines Anscheinsbeweises sein. Je nach Fallgestaltung sind die Indizien also zu würdigen

- bei der Entkräftung eines zugunsten des Versicherungsnehmers sprechenden Anscheinsbeweises, sein Fahrzeug sei gestohlen oder in einen Unfall verwickelt worden,
- ausnahmsweise bei einem Anscheinsbeweis zugunsten des Versicherers für eine Manipulation durch den Versicherungsnehmer,
- bei einem Indizienbeweis für den Versicherungsnehmer, den dieser als Vollbeweis führen muß, wenn wegen regelwidriger Umstände kein Anscheinsbeweis möglich ist,
- bei dem Verteidigungsvorbringen des Versicherers gegen den vom Versicherungsnehmer zu führenden Indizienbeweis.

397 In den genannten Fällen ist ein unmittelbarer Beweis für den Versicherungsnehmer oft nicht möglich, z. B. weil außer den Parteien niemand beim Unfall zugegen war oder niemand den Diebstahl beobachtet hat. Dann ist der Versicherungsnehmer auf Beweiserleichterungen angewiesen. Diese finden ihre Rechtfertigung im Versicherungsverhältnis. Dem redlichen Versicherungsnehmer soll das Risiko der Erleidung von Vermögensschäden bei ungeklärtem Verschwinden des Versicherungsgutes bzw. ungeklärtem Unfallverlauf grundsätzlich abgenommen werden.

398 Die Zahl der versuchten und erfolgreichen Betrugsfälle im Zusammenhang mit gestellten Unfällen und fingierten Kfz-Diebstählen ist mittlerweile so groß geworden, daß die Verluste der Versicherungsgesellschaften nur noch durch Prämienerhöhungen aufgefangen werden können. Der Gesetzgeber plant deshalb sogar, die Automobilhersteller zu zwingen, unüberwindbare Diebstahlsicherungen in Neuwagen einzubauen. Die Fülle der einschlägigen Fälle spiegelt sich auch in der Rechtsprechung wieder. Allein die veröffentlichte Judikatur ist mittlerweile so umfassend, daß sie ohne „Wegweiser" nicht mehr erschließbar ist.

399 *1. Indiztatsachen bei ,,gestellten Unfällen"* (siehe auch die Auflistung in Rn. 400).

- Beschädigung eines Luxuswagens, z. B. Mercedes, Porsche, Jaguar, italienischer Sportwagen[28]
- der angebliche Unfall soll während der Dämmerung oder Dunkelheit stattgefunden haben[29]

---

[28] BGH VersR 1979, 281; 1979, 514; 1978, 862 (Revisionsentscheidung zu OLG Köln VersR 1975, 1128); 1978, 865; OLG Frankfurt VersR 1978, 260; OLG Hamm VersR 1986, 280; OLG Köln VersR 1980, 1051; LG München VersR 1983, 300; vgl. auch Weber DAR 1979, 125.

[29] BGH VersR 1981, 450 = MDR 1981, 825 (Revisionsentscheidung zu OLG Koblenz VersR 1979, 807); VersR 1979, 514; 1978, 865; OLG Celle VersR 1980, 483; OLG Köln VersR 1975, 959; OLG München VersR 1983, 300.

- der Vorgang hat sich an einem ruhigen Ort abgespielt[30]
- es gibt keine Zeugen[31]
- gibt es Zeugen, so werden sie nicht benannt[32]
- der zur Tatzeit abwesend gewesene Geschädigte gibt seinen Aufenthaltsort nicht an[33]
- Schädiger und Geschädigte sind Bekannte, oft aus dem Kneipen- und Zuhältermilieu[34]
- das Schädigerfahrzeug ist nahezu wertlos[35]
- das Schädigerfahrzeug hat eine hohe Betriebsgefahr, z. B. Lkw, Betonmischer[36]
- das Schädigerfahrzeug wurde kurz vorher – oft unter Abschluß einer Vollkaskoversicherung – gemietet[37]
- das Schädigerfahrzeug wurde für ein bestimmtes Vorhaben, z. B. Umzug, gemietet, dann aber doch nicht zu diesem Zweck gebraucht[38]
- Geltendmachung hohen Schadens, inbesondere des Anteils unfallunabhängiger Schäden[39]
- keine Hinzuziehung der Polizei[40]
- Vereitelung einer Fahrzeugbesichtigung[41]
- Schädiger gibt am Unfallort (entgegen seiner Obliegenheiten gegenüber seinem Versicherer) ein Anerkenntnis ab[42]
- Beteiligte sind einschlägig vorbestraft oder einschlägige Ermittlungsverfahren wurden eingestellt[43]

---

[30] BGH VersR 1979, 514; OLG Hamm VersR 1986, 280.

[31] OLG Hamm VersR 1986, 280.

[32] BGH VersR 1979, 514.

[33] BGH VersR 1979, 514.

[34] BGH VersR 1979, 514; 1978, 862 (Revisionsentscheidung zu OLG Köln VersR 1975, 1128, Beschaffung des Schädigerfahrzeugs durch einen Barinhaber); LG München VersR 1983, 300; vgl. auch OLG Celle VersR 1980, 483.

[35] BGH VersR 1978, 862 (Revisionsentscheidung zu OLG Köln VersR 1975, 1128).

[36] BGH VersR 1979, 281 (Revisionsentscheidung zu OLG Köln VersR 1977, 938); OLG Hamm VersR 1986, 280; OLG Köln VersR 1980, 1051; vgl. auch OLG Frankfurt VersR 1978, 260.

[37] BGH VersR 1979, 281 (Revisionsentscheidung zu OLG Köln VersR 1977, 938); 1979, 514; 1978, 865; OLG Hamm VersR 1986, 280; vgl. auch OLG Frankfurt VersR 1978, 260.

[38] BGH VersR 1979, 514; OLG Hamm VersR 1986, 280.

[39] BGH VersR 1978, 862 (Revisionsentscheidung zu OLG Köln VersR 1975, 1128); 1978, 865; LG München VersR 1983, 300.

[40] BGH VersR 1981, 450 = MDR 1981, 825 (Revisionsentscheidung zu OLG Koblenz VersR 1979, 807); LG München VersR 1983, 300.

[41] OLG Celle VersR 1980, 483; LG München VersR 1983, 300 (sogar Mithilfe des Schädigers bei der Verschrottung des beschädigten Fahrzeugs des Versicherungsnehmers).

[42] OLG Köln VersR 1980, 1051; OLG Frankfurt VersR 1980, 260.

[43] BGH VersR 1981, 450 = MDR 1981, 825 (Revisionsentscheidung zu OLG Koblenz VersR 1979, 807); 1979, 281; 1979, 514; 1978, 862 (Revisionsentscheidung zu OLG Köln VersR 1975, 1128); OLG Hamm VersR 1986, 280; OLG Köln VersR 1980, 1051; LG München VersR 1983, 300.

- die Unfallbeteiligten sind verschuldet[44]
- das Fahrzeug wurde finanziert[45]
- Vorschäden werden der Versicherung gegenüber verschwiegen[46]
- bei einer Besichtigung finden sich Lackspuren am beschädigten Fahrzeug, die nicht vom Schädiger-Kfz stammen können[47]
- es wurde ein Tacho mit geringerem km-Stand eingebaut[48]
- mindestens ein Beteiligter war innerhalb kurzer Zeit vorher in gleichartige Unfälle verwickelt gewesen oder hatte Ansprüche gegenüber seinem Kaskoversicherer geltend gemacht[49]
- der Schädiger macht im Deckungsprozeß merkwürdige Geständnisse[50]
- der Schädiger läßt Versäumnisurteil gegen sich ergehen[51]
- die Unfallschilderung der Beteiligten ist wenig wahrscheinlich[52]
- die Unfallschilderung im Prozeß deckt sich nicht mit den vor der Polizei gemachten Aussagen[53]
- Das Vorbringen wird im Laufe des Rechtsstreits bei ungünstigen Feststellungen angepaßt[54]
- Zeugen haben keine Erinnerung mehr[55]
- der persönliche Eindruck des Gerichts geht dahin, daß dem Geschädigten ein Betrug zu Lasten der Versicherung zuzutrauen ist[56].

400 2. *Indiztatsachen bei fingierten Kfz-Diebstählen* (siehe auch die Auflistung in Rn. 399)

- das angeblich gestohlene Fahrzeug gehört zur Luxusklasse[57]

---

[44] OLG Köln VersR 1980, 1051.
[45] LG München VersR 1981, 300.
[46] OLG Frankfurt VersR 1980, 978; 1991, 1070; OLG Hamm r + s 1993, 411; LG München VersR 1983, 300.
[47] OLG Hamm VersR 1986, 280; LG München VersR 1983, 300.
[48] BGH VersR 1979, 514.
[49] BGH VersR 1981, 450 = MDR 1981, 825 (Revisionsentscheidung zu OLG Koblenz VersR 1979, 807); OLG Celle VersR 1980, 483; OLG Frankfurt VersR 1980, 978; 1978, 260; OLG Köln VersR 1975, 959; MDR 1988, 868; VersR 1990, 378; LG Köln VersR 1991, 440 = NJW-RR 1991, 353; LG Düsseldorf VersR 1991, 1071.
[50] LG München VersR 1983, 300.
[51] OLG Köln VersR 1980, 1051.
[52] BGH VersR 1979, 281 (Revisionsentscheidung zu OLG Köln VersR 1977, 938; keine Spuren einer Fahrzeugberührung); OLG Celle VersR 1980, 483 (Schädiger fährt auffälligen Umweg); OLG Hamm VersR 1986, 280; OLG Köln VersR 1980, 1051; vgl. auch OLG Köln VersR 1975, 959 (Unwahrscheinlichkeit des Unfallvorgangs führt sogar zu anschließendem Geständnis).
[53] OLG Karlsruhe VersR 1982, 541.
[54] BGH VersR 1962, 829 (830).
[55] OLG Celle VersR 1980, 383.
[56] BGH VersR 1979, 514; OLG Hamm VersR 1986, 280.
[57] BGH NJW 1985, 919 = MDR 1985, 917 = DAR 1985, 156 = VersR 1985, 330 = VRS Bd. 69, 17; VersR 1985, 559 = VRS Bd. 69, 109; OLG Frankfurt VersR 1975,

- das Fahrzeug wurde zur Nachtzeit oder während der Abenddämmerung abgestellt oder entwendet[58]
- der angebliche Tatort ist eine abgelegene Seitenstraße[59]
- vor dem Diebstahl wurde das Kfz beschädigt[60]
- der angeblich Bestohlene hatte vor dem Verschwinden des Wagens getrunken[61]
- das Geschehen nach der angeblichen Diebstahlsfahrt oder unbefugten Benutzung entspricht nicht dem typischen Verhalten eines Täters, der möglichst schnell und unerkannt vom Tatort wegkommen will:
  - Abbrennen des Kfz[62]
  - mühsames Hinunterstürzen des Wagens auf eine Halde[63]
  - Auffinden des Kfz an einer Böschung hängend mit einem Stein auf dem Gaspedal[64]
  - Entfernung der Identifikationsmerkmale[65]
- Auffinden des Wagens bei einem wegen Kfz-Diebstählen beschuldigten Dritten, der von einem Unbekannten den Pkw mit Schlüsseln zu einem geringen Betrag erhalten habe[66]
- Auffinden passender Fahrzeugteile im Kofferraum des Kfz, von dem angeblich Teile abmontiert und weggenommen worden sein sollen[67]
- das Kfz war vor seinem Verschwinden an Unfallserien beteiligt[68]
- es drohte nähere Untersuchung wegen Unfallserien des Wagens durch die Versicherung[69]
- am wiedergefundenen Fahrzeug finden sich keine Aufbruchsspuren[70]

728; OLG Hamm VersR 1985, 535; OLG Nürnberg VersR 1974, 1169; LG Kleve VersR 1978, 613.

58 BGH NJW 1985, 919 = MDR 1985, 917 = DAR 1985, 156 = VersR 1985, 330 = VRS Bd. 69, 17; OLG Karlsruhe VersR 1977, 903; OLG Nürnberg VersR 1974, 1169; AG Siegburg r + s 1986, 201.

59 OLG Nürnberg-Fürth VersR 1978, 613; OLG Karlsruhe VersR 1977, 903.

60 BGH NJW 1985, 919 = MDR 1985, 917 = DAR 1985, 156 = VersR 1985, 330 = VRS Bd. 69, 17; OLG Karlsruhe VersR 1982, 541; OLG Nürnberg VersR 1974, 1169; LG Köln VersR 1984, 728; LG Koblenz VersR 1977, 563.

61 LG Koblenz VersR 1977, 563.

62 BGH NJW 1985, 919 = MDR 1985, 917 = DAR 1985, 156 = VersR 1985, 330 = VRS Bd. 69, 17; VersR 1977, 368; OLG Bamberg VersR 1979, 758; OLG Frankfurt VersR 1978, 459; LG Duisburg VersR 1983, 549; LG Mainz VersR 1981, 1147.

63 OLG Hamm VersR 1979, 539.

64 OLG Karlsruhe VersR 1982, 541.

65 LG Gießen VersR 1977, 1118.

66 OLG Frankfurt VersR 1981, 26.

67 OLG Frankfurt VersR 1975, 728 (bei einem der früheren Unfälle war auch ein ehemaliger Halter des verschwundenen Kfz beteiligt).

68 OLG Frankfurt VersR 1975, 728.

69 OLG Nürnberg VersR 1974, 1169; LG Berlin VersR 1981, 1170; LG Koblenz VersR 1977, 563; LG Köln VersR 1984, 629; LG Mainz VersR 1981, 1147.

70 BGH NJW 1985, 919 = MDR 1985, 917 = DAR 1985, 156 = VersR 1985, 330 = VRS Bd. 69, 17; OLG Nürnberg VersR 1974, 1169; LG Berlin VersR 1981, 1170; LG Gießen VersR 1977, 1118; LG Köln VersR 1984, 629; AG Siegburg r + s 1986, 201.

- das Lenkradschloß ist unbeschädigt[71]
- Zündkabel wurden herausgerissen, ohne daß die Lenkradsperre beschädigt wurde[72]
- bei polizeilicher Inaugenscheinnahme sind Verkabelung und Lenkradschloß unbeschädigt, später sind Beschädigungen vorhanden[73]
- zur Entfernung des Kfz wurde ein passender Zündschlüssel verwendet[74]
- die Fahrzeugschlüssel des Berechtigten können nicht vorgelegt werden[75]
- mehrere Personen fahren in zwei Pkw zum angeblichen Diebstahlsort, obwohl ein Wagen ausgereicht hätte[76]
- der Versicherungsnehmer befindet sich in schlechten wirtschaftlichen Verhältnissen[77]
- das Fahrzeug wurde finanziert[78]
- der angebliche Diebstahl von Fahrzeug oder Fahrzeugteilen ereignet sich unmittelbar nach Abschluß der entsprechenden Versicherung[79]
- der Versicherungsnehmer würde durch die Leistung des Kaskoversicherers einen höheren Betrag für den Wagen als bei einem Verkauf auf dem Gebrauchtwagenmarkt erhalten[80]
- der Diebstahl wertvoller Zusatzeinrichtungen, insbesondere in alten Fahrzeugen, wird geltend gemacht[81]
- der Versicherungsnehmer ist unglaubwürdig (siehe im einzelnen die folgenden Kriterien)[82]
- das Umfeld des Versicherungsnehmers ist der Beteiligung an einer Autoschieberbande verdächtig[83]

---

[71] OLG Nürnberg VersR 1983, 1146; 1974, 1169; OLG Hamm VersR 1979, 539; 1993, 1475.

[72] OLG Hamm VersR 1979, 539; OLG Nürnberg VersR 1974, 1169; LG Krefeld VersR 1976, 1127.

[73] OLG Hamm VersR 1979, 539.

[74] BGH VersR 1978, 723; OLG Hamm VersR 1979, 539; LG Heilbronn r + s 1986, 90. – Zur Behauptung des Versicherungsnehmers, das Fahrzeug sei mit originalgetreuen spurenlos schließenden Nachschlüsseln gestohlen worden siehe OLG Hamm VersR 1983, 972; OLG Nürnberg VersR 1974, 1169; LG Berlin VersR 1170; AG Siegburg r + s 1986, 201.

[75] BGH VersR 1978, 732; OLG Köln r + s 1986, 115 (116 f.); LG Heilbronn r + s 1986, 90; LG Kleve VersR 1978, 613.

[76] BGH VersR 1977, 368; OLG Hamm VersR 1979, 539; LG Kleve VersR 1978, 613.

[77] OLG Hamm VersR 1979, 539.

[78] BGH VersR 1963, 1114; OLG Köln r + s 1993, 439.

[79] BGH VersR 1963, 1114 (Revisionsentscheidung zu OLG Hamburg VersR 1962, 249); OLG Hamm VersR 1979, 539.

[80] OLG Hamm VersR 1979, 539; LG Mainz VersR 1981, 1147 (11 Jahre alter Wagen); LG Nürnberg-Fürth VersR 1978, 613.

[81] OLG Frankfurt VersR 1982, 1046; OLG München VersR 1976, 1126.

[82] OLG Braunschweig ZfS 1984, 215; OLG Frankfurt VersR 1982, 1046 = r + s 1986, 246; OLG Hamm VersR 1985, 728; LG Nürnberg-Fürth VersR 1978, 613; LG Wiesbaden ZfS 1984, 215; Hoegen VersR 1983, 116, 123.

[83] OLG Frankfurt VersR 1978, 459; LG Gießen VersR 1977, 1118.

- der Vorgang spielt sich im Kneipen- und Zuhältermilieu ab[84]
- Verdächtige setzen sich ins Ausland ab[85]
- der Versicherungsnehmer ist einschlägig vorbestraft[86]
- der Sachvortrag des Versicherungsnehmers ist widersprüchlich, ungereimt oder lückenhaft[87]
- der Versicherungsnehmer macht ungenaue oder falsche Angaben in seiner Schadensanzeige[88]
- er legt falsche Bescheinigungen oder fingierte Rechnungen vor[89]
- der Diebstahl wird erst nach Tagen gemeldet[90]
- das angeblich gestohlene Fahrzeug wurde nach einem vor dem Diebstahl erlittenen Totalschaden verkauft und vor dem Diebstahl zurückgekauft[91]
- Wechsel im Sachvortrag des Versicherungsnehmers[92]
- Nichtbenennen von Zeugen, obwohl dies nahegelegen hätte[93]
- die Zeugenaussagen sind widersprüchlich[94]
- Zeugen sind einschlägig vorbestraft[95]
- die Zeugenaussagen vor der Polizei und im Strafverfahren weichen voneinander ab[96].

---

[84] LG Nürnberg-Fürth VersR 1978, 613.

[85] OLG Bamberg VersR 1979, 758; OLG Frankfurt VersR 1978, 459 (in U-Haft einsitzender Kläger, dem Wagen nach Besuch im Bordell gestohlen worden sein soll); OLG Hamm VersR 1984, 727.

[86] BGH NJW 1985, 919 = MDR 1985, 917 = DAR 1985, 156 = VersR 1985, 330 = VRS Bd. 69, 17; OLG Frankfurt VersR 1981, 26; 1978, 459; OLG Hamm VersR 1984, 727; OLG München VersR 1985, 277; LG Köln VersR 1984, 728; LG München VersR 1981, 545; LG Krefeld VersR 1976, 1127.

[87] BGH VersR 1977, 368; OLG Frankfurt VersR 1981, 26; OLG Köln r + s 1993, 439; LG Heilbronn r + s 1986, 90; LG Kleve VersR 1978, 613; LG München VersR 1981, 545.

[88] OLG Hamm VersR 1985, 382; 1985, 353; OLG Köln r + s 1986, 115; r + s 1986, 116 (fehlender Kfz-Schein); OLG München VersR 1976, 1126; LG Heilbronn r + s 1986, 90; LG Kleve VersR 1978, 613 (falsche Angaben in einem anderen Versicherungsfall); LG Mainz VersR 1981, 1147.

[89] OLG München VersR 1976, 1126; LG Mainz VersR 1981, 1147.

[90] LG Kleve VersR 1978, 613.

[91] LG Koblenz VersR 1977, 563.

[92] OLG Bamberg VersR 1979, 758; OLG Frankfurt VersR 1978, 459.

[93] BGH VersR 1977, 368; OLG Frankfurt VersR 1981, 26; OLG Karlsruhe VersR 1982, 541; LG Kleve VersR 1978, 613.

[94] OLG Frankfurt VersR 1981, 26; OLG Karlsruhe VersR 1982, 541; LG Kleve VersR 1978, 613.

[95] BGH VersR 1985, 559 = VRS Bd. 69, 109; VersR 1963, 1114; OLG Köln r + s 1986, 115 (116 f.).

[96] OLG Karlsruhe VersR 1982, 541.

§ 23. Wichtige Anscheinssituationen

401

Ungeachtet dessen, daß der prima-facie-Beweis im Zivilprozeß für jede tatsächliche Feststellung gültig ist, kommt er erfahrungsgemäß bei einer Reihe von Tatsachenbereichen besonders häufig vor. Das Unfallhaftpflichtrecht beispielsweise oder das Kollisionsrecht im Schiffahrtsverkehr kommen ohne den Anscheinsbeweis überhaupt nicht aus. Die Judikatur zu einzelnen Anwendungsfällen dieses Beweisverfahrens ist kaum noch zu übersehen, jedenfalls für denjenigen nicht, der sich nur anläßlich eines konkreten Falles damit befaßt. Im folgenden wird deshalb über praktisch besonders bedeutsame Anscheins-Situationen an Hand der Rechtsprechung berichtet, wobei tunlichst auf die Leitsätze zurückgegriffen wird, die das jeweils erkennende Gericht selbst gebildet hat. Das ist deshalb angebracht, weil diese Leitsätze fast immer den entsprechenden Erfahrungssatz und damit die konkrete
402 Anscheinsprämisse formulieren, mit denen der Fall gelöst worden ist.

Der nachfolgende Text ist nur zum Nachschlagen bestimmt. Dem Benutzer dieses Buches soll lediglich die mühsame und vor allem zeitraubende Arbeit abgenommen werden, aus der Überfülle der zum Anscheinsbeweis veröffentlichten Entscheidungen das Gesuchte durch langwieriges Nachschlagen und Lesen herauszufinden. Deswegen ist das kasuistische Material unter alphabetisch geordneten Stichwörtern zusammengefaßt. Diese Stichwörter betreffen in der Regel die Anscheinssituation, auf Grund deren auf Kausalität und Verschulden geschlossen wird. Soweit die Regeln des Anscheinsbeweises auch für andere Tatbestandsmerkmale als Verschulden und Kausalität in Betracht kommen, sind statt der Anscheinssituationen die zu beweisenden Rechtsbegriffe als Stichwörter gewählt worden.

Übersicht über die Stichwörter

Abhandenkommen von Gegenständen: Wird nach einem Autounfall der Verlust von persönlichen Gegenständen bemerkt, dann kann ein Beweis des ersten Anscheins für den Unfall als Ursache des Abhandenkommens in Betracht kommen: Für das unfallbedingte Abhandenkommen eines Diamantenkreuzes am Halskettchen spricht der erste Anschein, wenn feststeht, daß der Beteiligte den Gegenstand bei Antritt der Unfallfahrt noch im Besitz hatte; andernfalls ist zugunsten des Schädigers die Möglichkeit zu berücksichtigen, daß sich das Kreuz bereits vor Fahrtantritt gelöst hat.[1] 403

Für den Verlust eines eng sitzenden Rings durch äußere Einwirkungen bei einem Ski-Unfall spricht ein erster Anschein nur dann, wenn der Finger anschließend schwere Verletzungen aufweist. Widersprüchliche Angaben und die Tatsache, daß Monate vorher bereits ein Ring verloren wurde, können den Anscheinsbeweis erschüttern.[2] 404

Siehe auch die Stichwörter „Unrichtige Angaben", „Diebstahl" und „Gestellte Unfälle".

Abkommen von der Fahrbahn: Der Anscheinsbeweis spricht bei regelwidrigem Abkommen von der Fahrbahn für ein Verschulden des Fahrers.[3] Ein Kraftfahrer, der ohne ersichtlichen Grund auf die Gegenfahrbahn gerät und dort mit einem entgegenkommenden Fahrzeug zusammenstößt, ist nach den Regeln des ersten Anscheins nicht mit der im Straßenverkehr erforderlichen Sorgfalt gefahren.[4] Er ist entweder zu schnell oder zu unaufmerksam gefahren oder er hat einen Fahr- bzw. Bedienungsfehler begangen.[5] Es besteht jedoch kein weiterer Anscheinsbeweis dahin, daß im Hinblick auf die Herbeiführung des Unfalls auch einen Halter ein Ver- 405

[1] OLG München VersR 1979, 1066.

[2] OLG Hamburg VersR 1983, 1129.

[3] BGH NJW 1951, 195 = LM § 286 ZPO (C) Nr. 2; 1953, 584 = BGHZ 8, 239; VRS Bd. 21, 164; VersR 1962, 642; 1964, 1102; 1958, 566; 1965, 188; 1967, 169; 1969, 636; r + s 1993, 454; BAG NJW 1967, 269; OLG Bremen VersR 1966, 278; OLG Hamburg VersR 1956, 718; 1963, 1037; 1969, 636 u. 695; 1970, 188; KG VersR 1976, 290; OLG Köln VersR 1966, 530 u. 769; 1988, 1078; 1990, 390; OLG München VersR 1967, 484; 1963, 813; OLG Nürnberg VersR 1963, 644; 1965, 1183; 1970, 553; OLG Schleswig DAR 1971, 101; OLG Tübingen DAR 1952, 29; LG Braunschweig VersR 1955, 506; LG Köln r + s 1986, 203; LG Stade VersR 1952, 142.

[4] BGH VersR 1986, 344 m. Nachw.

[5] OLG Düsseldorf VersR 1982, 777; OLG Frankfurt VersR 1978, 828; LG Stuttgart VersR 1984, 592.

schulden trifft, der dem Fahrer das Steuer des Unfallfahrzeugs vorher überlassen hat.[6]

406 Bei Unfällen infolge Schleuderns auf die andere Fahrbahnseite wird Verschulden ebenfalls prima facie angenommen,[7] selbst bei regennasser Straße.[8] Der Unfallfahrer wird in der Regel auch mit der vollen Haftungsquote zu belegen sein.[9] Der Straßenzustand spielt grundsätzlich keine Rolle, da der Fahrer mit einer den Verkehrsverhältnissen angepaßten Geschwindigkeit zu fahren hat.[10] Insbesondere muß er auf kleine Fahrbahnunebenheiten vorbereitet sein.[11] Bei erheblichem Höhenunterschied zwischen den Betonplatten auf der Überhol- und der Normalspur der Autobahn kann der Anscheinsbeweis entkräftet sein.[12] An den Voraussetzungen des Anscheinsbeweises fehlt es jedoch, wenn der Fahrer zur Nachtzeit bei ungünstigen Straßen- und Witterungsbedingungen von der Fahrbahn abkommt,[13] wenn sich also die widrigen Umstände ungewöhnlich häufen. Läßt sich nicht widerlegen, daß der Unfall nach einem Platzregen durch plötzlich auftretendes Aquaplaning bei zulässiger Geschwindigkeit verursacht sein kann, so scheidet ein Anscheinsbeweis aus.[14]

407 Fährt ein Fahrzeug gegen einen Straßenbaum oder gegen einen Begrenzungspfosten, dann spricht der erste Anschein ebenfalls für eine schuldhafte Verursachung des Unfalls durch den Fahrer.[15] Er kann sich nicht mit dem Hinweis entlasten, er sei von Müdigkeit übermannt worden.[16]

408 Gegen denjenigen Fahrer, der auf einen Bürgersteig gerät, spricht der erste Anschein für schuldhafte Verursachung. Dieser kann nicht durch die Annahme ausgeräumt werden, daß solche Kursabweichungen auch einmal durch technische Mängel des Wagens oder nicht zu vertretende Störungen der Reaktionsfähigkeit älterer Kraftfahrer infolge widriger Witterungseinflüsse eintreten können.[17]

409 Kein typischer Geschehensablauf liegt aber vor, wenn der Unfall sich bei einer Probefahrt ereignet, die dazu dient, die Verkehrssicherheit eines Fahrzeugs zu überprüfen.[18]

410 Der Beweis des ersten Anscheins kann nicht mit dem Einwand entkräftet werden, der Fahrer sei während der letzten Sekunden bis zum Anstoß

---

[6] OLG München VersR 1970, 630.
[7] BGH VersR 1965, 532; 1960, 523; OLG Celle VersR 1986, 449 = VRS Bd. 59, 251.
[8] BGH VersR 1970, 284; MDR 1971, 1001; OLG Celle VersR 1986, 449 = VRS Bd. 59, 251; siehe auch OLG Hamburg VersR 1970, 188.
[9] BGH VersR 1961, 232.
[10] Vgl. OLG Düsseldorf VersR 1982, 777.
[11] OLG Celle VersR 1985, 787 = VRS Bd. 69, 250.
[12] BGH VersR 1966, 344.
[13] BGH VersR 1967, 1142.
[14] OLG Köln r + s 1986, 146.
[15] BGH VersR 1953, 117; 1963, 955; OLG München VersR 1970, 630.
[16] BGH VersR 1959, 445 = MDR 1959, 480.
[17] BGH VersR 1955, 189; OLG Hamburg VersR 1956, 780.
[18] BGH VersR 1957, 234 (Revisionsentscheidung zu OLG München VersR 1956, 582).

infolge einer möglichen Vergiftung durch Austritt von Kohlenoxydgas aus der Heizungsanlage reaktionslos gefahren, wenn es an tatsächlichen Anhaltspunkten für diesen Geschehensablauf fehlt.[19]

Unerheblich ist auch die Tatsache, daß das von der Fahrbahn abgekommene Fahrzeug beim Überholen von zwei Lastzügen auf den Grünstreifen der Autobahn geraten ist.[20] **411**

Der häufig vorgebrachte Hinweis, durch ein entgegenkommendes Fahrzeug geblendet worden zu sein, vermag den Anscheinsbeweis ebenfalls nicht zu erschüttern.[21] **412**

Der Einwand, am Unfallort habe Föhn geherrscht und den dafür anfälligen Fahrer beeinträchtigt, ist nicht zu beachten.[22] **413**

Entkräftet werden kann der Anscheinsbeweis jedoch durch den Nachweis, daß der Unfallfahrer durch ein ausscherendes Fahrzeug behindert worden ist oder ein Versagen technischer Einrichtungen des Fahrzeugs die Kursabweichung versursacht hat oder daß das Fahrzeug ohne warnende Anzeichen auf Glatteis gestoßen ist.[23] Unfallkausal sind in solchen Situationen beispielsweise platzende Reifen, Bremsdefekte oder Schäden an der Lenkung.[24] **414**

Eine den Anscheinsbeweis ausräumende Behinderung kann auch durch Wild ausgelöst werden. Einen solchen Entkräftungsbeweis hat das OLG Stuttgart[25] angenommen, als ein kurz vor dem Fahrzeug die Fahrbahn überquerender Hase eine jähe Lenkradbewegung des Fahrers ausgelöst und dadurch das Schleudern und Ausbrechen des Fahrzeugs verursacht hatte. **415**

Bei einem Zusammenstoß mit einem Reh wird vermutet, daß dieser Vorgang für das Abkommen des Kfz von der Fahrbahn und den dadurch eingetretenen Schaden zumindest mitursächlich war.

Der Anscheinsbeweis kann immer durch den Nachweis entkräftet werden, daß ein vorheriges Bremsen und anschließendes Schleudern – also ein Fahrfehler – für den Unfall allein ursächlich war.[26] Der Anscheinsbeweis kann auch dadurch entfallen, daß Tatsachen bewiesen werden, aus denen sich die ernsthafte Möglichkeit einer Behinderung des Fahrers durch einen mitfahrenden Hund ergibt.[27]

Eine Notbremsung als solche entlastet nicht von den Folgen des Anscheinsbeweises. Zur Entkräftung muß vielmehr der Nachweis geführt werden, daß die Bremsung nicht durch schuldhaftes Verhalten des Fahrers ausgelöst worden ist.[28] Kein Anscheinsbeweis ist jedoch möglich, wenn **416**

---

[19] BGH VersR 1967, 709.
[20] BGH VersR 1967, 882.
[21] BGH VersR 1966, 693.
[22] OLG München VersR 1967, 89.
[23] BGH VersR 1958, 91; 1967, 583; 1969, 895; OLG Köln VersR 1977, 437; 1982, 708; OLG Frankfurt VersR 1991, 1194 = VRS Bd. 80, 401.
[24] OLG Köln VersR 1977, 437; VRS Bd. 76, 256 = VersR 1989, 526.
[25] VersR 1974, 502; vgl. auch LG Köln r + s 1986 (Kleintier).
[26] OLG Nürnberg VersR 1981, 1069.
[27] BGH VersR 1984, 44 = DAR 1984, 85 = VRS Bd. 66, 192.
[28] OLG Schleswig VersR 1978, 353.

das Abkommen von der Fahrbahn auf einem Bremsvorgang beruht, dessen Ursache nicht erwiesen ist (Bremsspur von der rechten Fahrbahn in die Gegenfahrbahn).[29]

417 An einem typischen Geschehensablauf fehlt es, wenn bei einem Begegnungszusammenstoß feststeht, daß der Fahrer eines Kfz nach Durchfahren einer Linkskurve abrupt in die Fahrbahn eines Motorradfahrers gesteuert hat und der Motorradfahrer sich das Fahrzeug nach einer Feier zur Probefahrt ausgeliehen hatte.[30]

418 Das Verfehlen der Straßenfortsetzung nach Durchfahren einer Kurve spricht für Unaufmerksamkeit, jedenfalls wenn der Fahrer zu viel getrunken hatte.[31]

419 Wenn dagegen ein Kraftfahrer bei der Rechtsabzweigung einer neuen Straßenführung von der alten, im Verlauf gesperrten Bundesstraße auf die Gegenfahrbahn gerät und dadurch mit einem entgegenkommenden Fahrzeug zusammenstößt, spricht dann kein Anscheinsbeweis für sein Verschulden, wenn er bei Dunkelheit durch eine auf der Mitte der eigenen Straßenführung fortlaufend deutlich sichtbar gebliebene weiße Leitlinie irregeführt und vom Erkennen der neuen Fahhrbahn in nicht vorwerfbarer Weise abgelenkt worden ist.[32]

420 Für den Anscheinsbeweis ist ferner dann kein Raum, wenn der Tatrichter den Sachverhalt, aus dem er das Verschulden eines Unfallbeteiligten ableitet, konkret festgestellt hat.[33]

Siehe auch die Stichwörter „Glatteis“ und „Kurve“.

421 **Alkohol:** Stößt einem betrunkenen Verkehrsteilnehmer ein Unfall zu, so ist in der Regel davon auszugehen, daß dieser auf alkoholbedingter Bewußtseinsstörung beruht. Voraussetzung für diesen Anscheinsbeweis ist jedoch, daß der Unfall sich in einer Situation und unter Umständen ereignet hat, die ein nüchterner Verkehrsteilnehmer hätte meistern können. Dies gilt gleichermaßen für Kraftfahrer, Fahrradfahrer und Fußgänger. Je geringer der Grad der Trunkenheit ist, um so schwächer wird der zugrunde gelegte Erfahrungssatz.

422 Bei einem betrunkenen Kraftfahrer ist grundsätzlich davon auszugehen, daß die alkoholbedingte Bewußtseinsstörung unfallursächlich war.[34] Der

---

[29] OLG Oldenburg VersR 1978, 1148.

[30] BGH VersR 1986, 342 = NJW-RR 1986, 383 = MDR 1986, 396 = r + s 1986, 59 = Warneyer 1985 Nr. 718.

[31] OLG München VersR 1974, 73.

[32] BGH VersR 1966, 239.

[33] BGH VersR 1959, 852.

[34] BGH VersR 1972, 292; 1967, 974; 1966, 585; 1961, 693; BGHZ 18, 311 = NJW 1956, 21 = JZ 1956, 28; OLG Frankfurt VersR 1985, 759; OLG Hamm VersR 1965, 863; 1957, 37; OLG Karlsruhe VersR 1983, 627; OLG Köln VersR 1969, 399; OLG München VersR 1974, 73; 1960, 1020; OLG Oldenburg VersR 1982, 968; VRS Bd. 31; 349; OLG Stuttgart VersR 1980, 243; OLG Zweibrücken VersR 1974, 1071; LG Bielefeld VersR 1957, 37; LG Coburg VersR 1961, 458; LG Ellwangen VersR 1965, 893; LG Frankenthal VersR 1974, 533 (siehe dazu OLG Zweibrücken VersR 1974, 1071); LG Hamburg VRS Bd. 3, 144; LG Kempten VersR 1959, 462; LG Saarbrücken VersR 1966, 534.

Unfall muß sich jedoch in einer Verkehrslage und unter Umständen ereignet haben, die ein nüchterner Fahrer hätte meistern können.[35] Unter diesen Voraussetzungen macht eine BAK von mehr als 1,3‰ den prima-facie-Beweis ohne weiteres möglich.[36]

Auch wenn bei einem verunglückten Kraftfahrer eine BAK festgestellt **423**
wird, die für absolute Fahrunsicherheit nicht ausreicht, kann nach den Regeln des Anscheinsbeweises auf das Vorliegen einer unfallursächlichen alkoholbedingten Bewußtseinsstörung geschlossen werden, wenn der Verunglückte seinen Unfall durch eine fehlerhafte Fahrweise herbeigeführt hat, die für einen unter Alkoholeinfluß stehenden Fahrer typisch ist.[37]

Daß die Trunkenheitsfahrt in der Resorptionsphase unternommen **424**
wurde, kann jedenfalls dann als ausschlaggebendes Indiz für relative Fahrunsicherheit ausreichen, wenn der Fahrer kurz vor Antritt der Fahrt eine Alkoholmenge zu sich genommen hat, die für sich allein schon absolute Fahrunsicherheit bewirken kann.[38]

Eine BAK von mehr als 1,3‰ rechtfertigt idR zusammen mit den Ge- **425**
samtumständen des Unfalles auch den Vorwurf grober Fahrlässigkeit.[39]

Nach OLG Karlsruhe[40] ist der Anscheinsbeweis für den objektiven Tatbestand grober Fahrlässigkeit möglich, nicht jedoch für den subjektiven, da die Regeln des Anscheinsbeweises nicht für die Abgrenzung von schwerer und einfacher Schuldform geeignet seien (siehe auch das Stichwort *Grobe Fahrlässigkeit*).

Die Voraussetzung, daß sich der Unfall in einer Verkehrslage und unter **426**
Umständen ereignet hat, die ein nüchterner Kraftfahrer hätte meistern können, ist für den Fall verneint worden, daß ein am Rande des Mittelstreifens stehender, in Richtung auf ein herankommendes beleuchtetes Fahrzeug schauender Fußgänger im letzten Augenblick versucht hat, vor dem sich unmittelbar nähernden Pkw die Fahrbahn zu überschreiten und dabei trotz sofortigen Bremsens überfahren worden ist.[41]

Ein regelwidriger Sachverhalt liegt weiter vor, wenn einem betrunke- **427**
nen Fahrer von einem Radfahrer unter Mißachtung des Haltegebotes die Vorfahrt genommen wird.[42]

Der Anscheinsbeweis kann auch zu Lasten eines Mitfahrers sprechen, **428**

---

[35] BGH VersR 1965, 81; BGHZ 18, 311 = NJW 1956, 21 = JZ 1956, 28; OLG Koblenz VersR 1974, 1215; OLG Saarbrücken VersR 1974, 259; OLG Zweibrücken VersR 1977, 246; KG VerkMitt 1984, 36; VersR 1975, 52 = NJW 1975, 266 = DAR 1975, 41; OLG Hamm VersR 1986, 1185.

[36] OLG Hamburg VersR 1983, 236; OLG Karlsruhe VersR 1983, 292; LG Kiel VersR 1983, 123; OLG Köln VersR 1983, 50; LG München VersR 1984, 1060.

[37] OLG Schleswig VersR 1961, 841; vgl. dazu auch OLG Köln r+s 1986, 146 (Abkommen von der Fahrbahn bei Aquaplaning mit einer BAK von 0,86‰).

[38] OLG Hamm VRS Bd. 36, 112.

[39] OLG Hamburg VersR 1983, 236; OLG Karlsruhe VersR 1983, 292; Kiel VersR 1983, 123; OLG Köln VersR 1983, 50; LG München VersR 1984, 1060; LArbG Bremen AP § 286 ZPO Nr. 9.

[40] VersR 1983, 292.

[41] BGH VersR 1961, 620.

[42] BGH VersR 1963, 357.

der sich einem hochgradig betrunkenen Fahrer anvertraut.[43] In solchen Fällen ist jedoch oft zweifelhaft, ob die alkoholbedingte Fahruntüchtigkeit des Fahrzeuglenkers dem Mitfahrer ohne weiteres erkennbar war.[44]

429 Zur **Entkräftung** des Anscheinsbeweises reicht die abstrakte Möglichkeit, daß der Verkehrsunfall sich auch bei nüchternem Zustand ereignet hätte, zur Erschütterung des Anscheinsbeweises nicht aus.[45]Vielmehr bedarf es des Nachweises konkreter Tatsachen, die nahelegen, daß auch ein Nüchterner die Gefahrenlage bei Anwendung üblicher Sorgfalt und Aufmerksamkeit nicht hätte meistern können.[46] Nicht genügend ist dazu, daß auch einem Nüchternen in der Unfallsituation eine Unaufmerksamkeit hätte unterlaufen können. Erheblich ist dagegen das Versagen technischer Einrichtungen des Fahrzeugs oder plötzliche äußere Einwirkungen.

430 Hierbei reicht jedoch noch nicht die Darlegung aus, daß Wild die Straße überquert habe[47], ein Gegenstand auf der Straße gelegen habe[48] oder daß der Fahrer durch ein entgegenkommendes Fahrzeug geblendet worden sei.[49]

431 Selbstverständlich wird der Anscheinsbeweis nicht bereits durch einen bloß behaupteten Nachtrunk ausgeräumt.[50]

432 Ein Anscheinsbeweis für die Mitursächlichkeit des Alkoholgenusses bei einem Radfahrer scheidet aus, wenn dieser von hinten angefahren wird und vorschriftsmäßig rechts gefahren ist,[51] da dann auch ein nüchterner Radfahrer den Unfall nicht hätte vermeiden können (siehe dazu auch § 20 Rn. 346).

433 Wenn ein betrunkener Fußgänger auf der Fahrbahn von einem Kfz erfaßt und verletzt wird, ist prima facie davon auszugehen, daß seine Trunkenheit zumindest mitursächlich für den Unfall war, wenn ein nüchterner Fußgänger dieselbe Verkehrslage hätte meistern können.[52] Die Rechtsprechung entscheidet so jedenfalls in Fällen mit einer BAK von mehr als 1,7‰.[53]

434 Das OLG München[54] hat die Voraussetzungen für den Beweis des ersten Anscheins in einem Fall verneint, in dem ein betrunkener Fußgänger nachts

---

[43] LG Konstanz VersR 1969, 1132.

[44] Siehe dazu LG Köln VersR 1974, 1187.

[45] OLG Koblenz VersR 1991, 416.

[46] OLG Stuttgart VersR 1972, 826, (827) unter Hinweis auf BGH VersR 1957, 509; LG Tübingen VersR 1976, 268.

[47] OLG Frankfurt VersR 1981, 51.

[48] LArbG Bremen AP § 286 ZPO Nr. 9.

[49] LG Düsseldorf DAR 1954, 17.

[50] OLG Frankfurt VersR 1981, 51.

[51] BGH VersR 1964, 486. – Absolute Fahrunsicherheit bei 1,7‰ (BGH NJW 1986, 2650 = Rpfleger 1986, 401).

[52] BGH VersR 1956, 195 = VRS Bd. 10, 245; VersR 1964, 846; 1976, 729; 1976, 897 = MDR 1976, 654 = LM § 286 ZPO (C) Nr. 66; OLG Braunschweig VersR 1967, 1188; OLG Hamm VersR 1968, 86; 1977, 762; LG Münster VersR 1977, 127; LG Saarbrücken VersR 1977, 324.

[53] Vgl. BGH VersR 1976, 729; OLG Hamm VersR 1977, 762; OLG Koblenz VersR 1975, 514

[54] NJW-RR 1986, 253. Anders OLG München, Fußnote 56.

auf der rechten Fahrbahnseite einer Landstraße von hinten von einem Pkw erfaßt und verletzt worden war.

Zu bedenken ist dabei immer, daß bei Zusammenstößen von Kraftfahrzeugen mit Fußgängern **zwei Anscheinsbeweise zusammentreffen können:** Der für schuldhafte Verursachung durch den Kfz-Führer und der für ein (Mit)Verschulden des Fußgängers. So muß der Kraftfahrer, der mit einem erkennbar alkoholisierten Fußgänger kollidiert, den Beweis des ersten Anscheins für sein Alleinverschulden widerlegen. Hierzu genügt weder der Hinweis auf den erwiesenermaßen hohen Trunkenheitsgrad des Fußgängers noch auf dessen offensichtliche Unaufmerksamkeit beim Überqueren der Fahrbahn.[55] 435

Wird ein betrunkener Fußgänger, der sich außerhalb geschlossener Ortschaften am rechten Fahrbahnrand bewegt, von einem in derselben Richtung fahrenden Kfz erfaßt, so spricht dies prima facie nicht für eine über die Verletzung des Linksgehgebots hinausgehende weitere Verkehrswidrigkeit des Fußgängers, sondern dafür, daß der Kraftfahrer den Unfall verschuldet hat.[56] Nach der Lebenserfahrung soll nach OLG Zweibrücken[57] aus der Trunkenheit nicht auf weiteres verkehrswidriges Verhalten geschlossen werden können. 436

Zur **Entkräftung** des Anscheinsbeweises müssen Tatsachen dargelegt und bewiesen werden, die eine reale Möglichkeit dafür ergeben, daß der verunglückte Fußgänger die Gefahrenlage auch nüchtern gemeistert hätte. Die denkgesetzliche Möglichkeit, daß der Verunglückte denselben Unfall auch ohne Alkoholgenuß erlitten haben könnte, entkräftet den Anscheinsbeweis aber nicht, da sie immer besteht.[58] 437

Nach LG Münster[59] ist der gegen den Fußgänger sprechende Anscheinsbeweis, daß seine alkoholbedingte Bewußtseinsstörung unfallursächlich war, entkräftet, wenn der Kfz-Führer, durch den der Fußgänger getötet wurde, zur Zeit des Unfalls ebenfalls unter Alkoholeinfluß stand und absolut fahruntüchtig war. 438

Stürzt ein stark unter Alkoholeinfluß stehender **Treppenhausbenutzer** durch ein ungesichertes Seitenfenster, so ist prima facie anzunehmen, daß der Unfall durch die Alkoholbeeinflussung zumindest mitverursacht worden ist.[60] Wenn ein Mieter im Zustand der Trunkenheit auf einer ihm bekannten Treppe fällt, so trifft ihn, selbst dann, wenn das zu niedrige Treppengeländer mitursächlich für den Unfall gewesen ist, eine derartige Mitschuld an dem Unfall, daß eine Ersatzpflicht des Vermieters nach den Regeln des Anscheinsbeweises entfällt.[61] 439

Amtspflichtverletzung: Steht eine Amtspflichtverletzung fest und ein 440

---

[55] LG Köln VersR 1984, 796.

[56] OLG München NJW-RR 1986, 253 (anders OLG Frankfurt, Fußnote 54). OLG Zweibrücken VersR 1977, 1135.

[57] VersR 1977, 1135.

[58] OLG Hamm VersR 1968, 86; OLG Koblenz VersR 1991, 416.

[59] VersR 1977, 127.

[60] BGH VersR 1964, 2379.

[61] LG Göttingen VersR 1954, 439.

Schaden, der durch die Verletzung der dem Geschädigten gegenüber bestehenden Amtspflicht verursacht worden sein kann, so darf regelmäßig davon ausgegangen werden, daß der Geschädigte nicht den ursächlichen Zusammenhang zwischen Amtspflichtverletzung und Schadenseintritt zu beweisen braucht, sondern daß dem Schädiger der Beweis der Kausalität der Amtspflichtverletzung zu überlassen ist.

441 Bei Amtspflichtverletzung des **Notars** hilft dem Geschädigten ein Anscheinsbeweis in der Regel weiter.[62] Hat ein Notar eine gebotene Warnung unterlassen, so obliegt es ihm, zur Verneinung des ursächlichen Zusammenhangs besondere Umstände dafür darzulegen, daß derjenige, der ihn deswegen auf Schadensersatz in Anspruch nimmt, die gebotene Warnung nicht beachtet hätte. Die Erfahrung spricht nämlich dafür, daß der von einem Notar Gewarnte in der Regel die Warnung beherzigen wird. Nur bei Vorliegen besonderer Umstände, z. B. Geschäftserfahrung der Beteiligten, Kenntnis des Geschäftsrisikos, ist der Anscheinsbeweis erschüttert.[63]

442 Auf die Grundsätze des Anscheinsbeweises kann sich nicht berufen, wer zur Verursachung eines Schadens geltend macht, daß er bei pflichtgemäßem Verhalten eines Notars einen bestimmten Willensentschluß – Verwendung des freigewordenen Kapitals zum Aktienkauf – gefaßt hätte. Insoweit ist der Beweis nach § 287 ZPO zu beurteilen.[64]

443 Auch die Frage, ob die Fahrt eines Militär-Transportfahrzeugs hoheitlichen oder fiskalischen Zwecken gedient hat, läßt sich nicht mit Hilfe des Anscheinsbeweises beantworten.[65]

444 Verunglückt ein Verkehrsteilnehmer an einer Stelle, die sich in einem besonders verkehrsgefährdenden Zustand befand, dann spricht dies dafür, daß die Verletzung der **Verkehrssicherungspflicht** dafür ursächlich war. So kann ein Straßenbahnunternehmen bei Sturz eines Kraftradfahrers für die Gefährdung des Verkehrs durch eine Vertiefung im Bereich der in der Fahrbahnmitte verlegten Geleise haften.[66]

445 Der Sturz eines Fußgängers an einer erkennbar unebenen Stelle des Bürgersteigs rechtfertigt jedoch noch keinen Anscheinsbeweis dafür, daß eine gefährliche Vertiefung vorgelegen hat. Vielmehr muß der Verletzte weitere Umstände darlegen und beweisen, aus denen er einen Verstoß gegen Verkehrssicherungspflichten ableitet.[67] Auch die Häufung von Unfällen innerhalb einer Straße am Unfalltag läßt nach der Lebenserfahrung nicht auf das Vorhandensein schadhafter und nicht ausgebesserter Stellen schließen.[68]

446 Mit dem Nachweis, daß sich eine Straße allgemein in schlechtem Zustand befand, ist noch nicht der Kausalitätsnachweis auf den ersten Anschein zwischen einem Verstoß gegen Verkehrssicherungspflichten und einem be-

---

[62] BGH VersR 1960, 905.
[63] OLG Stuttgart DNotZ 1977, 48 = Justiz 1977, 237.
[64] BGH VersR 1961, 610.
[65] BGH NJW 1966, 1263.
[66] BGH VersR 1961, 236.
[67] OLG Frankfurt VersR 1979, 58.
[68] BGH VersR 1957, 108.

stimmten Unfall geführt.[69] Eine feine Sandschicht auf der Straße ist noch kein besonders verkehrsgefährdender Zustand; zudem müssen alle in den Verantwortungsbereich des Verunglückten fallenden Ursachen ausscheiden.[70]

Es gibt auch keinen Erfahrungssatz, der besagt, daß **Wasserrohrbrüche** auf fehlerhafter Errichtung oder mangelhafter Erhaltung des Rohrleitungssystems beruhen.[71] Wenn aber eine Stadt bei Errichtung einer Entwässerungsanlage einen Senkkastendeckel verwendet, der bei seitlichem Betreten umkippt, so spricht dies für ein Verschulden der Stadt bei der Bauausführung.[72] **447**

Anfahren vom Fahrbahnrand. Ereignet sich ein Unfall im fließenden Verkehr beim Anfahren vom Fahrbahnrand[73] oder beim Zurücksetzen aus einem Parkstreifen auf die Fahrbahn,[74] so spricht der erste Anschein für ein Verschulden des anfahrenden oder zurücksetzenden Fahrzeugführers. **448**

Anstellung: Bei einem wegen Unterschlagung und Untreue bestraften Angestellten spricht der erste Anschein dafür, daß er mit Rechtskraft des Strafurteils entlassen worden ist.[75] Die Lebenserfahrung spricht auch dafür, daß ein Handelsvertreter, der eine Nebentätigkeit ausübt, seine Vertretung vernachlässigt hat, wenn es zu einem Umsatzrückgang kommt.[76] **449**

Werden **ausländische Frauen** zu geringerem Entgelt als ihre männlichen ausländischen Kollegen eingestellt, so spricht dies nach der Rechtsprechung des BAG auf den ersten Anschein dafür, daß die geringere Bezahlung des Geschlechts wegen geschah.[77] **450**

Ist es üblich, daß die in einer Sandgrube beschäftigten Arbeiter eines Landwirts den Lkw-Fahrern, die Kies transportieren, beim Ankoppeln der Anhänger helfen, und wird ein Arbeiter bei ungeklärtem Verlauf zwischen Anhänger und Zugmaschine gequetscht, so spricht dies prima facie dafür, daß der Verunglückte beim Ankoppeln geholfen hat, also auch im Betrieb des Transportunternehmers tätig war.[78] **451**

Es gibt aber grundsätzlich keinen Erfahrungssatz dahingehend, daß ein Vorgesetzter seine **Aufsichts-, Überwachungs- und Belehrungspflichten** verletzt hat, wenn ihm nachgeordnete Arbeiter fehlerhaft arbeiten.[79] **452**

Aquaplaning: Bei starkem Regen muß jeder Kraftfahrer damit rechnen, daß er ins „Schwimmen gerät", weil seine Reifen die Bodenhaftung verlieren (Aquaplaning). Wer hierdurch ins Schleudern gerät, hat sich daher nach den **453**

---

[69] OLG Düsseldorf VRS Bd. 8, 107 = VersR 1955, 171.
[70] OLG Düsseldorf VersR 1981, 387.
[71] LG Heidelberg VersR 1977, 47.
[72] OLG Karlsruhe VersR 1954, 145.
[73] OLG Düsseldorf VersR 1977, 60; 1978, 852; KG VerkMitt 1984 Nr. 45.
[74] OLG Frankfurt VersR 1982, 1079.
[75] BAG AP § 286 ZPO Nr. 3.
[76] LAG Baden-Württemberg BB 1970, 127.
[77] BAG BB 1973, 728.
[78] OLG Neustadt VRS Bd. 11, 30.
[79] ArbG Berlin DB 1985, 927.

Regeln des Anscheinsbeweises schuldhaft verkehrswidrig verhalten.[80] Dieser Anscheinsbeweis kann von einem Fahrzeugführer, der infolge Aquaplanings in einer Linkskurve auf die Gegenfahrbahn geraten ist, nicht ohne weiteres mit der Behauptung widerlegt werden, bei Aquaplaning hätte die Fliehkraft den Wagen nach rechts aus der Kurve tragen müssen.[81]

454 **Arzt:** Der Schluß, daß der Arzt bei Mißlingen eines Eingriffs trotz einwandfreier sachlicher Voraussetzungen irgend etwas „schuldhaft falsch" gemacht haben müßte, läßt sich bei den komplizierten biologischen und physiologischen Abläufen im menschlichen Körper nicht prima facie beweisen.[82]

455 Hat jedoch der Arzt einen Behandlungsfehler verschuldet, der nach medizinischer Erfahrung typischerweise die eingetretenen Schäden zur Folge hat, oder hat die ärztliche Behandlung einen Schaden zur Folge, der nach medizinischer Erfahrung typischerweise auf einen schuldhaften Behandlungsfehler zurückzuführen ist, so greifen die Grundsätze des Anscheinsbeweises ein.[83] Der Arzt muß dann Tatsachen beweisen, die ernstlich nahelegen, daß die Möglichkeit eines anderen Ursachenzusammenhangs besteht. Zweifel an der Ursächlichkeit, die aus dem konkreten Geschehensablauf hergeleitet werden, vermögen die allgemeine Eignung eines festgestellten Behandlungsfehlers, einen konkreten Schaden herbeizuführen, nicht zu erschüttern.[84]

456 Kommen aber für den Gesundheitsschaden **mehrere Ursachen** in gleicher Weise in Betracht, so sind die Grundsätze über den Beweis des ersten Anscheins nicht anzuwenden. Es obliegt dann vielmehr dem Geschädigten der Nachweis, daß gerade der Umstand, aus dem er die Ersatzpflicht des Beklagten herleitet, für den Schaden ursächlich war.[85]

457 Wird nach einer **Operation** eine 16 cm lange und 8 cm breite Arterienklemme in der Bauchhöhle des Patienten zurückgelassen, so spricht der erste Anschein für ein Verschulden des operierenden Arztes.[86] Wurden nach einer Operation von einem anderen Arzt aus der Operationswunde Tamponreste

---

[80] OLG Düsseldorf VersR 1975, 160; vgl. aber OLG Köln r + s 1986, 146 (plötzlich auftretendes Aquaplaning nach Platzregen).

[81] OLG Hamm VRS Bd. 56, 46.

[82] BGH VersR 1965, 792 = DB 1965, 1399 (Verbrennungen nach Benutzen eines elektrischen Schneidegeräts); OLG Düsseldorf NJW 1975, 595; Beispiele dafür, um welch spezielle Materien es sich handelt: Zum Anscheinsbeweis für den ursächlichen Zusammenhang zwischen einer Kathederangiographie des Aortenbogens und der rechten Carotis interna und einer mehrere Stunden danach eintretenden Querschnittslähmung siehe OLG Stuttgart VersR 1983, 278; zum Anscheinsbeweis beim Eintritt einer ausgedehnten Gewebenekrose nach intraglutaealer Injektion eines gefäßtoxischen Medikaments siehe OLG Düsseldorf VersR 1984, 241; zum Anscheinsbeweis, wenn es bei einer Leberblindpunktion zur Perforation der Gallenblase kommt siehe OLG Celle VersR 1976, 1178 = MDR 1977, 410 = OLGZ 1977, 221.

[83] BGH VersR 1956, 499; OLG Celle VersR 1976, 1178; OLG Zweibrücken MedR 1983, 68.

[84] BGH VersR 1968, 498.

[85] BGH VersR 1961, 725 (Schaffung besonderer Ansteckungsgefahr durch Nebenpatienten).

[86] BGH LM § 286 ZPO (C) Nr. 15.

entfernt und steht fest, daß in der Zwischenzeit kein dritter Arzt die Wunde behandelt hat, so ist davon auszugehen, daß der operierende Arzt bei der Operation Tampons verwandt und die Tamponreste in der Wunde zurückgelassen hat.[87] Jedoch läßt das Zurückbleiben eines Mulltupfers in der Operationswunde nicht schlechthin den Anscheinsbeweis für eine Verletzung ärztlicher Sorgfaltspflicht zu; es kommt auf die Umstände des Einzelfalles an.[88]

Wenn ein **Gipsverband,** der zur Heilung eines Beinbruchs angelegt worden ist, auch nach dem Auftreten von Durchblutungsstörungen nicht alsbald gespalten wird, so ist der hierin liegende ärztliche Behandlungsfehler nach den Grundsätzen des Anscheinsbeweises für eine später eintretende Nekrose und die daran anschließende notwendige Amputation als ursächlich anzusehen.[89] Auch eine Nervschädigung durch Anlegen eines Gipsverbandes spricht nach der Lebenserfahrung für einen ärztlichen Kunstfehler.[90] **458**

Es gibt jedoch keinen Erfahrungssatz, daß aus dem Tod eines Patienten anläßlich einer **intravenösen Injektion** geschlossen werden muß, der Arzt habe die Injektion nach vorangegangener Übelkeit des Patienten fortgesetzt.[91] **459**

Wenn bei Impfschäden die Wahrscheinlichkeit des ursächlichen Zusammenhangs zwischen Impfung und aufgetretenen Körperschäden prima facie als gegeben anzusehen ist, muß sich der Geschädigte auf Verlangen zum Nachweis, daß der ursächliche Zusammenhang in Wahrheit nicht besteht, einer klinischen Untersuchung unterziehen.[92] **460**

Der Umstand allein, daß in einer Arztpraxis nach Verabreichung von Injektionen bei Patienten Infektionen aufgetreten sind, führt noch nicht zur Annahme eines ursächlichen ärztlichen Verschuldens prima facie.[93] Setzt jedoch beim Patienten während oder sofort nach Verabreichung einer Injektion eine Lähmung ein, so ist nach medizinischer Erfahrung auf eine schuldhaft unsachgemäße Injektion zu schließen.[94] **461**

Erkrankt ein Patient nach einer **Bluttransfusion** an Lues und stellt sich später heraus, daß die Spenderin lueskrank ist, so spricht dies – soweit keine andere Ansteckungsmöglichkeit ernsthaft in Frage kommt – prima facie dafür, daß die Erkrankung auf die Bluttransfusion zurückgeht.[95] **462**

Erkrankt ein anfälliger Krankenhauspatient an Tbc, nachdem er fortgesetzt mit einem an Tbc erkrankten und hoch ansteckungsfähigen Mitpatien- **463**

---

[87] BGH VersR 1956, 577. Siehe dazu auch oben § 22 Rn. 292.
[88] BGH VersR 1957, 786; LG Köln VersR 1964, 392.
[89] BGH VersR 1961, 613.
[90] OLG Zweibrücken MedR 1983, 68.
[91] LG Berlin VersR 1954, 243; siehe auch LG Lübeck VersR 1967, 69. Literatur zum Anscheinsbeweis bei Injektionsschäden: Jaeger VersR 1989, 993; 1990, 717; Ludolph/Hierholzer VersR 1990, 716.
[92] OLG Hamm JMBlNRW 1955, 269.
[93] OLG München NJW 1985, 1403.
[94] BGH VersR 1957, 336; 1961, 1118; LG Lübeck VersR 1967, 69. – Zum Nachweis prima facie der Ursächlichkeit einer Impfung für eine seltene Knochenmarkseiterung siehe OLG Oldenburg VersR 1957, 683.
[95] BGH VersR 1957, 252; vgl. auch BGH VersR 1954, 718.

ten in Berührung gekommen ist, so spricht die Lebenserfahrung dafür, daß der Mitpatient den anderen angesteckt hat.[96]

464 Erkranken zahlreiche Patienten eines Zahnarztes, der infektiös im Sinne Sinne eines Dauerabscheiders ist, an Hepatitis B, so spricht der Beweis des ersten Anscheins dafür, daß der einzelne Patient sich beim Zahnarzt infiziert hat; das gilt jedenfalls dann, wenn der Zahnarzt rissige Hände hatte und zeitweise mit ungeschützten Händen arbeitete.[97]

465 Behandelt ein Zahnarzt einen Patienten mit einer ungesicherten Nervnadel, die der Patient verschluckt, dann spricht dies nach dem Ablauf des Geschehens für ein Verschulden des Zahnarztes.[98]

466 Der Eintritt einer Schwangerschaft im zeitlichen Anschluß an eine Tubensterilisation rechtfertigt nicht den Beweis des ersten Anscheins für das Vorliegen eines ärztlichen Kunstfehlers.[99] Auch zwischen der Inkubatorbehandlung eines Neugeborenen und dessen anschließender Erkrankung an retrolentaler Fibroplasie besteht kein prima facie anzunehmender Kausalzusammenhang.[100]

467 Wird in einer Klinik eine Entbindung ohne ärztlichen Beistand durchgeführt und stellt sich später eine Schädigung des Schulternervenstranges heraus, so spricht der erste Anschein dafür, daß die Schädigung durch Anwendung der aus ärztlicher Sicht gebotenen ärztlichen Geburtshilfemaßnahmen vermieden worden wäre.[101]

468 Im Kunstfehlerprozeß wird auch mit einer **Umkehr der Beweislast** gearbeitet. Bei vorsätzlichem oder grob fahrlässigem Verhalten soll nach dem BGH[102] nicht nur der Anscheinsbeweis, sondern die Beweislastumkehr möglich sein. Diese Problematik wird hier nicht mitbehandelt. Instruktiv dazu ist das Buch von Edgar Hofmann, Die Umkehr der Beweislast in der Kausalfrage, 1972.

469 **Auffahren:** Fährt ein Kfz auf ein vorausfahrendes Kfz auf, dann spricht der Beweis des ersten Anscheins dafür, daß der Auffahrende die im Verkehr erforderliche Sorgfalt nicht beachtet hat.[103] Er hat entweder keinen ausreichenden Sicherheitsabstand eingehalten oder er ist zu schnell gefahren oder er hat auf eine Geschwindigkeitsverminderung des Vorausfahrenden zu spät reagiert.[104]

---

[96] BGH VersR 1960, 416.

[97] OLG Köln NJW 1985, 1402.

[98] OLG Nürnberg MDR 1953, 483. Siehe dazu auch oben § 20 Rn. 347.

[99] OLG Düsseldorf VersR 1985, 457.

[100] OLG Hamm VersR 1983, 885.

[101] OLG Bremen VersR 1979, 1060.

[102] VersR 1956, 499; siehe auch BGH VersR 1978, 82 (keine Beweislastumkehr, wenn Mißerfolg der Behandlung auf der Mangelhaftigkeit eines medizinischen Geräts beruht).

[103] BGH VersR 1954, 288; 1969, 900; KG VersR 1962, 991; OLG Nürnberg VersR 1967, 762; OLG Oldenburg VersR 1992, 110; OLG Karlsruhe Justiz 1986, 90; LG Hildesheim NJW-RR 1986, 253.

[104] Siehe z. B. OLG Hamm VersR 1972, 1033; OLG Celle VersR 1974, 496; OLG Düsseldorf 1975, 956; OLG Bremen VersR 1976, 545; KG VersR 1978, 155 = DAR 1977, 20; OLG Karlsruhe Justiz 1986, 90.

Dieser Anscheinsbeweis zu Lasten des Auffahrenden gilt grundsätzlich in allen Verkehrssituationen, beispielsweise auch in den Fällen, in denen ein **Anhalten des Vordermannes** für das Auffahren mitursächlich geworden ist, wenn dieses Anhalten einer auch dem Nachfolgenden erkennbaren Verkehrspflicht des Vorausfahrenden entsprach, z. B. beim Anhalten vor dem zweiten Lichtsignal einer Ampel nach Einsetzen der Gelbphase.[105] **470**

Er gilt auch, wenn ein nachmittags am Straßenrand geparkter Tiefbauschlepper gegen Mitternacht fahrerlos rückwärts auf einen parkenden Pkw auffährt; dann wird prima facie vermutet, daß der Schlepper nicht hinreichend gesichert oder nicht verkehrssicher war.[106] **471**

Er gilt dagegen nicht, wenn ein Kraftwagen auf ein vor ihm befindliches Kfz seitlich auffährt, das sich gerade beim Abbiegen nach rechts in ein Grundstück befindet;[107] nach LG Düsseldorf[108] auch nicht beim Ausfahren aus dem Kreisverkehr, ferner dann nicht, wenn unaufklärbar ist, ob das erste Fahrzeug zurückgesetzt oder das zweite aufgefahren ist, denn einen Anscheinsbeweis für die Tatsache des Auffahrens selbst gibt es nicht.[109] **472**

Der Anscheinsbeweis für Auffahrunfälle gilt auch für das Fahren auf der **Autobahn,**[110] selbst bei Auffahren auf ein unbeleuchtetes Hindernis.[111] Er kann beispielsweise durch den Nachweis entkräftet werden, daß es auf der Autobahn morgens infolge plötzlicher Nebelbildung zu einer Massenkarambolage gekommen ist[112] oder der Auffahrende durch mißverständliche Warnzeichen eines plötzlich von der falschen Seite die Fahrbahn betretenden Fahrers eines Unfallwagens abgelenkt worden ist[113] oder der Vordermann sich, plötzlich ausscherend und gleichzeitig bremsend, in den Fahrweg des Auffahrenden gezwängt hat[114] und dgl. In solchen Fällen kann jedoch die Betriebsgefahr des Auffahrenden zu einer Mithaftung führen.[115] **473**

Fährt ein auf der **Überholspur** herannahender Wagen mit der rechten Vorderseite gegen die linke Hinterseite eines die Normalspur benutzenden Wagens, dann stützt dies nicht den Anscheinsbeweis für einen unmotivierten **474**

---

[105] BGH VersR 1969, 859. Vgl. zur Quotierung in diesem Fall OLG Düsseldorf VersR 1978, 331.

[106] OLG Köln MDR 1974, 754. Abdruck auch unten in § 51.

[107] OLG Celle MDR 1966, 843; 1978, 964; OLG Bremen VersR 1976, 571; OLG Hamburg VersR 1968, 975; OLG Oldenburg NZV 1991, 428 (Fahrad).

[108] VersR 1969, 865.

[109] OLG Köln NJW-RR 1986, 773 = VersR 1986, 668; LG Köln NZV 1991, 476. Zum **Begegnungsverkehr** auf der linken Fahrspur siehe BGH VersR 1986, 343 = NJW-RR 1986, 383; OLG Düsseldorf VersR 1988, 1190; OLG Karlsruhe Justiz 1988, 154; OLG Hamm NVZ 1990, 189.

[110] OLG Frankfurt VersR 1973, 719; OLG Köln VersR 1970, 91; 1971, 945; OLG Karlsruhe Justiz 1986, 90.

[111] OLG Zweibrücken VersR 1971, 575; OLG Celle VersR 1986, 450; siehe auch das Stichwort „Beleuchtungsvorschriften“.

[112] OLG Köln VersR 1973, 322 = MDR 1973, 321.

[113] OLG Zweibrücken VersR 1971, 575.

[114] OLG Celle VersR 1975, 265; OLG Düsseldorf VersR 1976, 298; OLG Köln VersR 1991, 1195; KG VerMitt. 1992, Nr. 31.

[115] OLG Düsseldorf VersR 1977, 160.

Fahrspurwechsel des Rechtsfahrenden.[116] Dagegen kann der Anscheinsbeweis nicht mit der Darlegung entkräftet werden, die Sicht auf das vorausfahrende Fahrzeug sei vorübergehend durch eine von Auspuffgasen gebildete Kondenswolke behindert worden.[117]

475 Fährt ein Kraftfahrer auf der **Autobahn bei Dunkelheit** auf ein langsam vorausfahrendes beleuchtetes Kraftfahrzeug auf, so spricht der Beweis des ersten Anscheins eindeutig für Verschulden; dies gilt auch bei Kolonnenfahrten.[118] Daß die unzureichende Sicherung eines haltenden Fahrzeugs ursächlich für den Zusammenstoß gewesen ist, muß so lange angenommen werden, wie nicht besondere Umstände dargetan sind, die den Schluß nahelegen, der nachfolgende Kraftfahrer hätte das nachts auf der Autobahn haltende Fahrzeug in jedem Fall angefahren.[119]

476 Die Regeln des Anscheinsbeweises gelten nur eingeschränkt, wenn eine **Straßenbahn** auf ein Kfz auffährt. Die Lebenserfahrung, die bei einem derartigen Unfallgeschehen für ein Verschulden eines Kfz-Führers spricht, kann für den Straßenbahnführer nicht gelten. Die Straßenbahn ist schienengebunden, hat einen erheblich längeren Anhalteweg, und der Straßenbahnführer darf darauf vertrauen, daß die für Straßenbahnen eingeräumten Vorrechte von Kfz-Führern beachtet werden.[120] Ein Anscheinsbeweis scheidet daher aus, wenn feststeht, daß ein Kfz-Führer kurz nach Wechsel auf die Fahrbahn der Straßenbahn sein Fahrzeug bis zum Stillstand abgebremst hat und es deshalb zum Auffahrunfall gekommen ist.[121]

477 Ein Anscheinsbeweis ist nur dann möglich, wenn besondere Umstände vorliegen, die unter Berücksichtigung der Eigenarten und Betriebsbedingungen der Straßenbahn einen typischen Geschehensablauf ergeben, der nach der Lebenserfahrung auf ein unfallursächliches Verschulden des Straßenbahnführers hinweist. Dies kann z. B. dann der Fall sein, wenn ein Kfz weithin als Hindernis auf den Schienen zu sehen war[122] oder beim Auffahren im Kolonnenverkehr.[123] Die bloße Möglichkeit, daß die Strombremse der Bahn versagt haben könnte, reicht nicht zur Entkräftung des Anscheinsbeweises aus.[124]

478 Die Regeln des Anscheinsbeweises werden auch angewandt, wenn der Auffahrende zuvor von dem Vorausfahrenden **überholt** worden ist und es daraufhin zum Zusammenstoß kommt. Begründet wird dies damit, daß es keinen Erfahrungssatz gebe, wonach jeder Überholvorgang eine unzulässige

---

[116] OLG Hamburg VersR 1975, 911.
[117] OLG München VersR 1967, 691.
[118] BGH VersR 1964, 263; OLG Hamburg DAR 1965, 301; OLG Köln VersR 1962, 947; 1970, 91; LG Stuttgart VersR 1966, 149.
[119] BGH VersR 1956, 409.
[120] OLG Düsseldorf VRS Bd. 68, 35; VersR 1969, 334; 1976, 499; 1988, 90; OLG Hamburg VersR 1975, 475; zu einem Ausnahmefall siehe BGH VersR 1958, 626.
[121] OLG Düsseldorf VRS Bd. 68, 35; OLG München VersR 1967, 167; vgl. auch OLG Hamburg VersR 1975, 475.
[122] BGH VersR 1958, 626.
[123] OLG Düsseldorf VersR 1969, 335.
[124] BGH VersR 1958, 626.

Verkürzung des Bremsweges des überholten Fahrzeugs bedinge.[125] Der Anscheinsbeweis entfällt jedoch, wenn der Fahrstreifenwechsel und das Einschwenken so dicht vor dem überholten Verkehrsteilnehmer erfolgt ist, daß mit der Unvermeidbarkeit des Auffahrens gerechnet werden mußte,[126] z. B. wenn ein Fahrzeug nach dem Überholen alsbald abbremst, um rechts abzubiegen und deshalb das überholte Fahrzeug trotz Sofortbremsung noch auffährt.[127]

Ferner findet der Anscheinsbeweis keine Anwendung, wenn feststeht, daß **479**
der Vorausfahrende innerhalb einer Strecke von ca. 100 m vor einer Lichtzeichenanlage auf die linke Fahrspur des Auffahrenden übergewechselt ist.[128] Das OLG Köln[129] geht sogar so weit, anzunehmen, falls der Überholende erst kurz vor dem Auffahren des nachfolgenden Fahrzeugs auf die linke Spur übergewechselt sei, werde nicht nur der Beweis des ersten Anscheins für ein Verschulden des Auffahrenden erschüttert, sondern spreche sogar ein Anscheinsbeweis für ein Verschulden des Überholenden. Dieser müsse dann die ernsthafte Möglichkeit nachweisen, daß der Auffahrunfall durch leichtes Bremsen vermieden worden wäre.

Gleiches gilt, wenn der vorfahrtsberechtigte Benutzer eines BAB-Zubrin- **480**
gers auf ein Fahrzeug auffährt, das kurz vor ihm auf den Zubringer eingefahren ist. Auch dann spricht der erste Anschein nicht für ein Verschulden des Auffahrenden,[130] sondern allenfalls für eine schuldhafte Vorfahrtsverletzung des in die Autobahn einfahrenden Kfz-Führers.[131]

Bei einem **Wendemanöver** ist das Verschulden des Wendenden bejaht **481**
worden, der in eine Fahrbahn eingeschert war, sein Fahrzeug zunächst beschleunigt und kurz darauf wieder abgebremst hatte, um nach links abzubiegen. Daraus ist nach den Regeln des Anscheinsbeweises gefolgert worden, daß der Wendende nicht die gebührende Rücksicht auf den fließenden Verkehr genommen habe.[132] Aber das hätte sich auch konkret feststellen lassen.

Ob der Anscheinsbeweis beim Auffahrunfall für ausschließliche Verursa- **482**
chung oder nur für Mitverursachung des Auffahrenden spricht, muß von Fall zu Fall entschieden werden. Insoweit gibt es keine allgemeingültigen Regeln.[133]

Sehr umstritten ist die Frage des Anscheinsbeweises bei **Kettenzusam-** **483**

---

[125] LG Köln VersR 1974, 505.

[126] OLG Düsseldorf VersR 1983, 40; KG VRS Bd. 65, 189 = VerkMitt 1983 Nr. 99; OLG Nürnberg VersR 1977, 1016; AG Hanau VersR 1979, 194.

[127] OLG Bremen VersR 1976, 571.

[128] OLG Nürnberg VersR 1977, 1016; LG Hildesheim NJW-RR 1986, 253; AG Hanau VersR 1979, 194.

[129] VersR 1978, 143.

[130] BGH VersR 1982, 672 = MDR 1982, 841 = NJW 1982, 1595 = DB 1982, 1403 = VRS Bd. 63, 10 = VerkMitt 1982 Nr. 67.

[131] LG Köln VersR 1974, 1008.

[132] OLG Hamburg VersR 1972, 74.

[133] OLG Düsseldorf VersR 1976, 545; OLG Köln DAR 1976, 134; OLG Karlsruhe VRS Bd. 77, 100.

menstößen. Nach Auffassung des LG Düsseldorf[134] spricht kein Anscheinsbeweis für das Verschulden des Letztfahrenden. Überwiegend wird jedoch für jeden Auffahrenden in der Kette ein Anscheinsbeweis für möglich gehalten.[135]

484 Nach OLG Nürnberg[136] hat der in der Kette zweite Fahrer die tatsächliche Vermutung, daß er seinem Vordermann aufgefahren sei, bereits dadurch entkräftet, daß ihm ein nachfolgendes Fahrzeug aufgefahren ist. Der danach Auffahrende (in der Kette der Dritte) kann den für sein Verschulden sprechenden Anscheinsbeweis oder ein Mitverschulden des Angefahrenen nicht schon dadurch entkräften, daß er sich darauf beruft, der Angefahrene sei mit seinem Vordermann zusammengestoßen. Der zuletzt Auffahrende muß vielmehr beweisen, daß der Zusammenstoß des zweiten mit dem ersten Fahrer in der Kette vor der eigenen Kollision stattgefunden hat, der in der Mitte befindliche Fahrer also nicht etwa aufgeschoben worden ist.[137]

485 Das OLG Hamburg[138] hat in einer Entscheidung zum Autobahnverkehr die Auffassung vertreten, bei Reihenzusammenstößen nach Eintritt der Dunkelheit spreche der Anscheinsbeweis nicht nur dafür, daß der auffahrende Fahrer das Auffahren auf das erste Fahrzeug verschuldet habe, sondern auch für die Schuld daran, daß der zweite in der Kette von einem nachfolgenden Fahrzeug angefahren worden sei.

486 Beim **Anfahren am Berg** spricht der Anscheinsbeweis im Falle einer Kollision dafür, daß der vordere Wagen zurückgerollt ist.[139]

487 Die **Erschütterung des Anscheinsbeweises** bei Auffahrunfällen setzt regelmäßig mehr voraus als den Beweis, daß der Vordermann seinerseits mit Rücksicht auf eine besondere Verkehrssituation abgebremst hat.[140] Denn auch verkehrswidriges Verhalten des Vorausfahrenden entbindet den Hintermann nicht von der Verpflichtung, den gebotenen Sicherheitsabstand einzuhalten, seine Geschwindigkeit der Verkehrslage anzupassen und auf Hindernisse vorbereitet zu sein.[141]

488 Erschüttert ist der Anscheinsbeweis, wenn feststeht, daß der Vordermann auf einer weithin übersichtlichen Strecke plötzlich ohne Grund abgebremst hat, weil er Kupplung und Bremse miteinander verwechselt hat.[142] Dem nachfolgenden Fahrer ist dann eine Schreckzeit zuzubilligen, weil er mit einem solchen Verhalten auch bei sorgfältiger Fahrweise nicht zu rechnen brauchte. Besonders im Stadtverkehr, bei dem regelmäßig mit verkürztem Sicherheitsabstand gefahren wird, kann im Hinblick auf diese besondere

---

[134] VersR 1963, 761.
[135] OLG Düsseldorf DAR 1977, 186; OLG Karlsruhe VersR 1982, 1150 (eingeschränkte Geltung bei den Fahrzeugen innerhalb der Kette).
[136] DAR 1982, 329.
[137] OLG Zweibrücken PersVerk 1977, 8.
[138] VersR 1967, 478.
[139] AG Bonn VersR 1975, 528.
[140] OLG Köln DAR 1976, 134.
[141] OLG Karlsruhe VersR 1976, 1140.
[142] OLG Köln VersR 1974, 761; LG Stuttgart VersR 1975, 165.

Verkehrssituation eher eine Entlastung des Auffahrenden in Betracht kommen.[143]

489 Für die volle Haftung des Auffahrenden spricht der Beweis des ersten Anscheins jedoch immer dann, wenn mit dem Abbremsvorgang zu rechnen war, z. B. auch der nachfolgende Fahrer einen Wildwechsel erkannt hat,[144] oder damit zu rechnen war, daß der Vorausfahrende wegen eines Anhalters abbremste.[145]

490 Entkräftet ist der Anscheinsbeweis weiterhin, wenn sich das Fahrzeug des Vorausfahrenden infolge grob fahrlässigen Verhaltens quergestellt hat oder bei ordnungsgemäßem Abstand und zulässiger Geschwindigkeit ein rechtzeitiges Bremsen nicht mehr möglich gewesen ist,[146] oder wenn der Auffahrende ausschließlich durch Schleudern auf einer Ölspur oder Seitenwind aus der Spur gekommen ist.[147] Auch Fahrzeugdefekte können einen atypischen Geschehensablauf ergeben, z. B. Versagen des Bremssystems[148] oder der Lichtanlage.[149]

491 Stets ist darauf zu achten, daß die Beweisregeln des ersten Anscheins auch bei Auffahrunfällen unanwendbar sind, wenn der konkrete Hergang des Unfalls festgestellt werden kann, etwa weil zuverlässige Zeugen ihn beobachtet haben.[150]

492 **Badeanstalt:** Es ist ein durchaus üblicher Ablauf, daß beim Kopfsprung in zu flaches Wasser das Aufschlagen des Kopfes auf den Grund zu lebensgefährlichen Verletzungen führt. Diese sich nach der Lebenserfahrung aufdrängende Erklärung für eine Todesursache kann nicht schon durch eine ärztliche Begutachtung erschüttert werden, die auf die Möglichkeit einer latenten Rückenmarkserkrankung und ihr Auslösen durch das Aufschlagen des Körpers auf die Wasseroberfläche hinweist.[151]

493 Versinkt ein Nichtschwimmer lautlos in einer Badeanstalt an einer Stelle, die gefährlich tief ist, so spricht der Beweis des ersten Anscheins dafür, daß der eingetretene Tod auf diese Tiefe zurückzuführen ist.[152]

494 Fällt in einer Wannenbadeanstalt ein Heißwasserventil bei Berührung heraus und erleidet der Badegast dadurch Verbrühungen, so spricht der Anschein für ein ursächliches Verschulden des Inhabers der Badeanstalt.[153]

495 Ist ein vor dem Badebecken eines Freibads gelegenes Durchschreitebecken etwa vier Stunden nach Öffnung des Bades verschlammt und gefährlich glitschig, so spricht der erste Anschein dafür, daß der verkehrswidrige

---

143 Siehe OLG Bremen VersR 1977, 158.
144 AG Singen VersR 1977, 629.
145 LG Amberg VersR 1979, 1130.
146 OLG Hamm VersR 1981, 788.
147 OLG Hamburg VersR 1980, 1171.
148 BGH VersR 1963, 95.
149 Vgl. BGH VersR 1964, 621.
150 OLG Köln VersR 1977, 939 = JMBlNRW 1978, 22 = VRS Bd. 53, 255.
151 BGH VersR 1957, 521.
152 BGH NJW 1954, 1119 mit abl. Anm. Wassermeyer = VersR 1954, 143. Siehe auch BGH VersR 1965, 713.
153 OLG Bremen VersR 1953, 340.

Zustand auf die Unterlassung gebotener Reinigung und auf eine Nachlässigkeit des Bademeisters zurückzuführen ist.[154]

496 **Bahnübergang:** Der erste Anschein spricht dafür, daß der Fahrer, der an einem ordnungsgemäß gekennzeichneten Bahnubergang mit einer Eisenbahn zusammenstößt, den Zusammenstoß durch grobe Fahrlässigkeit verschuldet hat.[155] Schließen die Schranken rechtzeitig und ordnungsgemäß, so ist davon auszugehen, daß ein Verunglückter nicht ohne sein Verschulden zwischen Schranken und Schienen vom Zug erfaßt werden konnte.[156]

Unterläßt ein Lokführer vor einem unbeschrankten Bahnübergang das vorgeschriebene Pfeifsignal und ereignet sich anschließend ein Unfall, so ist hingegen im Regelfall davon auszugehen, daß der Verstoß gegen die Signalordnung mitursächlich für den Unfall war.[157]

497 **Bauarbeiten:** Bricht in einem Neubau elf Wochen nach der Errichtung einer Decke ohne ersichtlichen Anlaß ein größeres Stück aus ihr heraus, so spricht der Beweis des ersten Anscheins für eine schuldhaft fehlerhafte Errichtung.[158]

498 Wird bei Betonarbeiten die vorgeschriebene Qualität des Betons erheblich unterschritten, so spricht ein typischer Geschehensablauf dafür, daß die Überwachung mangelhaft war.[159]

499 Wenn ein Dach, dessen Konstruktion auf einer unrichtigen statischen Berechnung beruht, durch einen starken Sturm abgedeckt wird, spricht der Beweis des ersten Anscheins für die Mitursächlichkeit des Konstruktionsfehlers.[160]

500 Wenn innerhalb kurzer Zeit nach Abnahme von Isolierungsarbeiten feuchte Stellen auftreten, spricht dies prima facie dafür, daß dies auf Mängel zurückzuführen ist, die bereits im Zeitpunkt der Abnahme vorlagen.[161]

501 **Beleuchtungsvorschriften:** Der Beweis des ersten Anscheins spricht dafür, daß derjenige, der gegen Beleuchtungsvorschriften verstoßen hat, eine Bedingung für den nachfolgenden Unfall gesetzt hat.[162] Voraussetzung des Verstoßes ist, daß sich der Unfall nach Hereinbrechen der Dunkelheit ereignet hat.[163]

502 Fährt ein **Kraftfahrer** auf ein **unbeleuchtetes Hindernis** auf, dann spricht der erste Anschein für eine schuldhafte Fahrweise, und zwar entweder dafür, daß der Auffahrende zu schnell gefahren ist, oder dafür, daß er es an der erforderlichen Aufmerksamkeit hat fehlen lassen,[164] selbst wenn sich das unbeleuchtete Hindernis, z. B. ein abgestellter Pkw, kurz hinter einer Kurve

---

[154] BGH VersR 1960, 944.
[155] OLG Oldenburg DAR 1964, 111.
[156] BGH LM § 1 HaftpflichtG Nr. 11.
[157] BGH LM § 17 StVG Nr. 13.
[158] BGH VersR 1958, 107 = MDR 1958, 326.
[159] BGH Schäfer/Finnern/Hochstein Z. 3.00.
[160] BGH VersR 1965, 812.
[161] BGH Schäfer/Finnern/Hochstein Z. 2.414.
[162] BGH VersR 1964, 296; OLG Düsseldorf VersR 1975, 143; DAR 1976, 215.
[163] BGH VersR 1967, 178; vgl. auch OLG Düsseldorf VersR 1975, 143.
[164] BGH MDR 1960, 42; VersR 1963, 1026; VersR 1972, 1067.

befunden hat.[165] Dieser Anscheinsbeweis gilt erst recht bei Auffahren auf schlecht oder nicht ausreichend beleuchtete Fahrzeuge, da diese besser als unbeleuchtete zu erkennen sind.[166]

Fährt ein Pkw bei Dunkelheit auf ein unbeleuchtetes Kleinkraftrad auf, so 503
spricht die Lebenserfahrung dann nicht für mangelnde Aufmerksamkeit des Pkw-Fahrers, wenn nach der Sachlage davon auszugehen ist, daß das Kraftrad kurz vor dem Pkw plötzlich nach links abgebogen und so erst in dessen Richtung gelangt ist.[167]

Bei völlig unbeleuchtetem Fahrzeughindernis spricht der erste Anschein 504
allerdings auch für ein Mitverschulden (Mitursächlichkeit) des Inhabers des unbeleuchteten Fahrzeugs.[168] Auch wenn ein Kraftfahrer bei Dunkelheit auf einen Lastzuganhänger auffährt, der sich beim Zurücksetzen der Zugmaschine quergestellt und die Gegenfahrbahn versperrt hat, spricht der Beweis des ersten Anscheins für ein Mitverschulden des Auffahrenden.[169]

Wird ein Kraftfahrzeug zur Nachtzeit von einem vorfahrtsberechtigten 505
Kraftfahrer ohne Benutzung der Beleuchtungseinrichtungen geführt, so spricht bei einem Zusammenstoß mit einem von einem wartepflichtigen Kraftfahrer geführten Fahrzeug der Beweis des ersten Anscheins dafür, daß der Unfall von dem Vorfahrtsberechtigten schuldhaft verursacht worden ist.[170] Das gleiche gilt dann, wenn ein Kraftfahrer bei Dunkelheit trotz Ausfalls der Lichtanlage weiterfährt und einen Unfall verursacht.[171]

Betriebsnachfolge: Legt der Arbeitnehmer dar, daß der in Anspruch 506
genommene Betriebserwerber die wesentlichen Betriebsmittel bei Einstellung des Geschäftsbetriebes des bisherigen Geschäftsinhabers verwendet, um einen gleichartigen Betrieb zu führen, spricht der Beweis des ersten Anscheins dafür, daß dies auf Grund eines Rechtsgeschäfts iSd § 613a BGB geschieht.[172]

Brand: Wenn Vorschriften zur Brandverhütung verletzt worden sind 507
und an der Einrichtung, an der die Vorschriften nicht eingehalten wurden, ein Brand ausbricht, so weist dieses Geschehen auf die Verletzung der Vorschriften als Brandursache.[173] Die erhebliche Unterschreitung der für die Aufstellung von Öfen in der Nähe von freiem Holzwerk vorgeschriebenen Sicherheitsabstände läßt deshalb bei Entstehen eines Brandes nach den Regeln des Anscheinsbeweises darauf schließen, daß die Brandursache in der vorschriftswidrigen Aufstellung des Ofens und einer hierdurch hervorgerufenen Entzündung von Holzteilen durch übermäßige Wärmeaus-

---

[165] OLG Karlsruhe VersR 1968, 1196.
[166] OLG Stuttgart VRS Bd. 21, 89.
[167] BGH VersR 1960, 1118.
[168] BGH VersR 1958, 532; OLG Hamm VersR 1976, 299.
[169] BGH VersR 1966, 567.
[170] KG VersR 1983, 839 = VRS Bd. 64, 172.
[171] BGH VersR 1964, 621.
[172] BAG NJW 1986, 454 = NZA 1985, 736.
[173] BGH VersR 1957, 454; 1985, 63 = MDR 1984, 221 = BauR 1984, 80 = Schäfer/Finnern/Hochstein Nr. 3 zu § 286 ZPO; BayObLG VersR 1976, 788 = MDR 1976, 45; OLG Düsseldorf BauR 1993, 233 = r + s 1993, 138.

strahlung zu suchen ist, vor allem, wenn der Brand auch noch in unmittelbarem zeitlichen und örtlichen Zusammenhang mit den Arbeiten ausbricht.[174]

508 Der Ausbruch eines Brandes nach der Vornahme von **Schweißarbeiten** deutet nach der Erfahrung des Lebens auch dann auf die Schweißarbeiten als Brandursache hin, wenn der Brand erst viele Stunden nach Beendigung dieser Arbeiten hervorgetreten ist.[175] Bei Entzündung brennbaren Materials in unmittelbarer Nähe eines Ortes, an dem Arbeiten mit Gasbrennern durchgeführt werden, ist nach den Grundsätzen des Anscheinsbeweises davon auszugehen, daß die Vornahme der Schweißarbeiten für den Brand ursächlich gewesen ist.[176]

509 Werden in einem noch unbewohnten Neubau Lötarbeiten ausgeführt, dann sind die Voraussetzungen eines Anscheinsbeweises nicht gegeben, wenn das Bauwerk noch türlos, aber bereits beheizt ist und die ernsthafte Möglichkeit einer Brandstiftung besteht.[177]

510 Beheizte eiserne **Öfen** und **Ofenrohre** können Temperaturen von 280–300 Grad ausstrahlen, die eine Verkohlung und Entzündung von Holzfaser-Dämmplatten auszulösen vermögen. Die Aufstellung eines eisernen Ofens 9 cm vor einer Holzpfostenwand mit aufgenagelten Holzfaserplatten und die Durchführung des Ofenrohrs durch die Wand in ein Nebenzimmer mit einem dortigen Wandabstand von 15 cm von den Holzschliff-Platten stellt einen Verstoß gegen die anerkannten Regeln der Technik dar. Da der Brandausbruch bei den zu geringen Sicherheitsabständen einen typischen, der Lebenserfahrung entsprechenden Geschehensablauf darstellt, ist der Bauunternehmer prima facie dem Geschädigten verantwortlich.[178]

511 Kommt es nach dem Betanken einer Motoryacht zu einer Explosion eines Benzin-Luft-Gemischs unter Deck, nachdem sich eine Person über dem Stauraum in unmittelbarem örtlichen und zeitlichen Zusammenhang eine Zigarre angezündet hat, so spricht dies nicht dafür, daß hierdurch die Explosion ausgelöst worden ist. Bei solchen Benzin-Motoren ereignen sich häufig Explosionsunfälle aus anderen Ursachen.[179]

512 Problematisch ist ein Anscheinsbeweis dafür, daß **Zigarettenrauchen** einen Brand verursacht hat. Dies kommt u. U. in Betracht bei einem starken Raucher, der vor dem Brand betrunken auf einem mit Brandlöchern durchsetzten Kissen eingeschlafen ist und schon einmal mit brennender Zigarette eingeschlafen ist. Diese typischen Umstände müssen aber nachweisbar

---

[174] BGH VersR 1962, 231 LG Bopchum r + s 1986, 309 (Zerschneiden von Stahlstangen mit einem Trennschleifer auf der Theaterbühne).

[175] BGH VersR 1963, 657. Siehe ferner BGH VersR 1975, 379 (Dachstuhlbrand); BGH VersR 1970, 831 (Explosion einer Heizungsanlage).

[176] BGH VersR 1963, 142; 1980, 532 = BauR 1980, 381; VersR 1985, 63 = MDR 1984, 221 = BauR 1984, 80 = Schäfer/Finnern/Hochstein Nr. 3 zu § 286 ZPO. Siehe dazu auch oben § 21 Rn. 364 zum „Anscheins-Stufenbeweis".

[177] OLG Oldenburg BauR 1993, 100 = r + s 1993, 257.

[178] BGH Rspr. der Bau-Ausführung von Schäfer/Finnern 4.01 Bl. 35.

[179] OLG Köln VersR 1983, 44.

sein.[180] Der Lebenserfahrung entspricht es nicht, daß Tabakreste in einem engen Raum in einem Plastikeimer unbemerkt weiterglimmen und sich während einer ¾ Stunde nicht durch Brandgeruch bemerkbar gemacht haben, sodann aber plötzlich ein Feuer entfachen.[181]

Der Anscheinsbeweis für eine Brandursache wird dann entkräftet, wenn die ernsthafte oder naheliegende, vom typischen Geschehensablauf abweichende Möglichkeit einer anderen Brandursache durch konkrete, vollbewiesene Umstände dargetan ist. Wird aber die Wahrscheinlichkeit des typischen Verlaufs nur unwesentlich geschwächt, so hat diese Möglichkeit außer Betracht zu bleiben.[182] **513**

Der Brand von Zuckerrüben-Trockenschnitzeln im Lagerraum eines Abnehmers begründet keinen Beweis dahin, daß die Schnitzel in der Zuckerfabrik unsachgemäß getrocknet worden sind.[183] **514**

Es gibt auch keinen Erfahrungssatz, wonach beim Dreschen mit einer durch Elektromotor angetriebenen Dreschmaschine ein ausgebrochener Brand auf einem fahrlässig nicht rechtzeitig erkannten Mangel des Motors, der Stromzuführung oder sonstiger Teile der Dreschmaschine oder auf Fahrlässigkeit bei der Überwachung des Dreschvorganges durch den Dreschmaschinenführer beruht.[184] Grundsätzlich kann aber – je nach festgestellten Umständen des Geschehensablaufs – ein Anscheinsbeweis für den ursächlichen Zusammenhang zwischen dem Fehler eines elektrischen Geräts und dem Ausbruch eines Brandes in Betracht kommen.[185] **515**

Der Anscheinsbeweis für die Verursachung eines Brandschadens kann sich auch auf einen **mehrgliedrigen Geschehensablauf** beziehen, in dessen Rahmen verschiedene Ablaufsgestaltungen möglich sind; jedoch muß der ursächliche Zusammenhang zwischen der ersten Ursache und dem Erfolg durch einen einheitlichen Erfahrungssatz gedeckt sein.[186] **516**

Brandstiftung: Ob die Grundsätze des Anscheinsbeweises nicht nur für die Ursächlichkeit eines Brandes, sondern auch anwendbar sind, um die vorsätzliche Täterschaft des Versicherungsnehmers zu beweisen, ist so umstritten wie bei der Selbsttötungsabsicht (siehe dort). Es handelt sich hier überwiegend um die Feststellung eines individuellen Willensentschlusses, der grundsätzlich keine typischen Züge aufweist.[187] **517**

Die Rspr. hat einen Anscheinsbeweis zunächst in bestimmten Fällen für möglich gehalten, nämlich dann, wenn im Einzelfall ein typischer Geschehensablauf vorliegt, der nach der Lebenserfahrung auf eine bestimmte Ursache hinweist und so sehr das Gepräge des Gewöhnlichen und Üblichen trägt, **518**

---

[180] OLG Düsseldorf VersR 1983, 625.
[181] OLG Celle VersR 1978, 1033.
[182] BGH VersR 1967, 389; 1971, 642 (Ausschütten eines abgebrannten Ofeninhalts).
[183] OLG Celle VersR 1965, 770.
[184] OLG Koblenz VersR 1963, 149.
[185] BGH BB 1981, 1913.
[186] BGH VersR 1970, 61.
[187] BGH VersR 1978, 74 = MDR 1978, 300 = JZ 1978, 111 m. Anm. Walter = VP 1978, 47; vgl. auch OLG Hamm VersR 1982, 153; 1986, 567.

daß die besonderen individuellen Umstände dahinter zurücktreten.[188] In einer späteren Entscheidung hat der BGH die Frage offengelassen, ob im Bereich individueller Willensentschlüsse überhaupt ausnahmsweise ein Anscheinsbeweis angenommen werden kann.[189]

519 Das OLG Frankfurt[190] hat entschieden, einen Erfahrungssatz dahingehend, daß im Falle vorsätzlicher Brandlegung der Versicherungsnehmer Täter oder Anstifter sei, bestehe selbst dann nicht, wenn der Versicherungsnehmer sich zur Tatzeit am Brandort befunden habe.

520 Unter den einschlägigen Fällen finden so gut wie keine, in denen ein Gericht im Ergebnis den Anscheinsbeweis für vorsätzliche Brandstiftung bejaht hat. Zu erwähnen ist hier nur das OLG Karlsruhe,[191] wonach die Brandstiftung durch den Versicherungsnehmer prima facie bewiesen ist, wenn die vorgefundenen Brandspuren eindeutig auf ein Entstehen des Brandes im Fahrgastraum hindeuten und technische Ursachen für den Brand ausgeschlossen werden können. Das Schwergewicht liegt in solchen Fällen nahezu immer auf individuellen, auf die Person des möglichen Täters gerichteten Umständen, die für den auf typisches Geschehen gegründeten Anscheinsbeweis belanglos sind. Praktisch ist damit die Brandstiftung durch eine bestimmte Person nur im Wege des Anzeichen- oder Indizienbeweises möglich.

521 **Diebstahl:** Der Versicherungsnehmer kann in der Regel den Beweis eines Diebstahls oder Raubüberfalls führen, indem er einen äußeren Sachverhalt nachweist, bei dem nach dem regelmäßigen und üblichen Verlauf der Dinge nach der Erfahrung des täglichen Lebens auf einen Diebstahl oder Raub zu schließen ist.[192] Der Vortrag des Versicherungsnehmers muß allerdings ein Mindestmaß an Tatsachen enthalten, die das äußere Bild eines Diebstahls ergeben. Die bloße Meldung des angeblichen Diebstahls bei Polizei oder Versicherung reicht dafür nicht aus.[193]

522 Bestehen Zweifel daran, daß eine äußerlich als Diebstahl erscheinende Tat gegen den Willen des Versicherungsnehmers begangen worden ist, dann greift der Anscheinsbeweis zugunsten des Versicherungsnehmers nicht ein. Vielmehr muß die Unfreiwilligkeit des Schadensereignisses in freier richterlicher Beweiswürdigung konkret festgestellt werden.[194] Im Einzelfall ist das

---

[188] RGZ 130, 263; BGH VersR 1951, 165; 1956, 84 u. 147.

[189] BGH VersR 1978, 74 = MDR 1978, 300 = JZ 1978, 111 m. Anm. Walter = VP 1978, 47.

[190] VersR 1979, 1021. Siehe ferner BGH VersR 1956, 84 u. 147; OLG Frankfurt VersR 1979, 1021; OLG Hamm VersR 1986, 567.

[191] VersR 1992, 1218.

[192] BGH VersR 1980, 229; NJW-RR 1986, 1470; OLG Hamm r + s 1985, 255; VersR 1981, 176; KG r + s 1985, 256; OLG Köln r + s 1986, 71; 1986, 72; 1986, 115; 1985, 254; VersR 1977, 926; OLG Frankfurt VersR 1977, 1022; 1978, 459; OLG München VersR 1976, 1126; OLG Karlsruhe r + s 1986, 302; LG Düsseldorf r + s 1984, 220; LG Köln r + s 1986, 105.

[193] BGH VersR 1978, 733; 1977, 368; OLG Hamm VersR 1984, 727; LG Köln VersR 1984, 728; LG München r + s 1986, 215.

[194] BGH NJW-RR 1987, 563 = VersR 1987, 61. OLG Braunschweig VersR 1963, 645; OLG Köln r + s 1986, 72; LG Köln r + s 1986, 104; LG München VersR 1954, 430.

oft recht schwierig und verlangt eine minuziöse Würdigung aller feststehenden Indizien.[195]

Praktische Anwendungsfälle der Indizienbewertung sind Betrugsversuche gegenüber dem Versicherer, um an die Deckungssumme kaskoversicherter Fahrzeuge zu gelangen[196] oder die Versicherungssumme für angeblich verlustig gegangenes Reisegepäck[197] oder Schmuck[198] zu erlangen. 523

Vor allem zum **fingierten Kfz-Diebstahl** gibt es eine umfangreiche Rechtsprechung zum Anscheinsbeweis. Teilweise fließt auch konkrete Beweiswürdigung (Anzeichen- oder Indizienbeweis) mit ein. Es ist nur eine Frage der Häufung und Bewertung der für und gegen die Sachverhaltsschilderung des Versicherungsnehmers sprechenden Indizien, um entweder einen Erfahrungssatz des täglichen Lebens annehmen zu können oder unterhalb dieser Schwelle im Rahmen des Vollbeweises durch den Versicherungsnehmer die Indizien zu würdigen. In § 22 Pos. II (Rn. 399, 400) sind zu den Fallgruppen „Gestellter Unfall" und „Fingierter Kfz-Diebstahl" die wichtigsten von der Rspr. herausgearbeiteten Indiztatsachen zusammengestellt worden, die bei der Frage, ob prima facie auf einen „echten Unfall" oder „echten Diebstahl" geschlossen werden kann, zu berücksichtigen sind. Sie gelten entsprechend für andere Fälle unredlichen Verhaltens eines Versicherungsnehmers. 524

Möglich ist auch ein Anscheinsbeweis dahin, daß eine bestimmte Person Täter war. Stiehlt jemand Schlüssel für eine Wohnung und wird am nächsten Tag der Diebstahl von Hausratsgegenständen bemerkt, so spricht jedoch dann kein erster Anschein für einen Mißbrauch der Schlüssel, wenn der Schlüsseldieb auch während rechtmäßigen Aufenthalts in der Wohnung hätte stehlen können.[199] 525

Fehlende Fahrerlaubnis: Wer ohne Fahrerlaubnis fährt oder nicht diejenige Fahrerlaubnis erworben hat, die er im konkreten Fall zum Führen eines Fahrzeugs benötigt, wird im Regelfall dem Vorwurf ausgesetzt sein, daß sein Fehlverhalten im Straßenverkehr damit zusammenhängt.[200] Meist wird man in solchen Fällen allerdings nicht auf den Anscheinsbeweis angewiesen sein, sondern gemäß § 286 ZPO konkrete Feststellungen treffen können. 526

Fußgänger: Ist ein Fußgänger beim Überqueren der Fahrbahn von einem Kfz auf dessen rechter Seite angefahren worden, so spricht der Anscheinsbeweis lediglich für eine Unaufmerksamkeit des Fußgängers, nicht aber für ein Verschulden des Fahrers.[201] Wird ein Fußgänger, der beim Überqueren der 527

---

[195] Vgl. z. B. OLG Köln r + s 1986, 71; 1986, 72; LG Köln r + s 1986, 104.

[196] Siehe die Nachw. in § 22 II 2, Rn. 400.

[197] Vgl. z. B. OLG Düsseldorf VersR 1977, 661; OLG Hamm VersR 1985, 387; LG Berlin VersR 1983, 851; 1976, 725. LG München VersR 1984, 1189; 1986, 781; r + s 1986, 215.

[198] LG Berlin VersR 1986, 591; 1983, 851.

[199] LG München VersR 1985, 558; OLG Köln VersR 1986, 29 (Verwendung falscher Schlüssel).

[200] Vgl. BGH VersR 1976, 531; 1978, 183; OLG Hamburg VersR 1982, 873.

[201] BGH VersR 1953, 242 = LM § 286 ZPO (C) Nr. 13; OLG Düsseldorf DAR 1977, 268; OLG Neustadt VRS Bd. 9, 174; OLG Stuttgart ZfV 1955, 488.

Straße die Mitte einer schmalen Fahrbahn noch nicht erreicht hat, von einem Radfahrer angefahren, so spricht der erste Anschein dafür, daß der Fußgänger nicht genügend auf den bevorrechtigten Fahrzeugverkehr geachtet hat.[202]

528 Weder für das Verschulden des Kraftfahrers noch für das des Fußgängers spricht nach KG[203] ein Anscheinsbeweis, wenn der Fußgänger auf der **Straßenmitte** angefahren wird. Die Annahme eines Mitverschuldens prima facie scheidet auch dann aus, wenn er dort einige Sekunden stehengeblieben ist.[204] Anders ist es dagegen, wenn der Fußgänger nicht auf das Herannahen eines Fahrzeugs geachtet hat und infolge einer Schreckreaktion zu Fall kommt.[205]

529 Wird ein Fußgänger beim Überschreiten der Fahrbahn von einem von links kommenden Kraftfahrzeug angefahren, so spricht der Anscheinsbeweis dann nicht für ein Verschulden des Fußgängers, wenn er wegen der noch großen Entfernung des Fahrzeugs wenigstens die Straßenmitte ohne Gefahr erreichen konnte.[206] Der Beweis des ersten Anscheins spricht auch nicht für das Mitverschulden eines Fußgängers, wenn dieser eine 17,5 Meter breite verkehrsreiche Straße von links nach rechts überschreitet und 4,5 Meter vom rechten Fahrbahnrand entfernt von einem Pkw angefahren wird.[207]

530 Das Verschulden eines Kraftfahrers ist prima facie anzunehmen, wenn er bei **Dunkelheit** einen Fußgänger anfährt, der sich am Rand der Fahrbahn bewegt[208] oder betrunken auf der Fahrbahn sitzt.[209]

531 Wird ein auf seiner linken Fahrbahn gehender Fußgänger nachts von einem entgegenkommenden Pkw, der ordnungsmäßig beleuchtet ist, auf gerader Strecke angefahren, dann deutet das auf mitwirkendes Verschulden des Fußgängers hin.[210]

532 Fährt dagegen ein Kfz bei Dunkelheit einen Fußgänger an, der möglicherweise erst zu spät in seine Fahrbahn und den Gesichtskreis des Fahrers getreten ist, so daß auch bei Sichtfahrgeschwindigkeit ein Zusammenstoß nicht mehr hätte vermieden werden können, so ist der Anscheinsbeweis unanwendbar.[211] Gleiches gilt, wenn ein Fußgänger in der Morgendämmerung von der Seite her auf die Fahrbahn tritt und dabei möglicherweise so spät in den Gesichtskreis eines herannahenden Fahrers gelangt, daß dieser

---

[202] LG Hamburg VersR 1979, 64.

[203] KG VRS Bd. 24, 332. Siehe zu dieser Situation aber auch BGH VersR 1966, 873; 1958, 169; OLG Düsseldorf VersR 1972, 376.

[204] BGH VersR 1966, 873; 1958, 169.

[205] BGH VersR 1974, 196.

[206] OLG München VersR 1958, 238.

[207] OLG München VersR 1968, 480.

[208] BGH VersR 1957, 257; OLG München VersR 1970, 628; OLG Zweibrücken VersR 1977, 1135 (rechts gehender Fußgänger!); OLG Köln ZfS 1993, 258.

[209] OLG Saarbrücken VerkMitt 1973 Nr. 100; siehe auch OLG Karlsruhe VersR 1989, 302.

[210] OLG München VersR 1966, 260.

[211] BGH VersR 1968, 603.

selbst bei gehöriger Aufmerksamkeit einen Zusammenstoß nicht hätte vermeiden können.[212]

Trunkenheit eines Fußgängers sollte grundsätzlich als Mitverschulden berücksichtigt werden.[213] Die Lebenserfahrung spricht aber nicht dafür, daß der Unfall für den Fahrer unabwendbar war (§ 7 Abs. 2 StVG), wenn bei ungeklärter Gehweise eines am Fahrbahnrand von einem entgegenkommenden Fahrzeug bei Dunkelheit angefahrenen Fußgängers eine BAK von 2‰ festgestellt worden ist.[214] 533

Nicht selten geschieht es, daß **Fußgänger auf Treppen** stürzen. Bei den dann anzuwendenden Beweisregeln wird differenziert.[215] Der Sturz eines Fußgängers in unmittelbarer Nähe einer Gefahrenquelle legt nach den Grundsätzen des Anscheinsbeweises den Schluß nahe, daß die verkehrswidrige Gefahrenquelle Ursache des Sturzes war.[216] Wenn der Benutzer einer Hoteltreppe dicht unterhalb einer Stufe zu Fall kommt, an der sich der Treppenläufer infolge Lösens einer Haltestange verwölbt hat, so ist prima facie davon auszugehen, daß der mangelhafte Zustand der Treppe für den Unfall ursächlich geworden ist.[217] 534

Der Umstand, daß ein Treppenbenutzer auf den Stufen der Treppe stürzt und hierbei Schaden erleidet, rechtfertigt jedoch dann nicht den Anscheinsbeweis für die Unfallursächlichkeit eines gefährlichen Zustands der Treppe, wenn die Möglichkeit naheliegt, daß der Geschädigte allein durch Unachtsamkeit und Ungeschicklichkeit zu Fall gekommen ist.[218] Der bloße Treppensturz als solcher begründet also keinen Anscheinsbeweis,[219] auch nicht gegen ein 8jähriges Kind.[220] 535

Selbst bei einem Sturz auf einer gewachsten Treppe ist die Anwendung des Anscheinsbeweises nicht möglich, weil die Tatsache des Sturzes allein nicht für die Annahme eines typischen Ablaufs ausreicht. Ein Sturz kann nämlich nach der Lebenserfahrung auch dann vorkommen, wenn die Treppe ordnungsgemäß behandelt, also leicht gewachst und nachgerieben worden ist.[221] 536

Das Fehlen einer Schraube an einer Treppenschutzschiene reicht erst recht nicht aus, um prima facie ein Verschulden des Hauseigentümers zu bejahen.[222] Ebensowenig begründet der Sturz auf einer Ladenstufe den Anscheinsbeweis für ein Verschulden des Ladeninhabers.[223] 537

Wenn eine Stadt bei Errichtung einer Entwässerungsanlage die Verwen- 538

[212] BGH VersR 1968, 804.
[213] LG Ellwangen VersR 1971, 1017.
[214] BGH VersR 1963, 285.
[215] Aufschlußreich und lesenswert dazu ist vornehmlich die Entscheidung BGH VersR 1974, 263 = MDR 1974, 217 = Warneyer 1973 Nr. 260.
[216] BGH VersR 1962, 449.
[217] BGH VersR 1965, 594.
[218] BGH VersR 1965, 520.
[219] LG München VersR 1969, 360; LG Wuppertal VersR 1969, 1931.
[220] BGH VersR 1969, 665.
[221] OLG Stuttgart VersR 1955, 46.
[222] LG Berlin VersR 1954, 198.
[223] AG Biberach VersR 1955, 255.

dung eines Senkkastendeckels zuläßt, der durch seitliches Betreten zum Umkippen gebracht werden kann, so spricht der erste Anschein für ein Verschulden der Stadt.[224]

539 Kommt in einem großen Verwaltungsgebäude einer Bank mit starkem Publikumsverkehr jemand auf dem Natursteinfußboden des Flurs zu Fall, dann ist der Anscheinsbeweis ausgeschlossen, solange nicht dargetan ist, daß auch noch andere Personen zur gleichen Zeit und an derselben Stelle ausgerutscht sind. Vielmehr ist davon auszugehen, daß die hingefallene Person durch eigene Unachtsamkeit oder durch eigene Ungeschicklichkeit verunglückt ist.[225]

540 Ist im Einzelfall der Anscheinsbeweis für Unfallursächlichkeit wegen verkehrswidrig glatter Fußbodenplatten möglich, so kann er immer durch den Nachweis entkräftet werden, daß der Verletzte infolge eines Erschöpfungszustandes an der Unfallstelle zusammengebrochen ist.[226]

541 Es besteht kein gefestigter Erfahrungssatz, daß der Sturz eines Gastes im Terrassenraum einer Gastwirtschaft nach Rückkehr von draußen auf dem unbeschädigten und ebenen Fußboden die große Wahrscheinlichkeit der fehlerhaften oder gefährlichen Beschaffenheit des Fußbodens begründet.[227] Anders liegt es dagegen, wenn der Besucher einer Gastwirtschaft auf deren unbeleuchtetem Hinterhof verunglückt.[228]

542 Wenn zwei sich auf dem Gehweg überholende Fußgänger derart zusammenstoßen, daß der Überholte zu Fall kommt, spricht auch dann nicht ohne weiteres der Anscheinsbeweis für ein Verschulden des Überholenden, wenn dieser erheblich jünger ist und sich schnellen Schrittes bewegte.[229]

Siehe auch die Stichworte „Glatteis“ und „Alkohol“.

543 **Gebäudeschäden:** Bei Sprengungen in der Nähe von Häusern kommt in der Regel kein Anscheinsbeweis in Betracht, daß hierdurch Gebäudeschäden verursacht worden sind, da für solche Schäden meist auch andere Ursachen naheliegen, z. B. Fundamententsetzungen.[230]

544 Fällt ein in den Straßenraum hineinragendes Reklameschild herab, so ist prima facie davon auszugehen, daß es schuldhaft unzureichend befestigt worden ist. Die bloße Behauptung von Konstruktions- oder Materialfehlern reicht zur Entkräftung des Anscheinsbeweises nicht aus.[231]

545 **Geschwindigkeit:** Hohe Geschwindigkeit begründet allein noch keinen ersten Anschein für Verschulden, zumal dann, wenn zwei Fahrzeuge mit

---

[224] OLG Karlsruhe VersR 1954, 145.

[225] OLG Köln MDR 1954, 417; anders, wenn Gleitmaterial auf dem Boden liegt (OLG Schleswig NJW-RR 1992, 796; Salatblätter auf dem Boden des Supermarktes).

[226] BGH VersR 1968, 647.

[227] OLG Karlsruhe VersR 1954, 464.

[228] BGH VersR 1954, 401.

[229] OLG Frankfurt VersR 1968, 1094.

[230] OLG Köln VersR 1974, 177; OLG Neustadt VersR 1959, 77.

[231] OLG Köln VersR 1954, 295; w. Nachw. bei Werner/Pastor, Der Bauprozeß, 7. Aufl. 1993, Rn. 1831 ff.

erlaubter hoher Geschwindigkeit aufeinander zufahren.[232] Die Tatsache, daß der Schädiger vor dem Zusammenstoß nicht rechtzeitig anhalten oder ausweichen konnte, spricht nicht allein schon für eine schuldhaft überhöhte Geschwindigkeit.[233]

Hat der nachfolgende Fahrzeugführer jedoch das Anhalten eines voraus- **546**
fahrenden Fahrzeugs erst so spät bemerkt, daß er sein Fahrzeug nicht mehr hinter dem anhaltenden Wagen zum Halten bringen konnte, sondern gezwungen war, in die linke Fahrbahnhälfte zu wechseln, dann spricht der erste Anschein dafür, daß er entweder zu schnell oder unaufmerksam gefahren ist.[234] Das gleiche gilt, wenn ein Kraftfahrer trotz Vorwarnung (Warnblinklampe und Warndreieck) mit einem Stück Reifen auf der Fahrbahn zusammenprallt.[235]

Wesentlich **übersetzte Geschwindigkeit,** etwa Verdoppelung der zulässi- **547**
gen Höchstgeschwindigkeit, begründet prima facie den Verschuldensvorwurf.[236] Der wegen unfallursächlichen Fehlverhaltens gegen einen Verkehrsteilnehmer sprechende Anscheinsbeweis wird erschüttert, wenn auch ein anderer beteiligter Verkehrsteilnehmer mit wesentlich übersetzter Geschwindigkeit gefahren ist.[237]

Wird ein Kfz aus einer Geschwindigkeit von ca. 100 km/h scharf abge- **548**
bremst, und zwar unter teilweiser Inanspruchnahme des Banketts, so spricht ein erster Anschein dafür, daß eine Körperverletzung des Fahrers auf den durch die Notbremsung bedingten Erschütterungen beruht.[238]

Stoßen zwei Fahrzeuge mit hoher Geschwindigkeit frontal zusammen und **549**
wird einer der Fahrer alsbald nach dem Unfall mit Verletzungen gleich welcher Art tot in seinem Fahrzeug aufgefunden, so liegt ein typischer Geschehensablauf vor, der den Anscheinsbeweis dafür begründet, daß der Unfall für den Tod ursächlich war.[239]

Gestellte Unfälle: In der Haftpflicht- und Kaskoversicherung kommt **550**
ein Anscheinsbeweis auf die Unfallverabredung nur selten in Frage. Die Unfallumstände werden so arrangiert und geschildert, daß die Möglichkeit eines „echten Unfalls" nicht auszuschließen ist. Daher ist die Verhinderung des Anscheinsbeweises bzw. seine Entkräftung regelmäßig bereits eingeplant.[240] Ausnahmen gelten für evidente Fälle, etwa wenn zahlreiche Anhaltspunkte für eine Manipulation zusammentreffen.[241] Allerdings wird

---

232 OLG München VersR 1976, 1143.

233 OLG Celle VersR 1986, 450; OLG Nürnberg VersR 1984, 246.

234 BGH VRS Bd. 10, 98.

235 OLG Koblenz VRS Bd. 68, 32.

236 LG München VersR 1977, 1023; LG Paderborn VersR 1993, 1289.

237 BGH NJW-RR 1986, 384 = VersR 1985, 989 = DAR 1985, 316 = VRS Bd. 69, 345.

238 BGH VersR 1983, 985.

239 OLG Hamburg VersR 1963, 1037.

240 BGH VersR 1978, 862 (Revisionsentscheidung zu OLG Köln VersR 1975, 1128); 1978, 865; 1979, 514.

241 BGH VersR 1979, 514; OLG Karlsruhe VersR 1988, 1287; OLG Frankfurt VersR 1989, 858; OLG Celle NZV 1988, 182 = VersR 1988, 1286. LG München VersR 1985, 465; 1983, 300,

dann meist auch eine konkrete Beweiswürdigung möglich sein, die dementsprechend vom LG München[242] als Hilfsbegründung gebracht worden ist.

551 Regelmäßig bietet sich nur der Indizienbeweis an. Die feststehenden Unfallumstände werden dann zur Grundlage der Beweiswürdigung nach § 286 ZPO. Erfahrungssätze, die noch keinen Anscheinsbeweis tragen, fließen mit in die konkrete Beweiswürdigung ein. Insbesondere für die Fallgruppe „Gestellte Unfälle" hat der Indizienbeweis eine besondere Bedeutung erlangt. In § 22 Pos. II (Rn. 399, 400) sind die Indiztatsachen für diese Fallgruppe zusammengestellt worden. Diese typischen Umstände können, je nachdem in welcher Häufung sie auftreten, für einen Anscheinsbeweis oder für einen Indizienbeweis verwertet werden. Siehe dazu auch das unten in § 53 abgedruckte Berufungsurteil.

552 **Grobe Fahrlässigkeit:** Darüber, ob prima facie auf grobe Fahrlässigkeit oder **Vorsatz** geschlossen werden darf, gehen die Meinungen auseinander. Schon die Rechtsprechung des BGH läßt keine einheitliche Linie erkennen. Nach seiner Ansicht sind die Regeln des Anscheinsbeweises *im allgemeinen* nicht geeignet, für die Abgrenzung zwischen einfacher und grober Fahrlässigkeit oder zur Feststellung von Vorsatz herangezogen zu werden.[243] An anderer Stelle hat er ausgeführt, dies gelte jedenfalls „bei ungeklärtem Unfallablauf".[244] Da der Anscheinsbeweis aber immer einen ungeklärten Hergang voraussetzt, andernfalls ja konkrete Feststellungen getroffen worden wären, die den Anscheinsbeweis unerheblich machen würden, bedeutet auch diese einschränkende Formulierung, daß der BGH den Anscheinsbeweis für grobe Fahrlässigkeit grundsätzlich ablehnt.

553 Dem stehen wieder andere Entscheidungen entgegen. So hat er an anderer Stelle[245] ausgeführt:

> „Die Regeln über den Beweis des ersten Anscheins können allerdings nur mit Vorbehalten (also grundsätzlich doch?) herangezogen werden, wenn ausnahmsweise außer den objektiven auch die subjektiven (personalen) Besonderheiten des jeweiligen Schädigers berücksichtigt werden müssen, wie dies beim Nachweis einer groben Nachlässigkeit der Fall ist."

Und in einer späteren Entscheidung hat er die Auffassung vertreten, grobes Mißverhältnis könne „die Annahme zwingend nahelegen", daß der Begünstigte bewußt oder grob fahrlässig einen den anderen beeinträchtigenden Tatumstand sittenwidrig ausgenutzt hat.[246] Diese Formulierung deutet auf einen Anscheinsbeweis auf grobe Fahrlässigkeit hin.

554 Auch die Rechtsprechung der Oberlandesgerichte ist uneinheitlich. So

---

242 VersR 1983, 300.

243 BGH VersR 1968, 686; MDR 1970, 579 = VersR 1970, 467; LM § 640 RVO Nr. 4; WPM 1983, 1009 = VRS Bd. 65, 347; VersR 1988, 683 = NJW 1988, 2040 (Vorsatz).

244 BGH VersR 1969, 77; 1972, 171.

245 NJW 1970, 1038 (1040).

246 BGH JZ 1981, 345.

wird die Möglichkeit eines Anscheinsbeweises auf grobe Fahrlässigkeit beispielsweise verneint vom OLG Stuttgart,[247] OLG Köln,[248] OLG Karlsruhe[249] und auch vom LG Göttingen.[250] Häufig wird allerdings die Einschränkung gemacht, so verhalte es sich „grundsätzlich“[251] oder „generell“,[252] ohne daß aber klargestellt wird, wann es sich ausnahmsweise anders verhalte.

Außer dem BGH selbst[253] haben zahlreiche andere Gerichte einen gegenteiligen Standpunkt vertreten und grobe Fahrlässigkeit „nach dem ersten Anschein“ als bewiesen angenommen, etwa die Oberlandesgerichte Oldenburg,[254] Köln,[255] München,[256] Düsseldorf,[257] Nürnberg[258] und auch zahlreiche Landgerichte.[259] **555**

Danach hat der Anscheinsbeweis auf grobe Fahrlässigkeit einen breiten Anwendungsbereich. Er ist etwa anwendbar, wenn ein Fahrer an einem ordnungsgemäß gekennzeichneten Bahnübergang mit einer Eisenbahn zusammenstößt[260] oder wenn er ohne erkennbaren Anlaß auf ein beleuchtetes Hindernis auffährt[261] oder wenn er sich betrunken ans Steuer setzt und einen Unfall verursacht[262] oder mit doppelter Höchstgeschwindigkeit fährt[263] oder wenn ein Pilot ein nur für Sichtflug ausgerüstetes Kleinflugzeug in eine Gewitterzone hineinsteuert.[264] Ist ein Kraftfahrer bei völlig übersichtlichen gefahrlosen Verkehrsverhältnissen am hellen Tag ohne jede Fremdeinwirkung mit seinem Wagen plötzlich auf den Bürgersteig geraten und hat er dort an zwei Hindernissen sein Fahrzeug zu Bruch gefahren, dann zwingt ein derartiger Geschehensablauf ebenfalls kraft der Erfahrung zu dem Schluß, daß grobes Verschulden des Fahrers ursächlich gewesen ist.[265]

Wenn in der Judikatur gleichwohl der Anscheinsbeweis auf grobe Fahrlässigkeit im Gegensatz zu Stimmen im Schrifttum[266] unter Berufung auf die **556**

---

[247] VersR 1968, 953; 1972, 290.
[248] VersR 1978, 154; VersR 1990, 390; 1992, 88 (Vorsatz).
[249] VersR 1976, 454; 1983, 627; 1983, 292.
[250] VersR 1954, 162 m. abl. Anm. Wetzling auf S. 212.
[251] OLG Köln VersR 1978, 154.
[252] OLG Karlsruhe VersR 1983, 627.
[253] VRS Bd. 22, 161.
[254] DAR 1964, 111.
[255] r + s 1986, 146; MDR 1969, 399 = VersR 1969, 1014; r + s 1993, 406 (407).
[256] OLGZ 1966, 39.
[257] MDR 1958, 169.
[258] VersR 1966, 621.
[259] Siehe z. B. LG Essen VersR 1958, 718; LG Mönchengladbach VersR 1955, 737; LG München VersR 1977, 1023; LG Ravensburg VersR 1982, 389; LG Tübingen VersR 1966, 726.
[260] OLG Oldenburg DAR 1964, 111.
[261] LG Tübingen VersR 1966, 726.
[262] LG Mönchengladbach VersR 1955, 737.
[263] LG München VersR 1977, 1023.
[264] LG Ravensburg VersR 1982, 389.
[265] LG Essen VersR 1958, 718.
[266] Vgl. Schneider MDR 1971, 535; Hagel VersR 1973, 796; Walter ZZP Bd. 90 (1977), 270 ff., 278 f. – alle Autoren m. w. Nachw.

Judikatur des BGH verneint wird,[267] so dürfte dies vielfach dadurch motiviert sein, dem Zwang zur Zulassung der Revision gem. § 546 Abs. 1 Nr. 2 ZPO auszuweichen. Diese Annahme wird gestützt durch die Erfahrung, daß in der Praxis immer wieder grobe Fahrlässigkeit prima facie festgestellt, diese verbal jedoch nach § 286 ZPO begründet und damit die Vorlagepflicht umgangen wird. Das sieht dann etwa so aus:[268]

> „Zwar mag hierfür kein Anscheinsbeweis sprechen, denn dieser ist zur Abgrenzung von leichter und grober Fahrlässigkeit untauglich (vgl. u. a. BGH VersR 1970, 568; KG VersR 1975, 141; OLG Stuttgart VersR 1972, 290; kritisch dazu Schneider MDR 1971, 535), eine Abwägung der Gesamtumstände des Unfalls führt jedoch zu der vom Landgericht vorgenommenen Würdigung ..."

557 **Güterbeförderung:** Wird die regelmäßig erforderliche Zeit bei der Beförderung erheblich überschritten, so läßt dies nach den Erfahrungen des täglichen Lebens darauf schließen, daß die Beförderung schuldhaft verzögert worden ist. Der Anscheinsbeweis kann durch substantiierte Darlegung eines Hindernisses für die Verspätung ausgeräumt werden.[269]

558 Aus der Tatsache, daß ein Eisenbahnwagen unplombiert am Bestimmungsort ankommt, kann nicht gefolgert werden, daß ein Unfall oder höhere Gewalt vorgelegen hat.[270]

559 Auch scheidet ein Anscheinsbeweis dafür aus, daß ein auf einem Seeschiff entstandener Ladungsschaden (Teppiche) auf einem Verschulden der Schiffsbesatzung beruht, wenn die Fahrt störungsfrei verlaufen ist und das Schiff kein schweres Wetter angetroffen hat.[271]

560 Ist eine Fahrt bei einem Straßengütertransport ohne besondere Vorkommnisse normal verlaufen, trotzdem aber ein Schaden an dem vom Absender verladenen Gut eingetreten, so spricht der Beweis des ersten Anscheins nach der Auffassung einiger Instanzgerichte[272] für eine schuldhaft nicht beförderungssichere Verfrachtung durch den Absender.

561 Beim Begriff des „normalen Fahrtverlaufs" sind die üblichen Umstände im Straßenverkehr, z. B. schlechte Wegstrecken, Schlaglöcher, Bremsen, einzubeziehen.[273] Der Anscheinsbeweis kommt dem Transportunternehmen zugute, um den gesetzlichen Haftungsausschlußgrund bei nicht ordnungsgemäßer und nicht beförderungssicherer Be- und Verladung in der Sphäre des

---

[267] BAG DB 1973, 1405; OLG Frankfurt VersR 1976, 554; 1978, 222; OLG Hamburg VersR 1970, 148; OLG Hamm VersR 1976, 683; OLG Karlsruhe VersR 1976, 454; 1983, 627; KG VersR 1975, 141; OLG Köln VersR 1976, 71; 1978, 154; 1990, 390; OLG Oldenburg VersR 1978, 348; OLG Stuttgart VersR 1970, 765; LG München VersR 1976, 430.

[268] Entnommen den Entscheidungsgründen des OLG Frankfurt VersR 1978, 222.

[269] RGZ 99, 17.

[270] BGH VersR 1951, 71; vgl. auch RGZ 102, 92 u. 206 (Abhandenkommen von Frachtgut).

[271] OLG Hamburg VersR 1978, 713.

[272] OLG Düsseldorf VersR 1981, 526; OLG Köln VersR 1977, 860; vgl. aber auch BGH VersR 1961, 153.

[273] OLG Köln VersR 1977, 860.

Absenders nachweisen zu können.[274] Der BGH hat die zur KVO ergangenen Entscheidungen mißbilligt und bei dem insofern – auch hinsichtlich des Haftungsausschlusses – parallel gelagerten Fall eines Transportes nach der CMR entschieden, daß der Anscheinsbeweis zwar in diesem Bereich zulässig sei, aus dem normalen Verlauf eines Straßengütertransportes aber nicht auf das Vorliegen von Verpackungsmängeln geschlossen werden könne. Der Frachtführer sei auch bei normalem Transportablauf für das Vorliegen eines Verpackungsmangels beweisbelastet, so daß die Auffassung der Instanzgerichte zu einer unzulässigen Beweislastumkehr zu Lasten des Absenders führe.[275]

Gurtpflicht: Ein Anscheinsbeweis für eine Mitverursachung der Verletzungen durch Verstoß gegen die Anschnallpflicht kommt nicht in Betracht, wenn es sich um einen Frontalzusammenstoß bei hohen Geschwindigkeiten handelt. Möglich erscheint er bei leichteren Unfällen, z. B. im innerörtlichen Straßenverkehr sowie bei Unfällen mit günstigeren Aufprallwinkeln.[276] **562**

Fällt der nicht angegurtete Geschädigte durch den Aufprall mit dem Kopf in die Windschutzscheibe seines Kfz, so ist bei dafür typischen Gesichtsverletzungen prima facie von einem Mitverschulden wegen Nichtanlegens des Sicherheitsgurts auszugehen.[277] An einem typischen Unfallverlauf kann es jedoch fehlen, wenn der Geschädigte darlegt, die Verletzungen erlitten zu haben, indem er beim Aufprall zusammen mit seinem Sitz heftig nach vorne geschleudert worden sei.[278] **563**

Der Anscheinsbeweis kommt nicht nur für die (Mit)Ursächlichkeit eines Verstoßes gegen § 21a StVG für bestimmte Schäden in Betracht, sondern auch dann, wenn es um den Beweis des Verstoßes selbst geht. Schwere Gesichtsverletzungen auf Grund leichter Aufprallunfälle ohne erhebliche Deformierung des Fahrzeuginnenraums sprechen prima facie dafür, daß der Verletzte den Gurt nicht angelegt hatte.[279] **564**

Helmpflicht: Erleidet ein Kraftradfahrer, der ohne Schutzhelm fährt, bei einem Unfall Kopfverletzungen, vor denen der Schutzhelm allgemein schützen soll, so spricht der Beweis des ersten Anscheins für ursächlichen Zusammenhang zwischen Nichtbenutzen des Helms und den erlittenen Kopfverletzungen.[280] **565**

Kurve: Kommt ein Kraftfahrer am Anfang einer Rechtskurve von seiner Fahrbahn nach links ab und stößt er auf der für ihn linken Straßenseite mit **566**

---

[274] OLG Düsseldorf VersR 1981, 526; OLG Köln VersR 1977, 860.

[275] BGH NJW 1985, 554 = VersR 1985, 133 = DB 1985, 1129 = VRS Bd. 68, 199.

[276] OLG Karlsruhe MDR 1979, 845 = Justiz 1979, 263.

[277] BGH VersR 1981, 548; OLG Bamberg VersR 1982, 1075; OLG München VersR 1979, 1157.

[278] BGH NJW 1980, 2125 = MDR 1980, 922 = BB 1980, 1607 = DAR 1980, 274 = VersR 1980, 824 = VRS Bd. 59, 166 = DB 1980, 2513; OLG Koblenz NZV 1992, 278; OLG Hamm VRS Bd. 76, 112. Zur Problematik, wann aus medizinischer Sicht von Verletzungen auszugehen ist, die nach der Lebenserfahrung auf einem Verstoß gegen die Gurtpflicht beruhen siehe Ludolph NJW 1982, 2595.

[279] BGH VersR 1991, 195 = NJW 1991, 230; OLG Zweibrücken VersR 1993, 454; OLG Bamberg VersR 1985, 786.

[280] BGH NJW 1983, 1380 = MDR 1983, 744 = VersR 1983, 440 = VRS Bd. 64, 340.

einem entgegenkommenden Fahrzeug zusammen, so ist sein Verschulden – in der Regel übersetzte Geschwindigkeit – prima facie anzunehmen.[281]

567 Das gilt auch, wenn er ohne Zusammenstoß nach Überqueren der linken Fahrbahn und Verlassen des Straßenkörpers umkippt[282] oder in einer nur leicht gekrümmten Rechtskurve auf freier Strecke abkommt, insbesondere wenn Alkoholeinfluß nachweisbar ist.[283]

568 Für ein Verschulden des Kraftfahrers, der in einer Linkskurve ohne Fremdeinwirkung die Herrschaft über sein Fahrzeug verliert, spricht ebenfalls der Beweis des ersten Anscheins. Zu dessen Entkräftung genügt nicht die bloße, von niemand anders als dem Fahrer bestätigte Behauptung, ihm sei ein Tier über den Weg gelaufen.[284]

569 Bei Einhaltung einer erlaubten Geschwindigkeit und Fehlen eines plausiblen Grundes ist nach dem ersten Anschein anzunehmen, daß der Fahrer in derartigen Fällen seine Pflicht zur Beobachtung der Fahrbahn in so grober Weise verletzt hat, daß er trotz guter Sichtmöglichkeiten die Kurve nicht bemerkt hat.[285]

570 An einem typischen Hergang kann es jedoch fehlen, wenn der Fahrer bei stark nebligem Wetter von den plötzlich aus dem Nebel auftauchenden Scheinwerfern eines entgegenkommenden Lkw nach rechts über den Straßenrand ausweicht oder unvermutet in eine Nebelwand gerät.[286] Allerdings kann dann auch nicht nach dem ersten Anschein davon ausgegangen werden, daß der Fahrer des entgegenkommenden Lkw die in Fahrbahnmitte befindliche Leitlinie überfahren, das in der Kurve fahrende Kfz also durch Schneiden der Kurve zum Ausweichen gezwungen hat.[287]

571 Verliert ein Kraftfahrer, der in einer nebligen Nacht eine feuchte, ein Gefälle von 7% aufweisende Straße mit einer Geschwindigkeit von 65–75 km/h befährt, nach Passieren von drei in Abständen aufgestellten Warnschildern (Kurve, Schleudergefahr, Gefahrenstelle) in der Kurve die Gewalt über seinen Wagen, dann muß prima facie eine schuldhaft falsche Fahrweise angenommen werden.[288]

572 Auch ein Fahrer, der auf offener, übersichtlicher Straße mit einer Geschwindigkeit von 35–40 km/h während des Schneidens einer leichten Linkskurve mit dem von ihm gesteuerten Lkw von der Fahrbahn abkommt und mit dem rechten Vorderrad in einen Straßengraben fährt, ist dem ersten Anschein nach belastet.[289]

573 **Linksabbieger:** Stößt ein nach links abbiegendes Kraftfahrzeug mit einem entgegenkommenden Fahrzeug zusammen, dessen Fahrer geradeaus weiter-

---

[281] BGH VersR 1970, 1017; OLG Düsseldorf VersR 1975, 615.
[282] BGH VersR 1957, 733.
[283] OLG Nürnberg VersR 1964, 1184; OLG München VersR 1974, 73.
[284] OLG Karlsruhe Justiz 1979, 295.
[285] OLG Stuttgart VersR 1966, 531.
[286] OLG Celle VersR 1974, 1226.
[287] BGH VersR 1961, 137.
[288] OLG Nürnberg VersR 1958, 857.
[289] BGH VersR 1956, 799.

fahren will, dann spricht der Anscheinsbeweis für eine schuldhafte Verletzung des Vorrechts des Geradeausverkehrs.[290]

Regelmäßig spricht der erste Anschein auch für ein Verschulden des nach links in eine Grundstückseinfahrt einbiegenden Fahrers, dessen Fahrzeug mit einem in gleicher Richtung auf der Überholspur fahrenden oder einem aus der anderen Richtung kommenden Fahrzeug zusammenstößt.[291]

Fährt jemand auf einen Linksabbieger auf, der es unterlassen hat, seinen Fahrtrichtungsanzeiger zu betätigen, dann wird prima facie vermutet, daß dieser Verstoß selbst dann für den Unfall mitursächlich gewesen ist, wenn der andere Unfallbeteiligte erwiesenermaßen unaufmerksam gewesen ist.[292]

Mitverschulden: Die Feststellung eines für den Unfall ursächlichen Mit- 574
verschuldens des einen Unfallbeteiligten schließt die Annahme eines Mitverschuldens des anderen verletzten Unfallbeteiligten im Wege des Anscheinsbeweises nicht aus.[293] Bei objektivem Verkehrsverstoß spricht der Anscheinsbeweis sogar für eine schuldhafte Mitverursachung.[294]

Das sollte ausnahmslos für Trunkenheit gelten, auch wenn die Blutalko- 575
holkonzentration verhältnismäßig geringfügig ist.[295] Eine gewisse Wahrscheinlichkeit reicht insoweit aber nicht aus; für das Mitverschulden ist der Anscheinsbeweis nicht anders zu handhaben, als für das Hauptverschulden.[296]

Die Möglichkeit eines Anscheinsbeweises für das Mitverschulden eines 576
Reisenden, der aus dem fahrenden Zug stürzt, wird von der Rechtsprechung nicht anerkannt.[297]

Die Lebenserfahrung spricht auch dafür, daß ein Kaufmann weiß, daß die 577
Haftungsbeschränkung des Kommanditisten auf seine Einlage erst mit der Eintragung der Gesellschaft in das Handelsregister wirksam wird.[298]

Motorrad: Bei einem Motorradunfall spricht der erste Anschein für die 578
Ursächlichkeit eines Fahrfehlers, wenn der festgestellte Unfallhergang für andere Ursachen (z. B. Verhalten anderer Verkehrsteilnehmer, Straßenzustand) keine Anhaltspunkte bietet.[299]

So spricht der erste Anschein für ein Verschulden des Fahrers, wenn ein 579
Kraftrad auf offener Straße gegen einen Baum fährt.[300] Verliert ein Motorradfahrer beim Durchfahren einer Kurve die Gewalt über das Fahrzeug und

---

290 BGH VersR 1963, 337; 1966, 1074; OLG Düsseldorf DAR 1970, 271; VersR 1976, 1135; OLG Celle VersR 1978, 94; LG Aachen r + s 1986, 306. Das gilt jedoch nicht bei ungeklärter Ampelstellung (OLG Hamm VersR 1992, 67).

291 OLG Hamm VersR 1979, 266; OLG Oldenburg VersR 1975, 762; 1978, 1027.

292 OLG Saarbrücken VersR 1975, 1132.

293 BGH VersR 1957, 529.

294 OGH RdK 1950, 88.

295 Vgl. dazu OLG Koblenz VersR 1975, 514.

296 BGH VersR 1956, 170 m. Anm. Böhmer 1957, 16.

297 OLG Karlsruhe VersR 1986, 1108; OLG München VersR 1991, 1244 = NJW-RR 1991, 924.

298 OLG Nürnberg AnwBl 1964, 257.

299 OLG Düsseldorf VersR 1981, 263; OLG Hamburg VersR 1982, 873.

300 BGH VersR 1963, 69; VersR 1953, 69 = LM § 286 ZPO (C) Nr. 7.

kommt von der Fahrbahn ab, so spricht dies prima facie für schuldhaft überhöhte Geschwindigkeit[301] oder einen Fahrfehler.[302]

580 Ein **Motorrollerfahrer,** der bei Dunkelheit – mit Abblendlicht fahrend – ohne ersichtlichen Grund seine Fahrbahnhälfte verläßt und auf der Gegenfahrbahn mit einem ausreichend rechts fahrenden Mopedfahrer zusammenprallt, trägt nach den Grundsätzen des Anscheinsbeweises ein Verschulden an dem Unfall.[303] Die Lenkung eines überlasteten Motorrades ist erfahrungsgemäß erschwert.[304]

581 Kommt ein Fahrer auf **vereister Straße** derart zu Fall, daß ein nachfolgendes Fahrzeug zum Ausweichen gezwungen wird und dadurch Beschädigungen erleidet, so spricht auch dann der Beweis des ersten Anscheins für ein Mitverschulden des Motorradfahrers.[305]

582 Gerät ein Kleinwagen bei dem Versuch, auf nasser Fahrbahn ein Motorrad zu überholen, im Schienenbereich der Straßenbahn ins Schleudern, dann liegt kein typischer Geschehensablauf vor, der auf eine fehlerhafte Fahrweise des Motorradfahrers hindeutet.[306]

583 Stürzt ein Motorradfahrer auf einem mit einer Tankstelle versehenen Werkstattvorgelände, dessen Unebenheiten (Schlaglöcher) durch eine über den ganzen Platz verbreitete lockere Lavalitschicht verdeckt sind, so spricht der erste Anschein dafür, daß der Unfall sich als Folge einer Verletzung der Verkehrssicherungspflicht des Werkstatt- und Tankstelleninhabers zugetragen hat.[307]

584 Überläßt der Halter sein Moped einem vierzehnjährigen Mädchen, das wegen eines plötzlich auftretenden Hindernisses gegen die Bordsteinkante fährt und stürzt, so spricht der Beweis des ersten Anscheins für die Ursächlichkeit der unbefugten Überlassung des Mopeds.[308]

585 **Personenbeförderung:** Erleidet ein Reisender beim Aussteigen aus einem haltenden Zug aus nicht geklärter Ursache einen Unfall, so können die Grundsätze vom Beweis des ersten Anscheins nicht zur Rechtfertigung der Annahme eines eigenen Verschuldens dienen.[309] Dagegen spricht der erste Anschein dafür, daß es auf mangelnde Vorsicht zurückzuführen ist, wenn jemand von der Plattform einer fahrenden Straßenbahn fällt.[310]

586 Kommt ein volltrunkener Eisenbahnfahrgast an einer gefährlichen, dem Eisenbahnverkehr ausgesetzten Stelle, an der er nach den Verkehrsregeln nichts zu suchen hat, ohne festgestellte weitere Umstände zu Tode, so kann der Beweis des ersten Anscheins dafür sprechen, daß die Trunkenheit für den Unfall ursächlich war.[311]

---

[301] BGH MDR 1963, 123; LG Köln DAR 1984, 30.
[302] BGH VersR 1962, 1208 = MDR 1963, 123.
[303] BGH VersR 1962, 158.
[304] OLG Köln VersR 1957, 741.
[305] OLG Stuttgart VersR 1957, 657.
[306] BGH VersR 1965, 813.
[307] BGH VersR 1960, 712.
[308] OLG Nürnberg MDR 1980, 1024 = VersR 1981, 562.
[309] BGH VersR 1956, 194. Siehe auch Rn. 576.
[310] OLG Düsseldorf VersR 1953, 359.
[311] BGH VersR 1961, 796.

Wenn ein Fahrgast in einem normal anfahrenden **Bus** fällt oder beim Aussteigen stürzt, so spricht dies auf den ersten Anschein dafür, daß der Sturz auf mangelnde Vorsicht des Fahrgasts zurückzuführen ist, insbesondere auf die Mißachtung der Verhaltensregeln, sich stets festen Halt zu verschaffen.[312] **587**

Bricht beim Anlandgehen von einem **Schiff** ein Passagier auf einem Brett durch, so kann u. U. der erste Anschein trotzdem für die Tragfähigkeit des Brettes sprechen, wenn zuvor eine Reihe von Personen unbeschadet über das Brett gegangen sind. Dieser Anscheinsbeweis ist jedoch dann ausgeschlossen, wenn sich an der Bruchstelle ein Riß befunden hat.[313] **588**

Steuert der **Pilot** eines nur für Sichtflug ausgerüsteten Kleinflugzeugs in eine Gewitterzone, so begründet dies im Falle des Absturzes den Anscheinsbeweis für die Unfallursächlichkeit der schlechten Wetterbedingungen sowie den Vorwurf grober Fahrlässigkeit gegen den Piloten.[314] **589**

Postbeförderung: Im wettbewerbsrechtlichen Verfügungsverfahren bejaht die Rechtsprechung überwiegend einen Anscheinsbeweis dahingehend, daß ein zur Post gegebenes Abmahnschreiben dem Adressaten auch zugegangen ist; diesem wird die Beweislast dafür auferlegt, dies sei ausnahmsweise nicht der Fall gewesen.[315] **590**

Im Erkenntnisverfahren soll hingegen ein derartiger Anscheinsbeweis für die Zustellung von Briefsendungen ausgeschlossen sein, selbst bei Einschreibesendungen.[316] Das begründet der BGH[317] damit, **591**

> zwar gehe nur ein sehr geringer Prozentsatz von Sendungen bei der Post verloren; der Anscheinsbeweis sei aber nicht schon dann geführt, wenn zwei verschiedene Möglichkeiten – hier Ankunft und Verlust – erfahrungsgemäß in Betracht zu ziehen seien, auch wenn eine davon wahrscheinlicher sei als die andere.

Diese Prämisse ist falsch. Denn gerade auf der unterschiedlichen Wahrscheinlichkeitsstärke verschiedener Geschehensabläufe beruht der Anscheinsbeweis seiner Beweisstruktur nach.[318]

Dem stimmt Huber[319] grundsätzlich zu, unterscheidet aber weiter zwi- **592**

---

[312] LG Düsseldorf VersR 1983, 1044; LG Hanau VersR 1973, 971. Zum Mitverschulden siehe OLG Hamm r + s 1993, 335 = OLG Rechtsprechung 11/1993 S. 5 f.

[313] BGH LM § 7 BinnenschiffG Nr. 4.

[314] LG Ravensburg VersR 1982, 389; zum Luftverkehr siehe auch BGH VersR 1980, 234; 1974, 754; OLG Frankfurt VersR 1982, 170.

[315] Teplitzky, Wettbewerbsrechtliche Ansprüche, 6. Aufl. 1992, S. 328; aus der Judikatur vgl. z. B. OLG Stuttgart WRP 1983, 644; OLG Köln WRP 1984, 40 m. w. Nachw.; abweichend KG WRP 1990, 415; Pastor, Der Wettbewerbsprozeß, 3. Aufl. 1980, S. 81 f., ebenfalls m. Nachw.

[316] BGHZ 24, 308 = NJW 1957, 1230; VersR 1968, 241; OLG Hamm VersR 1975, 246; 1976, 722; 1980, 1062; NJW-RR 1986, 1121; OLG Koblenz Rpfleger 1984, 434; LG Köln ZMR 1980, 213; MDR 1987, 405; LG Rottweil VersR 1991, 1278; AG Frankfurt DWW 1989, 87.

[317] BGHZ 34, 313 = NJW 1957, 1231.

[318] Vgl. Schneider MDR 1984, 282.

[319] JR 1985, 177 ff. Ausführlich zu dieser Kontroverse auch Allgaier VersR 1992, 1070.

schen dem Anscheinsbeweis auf das „Ankommen" eines Briefes und auf dessen „Zugang". Das ist indessen lediglich eine verbale Argumentation. Denn wenn ein Brief „ankommt", also in den Briefkasten geworfen wird, dann ist er auch zugegangen, selbst wenn der Adressat den Briefkasten nicht leert, etwa weil er nicht daran denkt oder weil er verreist ist.[320]

593 Die Argumentation des Bundesgerichtshofs ist wenig einleuchtend. Um die tatsächlichen Wahrscheinlichkeitsvoraussetzungen zu klären, habe ich in einem Rechtsstreit einmal eine amtliche Auskunft über die Verlustquote von Briefsendungen eingeholt und vom Bundesminister für das Post- und Fernmeldewesen folgende Angaben erhalten:

> „Im Rechnungsjahr 1980 sind bei meinen Dienststellen 44 379 Nachforschungsanträge nach gewöhnlichen Briefsendungen (ohne Päckchen) gestellt worden. Dieser Zahl stehen rund 7 Milliarden beförderte gewöhnliche Briefe gegenüber, so daß sich eine Verlustquote von rund 0,000633% ergibt.
>
> Zum besseren Verständnis weise ich noch auf folgendes hin: Briefsendungen sind Briefe, Postkarten, Drucksachen, Briefdrucksachen, Massendrucksachen, Büchersendungen, Blindensendungen, Warensendungen, Wurfsendungen und Päckchen."

594 Bei einer Unwahrscheinlichkeit von 0,000633% errechnet sich eine Wahrscheinlichkeitsquote von 99,99937%. Ein solcher Gewißheitsgrad genügt im Strengbeweisverfahren durchgehend zum Vollbeweis, sogar zur Bejahung der Vaterschaft.[321] Dementsprechend hat auch der BFH[322] den Anscheinsbeweis von der Absendung eines einfachen Briefes auf den Zugang wegen der hohen Wahrscheinlichkeit des Zugangs bejaht. „Typischerweise" kommen eben Briefe beim Empfänger an, insbesondere eingeschriebene Sendungen. Daß mit der Bundespost auch Briefe verloren gehen, ist im Rahmen eines Anscheinsbeweises zwar eine *Möglichkeit,* die aber eben *unwahrscheinlich* ist.

595 Der Verlust eines Briefes ist die große Ausnahme. Die meisten Privatpersonen und sogar Firmen mit reger Korrespondenz haben keine Verluste zu beklagen. Diese werden vielmehr erfahrungsgemäß erst im Rechtsstreit behauptet, und zwar auch nur für solche Schreiben, die für eine Partei ungünstige Rechtsfolgen auslösen, etwa Mahnungen, Mängelrügen, Kündigungen u. dgl. Ist der Zugang mehrerer Schreiben entscheidungserheblich, dann sind – nur diese – angeblich nicht zugegangen.[323]

596 Bei der im Verhältnis zur ordnungsgemäß beförderten Zahl der Sendungen

---

[320] Siehe Medicus, Allgemeiner Teil des BGB, 3. Aufl. 1988, Rn. 277.

[321] Siehe oben § 4 Rn. 66ff.; Soergel/Gaul, BGB, 11. Aufl. 1981, § 1591 Rn. 36ff., § 1600o Rn. 5ff.

[322] DStR 1974, 182. – Prima facie schließen auch das LG Stuttgart, r + s 1986, 199, das LG München r + s 1986, 275 (bei unstreitigem Zugang oder Einwurf auf eine Zustellung innerhalb des normalen Postlaufs von höchstens einer Woche) sowie AG Offenburg MDR 1989, 992.

[323] In OLG Hamm VersR 1980, 1062, 1063, und AG Grevenbroich, NJW 1990, 1535 = MDR 1990, 437, waren es drei Briefe, in LG Hamburg, VersR 1992, 85, war es eine ganze Serie.

ungewöhnlich geringen Verlustquote ist sogar das nach § 286 ZPO zu fordernde Maß an hoher Wahrscheinlichkeit für den konkreten Vollbeweis eigentlich immer erreicht. Daß die Möglichkeit eines Anscheinsbeweises dennoch verneint wird, beruht wohl auf der *Mißbrauchsgefahr,* insbesondere bei einfachen Briefen. Es ist technisch einfach und vielleicht für manchen Kläger oder Beklagten verlockend, nachträglich eine Briefkopie anzufertigen und zu behaupten, das Original sei im frankierten Umschlag an einem bestimmten Tag in den Briefkasten geworfen worden. Der besonders zuverlässige Urkundenbeweis (§ 418 Abs. 1 ZPO) würde sich in solchen Fällen mittelbar auf den besonders schwachen Zeugenbeweis aufbauen; dadurch würde er entwertet. Für diese Überlegungen spricht, daß die Praxis bei der Anwendung des § 380 ZPO einen Anscheinsbeweis für den Zugang einer Briefsendung bejaht.[324] Es genügt nämlich zum Beweis der „ordnungsgemäßen Ladung" ein sog. Abvermerk in den Akten, auch wenn die Ladung nicht förmlich zugestellt ist. Die Mißbrauchsgefahr ist hier praktisch ausgeschlossen, weil die Aufgabe der Sendung von einem Bediensteten der öffentlichen Hand veranlaßt und in den Akten beurkundet wird.

Indessen dürfte die Mißbrauchsgefahr keinen zureichenden Grund dafür **597** abgeben, den Anscheinsbeweis auf Zugang eines Briefes schlechthin abzulehnen. Denn der Gefahr einer falschen Entscheidung läßt sich begegnen, wenn an die Darlegung der „Typizität" hinreichend strenge Anforderungen gestellt werden.

Dazu gehört vor allem, daß die Anschrift auf dem Brief vollständig und **598** richtig ist.[325] Die Vorlage einer Durchschrift oder Ablichtung trägt den Schluß nicht, daß das Original abgeschickt und angekommen ist,[326] auch nicht für Fernschreiben.[327] Entsprechend begründet der Nachweis, daß ein Schriftstück im inneren Betrieb eines Versicherungsunternehmens zum Abtrag gelangt ist, noch keinen Anscheinsbeweis für den Zugang beim Adressaten.[328]

In den verbleibenden Fällen wird die Rechtsstellung des mutmaßlichen **599** Empfängers auch nicht ungebührlich eingeschränkt. Er kann jederzeit die prima facie erschlossene Zugänglichkeit erschüttern, etwa durch die Darlegung, daß die Sendung einer anderen Person ausgehändigt worden sei oder er seine Anschrift gewechselt habe und der Brief nicht nachgesandt worden sei. Sobald ein beweisrechtliches *non liquet* eintritt, geht dies zu Lasten des Erklärenden, der nicht nur für den Zugang selbst, sondern auch für den rechtzeitigen Zugang die Beweislast trägt.

Solange die Rechtsprechung indessen den Zugangs-Anscheinsbeweis ab- **600** lehnt, ist es angebracht, zu versuchen, den „sichersten Weg" zu gehen und bei Vorliegen der tatsächlichen Voraussetzungen den Zugang in konkreter

---

324 Wieczorek, ZPO, § 380 Anm. A I b 2.
325 BAG AP § 130 BGB Nr. 3; OLG Neustadt MDR 1960, 928.
326 LG Frankfurt VersR 1978, 861.
327 LG Osnabrück NdsRpfl 1974, 232.
328 OLG Karlsruhe VersR 1957, 797; OLG Hamm VersR 1976, 722.

Beweiswürdigung festzustellen.[329] Abzulehnen ist indessen der Versuch, den Anscheinsbeweis durch eine „Umkehr der Beweislast" zu ersetzen.[330]

601 **Radfahrer:** Auch bei einem Radfahrer spricht der erste Anschein für ein Verschulden, wenn er auf die linke Straßenseite gerät und mit einem entgegenkommenden Fahrzeug zusammenstößt. Bei einem Jugendlichen ist unter Beachtung des typischen Verhaltens in seiner Altersgruppe prima facie auf sein Verschulden zu schließen.[331]

602 Beim Zusammenstoß eines Kraftfahrzeugs mit einem vorausfahrenden Radfahrer spricht der Anscheinsbeweis dann nicht für ein Verschulden des Kraftfahrers, wenn feststeht, daß der Radfahrer vor dem Zusammenstoß nach links ausgewichen ist.[332]

603 Öffnet ein Kraftwagenfahrer die Wagentüre zur Fahrbahn hin und stürzt an dieser Stelle ein Radfahrer, dann ist ein Kausalzusammenhang zwischen dem Öffnen der Tür und dem Sturz anzunehmen, wenn sich beides im zeitlichen Zusammenhang abgespielt hat.[333]

Siehe auch bei dem Stichwort „Alkohol".

604 **Rechtsfahren:** Ein Verstoß gegen das Rechtsfahrgebot begründet nicht ohne weiteres den Anscheinsbeweis für die Unfallursächlichkeit einer solchen Zuwiderhandlung.[334] Im konkreten Fall kann jedoch ein Verstoß vorliegen, der nach der Lebenserfahrung typischerweise auf den Unfall hindeutet.[335] Beispiel: Verletzt ein Kraftfahrer das Rechtsfahrgebot bei Befahren einer engen Straße und kommt es hiernach zum Zusammenstoß mit einem entgegenkommenden Fahrzeug, so spricht der erste Anschein dafür, daß der Verstoß gegen das Rechtsfahrgebot für den Unfall ursächlich geworden ist.[336]

605 **Reifen:** Es besteht kein Erfahrungssatz des Inhalts, daß ein auf nasser Fahrbahn ins Schleudern geratenes Kfz sich dann wieder abfangen läßt, wenn die Profile seiner Reifen nicht abgefahren sind.[337] Die bloße Tatsache, daß ein Riß in der Leinwand eines Reifens durch einen Anprall gegen den Bordstein entstanden sein kann, drängt noch nicht zu dem Schluß, daß diese Berührung tatsächlich stattgefunden hat.[338]

606 Verliert ein Kfz während der Fahrt seinen Reservereifen und fährt ein nachfolgendes Kfz bei Dunkelheit auf den auf der Straße liegenden Reifen auf, dann spricht jedoch der erste Anschein für ein Verschulden des Fahrers des ersten Fahrzeugs, demgegenüber die Betriebsgefahr des nachfolgenden

---

329 So in BGH VersR 1968, 241.
330 Siehe dazu OLG Hamm VersR 1976, 722.
331 BGH MDR 1970, 578 = NJW 1970, 1038 = LM § 828 BGB Nr. 4.
332 OLG Düsseldorf VersR 1972, 1031.
333 KG VersR 1972, 1143.
334 BGH VersR 1963, 945.
335 BGH VersR 1967, 473.
336 BGH VersR 1964, 166.
337 BGH VersR 1958, 186 = MDR 1958, 238 = LM § 286 ZPO (C) Nr. 34.
338 BGH VRS Bd. 29, 435. Zum Zusammentreffen von Reifenplatzen und möglichem Ausfall der Servolenkung siehe OLG Düsseldorf r + s 1993, 212 = ZfS 1993, 260: kein Anscheinsbeweis.

Fahrzeugs völlig zurücktritt.[339] Bei Abspringen eines Zwillingsrads von einem Lkw besteht jedoch kein Anscheinsbeweis für ein Verschulden des Fahrers.[340]

Die Grundsätze des Anscheinsbeweises lassen sich nicht anwenden, wenn Reifenschäden durch drei verschiedene Ursachen erklärt werden können, die zwar typische Geschehensabläufe sind, aber nur bei einem zur Haftung des Beklagten führen.[341] **607**

Sachzustand: Ist eine Wohnung feucht und finden sich Risse in den Wänden, so spricht der erste Anschein für einen vom Vermieter zu vertretenden Mangel.[342] **608**

Konstruktions-, Fabrikations- oder Materialfehler sowie natürlicher Verschleiß sind nicht typische Ursachen für die Beschädigung eines Bootsantriebs.[343] **609**

Schlägt der Lenker eines gemieteten Fahrzeugs aus, so daß der Fahrer stürzt und anschließend den losgelösten Gummigriff des Lenkers in der Hand hält, so spricht kein Anscheinsbeweis dafür, daß der Lenker bzw. der Griff bei Fahrtantritt mangelhaft war. Typischerweise kann der Lenker auch beim Fahren über einen Stein ausgeschlagen sein, der Griff sich durch anschließendes krampfhaftes Festhalten gelöst haben.[344] **610**

Grundsätzlich kommt ein Anscheinsbeweis hingegen für die Sorgfaltswidrigkeit des Landwirts beim Steinelesen auf dem Acker in Betracht, wenn die Mähdreschmaschine eines beauftragten Unternehmers durch einen großen Stein beschädigt wird.[345] **611**

Es spricht jedoch kein Anscheinsbeweis für einen Fehler der Geschäftsführung, wenn bei einer Massenfabrikation durch einen Fehler eines Arbeiters ein mangelhaftes Stück in den Verkehr gelangt.[346] **612**

Fällt ein Gaststättenbesucher vom Stuhl, so ist kein Erfahrungssatz gegeben, daß der Stuhl schon vor der Benutzung schadhaft war und demzufolge die Verletzung des Gastes vom Wirt zu vertreten sein könnte.[347] **613**

Der Bruch beider Holme einer älteren Holzleiter begründet hingegen den Anscheinsbeweis dafür, daß die Leiter schadhaft oder zur vorgesehenen Benutzung ungeeignet war.[348] **614**

Ein Anscheinsbeweis für schuldhafte Vernachlässigung eines Fahrzeugs durch Halter und Fahrer ist möglich, z. B., wenn es um ein Versagen der **615**

---

[339] OLG Düsseldorf MDR 1962, 53.

[340] BGH VRS Bd. 20, 408.

[341] OLG Koblenz VersR 1955, 253.

[342] AG Braunschweig WM 1984, 198. – Platzen eines Wasserrohres in den Mieträumen durch Frosteinwirkung: OLG München VersR 1989, 1157. Wohl verfehlt AG Mühlheim (ZMR 1989, 182), wonach bei möglichem (!) fehlerhaftem Heiz- und Lüftungsverhalten und der Bildung von Stockflecken der Anscheinsbeweis gegen den Mieter spreche.

[343] OLG Hamm VersR 1978, 58.

[344] BGH VersR 1982, 1145 = WPM 1982, 1230.

[345] OLG Stuttgart VersR 1982, 782.

[346] BGH LM § 286 ZPO (C) Nr. 24.

[347] LG Köln VersR 1956, 648.

[348] BGH VersR 1964, 390.

Bremsen geht, nicht aber bei einem Bruch der Kardanwelle. Oft wird allerdings ein untypischer Geschehensablauf vorliegen.[349]

616 Ist ein Fahrzeug mit eingebautem Lenkradschloß gefahren worden und ist dieses später noch unbeschädigt, so spricht der erste Anschein dafür, daß es nicht blockiert war.[350]

617 **Schenkung:** Kann in einem gegenseitigen Vertrag eine teilweise Schenkung des Erblassers liegen, so spricht bei einem großen Mißverhältnis zwischen seiner Leistung und der Leistung des anderen Teils eine tatsächliche Vermutung dafür, daß sich die Vertragschließenden über die Unentgeltlichkeit der dem anderen Teil zugewandten Bereicherung einig gewesen sind.[351]

618 **Schiff:** Die Lehre vom Anscheinsbeweis im Schiffahrtsrecht ist eine Wissenschaft für sich. Von dort her ist nämlich der prima-facie-Beweis entwickelt worden. Hier können nur einige Hinweise gegeben werden:

Bei Kollision zweier sich begegnender Schiffe in einem Schiffahrtskanal spricht der Beweis des ersten Anscheins dafür, daß der Unfall durch schuldhaft **falsche Ruderführung** der Besatzung des aus seinem Kurs ins Gegenfahrwasser geratenen Schiffes verursacht worden ist.[352] Das entspricht den Grundsätzen, die für den Straßenverkehr gelten (vgl. das Stichwort „Abkommen von der Fahrbahn").

619 Bei objektiv **falschem Kurs** eines Schiffes ist prima facie von einem schuldhaft fehlerhaften nautischen Verhalten der Schiffsführung auszugehen. Der Anscheinsbeweis kann durch den Nachweis ausgeräumt werden, daß der falsche Kurs durch Begegnungen anderer Schiffe aufgezwungen war.[353]

620 Fährt ein Schiff auf ein vorausfahrendes Schiff auf, so spricht der Beweis des ersten Anscheins für ein Verschulden der Schiffsführung des auffahrenden Schiffes.[354]

621 Werden von dem Schiffsführer eines fahrenden Schiffes nicht die vorgeschriebenen **Nebel- oder Schallzeichen** abgegeben, so spricht der erste Anschein dafür, daß der Verstoß gegen die Verkehrspflicht ursächlich für die Kollision war.[355]

622 Hat bei **Begegnung** zweier Schiffe das eine Fahrzeug eine Geschwindigkeit eingehalten, die infolge der dadurch bewirkten Absenkung des Wasserspiegels zu einer Grundberührung des anderen Fahrzeugs führen kann, so spricht, sofern sich diese Gefahr verwirklicht hat, ein Anscheinsbeweis dafür, daß die überhöhte Geschwindigkeit für die Grundberührung ursächlich war.[356]

623 Im allgemeinen spricht der Beweis des ersten Anscheins für ein Verschulden des Schiffsführers, wenn er mit einem **Stillieger** oder einem Bauwerk zusammenstößt.[357]

---

[349] Siehe dazu BGH VersR 1956, 161 = VRS Bd. 10, 190; VersR 1956, 696.

[350] OLG Hamm VersR 1973, 121.

[351] BGHZ 59, 132 = NJW 1972, 1709; BGH WPM 1973, 681.

[352] BGH VersR 1961, 317; 1964, 713; OLG Hamburg VersR 1959, 849.

[353] BGH VersR 1965, 560.

[354] RhSchOG Köln VersR 1978, 344; 1979, 439.

[355] BGH MDR 1971, 562 = VersR 1971, 437; OLG Hamburg VersR 1974, 1200.

[356] BGH VersR 1980, 327.

[357] RGZ 120, 264; BGH VersR 1965, 560; 1982, 491; OLG Hamburg VersR 1974,

Einem Stillieger gleichzuachten ist ein Schiff, das mit langsam laufender Maschine die Strömung totlaufend wartet.[358] Ein Anscheinsbeweis scheidet aber dann aus, wenn der Stillieger nicht ordnungsgemäß vertäut an geeigneter Stelle lag[359] oder wenn das Schutzwerk, an das ein Schiff angestoßen ist, wegen der besonderen Gefährlichkeit einer Durchfahrt zum Schutze einer Baustelle errichtet wurde.[360] 624

Kollidiert ein Schiff mit einem mangelhaft beleuchteten Stillieger, so besteht kein Anscheinsbeweis gegen das fahrende Schiff, vielmehr spricht in der Regel der erste Anschein dafür, daß die unvorschriftsmäßige Lichterführung des Stilliegers den Unfall schuldhaft herbeigeführt hat.[361] 625

Fährt ein Schiff in verkehrswidriger Weise an einem ordnungsgemäß gesicherten Stillieger vorbei und kommt es innerhalb eines räumlichen und zeitlichen Zusammenhangs mit der Vorbeifahrt zu einem Brechen der Drähte des Stilliegers, so spricht dies prima facie für die Ursächlichkeit der Fahrweise des Vorbeifahrenden.[362] 626

Bei einem abtreibenden Stillieger spricht der Anscheinsbeweis dafür, daß das Schiff nicht genügend befestigt worden ist.[363] 627

Beim Ausscheren eines Anhangskahns aus dem Schleppbootkurs spricht der Anscheinsbeweis dafür, daß der Hauer durch fehlerhafte nautische Maßnahmen der Kahnführung verursacht worden ist.[364] 628

Wenn der Anhang eines Schleppschiffes einen Brückenpfeiler rammt, so spricht dies nach der Lebenserfahrung auch dann für ein Verschulden des Schleppzugführers, wenn das Rammen auf Trossenbruch zurückzuführen ist.[365] 629

Falls bei Ausführung eines **Wendemanövers** (Rondos) durch einen Schleppzug eine zwischen Zugschiff und Anhangskähnen gespannte Trosse bricht, so besteht ein Anscheinsbeweis dahin, daß das Seil einen vom Ausrüster zu vertretenden Fehler hatte oder dahin, daß das ordnungsgemäße Seil durch einen Navigationsfehler überlastet war.[366] Das Wendemanöver als solches muß allerdings feststehen.[367] 630

Bricht ein Teil des Ankergeschirrs oder einer Trosse, so spricht der Anscheinsbeweis für schuldhaftes Verhalten der Schiffsführung. Weisen Ankergeschirr oder Trosse einen verborgenen Materialfehler auf, so ist der Anscheinsbeweis erschüttert.[368] 631

Der bloße Hinweis auf einen unerwarteten Ausfall der Hilfsrudermaschine 632

1200; KG VersR 1976, 463; VRS Bd. 56, 276; OLG Köln BB 1953, 845; OLG München VersR 1960, 976.

358 BGH LM § 286 ZPO (C) Nr. 4.

359 BGH VersR 1982, 491; KG VersR 1976, 463.

360 KG VRS Bd. 56, 276.

361 BGH VersR 1966, 484; DB 1967, 120.

362 BGH VersR 1969, 1090.

363 BGH VersR 1971, 856.

364 BGH VersR 1965, 510; 1969, 991; VRS Bd. 8, 358.

365 OLG München VersR 1960, 976; vgl. auch OLG Köln BB 1953, 845.

366 BGH VersR 1962, 751.

367 OLG Köln VersR 1971, 904.

368 BGH VersR 1962, 751; 1969, 441; 1977, 247 = MDR 1977, 474.

ohne nähere Darlegung, daß ein rechtzeitiges Stoppen unmöglich war, entkräftet den Anscheinsbeweis nicht.[369]

633 Kommt es durch eine **Schiffsberührung** zu einer Verformung der Leitdalben in einer Seeschleuse, so spricht der Anscheinsbeweis dafür, daß die Führung des gegen den Dalben geratenen Schiffes sich nautisch falsch verhalten hat, so daß ihr Fahrzeug mit ungewöhnlicher, die Arbeitskraft des Dalbens übersteigender Wucht gegen diesen geraten ist.[370] Dies gilt allerdings dann nicht, wenn nicht auszuschließen ist, daß die Dalbengruppe vor Ausführung des Anlegemanövers bereits gebrochen war.[371]

634 **Schutzgesetzverletzung:** Ist der Tatbestand eines Schutzgesetzes erfüllt und derjenige Erfolg eingetreten, der durch dieses Gesetz verhindert werden soll, dann spricht der Anscheinsbeweis regelmäßig für den Kausalzusammenhang zwischen Pflichtverletzung und Erfolg. Ein schuldhaftes Handeln bei der Verletzung des Schutzgesetzes wird alsdann vermutet.[372]

635 **Selbsttötungsabsicht:** Ob darauf die Regeln des Anscheinsbeweises anwendbar sind, ist sehr streitig. Es geht dabei um die Feststellung eines individuellen Willensentschlusses, der erfahrungsgemäß von jedem Menschen nach verschiedenen, ihm eigenen Gesichtspunkten gefaßt wird.[373]

636 Der BGH hat die Grundsätze des Anscheinsbeweises zunächst herangezogen,[374] sie später für unanwendbar gehalten,[375] und die Frage aber auch schon offengelassen.[376] Auch die Rechtsprechung der Instanzgerichte ist nicht einheitlich.[377] Die Tatrichter umgehen diese Streitfrage weitgehend. Sie verneinen unter Berufung auf die Rechtsprechung des Bundesgerichtshofes die Zulässigkeit eines Anscheinsbeweises und weichen auf einen konkreten Indizienbeweis aus, wobei sie bei der Überzeugungsbildung dieselben Argumente benutzen, die auch einen Anscheinsbeweis stützen könnten.

---

[369] KG VersR 1976, 463.

[370] BGH MDR 1977, 820 = VersR 1977, 637 = VRS Bd. 53, 173 = Warneyer 1977, Nr. 88.

[371] OLG Hamburg VersR 1983, 777.

[372] BGH VersR 1959, 277 = LM § 823 BGB (J) Nr. 11; VersR 1961, 231; VersR 1964, 825 = LM § 823 BGB (Ef) Nr. 11b; VersR 1984, 270; OLG Frankfurt VersR 1980, 50; OLG Köln VersR 1992, 115 (Brandverhütungsvorschriften; siehe auch das Stichwort „Brand", Rn. 507); OLG Karlsruhe VersR 1988, 1071 (Baugerüst); OLG Koblenz VersR 1988, 1194 = NJW-RR 1988, 1486 (Leiterbruch); VersR 1990, 790 (Kranumsturz); vgl. auch BGH VersR 1977, 136 = MDR 1977, 304 = JZ 1977, 178 = DB 1977, 492 = WPM 1977, 225 = JR 1977, 242 m. Anm. Baumgärtel u. Wittmann = Warneyer 1976 Nr. 181 = LM § 823 BGB (B) Nr. 8; NJW 1985, 1774 = JZ 1985, 540 (m. Anm. Baumgärtel) = MDR 1985, 916 = VersR 1985, 452 = WPM 1985, 590; VersR 1986, 916; NJW-RR 1986, 1350 = JZ 1986, 1020 = BB 1986, 2160.

[373] BGH JZ 1953, 347; VersR 1965, 797.

[374] VersR 1955, 99.

[375] VersR 1965, 797; 1967, 269; VersR 1987, 503 = NJW 1987, 1944.

[376] MDR 1981, 738 = VersR 1981, 452 m. Anm. Händel S. 875; offengelassen auch von OLG München VersR 1984, 576 = OLGZ 1984, 241.

[377] Für einen Anscheinsbeweis: OLG Frankfurt VersR 1978, 1110; LG Lübeck VersR 1971, 710; dagegen: OLG Frankfurt VersR 1984, 757; OLG Hamm NJW-RR 1987, 15; 1989, 493.

Sportunfälle: Die Unfallhäufigkeit auf Skipisten und zahlreiche Verletzungen beim Leistungssport haben zu der Frage geführt, ob und inwieweit in derartigen Fällen ein Anscheinsbeweis in Betracht kommt. Grundsätzlich ausgeschlossen wird er nicht. Die einzelnen Entscheidungen lassen jedoch erkennen, daß die Rechtsprechung zumindest zurückhaltend ist und sich grundsätzlich *gegen* die Beweisführung mit Hilfe des Anscheinsbeweises ausgesprochen hat. 637

Abgelehnt worden ist er bei Verletzungen infolge des Nichtauslösens einer Ski-Sicherheitsbindung,[378] beim Sturz infolge eines überholenden Schlittschuhläufers[379] und auch bei einem Unfall im Zusammenhang mit der Benutzung eines Ski-Schlepplifts.[380] 638

Zwar hat das KG[381] entschieden, wenn sich eine 73jährige Frau bei einer Schlittenfahrt das Bein breche und unter erschwerten Umständen ins Krankenhaus abtransportiert und dort operiert werde, spreche der Beweis des ersten Anscheins dafür, daß der zweieinhalb Wochen später eintretende plötzliche Tod unfallkausal sei. Dabei handelt es sich jedoch nicht um einen Anscheinsbeweis, der auf eine Sportverletzung bezogen ist, sondern um einen gewöhnlichen Kausalitäts-Anscheinsbeweis zwischen einer eingetretenen Verletzung und der Todesfolge.

Bei Sportunfällen wird daher so gut wie immer konkrete Beweisführung gefordert, im Wettkampfspiel – z. B. Fußball und Handball – der Beweis eines schuldhaften Regelverstoßes.[382] 639

Soweit Verletzungen auf Materialfehler zurückzuführen sind, kommt auch die deliktische Produzentenhaftung in Betracht,[383] wobei der schwierigen Beweisführungslast des Geschädigten durch Beweislastumkehr Rechnung getragen wird.[384] 640

Straßenglätte: In der Rechtsprechung ist anerkannt, daß es typischerweise auf einen Mangel an der verkehrserforderlichen Sorgfalt hinweist, wenn ein Kraftfahrer bei der Fahrt auf einer regen-, schnee- oder eisglatten Straße mit seinem Fahrzeug rutschend oder schleudernd auf die Gegenfahrbahn gelangt und hier mit einem anderen Fahrzeug zusammenstößt.[385] Dieser Anscheinsbeweis gründet sich darauf, daß der Kraftfahrer den Gefahren der Straßenglätte in der Regel durch besondere Vorsicht bei der Beobachtung der Fahrbahn und bei der Lenkung seines Fahrzeugs begegnen kann und daß es ihm zum Verschulden gereicht, wenn er ohne die gebotene Sorgfalt weiter- 641

---

[378] OLG Köln VersR 1976, 1164; LG Köln VersR 1975, 936; Nettesheim DB 1977, 339.

[379] BGH VersR 1982, 1004 = NJW 1982, 2555.

[380] LG Freiburg VersR 1980, 148.

[381] VersR 1962, 31.

[382] AG Berlin-Charlottenburg VersR 1982, 1086; siehe auch OLG Bamberg NJW 1972, 1820.

[383] Graf von Westfalen/Foerste, Produkthaftungs-Handbuch, Bd. 1, 1989, S. 236 ff.

[384] Baumgärtel, Handbuch der Beweislast im Privatrecht, Bd. 1, 2. Aufl. 1991, § 823 Anhang C III.

[385] Vgl. z. B. BGH VersR 1957, 733; 1960, 523; 1961, 232; 1961, 63 = MDR 1961, 133; VersR 1962, 786; 1965, 690; 1971, 842 = MDR 1971, 1001 = Warneyer 1971, 132; OLG Karlsruhe VersR 1975, 865; OLG Schleswig VersR 1975, 1132.

fährt, obwohl er die gefährliche Beschaffenheit der Straße gekannt hat oder hätte erkennen müssen.

642 Wenn ein Kraftfahrer jedoch ohne vorherige warnende Anzeichen plötzlich auf Glatteis gestoßen ist, hängt die Beurteilung seines Verschuldens so sehr von den Umständen des Einzelfalles ab, daß ein Anscheinsbeweis ausscheidet.[386]

643 Schleudert der Anhänger eines Lkw auf vereister Straße, so spricht dies prima facie für ein Verschulden des Lkw-Fahrers.[387]

644 Kommt ein Motorradfahrer auf vereister Straße zu Fall und wird dadurch ein nachfolgendes Fahrzeug zum Ausweichen gezwungen und beschädigt, so spricht der erste Anschein für ein Mitverschulden des Motorradfahrers.[388]

645 Der gegen den Fahrer sprechende Anscheinsbeweis entfällt dann, wenn der Fahrer durch das Verhalten eines Beifahrers irritiert worden ist und behindert worden sein kann.[389]

646 Bei **Verletzung einer Streupflicht** spricht der Anscheinsbeweis dafür, daß die Pflichtverletzung für den Glatteisunfall ursächlich war.[390] Falls ein mit zweckmäßigem Schuhwerk ausgerüsteter Fußgänger auf eisglatter, nicht gestreuter Straße stürzt, spricht der Beweis des ersten Anscheins dafür, daß der Unfall auf das Fehlen von Streumitteln zurückzuführen ist.[391]

647 Der prima-facie-Beweis ist jedoch dann nicht möglich, wenn sich der Unfall längere Zeit nach Ende der zeitlich begrenzten Streupflicht ereignet hat.[392] Auch das bloße Rutschen eines Wagens auf gestreuter Straße begründet nicht schon den Anscheinsbeweis dafür, daß die Streuung unzulänglich war.[393]

648 **Täuschungsversuch:** Ein Täuschungsversuch kann durch den Beweis des ersten Anscheins bewiesen werden, wenn die Prüfungsarbeit und das vom Prüfer erarbeitete, allein zur Verwendung durch die Prüfungskommission bestimmte Lösungsmuster teilweise wörtlich und im übrigen in Gliederung und Gedankenführung übereinstimmen.[394] Allerdings dürfte sich dasselbe Beweisergebnis schon aus *konkreter* Beweiswürdigung ergeben.

649 **Tiere:** Bei einem Zusammenprall zwischen Hund und Kraftfahrzeug deutet nach den Erfahrungssätzen des täglichen Lebens alles darauf hin, daß der Unfall durch die Unberechenbarkeit des tierischen Verhaltens herbeigeführt wurde.[395] Es entspricht auch der Lebenserfahrung, daß ausgebrochene

---

[386] BGH BB 1966, 228; VersR 1965, 690.

[387] BGH VRS Bd. 25, 245; siehe ferner Warneyer 1966 Nr. 9 (Windböen und Schneeglätte); VersR 1967, 882 (starkes Bremsen); VersR 1967, 475 (Abrutschen in den Straßengraben); OLG Oldenburg DAR 1988, 273 (Ausbrechen des Heckteils eines Busses).

[388] OLG Stuttgart VersR 1957, 657.

[389] KG VersR 1985, 369 = VerkMitt 1985 Nr. 30 = VRS Bd. 68, 29.

[390] Vgl. BGH VersR 1964, 334 = BB 1964, 150; LG Mannheim VersR 1980, 1152.

[391] LG Traunstein VersR 1960, 93.

[392] OLG Frankfurt VersR 1980, 50 = VP 1980, 54; KG VersR 1993, 1369.

[393] OLG Karlsruhe VersR 1970, 822.

[394] BVerwG NVwZ 1985, 191.

[395] OLG Koblenz VersR 1954, 22.

und in Rinderweiden einbrechende Bullen ihrem Naturtrieb folgend die dort befindlichen weiblichen Tiere bespringen und decken.[396]

Typisch ist es, daß ein Tier sich eine Krankheit von einem anderen Tier geholt hat, wenn es zu diesem in eine für die Ansteckung ausreichende Nähe gekommen ist.[397] Dieser Anscheinsbeweis kann nicht durch bloße Vermutungen oder Anführungen theoretischer Möglichkeiten einer anderen Ansteckungsursache erschüttert werden.[398] **650**

Es gibt aber keinen Erfahrungssatz, daß die Maul- und Klauenseuche von einem Tierarzt auf ein Gehöft eingeschleppt worden ist, wenn die Seuche innerhalb der Inkubationszeit an einer Kuh auftritt, die der Tierarzt einige Stunden, nachdem er in einem verseuchten Stall tätig war, behandelt, sich aber danach ordnungsgemäß gereinigt und desinfiziert hat.[399] **651**

Der **Sturz eines Reiters** vom Pferd während des Reitunterrichts rechtfertigt für sich allein noch nicht die Anwendung des Beweises auf den ersten Anschein dafür, daß der Reitlehrer seine Vertragspflichten verletzt hat. Denn auch ohne Fehler des Reitlehrers oder Unternehmers ist dieser Sport mit der Gefahr verbunden, daß der Reitschüler durch eigene Ungeschicklichkeit, Unaufmerksamkeit, mangelnde Körperbeherrschung usw. stürzt.[400] **652**

Überholen: Ob bei einem Zusammenstoß zwischen einem überholenden und einem überholten Fahrzeug der Anscheinsbeweis für ein Verschulden des überholenden Fahrers spricht, läßt sich nur von Fall zu Fall nach den jeweiligen Umständen beurteilen.[401] **653**

Einen typischen Geschehensablauf hat das OLG Bamberg[402] verneint, als ein Mopedfahrer auf einen Pkw aufgefahren war, der ihn zuvor überholt hatte. Demgegenüber hat das OLG Stuttgart[403] prima facie zugunsten eines auffahrenden Überholten entschieden, weil der Überholvorgang sich wegen Annäherns gleicher Geschwindigkeit beider Fahrzeuge über einen längeren Zeitraum hingezogen und dadurch zur Verletzung einer Überholverbotszone geführt hatte. **654**

Wenn ein Kraftfahrer bei **ungünstigen Straßen- und Sichtverhältnissen** zum Überholen eines vorausfahrenden Fahrzeugs ansetzt, ohne sich durch Aufblenden Gewißheit über die Verkehrssituation zu verschaffen, und er dann auf der linken Fahrbahn einen Fußgänger erfaßt, spricht der erste Anschein dafür, daß das verkehrswidrige Verhalten des Überholenden für den Zusammenstoß ursächlich war. **655**

Das gilt um so mehr, wenn der Fahrweise des Vorausfahrenden zu

---

396 LG Oldenburg VersR 1965, 1087.

397 OLG Celle RdL 1955, 44 (Maul- und Klauenseuche); OLG Frankfurt NJW 1985, 2425 (Bienenseuche).

398 OLG Celle RdL 1955, 44.

399 BGH VersR 1959, 105; OLG München MDR 1957, 620.

400 OLG Düsseldorf VersR 1980, 270.

401 BGH VersR 1975, 331 = MDR 1975, 309 = NJW 1975, 312 = JZ 1975, 26 = LM § 286 ZPO (C) Nr. 65 = Warneyer 1975 Nr. 259.

402 VersR 1971, 796; ähnlich OLG Karlsruhe VersR 1991, 1071.

403 VersR 1970, 427.

entnehmen war, daß sich auf der Fahrbahn ein Hindernis befand.[404] Alkoholeinfluß verstärkt die Beweisvermutung eines Fehlverhaltens.[405]

656 Wird ein **Fahrrad** von einem überholenden Kfz angefahren oder gestreift, so ist prima facie anzunehmen, daß das überholende Fahrzeug die beim Überholen erforderliche Sorgfalt nicht beobachtet, insbesondere nicht den erforderlichen Sicherheitsabstand eingehalten hat.[406]

657 Bei einem Überholmanöver ist Voraussetzung für den Anscheinsbeweis in jedem Fall, daß der Tatbestand des Vorbeifahrens (Überholens) feststeht. Behauptet der Überholende, der Unfall habe sich ereignet, bevor er vorbeigefahren sei, so muß der Überholte zunächst diese Behauptung widerlegen. Die Vorbeifahrt gehört zu den anspruchsbegründenden Tatsachen.[407]

658 Es besteht auch kein allgemeiner Erfahrungssatz, daß bei der Berührung zweier Fahrzeuge während eines Überholvorgangs der überholende Fahrer seine Sorgfaltspflicht verletzt hat.[408] Denn es kann nach der Lebenserfahrung nicht davon ausgegangen werden, daß jedes Überholen typischerweise den Überholten unfallträchtig belästigt.[409]

659 Die bloße Einleitung und Durchführung einer **Doppelüberholung** begründet keinen Anscheinsbeweis für ein Verschulden des zuletzt Fahrenden (Doppelüberholers) an einem während des Überholvorgangs eingetretenen Unfall.[410]

660 Besonders gefährlich ist das **Überholen auf der Autobahn.** Der Ausscherende muß sich sorgfältig vergewissern, daß er kein Fahrzeug auf der Überholspur behindert; hohe Geschwindigkeiten müssen einkalkuliert werden. In solchen Fällen wird nicht das Verschulden des Auffahrenden, sondern das des Überholenden vermutet, wenn der Zusammenstoß sich kurz nach dem Fahrbahnwechsel ereignet hat.[411]

661 **Umweltverseuchung:** Kommt es im Gewässer unterhalb eines Betriebes zu einem Fischsterben durch Giftstoffe, die in diesem Betrieb verwendet werden, so ist prima facie die Ursache im Betrieb zu suchen.[412]

662 Umstritten ist, ob – ähnlich wie beim Verstoß gegen ein Schutzgesetz – ein Anscheinsbeweis in Betracht kommt, wenn ein Emittent mit seinen Emissionen die in der TA Luft festgelegten Werte überschreitet.[413]

663 **Unrichtige Angaben:** Werden trotz klarer Fragen in einer formularmäßigen Schadensanzeige Vorschäden verschwiegen, so spricht der erste Anschein für Arglist des Versicherungsnehmers, insbesondere dann, wenn die

---

404 BGH VersR 1964, 594.
405 LG Baden-Baden VersR 1974, 54.
406 OLG Hamm VersR 1954, 513.
407 BGH VersR 1957, 148.
408 OLG Hamm VersR 1976, 1071.
409 Siehe auch LG Traunstein VersR 1976, 475 (überholter Motorradfahrer und Pkw).
410 OLG Nürnberg VersR 1962, 1115.
411 OLG Köln VersR 1978, 143.
412 BGH VersR 1962, 60; siehe auch 1965, 1046.
413 Für einen prima-facie-Beweis Baur JZ 1974, 660; a. A. Marburger/Herrmann JuS 1986, 354 (358) jeder m. w. Nachw.

Modalitäten früherer Schäden denen des nunmehr geltend gemachten Schadens ähneln und der Versicherer bei Kenntnis der Vorschäden besonders genaue Ermittlungen angestellt hätte.[414]

Urheberrechtsverletzung: Stimmt das ältere mit dem neueren Werk im wesentlichen überein, so spricht die Lebenserfahrung dafür, daß das ältere Werk bei Schaffung des neueren Werks benutzt worden ist.[415] **664**

Urkunden: Eintragungen in Handelsbücher unterliegen der freien richterlichen Beweiswürdigung, ohne daß ein Beweis des ersten Anscheins in Betracht kommt.[416] **665**

Stimmen die Angaben in einem Fragebogen inhaltlich nicht mit einer zur Beglaubigung vorliegenden Personenstandsurkunde überein, so begründet dies noch keinen Anscheinsbeweis dafür, daß der Bedienstete der Beglaubigungsstelle Angaben unsorgfältig überprüft hat oder daß den Standesamtsbediensteten ein Verschulden wegen Herstellung einer unrichtigen Urkundenausfertigung trifft.[417] **666**

Das Gutachten eines anerkannten gerichtlichen Sachverständigen hat keinen „Anschein der Richtigkeit" für sich, der von einer Prozeßpartei entkräftet werden müßte.[418] **667**

Richterrechtlich ist der Grundsatz entwickelt worden, daß schriftliche Verträge die Vermutung der Vollständigkeit und Richtigkeit für sich haben (siehe unten § 44 Rn. 1333). Der Funktion nach kann dieser Satz auch als Anscheinsbeweis gedeutet werden.[419] Er müßte dann etwa wie folgt formuliert werden: Haben die Parteien für eine vertragliche Regelung die Schriftform vereinbart und benutzt, dann spricht der erste Anschein dafür, daß keine zusätzlichen mündlichen Nebenabreden verbindlich getroffen worden sind. **668**

Verbote: In der Praxis sind die Anscheinsbeweise wegen Verstoßes gegen ein Verbot wichtig, weil sie auf alle denkbaren Gebiete ausgedehnt werden können: **669**

Handelt ein Unternehmer einer **Unfallverhütungsvorschrift** zuwider, die eine bestimmte Betriebsgefahr ausschließen soll und ereignet sich an der Gefahrenquelle ein Unfall, so spricht die Vermutung dafür, daß der Unfall bei Beachtung der Vorschrift vermieden worden wäre.[420]

Wenn bei Verstoß gegen ein **Schutzgesetz** Schäden eintreten, deren Verhinderung oder möglichst weitgehende Ausschaltung von dem Schutzgesetz bezweckt wird, so spricht ebenfalls der Beweis des ersten Anscheins **670**

---

414 LG Köln VersR 1983, 1073.

415 BGH MDR 1970, 991 m. w. Nachw.

416 BGH DB 1954, 1044.

417 OLG Hamburg VersR 1963, 666.

418 BGH VP 1981, 262.

419 Stein/Jonas/Leipold, ZPO, 20. Aufl. 1985, § 286 Rn. 115.

420 BGH VersR 1953, 336; BB 1955, 98; VersR 1961, 160 u. 1044; 1964, 942; 1965, 1055; 1972, 149; 1974, 750; 1976; 166; 1978, 945 = NJW 1978, 2032 = BB 1978, 1233; OLG Frankfurt VersR 1972, 105; 1973, 160; OLG Hamm VersR 1985, 671; OLG München VersR 1974, 443. – Vgl. aber BGH VersR 1974, 972 für den Sturz auf einer nicht gesicherten Treppe am Bau.

für den Ursachenzusammenhang zwischen der Verletzung des Schutzgesetzes und dem Eintritt des Schadens;[421] bei Verletzung einer Verhaltensnorm auch dafür, daß die Verletzung fahrlässig erfolgt ist.[422] Siehe auch Rn. 634.

671 Verstößt ein Verkehrsteilnehmer gegen **Verkehrsvorschriften,** so begründet dies einen Anscheinsbeweis schuldhafter Verursachung des Unfalls.[423] Hat der Verletzte selbst gegen die Verkehrsregeln verstoßen, so muß er den Anscheinsbeweis seines Mitverschuldens ausräumen.[424] Prima facie ist auch Fahrlässigkeit anzunehmen, wenn ein amtliches Verkehrszeichen übersehen wird.[425] Ein Verstoß gegen schiffahrtspolizeiliche Vorschriften bei der Führung eines Schleppverbandes begründen einen Anscheinsbeweis zu Lasten des Schlepperführers.[426]

672 Der erste Anschein spricht ferner für ein Verschulden des Halters eines Fahrzeugs, wenn er dem Fahrer in der Nacht vor der Unfallfahrt nicht die gesetzliche Mindestruhezeit gewährt hat.[427]

673 Läßt ein Schwimmeister unter grober Verletzung seiner Berufspflicht einen Schwimmschüler im Schwimmerbecken ohne Aufsicht üben und ertrinkt der Schüler während dieser Zeit, so muß der Schwimmeister beweisen, daß der Verunglückte auch bei sorgfältiger Überwachung nicht hätte gerettet werden können.[428]

674 Die mit schädlichen Folgen verbundene Zuwiderhandlung gegen die in einem Pflanzenschutzmittel beigefügte **Gebrauchsanweisung** begründet nicht den Beweis für eine bedingt vorsätzliche Herbeiführung des Schadens, möglicherweise aber für Fahrlässigkeit.[429] Wird gegen Verpackungsvorschriften bei der Eisenbahnbeförderung feuergefährlicher Güter (Magnesiumpulver in einer Holzkiste verpackt) verstoßen, so spricht der erste Anschein dafür, daß ein in dem Eisenbahnwagen ausgebrochener Brand in dem Verstoß seine Ursache hat.[430] Ebenso liegt es, wenn sonstige gebotene Schutzvorkehrungen oder Verhaltensnormen nicht beachtet werden.[431]

675 **Vergiftung:** Wird aus einer Ölfabrik vergiftetes Öl in den Verkehr gebracht, so spricht der erste Anschein für ein Verschulden der Geschäftsführung.[432] Wird einem Gast statt Selterswasser Salmiakgeist vorgesetzt, so

---

[421] BGH VersR 1964, 1082; 1961, 828.
[422] OLG Köln VersR 1984, 270.
[423] BGH LM § 286 ZPO (C) Nr. 10: Nichteinhalten des Seitenabstands; VersR 1955, 183: Befahren einer für den Durchgangsverkehr gesperrten Straße; 1969, 715: Verstoß gegen Halteverbot.
[424] BGH VersR 1953, 207; OGH RdK 1950, 88.
[425] BGH VersR 1955, 183; 1971, 439.
[426] KG VRS Bd. 9, 193.
[427] OLG Karlsruhe VRS Bd. 7, 420.
[428] BGH VersR 1962, 541.
[429] OLG Koblenz VersR 1960, 460.
[430] BGH VersR 1962, 721.
[431] OLG Hamm VersR 1978, 52 (Planungs- und Ausführungsfehler des Architekten); OLG München VersR 1974, 269 (Reinigungsanordnungen).
[432] BGH VersR 1953, 242 = LM § 286 ZPO (C) Nr. 12 mit Nachweisen zu älterer Rspr.

spricht dies auf den ersten Anschein für eine Sorgfaltspflichtverletzung des Gastwirts.[433]

Ein Anscheinsbeweis besteht auch dafür, daß die Erkrankung eines Gastes an Gastritis auf den Genuß verdorbenen Bieres zurückzuführen ist, wenn der Gast das Bier alsbald erbrochen oder ausgespuckt hat.[434] 676

Erkrankt ein Gast an Hepatitis, nachdem er innerhalb der Inkubationszeit in einer Gaststätte Muscheln verzehrt hat, so kann er sich nicht auf die Grundsätze des Anscheinsbeweises stützen; solche Infektionen gehen nicht typischerweise auf den Genuß verseuchter Muscheln zurück.[435]

Vorfahrt: Stößt auf Straßenkreuzungen oder Straßeneinmündungen ein wartepflichtiges mit einem vorfahrtsberechtigten, von links kommenden Fahrzeug zusammen, so spricht der erste Anschein dafür, daß der Wartepflichtige die Vorfahrt des Berechtigten schuldhaft verletzt hat.[436] Dies gilt auch für denjenigen, der beim Herausfahren aus einer Grundstücksausfahrt[437] oder beim Wenden[438] mit einem Fahrzeug im fließenden Verkehr zusammenstößt. 677

Gerät ein Fahrzeug vor der **Kreuzung** oder Einmündung ins Schleudern, weil der Fahrer sich durch das Auftauchen eines wartepflichtigen Fahrzeugs zur Herabsetzung seiner Geschwindigkeit veranlaßt gesehen hat, so sind die Grundsätze des Anscheinsbeweises bei Vorfahrtsverletzungen nicht anwendbar.[439] 678

Voraussetzung für einen Anscheinsbeweis ist jedoch immer, daß die objektive Vorfahrtslage dem Wartepflichtigen erkennbar war.[440] Die überhöhte Annäherungsgeschwindigkeit kann den Anscheinsbeweis allein noch nicht erschüttern. 679

Wenn allerdings feststeht, daß die Geschwindigkeitsüberschreitung erheblich war und nicht mehr angenommen werden kann, der Wartepflichtige habe den Vorfahrtsberechtigten rechtzeitig gesehen, oder wenn der Wartepflichtige wegen der großen Entfernung zwischen seinem Fahrzeug und dem des Vorfahrtsberechtigten eine Gefährdung ausschließen durfte, scheidet ein Anscheinsbeweis aus.[441] 680

---

433 RGZ 97, 116.

434 BGH VersR 1961, 153.

435 BGH VersR 1983, 375; 1982, 972 = NJW 1982, 2447.

436 BGH VersR 1958, 217 u. 781; 1960, 597; 1978, 68; 1982, 903; OLG Bremen VerkMitt 1975 Nr. 139; OLG Celle VersR 1973, 1147; 1974, 579; OLG Düsseldorf VRS Bd. 47, 87; DAR 1975, 330; OLG Hamburg VersR 1959, 159; LG Hamburg VersR 1172; OLG Hamm VersR 1975, 161; KG DAR 1975, 24; 1984, 85 = VersR 1983, 1163; OLG Köln VersR 1978, 830; 1992, 68; LG Köln VersR 1978, 68; OLG Neustadt DAR 1951, 112; OLG Oldenburg DAR 1953, 95; LG Trier VersR 1980, 1128.

437 KG DAR 1974, 225 (234); VersR 1975, 664 m. w. Nachw.

438 BGH NJW-RR 1986, 384; OLG Hamburg VersR 1972, 74.

439 BGH VersR 1959, 792.

440 BGH VersR 1976, 365 = VRS Bd. 50, 164.

441 BGH NJW-RR 1986, 384 = DAR 1985, 316 = VersR 1985, 989 = VRS Bd. 69, 345; OLG Köln VersR 1978, 830; OLG Stuttgart VersR 1982, 1175; überhöhte Geschwindigkeit kann aber zur Anrechnung eines Mitverschuldens bzw. der eigenen

681 Nach der Auffassung des BGH fehlt es an einem für einen Anscheinsbeweis typischen Lebenssachverhalt, wenn ein wartepflichtiger Kraftfahrer beim Einbiegen nach rechts in die vorfahrtsberechtigte Straße mit einem auf seiner Fahrbahn überholenden entgegenkommenden Fahrzeug zusammenstößt.[442]

682 Der Anscheinsbeweis wird auch nicht bereits dadurch ausgeräumt, daß der Vorfahrtsberechtigte bei sorgsamer Fahrweise in der Lage gewesen wäre, den Unfall durch Vorbeifahren oder rechtzeitiges Anhalten hinter dem Wartepflichtigen zu vermeiden.[443] Er kann auch nicht dadurch entkräftet werden, daß der Wartepflichtige Tatsachen darlegt, aus denen sich ergibt, daß der Vorfahrtsberechtigte den Zusammenstoß vermieden hätte, wenn er die nach der Sachlage richtigen Maßnahmen getroffen hätte.[444]

683 Auch ein rechtswidriges Verhalten des Vorfahrtsberechtigten räumt den Anscheinsbeweis allein nicht aus.[445] Der Wartepflichtige hat die Vorfahrt eines auf der bevorrechtigten Straße von links herannahenden Fahrzeugs selbst dann zu beachten, wenn dessen Fahrer durch schuldhaft irreführende Blinkzeichen ein Rechtsabbiegen andeutet, in Wirklichkeit aber geradeaus weiterfährt.[446]

684 Auch der Nachweis mangelnder Fahrpraxis sowie Mutmaßungen über den Heimweg des Vorfahrtsberechtigten können den Anscheinsbeweis nicht entkräften.[447]

685 Ergibt sich aber aus nachgewiesenen Umständen die ernsthafte Möglichkeit, daß der Wartepflichtige das Herannahen des Vorfahrtsberechtigten nicht rechtzeitig erkennen konnte, obwohl er sich erwiesenermaßen vorsichtig in die vorfahrtsberechtigte Straße eingetastet hatte,[448] oder daß ein schleudernder Vorfahrtsberechtigter ihm trotz Anhaltens an der Sichtlinie in sein Fahrzeug gefahren ist,[449] so ist der Anscheinsbeweis entkräftet.

686 *Alle* prima facie anzunehmenden Unfallursachen müssen vom Gegner ausgeräumt werden.[450] Diese Beweisführung ist durch § 8 StVO erschwert.

(erhöhten) Betriebsgefahr führen, OLG Köln aaO; Eine Geschwindigkeit von 60 km/h statt der erlaubten 50 km/h ist keine den wartepflichtigen entlastende erhebliche Geschwindigkeitsüberschreitung, OLG Köln aaO.; anders wohl bei 90 km/h innerorts, OLG Celle VersR 1973, 1147 (fraglich, da der Senat auf die Geschwindigkeit statt auf die Erkennbarkeit der objektiven Vorfahrtslage abstellt); erheblich sind 107 km/h statt erlaubter 50 km/h, BGH NJW-RR 1986, 384 = DAR 1985, 316 = VersR 1985, 989 = VRS Bd. 69, 345 = Warneyer 1985 Nr. 167.

[442] BGH VersR 1982, 903 = NJW 1982, 2668 = DB 1982, 2458 = DAR 1982, 326 = VRS Bd. 63, 252; a. A. LG Trier VersR 1980, 1128, 1129 a. E.

[443] BGH VersR 1963, 1075.

[444] BGH VersR 1953, 204 = VRS Bd. 5, 182 = LM § 13 StVO Nr. 7.

[445] KG VersR 1983, 1163 = DAR 1984, 85; LG Köln VersR 1978, 68.

[446] OLG Hamm VersR 1975, 161 (wohl zu weitgehend!).

[447] LG Krefeld VersR 1979, 634.

[448] BGH VersR 1984, 639; OLG Düsseldorf VRS Bd. 47, 87; LG Hamburg VersR 1973, 1172.

[449] OLG Köln VersR 1981, 314.

[450] BGH VersR 1960, 317.

Hierdurch ist nämlich klargestellt worden, daß grundsätzlich jedes unrichtige Verhalten eines wartepflichtigen Fahrers zu dessen Lasten geht.[451]

Ein Kreuzungszusammenstoß, der für das Verschulden des Wartepflichtigen spricht, läßt keine Schlüsse darauf zu, wie sich der Vorfahrtsberechtigte beim Herannahen an den Kreuzungsbereich falsch verhalten hat.[452] Die Regeln des Anscheinsbeweises können also nicht auf die Fahrweise des Vorfahrtsberechtigten angewendet werden.[453] Es besteht daher kein allgemeiner Erfahrungssatz dahin, daß das plötzliche Linksausscheren eines Vorfahrtsberechtigten vor der Einmündung einer Nebenstraße, auf der ein Wartepflichtiger herannaht, durch dessen Fahrweise verursacht sein muß.[454] **687**

Der Anscheinsbeweis der Vorfahrtsverletzung läßt sich auch nicht ohne weiteres auf den Fall übertragen, daß ein vorfahrtsberechtigter Fahrer sich vor einer Kreuzung mit einer nachgeordneten Straße durch das Auftauchen eines wartepflichtigen Fahrzeugs zur Herabminderung seiner Fahrgeschwindigkeit veranlaßt sieht und dadurch Schaden erleidet.[455] **688**

Vorverhalten: Erfolgt die monatliche Abrechnung einer als Kaufpreis geschuldeten Rentenzahlung mehr als 20 Jahre vorbehalts- und widerspruchslos abweichend von der im Kaufvertrag bestimmten Art und Weise, so kann dies eine tatsächliche Vermutung dafür begründen, daß der Kaufvertrag insoweit abgeändert worden ist.[456] **689**

Hat der Arbeitgeber im zeitlichen Zusammenhang mit der Krankmeldung eines Arbeiters oder der Anzeige, daß eine bekannte Arbeitsunfähigkeit fortdauere, gekündigt, so spricht ein Beweis des ersten Anscheins dafür, daß aus Anlaß der Arbeitsunfähigkeit gekündigt worden ist.[457] Nicht möglich ist es jedoch, auf Grund der bisherigen Dauer der Arbeitsunfähigkeit auf die zu erwartende Fortdauer zu schließen.[458]

Waschanlage: Die Rechtsprechung löst einschlägige Fälle in der Regel mit einer Verletzung der Beweislast zu Ungunsten des Betreibers der Waschanstalt.[459] Für die Anwendung des Anscheinsbeweises ist wenig Raum. Es wird danach zu unterscheiden sein, welcher Schaden eingetreten ist. **690**

Erleidet das ordnungsgemäß in die Waschstraße eingefahrene Fahrzeug äußere Beschädigungen durch Bürsten, Spritzwasser oder die Waschapparatur, dann läßt sich mit dem LG Berlin[460] noch ein Anscheinsbeweis auf mangelnde Funktion oder Wartung der Waschanlage vertreten.

Anders verhält es sich jedoch, wenn ein Fahrzeug aus den Schienen einer

---

[451] Siehe OLG Köln VersR 1975, 960 = MDR 1975, 935 = DAR 1975, 214 = JMBlNRW 1975, 162.
[452] BGH VersR 1966, 829.
[453] BGH VersR 1964, 48.
[454] LG Frankenthal VersR 1969, 672.
[455] BGH VersR 1959, 792.
[456] BGH BB 1978, 1137 = DB 1978, 1831 = WPM 1978, 1049.
[457] BAG NJW 1981, 1061 = DB 1981, 111 = RdA 1980, 351 = WPM 1981, 315.
[458] BAG NJW 1983, 2897 = MDR 1983, 610.
[459] LG Bayreuth VersR 1983, 253; LG Berlin VersR 1983, 840 ff.; LG Hanau DAR 1984, 26; AG Schweinfurt DAR 1982, 293.
[460] VersR 1983, 842.

Waschanlage herausspringt. Hier ist nach der Lebenserfahrung auch denkbar, daß ein Fahrzeug falsch eingesetzt worden ist, z. B. mit angezogener Handbremse oder eingelegtem Gang.

Denkbar ist auch, daß es während des Waschvorgangs (z. B. durch Einlegen des Gangs oder Anziehen der Bremse) quergesteuert worden ist. In einem solchen Fall spricht kein Anschein für einen Mangel der Anlage, zumal nicht ersichtlich ist, worin dieser Mangel liegen soll. Die gegenteilige Auffassung des LG Darmstadt[461] vermag daher nicht zu überzeugen.

Die Feststellung des Sachverständigen, daß am Tag der Besichtigung die Anlage fehlerfrei gearbeitet hat, reicht nicht zur Entkräftung des Anscheinsbeweises aus, wenn nicht auszuschließen ist, daß die Anlage am Tag des Schadensereignisses fehlerhaft gearbeitet hat.[462]

691 **Wasser:** Bildet sich nach starkem Gewitterregen an einer tief gelegenen Stelle der Bundesautobahn infolge Verstopfung des dort neben dem mittleren Grünstreifen angebrachten Wasserabfluß-Kanalschachts eine Wasserlache, so kann ein Kraftfahrer, der durch Hineinfahren in die überflutete Strecke zu Schaden kommt, sich nicht auf einen Anscheinsbeweis dafür berufen, daß der Nichtabfluß des Wassers auf einen Konstruktionsmangel der Straße oder der Kanalisierungsanlage oder auf deren unzulängliche Wartung zurückzuführen sei.[463]

Zwischen dem Einbringen von Abraum in einen mit dem Grundwasser in Verbindung stehenden Bombentrichter und der Verschmutzung eines im Grundwasserstrom liegenden Brunnens kann ein dem Anscheinsbeweis zugänglicher Zusammenhang liegen.[464]

Wenn eine Wasserleitung dort bricht, wo sie nicht intakt ist, ist es nach allgemeinen Erfahrungssätzen in hohem Maße wahrscheinlich, daß ein Materialfehler den Bruch mindestens mitverursacht hat; es liegt also ein typischer Geschehensablauf vor, der den Anscheinsbeweis rechtfertigt.[465] Dagegen besteht kein allgemeiner Erfahrungssatz des Inhalts, daß Wasserrohrbrüche ihrerseits auf fehlerhafter Errichtung oder mangelhafter Unterhaltung des Rohrleitungssystems beruhen.[466]

692 **Werkstattverschulden:** Aus einem zeitlichen Zusammenhang zwischen einer Reparatur und einem nachfolgenden Unfall oder Schaden wird häufig vom Verletzten oder Geschädigten ein Kausalzusammenhang hergeleitet. Praktische Erfahrung zeigt, daß eine Beweisführung äußerst schwierig ist, meist mißlingt und als konkreter Hergang nicht der Beweiserleichterung des Anscheinsbeweises zugänglich ist.[467] Meist handelt es sich dabei um Repara-

---

[461] VersR 1978, 1047.

[462] LG Berlin VersR 1983, 842.

[463] BGH VersR 1961, 806.

[464] BGH VersR 1956, 793.

[465] OLG Karlsruhe MDR 1957, 418.

[466] LG Heidelberg VersR 1977, 47. Zu Montagefehler nach Einbau einer neuen Wasserzählanlage vgl. KG VersR 1988, 1127.

[467] Vgl. z. B. OLG Schleswig VersR 1969, 1101 (Verlust einer Ablaßschraube nach Ölwechsel: nein); LG Trier VersR 1973, 973 (Auffliegen der Motorhaube während der Fahrt nach einem am Vortag durchgeführten Ölwechsel: nein); BGH VersR

turen an einem Pkw. Der Fall, daß ein Defekt schon beim Verlassen der Werkstatt erkennbar wird, liegt beweisrechtlich einfach. Sehr häufig tritt aber erst nach längerer Fahrt ein unfallträchtiger Defekt auf. Je größer der zeitliche Abstand zwischen Reparatur und Schadensereignis ist, um so schwieriger wird es, dem Richter die Überzeugung eines ursächlichen Zusammenhangs zu verschaffen. Die gleichen Beweisprobleme können bei Herstellermängeln auftreten.[468]

1979, 822 = DB 1979, 1840 (von Handwerkerverschulden prima facie auszugehen, soweit ein für den Handwerker typischer Fehler vorliegt, nicht aber wenn es sich um einen „Groteskfehler" eines Elektromonteurs handeln würde).

[468] Siehe dazu etwa BGH VersR 1971, 80 = DAR 1971, 11 = Warneyer 1970 Nr. 207 (Fehler der Bremsvorrichtung); OLG Oldenburg VersR 1984, 1097 = VRS Bd. 67, 221 (fehlerhafte Reifenmontage).

Viertes Kapitel. Die Darstellung der Beweiswürdigung

§ 24. Der Begründungszwang

I. Richtlinien

693 Damit die Parteien und das Rechtsmittelgericht eine Beweiswürdigung überprüfen können, müssen sie diese zuvor kennenlernen. Im Zivilprozeß legt das Gericht seine Ansicht zur tatsächlichen Seite eines Falles in den Entscheidungsgründen dar. Was dort nicht niedergeschrieben ist, ist für Dritte nicht vorhanden. Die Darstellung der Beweiswürdigung ist deshalb ein sehr wichtiger Teil des Zivilurteils.

Die freie Beweiswürdigung entbindet den Richter von Beweisregeln. Sie erhöht damit zugleich seine Verantwortung erheblich. Da die Freiheit in der Beweiswürdigung die Möglichkeit von Verflachung und Willkür einschließt, bedarf es eines Gegengewichtes. Es genügt nicht, daß der Richter einfach erklärt, er sei hinsichtlich der tatsächlichen Feststellungen dieser oder jener Ansicht; er muß vielmehr diese Ansicht nach dem Gesetz (§ 286 Abs. 1 S. 2 ZPO) *begründen*.

Die Notwendigkeit einer Begründung ist so stark, daß sie auch gefordert werden müßte, wenn es die Vorschrift des § 286 Abs. 1 S. 2 ZPO nicht gäbe. Der Beweis dafür ist leicht zu führen. Für § 287 ZPO fehlt nämlich eine dem § 286 Abs. 1 S. 2 ZPO entsprechende Regelung; § 286 Abs. 1 S. 2 ZPO kann auch nicht als Ergänzung des § 287 ZPO angesehen werden, weil dieser eine Sonderregelung bringt. Gleichwohl fordert die Rechtsprechung auch bei freier Schadensschätzung eine Begründung.

694 Nikisch[1] nimmt an, die Vorschrift des § 286 Abs. 1 S. 2 ZPO diene der Selbstkontrolle des Gerichts und solle der höheren Instanz die Nachprüfung ermöglichen. Wichtiger als die Selbstkontrolle, der sich das Gericht durch Niederschrift der Beweiswürdigung unterzieht, ist dabei die Kontrollmöglichkeit durch die Parteien und das Revisionsgericht. Für die Arbeit des Berufungsgerichts hat das an den erstinstanzlichen Richter gerichtete Begründungsgebot weniger Bedeutung. Das Berufungsgericht ist eigene Tatsacheninstanz; es darf nicht wegen einer mangelhaften Beweiswürdigung aufheben und zurückverweisen, sondern hat sie selbst **besser** durchzuführen.[2]

695 Der Begründungszwang des § 286 Abs. 1 S. 2 ZPO gilt auch für Beschlüsse.[3] Es kommt eben maßgeblich darauf an, daß eine auf eine Beweiswürdigung gestützte Entscheidung überprüfbar ist, nicht darauf, welche Form der Entscheidung gewählt wird oder geboten ist.

696 Sowohl die fehlende als auch die mangelhafte Begründung einer Beweis-

---

[1] Zivilprozeßrecht, 2. Aufl. 1952, § 84 IV 4.
[2] RG JW 1936, 3543 Nr. 10; Wieczorek, ZPO, § 286 Anm. D III; § 539 Anm. B II b 3.
[3] Wieczorek, ZPO, § 286 Anm. D III.

würdigung verstößt gegen § 286 Abs. 1 S. 2 ZPO.[4] Dagegen fällt die mangelhafte Beweiswürdigung nicht unter §§ 313 Abs. 1 Nr. 6, 551 Nr. 7 ZPO; beide Vorschriften setzen voraus, daß es an Entscheidungsgründen überhaupt fehlt.[5]

Fehlende, lückenhafte oder sonst mangelhafte Beweiswürdigungen können auch nicht auf dem Umweg über eine Berichtigung oder Ergänzung des Urteils (§§ 319 ff. ZPO) nachgeholt oder verbessert werden.[6] Dementsprechend ist die Bezugnahme auf die Begründung des Gerichts erster Instanz ungenügend.[7] **697**

Da jedoch der Begründungszwang nicht um seiner selbst willen gefordert wird, hat die Rechtsprechung in Ausnahmefällen die Bezugnahme auf Begründungen anderer Urteile als statthaft angesehen.[8] Zwei Voraussetzungen müssen dann jedoch gegeben sein: **698**

a) Das bezogene Urteil muß in demselben Rechtsstreit oder in einem anderen Rechtsstreit zwischen denselben Parteien ergangen sein;

b) es muß beiden Parteien bekannt sein, z. B. infolge Zustellung von Amts wegen.

Dann ist die in Bezug genommene Beweiswürdigung als Bestandteil der in Bezug nehmenden Entscheidung zu behandeln. Im übrigen ändert sich nichts. Insbesondere gilt in jedem Fall der Erschöpfungsgrundsatz: die *dargestellte* (und zulässigerweise bezogene) Beweiswürdigung ist für die Überprüfung maßgebend. **699**

Sind sich die Parteien über die Unglaubwürdigkeit einer Zeugenaussage einig, so ist nach Wieczorek[9] der Begründungszwang aufgehoben, wenn das Gericht derselben Ansicht ist. Diese Auffassung erscheint indessen nicht unbedenklich. Die Ansichten der Parteien dürfen die eigenverantwortliche Würdigung des Beweisergebnisses durch das Gericht nicht beeinflussen. In solchen Fällen wird aber das Vorbringen unstreitig sein und ist dann nicht mehr beweisbedürftig. **700**

Durch die Vereinfachungsnovelle (siehe §§ 313 Abs. 3, 543 Abs. 1 ZPO) ist der Begründungszwang für Zivilurteile wesentlich abgeschwächt worden. Es genügt, wenn die Entscheidungsgründe eine kurze Zusammenfassung der tatsächlichen Erwägungen bringen. Im zweitinstanzlichen Urteil kann unter Umständen auch darauf verzichtet werden. Hieraus könnte hergeleitet werden, daß damit auch die textlich nicht veränderte Bestimmung des § 286 Abs. 1 S. 2 ZPO bedeutungslos geworden sei. Das hätte aber zur Folge, daß wichtige revisionsrechtliche Grundsätze obsolet geworden wären, beispielsweise die Rechtsprechung des BGH, wonach es einen Verstoß gegen § 286 ZPO darstellt, wenn der Tatrichter von der Einholung **701**

---

[4] Wieczorek, ZPO, § 286 Anm. D III.
[5] RGZ 86, 114.
[6] Wieczorek, ZPO, § 286 Anm. D III.
[7] RAG RAGE 18, 211.
[8] RG JW 1914, 880; Wieczorek, ZPO, § 286 Anm. D III A.
[9] ZPO, § 286 Anm. D III a 2.

eines Sachverständigengutachtens absieht oder einem Gutachter nicht folgt, ohne im Urteil seine eigene besondere Sachkunde darzulegen,[10] oder wenn die Ablehnung von Beweisanträgen nicht ausführlich und erschöpfend nachprüfbar begründet wird.[11] Gerade dieser Begründungszwang erscheint aber nach wie vor unerläßlich, um einer nachlässigen Handhabung des Beweisrechts vorzubeugen. Deshalb ist der Begründungszwang des § 286 Abs. 1 S. 2 ZPO ungeachtet der Neufassung der §§ 313 Abs. 3, 543 Abs. 1 ZPO nach wie vor zu beachten, wenngleich die Ausführlichkeit früherer Praxis wohl nicht mehr gefordert werden darf.[12]

702 Eine schwierige, leider zu wenig geklärte Frage ist die, wie denn überhaupt eine subjektive richterliche Überzeugung begründet, also verbalisiert werden kann. Baumbach/Hartmann[13] meinen, das Gericht habe „die Gründe, die es bei der Beweiswürdigung geleitet haben, im Urteil darzulegen, und zwar in streng logischem Aufbau". Das ist jedoch letztlich nur eine Leerformel. Jeder Praktiker weiß, daß ihr so gut wie nie entsprochen wird.

703 In der großen Mehrzahl der Fälle besteht die „Wiedergabe der richterlichen Überzeugung" leider nur darin, daß im Urteil ausgedrückt wird, der „Zeuge habe glaubhaft bekundet ..." oder auch nur, der „Zeuge soundso hat gesagt ..." Dahinter verbirgt sich die nicht zu leugnende Tatsache, daß beim Zeugenbeweis unter der Hand eine vom Gesetz nicht vorgesehene Beweisregel des Inhalts praktiziert wird: „Dem Zeugen ist zu glauben, wenn nicht ganz gewichtige Anhaltspunkte dagegen sprechen."[14]

704 Das bedeutet natürlich nicht, daß ein Bericht über Aussagen ohne eigene Stellungnahme dazu wirklich als Beweiswürdigung im Sinne des Gesetzes anerkannt werden könnte. Die Verwendung derartiger Floskeln ist Ausdruck einer Kommunikationsschwierigkeit. Es soll ein subjektives Fürwahrhalten sprachlich als objektive Gegebenheit dargestellt werden. Das muß zu Brüchen führen.

705 Der juristische Beweis ist kein wirklicher Beweis, sondern eine Wahrscheinlichkeitsanalyse. Nötig wäre es, bereits auf der Universität eine Methode einer Beweiswürdigung zu lehren, die in jedem Einzelfall anwendbar ist. Wir haben aber leider noch keine Methode, die allen oder den meisten oder auch nur vielen Juristen beigebracht werden könnte. Diesem Mangel sollte dadurch begegnet werden, daß wir viel stärker, als es zur Zeit geschieht, unsere subjektive Geschehensdeutung in den Vordergrund stellen.[15]

706 Tatsächlich verhält es sich nämlich so, daß wir an alle aufzuklärenden Sachverhalte unsere Erfahrungen herantragen, unser vorhandenes Wissen

---

[10] Ständige Rechtsprechung des BGH; vgl. z. B. LM § 286 ZPO (E) Nr. 1, 6; MDR 1970, 375.

[11] Siehe oben § 12.

[12] Siehe dazu Schneider JuS 1978, 335 ff.

[13] ZPO, 52. Aufl. 1994, § 286 Rn. 20.

[14] So Reinecke in seiner beeindruckenden Abhandlung „Über die Schwierigkeit, einem Zeugen nicht zu glauben", MDR 1986, 630; AG Marbach MDR 1987, 241. Euger Meyke NJW 1989, 2032.

[15] Zustimmend Reinecke MDR 1986, 634.

und unsere eigenen Erlebnisse darauf projizieren und dadurch zu einem Wahrscheinlichkeitsurteil gelangen: „So muß es gewesen sein; dafür spricht ..." Dieses Herantasten an die Überzeugung sollte in der Beweiswürdigung aus dem Sachverhalt heraus nachvollzogen werden.

Das ist im Grunde auch mit dem Prinzip der freien Beweiswürdigung **707** gemeint. Nur bei dieser Arbeitsweise steht der Richter über dem Beweisergebnis als solchem. Die Zeugenaussagen insbesondere sind dann weitgehend nur noch sekundäre Bestätigungs- oder Widerlegungsmomente im Rahmen der Gesamtschau. Nur führt das nicht, jedenfalls nicht notwendig, zu einem „streng logischen Aufbau". Denn die Beweiswürdigung ist ein psychologisches Verfahren und im Kern weitgehend alogisch.

II. Einzelheiten zum Begründungszwang nach der höchstrichterlichen Rechtsprechung

Vom Tatrichter kann nicht verlangt werden, daß er alle Umstände, die für **708** seine Abwägung maßgeblich waren, im einzelnen aufzählt und zu jeder Aussage oder Feststellung im Augenscheinstermin besonders Stellung nimmt. Es genügt, wenn aus der schriftlichen Begründung erkennbar ist, daß der Tatrichter allen maßgeblichen Umständen Rechnung getragen hat.[16] Seine Beweiswürdigung muß also erkennen lassen, daß er das gesamte Vorbringen der Parteien erfaßt und in Betracht gezogen hat.[17]

Das gilt auch für das Berufungsgericht. Eine Bezugnahme des Berufungs- **709** urteils auf die Entscheidungsgründe des erstinstanzlichen Urteils entbindet das Berufungsgericht deshalb nicht von der Pflicht, eine eigene Beweiswürdigung der in Bezug genommenen erstinstanzlichen Beweisaufnahme und ihres Ergebnisses vorzunehmen und dabei die Gründe anzugeben, die nach gewissenhafter Prüfung und Abwägung für die richterliche Überzeugung maßgebend waren.[18]

Natürlich ist das Gericht nicht gehalten, das seiner Ansicht nach Unerheb- **710** liche ausdrücklich zu erörtern, sich mit jeder Behauptung und Zeugenaussage auseinanderzusetzen[19] oder auf jede Einzelheit einer Zeugenaussage einzugehen.[20] Entscheidend ist eben immer nur, ob sich aus der schriftlichen Begründung ergibt, daß eine sachentsprechende Beurteilung überhaupt stattgefunden hat.[21]

Der Tatrichter ist nicht einmal gehalten, das Gewicht von sich widerspre- **711** chenden Zeugenbekundungen im einzelnen in seiner Urteilsbegründung darzulegen, wenn er bei sich widersprechenden Angaben zu der Überzeu-

[16] BGH VersR 1967, 25; NJW 1993, 935 = FamRZ 1993, 668.
[17] BGH WPM 1993, 1801 (1802); BAG AP § 419 BGB Nr. 2.
[18] BAG MDR 1963, 959.
[19] BAG DB 1958, 547.
[20] BGH VersR 1958, 95; BAG AP §§ 22, 23 BAT Nr. 66.
[21] BGHZ 1, 162.

gung gekommen ist, daß er keinem der Zeugen einen Vorzug in der Glaubwürdigkeit vor dem anderen Zeugen geben kann.[22]

712 Dagegen geht es nicht an, das Ergebnis einer Alkoholblutprobe einfach mit der Begründung unberücksichtigt zu lassen, auf jeden Menschen wirke der Alkohol anders ein.[23] Denn in diesem Fall ergibt sich aus den Entscheidungsgründen, daß eine sachbezogene Beurteilung überhaupt nicht stattgefunden hat, sondern daß das Gericht dieser mit einer am konkreten Fall vorbeigehenden Floskel ausgewichen ist.

713 Ähnlich, aber wohl zu weitgehend, ist in einer anderen Entscheidung[24] beanstandet worden, daß der Tatrichter einer Zeugin nicht geglaubt hatte, weil bei ihrer Vernehmung eine „erhebliche Verstimmung gegenüber dem Beklagten erkennbar" geworden sei, wie sich aus „den Andeutungen der Zeugin und den Zwischenbemerkungen des hierzu nicht befragten Klägers" ergeben habe, ohne daß die Äußerungen der Zeugin und die Zwischenbemerkungen des Klägers protokolliert worden seien. Das Revisionsgericht sei infolgedessen „nicht in die Lage versetzt, entsprechend seiner Kontrollfunktion nachzuprüfen, ob die Beweiswürdigung im Einklang mit den Regeln der Logik und der Erfahrung" stehe. „Mindestens in den Entscheidungsgründen des Berufungsurteils hätten die maßgeblichen tatsächlichen Grundlagen für die Überzeugungsbildung . . . in nachprüfbarer Weise mitgeteilt werden müssen."

714 Bei der Ermittlung des Verkehrswertes eines enteigneten Grundstücks hat der Tatrichter Tatsachen, die die Grundlage für die Ausübung des ihm eingeräumten Ermessens geben sollen, nach § 286 ZPO festzustellen und diese im Urteil einschließlich ihrer Auswertung darzulegen. Nur so ist nämlich erkennbar, ob die Verkehrswertermittlung allen maßgeblichen Umständen gerecht wird.[25]

715 Eine gesteigerte Begründungspflicht besteht bei der Ablehnung von Beweisanträgen. Wenn einem gemäß § 371 ZPO gestellten Beweisantrag auf Einnahme eines Augenscheins nicht entsprochen wird, müssen die Gründe dafür im Urteil angegeben werden.[26] Will das Gericht einer Zeugenaussage nur *teilweise* folgen, so ist ebenfalls eine Begründung unerläßlich.[27] Ebenso ist es bei Aussageverweigerung. Gleich, wie sie gewertet wird; im Urteil muß dazu Stellung genommen werden.[28]

716 In vielen Fällen sind die Voraussetzungen des § 448 ZPO gegeben, wonach das Gericht von Amts wegen und ohne Rücksicht auf die Beweislast eine Partei oder beide Parteien vernehmen darf, wenn das Ergebnis der Verhandlungen und einer etwaigen Beweisaufnahme nicht ausreicht, um seine Überzeugung von der Wahrheit oder Unwahrheit einer zu erweisenden Tatsache zu begründen. Unterbleibt die Vernehmung von Amts wegen gemäß § 448 ZPO, so wird in den Entscheidungsgründen darüber meist

---

[22] BGH VersR 1958, 604 u. 847.
[23] BGH VRS Bd. 3, 153.
[24] BGH MDR 1978, 826 = DB 1978, 973 = NJW 1978, 1486 (LS).
[25] BGH WPM 1965, 947.
[26] Sydow/Busch, ZPO, 22. Aufl 1941, § 286 Anm. IV.
[27] Wieczorek, ZPO, § 286 Anm. D III a 2.
[28] RG JW 1932, 1345.

nichts geschrieben. Die Rechtsprechung läßt das durchgehen:[29] Es sei anzunehmen, daß ein Gericht die Vorschrift des § 448 ZPO kenne und sie beachtet habe, solange nicht Anhaltspunkte für die gegenteilige Annahme gegeben sein.[30]

Am strengsten ist die Rechtsprechung hinsichtlich des Begründungszwanges, wenn das Gericht einem Beweisantrag nicht stattgegeben hat (Rn. 715). Das Verbot der Beweisantizipation wird nur von wenigen, eng begrenzten Ausnahmen durchbrochen. Das Vorliegen einer solchen Ausnahme muß deshalb äußerst sorgfältig und eingehend begründet werden.[31] **717**

III. Begründungszwang bei freier Schadensschätzung nach § 287 ZPO

Grundsätzlich gelten die vorstehend dargestellten Anforderungen unverändert auch für die *Schätzung nach § 287 ZPO*. Um den Parteien und dem Rechtsmittelgericht die Prüfung zu ermöglichen, ob die Ermittlung des Schadens etwa auf grundsätzlich falschen oder offenbar unsachlichen Erwägungen beruht oder ob wesentliche Umstände außer acht gelassen sind, muß der Richter die tatsächlichen Grundlagen seiner Schätzung und ihre Auswertung in den Urteilsgründen darlegen.[32] Er ist also auch im Rahmen des § 287 ZPO verpflichtet, nachprüfbar zu entwickeln, auf welchen tatsächlich festgestellten Grundlagen seine Schätzung beruht.[33] **718**

Willkürliche Bezifferungen sind gesetzeswidrig. Die Urteilsgründe müssen erkennen lassen, aus welchen Gründen ein bestimmter Betrag anerkannt oder abgelehnt worden ist.[34] **719**

Jedoch ist das Gericht im Rahmen der freien Schadensschätzung nicht verpflichtet, das gewonnene Ergebnis durch die Angabe aller einzelnen für die Schadensbemessung maßgebenden Tatsachen zu begründen. Die Entscheidungsgründe müssen nur so erschöpfend sein, daß nachvollziehbar ist, ob die Schadensermittlung auf grundsätzlich falschen oder offenbar unrichtigen Erwägungen beruht und wesentliche, die Entscheidung bedingende Tatsachen außer acht gelassen sind.[35] Ausreichend kann schon die bloße Berufung auf eine anerkannte Schätzungstabelle sein, etwa auf diejenige von Sanden/Danner zum Nutzungsausfall bei Beschädigung von Kraftfahrzeugen. **720**

Ist im Rahmen der Schätzung aus § 287 ZPO über schwierige Fragen zu entscheiden, dann müssen die Gründe erkennen lassen, kraft welcher Erwägungen das Gericht sich ein bestimmtes Urteil gebildet und daß es sich der **721**

[29] OGHZ 1, 226; BGH ZZP Bd. 70 (1957), 332.
[30] RGZ 144, 321 (323/24); RG JW 1935, 2432.
[31] Siehe dazu oben § 12.
[32] BGHZ 6, 62; BGH VersR 1956, 239.
[33] BAG NJW 1963, 925.
[34] OGH Rpfleger 1949, 321.
[35] BGHZ 3, 162 (175 f.).

Inanspruchnahme wichtiger Erkenntnisquellen nicht ohne zureichenden Grund verschlossen hat.[36]

722 Das Gericht muß stets von Amts wegen alle für die Schätzung des Schadens erheblichen Umstände prüfen, aus denen mit großer Wahrscheinlichkeit nach der Lebenserfahrung auf einen bestimmten Schaden geschlossen werden kann.[37] Das gilt besonders von Beweisindizien, die mit dem vom Tatsachenrichter schließlich als erwiesen angenommenen Geschehensverlauf schwer vereinbar erscheinen.[38]

723 Damit darf aber nicht die ganz andere Frage verwechselt werden, ob und inwieweit das Gericht die Sachverhaltsaufklärung bei der freien Schadensschätzung vorantreiben darf oder muß (siehe dazu oben das zweite Kapitel). Im Rahmen des § 287 ZPO ist das Gericht insbesondere darin freigestellt, Beweisanträgen der Parteien zu entsprechen oder nicht.

724 Soweit aber Tatsachenstoff vorliegt – Urkunden, Parteivortrag, beigezogene Akten usw. –, muß das Gericht diesen Tatsachenstoff insgesamt verwerten; anderenfalls verstößt es gegen das gesetzliche Beweisrecht.

725 Daß diesem Gebot entsprochen worden ist, muß sich aus den Urteilsgründen ergeben. Dazu genügt aber wiederum die Erkennbarkeit eines sachgerechten Beweiswürdigungszusammenhanges. Nicht erforderlich ist das Eingehen auf jede Einzelheit.

726 So ist etwa bei Schmerzensgeldansprüchen keine ins einzelne gehende Darlegung zu fordern, welche Beträge jeweils zur Abgeltung der bereits entstandenen und der verbleibenden Schmerzen und Schäden für angemessen erachtet werden.[39]

727 Auch bei der Frage des ursächlichen Zusammenhanges in einem Haftungsfall – zwischen eingetretenem Schaden und einem von der Klinik zu vertretenden gefährlichen Vorgang – hat der Tatrichter gemäß § 287 ZPO unter Würdigung aller Umstände nach freier Überzeugung zu entscheiden, ohne deshalb auch schon verpflichtet zu sein, sämtliche für seine Entscheidung maßgeblichen Gesichtspunkte im Urteil einzeln anzuführen.[40]

IV. Indizienbeweis

728 Der BGH[41] hat einprägsame Anweisungen für den Umfang des Begründungszwanges bei einem Indizienbeweis gegeben:

> „Der Tatrichter muß beim Anzeichenbeweis alle Hilfstatsachen auf ihre Erheblichkeit für die zu beweisende Haupttatsache prüfen. Er muß ferner eine Gesamtschau und Gesamtwürdigung vornehmen; denn das Zusammentreffen mehrerer für sich unergiebiger Beweisanzeichen kann zu einer anderen Schlußfolgerung führen. Andererseits braucht er in der Urteilsbegründung nicht auf jedes Parteivorbringen einzugehen, wenn sich nur ergibt, daß eine sachentspre-

---

[36] BGH VersR 1958, 785.
[37] BGH BB 1965, 926.
[38] OGH DAR 1951, 12.
[39] BGH VersR 1961, 164.
[40] BGH VersR 1960, 57.
[41] VersR 1978, 74 (76).

chende Würdigung stattgefunden hat" und nichts Wesentliches übersehen worden ist.

Insgesamt gesehen läßt sich wohl sagen, daß beim Indizienbeweis der Begründungszwang gesteigert ist. Das geht einfach darauf zurück, daß der Indizienbeweis seiner Struktur nach besonders kompliziert ist.[42] Daneben kommt es selbstverständlich auch auf die Umstände und die Tragweite des Einzelfalles an. Je schwieriger die konkrete Situation zu beurteilen ist, um so ausführlichere Darlegungen sind erforderlich, um die eigene Beweiswürdigung einem Dritten nachvollziehbar verständlich zu machen. 729

Beispiel:[43] Soll auf Grund von Indizien der Wille eines fünfzehnjährigen Jungen zur Brandstiftung festgestellt werden, dann bedarf das einer eingehenden Begründung, vor allem, wenn im Strafverfahren nur fahrlässige Brandstiftung angenommen worden ist.

§ 25. Der Aufbau der Begründung

I. Der Denkvorgang

Die Beweiswürdigung ist eine finale Tätigkeit. Der Richter geht von einem **möglichen** Ereignis aus, das der Kläger oder der Beklagte behauptet hat. Er prüft rückschauend, ob es sich überhaupt und gegebenenfalls so, wie behauptet, ereignet hat. Das Ergebnis seiner würdigenden Überlegungen kann dann eine positive oder eine negative Feststellung sein, aber auch ein bloßes „Vielleicht", also Ungewißheit. In diesem letzten Fall decken sich Möglichkeitsvorstellungen und Überzeugungen nicht; es muß nach der Beweislast entschieden werden. 730

Dieser finale Denkvorgang ist in den Entscheidungsgründen schriftlich nachzuzeichnen. Das ist die für Parteien und Rechtsmittelgericht bestimmte Begründung. Sie ist durch § 286 Abs. 1 S. 2 ZPO vorgeschrieben. Eine Gewähr dafür, diesem Begründungszwang zu genügen, ist der durchdachte Aufbau der Beweiswürdigung. 731

In den lehrmäßigen Darstellungen der Urteilstechnik wird der Aufbau der Tatsachenfeststellung oft vernachlässigt. Mit einigem Grund hat sich Wassermeyer[1] darüber beklagt, daß die tatsächlichen Feststellungen zu ihrem Nachteil nicht selten im Schatten gelehrsamer Zitatenfülle stehen. Es ist leichter, mit Autoritäten aufzuwarten, als selbst nachzudenken und die Denkergebnisse zu begründen. Kirchheimer[2] spricht sogar von „der eigenartig neurotischen Geisteshaltung, die in einem gelehrten Urteil mehr sieht als in einem gerechten". 732

---

[42] Siehe dazu oben § 22 sowie besonders ausführlich Döhring, Die Erforschung des Sachverhalts im Prozeß, 1964, S. 333 ff., und Bender/Röder/Nack, Tatsachenfeststellung vor Gericht, Bd. I, 1981, Rn. 410 ff.

[43] MDR 1983, 829 = VersR 1983, 477 = NJW 1983, 1739.

[1] Prima facie Beweis, S. 49.

[2] Politische Justiz, 1966, S. 273/74.

733 Für die Beweiswürdigung wird ein *logischer* Aufbau verlangt.[3] Vielschreiberei ist nicht erforderlich. Wie jede Darstellung darf auch die der Beweiswürdigung kurz und knapp gehalten werden. Sie muß nur geschlossen und im wesentlichen erschöpfend sein. Vollständigkeit und Kürze zu vereinen, ist nicht einfach. Man kann den Satz wagen: **Je kürzer die fehlerfreie Darstellung, um so ausführlicher die gedankliche Vorarbeit.**

734 Bei der Beweiswürdigung läßt sich nur selten mit der Denkfigur des „Dahinstehenlassens" arbeiten. Die in der Tatsachenfeststellung zu beantwortende Frage, ob eine Behauptung als zutreffend anzusehen ist oder nicht, bedarf einer klaren Antwort. Die Wahrunterstellung ist *stets* entbehrlich; sie spricht für gedankliche Unklarheit in der Beweiswürdigung.[4]

735 Damit der Aufbau der Beweiswürdigung gelingt, ist zunächst deutlich auseinanderzuhalten das *Ergebnis* der Beweisaufnahme, also die Beweismaterie, und die *Würdigung* dieses Beweisstoffes durch das Gericht.

736 Über die Darstellung des Ergebnisses der Beweisaufnahme enthält die ZPO einige Vorschriften. Nach § 160 Abs. 2 S. 3 ZPO sind die Aussagen der Zeugen und Sachverständigen sowie der Parteien in das Protokoll aufzunehmen; § 160 Abs. 2 S. 4 ZPO gebietet dies auch für das Ergebnis eines Augenscheins. Beim Sachverständigenbeweis liegt darüber hinaus in der Regel ein schriftliches Gutachten vor. Urkunden werden im Tatbestand bezogen.[5]

737 Die Beweiswürdigung selbst soll tunlichst freigehalten werden vom Bericht über das Ergebnis der Beweisaufnahme. Wenn beides miteinander verquickt wird, besteht die ohnehin große Versuchung, statt einer echten Auseinandersetzung mit dem Beweisergebnis dieses lediglich *darzustellen*.

738 Die Begründung muß folgerichtiges und planmäßiges Denken erkennen lassen. Dabei ist von nicht geringer Bedeutung die *sprachliche* Darstellung. Zunächst sind Gemeinplätze und formelhafte Wendungen zu vermeiden. Es ist nichtssagend, wenn in den Entscheidungsgründen lediglich steht, das Gericht habe diese oder jene Überzeugung gewonnen oder eine Aussage sei „einfühlsam", wie ich es unlängst gelesen habe. Es kommt vielmehr darauf an, die Tatsachen, auf denen diese Überzeugung beruht, konkret zu bezeichnen.

739 Dabei ist natürlich immer auf die einzelne Sache abzustellen. Jeder Praktiker weiß, daß sich in nicht wenigen Rechtsstreitigkeiten die Überzeugung des Gerichts apodiktisch begründen läßt, weil eben das Ergebnis der Beweisaufnahme (positiv oder negativ) schlechthin eindeutig ist.

---

[3] Baumbach/Hartmann, ZPO, 52. Aufl. 1994, § 286 Rn. 20; siehe dazu aber § 24 Rn. 702.

[4] Siehe unten Rn. 838. Vgl. Schneider ZZP Bd. 75 (1962), 207 ff.; Teplitzky JuS 1968, 74. Mit Recht hat das OLG Saarbrücken (VRS Bd. 42, 37 – Strafsache) verlangt, vor der Wahrunterstellung müsse das Gericht darauf hinwirken, daß der Sinn eines Beweisantrages klargestellt werde.

[5] Über Aktenvermerke zur Beweisaufnahme siehe Mezger NJW 1961, 1701; BGH LM § 1362 BGB Nr. 2.

II. Die Terminologie

Die Beweismittel, denen man bei der Überzeugungsbildung Wert beimißt, sind unbedingt zu nennen (z. B. die Zeugen X und Y). Bei Beweismitteln, die miteinander nicht in Einklang zu bringen sind, ist zu sagen, welchen das Gericht folgt und warum es ihnen folgt.[6] Dies ist klar und eindeutig auszusprechen. **740**

Wendungen, die auf *Annahmen* oder *Vermutungen* hindeuten, sind zu vermeiden. Wörter wie „könnte", „dürfte", „wahrscheinlich", „es scheint ..." usw. haben in der Darstellung der Beweiswürdigung nichts zu suchen! Solche Ausdrücke können im Revisionsverfahren zur Aufhebung des Urteils führen. **741**

So hat der Bundesgerichtshof[7] einmal ausgeführt: **742**

> Die Worte „möglicherweise„ und „vielleicht" (in den Urteilsgründen) deuten darauf hin, daß das Berufungsgericht den Rechtsbegriff der Kausalität verkannt hat. Es durfte sich nicht damit begnügen festzustellen, ohne das von ihm angenommene schuldhafte Verhalten wäre der Schaden „möglicherweise" oder „vielleicht" unwesentlich gewesen. Vielmehr mußte es zu einer klaren Feststellung darüber gelangen.

Solche Unklarheiten lassen sich leicht vermeiden. Man braucht nur den Einleitungssatz hinreichend apodiktisch zu fassen. **Beispiel:** Das Gericht ist davon überzeugt, daß ... – Dann bieten sich bei folgerichtigem Denken die entsprechenden Begründungssätze ohne weiteres an. **743**

Der Klarheit der Darstellung dient es, wenn man sich mit eingebürgerten Begriffen vertraut macht und sie stets im nämlichen Sinne benutzt.

Bei der **Zeugenaussage** sind zu unterscheiden die Termini „glaubhaft", „glaubwürdig" und „ergiebig". Der Begriff „glaubhaft" läßt sich als Oberbegriff verstehen. Eine Aussage ist glaubhaft, wenn die Bekundung *inhaltlich ergiebig* und der sie bekundende *Zeuge glaubwürdig* ist. **744**

Werden Zeugenaussagen verwertet, die in einem anderen Verfahren gemacht worden sind (meist ein Strafverfahren, dessen Akten beigezogen werden), dann handelt es sich um einen *Urkundenbeweis*. Es ist deshalb falsch, in der Beweiswürdigung des Entscheidungsverfahrens die Aussagepersonen des Strafverfahrens als „Zeugen" zu bezeichnen. Sie sind im Zivilprozeß, zu dem die Strafakten beigezogen worden sind, keine Zeugen, weil es an einem Gerichtsbeschluß fehlt, sie als Zeugen zu vernehmen.

Werden mehrere **Gutachten** eingeholt, dann wird oft das zweite Gutachten als „Obergutachten" bezeichnet. Auch das ist nicht genau. Ein Obergutachten setzt stets **zwei** in derselben Sache bereits erstattete Gutachten voraus. Das zweite Gutachten ist ein „weiteres", „zweites" oder „neues" Gutachten. Erst das dritte Gutachten ist das „Obergutachten". **745**

Die jeweiligen Sachverständigen lassen sich durch entsprechende Benennungen ebenfalls klar auseinanderhalten, z. B. durch die Bezeichnungen Gutachter, Gegengutachter und Obergutachter.

---

[6] Wieczorek, ZPO, § 286 Anm. D III a 2.
[7] BGHZ 2, 138 (140, 141).

III. Die Aufbausystematik

746 **Die drei Beweisarten** – Hauptbeweis, Gegenbeweis und Beweis des Gegenteils – sind sorgfältig auseinanderzuhalten. Wer das versäumt, wird leicht zu hohe oder zu geringe Anforderungen an die Überzeugungsbildung stellen. Er wird z. B. verkennen, daß ein Hauptbeweis mißlungen ist, weil der Gegner die bisherige Überzeugung des Richters erschüttert, ihn also in Zweifel gestürzt hat. Dazu ist nämlich nicht erforderlich, daß sich die umstrittene Tatsache als unwahr erweist oder ihr eine ihrerseits zwingende Schlußfolgerung entgegengehalten wird.[8]

747 Besonders wichtig ist es, daß dem Aufbau der Beweiswürdigung eine **richtige Beweislastverteilung** zugrunde liegt. Fehler hierbei können sich nachteilig auf die Beweiswürdigung auswirken. Macht beispielsweise der Beklagte Mängel geltend und wird Beweis darüber nach den Anträgen beider Parteien erhoben, so mag der Kläger die Beweislast tragen. Nimmt das Gericht jedoch irrig die Beweislast des Beklagten an, so wird es infolge dieses Versehens eingehend die Beweise des Beklagten würdigen, obwohl vielleicht der Kläger offensichtlich beweisfällig ist. Solche Fälle kommen nicht selten beim Schenkungseinwand vor. Verteidigt sich der Beklagte beispielsweise gegen einen auf „Darlehen" gestützten Zahlungsanspruch damit, der Kläger habe ihm das Geld geschenkt, dann muß nicht etwa der Beklagte die Schenkung beweisen. Es handelt sich vielmehr um ein sogenanntes Klageleugnen. Der Beklagte bestreitet ein Tatbestandsmerkmal des § 607 BGB („als Darlehen empfangen") und zwingt damit den Kläger zum Beweis. Tritt dieser keinen Beweis an, dann muß die Klage schon deshalb abgewiesen werden, und es kommt nicht auf Beweisanträge des Beklagten für „Schenkung" an. Ebenso ist zu entscheiden, wenn der Kläger zwar Beweis antritt, das Gericht aber nicht von der Darlehens-causa überzeugen kann. Auch dann bedarf es nicht der Feststellung, daß „Schenkung" vorliege. Es ist vielmehr in der Beweiswürdigung lediglich darauf abzustellen, daß die Hingabe des Geldes als Darlehen zweifelhaft geblieben sei. Das non liquet führt zur Klageabweisung.

748 Oder ein anderes Beispiel:[9] Vor einer Verkehrsampel halten zwei Fahrzeuge, die nach Umschalten der Ampel von „Rot" auf „Grün" zusammenstoßen, wobei unklar bleibt, ob der erste Fahrer versehentlich zurückgesetzt hat oder der zweite Fahrer versehentlich auf das Gaspedal, anstatt auf das Bremspedal getreten hat. Dann darf die Klage keines der Beteiligten wegen Beweisfälligkeit abgewiesen werden, sondern es ist Schadensteilung nach §§ 7, 17 StVG geboten, weil jede Partei die Beweislast für den von ihr behaupteten, ihr günstigen Geschehensablauf trägt, den Beweis aber nicht geführt hat.

749 Daß eine auf falscher Beweislastverteilung beruhende Ausgangssituation nicht nur Unordnung in die Darstellung bringt, sondern auch die Überzeugungsbildung beeinflussen kann, leuchtet ein. Das Reichsgericht[10] hat dem-

---

[8] BGH VersR 1983, 560 = MDR 1983, 830.
[9] OLG Köln NJW-RR 1986, 773.
[10] JW 1936, 2912 Nr. 5.

entsprechend einen Verstoß gegen § 286 Abs. 1 S. 2 ZPO darin gesehen, daß die Beweiswürdigung mit falscher Beweislastverteilung verquickt war.

Nach der **Beweisstärke** lassen sich die Beweismittel in eine bestimmte Reihenfolge bringen. Der Augenschein ist für das Gericht das zuverlässigste Beweismittel. Hohe Sicherheit bieten auch Urkunden. Ihnen folgt im Hinblick auf die Beweiskraft das Sachverständigengutachten. An letzter Stelle stehen Zeugenbeweis und Parteivernehmung. Die Parteivernehmung ist jedoch dann recht zuverlässig, wenn im Rechtsstreit mit vermögensrechtlichem Prozeßgegenstand eine Partei für sich selbst *ungünstig* aussagt. **750**

Im Einzelfall ist mit dieser abstrakten Rangfolge der Beweisstärke jedoch wenig gewonnen. Die starken Beweismittel treffen nämlich selten alle zusammen. Die Beweiswürdigung hat sich deshalb auszurichten nach der *konkreten* Stärke der Beweismittel im Einzelfall. Ein zuverlässiger Zeuge kann z. B. einer mehrdeutigen, unklaren Urkunde überlegen sein. **751**

Der **Aufbau** wird bestimmt durch die jeweilige *Beweisfrage.* Es ist also zunächst zu fragen: **752**

> *„Was ist zu beweisen?"*

Die Antwort hierauf muß bei korrekter Fallbearbeitung bereits bei den *rechtlichen* Überlegungen (Schlüssigkeitsprüfung) gefunden worden sein.

Sodann ist die nächste Frage zu stellen:

> *„Wodurch kann das zu Beweisende bewiesen werden?"*

Auf diese prozessual eigentlich selbstverständliche Reihenfolge hinzuweisen, ist nicht überflüssig. Ich habe schon häufig Beweiswürdigungen gelesen, in denen der Reihe nach Zeugen und andere Beweismittel abgehandelt wurden, ohne Rücksicht darauf, daß sie zu verschiedenen Beweisfragen bekundet hatten. **753**

Jede Beweisfrage ist *erschöpfend* abzuhandeln, bevor die nächste gestellt und beantwortet wird. Da vom Beweis*thema* auszugehen ist, haben die Beweis*mittel* in der Darstellung nur relative Bedeutung, d. h. sie sind auf das jeweilige Beweisthema bezogen, müssen daher unter Umständen auch mehrmals abgehandelt werden, wenn verschiedene Beweisfragen zu beantworten sind. **754**

Unter Berücksichtigung der vorstehenden Ausführungen läßt sich nunmehr eine verhältnismäßig einfache **Systematik des Aufbaues der Beweiswürdigung** entwickeln. **755**

Im *Gutachten* und in Schriftsätzen empfiehlt es sich, die Beweistatsache, die jeweils gewürdigt wird, zumindest in Gedanken als *Frage* voranzustellen:

> „Ist bewiesen, daß der Beklagte den Kraftwagen mit Farbe beschmiert hat? – Ist bewiesen, daß der Kläger die Beklagte beschimpft hat?"

Im *Urteil* ist, dem Unterschied der Stilarten entsprechend, eine *Behauptung* voranzustellen.

> „Das Gericht ist nach dem Ergebnis der Beweisaufnahme davon überzeugt, daß der Beklagte den Kraftwagen des Klägers mit Farbe beschmiert hat. Das Gericht folgt insoweit den Aussagen der Zeugen Schmitz und Krause ..."

756 Geht man so vor, dann weiß der Leser sofort, worum es sich handelt. Eine klare und unmißverständliche Fragestellung zwingt überdies den Bearbeiter, seine Ausführungen genau auf das Beweisthema auszurichten und zu beschränken.

757 Auch in der *Reihenfolge* der zu beurteilenden *Beweismittel* ist eine sinnvolle Ordnung einzuhalten. **Erstes Einteilungsprinzip ist, sich nach den Tatsachen zu richten.** Jede des Beweises bedürftige Behauptung ist abschließend zu behandeln, ehe man sich der nächsten zuwendet. Ein Verstoß gegen diesen Grundsatz macht den Aufbau der Beweiswürdigung unklar. Man darf mit *demselben* Beweismittel an verschiedenen Stellen der Beweisstation oder der Entscheidungsgründe arbeiten, weil es nur *Hilfsmittel* für die Wahrheitsfindung ist. Man darf dagegen nie ein Beweismittel als Bezugspunkt nehmen und daran verschiedene Behauptungen herantragen. Nicht die Zeugen oder Urkunden sind nacheinander abzuhandeln, *sondern die Behauptungen der Parteien!*

758 **Das zweite Einteilungsprinzip ist die Rangfolge der Beweismittel entsprechend ihrer Bedeutung.** Da in der Regel positive, negative und zweifelhafte Teilergebnisse der gesamten Beweisaufnahme zu beurteilen sind, kann es das Verständnis der schriftlichen Beweiswürdigung wesentlich fördern, wenn diese drei Gruppen in der Darstellung auseinandergehalten werden.

759 Zunächst sind jeweils die positiv-ergiebigen, die negativ-ergiebigen und die unergiebigen Beweismittel zusammenzufassen. Das weitere Vorgehen richtet sich – es handelt sich hier um die *nachträgliche* Darstellung des bereits gefundenen Ergebnisses! – nach dem, was die Beweisaufnahme ergeben hat.

760 Nimmt man eine Tatsache *als bewiesen* an, so empfiehlt sich folgende Reihenfolge der Würdigung:

1. Die Beweismittel, die überzeugungskräftig sind.
2. Die Beweismittel, die unergiebig sind.
3. Die Beweismittel, die zwar negativ-ergiebig sind, jedoch die Überzeugungsbildung nicht hindern.

Sieht man eine beweisbedürftige Behauptung *nicht* als erwiesen an, so mag man folgendermaßen aufbauen:

1. Die Beweismittel, die positiv-ergiebig sind.
2. Die Beweismittel, die negativ-ergiebig sind und die Überzeugungsbildung hindern.
3. Die unergiebigen Beweismittel.

Statt dessen kann man auch so argumentieren:

„Die Beweismittel zu 3 sind unergiebig. Die Beweismittel zu 1 sprechen dafür; jedoch stehen dem die Beweismittel zu 2 entgegen."

761 Bei der Begründung des *Fehlens* einer Überzeugung ist man eben freier gestellt; wie denn auch eine solche Begründung weit weniger schwierig ist als die Darlegung, daß und auf Grund welcher Umstände man von einem konkreten Geschehensablauf überzeugt ist.

762 Beim negativen Gesamtbeweisergebnis kann man entsprechend verfahren, indem man die negativen und die zweifelhaften Beweismittel vorzieht und

dann die positiven abschließend als nicht hinreichend überzeugungskräftig erörtert.

Dabei kommt es nicht auf die eine oder andere Kombination der positiven, negativen und zweifelhaften Beweismittelgruppen an. Wichtig ist allein, *daß versucht wird, in die Vielzahl der einzelnen Beweismittel Ordnungsgesichtspunkte hineinzubringen,* vom Würdigungsergebnis her Gruppen zu bilden und so den Vorgang der Überzeugungsbildung für den Leser der Entscheidungsgründe nachvollziehbar deutlich zu machen. **763**

Innerhalb der drei Beweismittelgruppen (1. positiv-ergiebige, 2. negativergiebige, 3. unergiebige) kann man wiederum die jeweils stärksten Beweismittel vorziehen. Erbringen eine Urkunde und ein Zeuge Beweis, so empfiehlt es sich, die Urkunde als das objektivere und zuverlässigere Beweismittel zuerst zu würdigen und dann anschließend auszuführen, daß die Zeugenaussage das Beweiswürdigungsergebnis bestätigte. **764**

Wenn die Urkunde jedoch nur als Indiz für die Wahrheit der Zeugenaussage verwertet wird, ist umgekehrt vorzugehen. Denn dann steht der Zeuge als Beweismittel im Vordergrund.

Im einzelnen wird man hierbei kaum auf Schwierigkeiten stoßen, wenn man sich über die Bewertung der einzelnen Aussagen klar ist; und solange man sich darüber noch nicht klar ist, ist eine Niederschrift verfrüht.

Die **Beweiskraft eines einzelnen Beweismittels** wird dadurch deutlich, daß man die Gesamtfrage (überzeugend oder nicht?) in Teilfragen zerlegt: **765**

1. Frage: Was drückt das Beweismittel aus? **766**

Das ist die Frage nach dem Beweisstoff, beim Zeugen also nach der protokollierten Aussage.

2. Frage: Ist *das Beweismittel* ergiebig? **767**

Diese Frage ist *lediglich* darauf gerichtet, den *Erklärungswert* des Beweismittels, beim Zeugen also wiederum der Aussage, herauszuarbeiten.

Ist ein Beweismittel unergiebig, so ist die Beweiswürdigung abzuschließen. Sagt beispielsweise ein Zeuge, er könne zum Beweisthema mangels eigenen Wissens nichts bekunden, dann erübrigt es sich, auf die Glaubwürdigkeit dieses Zeugen einzugehen. (*Ausnahme:* Der Zeuge kann der Unwahrheit überführt werden, und dadurch kann positiv auf das Gegenteil seiner Erklärung geschlossen werden. Ganz selten!) **768**

Ist dagegen der Beweisstoff ergiebig, so stellt sich die

3. Frage: Ist das Beweismittel beweiskräftig? **769**

Hier erst wird der eigentliche *Beweiswert* erörtert. Es ist etwa ein Sachverständigengutachten auf Schlüssigkeit und korrekte Tatsachengrundlage zu überprüfen; die Glaubwürdigkeit eines Zeugen ist zu erörtern usw.

Hält man diese drei Fragen auseinander, so erleichtert man es *sich,* Beweise zuverlässig zu würdigen, und *anderen,* den Vorgang dieser Würdigung nachzuprüfen.

IV. Ein Beispiel zur Beweiswürdigung im Gutachten **770**

Der nachfolgende Auszug aus einem Gutachten soll anschaulich machen, wie eine Beweiswürdigung darzustellen ist. Vorab sei der Rechtsfall kurz berichtet:

Der Kläger hatte von der Beklagten ein Grundstück erworben. Im notariellen Kaufvertrag wurden die bestehenden Wegerechte als bekannt bezeichnet. Der Kläger behauptete, er sei getäuscht worden. Die Beklagte, vertreten durch ihren Ehemann, habe ihm bestimmte Zusicherungen über Wegerechte gemacht, die in Wirklichkeit nicht bestünden. Die bestehenden Wegerechte dagegen seien wirtschaftlich wertlos. Mit der Klage begehrte er Schadensersatz.

Beweiswürdigung

Ist bewiesen, daß der Ehemann der Beklagten nichtbestehende Wegerechte zugesichert hat?

Die Zeugen Frings, Christoph Lörcher und Hella Lörcher haben übereinstimmend bekundet, daß diese Zusicherung nicht gemacht worden ist. Alle drei Zeugen waren genau mit der Örtlichkeit und mit den Wegerechtsverhältnissen vertraut. Eine Erinnerungstäuschung scheidet daher aus. Wenn überhaupt Bedenken gegen den Wahrheitswert der Aussagen geltend gemacht werden können, dann nur insoweit, daß sie bewußt unrichtig erstattet worden seien.

Man könnte hierbei auf das nahe verwandtschaftliche Verhältnis der Zeugen mit der Beklagten verweisen. Damit ist aber noch nichts gesagt. Für die Frage, ob nahe persönliche Beziehungen die Aussagewilligkeit eines Zeugen herabsetzen, kommt es stets auf die konkreten Umstände an. Keine der Aussagen läßt aber Bedenken gegen den Wahrheitswert der Bekundungen aufkommen. Die Angaben sind reich an Einzelheiten, die innerlich verbunden sind und nicht auf Erfindung zurückgeführt werden können. Die Aussagen bestätigen eine jahrzehntelange Übung bei der Benutzung des Weges.

Die notarielle Urkunde, für deren Richtigkeit und Vollständigkeit eine widerlegbare Beweisvermutung spricht, bestätigt ebenfalls das, was die Zeugen ausgesagt haben.

Schließlich spricht sogar das eigene Vorbringen des Klägers dafür. Er hat in beiden Rechtszügen keine genauen Angaben über die dingliche oder obligatorische Natur der Rechte, über deren Dauer, über das Entgelt usf. gemacht. Über all diese Fragen wird aber beim Verkauf eines Rechtes erfahrungsgemäß gesprochen. Diese auffälligen Lücken im Sachvortrag des Klägers finden jedoch eine sinnvolle Erklärung, wenn man den Aussagen der Zeugen Frings und Lörcher folgt.

Der Zeuge Kroll hat bekundet, der Ehemann der Beklagten habe ein Wegerecht zugesichert. Bedenken gegen diese Aussage können sich zunächst aus dem Gesichtspunkt der Wahrnehmungsmöglichkeit ergeben.

Der Zeuge ist nur zeitweilig bei den Verhandlungen zugegen gewesen und kann das bestehende Wegerecht an dem Weg zur Bundesstraße mit dem vom Kläger als zugesichert behaupteten verwechselt haben. Daß ein solches Wegerecht bei den Verhandlungen erwähnt worden ist, haben auch die Zeugen Frings und Lörcher bekundet. Das Wegerecht an dem Weg zur Bundesstraße, über das gesprochen worden ist, besteht aber und ist vom Kläger erworben worden.

Der Zeuge Kroll ist auch nicht mehr unbefangen. Er hat sich mit dem

Kläger über diese Fragen unterhalten. Das läßt sich aus dem Brief des Zeugen an das Gericht vom 25. Juni 1986 entnehmen, in dem er andere und präzisere Angaben gemacht hat. Daraus folgt, daß eine Erinnerungstäuschung oder eine unbewußte Wahrheitsverfälschung wahrscheinlich und auch erklärlich ist.

Aus diesem Grunde würde auch eine erneute eidliche Vernehmung, um die der Kläger gebeten hat, nicht weiterführen. Der Eideszwang kann unter Umständen die Aussagewilligkeit günstig beeinflussen, nicht dagegen die Aussagefähigkeit.

Erheblichere Bedenken bestehen gegen die Aussagebereitschaft des Zeugen. Der Ausgang des Rechtsstreits betrifft ihn finanziell unmittelbar. Der Prozeß wird zwar unter dem Namen des Klägers geführt, aber die Fa. Rema-Müller KG, an der der Kläger und der Zeuge Kroll beteiligt sind, steht dahinter. Das ergibt sich daraus, daß der Schriftwechsel mit der Beklagten teilweise unter dieser Firma geführt worden ist; auch die Schadensunterlagen hat die Rechtsabteilung der Firma Rema-Müller KG beschafft. Schließlich hat der Zeuge Kroll selbst gesagt: „Da ich die Finanzierung erledige, wurde ich um Rat gefragt und mitgenommen." Daß der Zeuge nicht sonderlich bemüht war, sich genau auf den wirklichen Hergang zu besinnen, ergibt sich auch aus einem Vergleich des Schreibens vom 25. Juni 1986 mit seiner protokollierten Aussage. Die dem Gericht schriftlich als Aussageersatz angebotene Erklärung weicht in mehreren Punkten von dem ab, was der Zeuge vor Gericht bekundet hat. Darin kommt die – vermutlich unbewußte – Neigung zum Ausdruck, die Sachdarstellung zugunsten des Klägers zu färben.

Schließlich spricht gegen die Brauchbarkeit seiner Aussage auch die Bekundung des Zeugen v. Statt. Dieser war zusammen mit dem Zeugen Kroll zu der Besprechung gefahren. Im Gegensatz zu diesem hat der Zeuge v. Statt aber nicht wahrgenommen, daß von einem Wegerecht gesprochen worden ist. Diese Unstimmigkeit ist nicht zu erklären.

Der Aussage des Zeugen Kroll kommt nach alledem kein Wahrheitswert zu. Es ist demnach nicht bewiesen, daß ein Wegerecht an dem Weg nach Klein Hufe zugesichert worden ist.

§ 26. Der Inhalt der Begründung

Die der freien Beweiswürdigung eigene Subjektivität hindert die *Überprüfung der Überzeugungsbildung* nicht. Der Rechtsanwender muß daher Rechenschaft darüber ablegen, ob er das rechte Maß angewandt und sich von Überspannung und Verflachung freigehalten hat. Er muß darlegen, daß er alle nach Lage der Sache in Betracht kommenden Gesichtspunkte abgewogen und folgerichtig ausgewertet hat. **771**

Erste und unabdingbare Voraussetzung für eine brauchbare Beweiswürdigung ist eine *genaue Kenntnis des Akteninhalts. Nur wer das Aktenstück in rechtlicher und tatsächlicher Hinsicht beherrscht,* bringt die für eine gute Beweiswürdigung notwendige Selbständigkeit mit. Die Fülle der in den Akten enthaltenen Tatsachen sowie die mannigfachen Anhaltspunkte und Um- **772** stände werden leider nicht immer mit der möglichen Intensität für die Beweiswürdigung ausgewertet.

773 Es empfiehlt sich, beim Studieren von Akten, die bereits eine Beweisaufnahme enthalten, das Ergebnis der Beweisaufnahme zunächst nicht zu lesen. Man läuft sonst leicht Gefahr, die tatsächlichen Behauptungen, die rechtliche Würdigung und das Ergebnis der Beweisaufnahme miteinander zu verquikken. Bewiesenes erscheint dann plötzlich als Unstreitiges oder tatsächliches Vorbringen wird den Rechtsansichten ohne zureichenden Grund gleichgestellt.

774 Umgekehrt muß jedoch – jedenfalls in Zivilrechtsfällen – der Akteninhalt die wesentliche Grundlage der Beweiswürdigung sein. Es darf nicht vorkommen, daß Annahmen und Vermutungen vorgetragen werden, für die der Inhalt der Akten keinen Anhalt bietet.

775 Wegen der im Zivilprozeß grundsätzlich geltenden Dispositionsmaxime darf das Gericht auch nie Tatsachen als erwiesen ansehen, die die Parteien übereinstimmend als nicht bestehend vorgetragen haben. Unstreitiges bindet nach herrschender Ansicht das Gericht. Die praktisch wichtigste Ausnahme von diesem Grundsatz besteht für das Eheverfahren (§ 617 ZPO).

776 Auch *nichtvorgetragene Indizien,* die in der Beweisaufnahme bekannt geworden sind, dürfen *zum Zwecke der Beweiswürdigung* gewertet werden (oben § 5 Rn. 88). Darauf, welche *Schlüsse* das Gericht aus unstreitigen oder erwiesenen Tatsachen zieht, haben die Parteien keinen Einfluß.[1] *Vorgetragene* Indizien sind selbstverständlich erst recht bei der Beweiswürdigung zu berücksichtigen.

777 Inwieweit *verfahrensrechtliche Verstöße* bei der Anordnung und Erhebung von Beweisen die Verwertbarkeit des Beweisergebnisses ausschließen oder mindern, läßt sich nicht allgemein sagen. Das Reichsgericht[2] hat sich in einer Entscheidung aus dem Jahre 1883 einmal dahin geäußert: „Die freie Beweiswürdigung hat zur Voraussetzung, daß die Gesetze über die Beweisaufnahme genau befolgt sind." Solche Wendungen finden sich auch noch später.[3]

Damit ist jedoch – jedenfalls für das geltende Recht – keine mit Sanktionen verknüpfte Regel aufgestellt, sondern nur eine *Sollensforderung* formuliert, die der Richter zu beachten hat. Welche Wirkungen ein Verstoß gegen Verfahrensvorschriften hat, hängt stets von Art und Schwere der Gesetzesverletzung ab.[4]

778 Die *Gefahr, fremde Überlegungen kritiklos* in die Beweiswürdigung *zu übernehmen,* besteht besonders beim Sachverständigenbeweis. Es genügt nicht, wenn das Gericht darauf hinweist, der Gutachter sei zu einem bestimmten Ergebnis gekommen, und davon dann im Urteil ausgeht. Die Ausführungen hierzu müssen vielmehr erkennen lassen, daß das Gericht das Gutachten selbständig und eigenverantwortlich geprüft hat.[5]

---

1 RGZ 80, 363; 86, 143 (145).
2 RGZ 9, 323 (324).
3 Z. B. RGZ 54, 260 (270); 80, 363 (364).
4 Vgl. dazu oben § 11.
5 RGZ 162, 223 (226/27).

Das gelingt am leichtesten, wenn das Gericht sich in der mündlichen Verhandlung mit dem Sachverständigen über dessen zuvor schriftlich erstattetes Gutachten unterhält und sich gegebenenfalls Einzelheiten daraus erklären läßt.

Die Anforderungen an die Gründe erhöhen sich, wenn einander wider- **779**
sprechende Gutachten zu würdigen sind.[6] Der Grundsatz der freien Beweiswürdigung erlaubt es dem Gericht zwar, von dem Ergebnis eines Gutachtens abzuweichen und sich in Gegensatz dazu zu stellen. Jedoch muß dann aus den Gründen erkennbar sein, daß das Gericht hinreichende eigene Sachkunde hat, die es ihm ermöglicht, das erste Gutachten ohne Einholung eines weiteren Gutachtens zu verwerfen.[7]

Dunkelheit in der Darstellung schadet der Beweiswürdigung sehr. Das **780**
Gericht ist zwar frei darin, wie es die Beweise würdigt; es ist jedoch unfrei insoweit, als es nach § 286 ZPO den gesamten Inhalt der Verhandlungen und des Ergebnisses der Beweisaufnahme berücksichtigen muß. Zweifel daran, ob dies geschehen ist, können eine Beweiswürdigung zu Fall bringen. So heißt es z. B. in einer Entscheidung des Bundesgerichtshofes:[8]

> Hat der Tatrichter Feststellungen, die einem von ihm in demselben Rechtsstreit erlassenen früheren Urteil entgegenstehen, allein auf Grund der Anhörung einer Partei getroffen, *ohne daß aus dem neuen Urteil hervorgeht, er sei sich bewußt gewesen,* daß er damit lediglich bestrittenes Parteivorbringen zur Grundlage seiner Entscheidung mache, so kann darin eine Verletzung des Grundsatzes der freien Beweiswürdigung liegen.

In einer sehr wichtigen Entscheidung hat auch das Bundesverfassungsge- **781**
richt[9] eine mangelhafte Beweiswürdigung zu Fall gebracht, indem es Art. 103 Abs. 1 GG auf die Tatsachenfeststellung angewandt hat:

Das Oberlandesgericht hatte seine Entscheidung unter anderem auf die Aussage des Klägers bei seiner Vernehmung als Partei gestützt, ihm dabei aber die in den Akten befindlichen Protokollabschriften nicht vorgehalten, aus denen sich frühere gegenteilige Bekundungen ergaben.

Hierzu hat das Bundesverfassungsgericht ausgeführt, der Anspruch der **782**
Prozeßbeteiligten auf rechtliches Gehör verpflichte das Gericht, die Ausführungen zur Kenntnis zu nehmen und in Erwägung zu ziehen, nicht dagegen, sich in den Entscheidungsgründen mit jedem Vorbringen ausdrücklich auseinanderzusetzen. Ergebe sich jedoch, daß tatsächliches Vorbringen eines Beteiligten entweder überhaupt nicht zur Kenntnis genommen oder doch bei der Entscheidung ersichtlich nicht erwogen worden sei, dann stütze das die Verfassungsbeschwerde.

Im Ausgangsfall mußte gefolgert werden, daß das aktenkundige Protokoll **783**
nicht zur Kenntnis genommen worden war, weil es anderenfalls dem Kläger während der Parteivernehmung vorgehalten, zumindest aber bei der Beweis-

[6] RGZ 162, 227.
[7] Vgl. näher unten § 45.
[8] NJW 1960, 100.
[9] BVerfGE 47, 182 = NJW 1978, 989 = Rpfleger 1978, 127.

würdigung in den Entscheidungsgründen erwähnt worden wäre. Nicht einmal der Bundesgerichtshof hatte diesen Mangel bemerkt; er hatte die Beweiswürdigung gebilligt und die Revision der Beklagten ohne mündliche Verhandlung zurückgewiesen.

784 Häufig zu beobachten ist folgender Fehler: Die Beweiswürdigung beschränkt sich auf Ausführungen über die Beziehungen des Zeugen zum Rechtsstreit und zu den Parteien. Es werden dabei lediglich *allgemeine* Gesichtspunkte für die Beweiswürdigung gebracht, *ohne daß diese auf den konkreten Fall übertragen werden.*

> **Beispiel:** „Die Strafkammer ist insoweit der glaubhaften und eidlichen Aussage des Zeugen S. gefolgt. Dieser Zeuge ist weder mit dem Nebenkläger noch mit dem Angeklagten befreundet oder verfeindet. Er ist an dem Ausgang des Rechtsstreits gänzlich uninteressiert und machte einen durchaus ruhigen, sachlichen und besonnenen Eindruck."

785 Das alles mochte richtig gewesen sein; aber es genügte nicht. Das sind *nur ausgeräumte Bedenken;* es fehlen die viel wichtigeren *positiven* Umstände für die Überzeugungskraft. Aus den vom Gericht im Beispielsfall erwähnten Momenten läßt sich allenfalls folgern, daß der Zeuge glaubwürdig ist, also wahr aussagen *will.* Es fehlt der Nachweis, daß er objektiv zutreffend geschildert hat, also richtig *wahrgenommen* hat.

§ 27. Der Umfang der Begründung

786 Auch derjenige, der in den Entscheidungsgründen von einer umfassenden Beweiswürdigung absieht, kann sich damit nur die *Niederschrift* ersparen. **Die Würdigung selbst verträgt keine Kürzungen.** Es besteht Anlaß, nochmals darauf hinzuweisen, daß von einer Beweiswürdigung nicht die Rede sein kann, wenn lediglich der Inhalt der Vernehmungsniederschrift im Schriftsatz zur Beweisaufnahme oder in den Entscheidungsgründen wiedergegeben wird. Darin liegt insbesondere keine eigene Stellungnahme zu den zu bewertenden Zeugenaussagen.

787 Das Verlangen einer ausführlichen, zusammenhängenden Darstellung der Erwägungen und Gründe, die zu einer bestimmten Auffassung des Prozeßbevollmächtigten oder des Gerichts geführt haben, kann sinnvollerweise nur für *wesentliche* Umstände gestellt werden. „Alle Einzelheiten der Beweisaufnahme in dem Urteil zu behandeln, ist das Gericht nicht imstande und deshalb auch nicht verpflichtet".[1]

788 **Da die Beweiswürdigung als solche bereits schwierig genug ist, sollte man sie nie weiter ausdehnen als für die Entscheidung eines Rechtsstreites notwendig ist.** Dennoch geschieht das nicht selten, weil die Beweislast nicht beachtet oder verkannt wird.

789 Genügt es zum Beispiel zur Klageabweisung, daß eine bestimmte Tatsache nicht bewiesen worden ist, so ist es abwegig, in den Entscheidungsgründen

---

[1] RGZ 84, 415 (424); BGHZ 3, 162 (175). Siehe oben § 24.

auszuführen, **das Gegenteil** der behaupteten Tatsache *stehe fest*. Gerade in diesem unnötigen Zusatz kann ein Fehler stecken, der den Kläger zur Einlegung eines Rechtsmittels veranlaßt, obwohl die Entscheidung nicht auf dem Versehen beruht. In solchen Fällen genügt die näher begründete Feststellung, daß die dem Kläger günstige Tatsache nicht erwiesen sei und er deshalb im Rechtsstreit unterliegen müsse.[2]

Diese Selbstbeschränkung ist auch dann angebracht, wenn der Beurteiler **790** vom Gegenteil der zu beweisenden Tatsache „restlos überzeugt" ist. Das folgt aus der dem Richter obliegenden Aufgabe. Er hat nur festzustellen, ob der schlüssige Klagevortrag bewiesen ist oder nicht. Wird der Beweis nicht erbracht, so muß *deshalb* die Klage abgewiesen werden, *ganz gleich ob das Gegenteil erwiesen ist oder nicht*. Wer daher mehr als das non liquet erörtert, ist vielleicht fleißig, aber keinesfalls verständig. Er geht auf Dinge ein, die für die Entscheidung unerheblich sind; und das ist ein Zeichen mangelnder Urteilskraft.

Zu bedenken ist auch, *daß es weit einfacher ist, das Fehlen einer Überzeugung* **791** *zu begründen als deren Vorhandensein*. Wenn das Gericht darlegt, daß es eine bestimmte Überzeugung *nicht* habe erlangen können, so ist das in der Regel schlechthin unangreifbar. Allenfalls könnten die Anforderungen an die Überzeugungsbildung überspannt worden sein. Solche Fälle sind jedoch selten, eher besteht wohl eine Neigung zur Verflachung.

Die Beschränkung auf die wirkliche Entscheidungsgrundlage ist auch ein **792** *Gebot wissenschaftlicher Korrektheit:* Da für die Beweiswürdigung ein *logischer* Aufbau verlangt wird, darf sie nicht weitergehen, als zur Begründung der Entscheidung notwendig ist.

Vielfach wird demgegenüber gelehrt, die Beweislast sei dann unerheblich, **793** wenn die Beweisaufnahme zu einem klaren Ergebnis führe, das Gericht sich also eine feste Überzeugung von der Wahrheit oder Unwahrheit einer Behauptung gebildet habe. Das ist nicht richtig, weil es dazu führt, die Entscheidungsgründe mit Ausführungen zu belasten, die die Entscheidung nicht tragen können.

Mit Recht hat daher der Altmeister der Urteilstechnik, Adolf Stölzel,[3] **794** darauf hingewiesen, daß auch beim gelungenen Beweis des Gegenteils die „Abweisung in den Urteilsgründen auf die Beweisfälligkeit des Klägers zu stützen" ist. Gelingt es nämlich dem Kläger nicht, die Tatsachen zu beweisen, die die Voraussetzung einer ihm günstigen Entscheidung bilden, so muß er mit der Klage abgewiesen werden, *weil eine ihm günstige Subsumtion nicht möglich ist*. Das ist logisch unbezweifelbar. Dann aber ist es nicht folgerichtig, einen anderen Abweisungsgrund in die Entscheidungsgründe zu schreiben. Das geschieht jedoch, wenn man statt des entscheidungserheblichen *non liquet* die Überzeugung vom Gegenteil als Abweisungsgrund anführt.

Ein **Beispiel** mag das deutlich machen: **795**

---

[2] Zustimmend Proppe JA 1979, 301; Oehlers JuS 1981, 898f.

[3] Schulung für die zivilistische Praxis, Bd. II, 5. Aufl. 1914, S. 91. Siehe auch BGH VersR 1990, 907 = NJW-RR 1990, 962.

A klagt 5000 DM Kaufpreis ein. Der Beklagte B leugnet den Abschluß eines Kaufvertrages. Auf Grund der Beweisaufnahme kommt das Gericht zu der Überzeugung, es sei kein Kaufvertrag geschlossen worden. Dann ist der entscheidende Grund für die Klageabweisung der, *daß der Kläger den Abschluß des Kaufvertrages nicht bewiesen hat.* Nicht dagegen ist tragender Grund der Entscheidung, daß der Beklagte (positiv!) den Nichtabschluß bewiesen habe.

796 Wird in solchen Fällen der wahre Abweisungsgrund, also das *non liquet,* in die Entscheidungsgründe aufgenommen, so hat das – wie nochmals zusammengefaßt sein mag – mehrere Vorteile:

Einmal kann eine (überflüssige) positive Beweiswürdigung Fehler enthalten, die bei Beschränkung auf das non liquet vermieden werden.

Das Revisionsgericht wird ferner nicht in Zweifel darüber versetzt, ob das Berufungsgericht bei der Beweiswürdigung nicht von falschen Voraussetzungen ausgegangen ist.

Die unterlegene Partei schließlich wird nicht in Versuchung gebracht, ein unnützes Rechtsmittel einzulegen.

797 Da die Parteien bei der Beweiswürdigung auch ohne besondere Rechtskenntnisse mitsprechen können, mag z. B. im Ausgangsfall (Rn. 795) der Kläger auf dem Standpunkt stehen, daß das Gericht keineswegs dem Beklagten vollen Glauben habe schenken dürfen. Er legt Berufung ein mit dem Ziel, eine andere Beweiswürdigung zu erreichen. Selbst wenn ihm das gelingt, wird ihm das Berufungsgericht nur sagen können, es sei zwar der Auffassung, daß auch dem Beklagten nicht alles geglaubt werden dürfe; das räume aber das non liquet nicht aus, so daß die Klage nach wie vor abgewiesen werden müsse.

Die Angabe des wirklichen Abweisungsgrundes ist somit auch ein Gebot der Begründungsehrlichkeit. Überdies ist es nicht Aufgabe des Richters, in den Entscheidungsgründen überflüssige Überlegungen anzustellen.

798 Wieso trotz dieser zahlreichen Argumente die allein richtige Beweislast-Entscheidung das Rechtsgefühl kränken soll,[4] ist nicht recht ersichtlich. Die obsiegende Partei wird die Wahrheit vertragen können. Für die unterliegende Partei dagegen dürfte es kaum überzeugender sein, wenn das Gericht ihrem Gegner mehr glaubt als ihr.

799 Eine **Einschränkung** ist allerdings zu machen: Da beim *non liquet* eine Beweislastentscheidung zu treffen ist, muß die Beweislast erörtert werden. Das *kann* unter Umständen mehr Arbeit machen als eine positive Beweiswürdigung, etwa dann, wenn die Beweislastfrage zweifelhaft und schwierig zu beantworten ist, nicht dagegen die Begründung der Überzeugung vom Gegenteil, z. B. weil ein Urkundenbeweis geführt wird. Dann gebietet es der *Grundsatz der Arbeitsökonomie,* den einfacheren Weg zu gehen. In diesem Fall ist es zweckmäßig und deshalb auch statthaft, in die Entscheidungsgründe zu schreiben:

---

[4] Ein früher häufiger vorgebrachtes Argument; vgl. z. B. Baumbach/Lauterbach, ZPO, Anh. Anm. 1 zu § 286, bis zur 34. Auflage.

„Es kann dahingestellt bleiben, ob der Kläger oder der Beklagte die Beweislast hat; denn das Gericht ist vom Gegenteil der vom Kläger behaupteten Tatsachen überzeugt (... folgt Beweiswürdigung)."

Diese Ausnahme, die denkbar ist, muß jedoch sogleich wieder *eingeschränkt* **800**
werden:

Erstens: Sie gilt nur für die Entscheidungsgründe. Im Gutachten und im Anwaltsschriftsatz muß man die Beweislast erörtern, weil nicht abzusehen ist, ob derjenige, an den sich die Erwägungen richten, also der Richter, der *positiven* Beweiswürdigung *und* dem Offenlassen der Beweislastfrage in den Entscheidungsgründen zustimmt. Denn für die Beweiswürdigung findet man nicht – wie für Rechtsfragen – in den Kommentaren eine „herrschende Meinung". Die mögliche Ablehnung muß berücksichtigt werden.

Auch ist ein durchdachter Aufbau einer Schlüssigkeitsprüfung nur mög- **801**
lich, wenn man sich bereits Gedanken über die Beweislast macht, *bevor* man zur Beweiswürdigung kommt. Es ist einfach unrichtig, die Beweislastfrage apodiktisch als letzte Überlegung hinzustellen. Zumindest vor Erlaß des Beweisbeschlusses muß man sich über die Beweislastverteilung klar sein, wenn man auf den Gang des Verfahrens Einfluß behalten will.

Daß auch die Beweiswürdigung selbst nicht frei von der Einwirkung der **802**
Beweislastverteilung ist, hat Rosenberg[5] unter Auswertung der Rechtsprechung des Reichsgerichts nachgewiesen. Im Grunde läuft daher das Ausweichen vor einer Beweislastentscheidung durch Bildung einer Überzeugung vom Nichtbestehen der anspruchsbegründenden Tatsachen auf ein verdecktes *Trugschlußverfahren* hinaus.

Zweitens sind die Fälle sehr selten, in denen man der Beweislastprüfung **803**
auszuweichen Anlaß hätte. Abgesehen davon, daß die Beweislastfragen in Rechtsprechung und Schrifttum weitgehend geklärt sind, ist eine *gute* positive Beweiswürdigung regelmäßig schwieriger als die Entscheidung einer Rechtsfrage.

Wer allerdings glaubt, Beweise gewürdigt zu haben, wenn er eine Aussage für glaubhaft erklärt, weil der Zeuge einen glaubwürdigen Eindruck mache, wird diese Meinung nicht teilen. Denn bei *diesem* Verfahren kann man sich in der Tat Arbeit sparen. Nur fragt es sich, ob *solche* Arbeitsersparnis Berücksichtigung verdient. Wohl kaum!

Drittens wird eine Partei sich den Rechtsausführungen des Gerichts eher **804**
beugen als seiner Beweiswürdigung. Und das mit gutem Grund. Die Paragraphensammlungen sind für die Parteien gewöhnlich Bücher mit sieben Siegeln. In der Beurteilung der Beweismittel können sie dagegen kraft ihres gesunden Menschenverstandes und weil sie die für die Beurteilung maßgebenden Umstände kennen, eher ein Wort mitreden.

Hier setzen sie daher auch meist mit der Urteilsschelte an. Es ist für den **805**
Kläger zudem belanglos, ob das Gericht seine Klage abweist, weil es ihm nicht glaubt oder weil es – sogar! – dem Beklagten glaubt. Dies wird den Kläger sicherlich nicht am meisten überzeugen und sein Rechtsgefühl auch nicht am nachdrücklichsten befriedigen. Hinter beidem steht die nämliche

---

[5] Beweislast, 5. Aufl. 1965, S. 67 ff..

Tatsache: daß das Gericht jedenfalls *nicht* von dem klagebegründenden Sachverhalt überzeugt ist. Die *ratio decidendi* ist in beiden Fällen ausschließlich das *Nichtüberzeugtsein*, während die Überzeugung vom Gegenteil in den Entscheidungsgründen als *obiter dictum* stünde.

806 Allenfalls könnte *der Richter* dadurch die innere Gewißheit erlangen, daß der Kläger nicht nur „von Rechts wegen", sondern auch „gerechterweise" unterlegen sei. Aber diese Gewißheit hat dann niemals der Kläger, sondern eben nur der Richter. Das jedoch ist kein Grund, im Urteil den wahren Abweisungstatbestand zu verheimlichen.

807 Wer trotz aller hier vorgebrachten Bedenken anders verfahren will, der sollte seine Entscheidung aus den dargelegten Gründen wenigstens „auf zwei Beine" stellen und ausführen, daß

1. der Kläger an der Beweislast scheitere, und
2. *überdies* das Gegenteil bewiesen sei.

808 Wer dagegen, wie es hier vorgeschlagen wird, nicht mehr als die notwendige Begründung geben will, kann die unterliegende beweisbelastete Partei belehren, ohne sich festzulegen. Man kann nämlich schreiben:

> „Es ist nicht bewiesen, daß ... Die Zeugen haben vielmehr *das Gegenteil* bekundet."

809 Das gilt entsprechend für die anderen Beweismittel, z. B. der Wortlaut einer Urkunde deute auf das *Gegenteil* hin. Ob das Gericht auch vom Gegenteil *überzeugt* ist, bleibt dann offen und bedarf deshalb *keiner Begründung.* Sollte nicht wenigstens dieses Vorgehen eine hinreichend überzeugende Begründung für den Unterliegenden gewährleisten, ohne daß der wirkliche Abweisungsgrund verdeckt zu werden braucht?

810 Sind die klagebegründenden Tatsachen erwiesen, nicht aber die einer Gegennorm (z. B. bei Erfüllung oder Erlaß), so gilt alles bereits Ausgeführte mit umgekehrten Parteistellungen: reus in excipiendo fit actor!

811 Mit den soeben erörterten Fragen dürfen zwei andere nicht verwechselt werden:

1. Die **erste Frage** geht dahin, **ob eine unter Verkennung der Beweislast beschlossene und durchgeführte Beweiserhebung verwertet werden darf und muß.** Diese Frage ist uneingeschränkt zu *bejahen!* Hieran können sich zwei unterschiedliche Sachlagen anschließen:

812 a) Ausgangslage ist der Fall, daß die nichtbeweisbelastete Partei Beweis angetreten hat, der erhoben worden ist, die beweisbelastete Partei dagegen keinen Beweis anbietet. Dann war die Beweisaufnahme überflüssig. Gleichwohl ist sie zu würdigen. Werden die Behauptungen der beweisbelasteten Partei bewiesen, so hat ihr der Gegner den Prozeß gewonnen! Werden die Behauptungen nicht bewiesen, so steht man unentrinnbar vor der Frage, ob die Kosten der Beweisaufnahme nach § 8 Abs. 1 S. 1 GKG niederzuschlagen sind.

813 b) Erst und nur dann, wenn der Beweis zugunsten der nicht mit dem Beweis belasteten Partei ausfällt, ergibt sich die bereits behandelte Situation. Wie oben dargelegt wurde, ist grundsätzlich eine Beweislastentscheidung zu fällen.

2. Die **zweite Frage** ist die, **wann die Beweiserheblichkeit endet.** Hier sind ebenfalls zwei Prozeßlagen zu unterscheiden: 814

a) Der Kläger tritt keinen Beweis an, wohl der Gegner Gegenbeweis.

Dann ist der Kläger nach § 139 Abs. 1 S. 1 ZPO auf den fehlenden Beweisantrag hinzuweisen. Holt er ihn nicht nach, darf kein Gegenbeweis erhoben werden.[6]

Vereinzelt wird zwar eine hiervon abweichende Auffassung vertreten.[7] 815
Diese ist jedoch rechtsirrig. Danach wäre der Richter verpflichtet, die von den Parteien angebotenen Beweise ohne Rücksicht auf die Beweislast zu erheben. Das Gegenteil ist richtig, wie sich aus § 300 Abs. 1 ZPO ergibt. Danach **muß** der Richter durch Endurteil entscheiden, wenn Entscheidungsreife besteht. Folglich ist es ihm verboten, in einer solchen Situation kostspieligen und überflüssigen Beweis zu erheben.

Man mache sich im übrigen klar, wie sich eine Beweiserhebungspflicht 816
ohne Rücksicht auf Beweislast und Beweisführungslast auswirken würde! Angenommen, A verklage den B auf Schadensersatz nach einem Verkehrsunfall, weil B mit seinem Wagen seitlich in den Wagen des A hineingefahren sei. B erklärt im Rechtsstreit, er habe weder ein Auto (Beweis: Zeugnis seiner Ehefrau) noch einen Führerschein (Beweis: Auskunft des Straßenverkehrsamtes); außerdem sei er zur Unfallzeit auf einer Geschäftsreise in Italien gewesen (Beweis: Zeugnis dreier Angestellter einer italienischen Firma in Italien). Auf einen Hinweis des Gerichts nach § 139 ZPO erklärt sodann der Kläger, er halte an seiner Behauptung fest, daß der Beklagte der Unfallfahrer gewesen sei, könne dafür allerdings keinen Beweis antreten.

Ich möchte den Richter sehen, der in einem solchen Fall eine Beweisaufnahme nach den Beweisanträgen des Beklagten durchführen würde!

b) Mit der vorstehenden Frage hängt eine andere zusammen, nämlich die, *ob* 817
das Gericht eine ordnungsgemäß beschlossene Beweiserhebung unbedingt zu Ende führen muß. Es kann beispielsweise so liegen, daß ein Beweisbeschluß ergangen ist, demzufolge Zeugen vernommen werden sollen, nachträglich aber eine beweiserhebliche Urkunde vorgelegt wird, die eindeutig ist. Vielleicht hat die Zeugenbeweisaufnahme auch bereits begonnen, und es sind schon drei Zeugen des Klägers sowie der einzige Gegenzeuge des Beklagten vernommen worden. Das Gericht ist bereits auf Grund des bisherigen Beweisergebnisses zu einer Überzeugung gelangt und meint, daß die weiteren vom Kläger benannten Zeugen nicht mehr vernommen zu werden brauchten. Darf es in solchen Fällen von der beschlossenen Beweiserhebung absehen oder eine bereits begonnene Beweiserhebung abbrechen?

Das Gericht darf immer so vorgehen. Nach meiner Meinung ist es sogar 818
aus Kostengründen und aus Gründen der Prozeßökonomie *verpflichtet,* dies zu tun. Sobald Entscheidungsreife eintritt, muß es entscheiden (§ 300 Abs. 1 ZPO). Entscheidungsreife kann sich aber auch im Verlaufe einer Beweisaufnahme einstellen. Gewinnt das Gericht auf Grund eines Teiles der vorgesehenen Beweisaufnahme bereits eine abschließende Überzeugung und sind die

[6] OLG Celle VersR 1974, 663 = NdsRpfl 1974, 106. Zöller/Stephan, ZPO, 18. Aufl. 1993, Rn. 10 vor § 284.

[7] Walther NJW 1972, 237.

dagegen angetretenen Gegenbeweise erschöpft (anderenfalls läge Beweisantizipation vor; siehe oben § 12), dann kann die Fortsetzung einer Beweisaufnahme das Endergebnis nicht mehr verändern. **Keine Partei hat aber ein Recht darauf, daß das Gericht unerhebliche und Zeit vergeudende Tatsachenfeststellungen betreibt.** Die Beendigung der Beweiserhebung wegen zwischenzeitlich eingetretener Entscheidungsreife ist dabei völlig unabhängig davon, ob der Rechtsstreit der Parteimaxime (Beibringungsgrundsatz) unterliegt oder im Amtsermittlungsverfahren betrieben wird.[8]

§ 28. Die Beachtung der Denkgesetze

819 „§ 286 ZPO gebietet es dem Tatsachenrichter, sich in den Entscheidungsgründen mit dem Beweisergebnis in Form einer umfassenden und *widerspruchsfreien* Beweiswürdigung auseinanderzusetzen." Mit diesem Satz des BAG[1] ist klar ausgesprochen: Jede Beweiswürdigung muß mit den *Denkgesetzen*[2] – und zwar in ihrer *angewandten* Form der Schluß-, Wahrheits- und Beweisregeln – in Einklang stehen.

820 Immer wieder kommt es aber vor, daß Beweiswürdigungen gegen die Denkgesetze verstoßen, insbesondere dann, wenn es um den Indizienbeweis geht.

Beispiel:[3] A ist wegen eines Sittlichkeitsverbrechens angeklagt. Es steht fest, daß auf der Hose des Opfers unmittelbar nach der Tat weiße Flecken festgestellt wurden. Dann kann diese Tatsache nicht als Beweisindiz gegen den Angeklagten verwertet werden, solange nicht feststeht, daß es sich um frische *Sperma*flecken gehandelt hat. Denn nur dann ist überhaupt die Schlußfolgerung zuungunsten des Angeklagten denkgesetzlich möglich.
In dem vom OLG Hamm mitgeteilten Fall hatte der Erstrichter einen weiteren Fehler begangen: Der Belastungszeuge war bereits wegen Unzucht mit A und wegen Körperverletzung des A rechtskräftig verurteilt worden, und zwar auf Grund seiner eigenen Einlassung, die er nunmehr als Zeuge wiederholte. Der Erstrichter zog daraus den Schluß, daß die Aussage glaubhaft sei: Der Zeuge habe in dem gegen ihn gerichteten Strafverfahren „dieselbe Darstellung wie in seiner Zeugenaussage gegeben, und es wäre unverständlich, daß er sich durch diese Darstellung selbst einer Bestrafung ausgesetzt hätte, wenn sie nicht der Wahrheit entspräche." Dabei war aber außer acht gelassen worden, daß der Zeuge massive Gründe hatte, sich im Strafverfahren falsch einzulassen. Denn ihm hätte dort andernfalls eine Anklage wegen schweren Raubes gedroht. Darauf war der Erstrichter jedoch nicht eingegangen. Der Senat hat das gerügt: „Verneint der Tatrichter, daß ein Zeuge sich in einer bestimmten Weise verhalten habe, weil ein derartiges Verhalten ‚unverständlich' sei, so ist diese Beweiswürdigung rechtsfehlerhaft, wenn naheliegende Möglichkeiten zur Erklärung eines solchen Verhaltens nicht ausdrücklich erörtert werden."

---

[8] OLG Karlsruhe DAVorm 1974, 556.
[1] NJW 1970, 880.
[2] Siehe dazu Schneider, Logik für Juristen, 3. Aufl. 1991, §§ 42–54.
[3] Nach OLG Hamm NJW 1960, 398 Nr. 18.

Weitere in der Praxis häufiger vorkommende Denkfehler lassen sich leicht zusammenstellen: **821**

- Es wird bei einem Fahrzeug eine bestimmte Geschwindigkeit im Unfallzeitpunkt angenommen, zugleich aber ein Bremsweg festgestellt, der mit dieser Geschwindigkeitsannahme unvereinbar ist.
- Die tatsächlichen Feststellungen werden aus Indizien gefolgert, die jedoch ihrerseits *unbewiesen* sind.[4]
- Der Anscheinsbeweis wird als erschüttert behandelt, weil der Gegner einen bloß *vermuteten* anderen Hergang vorgetragen hat.
- Tatsachen werden als Entscheidungsgrundlage genommen, jedoch wird nur die *Möglichkeit* ihrer Existenz begründet.[5] So etwa, wenn zwei Zeugenaussagen wegen ihrer Übereinstimmung als überzeugend angesehen werden, obwohl es gerade darum geht, ob die Zeugen ihre Aussagen abgesprochen haben.[6]
- Oder die Zuverlässigkeit eines Zeugen wird darauf gestützt, daß er sich an mindestens zwei Tagen kontrollierend an der Baustelle aufgehalten habe, obwohl gerade dies streitig war; es wurde also fehlerhaft aus dem umstrittenen Inhalt der Aussage auf die Wahrheit geschlossen.
- Ebenso verhält es sich, wenn aus der Erklärung eines unfallbeteiligten Zeugen, er könne über seine Geschwindigkeit keine genauen Angaben machen, kurzgeschlossen gefolgert wird, dann sei er mit überhöhter Geschwindigkeit gefahren.[7]
- Mehrere Geschehensabläufe sind denkbar. Das Gericht nimmt einen Ablauf als geschehen an, ohne jedoch die anderen möglichen Abläufe auszuschließen.
- Im Tatbestand wird als streitig gebracht, was in der Beweiswürdigung als unstreitig verwertet wird.
- Beweise werden gewürdigt, obwohl ihre Erhebung abgelehnt ist (verbotene Beweisantizipation).
- Rechtsfragen werden mit dem Ergebnis der Beweisaufnahme begründet; so z. B. wenn ein Zeuge „bekundet" hat, der Kläger habe „fahrlässig" gehandelt.
- Ein Zeuge gibt eine Darstellung, die nicht richtig sein kann; gleichwohl folgt das Gericht ihm.[8]
- Das Beweisthema wird verschoben. Es ist z. B. zu beweisen, daß der Beklagte *grob* fahrlässig gehandelt hat; die Beweiswürdigung behandelt dagegen nur *einfache* Fahrlässigkeit und ihre tatsächlichen Voraussetzungen.
- Das Gericht geht von falschen Voraussetzungen aus, etwa indem es einen nur begrenzt gültigen Erfahrungssatz als schlechthin gültig annimmt oder seiner tatsächlichen Feststellung einen Erfahrungssatz zugrunde legt, den

---

[4] Vgl. Schneider, Logik, § 50.
[5] Schneider, Logik, S. 179.
[6] BGH VersR 1978, 282.
[7] OLG Frankfurt VersR 1977, 772.
[8] Schneider, Logik, S. 164.

es nicht gibt oder der jedenfalls nicht begründbar und damit auch nicht einsichtig ist.[9]

- Ein Gutachten wird als „überzeugend" übernommen, obwohl die Tatsachenfeststellung, auf der das Gutachten beruht, mit den vom Gericht getroffenen Feststellungen unvereinbar ist.[10]

822 Beim Indizienbeweis ist die Schlüssigkeit der Gedankenfolge besonders sorgfältig zu überprüfen. Denn unter Umständen kann der ganze Beweis zusammenfallen, wenn ein Glied in der Indizienkette zu schwach ist. Jedoch kommt es auf den Einzelfall an.

Der Oberste Gerichtshof für die Britische Zone[11] hat sich mit dieser Frage einmal näher befaßt und dazu ausgeführt:

> Hält eines von mehreren Indizien einer Nachprüfung nicht stand, so bedeutet das nicht ohne weiteres, daß das Beweisergebnis im ganzen zusammenbräche und das Urteil deshalb aufgehoben werden müßte. Ein Indizienbeweis fällt nicht schon deshalb in sich zusammen, weil ein Indiz nicht trägt. Das kann so sein, muß es aber nicht. Es kann nur von Fall zu Fall gesagt werden, welche Bedeutung dem Umstand beizumessen ist, daß von mehreren zur Begründung der Entscheidung herangezogenen Indizien das eine oder das andere ausscheidet. Haben z. B. die Parteien in großer Zahl Indizien erörtert und geht das Urteil auf nahezu alle diese einzelnen Umstände ein, so liegt die Annahme nahe, daß das Gericht nicht jedes einzelne Indiz als für die Beweiswürdigung unentbehrlich angesehen hat. Dann aber ist es Frage der Auslegung des Urteils, ob ein bestimmtes Beweisanzeichen, das sich als nicht tragfähig erweist, für die Einzelfeststellungen insgesamt als entbehrlich anzusehen ist.

823 Wird dagegen von einer Vielzahl von Indizien nur das eine oder das andere gewürdigt, so liegt darin eine Vernachlässigung des sonstigen Verhandlungsergebnisses. In diesem Fall ist die Beweiswürdigung inhaltlich mangelhaft, selbst wenn es sich um eine freie Schadensschätzung nach § 287 ZPO handelt.[12]

824 Hinzuweisen ist auch auf den bereits oben in § 26 Rn. 784 behandelten Fehler, daß die Beweiswürdigung sich auf die Beziehungen eines Zeugen zum Rechtsstreit und zu den Parteien beschränkt. Es werden dann allgemeine Gesichtspunkte für die Würdigung gebracht, ohne daß diese ins Konkrete übertragen werden. Darin liegt ein Verstoß gegen die logischen Lehren vom Beweis.[13] Dazu nochmals das bereits erwähnte Beispiel:

> „Das Gericht ist insoweit der glaubhaften und eidlichen Aussage des Zeugen Huber gefolgt. Dieser Zeuge ist weder mit dem Kläger noch mit dem Beklagten befreundet oder verfeindet. Er ist an dem Ausgang des Rechtsstreits gänzlich

---

[9] BGH MDR 1982, 946 = JR 1983, 84 mit zust. Anm. Peters; KG VerkMitt 1985 Nr. 58.

[10] BGH VersR 1962, 49; MDR 1968, 37.

[11] OGHZ 4, 106.

[12] RGZ 130, 114.

[13] Siehe Schneider, Logik, § 46: nimium vel parum probare (Zuviel- oder Zuwenig-Beweis).

uninteressiert und macht auch einen durchaus ruhigen, sachlichen und besonnenen Eindruck."

Das alles mag richtig sein; aber es genügt nicht. Die Beweiswürdigung im Beispiel bringt nur *ausgeräumte Bedenken*. Es fehlen die bejahenden Gründe. Das Gericht sagt nur, daß der Zeuge glaubwürdig sei. Nachzuweisen ist aber, daß er objektiv zutreffend geschildert hat. Auch ein wahrheitswilliger Zeuge kann sich irren! Die positive Bedeutung einer Aussage wird sich meist daraus ergeben, daß sie sich harmonisch in das sonstige Gefüge der Beweisaufnahme eingliedert und durch objektive Beweismittel oder durch Indizien gestützt wird. **825**

Krönig[14] meint allerdings, es sei oft nicht ratsam, die Gründe für die Glaubwürdigkeit eines Zeugen im Urteil näher darzulegen. Er befürchtet, daß der Zeuge oder eine Partei daraus Verhaltensanweisungen für spätere Falschaussagen entnehme. Das scheint mir jedoch übertrieben zu sein. Ich finde, daß es sehr wohl angebracht ist, die Gründe für die Glaubwürdigkeit eines Zeugen im Urteil selbst darzustellen. Nur das entspricht dem Gebot des § 286 Abs. 1 S. 2 ZPO. **826**

Zu einer inhaltlich befriedigenden Beweiswürdigung gehört, daß alle wesentlichen Beweisumstände bedacht werden. So ist z. B. bei der Anwendung des § 287 ZPO die Würdigung des Parteivorbringens notwendig.[15] **827**

Das Reichsgericht[16] hat sogar angenommen, Vergleichsangebote einer Partei an die andere zwischen den Instanzen seien bei der freien Schadensschätzung zu berücksichtigen. Das halte ich allerdings für bedenklich und grundsätzlich für verfehlt. Dem Vergleichsangebot einer Partei können mannigfache Motive zugrunde liegen, etwa daß sie dringend Geld braucht oder ihre Beweisschwierigkeiten erkennt oder auch einfach den Prozeß leid ist. Es geht nicht an, statt dessen einfach als Motiv anzunehmen, die Partei gehe selbst davon aus, im Unrecht zu sein oder gar Unwahres behauptet zu haben. Darauf läuft aber die Auffassung des Reichsgerichts letztlich hinaus. **828**

Anders verhält es sich mit wechselnden und unsicheren Parteierklärungen. Sie können Aufschluß über die Wahrheit einer Behauptung geben und sind deshalb zu verwerten.[17] **829**

In nicht wenigen Prozessen wird vom Rechtsanwalt die Erklärung abgegeben, „für diese Instanz etwas nicht bestreiten zu wollen". Eine solche Erklärung darf im späteren Rechtszug *nicht* als Beweisanzeichen für die Wahrheit der zunächst nicht bestrittenen Behauptung verwertet werden.[18] Sie beruht nämlich regelmäßig auf nicht zu mißbilligenden prozeßtaktischen Überlegungen. **830**

Das Kammergericht[19] hatte mit dieser Erklärung den Erfahrungssatz verbunden, niemand werde eine so grundlegende und wirtschaftlich bedenkliche Erklärung auch nur für eine Instanz ohne zwingenden Grund abgeben. **831**

---

[14] Die Kunst der Beweiserhebung, 3. Aufl. 1959, S. 77.
[15] RGZ 130, 114.
[16] RGZ 130, 112.
[17] RG JW 1930, 2051 Nr. 13 (2052).
[18] RG JW 1930, 2051.
[19] JW 1930, 2051.

Dieser Satz ist nicht falsch – wie das Reichsgericht[20] meinte; wohl hatte das Kammergericht unrichtige Folgerungen daraus hergeleitet und ihn so verstanden, als sei der „zwingende Grund" stets die Wahrheit der nicht bestrittenen Behauptung. In dieser Fassung ist der Satz nicht haltbar.

Fehlerhaft ist es auch, von Tatsachen als feststehend auszugehen, jedoch nur die *Möglichkeit* ihrer Existenz darzulegen. Daraus, daß die Tatsache X *sein kann,* folgt nie, daß die Tatsache Y *ist.* Wenn zum Beispiel *nicht ausgeschlossen* ist, daß der Beklagte die mit der Klage geltend gemachte Forderung erfüllt hat, so reicht das allein nicht hin, dem Richter die Überzeugung zu verschaffen, daß der Beklagte auch *tatsächlich erfüllt* hat.

832 Man achte bei der schriftlichen Wiedergabe der Beweiswürdigung auch darauf, daß zweifelhafte und mehrdeutige Ausdrücke – „möglicherweise", „im wesentlichen", „wohl", „wahrscheinlich" und dergleichen – vermieden werden (siehe § 25 Rn. 741, 742). Insbesondere der *Schlußsatz* muß entschieden und unzweideutig sein.

833 Ein Referendar pflegte seine Beweiswürdigung mit dem Satz abzuschließen: „Demnach kann die Überzeugung gewonnen werden, daß ..." – Er meinte mit „kann", daß alle Voraussetzungen für die Bildung einer bestimmten Überzeugung gegeben waren. Seine Meinung traf auch stets zu. In der von ihm gewählten Fassung kam das jedoch nicht zum Ausdruck. Denn mit „kann" wird üblicherweise nur die *Möglichkeit,* nicht aber die Gewißheit oder Notwendigkeit bezeichnet. **Zum Beweis reicht aber das bloß Mögliche nicht aus.**

834 Ein Verstoß gegen die Denkgesetze ist es auch, *unbewiesene Hilfstatsachen* (Indizien) zum Beweise einer Haupttatsache zu verwerten.[21]

835 Die in den Urteilsgründen verwerteten Indizien müssen *lückenlos* zusammengefügt und unter allen für ihre Beurteilung maßgebenden Gesichtspunkten gewürdigt werden.[22] Eine nur *mögliche* Schlußfolgerung ist erst dann beweiskräftig, wenn alle anderen Möglichkeiten abgelehnt werden.[23] Der Indizienbeweis ist nur dann zwingend, wenn die aus den Indiztatsachen gezogenen Schlüsse nach der Überzeugung des Richters sicher sind. Das ist aber nicht der Fall, solange die Möglichkeit eines anderen Schlusses besteht und im konkreten Fall nicht ausgeräumt ist.

836 Mangelhaft ist eine Beweiswürdigung weiter dann, wenn sie mit den Einzelfeststellungen in Widerspruch steht. Man darf nicht in der Beweiswürdigung als unstreitig verwerten, was im Tatbestand als bestritten dargestellt wird oder umgekehrt.

837 Der Widerspruch kann auch gegenüber sachverständigen Feststellungen auftreten.

Beispiel (nach BGHSt 14, 162): Die Beweiserwägungen des Tatrichters sind lückenhaft, wenn er seine Überzeugung, es habe vollendeter Beischlaf stattgefunden, auf die entsprechende Aussage eines Mädchens stützt, ohne zu erörtern,

---

[20] JW 1930, 2051.
[21] Vgl. OGHSt 1, 165. Siehe auch den vorstehenden Text Rn. 820, 822.
[22] Vgl. BGHSt 12, 311 (315 f.).
[23] OGHSt 2, 397.

worauf es beruht, daß eine Universitätsfrauenklinik nach späterer körperlicher Untersuchung desselben Mädchens bescheinigt hat, es habe noch keinen Geschlechtsverkehr gehabt.

Mit der verbotenen Beweisantizipation nicht zu verwechseln ist die in der Praxis oft anzutreffende *Wahrunterstellung* (vgl. § 244 Abs. 3 S. 2 StPO).[24] Die Wahrunterstellung ist eine *vereinfachte* Beweiswürdigung. Sie kommt nur für *erhebliche* Tatsachenbehauptungen in Betracht.[25] Im Zivilprozeß hat sie richtiger Ansicht nach keine Daseinsberechtigung.[26] Eine Tatsache, die bereits *rechtlich unverwertbar* ist, als bewiesen zu fingieren, ist unzulässig. Darin läge ein Denkfehler. Der Bearbeiter widerspräche sich, wenn er in der Schlüssigkeitsprüfung die rechtliche Bedeutungslosigkeit der Tatsache herausarbeiten und sie später durch Wahrunterstellung als erheblich behandeln würde. **838**

Daher ist es auch unzulässig, unklare Beweisanträge entgegenzunehmen und dann mit Wahrunterstellung zu arbeiten; in einem solchen Fall muß vielmehr zunächst einmal darauf hingewirkt werden, daß ein eindeutiger Beweisantrag gestellt wird.[27] **839**

Ebenso ist es fehlerhaft, eine Rechtsansicht oder eine Schlußfolgerung als wahr zu unterstellen. **Gedankenfolgen sind auf ihre Folgerichtigkeit zu prüfen, nicht zu beweisen.** Die Denkfigur für die Behandlung unerheblicher Behauptungen ist das Aufzeigen der mangelnden Schlüssigkeit „nach dem eigenen Vorbringen" der Partei, nicht die Wahrunterstellung. **840**

Man darf auch nicht eine zu erwartende Zeugenaussage als wahr unterstellen und hernach die Glaubwürdigkeit des nicht vernommenen Zeugen auf Grund sonstiger Tatsachen in Zweifel ziehen.[28] Darin läge ein Verstoß gegen den Satz vom Widerspruch. Denn ein Zeuge kann dasselbe nicht zugleich wahr und unwahr bekunden. **841**

Unterstellt man hingegen nur, daß der Zeuge eine bestimmte Sachdarstellung geben werde, und folgt man ihr dann doch nicht, weil der Zeuge unglaubwürdig sei, so handelt es sich nicht um eine Wahrunterstellung, sondern um eine unzulässige Vorwegwürdigung von Beweisen.[29]

---

[24] Siehe dazu Bringewat MDR 1986, 353; Jörg Tenckhoff, Die Wahrunterstellung im Strafprozeß, 1980 – beide mit zahlreichen Nachweisen aus der Rspr.

[25] BGHSt 1, 51 (53).

[26] Oben § 12 Rn. 237. Vgl. näher Schneider ZZP Bd. 75 (1962), 207 ff.; zust. Teplitzky JuS 1968, 74; Stadler JuS 1979, 724.

[27] OLG Saarbrücken VRS Bd. 42, 37.

[28] OGHZ 1, 351 ff.; BGH VRS Bd. 75, 357.

[29] Vgl. dazu oben § 12.

Besonderer Teil.

Die einzelnen Beweismittel

Auch wer sämtliche im Allgemeinen Teil dieses Buches enthaltenen Hinweise beachtet, ist vor den Schwierigkeiten der Beweiswürdigung noch nicht gefeit. Jedes einzelne Beweismittel stellt zusätzliche besondere Anforderungen an den Rechtsanwender. Vor allem bei der Beurteilung von Zeugenaussagen sind mancherlei Fragen zu bedenken, die oft nicht einmal erkannt, geschweige denn gestellt oder gar einwandfrei beantwortet werden. Es ist deshalb nunmehr auf die einzelnen in der Zivilprozeßordnung vorgesehenen Beweismittel einzugehen, die denen anderer Verfahrensordnungen entsprechen. Dabei steht der praktischen Bedeutung, der theoretischen Durchdringung und der Problematik nach der Beweis durch Aussagen, also der Zeugenbeweis, an erster Stelle. **842**

Fünftes Kapitel

§ 29. Beweis durch Augenschein

Der Beweis durch Einnahme eines Augenscheins ist in der Zivilprozeßordnung nur kurz geregelt (§§ 371–372a). Er führt in der Prozeßpraxis zu keinen besonderen Schwierigkeiten. **843**

Der Beweis durch Augenschein soll dem Gericht die Überzeugung von der Richtigkeit streitiger Tatsachen durch eigene gegenständliche Wahrnehmung vermitteln.[1] Augenscheinsobjekte sind auch Tonband und Schallplatte, da sie den Urkundenbegriff der §§ 415 ff., 592 ff. ZPO nicht erfüllen.[2] Aus demselben Grunde ist die Besichtigung von Lichtbildern Augenscheinseinnahme, nicht Urkundenbeweis.[3]

Einer der wichtigsten Anwendungsfälle des Beweises durch Einnahme eines Augenscheins ist die Besichtigung von Örtlichkeiten (insbesondere in Unfallsachen) und Gebäuden oder Gebäudeteilen (insbesondere in Bauprozessen). Nimmt das Gericht selbst die Besichtigung „vor Ort" vor, dann sind die §§ 371, 372 ZPO anwendbar. **844**

Diese Art der Augenscheinseinnahme wird üblicherweise als **Ortsbesichtigung** bezeichnet. Sie kommt auch beim Sachverständigenbeweis vor, da der Verkehrs- oder Bausachverständige in aller Regel nicht begutachten **845**

---

[1] Zöller/Greger, ZPO, 18. Aufl. 1993, § 371 Rn. 1.

[2] LAG Berlin LAGE ZPO § 371 Nr. 1.

[3] OLG Frankfurt VersR 1980, 777 = AnwBl 1980, 367 = WPM 1980, 1022.

kann, ohne sich an Ort und Stelle über die Verkehrsverhältnisse oder den Gebäudezustand informiert zu haben. Seine Besichtigung des Objekts wird ebenfalls „Ortsbesichtigung" genannt.

846 Hierbei handelt es sich aber nicht um einen Augenscheinsbeweis nach §§ 371, 372 ZPO, sondern um einen Sachverständigenbeweis nach §§ 402 ff. ZPO (siehe dazu § 45 Rn. 1464).

847 Zwischen beiden Beweisarten liegt die Ortsbesichtigung des Gerichts, zu der ein Sachverständiger zugezogen wird. Sie ist nach § 372 Abs. 1 ZPO echter Augenscheinsbeweis. Abgrenzungskriterium ist also die unmittelbare Teilnahme des Gerichts, um eigene Feststellungen zu treffen.

848 Anders daher, wenn das Gericht die Erhebung des Sachverständigenbeweises beschließt und an der „Ortsbesichtigung" des Sachverständigen nur zuschauend und zuhörend teilnimmt. Denn in diesem Fall hat das Gericht die Beweisaufnahme vor Ort dem Sachverständigen übertragen; das ist für die Abgrenzung entscheidend.

849 Nach § 160 Abs. 3 Nr. 5 ZPO ist das Ergebnis des Augenscheins zu protokollieren. Das Protokoll gibt dann wieder, was der Besichtigende wahrgenommen hat. Danach wird regelmäßig feststehen, ob eine Straße eng, ein Haus baufällig ist, ob Bäume das Tageslicht wegnehmen und so weiter. Für eine besondere Beweiswürdigung ist insoweit kaum Raum. Die behauptete Tatsache wird durch das Protokoll entweder als existierend ausgewiesen oder nicht.[4]

850 Bei der Einnahme des Augenscheines ist es unerläßlich, vorweg festzustellen, ob die örtlichen Verhältnisse oder die Beschaffenheit des Gegenstandes des Augenscheines mit denen übereinstimmen, die zu dem Zeitpunkt bestanden haben, der für die Entscheidung des Rechtsstreites maßgebend ist. Das läßt sich fast immer schon vor Erlaß des Beweisbeschlusses durch Befragen der Parteien klären. Es ist unerfreulich, wenn sich beispielsweise das Gericht in voller Besetzung zu einer Unfallstelle begibt, um dort festzustellen, daß die Straße gänzlich umgebaut worden ist.

851 Immer – selbst also bei zwischenzeitlichen Veränderungen – kommt der Augenschein jedoch als wichtiges *Kontrollmittel* für den Wahrheitsgehalt von Zeugenaussagen in Betracht. Jeder Praktiker hat es erlebt, wie eine Ortsbesichtigung in wenigen Minuten Fragen löste, über die umfangreiche, aber ergebnislose Beweiserhebungen im Sitzungssaal stattgefunden hatten. Sind Zeugen zu vernehmen, so ist die Durchführung der Beweisaufnahme „an Ort und Stelle" ein wichtiges Hilfsmittel zur Wahrheitsermittlung. Die Aussagetüchtigkeit eines Zeugen ist im nüchternen Verhandlungssaal wesentlich geringer als am Ort des Geschehens. Auch Darstellungsschwierigkeiten werden dadurch gemindert, daß der Zeuge in der Örtlichkeit zeigen kann, „wie es war". Unehrliche Aussagen sind an Ort und Stelle schwieriger durchzuhalten, weil sogleich jede Einzelheit kritisch nachgeprüft und mit dem Aussageinhalt verglichen werden kann.

852 Skizzen und Photographien sind nicht geeignet, diesen unmittelbaren

---

[4] Siehe zum Beweiswert des Vermerks eines beauftragten Richters über die Einnahme eines Augenscheins BGH MDR 1972, 595 = VersR 1972, 641.

Eindruck zu ersetzen. Tschadek[5] hat dies durch praktische Fälle belegt. Zweie davon seien hier wiedergegeben:

1. Fall:
In einer niederösterreichischen Kleinstadt hatte sich ein Autounfall ereignet, und die Gendarmerie hatte unmittelbar nachher eine Skizze angelegt. Nach dieser Skizze mußte der entgegenkommende Wagen auf mindestens 300 Meter gesehen werden, da eine schnurgerade Straße eingezeichnet war. Bei der Hauptverhandlung wurde der Gendarmeriebeamte über die Sichtverhältnisse befragt und erklärte, daß die Skizze richtig sei, man sehe von der Unfallstelle bis zum Kirchenplatz dieser Gemeinde, also über 300 Meter. Auf Grund dieser Aussage hatte der Erstrichter den Antrag auf Vornahme eines Augenscheins abgelehnt und den beschuldigten Kraftfahrer verurteilt. Der Berufungssenat des Oberlandesgerichtes Wien hatte sich jedoch zur Durchführung des Lokalaugenscheins entschlossen, und es stellte sich dabei heraus, daß man wohl von der Unfallstelle 350 Meter zum Kirchenplatz sehen konnte, daß aber knapp vor der Unfallstelle die Straße eine muldenförmige Senkung aufwies, so daß Fahrzeuge, die durch diese Senkung fuhren, von entgegenkommenden Fahrzeugen tatsächlich erst im letzten Moment erblickt werden konnten. Durch ein die Straße herauffahrendes Kraftfahrzeug konnte dies einwandfrei geklärt werden. Auf die Mulde hatte also der Gendarmeriebeamte sowohl bei der Anfertigung der Skizze als auch bei seiner Aussage vor dem Kreisgericht nicht geachtet. Ohne Vornahme des Augenscheins wäre dieser Sachverhalt niemals wirklich klargestellt worden.

2. Fall: 853
Ein Landbürgermeister hatte gegen die Frau eines gegnerischen Gemeinderates die Anzeige erstattet, daß er sie dabei beobachtet habe, wie sie von ihrem Brunnen Wasser in die Milchkanne geschöpft habe, die dann abgeliefert wurde. Die Vornahme chemischer Milchproben erfolgte zu spät. Die Milch war bereits vermengt, und das Verfahren wurde auf Grund der glaubwürdigen Aussage des Bürgermeisters eingeleitet. Bei der Vornahme des Augenscheins mußte sich das Gericht davon überzeugen, daß man von dem Ort, von dem der Bürgermeister angeblich zugesehen hatte, den Brunnen im Hofe der Beschuldigten überhaupt nicht sehen konnte.

Die Einnahme des Augenscheines ist die zuverlässigste Art und Weise, sich 854
von etwas Wirklichem zu überzeugen. Was Richter und Rechtsanwälte selbst gesehen haben, wird ihnen kein Zeuge und kein Sachverständiger ausreden können. Das beruht darauf, daß der Augenschein die *unmittelbarste* Beweiserhebung darstellt. Zwischen Wirklichkeit und Wahrnehmung ist nicht – wie bei allen übrigen Beweismitteln – eine dritte Person oder eine Urkunde zwischengeschoben. Die Fehlerquellen sind dementsprechend gering.

Das bedeutet, daß der Augenschein als der zuverlässigere Beweis der 855
Vernehmung eines Zeugen vorgeht.[6] **Das Gericht ist nicht befugt, die**

---

[5] Der Beweis. Eine Betrachtung über Beweismittel und Beweiswürdigung, 1958, S. 32 ff.

[6] BGH MDR 1961, 249 Nr. 117. Siehe auch über seine Bedeutung beim „Austausch von Beweismitteln" oben § 12 Rn. 229.

Einnahme des Augenscheins deshalb abzulehnen, weil es bereits durch einen Zeugen hinreichend informiert worden sei.[7] Der Antrag nach § 371 ZPO darf nur wegen *Unerheblichkeit* der unter Beweis gestellten Tatsache abgelehnt werden.

856 Erfordert die Wahrnehmung allerdings besondere Sachkunde, dann ist wiederum der Sachverständigenbeweis vorrangig. Jedoch kann das Gericht auch den Augenschein selbst einnehmen und dazu Sachverständige beiziehen (§ 372 Abs. 1 ZPO; siehe oben Rn. 847).

857 Das Gebot der Unmittelbarkeit würde auch dann verletzt, wenn der Richter das Ergebnis des *in einem anderen Verfahren* (z. B. vor dem Strafrichter) eingenommenen gerichtlichen Augenscheins im Wege des Urkundenbeweises verwerten würde, um so einen Beweisantrag aus § 371 ZPO zu umgehen. Denn der Wert des Augenscheinsbeweises beruht gerade darauf, daß der *erkennende* Richter sich „ein Bild machen kann". Die Niederschrift einer anderen Person über *deren* Wahrnehmungen kann und darf nie den eigenen Augenschein ersetzen.[8]

858 Deshalb darf das Gericht zweiter Instanz, wenn das erstinstanzliche Gericht auf Grund eigener Ortskenntnis die Verkehrsgefährlichkeit einer Bodenstelle festgestellt hat, nicht die gegenteilige Feststellung allein auf Grund von Lichtbildern treffen, die die Unfallstelle nicht aus dem Blickwinkel des Verunglückten zeigen.[9]

859 Leider ist bei nicht wenigen Gerichten die Neigung gering, einen Ortstermin abzuhalten. Der Grund hierfür dürfte wesentlich die Annahme sein, durch eine Ortsbesichtigung verliere man nur Zeit. Aufs Ganze gesehen, trifft das nicht zu.

Die Einnahme eines Augenscheins vermag oft eine ganze Reihe von Fragen, über die im Verhandlungssaal heftig gestritten wird, in kürzester Zeit zu erledigen. An Ort und Stelle gibt es kein Wenn und kein Aber. Dementsprechend sind auch die Aussichten für eine schnelle und wirtschaftlich befriedigende Erledigung des Rechtsstreites durch einen Prozeßvergleich im Ortstermin besonders groß.[10] Vor allem in Unfallprozessen wird man dem Kläger, der vollen Ersatz verlangt, leichter als im Gerichtssaal klarmachen können, warum auch ihn ein Mitverschulden oder eine zu berücksichtigende Betriebsgefahr belaste.

860 *Verhindert eine Partei* die Durchführung der Augenscheinseinnahme, z. B. indem sie dem Gegner das Betreten des zu besichtigenden Grundstückes verbietet, so läßt dies darauf schließen, daß sie von der Einnahme des

---

[7] Bedenklich daher OLG Koblenz VRS Bd. 45, 48. Zutreffend LG Stuttgart (VersR 1988, 600 = NJW-RR 1988, 1241): Videoaufzeichnungen haben Vorrang vor der Vernehmung von Zeugen.

[8] BGH LM § 445 ZPO Nr. 3.

[9] BGH Warneyer 1968 Nr. 249. Siehe dazu auch die beiden Fälle von Tschadek (Rn. 852, 853). Anders BGH NJW-RR 1987, 1237, wenn eine vorgelegte Fotografie die Örtlichkeit in ihren für die rechtliche Beurteilung maßgebenden Merkmalen hinreichend ausweist und die Partei keine von der Fotografie abweichenden Merkmale behauptet.

[10] Vgl. Bull JR 1959, 410.

Augenscheins für sich nichts Gutes erhofft. Das OLG Nürnberg[11] hat mit Recht darauf hingewiesen, daß eine solche Vereitelung der Beweisaufnahme[12] bei der Beweiswürdigung berücksichtigt werden muß.

Zahlreiche vergleichbare Situationen treten in der Praxis auf: **861**

Im Haftpflichtprozeß wirkt es sich beispielsweise beweisrechtlich zum Nachteil des Geschädigten aus, wenn dieser sich weigert, sich von einem Sachverständigen untersuchen zu lassen.[13]

Kommt es für die Geltung von allgemeinen Geschäftsbedingungen darauf an, ob diese auf einer unstreitig zugegangenen Auftragsbestätigung aufgedruckt gewesen sind, dann muß der Empfänger die beweisrechtlichen Konsequenzen tragen, wenn er die Auftragsbestätigung nicht mehr vorlegen kann.[14]

Denjenigen, der eine gem. § 372a ZPO zu duldende Entnahme von Blutproben verweigert, trifft der sich aus dem Rechtsgedanken des § 444 ZPO ergebende Nachteil der Beweisvereitelung.[15]

Die zum Augenscheinsbeweis vorliegende Rechtsprechung ist nicht um- **862**
fangreich; prozessuale Schwierigkeiten ergeben sich kaum. Das OLG Kiel[16] hat einmal ausgesprochen, Verkehrsunfälle seien vom erkennenden Gericht durch unmittelbare Beweisaufnahme – Ortsbesichtigung – aufzuklären. Ein dahingehender prozessualer Zwang für das Gericht besteht jedoch nicht.

Ein Antrag auf Vornahme einer Ortsbesichtigung, die nur der Unterrichtung des Gerichts über die örtlichen Verhältnisse an der Unfallstelle dienen soll, ist nach der Rechtsprechung des Bundesgerichtshofes[17] nicht als echter Beweisantrag anzusehen, sondern nur als Anregung zu einer Maßnahme nach § 144 ZPO, die dem freien, in der Revisionsinstanz nicht nachprüfbaren richterlichen Ermessen unterliegt.

Im übrigen befaßt sich die Rechtsprechung fast ausschließlich mit Fragen **863**
zu § 372a ZPO: Ausmaß der Pflicht, eine körperliche Untersuchung zu dulden, sachliche und persönliche Weigerungsgründe, Gefahr strafrechtlicher Verfolgung und dergleichen.[18]

Eine Prozeßpartei darf nicht gezwungen werden, sich auf ihren Geisteszu- **864**
stand untersuchen zu lassen.[19] Auch die Vorlage eines Lichtbildes als Unter-

---

[11] JurBüro 1961 Sp. 202; ebenso OLG Koblenz NJW 1968, 897.

[12] Siehe dazu § 10 Rn. 149f.

[13] BGH MDR 1972, 508 = ZZP Bd. 86 (1973), 63 mit Anm. Gerhardt; siehe auch OLG Düsseldorf MDR 1976, 762.

[14] OLG Köln MDR 1974, 227 = VersR 1974, 673.

[15] BGH JZ 1987, 42; LM § 372 a ZPO Nr. 3; OLG Hamburg DAVorm 1976, 625; OLG München DAVorm 1978, 354; OLG Köln DAVorm 1980, 850; KG NJW 1987, 2311 = FamRZ 1987, 294; OLG Stuttgart DAVorm 1990, 82; LM § 372 a ZPO Nr. 3; siehe weiter die Nachw. in BGH NJW 1986, 2371 = MDR 1986, 832 = EzFamR BGB § 1600o Nr. 1.

[16] VRS Bd. 1, 70.

[17] VersR 1959, 30.

[18] Eine Darstellung der Rechtsprechung und des Schrifttums zu dieser Thematik erscheint entbehrlich; es sei auf die Kommentare zur ZPO verwiesen.

[19] FamRZ 1962, 370.

lage für eine erbbiologische Untersuchung darf nicht auf Grund des § 372 a ZPO erzwungen werden.[20]

865 Über die Frage, wann und unter welchen Voraussetzungen eine angeordnete körperliche Untersuchung durch Ordnungsstrafen erzwungen werden darf (vgl. §§ 372 a Abs. 2; 390 ZPO), liegen zahlreiche Entscheidungen vor.[21] Auch darauf ist hier nicht einzugehen, weil diese Fragen nicht mehr zum Beweisrecht im eigentlichen Sinne gehören.

866 In prozessualer Hinsicht ist noch zu erwähnen, daß ein Beweisführer, der nicht zu einer angeordneten ärztlichen Untersuchung erscheint, damit ein Hindernis im Sinne des § 356 ZPO setzt, so daß er nach Fristsetzung mit seinem Beweisantrag ausgeschlossen sein kann.[22]

Für die Durchführung der Beweisaufnahme durch Einnahme eines Augenscheins gelten die allgemeinen Regeln. Es ist daher nicht zulässig, daß nur zwei Mitglieder eines drei- oder fünfköpfigen Kollegiums eine Augenscheinseinnahme durchführen.[23]

Wohl ist es erlaubt, daß der Einzelrichter oder das Kollegium zur Ortsbesichtigung einen gerichtlichen Sachverständigen hinzuzieht (§ 372 Abs. 1 ZPO),[24] was sogar nicht selten die Sachverhaltsaufklärung wesentlich fördern wird.

867 Das Berufungsgericht darf jedoch dem vom erstinstanzlichen Gericht protokollierten Ergebnis einer Augenscheinseinnahme keine abweichende Bedeutung beimessen, ohne daß es eine eigene Beweisaufnahme durchführt.[25]

868 Auch bei der Einnahme eines Augenscheins ist darauf zu achten, daß der Grundsatz des rechtlichen Gehörs (Art. 103 Abs. 1 GG) beachtet wird. Es ist daher unzulässig, das Ergebnis einer Ortsbesichtigung zu verwerten, ohne daß eine Partei dazu geladen oder zumindest über das Ergebnis nachträglich unterrichtet worden ist.[26]

869 Ein entgegen § 160 Abs. 3 Nr. 5 ZPO nicht protokollierter Augenschein ist zu Beweiszwecken unverwertbar, wenn sich im Zeitpunkt der Schlußentscheidung die Richterbank geändert hat.[27]

870 Auch Personen können Augenscheinsobjekte sein, soweit es erforderlich ist, sie gegenständlich wahrzunehmen. Dazu kommt es beispielsweise, wenn Narben oder andere körperliche Verunstaltungen die Höhe des Schmerzensgeldes (§§ 847 BGB, 287 ZPO) mitbestimmen.

871 Unzulässig ist es hingegen, daß Personen, die bei der Einnahme des Augenscheins vernommenen worden sind, später als „Auskunftspersonen" am

---

[20] OLG Schleswig SchlHA 1953, 207.

[21] Nachweise erscheinen nicht erforderlich; vgl. die Kommentare zur ZPO.

[22] BGH MDR 1972, 508 = ZZP Bd. 86 (1973), 63 mit Anm. Gerhardt.

[23] BVerwG ZMR 1974, 173.

[24] Siehe OLG Düsseldorf BauR 1974, 72 und oben Rn. 847.

[25] BGH VersR 1985, 839 = MDR 1986, 220 = NJW-RR 1986, 190 = BauR 1985, 593 = ZfBR 1985, 219.

[26] BVerfGE 20, 280.

[27] BGH VersR 1967, 25 (26).

Verfahren beteiligt werden. Dies hat der BGH[28] zwar in einer strafrechtlichen Entscheidung mit der Begründung gebilligt, es habe sich nicht um Zeugen gehandelt, weil sie nicht für die Bildung der richterlichen Überzeugung herangezogen worden seien (§ 261 StPO), sondern nur „zum besseren Verständnis" des Augenscheins. Ihre Aussagen gehörten deshalb nicht zum verwertbaren Beweisstoff. Dies verstößt jedoch gegen den numerus clausus der Beweismittel und ist zudem widersprüchlich.[29]

Erstens gibt es kein Beweismittel „Auskunftsperson". Es kann sich dabei nur um einen Zeugen, eine Partei, einen Angeklagten oder um einen Sachverständigen handeln.

Zweitens hat selbstverständlich die „Auskunft" dieser Personen über die frühere Benutzung der Räume und die Stelle, wo früher jemand gesessen hat, die richterliche Überzeugung mitbeeinflußt. Denn wenn der Richter sich nicht dafür interessiert hätte, dann hätte er die „Auskunftspersonen" nicht hinzuzuziehen brauchen. Ihre „Auskunft" war daher sachlich nichts anderes als eine „Aussage" über frühere Erlebnisse. Darüber konnten sie prozessual ordnungsmäßig nur als Zeugen vernommen werden.

Drittens ist es entgegen der Auffassung des Bundesgerichtshofes unerheblich, daß die „Aussagepersonen" bei ihrer früheren Vernehmung als Zeugen dieselben Angaben wie bei der Ortsbesichtigung gemacht hatten. Es ist eine petitio principii, die Zulässigkeit eines zur Beweiserhebung zählenden prozessualen Vorgehens von dem *Ergebnis* der Beweiserhebung abhängig zu machen. Sonst müßte – von der Prämisse des BGH ausgehend – eine „Aussageperson" dann doch als Zeuge vernommen werden, wenn sie dem die Ortsbesichtigung durchführenden Richter „Auskünfte" erteilt, die von ihrer „Aussage" bei der früheren Vernehmung als Zeuge abweichen.

Daß der BGH sich über diese an sich klaren prozeßrechtlichen Abgrenzungen hinweggesetzt hat, dürfte durch die übersteigerte Förmlichkeit des Strafverfahrens zu erklären sein. Im Ergebnis hat sich in jenem Fall an der Beweiswürdigung des Gerichts gewiß nichts geändert, nur weil es die Erklärungen der „Auskunftspersonen" nicht nach vorheriger Zeugenbelehrung protokolliert und im Hauptverfahren verlesen hat. Aber es bleibt mißlich, wenn Einzelfallentscheidungen wegen gesetzlicher Fehlregelungen durch generelle Preisgabe beweisrechtlicher Grundsätze gestützt werden müssen.

---

[28] BGH NJW 1986, 390.
[29] Siehe zu dem Problem der Austauschbarkeit von Beweismitteln § 12 Rn. 229.

Sechstes Kapitel. Der Zeugenbeweis

Erster Abschnitt

§ 30. Einführung

872 Das praktisch wichtigste und zugleich mit Abstand *schlechteste* Beweismittel ist der Zeuge. In der forensischen Praxis wird der Zeugenaussage grundsätzlich ein viel zu hoher Beweiswert eingeräumt mit der Folge, daß entsprechend häufig Wahrheitskontrollen an Hand aussagepsychologisch gesicherter Kriterien versäumt werden. Zusätzlich nachteilig wirkt sich aus, daß der ganz überwiegenden Zahl der vernehmenden Richter die wissenschaftlichen Grundkenntnisse der Aussagepsychologie fehlen, da diese weder im Studium noch in der Ausbildung gelehrt werden. Infolgedessen fehlt den meisten Richtern auch das erforderliche aussagepsychologische Problembewußtsein. Sie ziehen sich auf „richterliche Alltagstheorien" zurück, die wiederum reduzierbar sind auf Aussagewiederholungen, Abstraktionen und Leerformeln.[1]

873 In der Praxis wird den Zeugen in der überwiegenden Zahl geglaubt, obwohl eine solche statistische Wahrheitshäufung mit den Erkenntnissen der Aussagepsychologie unvereinbar ist.[2] Viele Justizirrtümer sind nur dadurch zustande gekommen, daß der Wahrheitswert von Zeugenaussagen überschätzt worden ist. In manchen Ländern ist deshalb der Zeugenbeweis ganz ausgeschlossen, wenn aus Verträgen größere Summen eingeklagt werden.[3]

---

[1] Jürgen Bürkle, Richterliche Alltagstheorien im Bereich des Zivilrechts, 1984, S. 169, 175. Reinecke (MDR 1986, 630) spricht mit Recht von der Krise der freien Beweiswürdigung im Zivilprozeß. Siehe auch den Bericht über die 9. Alsberg-Tagung: Die Fragwürdigkeit des Zeugenbeweises (Burckhardt, DRiZ 1994, 74f.).

[2] Bürkle, Richterliche Alltagstheorien, S. 169, 174. Die der Untersuchung von Bender/Schumacher (Erfolgsbarrieren vor Gericht, 1980) zugrunde liegende Aktenauswertung ergab, daß bei etwa 1400 Vernehmungen nur etwa 65mal den Zeugen nicht geglaubt worden ist. Danach wären von 100 Zeugenaussagen nur etwa 3 bis 5 unrichtig. Dieses statistische Ergebnis, das die forensische Praxis wahrheitsgetreu widerspiegelt, ist aussagepsychologisch so absurd, daß Reinecke (MDR 1986, 630) mit Recht eine geheime Beweisregel annimmt, wonach einem Zeugen grundsätzlich zu glauben ist, es sei denn, daß ganz gewichtige Anhaltspunkte gegen seine Zuverlässigkeit sprechen. Und – so kann ergänzt werden – solche Anhaltspunkte werden nicht einmal gesucht.

[3] Siehe die rechtsvergleichende Darstellung bei Nagel, Grundzüge des Beweisrechts im europäischen Zivilprozeß, 1957, S. 283ff. – Eine umfassende Darstellung vor allem der *rechtlichen* Regelung des Zeugenbeweises findet sich bei Hauser, Der Zeugenbeweis im Strafprozeß mit Berücksichtigung des Zivilprozesses, 1974. Das Buch enthält neben umfassenden Literaturhinweisen auch wichtige Ausführungen zur Beweiswürdigung.

Im angelsächsischen Prozeß ist die Vernehmung indirekter Zeugen verboten, weil die Wahrheitsfindung durch „Zeugen vom Hörensagen" besonders stark bedroht ist.

Das deutsche Recht kennt solche Beschränkungen nicht. Das Bundesarbeitsgericht[4] hat aber in richtiger Einschätzung des Minderwerts der „Hörensagen-Zeugen" den Standpunkt eingenommen, die Wiedergabe von Vernehmungen sogenannter „Gewährspersonen" stelle kein im Zivilprozeß und damit auch im Arbeitsgerichtsprozeß zulässiges Beweismaterial dar. Das LAG Berlin[5] sieht Zeugen vom Hörensagen im Arbeitsgerichtsprozeß ebenfalls in der Regel als unzulässige Beweismittel an. **874**

Für den Strafprozeß hat der Bundesgerichtshof[6] eine davon abweichende Auffassung vertreten: **875**

> „Die Vernehmung eines *Zeugen vom Hörensagen* verletzt nicht den in den §§ 249, 250 StPO in Erscheinung tretenden Grundsatz der Unmittelbarkeit der Beweisaufnahme; denn auch der Zeuge vom ‚Hörensagen' ist ein unmittelbarer Zeuge. Von ‚Mittelbarkeit' kann nur insofern gesprochen werden, als der Zeuge vom ‚Hörensagen' nicht eine zum gesetzlichen Tatbestand gehörige Tatsache, sondern lediglich ein Beweisanzeichen bekundet, welches auf eine solche Tatsache hindeutet. Dadurch wird aber der Zeuge vom ‚Hörensagen' nicht zum mittelbaren Beweismittel und seine Vernehmung steht nicht deshalb in Widerspruch zu dem Grundsatz der Unmittelbarkeit."

Das alles ist formal richtig; nur geht es an den Sachfragen vorbei. *Problematisch ist* nicht die Auslegung der Prozeßrechts-Vorschriften, sondern *die aussagepsychologische Gefährlichkeit der Zeugen vom Hörensagen, die Gefahr also, auf ihre Bekundungen eine Tatsachenfeststellung aufzubauen, die zum Fehlurteil führen muß.* Der Bundesgerichtshof will dieser Gefahr durch verstärkte Anforderungen an die richterliche Aufklärungspflicht und an die Beweiswürdigung begegnen: **876**

> „Eine andere, von der Revision ersichtlich ebenfalls aufgeworfene Frage ist aber, ob das Gericht sich bei seiner Beweiswürdigung der ihm nach § 261 StPO gesetzten Grenzen der Freiheit seiner Überzeugungsbildung bewußt gewesen ist und sie gewahrt hat. Das hätte es nicht, wenn es sich mit den Erfahrungen des Lebens, mit den Gesetzen der Wissenschaft und der Logik, insbesondere mit der Zeugenpsychologie in Widerspruch gesetzt oder die sich hieraus ergebenden Gesichtspunkte unberücksichtigt gelassen hätte.
> Bei einem Zeugen vom ‚Hörensagen' besteht zunächst ganz allgemein eine erhöhte Gefahr der Entstellung oder Unvollständigkeit in der Wiedergabe von Tatsachen, die ihm von demjenigen vermittelt worden sind, auf den sein Wissen zurückgeht. Je größer die Zahl der Zwischenglieder, desto geringer ist der Beweiswert der Aussagen. Schon dieser Gesichtspunkt mahnt zur Vorsicht, obwohl er im vorliegenden Falle nicht der wichtigste ist; denn die Wiedergabe einer eingehenden, durch Befragung ergänzten, angesichts ihrer schriftlichen Festlegung jederzeit ins Gedächtnis

---

[4] DB 1968, 1816.

[5] BB 1976, 140.

[6] Vgl. BGHSt 17, 382 ff.; NJW 1986, 1766; ebenso das LAG München LAGE § 373 ZPO Nr. 2 mit Anm. Schneider; siehe dazu auch BVerfG MDR 1981, 900. Aus jüngster Zeit kritisch dazu mit zahlreichen Nachweisen Strate AnwBl 1986, 309 ff.

zurückrufbaren Vernehmung durch den Vernehmungsbeamten bietet in erheblichem Maße Gewähr für Richtigkeit und Vollständigkeit.
Wenn aber der Gewährsmann des Zeugen vom ‚Hörensagen' im Dunkel bleibt, ergeben sich ganz besondere, weit schwerer wiegende Gefahren. Die Strafprozeßordnung ist neben dem Grundsatz der Unmittelbarkeit von dem der Parteiöffentlichkeit beherrscht. Einem anonymen Gewährsmann gegenüber versagen jedoch die Rechte aus den §§ 240, 257 StPO – insoweit ist die Lage nicht wesentlich anders, als wenn der Wissensträger zwar bekannt ist, in der Hauptverhandlung aber nicht vernommen werden kann –, sondern die Verfahrensbeteiligten sowohl wie das Gericht können sich kein Bild machen von Persönlichkeit, Lebenslauf, Charakter, Beweggründen, kurz von der persönlichen Glaubwürdigkeit des im Dunkel bleibenden Gewährsmannes und damit vom Beweiswert seiner Bekundungen. Es bedarf daher sorgfältigster Überprüfung der von den Vernehmungsbeamten wiedergegebenen Aussagen solcher Gewährsleute. Auf sie kann eine Feststellung regelmäßig nur dann gestützt werden, wenn diese Bekundungen durch andere wichtige Gesichtspunkte bestätigt werden."

877 So richtig und überzeugend das alles auch klingt: noch richtiger wäre es wohl gewesen, daraus die gebotenen Konsequenzen zu ziehen und Denunzianten auf das Denunzieren zu beschränken, sie aber aus dem Beweisrecht zu verbannen. Denn daß V-Männern weniger geglaubt wird als anderen Zeugen, ist schwerlich anzunehmen. Auch sie fallen unter die „geheime Beweisregel" (siehe Rn. 873, Fußnote 2), wonach grundsätzlich eine inhaltlich brauchbare Aussage auch beweiskräftig ist, sofern nicht ausnahmsweise besondere Anhaltspunkte für das Gegenteil feststehen.

878 Wenn man aber die Zulässigkeit der Zeugnisse vom Hörensagen mit der Rechtsprechung bejaht, dann sollte grundsätzlich die Regel gelten, daß bei einer Aussage vom Hörensagen der Beweis nur erbracht ist, wenn zusätzliche, ihrerseits feststehende Indizien dafür sprechen, daß die vom Zeugen berichtete Erklärung eines Dritten über dessen Wahrnehmung bei beiden Personen objektiv und subjektiv zutrifft.

Das setzt mehrere Einzelfeststellungen voraus, die zusammentreffen müssen, nämlich:

a) Der Richter muß davon überzeugt sein, daß der Dritte richtig wahrgenommen hat,
b) er muß weiter davon überzeugt sein, der Dritte seine Wahrnehmung auch richtig und wahrheitsgemäß wiedergegeben hat,
c) ferner, daß der vernommene Zeuge die Äußerung des Dritten richtig wahrgenommen und richtig verstanden hat und
d) daß der vernommene Zeuge seine Wahrnehmung ebenfalls richtig und wahrheitsgemäß wiedergegeben hat, und schließlich,
e) daß diese mehrfach günstige Bewertung im Einklang mit objektiven Beweisumständen steht, die ihrerseits bewiesen sind.

Schon diese knappe Ananlyse der Voraussetzungen einer positiven Überzeugungsbildung auf Grund eines Zeugnisses vom Hörensagen zeigt, wie wenig tragfähig dieses Beweisgebäude in der Regel ist, und daß hier besonders zahlreiche Gefahrenquellen auftreten, die für eine Fehlentscheidung ursächlich werden können.

Da der Richter auch gegenüber dem Zeugenbeweis in der Beweiswürdigung völlig frei ist, andererseits aber dieses Beweismittel höchst unzuverlässig ist, muß bei seiner Verwertung stets größte Sorgfalt und größtes Mißtrauen beachtet werden. **Um Zeugen beurteilen zu können, muß man vor allem die Fehlerquellen von Aussagen kennen.** Daß der „gesunde Menschenverstand" und selbst langjährige Erfahrung ohne Unterweisung *allein* nicht genügen, ist durch die experimentelle Aussagepsychologie und durch die Untersuchung zahlreicher Strafprozesse erwiesen. Die Vorgänge der Wahrnehmung und der Wiedergabe von Wahrnehmungen sind so komplizierte psychische Prozesse, daß sie ohne fachliche Belehrung unerkannt bleiben und deshalb gar leicht *verkannt* werden. **879**

Leider haben die Ergebnisse der Aussagepsychologie in der Zivilrechtspraxis bislang nur wenig Beachtung gefunden, jedenfalls sehr viel weniger als im Strafverfahren. Dabei sind die Erkenntnisse der Psychologie dort nicht minder wichtig. Die verwickelten Vorgänge des Wahrnehmens und der Erinnerung sind strukturell unabhängig davon, ob die Aussageperson vor dem Zivilrichter, dem Verwaltungsrichter oder vor dem Strafrichter steht. Lediglich die Fehlerquellen sind in beiden Verfahrensarten von unterschiedlicher Bedeutung. Die Fachpsychologen tragen an der größeren Uninteressiertheit des Zivilrichters gegenüber der Lehre von den Aussagefehlern allerdings Mitschuld. Sie vernachlässigen den Zivilprozeß in ihren Darstellungen zu sehr. Statt dessen behandeln sie den „interessanten" Strafprozeß, obwohl eine Vielzahl von bürgerlichen Rechtsstreitigkeiten, in denen es um Ehre und Vermögen einer Partei geht, nur auf Grund von Zeugenaussagen entschieden werden. Selbst die einseitige Beschränkung auf das Strafverfahren wird noch dadurch vertieft, daß hier wiederum die für das Zivilrecht belanglosen Kinderaussagen in Sittlichkeitsprozessen im Vordergrund stehen. So ist z. B. die Abhandlung Udo Undeutschs in Ponsolds Lehrbuch der Gerichtsmedizin, die den zu weiten und deshalb irreführenden Titel „Aussagepsychologie" trägt, praktisch nur für denjenigen Juristen interessant, der mit Fällen von Unzucht an Kindern befaßt ist. Die *spezielle* Aussagepsychologie, die doch nur die *allgemeine* ergänzen sollte, nimmt so in der Literatur einen unverhältnismäßig großen Raum ein. Dabei sind die Kinderaussagen in Sittlichkeitsprozessen für den Juristen meist mit weniger Schwierigkeiten verbunden, weil regelmäßig ein Sachverständiger zugezogen wird. **880**

Psychologen, Soziologen, Mediziner, Linguisten, Ethologen und andere forschen ständig erfolgreich über Probleme der Wahrnehmung, des Erlebens, über Bewußtes und Unbewußtes, über Kommunikationsformen, Kommunikationsstörungen, Kommunikationsmöglichkeiten usw. Eine Fülle von Literatur mit überwältigenden Einsichten, die für den Juristen von höchster Bedeutung sind, liegt vor. Aber sie erreicht den Praktiker nicht. Es fehlt am Vermittler. Die Hochschule müßte sich dem annehmen. Der einzelne Anwalt oder Richter hat einfach nicht die Zeit, auch nur das Wichtigste zu lesen und zu verarbeiten. Gerade deshalb ist es nötig, immer wieder den Finger auf die Wunde unserer Zeugenvernehmung und Zeugenwürdigung zu legen. Denn die Fehlleistungen, die in der Praxis vorkommen, sind oft bedrückend. Offenkundige Bedenken gegen Zeugenaussagen werden geradezu institutionell verdrängt: „Glauben" ist sehr viel bequemer als zweifeln. **881**

Hier ein bezeichnendes Beispiel: **882**

Der Kläger hatte den Beklagten mit der Behauptung auf Schadensersatz in Anspruch genommen, dieser habe das Fahreug des Klägers beim Einparken beschädigt. Der Beklagte bestritt, daß sein Fahrzeug an dem Unfall beteiligt gewesen sei und meinte, der Kläger versuche lediglich, ihn zur Kasse zu bitten. Zwei Beweisaufnahmen fanden statt. In der ersten wurde der Kläger (offenbar unter Verstoß gegen § 448 ZPO) als Partei vernommen. Im zweiten Beweistermin wurde der Beklagte angehört. Sodann wurde die Sache zum Spruch genommen, und es erging ein der Klage stattgebendes Urteil mit folgenden Entscheidungsgründen:[7]

> „Das Gericht hält die Darstellung des Klägers für glaubhaft. Sollte er entgegen dem **äußeren Eindruck** kein **Ehrenmann** sein, wird er sich auf Straftaten beschränken, bei denen Risiko und Ertrag in vernünftigem Verhältnis stehen. Er hat weder den Unfall erfunden, um eine alte Beule auf Kosten Unbeteiligter beseitigen zu lassen, noch sich das Fahrzeug des Beklagten „ausgesucht", weil der eigentlich Verantwortliche unerkannt entkommen ist. Er hat das Kennzeichen mit der vom Fahrer vorgezeigten Zulassung verglichen, aus dieser die Privatanschrift, dann vom Fahrzeug die Firmenanschrift des Beklagten abgeschrieben und schließlich mit dem Fahrer über die Höhe der Anhängerkupplung sowie den korrespondierenden Schaden an seinem, des Klägers, Pkw gestritten. Daß er am Ende Kennzeichen und Aufschrift eines anderen, am Unfall gar nicht beteiligten Fahrzeugs notiert hat, kann guten Gewissens ausgeschlossen werden. Der **Kläger** ist nämlich, wie schon eingangs angedeutet, **nicht debil**."

Auch das nach den Lehren der **Aussagepsychologie** besonders heikle Problem des Wiedererkennens machte dem vernehmenden Richter keine Schwierigkeiten. Er stützte sich auf die folgende Bekundung:

> „Von der Statur (!) her erkenne ich den Beklagten aber wieder, mit dem Bart bin ich mit allerdings nicht so sicher."

883 Und noch ein weiteres Beispiel:

Das Landgericht hatte zwei Zeugen vernommen. Der eine war der Barmixer des Beklagten, die andere Zeugin war vermutlich seine Geliebte, jedenfalls an seinen Einnahmen im Nachtlokal „beteiligt". Die Zeugen sagten zur Sache aus – und wußten nichts. Auf Befragen des Prozeßbevollmächtigten des Beklagten begannen sie, sich zu „erinnern": an 13 Geldforderungen mit Beträgen auf Mark und Pfennig; darunter beispielsweise die Stromrechnung des Beklagten für August vor zwei Jahren, ebenso die entsprechende Wasserrechnung, eine vor anderthalb Jahren ausgestellte Handwerkerrechnung – wohlgemerkt, alles Vorgänge, mit denen sie nichts, aber auch gar nichts zu tun hatten. Aber „auf Vorhalt" erinnerten sie sich, daß sie vor zwei Jahren gehört hatten, wie der Kläger in der Bar zum Beklagten gesagt hatte, er würde diese 13 einzeln erwähnten Forderungen erstatten! Das Landgericht sah sich nicht einmal veranlaßt, nach den Motiven, dem Verhältnis zum Beklagten, dem plötzlichen Erinnerungsaufkommen, nach der psychologischen Unmöglichkeit, solche Details überhaupt zu behalten usw., zurückzufragen. (Normalerweise weiß beispielsweise niemand den Betrag seiner eigenen Wasser- oder Stromrechnung zu beziffern, die er vor zwei Jahren

---

[7] Siehe ZAP-Report: Justizspiegel heft 6/1993, S. 246.

selbst bezahlt hat. Daß man sich an solche Rechnungsbeträge anderer Personen erinnert, ist so gut wie unmöglich.) Das Landgericht wies die Klage mit der „Beweiswürdigung" ab, die beiden Zeugen hätten „glaubhaft bekundet, daß der Kläger diese Beträge selbst habe zahlen wollen".

Solche Beispiele ließen sich unschwer vermehren. Sie sind im Grunde nur **884** auf die Alternative zu bringen: Gleichgültigkeit gegenüber der Wahrheit oder völlige Unfähigkeit in der Beweiswürdigung.

Mit dieser Bequemlichkeit hängt auch die Neigung zu moralisierenden **885** Pauschalbewertungen zusammen, denen Zeugenaussagen oft ausgesetzt sind. Statt kritisch zu werten, wird dann mit sog. Stereotypen[8] gearbeitet: „Wer in einem Punkt die Unwahrheit gesagt hat, ist auch im übrigen nicht glaubwürdig" oder „Wer einmal lügt, dem glaubt man nicht, und wenn er auch die Wahrheit spricht" oder „Wer lügt, der stiehlt auch" usw. Das alles sind keine psychologischen Erkenntnisse, sondern moralische Hypothesen, die mehr den Charakter einer Warnung haben.[9]

Die gleiche simplifizierende Betrachtungsweise findet sich bei einem **886** Teilaspekt der Zeugenbewertung, dem die Rechtsprechung eine ganz besondere Stellung beimißt: der Bedeutung des *persönlichen Eindrucks vom Zeugen.*

In der Praxis des Zivilprozeßrechts kommt es nicht selten vor, daß sich Richter infolge eines Wechsels in der Besetzung der Richterbank oder wegen einer Rechtshilfe- oder Auslandsvernehmung[10] mit dem Ergebnis einer Beweisaufnahme auseinandersetzen müssen, an der sie nicht teilgenommen haben. In solchen Fällen muß der Wahrheitsgehalt von Zeugenaussagen ergründet werden, ohne daß der würdigende Richter (Bearbeiter des Aktenstücks) den Zeugen gesehen hat. Es fehlt also der sogenannte persönliche Eindruck.

Die Rechtsprechung ist mit ihm nicht fertig geworden. Er wird teils **887** überbewertet, teils zur Bedeutungslosigkeit herabgedrückt. Das dürfte allerdings damit zusammenhängen, daß der Eindruck des Richters von der „Persönlichkeit" eines Zeugen als Erkenntnisfaktor solange nicht richtig eingeordnet werden kann, wie der Begriff der „Persönlichkeit" nicht geklärt ist. Davon sind wir aber noch weit entfernt, da nicht einmal die Psychologen sich auf eine Definition einigen können. Dem Begriff der Persönlichkeit werden mehr als fünfzig verschiedene Bedeutungen untergeschoben.[11] Von dieser Unsicherheit ist auch die zivilistische Rechtsprechung geprägt.

In manchen Bereichen wird dem persönlichen Eindruck eine überragende **888** Bedeutung beigemessen, etwa wenn der Berufungsrichter für verpflichtet gehalten wird, vor einem Abweichen von der erstinstanzlichen Zeugenwürdigung die Zeugen erneut zu vernehmen.[12] Das soll sogar dann gelten, wenn das erstinstanzliche Kollegialgericht selbst keinen persönlichen Eindruck

---

[8] Siehe dazu Schneider DRiZ 1977, 75.

[9] Vgl. Graumann, Handbuch der Psychologie, 2. Aufl. 1960, Bd. 4: Persönlichkeitsforschung und Persönlichkeitstheorie, S. 110.

[10] Siehe dazu BGH Warneyer 1984 Nr. 162.

[11] Guilford, Persönlichkeit, 6. Aufl. 1974, S. 4.

[12] Siehe dazu oben § 3 Rn. 28 ff.

gewonnen hatte, weil die Beweisaufnahme allein von einem Mitglied des Kollegiums durchgeführt worden ist.[13]

889 Dort wiederum, wo das Gesetz selbst die Gewinnung eines persönlichen Eindrucks zur Pflicht macht, wird dieses Gebot mit vordergründig-formalen verfahrensrechtlichen Erwägungen unterlaufen:

Nach § 355 ZPO hat die Beweisaufnahme vor dem Prozeßgericht stattzufinden; nur in gesetzlich genau geregelten und sehr eng gehaltenen Ausnahmefällen darf sie übertragen werden. Der Gesetzgeber hat aber sogleich, nämlich in Abs. 2 des § 355 ZPO, einen Rückzieher gemacht und die Verletzung des Unmittelbarkeitsgrundsatzes für unanfechtbar erklärt.

890 Im prozessualen Schrifttum wird zwar weitgehend die Auffassung vertreten, die Verletzung des Unmittelbarkeitsgrundsatzes könne gleichwohl mit Berufung oder Revision gerügt werden. Die Rechtsprechung hat es jedoch durchweg bei Ermahnungen der Instanzrichter belassen und jede Verfahrensrüge an § 355 Abs. 2 ZPO scheitern lassen.[14]

891 Darüber hinaus wird ein Verstoß gegen § 355 Abs. 1 ZPO von der Rechtsprechung als verzichtbare Verfahrensverletzung im Sinne des § 295 ZPO angesehen.[15] Da nun die Prozeßbevollmächtigten wegen der rationelleren Terminierung der Einzelrichter-Beweisaufnahmen in aller Regel mit diesem Verfahren einverstanden sind – schon weil ihnen die üblichen Wartezeiten vor der Kammer erspart bleiben –, scheitert die Mehrzahl aller Rügen bereits an § 295 ZPO. Mir ist bislang kein Fall bekannt, in dem ein Anwalt in der nächsten mündlichen Verhandlung, die sich an die Beweisaufnahme des Einzelrichters angeschlossen hat, vor dem Kollegium förmlich einen Verstoß gegen § 355 Abs. 1 ZPO gerügt hat.

892 Durch die Neufassung des § 348 ZPO – Einführung des allein entscheidenden und Abschaffung des beweiserhebenden Einzelrichters – sollte die Beachtung des Unmittelbarkeitsgrundsatzes (zum wiederholten Mal in der Rechtsgeschichte!) erzwungen werden.

Die Judikatur hat aber auch diesen letzten Vorstoß des Gesetzgebers abgeblockt.[16] Wenn sich aber – und das nach Bosch[17] seit hundert Jahren – eine Gerichtspraxis hält und von der Anwaltschaft aufs Ganze gesehen gebilligt wird, dann verbirgt sich dahinter im Zweifel nicht nur Bequemlichkeit, sondern auch psychologische Erfahrung. Auch die Aussagepsychologie hält andere Dinge für wichtiger als den persönlichen Eindruck vom Zeugen.

893 Bei den üblichen kurzen Vernehmungen im Zivilprozeß, bei denen es schnell gehen muß und die nächsten Zeugen schon draußen auf dem Gang warten, ist der persönliche Eindruck sogar weitgehend wertlos.[18]

---

[13] BGH NJW 1976, 1742 = Warneyer 1976 Nr. 151. Ausführlich dazu § 3 Rn. 29 ff.

[14] RGZ 149, 289; 159, 242; Belege aus dem Schrifttum finden sich bei Bosch, Grundsatzfragen des Beweisrechts, 1963, S. 110.

[15] BGHZ 40, 183.

[16] Siehe die Nachweise bei Zöller/Greger, ZPO, 18. Aufl. 1993, § 355 Rn. 7.

[17] AaO. (Fußnote 14) S. 106.

[18] Bürkle, Richterliche Alltagstheorien, 1984, S. 120.

In erster Linie kommt es auf die *Güte der Vernehmung* an. Diese wiederum hängt vom Vernehmenden ab. Im Kollegium ist der Vorsitzende kraft Gesetzes der Vernehmende. Es ist nun bekannt, daß leider nicht jeder Vorsitzende die Begabung hat, Zeugen zu vernehmen. Wohl jeder Praktiker könnte hierzu Erlebnisse schildern. Aussagepsychologisch gesehen ist daher eine schlechte Vernehmung vor dem Kollegialgericht stets weniger wert als eine gute durch den Einzelrichter. **894**

Der persönliche Eindruck ist oft sogar ein *gefährlicher Umstand der Beweiswürdigung*. Das zeigen nicht selten die Entscheidungsgründe von Urteilen. So kann man immer wieder lesen, daß einem Zeugen deshalb besonderer Glaube geschenkt worden ist, weil er „ruhig und fließend" oder „zusammenhängend und anschaulich" bekundet habe. Damit wird die Persönlichkeit des Zeugen und deren Bewertung auf ein Stereotyp eingeschränkt, das keinen Aussagewert hat. Im Gegenteil sprechen solche Eigenschaften einer Aussage eigentlich nur dafür, daß der Zeuge sich hinreichend auf die Vernehmung vorbereitet hat. Insbesondere der Lügner wird selten stocken und zaudern; er hat sich vorher genau überlegt, was er sagen will. **895**

Soweit aus dem *Erscheinungsbild des Zeugen* Schlüsse gezogen werden sollen, wird das Gebiet der Physiognomik betreten. Ob aus Mienen, Gesten, Gebärden, Haltung, Haarschnitt oder sogar Kleidung irgendwelche Schlüsse auf den Wahrheitsgehalt einer konkreten Aussage hergeleitet werden dürfen, ist äußerst zweifelhaft. Jedenfalls wird nur derjenige eine solche Schlußfolgerung wagen dürfen, der sich wissenschaftlich mit der Physiognomik befaßt hat. Die Richter, die dieser Forderung genügen, dürften mit der Laterne des Diogenes zu suchen sein. **896**

Der persönliche Eindruck *kann* als *ein* Beweiswürdigungsfaktor wichtig werden, wenn der Vernehmungsführer die Aussagepsychologie und die Vernehmungstechnik beherrscht. Vom Vorsitzenden ist das gewiß nicht schon deshalb anzunehmen, weil er in der Mitte sitzt. Psychologie und Vernehmungstechnik erlernt man auch nicht, wie manche selbstgefälligen Richter ernstlich glauben, durch jahrelange Vernehmung von Zeugen; man muß diese Wissenschaftsgebiete vielmehr an Hand der Fachliteratur studieren. **897**

Wie wenig diese Einsicht verbreitet ist, beweist allein die Tatsache, daß in den Lehrbüchern des Zivilprozeßrechts die Beweiswürdigung praktisch ausgelassen wird[19] und daß in vielen Gerichtsbüchereien keine fachlich geordneten und vollständig bestückten Sparten über Aussagepsychologie und Vernehmungstechnik zu finden sind. Schon wegen der überwiegend fehlenden oder unzulänglichen Schulung der Richter auf diesen Fachgebieten sind in der heutigen Praxis andere Beweiswürdigungsumstände wichtiger: **898**

Die Zusammenschau des Prozeßgeschehens, die innere Wahrscheinlichkeit einer Bekundung, die Übereinstimmung mit Indizien, bestätigende oder widerlegende Schriftstücke, wechselnder Sachvortrag einer Partei und dergleichen, kurzum: **Die Kontrolle an Hand objektiver Umstände oder**

---

[19] Mehr als anderthalb bis zwei Seiten finden sich kaum, und auch darin sind letztlich nur einige wenige Sätze über Aussagepsychologie enthalten; vgl. etwa Blomeyer, Zivilprozeßrecht – Erkenntnisverfahren, 2. Aufl. 1985, § 18 I u. § 72 I.

anderer Beweismittel und das logische Durchdenken einer Aussage sind für die Wahrheitsfindung von wesentlich größerer Bedeutung als der „persönliche Eindruck".

899 Auf diesem Standpunkt steht übrigens auch das einschlägige Schrifttum:

900 Döhring[20] weist darauf hin, daß eine bloß intuitive Erfassung des persönlichen Eindrucks ohne verstandesmäßige Kontrolle nicht als brauchbare Grundlage für die tatsächliche Feststellung angesehen werden kann. Hellwig[21] führt aus, daß der persönliche Eindruck außerordentlich trügerisch, daß er ebenso geeignet ist, die Wahrheit zu finden wie in die Irre zu führen. Graßberger[22] schreibt, daß die rein logische Überprüfung der Vereinbarkeit der von verschiedenen Quellen bezogenen Beweisergebnisse den Ausgangspunkt jeder Urteilsfindung zu bilden habe und die rein psychologische Methode die kritische Verarbeitung der einzelnen Beweise nie ersetzen könne. Dem ist schon deshalb zuzustimmen, weil der persönliche Eindruck allenfalls etwas für das Urteil über die *Aussagewilligkeit* des Aussagenden, nicht über dessen *Wahrnehmungsfähigkeit* hergeben kann: Man kann niemandem am Gesicht ablesen, ob er einem Unfallgeschehen zugeschaut hat, an welcher Stelle er dabei gestanden hat oder ob er erst nachträglich auf den Vorgang aufmerksam geworden ist.

901 Dem Stand der Meinungen in der Aussagepsychologie entspricht die Beobachtung, daß die Glaubwürdigkeit eines Zeugen in der urteilsmäßigen Begründung der Beweiswürdigung fast nie darauf gestützt wird, der Aussageperson sei kraft des günstigen oder nachteiligen „persönlichen Eindrucks" zu glauben oder nicht. Allenfalls finden sich hier die bereits erwähnten inhaltslosen Floskeln von der ruhigen und zusammenhängenden Darstellung, der fließenden, anschaulichen Schilderung usw.

902 Natürlich darf bei der Beweiswürdigung durch das Kollegium kein persönlicher Eindruck positiv oder negativ verwertet werden, den nur **ein** Mitglied oder gar ein nicht dem entscheidenden Kollegium angehörender Richter gehabt hat. Und will das Berufungsgericht von der Würdigung der persönlichen Glaubwürdigkeit eines Zeugen durch das Gericht erster Instanz abweichen, so ist es in der Tat grundsätzlich verpflichtet, den Zeugen nochmals selbst zu vernehmen, um sich einen unmittelbaren eigenen Eindruck zu verschaffen.[23]

903 Es steht jedoch nichts im Wege, daß der vernehmende Einzelrichter **seinen** persönlichen Eindruck, wenn er ihm wichtig genug erscheint, in das Protokoll diktiert, wobei dann natürlich die konkreten Umstände zu beschreiben sind.[24] In diesem Fall darf das Kollegium auf dem Umweg über die *protokollierten* (und vorgelesenen!) Wahrnehmungen des vernehmenden Einzelrichters auch fremde persönliche Eindrücke berücksichtigen. Die Tatsache aber, daß der vernehmende Einzelrichter so gut wie nie persönliche Eindrücke in

---

[20] Die Erforschung des Sachverhalts im Prozeß, 1964, S. 67–75, 71.

[21] Psychologie und Vernehmungstechnik bei Tatbestandsermittlungen, 4. Aufl. 1951, S. 40–48, insbes. S. 41.

[22] Psychologie des Strafverfahrens, 2. Aufl. 1968, S. 268.

[23] Siehe oben § 3 Rn. 29 ff.

[24] Döhring, Erforschung des Sachverhalts, S. 91.

das Protokoll aufnimmt, beweist jedoch letztlich wieder, wie wenig Bedeutung die Praxis entgegen allen Beschwörungen in der zivilprozessualen Literatur und zum Teil in der höchstrichterlichen Rechtsprechung dem unmittelbaren Eindruck von Zeugen beimißt.

Insgesamt gesehen dürften die vorstehenden Bemerkungen, die sich an **904**
Hand des aussagepsychologischen Schrifttums unschwer erweitern und vertiefen ließen, deutlich gemacht haben, daß die Tatsachen-Instanzen mit der planmäßigen Umgehung des § 355 Abs. 1 ZPO nicht gegen unverzichtbare Forderungen der Wahrheitsermittlung verstoßen.[25] Dem persönlichen Eindruck kommt eben – allen großen Worten zum Trotz – in Wirklichkeit gar kein so großes Gewicht zu. Der *Inhalt* einer Aussage ist fast immer entscheidend.

Wird eine inhaltlich bestätigende Aussage verworfen – was verhältnismäßig selten vorkommt –, dann wird dies so gut wie nie damit begründet, der Zeuge habe keinen guten persönlichen Eindruck gemacht, sondern es wird aus der Gesamt-Beweissituation abgeleitet. Gerade deshalb könnte dieses negative Urteil über die Zeugenaussage aber ohne persönlichen Eindruck nicht anders ausfallen.

Bei der schriftlichen Beweiswürdigung treten immer wieder **Fehler in der** **905**
Terminologie auf (siehe auch oben § 25 Rn. 744, 745). Häufig werden die Begriffe „glaubhaft" und „glaubwürdig" verwechselt. „*Würde*" kommt nur dem Menschen zu. Er ist deshalb auch nur „würdig", daß man ihm Glauben schenkt. Glaubhaft hingegen ist eine Darstellung oder Schilderung. Deshalb muß es heißen: „Der Zeuge ist glaubwürdig", – aber: „Seine Aussage ist glaubhaft".

Man pflegt allerdings auch zu sagen, daß ein Zeuge etwas *glaubhaft* **906**
bekundet habe. Dann wird damit ausgedrückt, daß der *Inhalt* seiner Aussage, die Sachdarstellung also, zutreffend erscheint. Geht man hingegen davon aus, daß der Zeuge etwas *glaubwürdig* bekundet hat, so stellt man auf seine Persönlichkeitsbewertung ab. Ein Zeuge kann demnach glaubwürdig sein, obwohl seine Aussage nicht glaubhaft ist, zum Beispiel weil ihm ein Wahrnehmungsfehler unterlaufen ist.

Glaubwürdigkeit und Glaubhaftigkeit decken sich nicht. Das ist im Straf- **907**
recht eine ausgetragene Sache. Jemand kann inhaltlich etwas (objektiv) Falsches bekunden, ohne es zu wollen: dann ist sein Verhalten mangels Vorsatzes straflos. Umgekehrt kann ein Zeuge etwas objektiv Wahres bekunden in der Annahme, damit die Unwahrheit zu sagen: Versuch.

Wirklich sichere Aussagen kann der Mensch nur über sein gegenwärtiges **908**
subjektives Erleben machen, zum Beispiel darüber, daß er jetzt Trauer empfindet oder müde ist. Alle anderen Aussagen sind mehr oder weniger einer Vielzahl von Fehlerquellen ausgesetzt.

Zu den objektiven Schwächen einer Aussage können solche in der *Persönlichkeit* des Aussagenden gründende hinzukommen. Ein Zeuge, der in der Lage ist, eine verhältnismäßig sichere Bekundung zu machen, ist unter

---

[25] Ob sie gegen das Prozeßrecht verstoßen oder sogar den Parteien den gesetzlichen Richter entziehen (vgl. OLG Köln NJW 1976, 1101), ist hier nicht zu erörtern.

Umständen nicht willens, seiner Fähigkeit gemäß zu handeln. Es fehlt dann die *Bereitschaft* zur zutreffenden Wiedergabe einer Wahrnehmung. Diese Bereitschaft allein sichert aber keineswegs die Zuverlässigkeit einer Aussage. Es kann zum Beispiel auch die Fähigkeit zur kritischen Wiedergabe fehlen.

909 Eine Aussage ist nur dann verläßlich, wenn alle Bedingungen zusammentreffen, die Voraussetzung einer sicheren Wahrnehmung und Wiedergabe sind. Das Zusammentreffen der Gesamtheit aller Bedingungen macht also erst die Aussage überzeugend.[26] *Jene Bedingungen muß man aber kennen!* Deshalb ist das Studium der Zeugenpsychologie unerläßlich. Denn es geht nicht um den Erwerb von Lebenserfahrung – die kommt noch hinzu! –, *sondern um den Erwerb wissenschaftlich gefestigter Kenntnisse, also um die Kenntnis von Gesetzmäßigkeiten.* „Wer vermeint, im richtigen Augenblick das Richtige von selbst finden zu können, der handelt wie jener, der erklärte, nicht zu wissen, ob er Geige spielen könne, denn er habe es noch nicht versucht; wir müssen die Erfahrung sammeln, solange wir sie nicht brauchen; brauchen wir sie, dann ist das Studium verspätet.“[27]

910 Die typischen Fehler, die bei der Würdigung von Zeugenaussagen zu beachten sind, lassen sich – um des besseren Verständnisses willen – in ein übersichtliches System einordnen:

Eine Aussage kann fehlerhaft sein, weil bereits die **Wahrnehmung** selbst mit Fehlern behaftet ist. Hierfür kann ursächlich sein einmal die allgemeine, *objektive* Unmöglichkeit, bestimmte Wahrnehmungen zu machen. Der Mangel kann ferner auf der persönlichen, *subjektiven* Unfähigkeit des Zeugen zur Wahrnehmung beruhen. Schließlich kann es an der *Wahrnehmungsbereitschaft* fehlen.

Das zweite große Fehlergebiet ist der Vorgang der **Wiedergabe des Wahrgenommenen**. Dabei kommen als Fehlerquellen ebenfalls in Betracht mangelnde *Wiedergabemöglichkeit,* geminderte *Wiedergabefähigkeit* und fehlende *Wiedergabebereitschaft.* So kommen wir zu folgender Gliederung der aussagepsychologisch wesentlichen Bezugspunkte:

I. Die Wahrnehmung
Die Wahrnehmungsmöglichkeit (§ 31)
Die Wahrnehmungsfähigkeit (§ 32)
Die Wahrnehmungsbereitschaft (§ 33)
II. Die Wiedergabe des Wahrgenommenen
Die Wiedergabemöglichkeit (§ 34)
Die Wiedergabefähigkeit (§ 35)
Die Wiedergabebereitschaft (§ 36)

911 Entsprechend dieser Einteilung sollen im folgenden Einzelheiten gebracht werden, die zu wissen für eine gute Beweiswürdigung unerläßlich erscheint.

Diese Gliederung ist keineswegs die einzig mögliche. Manche unterscheiden nur *Aussagetüchtigkeit* und *Aussageehrlichkeit.* Kármán[28] wiederum hat folgendes Schema entworfen:

---

[26] Groß, Kriminalpsychologie, 2. Aufl. 1905, S. 11 ff.
[27] Groß, Kriminalpsychologie, S. 5.
[28] AfK Bd. 61 (1915), 167 ff.

A. Die Bestimmtheit (Exaktheit) der Aussage.
B. Die Richtigkeit der Aussage.
C. Die Wahrheit der Aussage.

Über solche Fragen zu streiten, wäre – jedenfalls in diesem Zusammenhang – müßig. Hier geht es nur um eine Vereinfachung der Darstellung. Die psychologischen Vorgänge selbst lassen sich, wie alle realen Vorgänge, nicht auf das Prokrustesbett eines Schemas zwingen. Daher müssen in der Darstellung auch Überschneidungen in Kauf genommen werden. Ein einzelner psychischer Akt kann zum Beispiel die Bereitschaft und die Fähigkeit zur Wahrnehmung *zugleich* beeinflussen. Solche Phänomene lassen sich nicht durch „bessere Systematik" ausräumen, sondern nur konstatieren.

Wer Zeuge sein kann, ist eine Frage des Prozeßrechts. Grundsätzlich läßt sich sagen, daß jeder Mensch ohne Rücksicht auf Alter oder Gesundheitszustand Zeuge sein kann, sofern er nicht Partei des Rechtsstreits ist, weil dann die Vorschriften über die Parteivernehmung anzuwenden sind (siehe unten § 47). **912**

In eigener Sache scheidet eine Parteivernehmung grundsätzlich aus. Daher kommt es in der Praxis nicht selten vor, daß ein Zeuge „abgeschossen" wird. Das läuft so ab, daß gegen die als Zeuge benannte Person, etwa bei dem Vorwurf eines Werkstattverschuldens der zur Entlastung benannte Monteur, durch Erhebung einer Widerklage zur Partei gemacht wird.[29] Damit verliert er die Stellung eines Zeugen; sein Wissen kann nicht nutzbar gemacht werden. Dem Widerkläger kann das wegen der Beweisfälligkeit seines Gegners den Prozeßsieg bringen. Das OLG Karlsruhe[30] hat in seinem solchen Fall die alte Rechtslage wieder hergestellt, indem es die Widerklage durch Teilurteil abgewiesen hat, so daß der Widerbeklagte wieder als Zeuge zur Verfügung stand. **913**

Der Zeuge muß namentlich benannt werden (§ 373 ZPO). Muß er erst ausfindig gemacht werden, dann kann das angekündigt werden durch den Beweisantrag „Zeuge N. N.". Das Gericht muß dann Gelegenheit zur Mitteilung der ladungsfähigen Anschrift geben. **914**

Zwischen Zeuge und Partei steht der Streithelfer, der als Zeuge vernommen werden darf. **915**

Beim Streitgenossen kommt es auf das Beweisthema an.[31] **916**

Einzelheiten sind hier nicht zu behandeln. Sie ergeben sich aus den ZPO-Kommentaren zu § 373.

Zweiter Abschnitt

Die Wahrnehmung

Wer etwas Erlebtes schildert, unternimmt es, Vorgänge der Außenwelt zu beschreiben. Das Tor, durch das Ereignisse der Außenwelt in das Bewußt- **917**

[29] Siehe dazu Schneider ZAP Fach 13 S. 184.
[30] BB 1992, 97 = OLG Rechtsprechung 4/1992 S. 2.
[31] Siehe unten § 47 Rn. 1516.

sein eintreten, sind ausschließlich die Sinnesorgane. Sie sind die „Verkehrsmittel“, durch die der Wahrnehmende Kenntnis von der ihn umgebenden Wirklichkeit erlangt.

918 Daß Sinnestäuschungen keine Seltenheit sind, zeigt schon die unkomplizierte Selbstbeobachtung. Wie oft kommt es zum Beispiel vor, daß man bei einer Eisenbahnfahrt annimmt, der Zug habe sich in Bewegung gesetzt, obgleich tatsächlich nur der Gegenzug angefahren ist. Fragt man ein Kind, ob ein Zentner Federn oder ein Zentner Eisen schwerer sei, so antwortet es meist, ein Zentner Eisen sei schwerer. Die Erfahrung, daß das spezifische Gewicht des Eisens schwerer ist als das der Federn, verdrängt die verstandesmäßige Kritik.

919 Das ist bei unmittelbaren Empfindungen keineswegs anders. Von zwei gleich schweren Gewichten erscheint das kleinere Gewicht schwerer als das größere. Die Fehlerquellen, die bei Zeugenaussagen nie versiegen, sind jedoch selten so leicht erkennbar wie in den Beispielen. Gerade darin liegt die nicht zu unterschätzende Gefahr für die Wahrheitsfindung; und gerade deshalb ist es so wichtig, auch die *versteckten* Ursachen der Wahrnehmungs- und Wiedergabefehler zu kennen.

920 Die Wahrnehmung kann als ein aktiver Prozeß angesehen werden, der im weitesten Sinne der Bewältigung der Umwelt und der Anpassung an sie dient.[1] Damit ist zugleich ausgedrückt, daß jede Zeugenaussage auch der Bericht über einen gestaltenden, man könnte sogar sagen schöpferischen Vorgang ist. Kein Zeuge kann schildern, wie es „in Wirklichkeit“ gewesen ist, sondern er vermag lediglich wiederzugeben, was sich „in seiner Vorstellungswelt“ ereignet hat.

921 Daß angesichts dessen überhaupt noch hinreichende Übereinstimmung zwischen den Wahrnehmungen verschiedener Personen erreichbar ist, beruht darauf, daß die Organisation der für die Wahrnehmung zuständigen Sinne bei allen Menschen weitgehend übereinstimmt[2] und wir in einer ebenfalls im wesentlichen übereinstimmenden Umwelt leben. Beides muß zusammentreffen. Man male sich aus, wie ein Buschmann seinen Stammesgenossen einen Unfall schildern würde, den er inmitten des Gewühls einer Großstadt beobachtet hätte!

922 Der absolute Umschlag tritt ein, wenn keine Rezeptoren für äußere Reize mehr vorhanden sind. So hört etwa der Hund noch Töne, die beim Menschen keine Empfangswirkung mehr auslösen. Diese artbedingte Unfähigkeit zur Reizaufnahme kann als relativierte auch zwischen Menschen auftreten, nämlich durch Ausfallerscheinungen, etwa bei Schwerhörigkeit, Taubheit, Farbenblindheit, Sehschwäche oder auch bei momentaner Überlastung eines Sinnesorganes: der angstauslösende Anblick eines schrecklichen Ereignisses kann beispielsweise für diesen Augenblick schmerzunempfindlich gegen Verletzungen machen.

923 **Wahrnehmen ist gleichzeitig Gestalten.** Es besteht die Tendenz, Wahrnehmungen zu ganzen, kontinuierlichen Figuren zu organisieren. Je größer

---

[1] Krecht/Cruitchfield, Grundlagen der Psychologie, Bd. 1, 7. Aufl. 1976, S. 46.
[2] Siehe dazu Rüssmann, Festschrift für Wassermann, 1985, S. 790 ff.

die Vieldeutigkeit eines Reizes ist, um so größer ist der Spielraum und die Notwendigkeit der Interpretation des Wahrgenommenen.[3] Ist das Reizmuster unvollständig, dann hat der Wahrnehmende die Tendenz, die fehlenden Bestandteile zu ergänzen.[4]

Dementsprechend werden beispielsweise Verkehrsunfälle „komplettiert". **924**
Es wird eine eigene Beurteilung eingefügt, um den Vorgang für den Wahrnehmenden eindeutig zu machen. Unbewußt wird jede Einzelwahrnehmung in einen Sinnzusammenhang gestellt, der als solcher nicht wahrgenommen, sondern „erfunden" ist. Es gibt keine Aussage ohne Ausfüllungen und Schlußfolgerungen, denen keine Wahrnehmung entspricht. In der Aussagepsychologie bezeichnet man die Tendenz, Bruchstücke zu sinnhaften Ganzheiten zu ergänzen, als das sog. Gesetz der Ganzheit.[5]

Wir müssen uns auch darüber klar sein, daß die Wahrnehmungswelt in **925**
verschiedenen Entwicklungsstufen unterschiedlich ist. Diejenige des Kindes beispielsweise unterscheidet sich grundsätzlich von derjenigen der Erwachsenen. Obwohl wir alle einmal diesen Entwicklungsprozeß durchgemacht haben, ist es kaum noch möglich, sich in die Welt des Kindes zurückzuversetzen. Wir können nicht mehr „von unten nach oben" sehen, wie das kleine Kind es tun muß. Raum und Zeit haben für uns andere Grenzen gewonnen. Die Beseelung lebloser Objekte (animistische Betrachtung des Spielzeugs!) ist für uns vorbei und nicht mehr nachvollziehbar. Wir können unsere Erfahrungen, die in unserem größeren Wortschatz und in den dem Kind nicht zugänglichen Begriffen fixiert sind, nicht mehr ungeschehen machen.

Das läßt sich etwa verdeutlichen an dem Sehen geschriebener Texte. Wer **926**
einmal gelernt hat zu lesen, der kann einen Brief nicht mehr als wirre, willkürliche und unverständliche Anhäufung von Strichen und Bögen „sehen", und er ist auch nicht mehr in der Lage, nachzuempfinden, wie es war, als er einen Brief noch so „sah". Eine Ahnung von dem, was sich hier abgespielt hat, bekommt man vielleicht, wenn man arabische oder chinesische Texte anschaut.

Dies alles sollte man stets mitbedenken, wenn ein Zeuge über seine **927**
entscheidungserheblichen „Wahrnehmungen" berichtet. Über die „wirkliche Wirklichkeit" wird er den Vernehmenden nie informieren können. Dem stehen zuviele Hindernisse entgegen. Mit ihnen befassen sich die nachfolgenden Paragraphen.

§ 31. Die Wahrnehmungsmöglichkeit

Manchmal schildern Zeugen Wahrnehmungen, die sie den Umständen **928**
nach gar nicht gemacht haben können, weil die Aufnahme*möglichkeit* gefehlt hat. Es gibt sogenannte **absolute Reizschwellen,** bei deren Überschreiten die

---

[3] Berelson/Steiner, Menschliches Verhalten, Bd. I: Forschungsmethoden/Individuelle Aspekte, 3. Aufl. 1974, S. 76.

[4] Berelson/Steiner, Menschliches Verhalten, Bd. I, S. 74.

[5] Bender/Röder/Nack, Tatsachenfeststellung vor Gericht Bd. I: Glaubwürdigkeits- und Beweislehre, 1981, Rn. 83.

Sinnesorgane keine Empfindungen mehr vermitteln. So können wir etwa auf weite Entfernungen das Äußere eines Menschen nicht mehr erkennen; bestimmte Töne, die von Tieren noch wahrgenommen werden, hört der Mensch nicht mehr; in der Nacht sind die Katzen deshalb alle grau, weil der das Tagessehen ermöglichende Zäpfchenapparat des Auges nicht sensibilisiert ist, Farben daher nicht empfunden werden.

929 Eine andere Wahrnehmungsschwelle wird durch die Aufnahmekapazität des Gehirns gesetzt:

> „Man schätzt, daß der Mensch pro Sekunde 10000 Sinneswahrnehmungen aufnimmt. Dies erfordert eine drastische Auswahl jener Wahrnehmungen, die den höheren Hirnzentren zugeleitet werden, da diese sonst mit unwesentlicher Information überschwemmt und von ihr blockiert würden."[1]

930 Dementsprechend sind im Gehirn gewissermaßen Filter für Wahrnehmungen eingebaut: Ultrakurzzeit- und Kurzzeit-Gedächtnis. Was über diese Filter nicht in das Langzeit-Gedächtnis gelangt, kann nicht erinnert werden; es wird gewissermaßen im Gehirn gelöscht wie ein übersprochenes Tonband.[2]

931 Die so außerordentlich wichtige Entscheidung, was als wesentlich wahrgenommen und als unwesentlich ausgeschieden, was also letztlich im Langzeit-Gedächtnis gespeichert wird, ist individuell völlig verschieden. Die objektive Wirklichkeit wird vom einzelnen Menschen stets verschieden erfahren, weil es keine Wahrnehmungen gibt, die nicht emotional gesteuert werden;[3] „die Charakterzüge, die man hat, bestimmen die Erfahrungen, die man macht."[4] Das hängt im übrigen damit zusammen, daß wir nie die Gegenstände als solche, sondern immer nur Beziehungen und Beziehungsstrukturen zwischen Objekten wahrnehmen.[5]

932 Doch genug dieser „wissenschaftlichen Warnungen". Wenden wir uns konkreten Fehlerquellen zu, die aus dem Irrglauben an nicht vorhandene Wahrnehmungsmöglichkeiten erwachsen:

Grundsätzlich sollte man mißtrauisch werden, wenn ein Zeuge genaue Zeitangaben oder Zeitschätzungen macht. Sie sind fast immer falsch. **Der Mensch hat keinen Zeitsinn, jedenfalls keinen zuverlässigen.** Hinzu kommt, daß *nie während der Wahrnehmung* geschätzt wird, sondern *nachher,* wenn also als Schätzungsunterlage nur noch – mehr oder weniger verfälschte – Erinnerungen gegeben sind. Daher kommen bei Zeitschätzungen, insbesondere bei Geschwindigkeitsangaben, oft widersprüchliche und sogar sinnlose Aussagen vor.

933 Hellwig[6] hat aus seiner strafrichterlichen Praxis folgendes Beispiel dazu geschildert:

---

[1] Watzlawik/Beavin/Jackson, Menschliche Kommunikation – Formen, Störungen, Paradoxien, 4. Aufl. 1974, S. 92.

[2] Vester, Denken, Lernen, Vergessen, 1975, S. 56ff.

[3] Fenichel, Psychoanalytische Neurosenlehre, Bd. I 1974, S. 81, 135.

[4] Rattner, Selbsterkenntnis und Menschenkenntnis – Praxis und Theorie der neuen Psychoanalyse, 1973, S. 41.

[5] Watzlawick/Beavin/Jackson, Menschliche Kommunikation S. 28, 29.

[6] Psychologie und Vernehmungstechnik bei Tatbestandsermittlungen, 4. Aufl. 1951, S. 159.

In einem Verfahren wegen Brandstiftung wurde der Angeklagte besonders durch die Aussage eines Zeugen belastet, der bekundet hatte, der Angeklagte habe nach Ausbruch des Feuers *mindestens fünf Minuten lang* aus dem Fenster gesehen und die Feuerwehr erwartet, ohne den Versuch zu machen, selbst das Feuer zu löschen. Als der Zeuge in der Verhandlung aufgefordert wurde, durch einen Versuch zu zeigen, wie lange der Angeklagte etwa aus dem Fenster geschaut habe, ergab sich, daß er schon *nach zehn Sekunden* glaubte, fünf Minuten seien verstrichen.

Regelmäßig pflegen kurze Tätigkeiten, deren Dauer fünf bis zehn Minuten **934** nicht überschreitet, *über*schätzt zu werden. Länger andauernde Zeiträume werden meist *unter*schätzt.

Das gilt ebenso für Entfernungen. Kleinere Strecken werden meist *über*- **935** schätzt, größere Strecken *unter*schätzt. Wenn das Gericht der Entfernungsschätzung von Zeugen mißtraut – was so gut wie immer angebracht ist! –, muß es ihre Fähigkeit dazu prüfen.[7] Als ich einmal die Angaben eines Unfallzeugen nachprüfte, ergab sich: Die von ihm mit 350 Metern geschätzte Entfernung betrug tatsächlich nur 250 Meter. Dabei handelt es sich bei dem Zeugen um einen ortskundigen Berufskraftfahrer!

Die **Geschwindigkeitsangaben in Verkehrsprozessen,** die manchmal in **936** den Entscheidungsgründen als objektive Angaben verwertet werden, sind – wenn sie nicht durch objektive Umstände gestützt werden – *vielfach völlig wertlos*.[8] Denn hier verbindet sich mit der unzuverlässigen Zeitschätzung eine ebenfalls sehr unzuverlässige *Raumschätzung*. Mit dem Auge bestimmte Strecken abzumessen ist aber dem Menschen fast unmöglich. Lediglich annähernde Angaben und Schätzungen, die „ungefähr" zutreffen, bieten aber für die Berechnung, bei der es unter Umständen auf Bruchteile von Sekunden und Metern ankommt, ohnehin keine geeignete Grundlage.[9]

Hinzu kommt als gewichtiger, die Zuverlässigkeit der Wahrnehmung **937** mindernder Umstand, daß Unfallzeugen meist erst durch den Unfall auf den Unfall aufmerksam werden. Sie beginnen also erst zu beobachten und wahrzunehmen, wenn die Fahrzeuge zusammenstoßen oder gar bereits zusammengestoßen sind. Zu einer Hergangsbeobachtung kommt es nur, wenn das Wahrnehmungsinteresse bereits vor dem Zusammenstoß geweckt worden ist, etwa wenn der Zeuge ein rasantes Überholmanöver verfolgt hat, weil er befürchtet hat, „daß etwas passiert". Der Wert der Angaben von Unfallbeteiligten und Zeugen ist vielfach noch besonders gering, wenn es sich bei ihnen um Insassen eines der beteiligten Unfallfahrzeuge[10] oder um Mitglieder einer Schiffsbesatzung[11] handelt.

Verwertbar sind die Aussagen von Unfallzeugen aber, soweit es nicht auf **938** genaue Geschwindigkeits- oder Entfernungsangaben ankommt. Die Beob-

---

[7] BGH VRS Bd. 10, 213.

[8] Ausführliche Darstellung mit Hinweisen zu weiterführender psychologischer Literatur bei Schneider MDR 1975, 15 ff. Mit Recht kritisch AG Düsseldorf r + s 1986, 286.

[9] KG VersR 1970, 164.

[10] Siehe § 36 Rn. 1057.

[11] Siehe dazu BGH MDR 1975, 39 mit Anm. Schneider S. 297.

achtung eines Zeugen etwa, der Beklagte sei „irrsinnig schnell gefahren", kann durchaus geeignet sein, die Feststellung zu tragen, daß der Beklagte nicht die vorgeschriebenen 30 km/h gefahren ist. Ebenso kann es liegen, wenn es darum geht, ob ein Fahrer den gebotenen Sicherheitsabstand zu dem vorausfahrenden Fahrzeug eingehalten hat.[12]

939 Auch *Mengenschätzungen,* zum Beispiel hinsichtlich einer Personengruppe, sind äußerst unzuverlässig. Wenn daher ein Zeuge bekundet, er habe etwa achtzig Personen zusammenstehen sehen, so darf man als verwertbaren Kern dieser Aussage lediglich berücksichtigen, daß nach seinem Eindruck *viele* Personen zusammengestanden haben.

940 Bender/Röder/Nack[13] gehen davon aus, daß „auf einen Blick" lediglich Mengen bis zu sieben Stück zuverlässig wahrgenommen werden können. Mengenangaben können allenfalls dann einigermaßen richtig sein, wenn der Aussagende bezüglich der Schätzung Erfahrung besitzt. Denn *Schätzen ist Übungssache!*

941 *Kraftfahrer* sind daher eher in der Lage, annähernd richtige Geschwindigkeitsangaben in Verkehrsunfallsachen zu machen. Es ist dabei jedoch die *Länge der Fahrpraxis* zu berücksichtigen. Auch die *Beobachtungsstelle* ist wichtig. Wird ein Fahrzeug nur auf einer kurzen Strecke gesehen oder aus einem Winkel heraus beobachtet, so ist die Schätzung ganz unzuverlässig.

942 Manchmal wird – unbewußt – lediglich deshalb auf eine schnelle Fahrweise geschlossen, weil ein Fahrzeug „einen Heidenlärm" gemacht hat. Doch das deutet eher auf eine mittlere Geschwindigkeit hin; denn in den unteren Gängen – vor allem also beim Anfahren – ist das Motorengeräusch stärker.

Von der Wahrnehmungsfähigkeit des Kraftfahrers und ihren Grenzen handelt der sehr instruktive Aufsatz Müller-Limmroths in DAR 1977, 151 ff.

943 Nicht sachkundige Zeugen sollte man zu zahlenmäßigen Schätzungen der Geschwindigkeit überhaupt nicht veranlassen. Das Schätzungsvermögen ist relativ, nämlich bezogen auf das *geübte* Verhalten. Ein Gemüsehändler ist zwar vielleicht in der Lage, die Zahl der in einer Kiste befindlichen Äpfel annähernd genau anzugeben. In diesem Fall beruht jedoch das Wissen nicht auf einer einmaligen Wahrnehmung, sondern auf der *häufigen Beobachtung* gleichliegender Sachverhalte. Er wird deshalb eine Entfernung ebenso falsch schätzen wie andere Zeugen auch. Denn selbst dauernde Übung – *vergangene* Übung gibt ohnehin nur wenig Sicherheit – steigert lediglich das Schätzungsvermögen hinsichtlich des *geübten* Vorganges.

944 Die Aufnahmemöglichkeit wird bei **optischen Eindrücken** durch die Beschaffenheit des Auges begrenzt. Das hängt mit der *Adaption* (Anpassung des Auges an die Lichtverhältnisse) zusammen. Gegenüber einem Zeugen zum Beispiel, der Wahrnehmungen schildert, die er beim Verlassen einer Gastwirtschaft auf der dunklen Straße gemacht haben will, ist daher Mißtrauen geboten. Seine Aufnahmemöglichkeit ist wahrscheinlich gleich Null gewesen. Wer nämlich aus einem beleuchteten Raum in die Dunkelheit

---

[12] Siehe dazu BGH NJW 1985, 3078.

[13] Tatsachenfeststellung vor Gericht, Bd. II: Vernehmungslehre, 1981, Rn. 709.

tritt, sieht solange nichts, bis sich der durch das Licht zerstörte Sehpurpur der Netzhaut erneuert hat. Diese sogenannte *Dunkeladaption* währt etwa zehn bis zwanzig Minuten. Völlig abgeschlossen ist der Anpassungsprozeß erst nach einer Stunde.

Die sogenannte *Helladaption* vollzieht sich dagegen äußerst rasch. Tritt **945**
man aus dem Dunkeln plötzlich in helles Licht, so ist man zunächst geblendet. Sobald aber diese Blendung überwunden ist, reicht die Sehkraft aus. Jedoch sieht man *während* der Blendung praktisch nichts! Bei Verkehrsunfällen wird das oft im Zusammenhang mit der Behauptung einer Partei, sie sei „geblendet" worden, wichtig und beachtenswert sein.

Welche *Größe* der Mensch an einem sichtbaren Gegenstand wahrnimmt, **946**
hängt wesentlich von dem Umfeld dieses Gegenstandes ab. Die Psychologen haben zahlreiche Beispiele für Größentäuschungen zusammengestellt, eine, die sog. Müller-Lyer-Täuschung,[14] sei hier wiedergegeben:

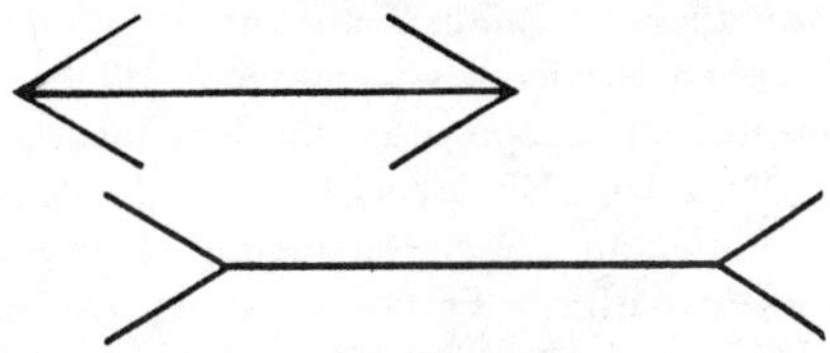

Wer diese geometrisch-optische Täuschungsfigur anschaut, wird bezwei- **947**
feln, daß die beiden Geraden tatsächlich gleich lang sind. Wer nachmißt, wird es bestätigt finden. Solche optischen Täuschungen kommen natürlich auch im Leben, in der wahrgenommenen Wirklichkeit vor. Ein als „sehr schlank" beschriebener Täter kann durchaus normale Körperfülle oder gar mehr gehabt haben; er hatte aber vielleicht einen senkrecht gestreiften Anzug getragen.

Beim *Gehör* ist zu unterscheiden die Identifizierung und die Entfernung **948**
oder Richtung der Geräuschquelle. Eine Person an der Stimme wiederzuerkennen, ist noch am ehesten möglich, zumal zusätzliche Erkennungsmerkmale hinzukommen können, etwa die Sprechweise, die Tonhöhe oder der Dialekt. In Ausnahmesituationen wird das schon schwieriger: Angstschreie etwa einer Person sind nicht leicht zuzuordnen, weil es insoweit an der „Tonerfahrung" fehlt.

Für die Bestimmung der *Richtung und Entfernung einer Geräuschquelle* ist das **949**
Ohr nicht eingerichtet. Angaben dazu sind deshalb in der Regel unzuverlässig. Ungemein schwierig ist es vor allem, die Schallrichtung zu bestimmen, wenn ein Geräusch gehört wird, ohne daß der Erreger zu entdecken ist. Fehlleistungen sind hier die *Regel*.

Fehler, die einmal bei der Wahrnehmung gemacht worden sind, wiegen **950**
besonders schwer, weil sie dem Zeugen nicht zum Bewußtsein kommen und deshalb von ihm nicht verbessert werden können. Deshalb muß es in wichtigen Fragen unbedingtes Gebot sein: **Nichts ungeprüft hinnehmen!**

[14] Lexikon der Psychologie, Bd. 2, 1973, S. 598.

951 Groß[15] berichtet von einem Prozeß, in dem ein Bauer beschuldigt worden war, sein Gehöft selbst angezündet zu haben, um in den Genuß der Versicherungssumme zu gelangen:

> Der Bauer „behauptete, er sei mit einem Lichte in eine Kammer gegangen, dort habe ein langes Spinnengewebe herabgehangen, dieses habe sich am Lichte zufällig entzündet und emporbrennend dem Stroh, das von der Decke hing, das Feuer mitgeteilt; so sei das Feuer durch unglücklichen Zufall entstanden. – Erst im Wiederaufnahmeverfahren kam man auf den Gedanken, zu fragen, ob denn Spinnengewebe überhaupt brennt, und der erste Versuch zeigte, daß dies gar nicht der Fall sei."

§ 32. Die Wahrnehmungsfähigkeit

952 Wahrnehmungsmöglichkeit und Wahrnehmungsfähigkeit lassen sich nicht säuberlich trennen. Generelles Vermögen und die Fähigkeit in der einzelnen Situation sind von Person zu Person verschieden, so daß sich keine allgemeine Grenze ziehen läßt. Die Übergänge sind fließend. Es darf also aus der systematischen Einteilung dieser Darstellung nicht etwa gefolgert werden, sie drücke wissenschaftliche Erkenntnisse aus. Die Einteilung ist vielmehr lediglich auf Grund didaktischer Überlegungen gewählt worden.

953 Das Zustandekommen einer Wahrnehmung hängt bei gegebener Wahrnehmungsmöglichkeit weitgehend von der *Aufnahmefähigkeit* des Wahrnehmenden ab. Die Fähigkeit des Menschen, Eindrücke der Außenwelt aufzunehmen, ist beschränkt. Man spricht hier von der sogenannten **Simultankapazität.** Diese Simultankapazität ist – und das erschwert die Würdigung von Zeugenaussagen sehr – *individuell verschieden.*

Es ist bekannt, daß die Augen eines Künstlers mehr von der Welt sehen, als die eines gewöhnlichen Menschen. Diese Verschiedenheit ist aber auch sonst allenthalben festzustellen. Wenn zwei Personen einen Unfall beobachten, so werden sie sicherlich nicht genau dieselbe Menge an Einzeleindrücken wahrnehmen. Deshalb ist es bei der Würdigung einer Zeugenaussage wichtig, darauf zu achten, welche Simultankapazität der Zeuge aufweist.

954 Wir gehen an die von uns wahrgenommenen Erscheinungen mit einer Reihe von Prämissen heran; diese bestimmen weitgehend unsere Beziehung zur Wirklichkeit. Diese Prämissen gehen aus den ungezählten Lebenserfahrungen eines jeden Menschen hervor mit der Wirkung, daß sie die Wahrnehmungsfähigkeit beeinflussen und gestalten.[1]

955 Die gesamte Organisation der Wahrnehmung steht, ebenso wie die wahrnehmungsmäßige Selektion, unter dem ständigen Einfluß von Erwartungen, die sich auf Erfahrungen gründen; hinzu kommen bestimmte Wahrnehmungsmotivationen.[2] Dies erklärt die Beobachtung, daß jeder Mensch ir-

---

[15] Kriminalpsychologie, 2. Aufl. 1905, S. 281.

[1] Siehe dazu Watzlawik/Beavon/Jackson, Menschliche Kommunikation, 4. Aufl. 1974, S. 243, 244.

[2] Berelson/Steiner, Menschliches Verhalten, Bd. I: Forschungsmethoden – Individuelle Aspekte, 3. Aufl. 1974, S. 75.

gendwie dazu tendiert, Vorgänge so zu sehen, wie er sie sehen will oder wie er das Bedürfnis hat, sie zu sehen.[3]

Auch **Beruf** und **Beschäftigung,** also die *Übung* im Wahrnehmen bestimm- **956**
ter Vorgänge, sind dafür von wesentlicher Bedeutung. Ein Maurergeselle wird über einen Arbeitsvorgang an einem Bauwerk zuverlässige Angaben machen können, weil seine Simultankapazität (die Fähigkeit also, viele Eindrücke zugleich in sich aufzunehmen) insoweit recht groß ist. Dagegen wird derselbe Zeuge unter Umständen versagen, wenn er bekunden soll, was bei Vertragsverhandlungen zwischen Bauunternehmer und Bauherrn gesprochen worden ist. Die Fülle der Worte, kaufmännischen Ausdrücke und Zusagen vermag er nicht zugleich in sich aufzunehmen. Er hört hier und da einen Gesprächsfetzen, mag sich wohl auch im ganzen ein Bild von dem Geschehen zurechtgemacht haben; aber der Buchhalter oder der Architekt wird hier sicherlich zuverlässiger und mehr wahrnehmen. Dieser Unterschied zwischen dem geübten Beobachter und dem Laien ist weitgehend auf eine unterschiedliche Selektion des Wahrnehmungsangebotes zurückzuführen.[4]

Gefördert wird die Aufnahmefähigkeit durch körperliche und geistige **957**
Frische während der Wahrnehmung. Umgekehrt kann aber die Sinnesleistung auch durch äußere Einflüsse *herabgesetzt* werden. Insbesondere der Genuß von *Alkohol* mindert die Aufnahmefähigkeit (zugleich auch die Aufnahme*möglichkeit*) und enthemmt das Kritikvermögen. *Über diese objektiv begründeten und physiologisch erklärbaren Bedenken darf die spätere Bestimmtheit der Aussage nicht hinwegtäuschen.* Es handelt sich hierbei um naturwissenschaftlich zuverlässig erforschte Vorgänge.

Auch die feste Rechtsprechung des Bundesgerichtshofes zur absoluten **958**
Fahruntüchtigkeit eines Kraftfahrers beruht auf medizinischen Erkenntnissen. In dem ersten richtungweisenden Urteil des Bundesgerichtshofes[5] heißt es unter anderem:

> „In der medizinischen Wissenschaft besteht Übereinstimmung, daß die einzelnen Fähigkeiten des Menschen, die in ihrer Gesamtheit seine Leistungsfähigkeit ausmachen, nicht *alle* bei derselben Alkoholmenge gleichmäßig gelähmt werden. Die sogenannten sensorischen Fähigkeiten, insbesondere also die Fähigkeit, äußere Vorgänge aufzunehmen und zu erfassen, werden früher beeinträchtigt als die sogenannten motorischen (willensmäßigen). Infolgedessen zeigt sich sehr schnell und schon bei geringer Alkoholbeeinflussung eine Herabsetzung der auf der Aufnahmefähigkeit und Leistungsbereitschaft beruhenden, für den Kraftfahrer besonders wichtigen Reaktionsfähigkeit, während z. B. die Willens*kraft* als solche bei den hier in Frage kommenden Alkoholmengen noch nicht vermindert wird."

---

[3] Berelson/Steiner, Menschliches Verhalten, Bd. I S. 77.
[4] Berelson/Steiner, Menschliches Verhalten, Bd. I S. 70.
[5] BGHSt 5, 168 ff.

959 Durch **Müdigkeit,** Benommenheit, **Ablenkung** durch andere Gedankengänge während des Wahrnehmungsvorganges und dergleichen wird die Aufnahmefähigkeit ebenfalls herabgesetzt. Sagt ein Zeuge über Vorgänge aus, die er unmittelbar nach dem Erwachen aus Schlaf oder Bewußtlosigkeit gemacht haben will, so ist allgemein Vorsicht geboten.

960 Eine Minderung der Aufnahmefähigkeit findet sich vornehmlich bei Personen, die an geistigen Mängeln leiden. Der **Schwachsinnige,** auch wenn der Schwachsinn nur leichteren Grades und nur schwer erkennbar ist, vermag regelmäßig von einem Vorgang nicht soviel wahrzunehmen wie ein Gesunder. Hinzu kommt als leistungsmindernder Faktor, daß der Dumme oft auf einem tieferen ethischen Niveau steht. Die leichteren Formen des Schwachsinns, dessen Verbreitung wohl allgemein unterschätzt wird, lassen sich an Hand der Vernehmungsniederschriften leider nicht erkennen.

961 Umgekehrt ist die Wahrnehmungsfähigkeit bei intelligenten und gebildeten Zeugen regelmäßig ausgeprägter als bei dummen und ungebildeten. Jedoch besteht bei diesen die erhöhte Gefahr, daß die Wahrnehmungen mit der *Beurteilung* des Wahrgenommenen verquickt werden.

962 **Senilität** mindert wegen der damit verbundenen, sich auf das Gehirn auswirkenden organischen Veränderungen – vor allem nimmt die Schärfe der Sinne ab – die Aufnahmefähigkeit. „Es ist geradezu eines der ersten Zeichen des herannahenden Alters, daß auch eine bisher sehr gute Aufnahmefähigkeit sehr stark gestört wird.“[6] Wer einen Zeugenbeweis zu würdigen hat, muß sich deshalb die Personalangaben im Vernehmungsprotokoll genau ansehen. Der Gesetzgeber hat die Befragung über Beruf und Alter mit gutem Grund zur Pflicht gemacht.

963 Eine weitere Quelle der Beeinträchtigung der Wahrnehmungsfähigkeit ist in der aussagepsychologischen Forschung bislang wenig beachtet worden: der Einfluß neurotischer Strukturen, die bei jedem Menschen mehr oder minder stark ausgeprägt vorhanden sind. Die Wahrnehmung im Sinne der Realitätsprüfung (ein Freudscher Begriff) wird durch sog. Projektionen verfälscht. Unter Projektion ist dabei das Hinausverlegen der eigenen Empfindungen in die Reizquellen der Außenwahrnehmung zu verstehen. In psychoanalytischem Sinne ist das ein innerer Abwehrmechanismus, durch den ein verbotenes oder nicht mehr zu befriedigendes eigenes Motiv als Motiv anderer Personen oder als Teil der Umwelt wahrgenommen wird.[7] „Je unvollkommener ein Mensch darin geübt ist, die Außenwelt so zu sehen, wie sie wirklich ist, je mehr er dazu neigt, seine eigenen Regungen in ihr wiederzufinden, um so unvollkommener wird sein Urteil über diese Wirklichkeit ausfallen.“[8]

964 Aussagen über Vorgänge, die gesehen worden sind, dürften in aller Regel zuverlässiger sein als Aussagen über Vorgänge, die nur gehört worden sind. Das Auge leistet mehr als das Ohr. Immer ist jedoch die kritische Würdigung des Einzelfalls notwendig. Man hüte sich vor unberechtigter Verabsolutie-

---

[6] Mönkemöller, Psychologie und Psychopathologie der Aussage, 1930, S. 9.
[7] Vgl. Toman im Lexikon der Psychologie, Bd. II, 1973, S. 843.
[8] Dührssen, Analytische Psychotherapie in Theorie, Praxis und Ergebnissen, 1972, S. 30.

rung der *lediglich typischen,* nicht naturgesetzlich zwingenden Erkenntnisse der Aussagepsychologie. Auch das Sehvermögen ist vielfachen Täuschungen ausgesetzt. Sieht man zum Beispiel wegen beginnender Dunkelheit einen Gegenstand undeutlich, so ist man geneigt anzunehmen, daß sich der Gegenstand weit entfernt befinde. Normalerweise ist ja auch das, was man nicht genau erkennen kann, weit entfernt. Die Besonderheit der Lichtverhältnisse wird deswegen im Ausnahmefall vielleicht nicht bewußt.

Wirken bei einer Wahrnehmung mehrere Sinne *zugleich* in dieselbe Rich- **965**
tung, so steigert sich die Wahrnehmungsfähigkeit. Daher ist eine Zeugenaussage über ein Telephongespräch meist weniger zuverlässig als eine mündliche Unterredung, bei der der Zeuge den Sprechenden nicht nur gehört, sondern auch gesehen hat. Er kann ihm dann – wie man treffend zu sagen pflegt – „die Worte vom Munde ablesen".

Heute stellt sich, zumal in Strafprozessen, auch das Problem, daß die **966**
Aussagen Süchtiger, insbesondere Drogenabhängiger, zu würdigen sind. Ihre Wahrnehmungsfähigkeit ist eingeschränkt. Ausschlaggebend für die Beurteilung ist, in welchem Zustand die Wahrnehmung gemacht worden ist und in welcher Verfassung sie wiedergegeben wird.[9]

§ 33. Die Wahrnehmungsbereitschaft

Wertvolle Wahrnehmungen sind nur solche, die das Bewußtsein berei- **967**
chern. Bewußt wird aber ein Vorgang der Außenwelt nur wahrgenommen, wenn eine – sei es auch nur geringe – Aufnahme*bereitschaft* besteht. Wer bei dem Zusammenstoß zweier Fahrzeuge entsetzt die Augen schließt, sieht nichts; wer sich die Ohren zuhält, um sich vor Beleidigungen zu schützen, der hört nichts.

Die Wahrnehmung ist ein Persönlichkeitsakt. Deshalb läßt sich als **968**
Grundsatz aufstellen, daß in erster Linie dasjenige wahrgenommen wird, was der Persönlichkeit des Wahrnehmenden entspricht und sie angeht. **Die Bedürfnisse, Interessen, Erwartungen und Gefühle des Wahrnehmenden sind für die Zuverlässigkeit und Intensität der Wahrnehmung von wesentlicher Bedeutung.** Ein Vorgang, der die Interessen des Wahrnehmenden berührt, bewirkt eine Konzentration, die dem Uninteressierten abgeht.

Wenn zum Beispiel eine hübsche junge Frau von einem Hund angesprun- **969**
gen wird, so wird der Schürzenjäger seine Aufmerksamkeit unbewußt zur Hauptsache auf die schöne Frau richten, „die von einem Köter belästigt wird". Der Hundenarr dagegen klassifiziert und bewertet wahrscheinlich den angreifenden Hund und beurteilt, ob das Tier gefährlich ist oder nur spielen will. Der eine ist später in der Lage, die Frau und ihr Verhalten zu beschreiben, der andere wird zuverlässigere Angaben über den Hund machen können. Beide Aussagen verbunden geben ein hinreichend getreues Bild des Geschehens.

[9] Siehe dazu Täschner NJW 1987, 2911.

970 Ein begeisterter Autofahrer wiederum wird – um ein anderes Beispiel zu bringen – einen Verkehrsunfall, der sich vor seinen Augen abspielt, mit ganz anderem Interesse und mit viel schärferer Aufmerksamkeit verfolgen als etwa ein versponnener Gelehrter, dessen Schreck seine Aufmerksamkeit vielleicht auf ein Minimum reduziert.

971 Das Interesse muß selbstverständlich *gerade beim Zeugen* bestanden haben. Das setzt einen bestimmten *Kenntnisstand* bei ihm voraus. Wer etwa den Kraftfahrzeugverkehr als abscheulich und kulturfeindlich empfindet oder „grundsätzlich" gegen das Fernsehen eingestellt ist, dessen Interesse wird weder durch einen schnittigen Mercedes noch durch das neueste Modell eines Farbfernsehers geweckt werden; denn davon hat er gar keine Ahnung. Es ist deshalb immer – von den konkreten Umständen ausgehend – zu untersuchen, ob gerade *dieser* Zeuge bei *seinem* Bildungsstand und Interessenkreis in einer *bestimmten* Situation innerlich Anteil genommen hat. *Kürzer: ob eine Wahrnehmung persönlichkeitsadäquat ist.*

972 Alle Wahrnehmungen werden in einer konkreten emotionalen Verfassung gemacht. Außer vielleicht im Schlaf ist jeder Mensch ständig von Gefühlen und Stimmungen[1] besetzt. Und so nimmt er dann auch wahr. Man denke nur an den Umschlag in der Gefühls- und Stimmungslage, der bei jedem Menschen eintritt, wenn er wegen eines Fehlverhaltens im Straßenverkehr eine gebührenpflichtige Verwarnung erhält oder gar angezeigt wird und deshalb eine Eintragung in Flensburg zu erwarten hat. Sonst fröhliche Autofahrer auf dem Weg in den Urlaub lassen dann den Kopf hängen und nehmen nicht mehr die schöne Landschaft wahr, sondern nur noch die Fahrstrecke aus dem Aspekt: Welche Schilder? Polizeikontrolle? Radarwagen?

973 Ebenso liegt es, wie bereits erwähnt, hinsichtlich der Interessen, Wertungen und Einstellungen.[2] Hingewiesen sei nur auf die Realitätsverzerrungen der Rassisten und religiösen Fanatiker.[3] Doch sind das nur besonders auffällige Erscheinungen. Im Prinzip ist jeder einzelne seinem individuellen Weltbild unterworfen. Politische Reden beispielsweise werden von den verschiedenen Anhängern ganz verschieden wahrgenommen. Bestimmte Einzelheiten etwa werden als aggressive Akte gehört, wo andere größere Zusammenhänge und hellsichtige Aussagen wahrnehmen. Irgendwie sind alle Menschen von ihren Vorurteilen geprägt und bestimmt.

974 Durchgehend unterschätzen aber vorurteilsbestimmte Menschen das Ausmaß ihrer eigenen Vorurteile.[4] Werthaltungen, Einstellungen, Aufmerksamkeit und anderes mehr sind Selektions- und Ordnungsprinzipien, denen sich kein Wahrnehmender entziehen kann.

---

[1] Siehe dazu Ewert, Handbuch der Psychologie, 2. Bd.: Allgemeine Psychologie, 2. Aufl. 1965, S. 228 ff.

[2] Vgl. dazu Graumann, Handbuch der Psychologie, 2. Bd., 2. Aufl. 1965, S. 272 ff.

[3] Ein anschaulicher Fall dazu ist abgedruckt in MDR 1975, 656 mit Anm. Schneider S. 919.

[4] Berelson/Steiner, Menschliches Verhalten, Bd. II: Soziale Aspekte, 1972, S. 315.

Liä Dsi[5] hat dazu eine bezeichnende Fabel geschrieben: 975

Wer hat die Axt gestohlen?

Es war einmal ein Mann, der hatte seine Axt verloren. Er hatte seines Nachbars Sohn im Verdacht und beobachtete ihn. Die Art, wie er ging, war ganz die eines Axtdiebes; sein Gesichtsausdruck war ganz der eines Axtdiebes; die Art, wie er redete, war ganz die eines Axtdiebes; aus allen seinen Bewegungen und aus seinem ganzen Wesen sprach deutlich der Axtdieb. Zufällig grub jener einen Graben um und fand seine Axt. Am anderen Tag sah er seinen Nachbarssohn wieder. Alle seine Bewegungen und sein ganzes Wesen hatten nichts mehr von einem Axtdieb an sich.

Deshalb ist es immer wichtig, vom Vernommenen zu erfahren, in welcher 976 Wahrnehmungssituation er sich befunden hat. Niemand lebt isoliert für sich. Jeder ist von seiner Umwelt geprägt und wird ständig davon beeinflußt. Dementsprechend „sieht" er seine Umwelt auch. Man spricht von der „sozialen Wahrnehmung". Der Konservative beispielsweise wird Vorgänge im Staat ganz anders sehen und beurteilen als der Linksradikale, der Gläubige wiederum anders als der Atheist.

In der Gerichtspraxis wirkt sich das vor allem bei Verkehrsunfällen aus. 977 Fußgänger sehen und werten das Verhalten von Kraftfahrern anders als diese selbst, was natürlich später in der Aussage wiederkehrt. Kraftfahrer wiederum „sehen" anders und anderes, je nachdem, ob an ihrem Wagen oder dem eines anderen der Kotflügel verbeult worden ist.

Darüber hinaus besteht die Tendenz, Wahrnehmungen zu ganzen, konti- 978 nuierlichen Figuren zu organisieren. Ist das sog. Reizmuster unvollständig, dann ist der Wahrnehmende unbewußt bestrebt, die fehlenden Bestandteile zu ergänzen.[6] Verkehrsunfälle werden dementsprechend „komplettiert": es wird unbewußt eine eigene Beurteilung eingefügt, um den Vorgang für den Wahrnehmer eindeutig zu machen.

Neben der Wahrnehmung einer Veränderung – z. B. dem Zusammenstoß 979 zweier Kraftfahrzeuge – gibt es auch eine Veränderung der Wahrnehmung, ohne daß sich das Betrachtungsobjekt verändert.

Beispiel: Zwei Personenkraftwagen stehen nach einem Unfall so, daß der erste den zweiten geschnitten oder der zweite den ersten gerammt haben kann. Der Zeuge mag zunächst die erste Version wahrnehmen. Nach längerem Zusehen oder gar nach dem Hinweis eines Augenzeugen „sieht" er, daß der zweite den ersten gerammt hat.

Irgendwie wirkt sich auch jede Erregung oder innere Anteilnahme auf den 980 Wahrnehmungsvorgang aus. „Schon die Stimmungslage, die ja leicht erheblichen Schwankungen unterliegt, spielt in die Färbung der Aussage gewaltig hinein."[7] So ist zum Beispiel oft zu beobachten, daß bei einem Zusammen-

[5] Das wahre Buch vom quellenden Urgrund, Eugen Diederichs Verlag, 1974, S. 181 Nr. 32.

[6] Siehe oben Rn. 920, 921.

[7] Mönkemöller, Psychologie und Psychopathologie der Aussage, 1930, S. 196.

stoß eines Fußgängers mit einem Kraftwagen von vornherein die Beurteilung gewissermaßen nach einer Kollektivschuld ausgerichtet wird: „Immer *‚die'* Autofahrer; als ob ihnen die Straße allein gehören würde!" – so die Fußgänger unter den Zuschauern. „Immer *‚die'* Fußgänger; auf der Fahrbahn haben sie einfach nichts zu suchen!" – so die am Geschehen beteiligten Autofahrer. Man wird auch kaum Autofahrer finden, die nicht über „die" Langsamfahrer erbost und bereit sind, sie für alle Verkehrsmängel mitschuldig zu erklären. Solche inneren Einstellungen bewirken naturgemäß, daß man die Ereignisse bereits *durch die Brille seiner Vorurteile* sieht.

981 Ähnliches wie für Unfallsachen läßt sich auch für die praktisch sehr bedeutsamen Bauprozesse sagen. Derjenige, der sich unter Aufbietung seiner gesamten wirtschaftlichen Leistungsfähigkeit ein Haus hat bauen lassen, ist für jeden handwerklichen Mangel überempfindlich. Sobald er irgendeine nicht ganz exakte Stelle am Neubau entdeckt, macht er dem Handwerker oder dem Architekten Vorwürfe und stellt die Zahlungen in doppelter Höhe des Mangels – dessen Erheblichkeit er natürlich überschätzt – ein.

Der Handwerker oder der Architekt wiederum bringt oft kein Verständnis für die Stimmungslage des selbstbewußt-stolzen jungen Hauseigentümers auf und bagatellisiert den Mangel: so etwas sei eben unvermeidbar.

Die Aussagen der Ehefrau des Bauherrn und der Gesellen des Handwerkers sind später im Prozeß entsprechend gefärbt. Der Sachverständige stellt dann am Ende vielleicht fest, daß die Wahrheit – wie so oft – in der Mitte liegt.

982 Solcher psychologischer Momente muß man sich bewußt werden, wenn man den wahren Kern einer Aussage aus der Hülle der aufgebauschten Wahrnehmungen herausschälen will. „Bei Streitigkeiten erlebt der Zeuge, der auf Seiten der einen Partei steht, die ganze Szene zum Teil so, wie er sie sich nach seinen Sympathien und Antipathien abspielen sehen möchte. Und zwar fast immer unbewußt."[8]

983 In Verkehrsunfallsachen kann auch die Situation eintreten, daß die Wahrnehmung praktisch aussetzt, weil die Schwelle der Fassungskraft des potentiellen Wahrnehmers überschritten wird. Ein „Schilderwald" beispielsweise kann die Aufmerksamkeitskapazität eines Autofahrers so sehr überfordern, daß er nicht nur wenig, sondern überhaupt nichts Motivierendes wahrnimmt. Er schützt sich unter Umständen sogar vor der Überforderung, indem er „abschaltet" und die Konfrontation mit dem Schilderwald – oder in einer Geschäftsstraße mit den geballten Werbeplakaten – einfach durch Nichtbeachtung = Nichtwahrnehmung unterläuft. Dann ist es völlig sinnlos, einem Zeugen später vorzuhalten, dieses oder jenes **müsse** er doch gesehen haben.

984 **Ursachenzusammenhänge** werden, da sie häufig nicht im eigentlichen Sinne erkannt werden können, vielfach nur konstruiert. Einzelne Ereignisse werden mit anderen in einen Zusammenhang gesetzt. Es liegt auf der Hand, daß dabei die Erwartungshaltung des Wahrnehmenden ganz entscheidend mitbestimmt, wie „sein" wahrgenommener Zusammenhang aussieht.

985 Sind etwa am späten Abend vor dem Hause Schritte zu hören und danach

---

[8] Mönkemöller aaO. S. 12.

Türgeräusche, so denkt der Vater vielleicht, endlich komme die Tochter heim, während die ängstlicher veranlagte Mutter fürchtet, ein Einbrecher mache sich am Haus zu schaffen. Ein wirklich wahrnehmbarer Zusammenhang zwischen den beiden Geräuschen besteht dagegen weder für den Vater noch für die Mutter.

Ebenso strukturieren Unfallzeugen einen Geschehensablauf. Daraus er- **986**
klärt sich, daß Unfallschilderungen nie völlig übereinstimmen. Sie können sich nicht decken. Stimmen die Aussagen verschiedener Zeugen gleichwohl inhaltlich völlig überein, dann spricht alles dafür, daß die Zeugen sich zumindest über den Unfall unterhalten haben und gar nicht mehr ihre Wahrnehmungen, sondern nur noch die Erinnerung an das übereinstimmende Ergebnis des Gespräches wiedergeben.

Besonders fest haften Erlebnisse, bei denen man aufpassen *wollte*. Der **987**
Polizeibeamte im Dienst wird dienstliche Vorgänge regelmäßig genau wiedergeben können.

Die zielgerichtete Aufmerksamkeit muß selbstverständlich nicht auf ethisch wertvolle Beweggründe zurückgehen. Neugier, Wissensdurst und Pflichteifer sind aussagepsychologisch gleichwertig: Die Aufnahmebereitschaft einer horchenden Angestellten ist kaum geringer als die eines dienstlich tätigen Beamten.

Umgekehrt führt der *Mangel* der Aufnahmebereitschaft zu verblüffen- **988**
den Wahrnehmungsausfällen. Welcher Leser weiß zum Beispiel, welchen Aufdruck sein „Palandt" auf dem Buchrücken hat, wann er die letzte Lieferung des „Schönfelder" eingeordnet hat, welchen Anzug er auf dem Bild seines Reisepasses trägt und so weiter? Das alles sind Dinge, die einen nicht interessieren, die man deshalb zwar wahrnimmt (sog. **Perzeption**), die aber nicht in das Bewußtsein überführt werden (sog. **Apperzeption**).

Das zeigt, wie wenig Verlaß auf Zeugen ist, die derartige Nebensächlich- **989**
keiten (Daten, Bekleidung, alltägliche Handlungen und dergleichen) wahrgenommen haben wollen. Ihre Einbildungskraft ist gewöhnlich größer als ihre Selbstkritik. Das zeigt aber weiter auch, wie verfehlt es ist, von einem Zeugen über solche Umstände eine genaue Antwort zu erwarten! Und wie oft geschieht das aber, z. B. wenn die Parteien im Scheidungsprozeß die häusliche Trennung, die zurückliegenden Streitigkeiten und dergleichen Ereignisse genau datieren sollen?!

Dadurch, daß für zunächst uninteressante Einzelheiten *später* Interesse **990**
aufkommt, kann die *ursprünglich fehlende* Aufnahmebereitschaft nicht ersetzt werden. **Die nicht ins Bewußtsein eingedrungenen äußeren Vorgänge sind gewöhnlich für immer verloren.** Nachträgliches „Sicherinnern" ist nichts als Einbildung und Phantasie. Davon wird man solange ausgehen müssen, bis irgendwelche Anhaltspunkte für eine Aufnahmebereitschaft *während* des Wahrnehmungsvorganges gefunden werden. Deshalb ist Vorsicht geboten bei Bekundungen, die gleichgültige, wertneutrale und alltägliche Begebenheiten zum Gegenstand haben!

991 Über die Bedeutung der Aufmerksamkeit hat sich Stern in seinen Leitsätzen folgendermaßen geäußert:[9]

> „*Vorgänge, die mit Aufmerksamkeit ohne zu starke Affektbeteiligung beobachtet worden sind, liefern relativ günstige Ergebnisse; die Angaben sind wenigstens in den großen Umrißlinien und Hauptmomenten überwiegend richtig.*
> *Dagegen sind Aussagen über Tatbestände, bei denen man zwar physisch beteiligt war, denen man aber nicht bewußte Aufmerksamkeit geschenkt hatte, nicht nur außerordentlich lückenhaft, sondern in ihren positiven Teilen außerordentlich falsch.*
> Die oft von Richtern zu hörende Äußerung, daß, wer dabei gewesen sei, doch auch das und das ‚gesehen' oder ‚gehört' haben müsse, ist somit psychologisch unrichtig."

992 Da die Konzentrierung der Aufmerksamkeit auf einen bestimmten Vorgang zugleich die Aufmerksamkeit von einem sich gleichzeitig abspielenden anderen Vorgang ablenkt, ist es in der Regel auch nicht möglich, *gleichzeitig* gut zu sehen und gut zu hören. *Das eine Sinnesorgan wird durch die willentliche Anspannung des anderen in seiner Funktionsfähigkeit gemindert.*

993 Das Interesse – nicht identisch mit Aufmerksamkeit! – wirkt sich nur günstig aus, solange es nicht bis zum **Affekt** gesteigert ist. Der Affekt beeinflußt die Qualität der Wahrnehmung wieder nachteilig. Der Neugierige beobachtet anders als der Erschreckte und der von Furcht Erfüllte. Jemand mag für bestimmte Ereignisse ein Interesse haben und wird dennoch einen Vorgang trotz dieser Interessiertheit nicht oder wenigstens nicht zuverlässig wahrnehmen, wenn seine Aufmerksamkeit durch Affekte abgelenkt ist. Es kommt eben nie auf die *allgemeine* Aufnahmebereitschaft, sondern auf die *konkrete* im Zeitpunkt des aufzuklärenden Ereignisses an!

So kann etwa die übergangslose Konfrontierung mit unerwarteten Vorfällen zu einer Ausschaltung der Aufnahmebereitschaft führen. Ekel beim Zusammentreffen mit einem Exhibitionisten oder Schreck bei einem plötzlichen Überfall können sogar die Ursache dafür sein, daß *jede* bewußte Wahrnehmung ausfällt. Der Täter läßt nur den Eindruck „eines großen Mannes mit finsterem Gesicht" zurück: keine echte Wahrnehmung, sondern die bildhafte Darstellung der Gefahr, in der man geschwebt hat.

994 Der Affekt kann, wenn er nicht zu plötzlich und heftig auftritt, die Wahrnehmung allerdings auch günstig beeinflussen, indem er die Aufnahmebereitschaft verstärkt. Doch sind das Ausnahmefälle.

995 Festzuhalten ist jedoch, daß Angst und Furcht[10] eine Wahrnehmung immer negativ beeinflussen. Damit hängt es zusammen, daß bei Schlägereien, Überfällen und anderen aggressiven Aktionen die unterschiedlichsten Hergangsschilderungen durch Augenzeugen und Beteiligte an der Tagesordnung sind.

996 Ein weites Feld der Aussagepsychologie ist die **Sinnestäuschung**. Über

---

[9] Leitsätze über die Bedeutung der Aussagepsychologie für das gerichtliche Verfahren, Beiträge zur Psychologie der Aussage, herausgegeben von William Stern, zweite Folge, zweites Heft, 1903, S. 77 f.

[10] Siehe dazu Fröhlich, Handbuch der Psychologie, Bd. 2, 2. Aufl. 1965, S. 513 ff.

Wahrnehmungsfehler beim Sehen gibt es beispielsweise ein eigenes psychologisches Forschungsgebiet.[11] Fachleute haben Vertikaltäuschungen, Streckenteilungstäuschungen, Parallelentäuschungen usw. untersucht. In der Geschehenswahrnehmung projiziert der Mensch Bewegung in die Veränderung unveränderter Reizkonfigurationen, etwa bei wechselnder Beleuchtung.[12] Entfernungsschätzungen durch Hören wiederum sind in ihrer Genauigkeit begrenzt auf Entfernungen von etwa einem Meter; da lautere Töne als ohrnäher empfunden werden, wird die Schätzungsstrecke entsprechend (falsch) verkleinert.[13]

Weitgehend erforscht sind heute auch schon die *sozialen* Fehlerquellen in **997**
Aussagen, also die *Bedeutung der Gruppenzugehörigkeit* von Zeugen auf ihre Einstellungen, Erwartungen, Vorurteile und Wertungen.[14] Schon die Informationsauswahl verändert die Wahrnehmung: Bildzeitungs-Leser sehen einen Auflauf oder eine Demonstration anders als ZEIT-Leser. Erst recht sehen Angehörige verschiedener Berufe denselben Vorgang anders, und noch weit unterschiedlicher werten sie ihn. Der Polizist etwa sieht bei der Beobachtung eines Verkehrsunfalles vieles, was dem Ungeschulten entgeht, ebenso wie sportbegeisterte Beobachter bei einem Fußballspiel im Fernsehen Vorgänge wahrnehmen, auf die ein anderer „mit der Nase gestoßen werden müßte".

Bei einem Streit zwischen Ausländern (Gastarbeitern) und Deutschen sind **998**
die verschiedenen „Nationalitäten" nicht nur zur gefärbten Sachdarstellung motiviert, sondern sie machen von vornherein kraft unbewußt wirkender Vorurteile selegierte („gefärbte") Wahrnehmungen.

Diese Erkenntnisse der Psychologie, die ganze Bücherregale füllen, **999**
können natürlich praktisch nie bei der alltäglichen Vernehmung beliebiger Zeugen berücksichtigt werden. Dazu bedürfte es einer spezifischen Schulung des vernehmenden Richters. Immerhin sollte jeder Vernehmende soviel über den Forschungsstand wissen, daß er gegenüber der Objektivität einer berichteten Wahrnehmung stets für Zweifel und Kritik offenbleibt.

---

[11] Siehe dazu die Darstellung von Rausch über geometrisch-optische Täuschungen im Handbuch der Psychologie Bd. II: Allgemeine Psychologie, Halbbd. 1: Wahrnehmung und Bewußtsein, 1966, S. 776 ff.

[12] Johansen, Handbuch der Psychologie, Bd. I 1, 1966, S. 745 ff.

[13] Keidel, Handbuch der Psychologie, Bd. I 1, 1966, S. 518 ff., 547, über räumliches Hören.

[14] Siehe dazu beispielsweise Holzkamp über „Soziale Kognition", Eyferth/Kreppner über „Entstehung, Konstanz und Wandel von Einstellungen", Bergler/Six über „Stereotype und Vorurteile" – alle im Handbuch der Psychologie, Bd. VII: Sozialpsychologie, Halbbd. 2: Forschungsbereiche, 1972, S. 1263 ff., 1342 ff., 1371 ff.

Dritter Abschnitt

Die Wiedergabe des Wahrgenommenen

1000 Auch wenn begründete Bedenken gegen die Zuverlässigkeit des Wahrnehmungsvorganges nicht bestehen, ist damit noch nicht die Zuverlässigkeit der Aussage selbst dargetan. Es ist vielmehr weiter zu prüfen, ob auch die *Wiedergabe* des Wahrgenommenen etwaigen Bedenken standhält. Darauf ist nunmehr einzugehen.

§ 34. Die Wiedergabemöglichkeit

1001 Die Möglichkeit, sich an früher Wahrgenommenes zu erinnern und es wiederzugeben, kann durch organische Schäden beeinträchtigt werden. Hier ist vor allem zu erwähnen die **retrograde Amnesie** infolge Gehirnverletzungen.

1002 Deshalb bestehen grundsätzlich Bedenken gegen die Zuverlässigkeit der Aussage eines Zeugen, der eine **Gehirnerschütterung** erlitten hat und gerade denjenigen Vorfall schildern soll, der dazu geführt hat. Der Zeuge wird kaum je eine echte Erinnerung an die Vorgänge unmittelbar vor und nach dem Unfall haben. Er wird vielmehr lediglich den *nichterlebten* Hergang so schildern, wie er ihn *mutmaßt*. Die gewaltsame, abrupte Einwirkung auf das Gehirn „löscht" die in den Ganglienzellen registrierten Eindrücke. Die unbewußte Ausfüllung der Vorstellungslücken mit erdachten, im Gespräch mit anderen erfahrenen und aus sonstigen Quellen geschöpften Bildern wird dem Zeugen aber nicht bewußt. Wird sie auch dem Beweiswürdiger nicht bewußt, so kann es leicht zur „Feststellung" eines Unfallherganges kommen, die einen anderen wider die Wahrheit Ehre, Geld oder beides kostet.

1003 Zu beachten ist, daß, soweit die retrograde Amnesie reicht, das *gesamte* Erinnerungsvermögen ausgeschlossen wird; es werden also keine subjektiven Fehlvorstellungen im Erinnerungsbild hervorgerufen.[1] Das muß aber nicht dazu führen, daß der Zeuge schweigt. Vielmehr wirkt sich auch hier die Tendenz aus, bruchstückhaft erinnerte Wahrnehmungen mit vermuteten Geschehensabläufen zu ergänzen.

1004 Nach OLG Hamm[2] ist auch die Glaubwürdigkeit eines an **Epilepsie** leidenden Unfallzeugen grundsätzlich in Frage zu stellen. Ihre Überprüfung durch den Richter setzt besondere Sachkunde voraus, die *ausweislich der schriftlichen Beweiswürdigung* vorhanden sein muß. Fehlt sie oder ist sie den Entscheidungsgründen nicht zu entnehmen, so ist die Beweiswürdigung fehlerhaft. Es hätte ein Sachverständiger hinzugezogen werden müssen.

1005 Auf die Wiedergabemöglichkeit ist eine **Vereidigung** des Zeugen ohne

---

[1] Vgl. zu Einzelheiten Langelüddeke/Bresser, Gerichtliche Psychiatrie, 4. Aufl. 1976, S. 44f. Zur Aussagetüchtigkeit von Drogenabhängigen siehe Täschner NJW 1987, 2911.

[2] JMBlNRW 1970, 239.

Einfluß. Die Strafdrohung des Meineides kann bestenfalls die Aussagebereitschaft und die Reproduktionsleistung steigern.[3]

§ 35. Die Wiedergabefähigkeit

Hier ist zunächst noch einmal darauf hinzuweisen, daß die systematische Einteilung der Darstellung der Zeugenpsychologie didaktische Gründe hat, keine Erkenntnisgründe. Was in den §§ 31 ff. dieses Buches getrennt worden ist, geht in der Wirklichkeit ineinander über. Gerade bei dem Problem der Wiedergabefähigkeit des Zeugen ist das zu beachten. Diejenigen Einflüsse, die bereits zu einer Auswahl der Wahrnehmungen geführt haben, wirken sich auch bei der Auswahl des Gedächtnismaterials aus, das erinnert werden soll. **1006**

Erinnerungen werden ebenso wie Wahrnehmungen in vielfacher Weise von Wunsch- und Zielvorstellungen ausgestaltet und umgestaltet. Je mehr der zu erinnernde Erlebnisinhalt persönliche Bedeutung hat, um so subjektiver gestaltet sich das Erinnerungsbild. Insbesondere die Ausführungen in den §§ 32 und 33 dieses Buches sind deshalb auch bei den Fragen der Wiedergabefähigkeit und Wiedergabebereitschaft eines Zeugen einschlägig. **1007**

Bestehen an der Wiedergabemöglichkeit keine Zweifel, so ist als nächstes zu prüfen, ob der Zeuge über eine hinreichende **Wiedergabefähigkeit** verfügt. Der Aussagende soll **vergangene Eindrücke** schildern. Er gibt dazu seine *gegenwärtigen Vorstellungen* wieder. *Vorstellungen sind wieder bewußt gewordene Erlebnisse.* Ist der Zeuge in der Lage, frühere Erlebnisse wiederzugeben, so **reproduziert** er sie; vermag er sich auf solche Erlebnisse nicht mehr zu besinnen, dann sind sie **verdrängt** worden. **Verdrängte Erlebnisse werden gewöhnlich ungewollt durch Vorstellungen aus anderen Erlebnissen** ausgefüllt. **1008**

Die sogenannte **Reproduktionsfähigkeit,** also die Gedächtnisleistung, ist weitgehend von der Zeit abhängig, die zwischen der ursprünglichen Wahrnehmung und dem späteren erneuten Bewußtwerden liegt. Die experimentelle Aussagepsychologie lehrt, daß nach einer Woche nur noch mit etwa zehnprozentiger Wiedergabefähigkeit gerechnet werden kann. Danach sinkt die Vergessenskurve nur noch allmählich ab. **1009**

Solche sogenannten **Gedächtniskurven** sind beispielsweise von den Psychologen Strong und Ebbinghaus ausgearbeitet worden. Strong hat sich dabei der Methode bedient, Testpersonen irgendwelche Wortfolgen auswendig lernen zu lassen, und festgestellt, welche Wortmenge nach bestimmten Zeitabläufen noch vorhanden war. Ebbinghaus hat die Zeit ermittelt, die erforderlich war, einmal gelernte Texte nach Stunden oder Tagen wiederzuerlernen. Beide Untersuchungsmethoden haben im wesentlichen zu demselben Ergebnis geführt, wie die beiden nachstehenden Schaubilder deutlich machen. **1010**

Dabei ist zu berücksichtigen, daß die Testpersonen **wußten,** worum es **1011**

[3] Siehe zum Eid unten § 36 Rn. 1072.

ging, und unter günstigen Bedingungen standen. Das einmalige Erlebnis, auf das es regelmäßig im Rechtsstreit ankommt, weist diese günstigen Voraussetzungen nicht auf. Daraus darf geschlossen werden, daß der vor Gericht stehende Zeuge noch wesentlich schlechtere Leistungen erbringt, als die experimentell erarbeiteten Gedächtniskurven sie ausweisen.

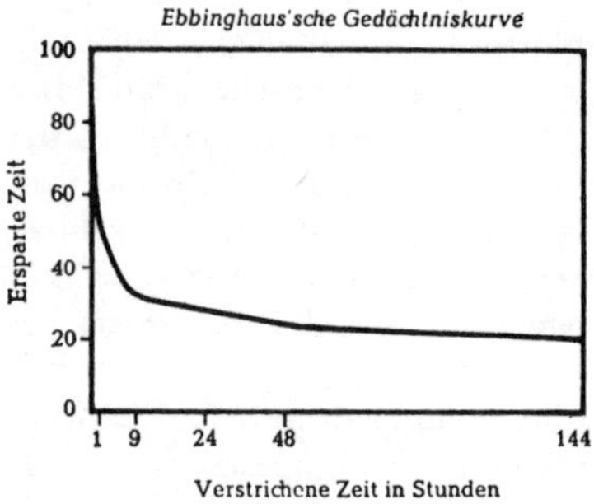

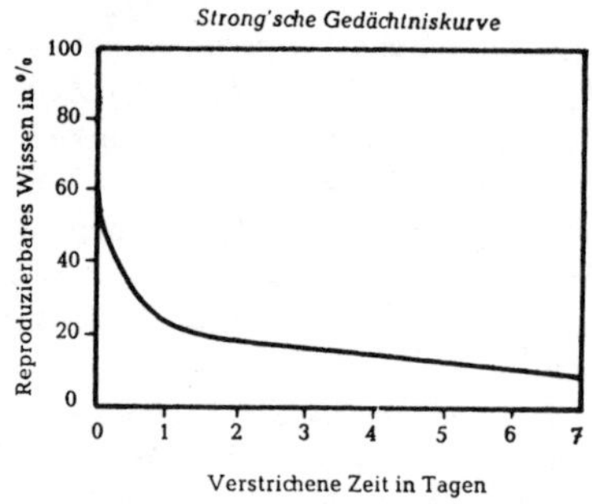

1012 Die Betrachtung der Kurven zeigt, wie wichtig es ist, eine Zeugenvernehmung alsbald nach dem aufzuklärenden Vorgang durchzuführen. Am ersten und noch am zweiten Tage nach dem Geschehen kann mit einer einigermaßen zuverlässigen Wiedergabefähigkeit gerechnet werden.[1] Danach ist es ziemlich gleichgültig, wie groß der zeitliche Abstand zum Ereignis ist.

1013 In der zivilprozessualen Praxis kommt es nun nie vor, daß ein Zeuge unmittelbar im Anschluß an seine Wahrnehmungen vernommen wird. Es vergehen vielmehr meist Monate oder gar Jahre darüber. Im Strafprozeß liegen die Dinge insofern günstiger, als im Ermittlungsverfahren ein Beweis schneller gesichert werden kann. Für den Zivilprozeß ist daher der Zeugenbeweis, obwohl er an Bedeutung für die Wahrheitsfindung schlechthin dominiert, besonders unzuverlässig.

1014 Neben dieser psychischen Gesetzmäßigkeit ist auch das **Alter** der Aussageperson wesentlich. Das Gedächtnis jüngerer Menschen ist erfahrungsgemäß besser als das älterer Leute.

1015 Bedenklich ist es, wenn ein Zeuge nach längerer Zeit plötzlich mit Erinnerungen aufwartet, bezüglich deren er in einer früheren Vernehmung nichts auszusagen vermochte. In diesem Fall können die Bedenken regelmäßig nur durch Feststellen der **Assoziationskette** ausgeräumt werden, auf Grund deren die zeitweise verdrängte Vorstellung wieder ins Bewußtsein gelangt ist.

1016 Deshalb ist es auch so wichtig, bei der Würdigung einer Aussage die sogenannte **erste Vernehmung** zu kennen. Die erste Aussage ist grundsätzlich am zuverlässigsten, weil sie am wenigsten den Verfälschungseinflüssen ausgesetzt war. Wenn daher im Zivilprozeß ein Zeuge in der Beweisaufnahme genauere Angaben macht als bei seiner ersten protokollierten Vernehmung (z. B. in einem früheren Strafverfahren), *dann muß das zu höchster Sorgfalt in der Glaubwür-*

---

[1] OLG Karlsruhe NJW-RR 1990, 191. In JW 1921, 748 Nr. 12 hat das Reichsgericht auf diesen Erfahrungssatz sogar einen prima-facie-Beweis gestützt!

digkeitsprüfung veranlassen. Unerläßlich ist es in einem solchen Fall, dem Zeugen die abweichenden früheren Bekundungen zur Klärung vorzuhalten; anderenfalls ist die richterliche Aufklärungspflicht verletzt.[2]

Zum Problem des Wechsels im Aussageinhalt sei hier Leitsatz 7a der Sternschen Leitsätze über die Bedeutung der Aussagepsychologie für das gerichtliche Verfahren wiedergegeben:[3] **1017**

> „*Liegen von einem Zeugen mehrmalige Aussagen über denselben Tatbestand vor, so haben die früheren Aussagen durchschnittlich die größere Glaubwürdigkeit . . .*"
>
> Obiger Satz wird durch eine ganze Reihe psychologischer, z. T. experimentell festgestellter Momente gestützt. 1. ist die Wirkung der *Zeitdistanz* zwischen Erlebnis und Aussage im allgemeinen nicht nur eine zerstörende (Vergessen fördernde), sondern auch eine verfälschende (den Fehlerprozentsatz steigernde). Ausgenommen sind hiervon höchstens die ersten kurzen Zeiträume unmittelbar nach der Wahrnehmung, weil, namentlich bei affektreichen Erlebnissen, das aus dem Gleichgewicht gebrachte Bewußtsein eine gewisse „Abklärungs"zeit braucht. – 2. ist bei sekundären Aussagen oft die Gefahr vorhanden, daß der Zeuge gar nicht mehr die Erinnerung an das Erlebnis, sondern die Erinnerung an den Wortlaut der früheren Aussage reproduziert. – 3. hat die Erinnerung des Menschen eine starke Tendenz zu sukzessiver *Selbststeigerung* ihrer Inhalte; jede erneute Gelegenheit zur Darstellung eines bestimmten Stoffes kann eine weitere Stufe in dieser Steigerung bedeuten. – 4. endlich können bei den meist langen Zeiträumen bis zur Hauptverhandlung die fälschenden *Außeneinflüsse* eine ungleich größere Wirkung ausüben: das Besprechen und das, wenn auch gutgläubige, Zurechtlegen der zu gebenden Aussagen mit anderen Zeugen, das „Hörensagen", das private Ausgefragtwerden, die Suggestion durch Zeitungsberichte und Abbildungen der Parteien und Haß usw.

Dem Sternschen Leitsatz 7a hat Gottschalk[4] widersprochen, ohne seinen Widerspruch jedoch näher zu begründen. Er führt dazu lediglich aus: **1018**

> „Den verfälschenden Einfluß der Zeit vor allem wird der verständige Zeuge selbst am besten kennen, er wird ihn durch ein: ‚ich weiß mich nicht mehr zu entsinnen' vermeiden."

Diese Behauptung ist jedoch *offensichtlich unrichtig*. In aller Regel ist sich ein Zeuge *nicht* darüber klar, wie der Zeitablauf auf seine Reproduktionsfähigkeit einwirkt. Ich möchte sogar annehmen, daß nicht einmal alle *Vernehmenden* sich dessen bewußt sind. Wer kennt denn z. B. schon die Strong'sche oder die Ebbinghaus'sche Vergessenskurve?

---

[2] BGHSt 17, 351; §§ 395 Abs. 2 S. 2, 396 Abs. 2 ZPO.

[3] Stern, Beiträge zur Psychologie der Aussage, zweite Folge, zweites Heft, 1903, S. 76.

[4] Zur Zeugenpsychologie. Betrachtungen vom Standpunkt der Praxis. Beiträge zur Psychologie der Aussage. Herausgegeben von William Stern. Zweite Folge, viertes Heft, 1904, S. 105.

1019 Gedächtnisleistungen sind individuell verschieden und oft auf bestimmte Gebiete beschränkt. **Es ist deshalb fehlerhaft, Zeugenaussagen in Bausch und Bogen abzutun, weil ein Zeuge nachweislich in einem Punkt geirrt hat.**[5] Angenehme Erlebnisse zum Beispiel haften fester als gleichgültige oder gar unangenehme Eindrücke. Es ist daher durchaus nicht ungewöhnlich, wenn ein Zeuge sich an jene erinnert, hingegen die gleichgültigen oder unangenehmen Eindrücke vergessen hat. So kann auch etwa der Zeuge eines Verkehrsunfalls hinsichtlich der Geschwindigkeitsangabe völlig unzulängliche Zahlen nennen, obgleich er die Verkehrs*situation* zutreffend geschildert hat.[6]

1020 Affekte führen zur Einengung des Bewußtseins. Daher ist der Wert einer Aussage gemindert, wenn ein Zeuge bei der Wahrnehmung oder bei der Wiedergabe einer Wahrnehmung in Erregung gerät.[7]

1021 Die Wiedergabefähigkeit bezüglich *alltäglicher Verrichtungen* ist grundsätzlich gemindert. Die täglich wiederkehrenden Eindrücke fließen ineinander über und werden nicht als selbständige Vorgänge im Bewußtsein aufbewahrt. Sagt daher ein Zeuge über Angelegenheiten aus, die man gewöhnlich nicht leicht behält, so ist seine Aussage erst dann wirklich zuverlässig, wenn er irgendeinen plausiblen Grund dafür angeben kann, warum er dieses alltägliche Geschehen im Gedächtnis behalten hat.[8]

1022 Die **Vorstellungsverdrängung** zeigt sich auch darin, daß lange Begebenheiten lückenhafter berichtet werden als kurze Ereignisse. Die Vielzahl der Einzeleindrücke wird zusammengedrängt und verallgemeinert. Aus dem Bewußtsein verdrängte Einzelheiten werden in solchen Fällen *nicht* mitgeteilt. *Vielmehr werden die Wahrnehmungslücken oder die Erinnerungslücken durch Fremdvorstellungen ausgefüllt.* Diese Tendenz zur Ausfüllung von Vorstellungslücken besteht bei jeder Aussage. **Es gibt daher, streng genommen, keine völlig zutreffende Bekundung eines Zeugen.**

1023 Ich erinnere mich noch an die Äußerung eines alten und erfahrenen Bürovorstehers eines Notars, der in einem Erbauseinandersetzungsprozeß gehört worden war. Er sagte aus:

„Wenn die Miterben bei ihrer Vernehmung etwas anderes als ich ausgesagt haben, so kann ich das nur dadurch erklären, daß sie die Gespräche, die außerhalb der notariellen Verhandlung geführt worden sind, mit denen der Beurkundung durcheinanderbringen. Eine solche Gedächtnisverfälschung geschieht nach meiner Erfahrung sehr häufig."

1024 Besonders unzuverlässig sind **Beschreibungen** von Sachen oder Personen. So hat der Psychologe Claparède einmal folgenden Versuch gemacht:[9] Er gab seinen Hörern auf, einen Bericht zu schreiben über auffällige im Universitätsgebäude befindliche Gegenstände, die täglich von den Versuchsperso-

---

[5] Vgl. OLG Köln NJW 1968, 1247.
[6] Siehe dazu § 31 Rn. 938.
[7] Siehe dazu schon oben § 33 Rn. 972ff., 991.
[8] Siehe auch § 35 Rn. 1015.
[9] Ed. Claparède, Eigenbericht über Versuche zur Aussage, Schätzungen und Gegenüberstellung. Beiträge zur Psychologie der Aussage. Herausgegeben von William Stern. Zweite Folge, viertes Heft, 1904, S. 111ff.

nen gesehen werden mußten. Von 54 Hörern lieferte *keiner* einen fehlerfreien Bericht. Die Existenz eines großen, im Vorraum der Universität befindlichen Fensters wurde bei der Fehlerbesprechung sogar von 44 Beteiligten irrtümlich geleugnet!

Solche Test-Experimente sind mit ebenso negativen Ergebnissen von **1025**
anderen Fachpsychologen und von Juristen durchgeführt worden.

Mönkemöller[10] kommt bei der Würdigung von Versuchen über Personenbeschreibungen zu dem Ergebnis, daß Bekundungen über das Äußere von Personen keinen Glauben verdienen, wenn bei der Wahrnehmung die besonders auf jene Merkmale gerichtete Aufmerksamkeit gefehlt hat.

Bender[11] hat während eines Vortrags vor Richtern folgende Szene gestellt: Ein Angestellter unterbrach seinen Vortrag mit der Bitte um eine Unterschrift. Bender lehnte es ab, zu unterschreiben, was er nicht gelesen habe, schaute sich die ihm vorgelegte Mappe an, unterschrieb aber nicht. Bei einer zwei Stunden später stattfindenden Befragung gab die Hälfte der Zuhörer an, Bender habe unterschrieben.

Mit diesen Beobachtungsmängeln hängt es auch zusammen, daß das **1026**
Wiedererkennen von Personen höchst unzuverlässig ist. „Das Wiedererkennen besteht in einem Urteil über die Identität zwischen einer gegenwärtigen und einer früheren Wahrnehmung. Man erkennt eine Person oder Sache wieder, wenn man sich bei ihrem Anblick erinnert, sie bereits gesehen zu haben ... Auf das Wiedererkennen wirken sich natürlich alle die Ungenauigkeiten aus, die der früheren Wahrnehmung, der Erinnerung an sie und ihrer Reproduktion anhaften, schließlich auch die Urteilsfehler, die der Vergleich der beiden Wahrnehmungen mit sich bringen kann."[12]

Erinnerungsschätzungen sind weit weniger zuverlässig als Gegenwarts- **1027**
schätzungen. Zeugen müssen aber vor Gericht stets auf Grund ihrer *Erinnerung* schätzen. Das wird oft nicht genügend beachtet. So kommen zu den gerade hier bereits erheblichen Wahrnehmungsfehlern (siehe oben § 31) auch noch *Erinnerungs*fehler hinzu.

Ein **Beispiel** nach Hellwig:[13] **1028**

> Ein Gebäude von 64 Schritt Länge wurde von einem Polizeibeamten auf „genau" 213,3 Schritt geschätzt. Eine 282 Schritt lange Straße wurde auf 700 Schritt geschätzt. Entsprechend lagen andere Schätzungen *unter* der wahren Länge.

Die Reproduktion von Bewußtseinsinhalten wird ebenso wie bei der Wahr- **1029**
nehmung durch die **innere Anteilnahme** des Zeugen beeinflußt. Das **Interesse** am Ausgang des Rechtsstreites oder das Verhältnis zu einer Partei kann auch beim wahrheitsliebenden Zeugen bewirken, daß die Wiedergabe einer

---

10 Psychologie und Psychopathologie der Aussage, 1930, S. 23.

11 Siehe dazu Rüssmann, Festschrift für Wassermann, 1985, S. 801.

12 Altavilla, Forensische Psychologie, Bd. I, 1955, S. 312. Besonders gefährlich ist das *wiederholte Wiedererkennen;* vgl. dazu ausführlich und instruktiv BGHSt 16, 204 ff. Zu den dabei auftretenden Rechtsfragen siehe Grünwald JZ 1981, 423.

13 Psychologie und Vernehmungstechnik bei der Tatbestandsermittlung, 4. Aufl. 1951, S. 159. Ein weiteres Beispiel oben in § 31 Rn. 933.

Wahrnehmung einseitig gefärbt ist. „Liebe oder Haß verwandeln die Gerechtigkeit. Und wie oft hält ein Advokat, der im voraus gut bezahlt wurde, die Sache, die er verteidigt, für die gerechte!" (Blaise Pascal).

1030 Die reproduktive Tätigkeit wird verstärkt und hebt den Gesamtwert der Aussage, wenn ein Zeuge sich der Tragweite seiner Bekundung und damit seiner **persönlichen Verantwortung** bewußt ist. Insoweit (aber auch *nur* insoweit!) kann auch der Eideszwang wahrheitsfördernd wirken. Der Vernehmende sollte daher den Zeugen auf die Bedeutung und die Tragweite seiner Aussage hinweisen.

1031 Die **Vergreisung** wirkt sich ebenfalls ungünstig auf die Wiedergabefähigkeit aus. Die *Merkfähigkeit* läßt im Alter nach. *Langsamkeit* und *egozentrisches Denken* bewirken, daß Greisen die Konzentration auf das Wesentliche und eine streng objektive Wiedergabe oder Beurteilung schwerfällt. Die *schnellere Ermüdbarkeit* verringert ebenfalls die Aussageleistung. Da hiermit regelmäßig eine *altersgeschwächte Willenskraft* gepaart ist, entfällt auch dieser Ausgleichsfaktor.

1032 Desgleichen verringert sich die *Kritikfähigkeit,* insbesondere die Selbstkritik. Es ist hinlänglich bekannt, wie kindisch starrsinnig und engstirnig sich Greise verhalten können. Sie leben gedanklich oft nur noch von der Vergangenheit und wollen – eigensinnig und unzufrieden – mit diesem geistigen Bestand auch Gegenwart und Zukunft beurteilen („Die gute alte Zeit!"). Auch hier ist jedoch – *wie stets!* – immer auf den einzelnen Fall abzustellen. Es gibt alte Leute, deren Gedächtnis noch hervorragend ist.

1033 Die Wiedergabefähigkeit kann ferner durch **Krankheit** beeinträchtigt sein (siehe auch § 34). Ein Zeuge, der gerade von einem Unfall genesen ist, wird kaum die geistige Frische und Erinnerungsfähigkeit haben, über die er gewöhnlich verfügt.

1034 Durch **Ausdrucksschwierigkeiten** kann die Wiedergabefähigkeit ebenfalls herabgesetzt werden. Wenn einfache Leute Fremdwörter gebrauchen, die nicht zum allgemeinen Wortschatz gehören, liegt ein Mißverständnis nahe.

1035 Weiter neigen Zeugen dazu – besonders wenn sie nicht im Denken geschult sind –, **voreilige Schlüsse** zu ziehen, Gedankenglieder zu überspringen oder gar den gedanklichen Obersatz auszulassen. Solche vom Vernehmenden nicht erkannten Lücken können zu folgenschweren Wiedergabefehlern führen. In diesem Zusammenhang ist darauf hinzuweisen, daß kaum jemand in der Lage ist, von einem Dritten gesprochene Worte wörtlich wiederzugeben.

1036 **Beleidigungen** sind vor allem in Nachbar- und Gasthausstreitigkeiten häufiger Sachvortrag. Der Zeuge gibt dann, auch wenn er bestimmte Beschimpfungen bekundet, damit die tatsächlich gefallenen Ausdrücke *nur dem Sinne nach* wieder. Er bedient sich seines eigenen Sprachschatzes, um die erlebte Situation zu beschreiben.

1037 Aus der fehlenden wörtlichen Übereinstimmung darf deshalb keineswegs der Schluß gezogen werden, ein Zeuge sei unglaubwürdig. „Drecksau" und „Lump" etwa sind für viele Zeugen die *Symbole* für Schimpfwörter schlechthin, sie stehen einfach für den *Begriff* „Schimpfwort". Ein charakteristisches

Beispiel für solche Synonymität hat Graßberger mitgeteilt.[14] Ich gebe die Stelle wörtlich wieder:

> In Ehrenbeleidigungsprozessen bemüht sich die Verteidigung in diesen Fällen oft, die Glaubwürdigkeit eines Belastungszeugen durch den Nachweis zu erschüttern, daß das vom Zeugen behauptete Schimpfwort gar nicht zum Sprachschatz des Angeklagten gehöre, daß daher die ganze unter Anklage gestellte Beschimpfung ein Phantasieprodukt des Privatanklägers sei. So hatte beispielsweise in einem Streit zwischen einem Österreicher und einem Reichsdeutschen der Privatankläger behauptet, „Stromer" beschimpft worden zu sein, während der Angeklagte glaubhaft machen konnte, diesen Ausdruck vor Gericht zum erstenmal gehört zu haben. Schon war der Richter fest entschlossen einen Freispruch zu fällen, als die beiden Parteien vor ihm neuerlich aneinandergerieten. Da erklärte der Angeklagte im unverfälschten Wienerisch: „Lassen's Ihna heimgeig'n mit ehrna g'schwollenen Sprach', Sie herg'laufener Vagabund sö." In diesem Augenblick wandte sich der Privatankläger an den Richter und sagte bezeichnenderweise: „Herr Rat, haben Sie es gehört, schon wieder schilt er mich 'nen ‚Stromer'."

Allenfalls dann, wenn es sich um ausgefallene, situationsgebundene **1038**
Schimpfwörter oder um solche handelt, die nicht zum Sprachschatz des Zeugen gehören, kann angenommen werden, daß sie wörtlich wiedergegeben worden sind. So etwa, wenn damit auf körperliche Gebrechen oder sittliche Verfehlungen individueller Art und dergleichen angespielt wird.

Verständigungsschwierigkeiten können auch bei den Aussagen von **Fach- 1039**
leuten auftreten. Diese setzen nämlich nicht selten beim Vernehmenden Kenntnisse voraus, die ihm fehlen.

Sofern Fachausdrücke, deren Bedeutung beim Zeugen als bekannt voraus- **1040**
gesetzt wird, wörtlich in das Protokoll übernommen werden, kann man sich in Nachschlagewerken darüber unterrichten. Gefährlicher sind *versteckte Schlußfolgerungen,* die dem fachkundigen Zeugen selbstverständlich erscheinen, es für den Laien jedoch keineswegs sind. Hier wird man sich oft die nötige Klarheit dessen, was gemeint ist, aus den schriftsätzlichen Darlegungen der Parteien verschaffen können, wenn im Vernehmungstermin versäumt worden ist, den Zeugen deswegen zu befragen.

Intellektuelle sind oft schlechte, unzuverlässige Zeugen. Das mag damit **1041**
zusammenhängen, daß Menschen, die viel denken, meist in *bilderlosen* Erinnerungen denken:[15]

> „Es ist schon hier zu betonen, daß in der *Anschaulichkeit* der Vorstellungen außerordentlich große individuelle Unterschiede bestehen. Empirisch nachgewiesen wurden diese Verschiedenheiten zuerst im Jahre 1880 von dem englischen Gelehrten Galton: er sandte an eine große Zahl von Leuten die Aufforderung, sich ihren Frühstückstisch vorzustellen und zu beschreiben, was sie dabei beobachteten. Es ergab sich, daß manche Menschen sich an alle Details erinnern und sie deutlich und farbig vor sich „sehen", während andere nahezu keine derartigen Bilder zustande bringen; zu diesen bilderarmen Menschen gehörten vor allem die Mitglieder der Royal Society, also geistig hervorragende Menschen. Damit ist aber nicht gesagt, daß sie sich schlechter erinnern können; sie „wissen", wie ihr

---

[14] Psychologie des Strafverfahrens, 2. Aufl. 1968, S. 72/73.

[15] Die folgende Stelle ist entnommen aus Rohracher, Einführung in die Psychologie, 9. Aufl. 1965, S. 279f.

Frühstückstisch aussieht und können oft genaue Details angeben, aber sie haben kein anschauliches Bild davon. Dieses „Wissen" ist natürlich auch eine Gedächtniserscheinung; an die Stelle der Anschauung treten in solchen Fällen sofort die Worte und Begriffe für das, was sonst in Bildern erscheint. Von dieser Art der Erinnerungen kann sich jeder leicht überzeugen, wenn er *abstrakte Begriffe* denkt: Idee, Kultur, Geschichte, Recht und Gerechtigkeit – in allen diesen Fällen treten Inhalte in das Bewußtsein, die überhaupt keine anschauliche Grundlage haben. Genauso kann es aber auch bei Erinnerungen sein, für die eine anschauliche Grundlage zur Verfügung stünde; während der eine bei der Vorstellung des Frühstückstisches die Kaffeekanne bildhaft „sieht", kommt beim anderen nur der Begriff „Kaffeekanne" in das Bewußtsein, ohne daß ein Bild von ihr auftritt. Dies kann so weit gehen, daß auch ganz individuelle Gegenstände – „unsere Kaffeekanne, die braune, mit dem kleinen Sprung am Deckel" abstrakt, unanschaulich gedacht werden. Menschen, die viel denken, denken meist in bilderlosen Erinnerungen; es ist daher begreiflich, daß sich in der Galtonschen Rundfrage die geistig höherstehenden Personen, die an abstraktes Denken gewohnt sind, als die bilderärmsten erwiesen haben."

1042 *Prozeßrechtlich* ist eine Entscheidung des OLG Köln[16] von Interesse, die sich dagegen verwahrt, daß die ohnehin beträchtliche Unzuverlässigkeit des Zeugenbeweises durch vorprozessuale Beeinflussung noch mehr vermindert wird. Danach kann auch einer Behörde nicht zugestanden werden, vor Beginn eines Rechtsstreits eigenmächtig Zeugen zu Vorgängen zu vernehmen, über die diese später vor Gericht aussagen sollen. Ein derartiges Vorgehen fällt beweisrechtlich auf die Behörde zurück.

1043 Bis vor kurzem hatte das Gericht nicht die Macht, einen Zeugen durch Auflagen zu einer besseren Wiedergabefähigkeit zu zwingen. Es durfte ihn nicht im Wege des Zeugniszwanges dazu anhalten, sein Erinnerungsbild durch Erforschung seines Gedächtnisses und durch Benutzung ihm zugänglicher Hilfsmittel aufzufrischen. Das Prozeßgericht war auch nicht befugt, dem Zeugen aufzugeben, eine bestimmte Erinnerungsquelle für seine Aussage zu verwerten, etwa Briefe nachzulesen, Korrespondenz zu studieren und dergleichen.[17] Das ist als der Wahrheitsfindung abträglich empfunden worden.[18] und hat zur Neufassung des § 378 ZPO geführt. Danach hat der Zeuge Aufzeichnungen und andere Unterlagen einzusehen und sogar zum Termin mitzubringen, soweit dies zulässig und zumutbar ist. Kommt er einer dahingehenden Anordnung des Gerichts nicht nach, dann setzt er sich dem Zeugniszwang des § 390 ZPO aus.

1044 Das Gericht ist zur Rücksichtnahme auf den Zeugen verpflichtet. Obwohl die erneute Vernehmung gemäß § 398 ZPO im Ermessen des Gerichts steht, kann darin ein Mißbrauch des Zeugniszwanges liegen, wenn nämlich nicht zu erwarten ist, daß die Zeugen ihre Aussagen ändern und auch sonst keine erheblichen Gründe für eine nochmalige Vernehmung bestehen.[19] Diese Einstellung ist aussagepsychologisch deshalb zu begrüßen, weil mit jeder weiteren Vernehmung die Aussage in ihrem Wahrheitsgehalt geschwächt

---

[16] VersR 1955, 142.
[17] OLG Nürnberg BayJMBl 1954, 66.
[18] Dedes JR 1983, 99.
[19] BAG DB 1964, 1343.

wird.[20] Gegen die Gesetzmäßigkeit des Vergessens ist nicht mit wiederholten Vernehmungen anzukommen.

Erwähnt sei hier auch, wie nachteilig es sich auf die Qualität einer Zeugenbekundung auswirken kann, wenn der Zeuge zum angegebenen Termin nicht vernommen wird, sondern stundenlang auf dem Flur warten muß (siehe dazu § 41 Rn. 1206 ff.). **1045**

Bei Routine-Vorgängen fehlt es der Aussageperson häufig an konkreten Erinnerungen. Dieser Fall wird besonders praktisch, wenn Verkehrspolizisten nach längerer Zeit zu Verkehrsübertretungen vernommen werden. Dann darf das Gericht nicht einfach von einer belastenden Feststellung ausgehen, weil Polizeibeamte „erfahrungsgemäß" in der konkreten Verkehrslage nur solche Verkehrssünder anzeigen, die tatsächlich gegen das Überholverbot verstoßen haben.[21] Die Aussage eines Polizeibeamten, er könne sich an den von ihm angezeigten Verkehrsvorgang zwar nicht mehr erinnern, er würde aber üblicherweise so oder so verfahren, hat nur den Wert eines Indizes innerhalb der nach §§ 286 ZPO, 261 StPO vorzunehmenden freien Gesamtbeweiswürdigung.[22] **1046**

Noch zahlreiche andere Gesichtspunkte verdienten es, hier hervorgehoben zu werden. Erfahrungen hinterlassen Prägungen: Wer viel schwere Gewichte heben muß, wird „schwer" und „leicht" anders beurteilen als der Schreibtischarbeiter. Auch tendieren alle Personen dazu, das zu erinnern, von dem sie glauben, daß eine Bezugsgruppe es hören will.[23] Die Persönlichkeitsstruktur des Zeugen ist ebenfalls von außerordentlicher Bedeutung.[24] Es gibt empfindliche, nachgiebige, mißtrauische, aggressive, unterwürfige, rechthaberische, entschlossene, zögernde, kompromißbereite, zaudernde, kluge, dumme, umständliche, wortkarge, wortreiche, lebhafte, stille Menschen usw. Alle diese Eigenschaften und ungezählte weitere treffen in einer individuellen Mischung in der einzelnen Person zusammen. Es wäre ein Wunder, würden diese Eigenschaften sich im gesamten Verhalten eines Menschen verwirklichen, nur nicht bei Wahrnehmung und Wiedergabe. Dieses Wunder gibt es nicht; es wird nur – leider – in manchen Gerichtsurteilen fingiert, weil das die Beweiswürdigung „vereinfacht". **1047**

In der Praxis ist es oft außerordentlich erkenntnisfördernd, die **Konfliktsituation** herauszustellen, in der sich ein Zeuge befindet.[25] Sie beeinflußt geradezu zwangsläufig die Aussage im einen oder anderen Sinne, weil die Unbefangenheit des Zeugen nicht mehr gegeben ist. Der eine wird zugunsten „seiner" Partei bekunden; der andere ist vielleicht so um Objektivität bemüht, daß er in dem Wunsch, ihr zu genügen, „seine" Partei benachteiligt. **1048**

---

[20] Siehe oben in § 35 Rn. 1011 die „Vergessenskurven".

[21] OLG Köln NJW 1969, 443 mit Anm. Eb. Schmidt in JR 1969, 391.

[22] BGH NJW 1970, 573 und 1558; OLG Köln NJW 1969, 1727. Siehe auch BGHSt 14, 310 zur Vernehmung über einen bestrittenen Protokollinhalt.

[23] Berelson/Steiner, Menschliches Verhalten, Bd. II: Soziale Aspekte, 1972, S. 361.

[24] Siehe dazu Graumann, Handbuch der Psychologie, Bd. 4: Persönlichkeitsforschung und Persönlichkeitstheorie, 2. Aufl. 1960, S. 87 ff., sowie Thomae, ebenda, S. 281 ff.

[25] Vgl. Lehr, Handbuch der Psychologie, Bd. 2: Allgemeine Psychologie, Motivation, 2. Aufl. 1965, S. 306 ff.

1049 Die Situation der „interessierten Zeugen“ ist irgendwie ausweglos. Die Zeugen stehen unter dem staatlichen Zwang, hier und jetzt einen Konflikt zu lösen, sind aber gleichzeitig einem Orientierungsverlust ausgesetzt, weil sie hier und jetzt die einen oder die anderen Maßstäbe verwerfen sollen, von denen sonst ihr Handeln geprägt ist: Wahrhaftigkeit steht gegen Freundschaft oder Zuneigung, Gerechtigkeit gegen persönliche Vermögenseinbuße, Selbstbewußtsein und Anerkennungsbedürfnis stehen vielleicht gegen den Zwang zum öffentlichen Bekenntnis, etwas falsch gemacht zu haben usw. Der gute Ruf nach außen oder die narzißtische Selbstüberschätzung nach innen führen zur Aussageverzerrung. Wer als guter Kraftfahrer gilt oder sich dafür hält, dem fällt es einfach schwer, ein mehr oder minder grobes Fehlverhalten im Straßenverkehr schlicht einzuräumen. Dann ist – wie in so zahlreichen Fällen – nicht er als der Wartepflichtige auf einer untergeordneten Straße für den Unfall verantwortlich, sondern der Vorfahrtsberechtigte, der nicht wachsam genug war, die Übersichtsschwierigkeiten des Wartepflichtigen nicht genügend berücksichtigt hat, zu schnell angefahren ist und dergleichen. Jeder Praktiker in Verkehrssachen kennt solche Behauptungen zum Unfallhergang zur Genüge.

§ 36. Die Wiedergabebereitschaft

1050 Dritte Voraussetzung für die Zuverlässigkeit einer Bekundung ist, daß der Zeuge zu einer genauen Schilderung seiner Wahrnehmung *bereit* ist (Wiedergabebereitschaft). Der Wille zur Wahrheit fehlt beim Lügner. Die Umstände eines konkreten Falles können jedoch auch bei einem Zeugen, der ansonsten nicht zum Lügen neigt, den Wahrheitswillen zurückdrängen. Das gilt vor allem hinsichtlich der Gruppenbindung. Die Tendenz eines Zeugen, dasjenige zu erinnern, von dem er annimmt, daß eine Bezugsgruppe es hören will,[1] darf nicht zu eng gesehen werden.

1051 Jeder Mensch ist irgendwie dem Gruppenzwang unterworfen. Ebenso wie er sich als einzelner äußerlich an das Gruppenverhalten anpaßt, von den Modeströmungen über den Kleiderzwang bei einzelnen Sportarten bis hin zur Uniform des Beamten, tendiert er im Denken, Fühlen und Wahrnehmen zur Anpassung – extrem ausgeprägt im religiösen Bereich und im Sektierertum. Aussagen gegen die Gruppeninteressen sind daher sehr selten und dann im Zweifel wahr.

1052 Da **Kindern** das Verantwortungsgefühl für die Wahrheit und die Erkenntnis der Tragweite ihrer Aussage nicht selten fehlt, muß bei ihnen die geringe Aussagebereitschaft berücksichtigt werden. Auf Kinderaussagen im einzelnen ist hier nicht einzugehen. In der Praxis der Zivilgerichte spielen sie nur eine geringe Rolle. Im Strafverfahren dagegen – vor allem in Sittlichkeitsprozessen – wird regelmäßig ein Sachverständiger hinzugezogen.

1053 Für den Zivilprozeß scheint der Bundesgerichtshof großzügig zu sein: „Ein zwölfjähriger Junge ist normalerweise in der Lage, ein Verkehrsgesche-

---

[1] Berelson/Steiner, Menschliches Verhalten, Bd. II: Soziale Aspekte, 1972, S. 361.

hen, das er aufmerksam beobachtet hat, in den wesentlichen Punkten zu erfassen und bei geeigneter Fragestellung später wiederzugeben. Die Zuziehung eines Jugendpsychologen ist nicht erforderlich."[2] Und noch weitergehend in einer (sehr bedenklichen) Entscheidung, die etwas länger zurückliegt:[3] „Auch die erst nach Jahren erstattete Aussage eines beim bekundeten Vorfall erst 6jährigen und verletzten, dazu am Prozeßausgang interessierten Kindes kann geeignet sein, den Richter von der Wahrheit seiner Angaben zu überzeugen."

Der Wille zur Wahrheit wird wohl am ehesten geschwächt durch das 1054
Angehörigenverhältnis zu einer Partei (seelische Bindung) sowie durch das **wirtschaftliche Interesse am Ausgang eines Rechtsstreits** (vermögensrechtliche Bindung). Die bei Laien vielfach anzutreffende Meinung, ein Ehegatte könne nicht als Zeuge des anderen Ehegatten auftreten, ist daher aussagepsychologisch durchaus nicht abwegig. Denn bei Ehegatten treffen die seelischen und die vermögensrechtlichen Bindungen *zusammen*. Es ist daher auch gar nicht selten, daß die Ehegatten der streitenden Prozeßparteien bei ihrer Vernehmung über *denselben* Vorgang, dem sie beide beigewohnt haben, völlig entgegengesetzte Sachdarstellungen geben. Dabei hat man oft den Eindruck, daß im Grunde keiner mehr richtig weiß, wie es wirklich gewesen ist. Jede Partei-Familie hat sich durch ständige Erörterung der Ereignisse eine Legende zurechtgemacht, an die sie bedingungslos glaubt. Und jede ist deshalb davon überzeugt, im Besitz der vollen Wahrheit zu sein; der Gegner dagegen „lügt mit frecher Stirn", wie es dann vielleicht heißt.

Oft stehen sich geradezu zwei feindliche Lager gegenüber: hier die Ver- 1055
wandten und Bekannten der klagenden, dort die der beklagten Partei. Jede Mannschaft tritt als Eideshelfer „ihrer" Partei auf, um den Gegner zu „übersiebnen".

Jedoch geht es nicht an, hieraus entgegen § 286 Abs. 2 ZPO eine gesetzliche Beweisregel herzuleiten. Die Verwandtschaft allein genügt nie, der Aussage eines Zeugen die Glaubwürdigkeit abzusprechen, weil es keinen allgemeinen Erfahrungssatz gibt, daß jede Verwandtenaussage unglaubhaft sei.[4]

Zuneigung oder **Abneigung, Freundschaft** oder **Feindschaft, gesell-** 1056
schaftliche oder **soziale Bindungen** können eine der Wahrheitsfindung hinderliche **Voreingenommenheit** des Zeugen hervorrufen. Das hängt damit zusammen, daß Mitglieder einer Gruppe typischerweise die Gruppenmeinung annehmen, selbst dann, wenn die Gruppe klar im Irrtum ist.[5]

Ein abhängiger Angestellter wird nicht so leicht bereit sein, ungünstig gegen seinen Chef auszusagen. Die innere Hemmung äußert sich häufig darin, daß „unangenehme" Tatsachen „vergessen" werden. Das ist oft nicht einmal unwahr. Es kann sich dabei tatsächlich um die Verdrängung von Vorstellungen handeln, deren Erinnerung Unlustgefühle hervorgerufen haben (zum Beispiel die Gefahr der Entlassung).

---

[2] BGH VRS Bd. 33, 174.
[3] BGH VersR 1956, 502.
[4] OLG Köln VersR 1972, 1176; KG VerkMitt 1985 Nr. 58.
[5] Berelson/Steiner, Menschliches Verhalten, Bd. II: Soziale Aspekte, 1972, S. 207, 208.

Vergleichbar liegen die Situationen anderer Gruppen. Einem Arzt einen Kunstfehler nachzuweisen, ist schon ein mühevolles Unterfangen. Beamte „decken" sich untereinander, so gut es nur geht. Wann etwa kommt es vor, daß selbst ungewöhnlich grobe Pflichtverletzungen, die der Bundesrechnungshof nachweist, zu Sanktionen führen? Dienstaufsichtsbeschwerden führen in aller Regel zu nichts. Die Gruppensolidarität ist ein soziologisches Faktum. Wer sie nicht respektiert, sondern den geraden Weg geht, den nennt man einen „Nestbeschmutzer"; und die Fälle, in denen es solchen rechtschaffenen Kritikern übel ergangen ist, sind nicht selten. Dieser Mechanismus funktioniert natürlich auch bei der Zeugenaussage!

1057 In diesem Zusammenhang ist auch das Problem zu erwähnen, wie der Beweiswert von sog. **Insassenzeugen** anzusetzen ist. Diese Beweiswürdigungssituation tritt häufig im Kfz-Haftpflichtprozeß auf. Aus der bereits erwähnten psychologischen Gruppenbindung folgt, daß der Realitätsgehalt der Aussagen unfallbeteiligter Zeugen nur durch besonders kritische Würdigung ermittelt werden kann, wobei in der Regel zu verlangen ist, daß die Aussage durch feststehende objektive Umstände gestützt wird.[6]

1058 Auch hier darf jedoch nicht in den Fehler verfallen werden, entgegen der Bestimmung des § 286 Abs. 2 ZPO eine Art Beweisregel zu schaffen, wonach Insassenbekundungen für die Tatsachenfeststellung schlechthin wertlos seien. Diesen Fehler hat das OLG Köln in einem Schiffahrts-Prozeß begangen und ist deshalb vom BGH[7] aufgehoben worden.

1059 Je geringer die emotionale Bindung des Zeugen ist, um so größer ist im Zweifel seine Wiedergabebereitschaft. Diese Einsicht erklärt es, warum die Rechtsprechung den Aussagen von Polizeibeamten besonderes Gewicht beimißt. Der Beamte hat allerdings, bevor er in einem gerichtlichen Verfahren vernommen wird, in der Regel zwischenzeitlich eine Reihe ähnlicher Vorfälle beobachtet und bearbeitet. Oft kann er sich dann wegen des Zeitablaufes nicht mehr genau an den konkreten Hergang erinnern, vermag jedoch zu sagen, wie er sich in dieser Situation grundsätzlich verhält und nach seiner Überzeugung auch verhalten hat. Obwohl eine solche Aussage keinen bestimmten sachverhaltsbezogenen Inhalt hat, ist sie als Beweiswürdigungsumstand verwertbar und unterliegt der freien Beweiswürdigung des Tatrichters.[8] Dahinter steht die Überzeugung, daß Polizeibeamte kraft ihres Berufes sorgfältig und pflichtgemäß verfahren.[9]

1060 Umgekehrt rechtfertigt die Tatsache, daß ein Unfallbeteiligter wegen der

---

[6] OLG Hamburg MDR 1970, 337; KG VersR 1977, 721 = VRS Bd. 53, 253; OLG München VersR 1982, 678 = NJW 1982, 708; LG Weiden VersR 197, 1036; AG München VersR 1986, 793.

[7] MDR 1975, 39 mit Anm. Schneider = VersR 1974, 1196 = NJW 1974, 2283; ebenso BGH NJW 1988, 566 mit Anm. Walter = VersR 1988, 416; siehe dazu auch Reinecke MDR 1986, 631 f., 1989, 114; Greger NZV 1988, 13. Unrichtig daher LG Köln NZV 1988, 28; AG München NJW 1987, 1425.

[8] BGHSt 23, 213 = MDR 1970, 343; mit Recht kritisch aber Grohmann/Schulz DAR 1980, 74. Mit der Zuverlässigkeit der Zeugenaussagen von Soldaten befaßt sich Riecker VersR 1980, 710.

[9] OLG Karlsruhe VersR 1977, 937.

Ausgestaltung des Amtshaftungsrechts (§ 839 BGB Art. 34 GG) nicht als Partei, sondern als Zeuge auftritt, durchaus nicht, ihm deshalb mehr Glaubwürdigkeit zuzumessen als dem anderen Unfallbeteiligten, der auch formal als Partei auftritt.[10]

Auch wenn **Nachbarn** über die Verhältnisse von Nachbarn auszusagen **1061**
haben, ist Vorsicht geboten. Wer wird schon davon erbaut sein, sich wegen eines „dummen Prozesses" die Feindschaft des Nachbarn durch eine abwertende Aussage zuzuziehen? Ist der Nachbar gar noch Geschäftsmann und eine Partei sein Kunde, so weiß der Zeuge entweder nichts (um es mit der anderen Partei, die ebenfalls sein Kunde ist, nicht zu verderben), oder er weiß nur Gutes zu berichten. Mit solchen nachbarlichen Werturteilen ist daher nicht viel anzufangen.

Das **vermögensrechtliche Interesse** eines Zeugen, der die vom Kläger **1062**
eingeklagte Forderung diesem abgetreten hat **(Zedent)** – möglicherweise sogar nur deshalb, um als Zeuge auftreten zu können[11] –, ist offenkundig und wird doch nicht immer genügend beachtet.

Voreingenommenheit ergibt sich oft aus der *sprachlichen Darstellung,* in die **1063**
eine Aussage gekleidet wird. Unnötige Schärfen oder nicht gefragte Beschönigungen sind Anzeichen dafür, daß der Zeuge innerlich gegen oder für eine Prozeßpartei eingestellt oder daß er aus anderen unsachlichen Gründen an einem bestimmten Ausgang des Rechtsstreites interessiert ist.

Man hüte sich aber auch davor, voreilig aus dem ansprechenden Auftreten **1064**
der Verhörsperson auf die objektive Zuverlässigkeit der Bekundung zu schließen. Das sichere Auftreten eines Zeugen bedeutet regelmäßig nur, daß der Zeuge an das glaubt, was er sagt. Damit ist aber nicht gesagt, daß seine Aussage auch der Wahrheit entspricht.[12]

Ganz besondere Bedenken bestehen gegen die **Aussagen der Kindesmut-** **1065**
ter im Abstammungsprozeß ihres – ehelichen oder nichtehelichen – Kindes. Erfahrungsgemäß neigt die Kindesmutter dazu, zugunsten ihres Kindes die Unwahrheit zu sagen, um Nachteile von ihm abzuwenden.

Unter ausführlicher Würdigung dieser menschlichen Situation ist das OLG Schleswig zu folgender grundsätzlichen Auffassung gelangt, die praktisch einer negativen Beweisregel gleichkommt: „Im Statusprozeß muß der Beweis für das Bestehen der unehelichen Vaterschaft in aller Regel *mit naturwissenschaftlichen Beweismitteln* geführt werden. Die Aussage der Kindesmutter ist kein geeignetes Beweismittel."[13]

So wird es auch verständlich, daß die Frage aufgeworfen worden ist, ob eine ausländische Vaterschaftsfeststellung gegen den deutschen verfahrensrechtlichen ordre publique verstößt, wenn sie allein auf der Aussage der Kindesmutter beruht.[14]

---

[10] LG Rottweil VersR 1973, 872.

[11] So in RGZ 81, 160; siehe dazu auch die instruktive Entscheidung des OLG Frankfurt VersR 1978, 259 sowie oben § 3 Rn. 54.

[12] Hellwig, Psychologie und Vernehmungstechnik bei der Tatbestandsermittlung, 4. Aufl. 1951, S. 172.

[13] NJW 1955, 1881.

[14] Siehe dazu BGH FamRZ 1986, 665.

1066 Die Begriffe, mit denen Zivilrichter an Zeugenaussagen herangehen, sind oft zu weit, um brauchbar zu sein. „Wahrheitsliebe“, „Aufrichtigkeit“ usw. sind keine zureichenden Erkenntniskriterien, weil sie der Wirklichkeit nicht gerecht werden. Es kommt darauf an, zu erkunden, bei welchen Gelegenheiten, aus welchen Motiven heraus ein Mensch Gefahr läuft, von der Wahrheit abzuweichen, nach welcher Richtung er von der Wahrheit abweichen wird (zu seinen Gunsten oder zu Lasten anderer?), ob eine besondere Konstellation dafür im Streitfall gegeben ist usw.[15]

1067 Aber wie soll das im Zivilprozeß alles geklärt und ermittelt werden? Das ist kaum möglich. Gerade deshalb sollte sich der Beweiswürdiger aber klarmachen, **daß der Glaube an die charakterliche Stärke der Menschen und damit auch der Zeugen, für Wahrheit und Gerechtigkeit einzustehen, daß dieser Glaube weitgehend ein Aberglaube ist.**

1068 Diese Erkenntnis wird – auch beim Richter – leicht Protest auslösen, jedenfalls aber unbewußte Widerstände mobilisieren, sie ist deshalb aber nicht weniger wahr. Das sogenannte „Milgram-Experiment“ hat sie wissenschaftlich exakt bewiesen.[16] Und andere Forscher haben die Ergebnisse bestätigt.

Die Überschätzung der Fähigkeit zur moralischen Selbststeuerung ist psychologisch ein wichtiges Fundament unserer Selbstachtung.[17] Die Diskrepanz zwischen der Moralkonzeption und dem zugehörigen moralischen Verhalten ist jedoch weit größer, als gemeinhin angenommen wird.[18] Das sogenannte persönliche Gewissen funktioniert in zahlreichen sozialen Entscheidungssituationen nicht, jedenfalls nicht so, wie es Ethiker und Theologen vorhersagen.[19]

1069 Insbesondere ist weitgehend unbekannt, „welche immense Hörigkeitsbereitschaft im normalen Menschen schlummert“.[20] Menschen können sogar wissen, was Recht ist und sich gläubig dazu bekennen, aber dennoch das Unrechte tun.[21]

1070 Wertvorstellungen sind eben in einer sich aktuell entwickelnden Situation durchaus nicht die einzigen und vor allem nicht die immer maßgebenden Wirkkräfte.[22] „Die Kraft, die vom Moralgefühl des Individuums ausgeht, ist weit weniger wirksam, als gesellschaftliche Mythen uns glauben lassen möchten.“[23]

1071 Das Bundesarbeitsgericht hat diesen tatsächlichen Gegebenheiten in einer

---

[15] Undeutsch, Handbuch der Psychologie, Bd. 11: Forensische Psychologie, 1967, S. 83, 84.

[16] Stanley Milgram, Das Milgram-Experiment. Zur Gehorsamsbereitschaft gegenüber Autorität, 1974.

[17] Richter, Flüchten oder Standhalten, 1976, S. 91.

[18] Berelson/Steiner, Menschliches Verhalten, Bd. II, S. 368.

[19] Richter, Flüchten oder Standhalten, S. 78.

[20] Richter, Flüchten oder Standhalten, S. 86.

[21] Berelson/Steiner, Menschliches Verhalten, Bd. II, S. 368.

[22] Milgram, Milgram-Experiment, S. 23.

[23] Milgram, Milgram-Experiment, S. 23; Richter, Flüchten oder Standhalten, S. 78.

bemerkenswerten Entscheidung[24] Rechnung getragen und dem Berufungsgericht nicht durchgehen lassen,

> für die Glaubwürdigkeit spreche „die Persönlichkeit des Zeugen selbst, der als ehemaliger Vizepräsident des Bundesbahn-Sozialamtes mit langjähriger Verwaltungserfahrung einen absolut sachlichen, umsichtigen sowie im Sinne bester preußischer Beamtentradition korrekten Eindruck hinterlassen" habe.

Diese Einsichten sind von wesentlicher, aber sehr häufig vernachlässigter Bedeutung für die Einschätzung des Zeugeneides.[25] Die **Beeidigung** eines Zeugen vermag – was vielfach verkannt wird – die Wahrnehmung überhaupt nicht und die Wiedergabe des Wahrgenommenen nur hinsichtlich des **Wahrheitswillens** zu beeinflussen.[26] 1072

Die Furcht vor der Entdeckung bei einer Falschaussage **kann** den Zeugen zur wahrheitsgemäßen Bekundung veranlassen. Indessen wird meist derjenige, der zur unwahren Aussage entschlossen ist, auch deren Beeidigung in Kauf nehmen. Insgesamt gesehen ist daher der psychologische Zwang des Eides doch von recht zweifelhaftem Wert. 1073

Man nimmt auf Grund der Untersuchungen von Kloß[27] und Peters[28] an, daß nur ein bis zwei Prozent aller Meineide gerichtlich geahndet werden! Daher sollte man sich von der Neigung freimachen, der beeidigten Aussage *grundsätzlich* den Vorzug vor der unbeeidigten zu geben. Jedenfalls fördert eine gute Vernehmung mehr an wahrheitsgemäßer Aussage zutage als eine schlechte, die unter dem Druck der Beeidigung stattfindet.[29] Hellwig[30] betont mit Recht: Ein erfahrener Richter wird sich seine Zeugen, ihre Person und den Inhalt ihrer Aussage ansehen und dann in wirklich freier Würdigung des Beweises auch einer eidlichen Aussage unter Umständen den Glauben versagen, um einer uneidlichen Aussage den Vorzug zu geben. 1074

Wer eine beeidete Aussage zu würdigen hat, wird deshalb sein Augenmerk mehr auf die allgemeinen Fehlerquellen und die besonderen Glaubwürdigkeitsumstände zu richten haben als auf den Eid. Schließlich hat kein Geringerer als Schopenhauer gesagt: *„Der Eid ist die metaphysische Eselsbrücke der Juristen; sie sollten sie so selten, als irgend möglich, betreten."* 1075

Die Entscheidung darüber, ob ein Zeuge zu beeiden ist, gehört zum tatrichterlichen Ermessen, in das der Revisionsrichter grundsätzlich nichts 1076

---

[24] AP ZPO § 286 Nr. 6 mit Anm. Schneider; siehe dazu auch Reinecke MDR 1986, 633 u. 636.

[25] Siehe dazu aus dem Schrifttum Bull SchlHA 1976, 38; Ebert JR 1973, 397; Engelmann MDR 1973, 365; Heimann-Trosien JZ 1973, 609; Knoche DRiZ 1973, 55; Nagel DRiZ 1970, 232 u. JR 1972, 413; v. Schlotheim DRiZ 1972, 392; Stolleis JuS 1974, 770; Woesner NJW 1973, 169.

[26] OLG Köln MDR 1971, 933.

[27] AfK 1906, 667 ff.

[28] Zeugenlüge und Prozeßausgang, 1939, S. 1 ff.

[29] Siehe z. B. den von Bull in DRiZ 1962, 89 geschilderten Fall.

[30] Psychologie und Vernehmungstechnik bei der Tatbestandsermittlung, 4. Aufl. 1951, S. 103.

hineinzureden hat. Der Bundesgerichtshof hat dies einmal verkannt[31] und ist deshalb mit Recht kritisiert worden.[32] Der Richter sollte, ehe er den Eid abnimmt, überlegen, ob er ihn nicht auf den Teil der Aussage beschränken will, der für die Entscheidung ausschlaggebend ist.[33]

1077 Dadurch, daß heute zahlreiche Ausländer oder Angehörige von Minderheitssekten vor deutsche Gerichte geladen werden, haben sich Probleme bei der Leistung des Eides gestellt, die rein formaler Natur sind, aber in der Praxis zu plötzlichen „Verlegenheitslücken“ führen können. Dürfen etwa die „Zeugen Jehovas“ die Eidesleistung unter Berufung auf die in Art. 4 GG gewährte Glaubens- und Gewissensfreiheit verweigern? Ist es mit dem Gleichheitsgrundsatz des Art. 3 GG vereinbar, daß bestimmte Religionsgesellschaften besondere Beteuerungsformeln verwenden dürfen, andere dagegen nicht? Darf ein Mohammedaner statt „Gott“ (§ 481 ZPO) seinen „Allah“ anrufen?[34] Der Richter wird gut daran tun, sich bei der Vernehmung von Ausländern rechtzeitig auf die etwaige Fassung der Eidesformel vorzubereiten. Noch besser wäre es wohl, modernen Tendenzen stattzugeben und den Eid ganz fallenzulassen.

Vierter Abschnitt

§ 37. Die konkrete Beweiswürdigung von Zeugenaussagen

1078 Die Ausführungen in den §§ 30–36 dürften das Mißtrauen gegenüber Zeugenaussagen geweckt haben, sofern es nicht bereits beim Leser vorhanden war. Da vorwiegend *Fehlerquellen* offengelegt worden sind, könnte der Eindruck entstehen sein, daß es überhaupt keine verwertbaren Zeugenaussagen gebe. Eine solche Auffassung wäre jedoch unhaltbar. Es darf nicht verkannt werden, daß hier nur **statistische Wahrheiten** über Fehlerquellen mitgeteilt worden sind. *Damit ist über Wert und Unwert der konkreten Aussage noch kein Urteil gefällt worden!* Absolut glaubwürdige Zeugen gibt es ebensowenig wie absolut unglaubwürdige. Der gerissenste Lügner kann sich – und sei es nur aus egoistischen Motiven – zur Wahrheit entschließen; und ebenso kann sich der wahrheitsliebende Mensch täuschen. Die typischen Fehlerquellen dürfen deshalb nicht als absolute Maßstäbe genommen werden, sondern als die *Schwachstellen,* bei denen die kritische, individuelle Würdigung anzusetzen hat.

1079 In der Praxis beschränkt sich die Beweiswürdigung leider manchmal auf die Entgegennahme der Äußerung eines Zeugen über seine früheren Wahrnehmungen. Dahinter verbirgt sich die von Reinecke (siehe § 24 Rn. 703) herausgearbeitete „heimliche Beweisregel“, wonach einem Zeugen zu glauben ist, wenn nicht ganz gewichtige Anhaltspunkte gegen seine Aussage sprechen.

[31] BGHZ 43, 368.
[32] Vgl. Schneider MDR 1969, 429; Grunsky ZZP Bd. 79 (1966), 140.
[33] Vgl. Rosenberg/Schwab, ZPR, 12. Aufl. 1977, § 123 VI.
[34] Siehe dazu Jünemann MDR 1970, 725, sowie Leisten MDR 1980, 636.

Nimmt man noch hinzu, daß die Praxis weiter dazu neigt, aus der gleichlautenden Wiederholung früherer Bekundungen auf deren Wahrheit, aus Abweichungen auf Unsicherheit zu schließen,[1] dann sind damit die wesentlichsten Gründe unkritischer Würdigung von Zeugenaussagen schon genannt.

Aber man falle nun nicht in das andere Extrem, statt sich auf das Prädikat **1080** „glaubhaft" zu beschränken, alle Zeugenaussagen grundsätzlich als nicht hinreichend zuverlässig anzusehen. Es sind auch nicht bei jeder Beweiswürdigung seitenlang Fehlermöglichkeiten zu erörtern, obwohl der zu bearbeitende konkrete Fall keine hinreichenden Anhalte dafür bietet. Regeln dafür, wo hier die rechte Mitte liegt, lassen sich nicht aufstellen. Kritisches Nachdenken, das Erfassen der Sachverhaltssituation, Trennung von Wichtigem und Unwichtigem und dergleichen lernt man nicht an abstrakten Regeln, sondern durch *Übung* in der Bearbeitung von Rechtsfällen.

Die Gesamtheit der Aussagen unter Berücksichtigung sonstigen Beweis- **1081** stoffes ist sehr oft zur Klärung des tatsächlichen Geschehens hinreichend, weil es für die rechtliche Beurteilung nicht auf die Menge der Details, sondern auf das Gesamtbild ankommt.[2] Die nie ganz vermeidbaren Wiedergabefehler wirken sich dann nicht so störend aus, daß sie eine Überzeugungsbildung grundsätzlich hindern.

Ein alltägliches **Beispiel** aus der Praxis mag dies verdeutlichen: **1082**

Die *Klägerin* war im Winter auf dem schneebedeckten Hofraum des Beklagten mittags um 13.30 Uhr gestürzt und hatte sich das Bein gebrochen. Sie verlangte Schadensersatz vom Beklagten. Dieser verteidigte sich damit, daß eine wirksame Schneebekämpfung nicht möglich gewesen sei, weil es am Unfalltage von morgens bis abends ununterbrochen geschneit habe.

Der *erste Zeuge* – glaubwürdig – bekundete: Es habe bis zum Spätnachmittag dauernd geschneit. Daran könnte er sich ganz genau erinnern, weil er ausgerechnet an diesem Tage umgezogen sei. Er habe kleinere Sachen mit seinem Personenkraftwagen befördert und immer wieder die Windschutzscheibe wegen des Schneefalles abwischen müssen. Auch sei der Umzug sehr umständlich gewesen, weil wegen des ständigen Schneefalles die Fahrten zwischen alter und neuer Wohnung beschwerlich gewesen seien.

Die *zweite Zeugin* – Schwester des Beklagten, Glaubwürdigkeit zweifelhaft – bekundete: Es habe von morgens bis nachmittags um 16.00 Uhr (der Vorfall lag 10 Monate zurück!) ununterbrochen geschneit. Sie habe das durch das Fenster ihres Arbeitsraumes in der Fabrik beobachtet.

Das Gericht holte eine Auskunft des *Wetteramtes* ein. Danach hatte es bis mittags 13.00 Uhr ohne wesentliche Unterbrechungen geschneit. Um 13.30 Uhr wurde kein Schneefall mehr registriert.

Was lehrt dieser Fall?

Die Klage wurde auf Grund der objektiven und deswegen zuverlässigen **1083** Auskunft des Wetteramtes abgewiesen. Der Beklagte verstieß nicht gegen die im Verkehr erforderliche Sorgfalt, wenn er nach sechsstündigem Schneetreiben nicht die letzte Schneeflocke abpaßte, um seiner Verkehrssicherungs-

---

[1] Prüfer DRiZ 1977, 41 ff.

[2] Siehe dazu Knippel MDR 1980, 112; Bender/Nack DRiZ 1980, 121.

pflicht zu genügen. Er durfte abwarten, ob das Abklingen des Schneefalles gegen 13.00 Uhr endgültig war oder ob es sich nur um eine vorübergehende Aufhellung handelte.

Obwohl nun die Aussage des glaubwürdigen ersten Zeugen und ebenso die Bekundung der hinsichtlich der Glaubwürdigkeit zweifelhaften zweiten Zeugin objektiv falsch waren, wäre auch auf Grund ihrer Darstellungen der Rechtsstreit *richtig* entschieden worden. Die Übertreibungen hinsichtlich der Dauer des Schneefalles wären unschädlich gewesen, weil sie für die Entscheidung des Rechtsstreites bedeutungslos waren.

1084 So läßt sich bei gebotener Vorsicht aus vielen Aussagen ein hinreichend zuverlässiger Realitätsgehalt herausschälen. Im Kfz-Unfallprozeß kann etwa die Bekundung eines Zeugen, der Beklagte sei „100 gefahren" oder „irrsinnig schnell dahergekommen" usw. immer noch dahin verwertet werden, daß der Zeuge den Eindruck einer recht hohen Geschwindigkeit hatte und dieser Eindruck wiederum mit dem realen Geschehen soweit übereinstimmte, daß aus der Bekundung ein erheblicher Beweisumstand gewonnen werden kann.[3]

1085 Ein anderes Beispiel aus dem juristischen Alltag mag noch zeigen, daß eine unrichtige Aussage häufig aus dem Gesamtzusammenhang des Geschehens erkannt werden kann:

> Der Kläger stützte seine Klage darauf, daß er mit seinem Pkw auf der Straße ganz plötzlich nach links habe steuern müssen, um nicht einen Briefträger, der vom Fahrrad gefallen und auf die Straße gestürzt sei, zu überfahren. Der Kläger war durch das Linksreißen seines Fahrzeugs in einen entgegenkommenden Lkw gefahren, der wiederum mit seinem Anhänger gegen einen parkenden Pkw gestoßen war. Die beklagte Bundespost trug vor, der Briefträger habe den Unfall nicht verursacht. Eine Blutprobe hatte ergeben, daß er – als er sich im Dienst befand und Briefe austrug! – 2,6 Promille Alkoholspiegel hatte. Zeugen sagten *glaubhaft* aus, daß der Briefträger unmittelbar nach dem Unfall über seinem auf der Erde liegenden Fahrrad gestanden und emsig Adressen seiner Briefe studiert habe, ohne sich um den Unfall zu kümmern.

1086 Dieses Verhalten des Briefträgers war so ungewöhnlich, daß es ein ganz ausschlaggebendes Beweiswürdigungsmoment für die Wahrheit der Darstellung des Klägers bot. Wenn unmittelbar neben jemandem ein Pkw in einen Lastwagen rast und der Lastwagen einen parkenden Pkw anfährt, dann reagiert jeder normale Mensch in der Weise, daß er seine gerade ausgeübte Tätigkeit aufgibt und auf das Unfallgeschehen schaut. Wenn unser Briefträger das genaue Gegenteil tat, so war das nur erklärlich durch ein starkes Schuld- und Angstgefühl. Er wollte in kindlicher Naivität damit zeigen, daß er mit der ganzen Sache nichts zu tun habe.

1087 So günstig wie in diesen Beispielen liegen die Beweisergebnisse selbstverständlich in sehr vielen Fällen nicht. Leider kann man es den einzelnen Aktenstücken auch nicht ansehen, ob Aussagefehler die Entscheidung beeinflussen können. *Eine Zeugenaussage darf deshalb nie ungeprüft hingenommen werden.* Jede Aussage ist inbesondere einer Kontrolle durch objektive Beweismittel, Indizien und innere Wahrscheinlichkeit zu unterziehen.

---

[3] Vgl. dazu oben § 31 Rn. 938 und auch BGH VersR 1973, 745.

Diese „äußere Kontrolle" ist außerordentlich wichtig; denn „im Unbewußten gibt es kein Kriterium der Realität, so daß man die Wahrheit nicht von gefühlsbetonter Erfindung unterscheiden kann" (Siegmund Freud). 1088

Der Beurteiler – Richter oder Rechtsanwalt – sollte sich deshalb bei der Würdigung einer jeden Zeugenaussage immer folgende drei Fragen stellen und sie stufenweise beantworten:

1. Was hat der Zeuge ausgesagt?
2. Ist seine Aussage inhaltlich ergiebig?
3. Ist seine Aussage beweiskräftig?

1. Was der Zeuge gesagt hat, ergibt sich aus seiner sprachlichen Darstellung, 1089
die in der Vernehmungsniederschrift festgehalten ist. Stammt sie von einem anderen, ist also der erkennende Richter nicht zugleich der Vernehmende gewesen – z. B. bei Richterwechsel, Rechtshilfevernehmung, Berufungsanwalt –, dann ist davon auszugehen, daß das Protokoll keine Mißverständnisse enthält, die dem vernehmenden Richter unterlaufen sein könnten. Für eine derartige Annahme müßte die Niederschrift schon zureichende Anhaltspunkte bieten, etwa sinnlose Angaben oder auffällige Widersprüche. Außerdem pflegen Parteien und Anwälte erfahrungsgemäß alsbald nachdrücklich auf eine (vermeintlich) unrichtige Protokollierung zu reagieren. Gegebenenfalls ist die Beweisaufnahme zu wiederholen oder sind Zeugen, deren Aussagen sich widersprechen, einander gegenüberzustellen (§ 398 ZPO).

2. Der *Inhalt* der Aussage kann für die Entscheidung des Rechtsstreits von 1090
sehr unterschiedlicher Bedeutung sein. Möglicherweise vermochte der Zeuge überhaupt nichts zur Sache zu sagen. Dann mag er noch so wahrheitsliebend sein: seine Bekundung ist bereits deshalb wertlos, weil sie keinen Beweisstoff darbietet.

Ergiebig ist eine Aussage in zwei Fällen: einmal wenn der Zeuge über beweiserhebliche Umstände berichtet; zweitens dann, wenn ein Zeuge aussagt, er habe nichts wahrgenommen, obwohl er den Umständen nach etwas hätte wahrnehmen müssen. In diesem Fall muß man nämlich davon ausgehen, daß nichts Wahrnehmbares vorhanden gewesen ist. Der Ton liegt – das sei ausdrücklich hervorgehoben – auf dem *wahrnehmen müssen"*. Dieses „müssen" ist zureichend zu begründen! Denn aus der *Möglichkeit,* daß irgendein Zeuge irgendeinen bestimmten Vorgang hätte wahrnehmen *können,* darf man natürlich nicht schließen, daß er ihn auch unbedingt hätte wahrnehmen *müssen,* wenn der Vorfall sich in Wirklichkeit ereignet hätte.

Ein häufiger Fehler ist es, *Schlußfolgerungen als Wahrnehmungen* zu behan- 1091
deln. Die Gefahr, dieser Vertauschung zu erliegen und deshalb zu irren, ist groß, weil es keine **reinen** Wahrnehmungsberichte gibt. Jede Schilderung vergangener Ereignisse ist mehr oder weniger mit Schlußfolgerungen durchsetzt.[4]

Geht zum Beispiel der Streit darüber, ob Maier von Müller eine Sache 1092
gekauft hat, so ist es unzulässig, diese rechtliche Feststellung dem Zeugen zu

[4] Vgl. Dewey, Wie wir denken – Eine Untersuchung über die Beziehung des reflektiven Denkens zum Prozeß der Erziehung, 1951, S. 90–92.

überlassen. Das geschieht aber, wenn man dessen Aussage, Maier habe tatsächlich von Müller gekauft, als Wiedergabe eines Erlebnisses behandelt.

1093 Dabei darf man jedoch nie schematisch vorgehen. Bei einfachen Sachverhalten, die auch der Zeuge zu beurteilen in der Lage ist, kann man sich mit einem Urteil zufrieden geben, das eine Tatsachenzusammenfassung enthält. Steht in der Vernehmungsniederschrift etwa, daß der Zeuge bekundet hat, der Beklagte habe die Klägerin körperlich verletzt oder er habe sie mißhandelt, so kann man diese sogenannte „juristische Tatsache" übernehmen. Zwar sind „Körperverletzung" oder „Mißhandlung" streng genommen Rechtsbegriffe. Sie sind doch derart unkompliziert und auch jedem Laien so geläufig, daß man hier nicht genauer als der Vernehmende sein sollte.

1094 *Das gilt natürlich dann nicht, wenn der Streit gerade um diese Beurteilung geht.* Behauptet etwa der Kläger, der Beklagte habe ihn mit der Faust auf den Kopf geschlagen, und trägt der Beklagte vor, er habe den Kläger nur „gestupst", so darf man die Entscheidung nicht dem Zeugen überlassen. Dann ist seine Aussage nur ergiebig, wenn der Hergang im einzelnen geschildert wird.

1095 Dieser Unterschied wird oft nicht beachtet, z. B. nicht in Bausachen, wenn ein Zeuge lediglich bekundet, der Wandputz sei „schlecht" ausgeführt worden. Geht der Streit um die Güte des Verputzes, so ist eine derartige Zeugenaussage nichtssagend.

1096 In einem anderen Fall ging es darum, ob der fristlos gekündigte Kläger mehrere zenterschwere gußeiserne Laternenpfähle entwendet habe und seit wann seine Arbeitgeberin, eine GmbH, davon gewußt habe. Das Gericht beschloß die Beweiserhebung über die Behauptung der Beklagten,

> „deren **Geschäftsleitung** habe erst unmittelbar vor Ausspruch der Kündigung erfahren, daß der Kläger sechs gußeiserne alte Straßenlaternen **entwendet** und auf sein eigenes Grundstück verbracht habe.

Mit der Feststellung von **Tatsachen** hat das leider nichts zu tun. „Geschäftsleitung" ist ein abstrakter Begriff, der keine Kenntnis von tatsächlichen Vorgängen erlangen kann. Das ist nur natürlichen Personen möglich. Deren Wissen hätte daher erst einmal behauptet und unter Beweis gestellt werden müssen. Nicht anders verhält es sich bei der Beweiserhebung über die Entwendung. „Entwenden" ist ein Rechtsbegriff, der hier verkürzt für „Diebstahl" benutzt worden ist. Da aber gerade dieser Hergang streitig war und es schließlich auch nicht möglich ist, zentnerschwere Laternenpfähle auf den Buckel zu nehmen und unbemerkt wegzutragen, hätte das Gericht nicht die Beweiserhebung beschließen, sondern eine Substantiierung veranlassen müssen. Würde im Ausgangsfall ein Zeuge die Fassung des Beweisbeschlusses mit „Ja, so war es!" bestätigen und das Gericht sich damit begnügen, dann würde der Zeuge und nicht das Gericht den Prozeß entscheiden.

1097 **3.** Schwieriger als die Feststellung der inhaltlichen Ergiebigkeit ist die Beantwortung der dritten Frage: **ob der Zeuge glaubwürdig und seine Aussage glaubhaft** ist, welcher Beweiswert ihr also zukommt. Hier können die oben in §§ 31–36 gebrachten Einzelheiten Anhaltspunkte für die Prüfung sein. Zweckmäßig ist es, *in Gedanken* das oben in § 30 Rn. 910 wiedergegebene Fehlerschema und die „Checkliste" in § 38 durchzugehen. Die wichtigsten einzelnen Fehlerquellen sind in der Darstellung in §§ 31–36 aufgezeigt.

Diese Darstellung entspricht der Gliederung des Schemas. Man hüte sich jedoch davor, die gedankliche Überprüfung schriftlich zu wiederholen. Es ist vielmehr nur auf solche Punkte einzugehen, die *im konkreten Fall* zu Bedenken Anlaß geben oder für die Glaubwürdigkeit eines Zeugen sprechen.

Der **Nachweis der Beweiskraft** (Wahrheit des Aussageinhaltes und Wahr- **1098** haftigkeit des Aussagenden) geschieht weitgehend durch Negationen, durch Eliminierung von Bedenken: Es sind alle ernsthaft in Erwägung zu ziehenden Fehlerquellen für eine konkrete Aussage auszuschließen. Daß ein Zeuge eine Einzelheit unrichtig schildert, besagt noch nichts. Daraus darf nicht gefolgert werden, die Aussage sei insgesamt unzuverlässig. Denn die wesentliche Fehlerquelle bei Zeugenaussagen ist nicht der Wille zur Unwahrheit, sondern der Irrtum.

Anders verhält es sich, wenn an Hand eines Umstandes die Glaubwürdig- **1099** keit eines Zeugen zweifelhaft wird. Ein einziges Bedenken dagegen, daß der Zeuge bereit ist, die Wahrheit zu sagen, zieht dessen *gesamte* Aussage in Zweifel. Dieser Zweifel kann nicht durch allgemeine Redensarten, sondern nur dadurch ausgeräumt werden, daß man die Bedenken schließlich – gestützt auf sonstige Umstände – doch *überwindet*. Denn eine *zweifelhafte* Aussage ist denkgesetzlich ungeeignet, dem Richter eine *sichere* Überzeugung zu verschaffen.

Von besonderer Bedeutung ist die *Überprüfung* einer Aussage *durch* ihre **1100** *innere Wahrscheinlichkeit*. Wenn eine zusammenhängende Bekundung von Widersprüchen frei ist, so ist meist ein disjunktives Urteil möglich, daß entweder der Zeuge ein gerissener Lügner ist oder seine Aussage zutrifft. Fehlen Anhaltspunkte für die moralische Minderwertigkeit des Zeugen oder für sonstige Aussagemängel, so hebt das die Disjunktion auf und führt zu einem einfachen Gewißheitsurteil.

Bei der Überprüfung der Widerspruchslosigkeit können auch Angaben **1101** verwertet werden, die der Zeuge früher und vor anderen Stellen gemacht hat. Das Kammergericht hat sogar die Auffassung vertreten, das Gericht überschreite den ihm durch § 286 ZPO gewährten Ermessensspielraum, wenn es einen Zeugen vernehme und dessen Aussage zur Grundlage der Entscheidung mache, obwohl sich der Zeuge bereits vorher durch eine dem Gericht eingereichte eidesstattliche Versicherung in bestimmter Weise festgelegt habe und die Verwendung eidesstattlicher Erklärungen in dem betreffenden Verfahren nicht ausdrücklich für zulässig erklärt sei.[5] Und das Bundesverfassungsgericht[6] hat auch schon ein Berufungsurteil aufgehoben, weil einer Partei, auf deren Aussage die Entscheidung gestützt worden war, abweichende frühere Erklärungen, die protokolliert vorlagen, nicht vorgehalten worden waren: Verstoß gegen Art. 103 Abs. 1 GG (Wahrung des Anspruches auf rechtliches Gehör der Gegenpartei).

Widersprüche zwischen früheren und späteren Aussagen zum selben **1102** Beweisthema können sich vor allem in Unfallprozessen ergeben, wenn die Zeugen bereits im Strafverfahren vernommen worden sind. Die Strafakten

---

[5] JZ 1954, 169.
[6] NJW 1978, 989.

sind in dieser Hinsicht oft sehr aufschlußreich. Möglich ist es auch, der Aussage eines Zeugen zu mehreren Beweisthemen in einem Punkt zu folgen, im anderen nicht.[7]

1103 Objektive Beweismittel haben bei Widersprüchen in aller Regel den Vorrang vor der Zeugenaussage. Die Würdigung, daß die Aufzeichnungen eines Fahrtschreibers unrichtig und die abweichenden Zeugenaussagen über Bewegung und Geschwindigkeit des Kraftfahrzeugs zutreffend seien, darf nicht auf die allgemeine Erwägung gestützt werden, daß jedes Meßinstrument versagen könne. Es muß darüber hinaus die technische Möglichkeit geprüft und bejaht worden sein, daß das Gerät gerade in der Weise falsch angezeigt haben kann, wie dies bei Zugrundelegung der Zeugenaussagen der Fall gewesen sein müßte.[8]

1104 Anzeichen für die Wahrheit einer Aussage sind ferner konkrete Angaben, besondere Einzelheiten und andere individuelle Merkmale. Denn gerade der **Detailreichtum** entspringt der Anschauung. Lügner können meist nicht auf eigene Wahrnehmungen und Erlebnisse zurückgreifen. Sie sind deshalb oft gezwungen, allgemeine, verwaschene und abstrakte Schilderungen zu geben. Die wahrheitsgemäße Schilderung eines realen Vorganges ist aber gekennzeichnet durch Konkretheit, Anschaulichkeit, Detailreichtum, innere Übereinstimmung und Realistik.

1105 Jedoch darf aus einer einzelnen objektiven Richtigkeit nicht vorschnell ein Pauschalurteil gefolgert werden. „Das unerhört komplizierte Ineinandergreifen der für die Aussageleistung maßgebenden psychischen Vorgänge zeigt, daß selbst dort, wo der Wille zur Wahrheit besteht, es unrichtig ist, in der Wertung der Aussage von einem *Pauschalurteil* über den Zeugen auszugehen und ihm grundsätzliche Glaubwürdigkeit zuzubilligen oder abzusprechen. **Die Frage der Glaubwürdigkeit kann nie auf einen Generalnenner gebracht werden.** *Sie ist für jede Phase der Aussage gesondert aufzuwerfen und nach den für sie im besonderen gegebenen Umständen zu beantworten.*“[9]

1106 Von der inhaltlichen Überprüfung der einzelnen Aussagen ist zu einer erweiterten Betrachtung überzugehen, in der *der gesamte Prozeßstoff,* also auch andere Aussagen und objektive Beweismittel, zu berücksichtigen ist. Da jeder Zeuge als Persönlichkeit persönlichkeitsadäquate Eindrücke aufnimmt, schildern häufig mehrere Zeugen zusammen einen Vorfall im großen und ganzen richtig. *Die Gesamtheit der Aussagen ist dann das Mosaikbild, das dem Beweiswürdiger eine annähernd richtige Vorstellung vermittelt.*[10]

1107 Mehrere Aussagen sind miteinander zu vergleichen. Wenn sie lückenlos ineinandergreifen, so spricht das zunächst für die Wahrheit der Einzelaussagen. Doch ist auch das keine ausnahmslose Regel! Die inhaltliche Übereinstimmung mehrerer Aussagen muß *nicht notwendig* für die Wahrheit der einzelnen Bekundungen sprechen. Die Übereinstimmung kann auch auf unehrlichen Aussagen beruhen sowie auf dem Einfluß der Gewohnheit, der bei mehreren Zeugen zu gleichförmig falschen Aussagen führen kann.

---

[7] Siehe dazu OLG Köln NJW 1968, 1247.

[8] BGH VersR 1963, 257.

[9] Graßberger, Psychologie des Strafverfahrens, 2. Aufl. 1968, S. 273.

[10] Mönkemöller, Psychologie und Psychopathologie der Aussage, 1930, S. 24.

So machte ein Lehrer folgenden Versuch:[11] In der Schule, in der er unterrichtete, begann der Unterricht täglich mit einer halben Stunde Religion. An einem Tage verlegte der Lehrer absichtlich die Gesangsstunde in die erste halbe Stunde. Am folgenden Tag fragte er, was in der ersten halben Stunde des vorigen Tages unterrichtet worden sei. 23% der Schüler antworteten entsprechend der Gewohnheit übereinstimmend falsch, daß Religion unterrichtet worden sei. **1108**

Auch gemeinsames Interesse oder häufige Unterredungen der Zeugen können zu einer Inhaltsgleichheit führen, die sich mit der Wirklichkeit nicht deckt. **1109**

Man muß sich eben stets die Mühe machen, **über das Ergebnis der Beweisaufnahme nachzudenken.** Durch logisches Zergliedern und durch Kombinieren kann man mehr erreichen, als gemeinhin angenommen wird. Wenn zum Beispiel ein Zeuge die Tatsache X weiß, nicht aber die Tatsache Y, obwohl er sie den Umständen nach ebenfalls wissen *müßte,* weil sich die Tatsachen X und Y zusammen ereignet haben und eine Wahrnehmungslücke ausgeschlossen erscheint, so ist das zumindest Anlaß für eine besonders kritische Beweiswürdigung. **1110**

In vielen Fällen liegt es nun so, daß *keine Anhaltspunkte* bekanntgeworden sind, die auf Wahrnehmungs- oder Wiedergabefehler eines Zeugen schließen lassen. Bei intelligenten Zeugen, deren Beruf auch für moralische Integrität spricht, wird selten Anlaß bestehen, an der Objektivität und dem Willen zur Wahrheit zu zweifeln. Dann hat man zwar in Gedanken die möglichen Fehlerquellen zu berücksichtigen. *Es wäre aber ebenso pedantisch wie langweilig, nun auch alle diese negativen Prüfungen aufzuführen.* **1111**

Solche Aussagen, die *lediglich* „glaubhaft" sind, kommen allerdings nicht so häufig vor, wie nach den meisten Formulierungen in den Entscheidungsgründen von Gerichtsurteilen angenommen werden könnte. Sie bieten im Gegenteil nicht selten *besonderen* Anlaß für eine *Gesamtwürdigung,* weil im Hinblick auf die allgemeine Unzulänglichkeit des Zeugenbeweises „vollkommene" Aussagen verdächtig sind: Es kann sich dabei um eine vorbereitete oder schöngefärbte Bekundung handeln oder um eine einstudierte „Nacherzählung". **1112**

Bedeutung und Schwierigkeit der Würdigung von Zeugenaussagen sind – so hoffe ich – klargeworden. Diese Probleme werden jedoch in der Ausbildung auf der Universität und im Vorbereitungsdienst der Referendare geradezu sträflich vernachlässigt. Noch immer werden die Forderungen, die *Stern*[12] hinsichtlich der psychologischen Schulung gestellt hat, außer acht gelassen. Möge ihr Abdruck die Mahnworte wieder ins Bewußtsein rufen: **1113**

> „17. *Wissenschaftlich-psychologische Schulung ist für jeden angehenden Juristen zu fordern, und zwar nicht nur eine gewisse Kenntnis der theoretischen Psychologie, sondern auch eine Bekanntschaft mit ihrer experimentellen Methodik, namentlich auf dem Gebiet forensisch-psychologischer Probleme.*
>
> So wenig fachpsychologisches Wissen auch den intuitiv-psychologischen Blick des Menschenkenners, dessen der Jurist vor allem bedarf, jemals ersetzen kann, so

---

[11] Beschrieben bei Mönkemöller, aaO. (Anm. 10), S. 142.

[12] William Stern, Beiträge zur Psychologie der Aussage, zweite Folge, zweites Heft, 1903, S. 79f.

ist es doch gegenüber den immer komplizierter werdenden psychischen Phänomenen, mit denen es der Jurist zu tun hat, notwendig, daß sich beides miteinander verbinde ...

18. Jeder angehende Jurist sollte an sich selbst erfahren, was es heißt: sich erinnern und aussagen; deshalb sollten kleine Aussageexperimente (zum Beispiel die Inszenierung eines ohne Wissen der Teilnehmer vorbereiteten einfachen Vorganges, über den dann nach einigen Tagen Bekundungen abzugeben wären) *in jedem kriminalistischen und Strafprozeßseminar vorgenommen werden.*

Die pädagogische Bedeutung eines solchen kleinen Versuchs darf nicht gering angeschlagen werden. Wer bestimmte Leistungen von anderen verlangt, hervorruft, beurteilt und womöglich bestraft, muß diese Leistungen irgendwann einmal selbst vollzogen haben, um deren Schwierigkeiten, Grenzen und Bedingungen richtig schätzen zu können."

1114 So schwer es auch ist, die Glaubwürdigkeit von Zeugenaussagen zu beurteilen: es gibt doch eine Reihe wesentlicher Wertungsanzeichen dafür.[13] Wer darauf achtet und um Übung bemüht ist, wird den sogenannten Realitätsgehalt einer Aussage erkennen oder erspüren. Wahre Aussagen sind persönlich gehalten, bringen farbige Einzelheiten, Vorgänge, von denen außer den Beteiligten eigentlich niemand etwas wissen kann und die deshalb auch nicht erfunden werden können. Scheinbare Belanglosigkeiten, die der Aussagende mitteilt, zeigen, daß er sich erinnert und nicht durch Inhaltsausformung überzeugen will. Das ist gerade der Grund, warum man einen Zeugen reden lassen soll, auch wenn er vom sachlichen Kernpunkt abweicht, in die Breite geht; denn gerade dieses Verhalten gibt dem Vernehmenden Wahrheitskriterien an die Hand.

1115 Ganz anders verhält es sich bei der unwahren Aussage. Wer sich zurückhält oder lügt, muß abstrakt bleiben *(„in abstracto tutissimus ibis")*. Falsche konkrete Angaben ließen sich womöglich widerlegen. Dementsprechend ist eine solche Aussage ihrem Gehalt nach zurückhaltend, verbal negativ gefaßt. An die Stelle von Beobachtungen treten Beurteilungen. Der Aussagende klammert sich leicht an immer wiederkehrende Wendungen. Da er diese unwahrheitsbedingte Zurückhaltung und Hemmung spürt, ist er – ungewollt – bemüht, diesen Mangel auszugleichen oder – wie es in der Psychologie heißt – überzukompensieren. Das führt dann dazu, daß die inhaltlich arme Aussage durch gewissermaßen verbale Kraftakte gestützt wird, etwa durch den bekannten Hinweis: „Darauf kann ich einen Eid leisten!" und ähnliche „Verstärker".

§ 38. Die wichtigsten Aussage-Wertungskriterien

1116 In den vorstehenden §§ 34–41 sind zahlreiche aussagepsychologische Erkenntnisse und Hinweise aufgearbeitet. Einige davon sind bei jeder Aussagewürdigung einschlägig. Deshalb erscheint es nützlich, sie hier noch einmal in einer Art Kontrolliste zusammenzustellen. Dabei lassen sich positive, indifferente und negative Wahrheits- bzw. Unwahrheitsanzeichen unterscheiden.

[13] Siehe auch die „Checkliste" in § 38.

Die negativen überwiegen. Das erklärt sich dadurch, daß Zeugenaussagen vielen Zweifeln ausgesetzt sind und die Zahl der Fehlerquellen ungewöhnlich groß ist.

Zweck dieser Kurzübersicht ist es, dem Beweiswürdiger das schnelle 1117 „abchecken" wichtiger Wertungsumstände zu ermöglichen. Zu beachten ist jedoch, daß es sich dabei nicht etwa um Wahrheits- oder Unwahrheitsprämissen handelt, aus denen zwingende Schlüsse gezogen werden können. Es handelt sich vielmehr nur um „Warnzeichen". Sie sollen den Beweiswürdiger auf positive Wertungsumstände aufmerksam machen und ihn davor bewahren, vorschnell über Schwachstellen der Aussage hinwegzugehen.

I. Positive Wertungen 1118

Belastet sich ein Zeuge durch seine Schilderung selbst, dann spricht das für die Wahrheit der Aussage.

Belastet er einen anderen, bemüht er sich aber gleichzeitig, diesen durch 1119 Mitteilung entlastender Umstände zu rechtfertigen, dann spricht auch das dafür, daß der Zeuge wahr bekundet.

Für die Wahrhaftigkeit der Aussage spricht es ferner, wenn ein Zeuge von 1120 sich aus farbige Einzelheiten mitteilt, auf die es zur Beantwortung des Beweisthemas nicht ankommt. Diese Art der Schilderung zeigt an, daß der Zeuge echte Erinnerungen reproduziert.

Ein Wahrheitsanzeichen ist es weiter, wenn der Zeuge über ein Geschehen 1121 berichtet und seiner Darstellung zu entnehmen ist, daß er den Vorgang nicht richtig verstanden hat, insbesondere weil er für sein Fassungsvermögen zu kompliziert ist. Ein solcher Zeuge hat sich nicht auf einen bestimmten Aussageinhalt vorbereitet.

Positiv zu berücksichtigen ist schließlich, wenn sich aus der Aussage des 1122 Zeugen ergibt, daß er an der Wahrnehmung des Vorgangs interessiert war, etwa als neugieriger Nachbar oder als sachkundiger Wetterbeobachter.

II. Indifferente Wertungen 1123

Entgegen ungezählten Wendungen in Gerichtsurteilen folgt aus der Geschlossenheit und Bestimmtheit einer Aussage für deren Wahrheit oder Unwahrheit nichts. Der wahrhaftig bekundende darstellungsgewandte Zeuge unterscheidet sich insoweit nicht vom Lügner, der sich auf die Aussage vorbereitet hat.

Der Satz

> „Wer einmal lügt, dem glaubt man nicht,
> und wenn er auch auch die Wahrheit spricht"

ist falsch. Daraus, daß eine Aussage an einer Stelle nachweislich unzutreffend ist, folgt keineswegs, sie sei insgesamt falsch, und erst recht nicht, der Zeuge sei schlechthin unglaubwürdig.

Wäre es anders, wären wir alle chronische Lügner. Denn wer hat in seinem 1124 Leben noch nie die Unwahrheit gesagt? Bender/Röder/Nack[1] sehen in dem

---

[1] Tatsachenfeststellung vor Gericht Bd. I, 1981, Rn. 302.

Argument, ein Zeuge sei nicht glaubwürdig, weil seine wiederholten Aussagen hinsichtlich einiger Nebenumstände nicht gleichlautend oder widersprüchlich seien, sogar einen **Kunstfehler** der Beweiswürdigung!

1125 Ehe, Verwandtschaft, Geschäftsbeziehungen und dergleichen reichen für sich allein nicht aus, eine Zeugenbekundung als wahr oder unwahr zu beurteilen.

1126 Geschwindigkeits- und Entfernungsschätzungen haben keinen Erkenntniswert über den Aussagekern hinaus, daß der Zeuge subjektiv einen wahrgenommenen Vorgang als schnell oder langsam oder eine geschätzte Entfernung als kurz oder lang empfunden hat.

1127 *III. Negative Wertungen*

Fällt dem Vernehmenden auf, daß der Zeuge überraschend bestimmt und entschieden bekundet, dann besteht Anlaß, den Wahrheitsgehalt der Aussage kritisch zu überprüfen.

1128 Schildert der Zeuge ein klares Geschehen ausweichend, zweideutig und verworren, dann muß damit gerechnet werden, daß er etwas verbergen will, daß er also nicht wahrhaftig ist.

Mit der Unklarheit der Aussage trifft häufig zusammen, daß der Zeuge „nachhakende Fragen" ausweichend beantwortet und sich auf Wertungen oder fachliche Beurteilungen zurückzieht.

1129 Bedenklich ist es auch, wenn ein einfacher Vorgang auffallend abstrakt geschildert wird. Das spricht dafür, daß der Zeuge versucht, wesentliche Teile dessen, was er beobachtet hat, zurückzuhalten und zu verbergen.

Verstärkt wird dieses Lügensignal dann, wenn er Unerhebliches in kompensierender Redseligkeit breittritt, etwa davon erzählt, wann er den Kläger kennengelernt hat, anstatt über dessen Fahrverhalten zu berichten.

1130 Ist der Zeuge bemüht, von ihm wahrgenommene unwichtige Einzelheiten abweichend von dem Hauptgeschehen minuziös zu schildern, dann muß damit gerechnet werden, daß er den Vernehmenden auf die falsche Fährte locken und seine entscheidenden Wahrnehmungen verbergen will.

1131 Verdächtig ist auch der Versuch des Zeugen, den Vernehmenden auf eine bestimmte Hergangsversion oder deren Deutung festzulegen. Ein Zeuge, der den Richter von etwas überzeugen will, ist nicht unbefangen; er bezweckt etwas. Wahrscheinlich will er verhindern, daß die Wahrheit ans Licht kommt.

1132 Zeugen, die unaufgefordert und wiederholt versichern und beteuern, wie wahrheitswillig und objektiv sie seien, wollen im Zweifel nur die Erkenntnis des Gegenteils beim Vernehmenden verhindern. Wer wirklich wahrhaftig und unbefangen aussagt, hat keinen Anlaß, darauf hinzuweisen.

1133 Ein Anzeichen gegen die Wahrhaftigkeit des Zeugen ist auch Unterwürfigkeit gegenüber dem Vernehmenden. Diese „Demutshaltung" ist eine jedenfalls teilweise unbewußte Geste, durch äußeres Verhalten den möglichen Verdacht der Unwahrhaftigkeit von vornherein abzuwenden.

1134 Bemüht sich der Aussagende, den Richter davon zu überzeugen, daß ein Vorgang sich in einer ganz bestimmten Version abgespielt habe, dann zeigt dieses Bemühen sein Eigeninteresse an. Der wahrhaftige Zeuge schildert, was er weiß; ihm ist es letztlich gleichgültig, welche Auffassung der Richter gewinnt. Der „bemühte Zeuge" hingegen legt sich erkennbar auf einen bestimmten Sachverhalt fest, und das ist im Zweifel nicht derjenige, der sich wirklich ereignet hat.

Zeugen, die – ohne provoziert worden zu sein – aggressiv auf Fragen des Richters und der Anwälte oder Parteien reagieren, benehmen sich auffällig. Es muß immer damit gerechnet werden, daß es sich um Abwehrreaktionen handelt, die verhindern sollen, daß die Unwahrheit der Aussage erkannt wird. **1135**

So verhält es sich auch, wenn ein Zeuge sich in der Aussage über das Verhalten einer Partei oder eines Dritten moralisch entrüstet, obwohl er überhaupt nicht betroffen war. Ein solcher Zeuge hat längst Partei ergriffen. **1136**

Ist dagegen der Zeuge wirklich von dem Geschehen betroffen worden, ist er etwa vermögensrechtlich oder in seiner Reputation beeinträchtigt worden oder geht er jedenfalls davon aus, dann ist seine Aussage mit hoher Wahrscheinlichkeit unzuverlässig. Ein solcher Zeuge kann nicht mehr unvoreingenommen sein und deshalb auch nicht mehr unvoreingenommen erinnern und berichten. An irgendeiner Stelle seiner Aussage wird er, wie Bender/Röder/Nack[2] es formulieren, „Rache üben". **1137**

---

[2] Tatsachenfeststellung vor Gericht Bd. I, Rn. 180.

Siebentes Kapitel. Vernehmungskunst und Protokollierungstechnik

§ 39. Einführung

1138 Manche Vorschriften der Zivilprozeßordnung haben eine speziell *aussagepsychologische* Bedeutung. So etwa § 162 Abs. 1 S. 1 ZPO, wonach die Niederschrift der Aussage dem Zeugen vorzulesen ist, damit er den Inhalt genehmige, oder § 396 Abs. 1 ZPO, wonach der Zeuge zu veranlassen ist, dasjenige, was ihm von dem Gegenstand der Vernehmung bekannt ist, im Zusammenhang mitzuteilen.

1139 Leider endet damit für viele Juristen das Interesse am Beweisrecht, obwohl es hier eigentlich erst beginnen sollte; denn letztlich entscheidend ist doch, was man aus einem Beweismittel für die Ermittlung der Wahrheit *herausholt*.

1140 Nun schneiden dabei Augenscheins-, Sachverständigen- und Urkundenbeweis relativ günstig ab. Was man als Richter gesehen und gehört hat (Augenschein), das läßt sich kaum bezweifeln. Was der Sachverständige darlegt, läßt sich vom Richter meist nur noch auf Schlüssigkeit und Überzeugungskraft, nicht auf fachliche Qualität im engeren Sinne überprüfen; notfalls muß ein weiterer Gutachter zugezogen werden (§ 412 Abs. 1 ZPO).

1141 Die Urkunde schließlich verfestigt Erklärungen regelmäßig so unbezweifelbar, daß nur noch ihr *Bedeutungsgehalt* zweifelhaft ist. Selbst bei Verdacht der Fälschung (§§ 439 bis 442 ZPO) bringt letztlich das graphologische Gutachten die erforderliche Klarheit. Entweder wird dadurch die Echtheit der Unterschrift nachgewiesen oder der Beweis mißlingt. Im zweiten Fall ist die Urkunde unverwertbar. Anderenfalls steht der Urkundeninhalt fest und seine Bedeutung ist nicht durch Beweiserhebung, sondern durch *Auslegung* zu ermitteln; und Auslegung ist nicht Tatsachenfeststellung, sondern Rechtsanwendung.

Aus diesen Gründen gelten auch Augenschein, Sachverständiger und Urkunde als die *zuverlässigeren* Beweismittel.

1142 Indessen verhält es sich im Prozeß meist so, daß der Richter bei der Wahrheitsfindung auch oder gar vollständig auf Zeugenbeweis und Parteivernehmung angewiesen ist. Der Zeugenbeweis aber ist nicht nur (relativ) das schlechteste Beweismittel, sondern er taugt auch an sich (absolut) nicht viel. Das gilt ebenso für die Parteivernehmung, die im folgenden stets mit gemeint ist, wenn vom Zeugenbeweis die Rede ist.

1143 Der Grund für die Schwäche des Zeugenbeweises liegt in der Organisation unserer Sinne (siehe oben §§ 31, 32).

Einmal vermag ein Mensch selbst bei höchster Aufmerksamkeit aus einem Geschehen nie *alle* Einzelheiten wahrzunehmen und zu erfassen.

Zum zweiten nimmt er vieles, was er „sieht", gar nicht wahr, weil er seine Aufmerksamkeit nicht darauf richtet.

Drittens vergißt er, ob er will oder nicht, alsbald einen Großteil dessen, was er wahrgenommen hat (§ 35). Die dabei auftretenden „Erinnerungslükken" werden unbewußt durch überbrückende Vorstellungskonstruktionen geschlossen, die (subjektiv) für wahr gehalten und gegebenenfalls auch gutgläubig beschworen werden.

Viertens ist es – wenigstens für den Durchschnittszeugen – recht schwierig, einen Erinnerungsgehalt so mitzuteilen, daß im Kopfe des Vernehmenden die gleichen Vorstellungen und Bilder entstehen, die im Gehirn des Zeugen enthalten sind. Der Leser versuche einmal, jemanden z. B. sein Arbeitszimmer oder seinen Schlafraum so zu beschreiben, daß der andere sich die Räumlichkeit genau so vorstellen kann, wie sie „in Wirklichkeit" aussieht!

Fünftens schließlich kommt noch ein ganz persönlicher Umstand zum **1144**
Tragen. Es mag einer richtig wahrgenommen haben, sich gut erinnern und ausdrücken können, nur will er von seinen Fähigkeiten keinen Gebrauch machen. Es fehlt ihm also an der *Bereitschaft,* die Wahrheit zu sagen. Das kann der Fall sein, weil jemand einfach einem anderen den Prozeßsieg erlügen will. Häufiger dagegen ist es so, daß ein Zeuge Rücksichten auf eine Partei (Geschäftsfreund, Bruder, Ehefrau usw.) nimmt, ohne eigentlich lügen zu wollen. Das führt dann dazu, daß einiges vergessen, anderes ein wenig beschönigt und wieder anderes etwas übertrieben wird.

Am Ende bleibt als Aussage-Ergebnis ein Ganzes übrig, das von der Wirklichkeit ziemlich weit entfernt ist.

Für eine lebensnahe Rechtsprechung ist es angesichts dessen unerläßlich, **1145**
daß der Richter mit den Fehlerquellen der Zeugenaussagen vertraut ist. Berufserfahrung gleicht mangelndes aussagepsychologisches Wissen nicht aus. Wissenschaftliche Erkenntnisse, die von der experimentellen Aussagepsychologie in langjähriger Zusammenarbeit der Forscher gewonnen worden sind, erwirbt man leider nicht so nebenher beim Vernehmen. Kaufleute werden auch nicht durch Geldzählen Mathematiker oder durch Kundenbedienung Soziologen.

Leider liegt es bei uns in Studium und Praxis mit der Arbeitsweise zur **1146**
Wahrheitsfindung im Prozeß im argen. Man hält es für wichtiger, höchstrichterliche Entscheidungen oder Lehrbuch-Meinungen zu kennen, als die tatsächlichen Voraussetzungen einer Streitentscheidung schaffen zu können. **Wer nicht ganz genau denjenigen Sachverhalt herausarbeitet, den er entscheiden soll, kann den Mangel im Tatsächlichen durch keinerlei juristische Fertigkeiten und Problemerörterungen ausgleichen!** Rechtsanwälte und Richter beurteilen zwar auch die Rechtskenntnisse und das eigentlich juristische Können des anderen. Weit wichtiger ist ihnen aber, ob der andere einen klaren Sachverhalt vorträgt oder ermittelt und sich daran hält.

Im Prozeß sind die Zeugen *vom Richter* zu vernehmen. Über die Aussage **1147**
ist eine *Vernehmungsniederschrift* anzufertigen. Dieses Protokoll steht dann – jedenfalls im Zivilprozeß – fortan in der Instanz und in den Rechtsmittelzügen an der Stelle der Aussage. Daher ist zweierlei erforderlich:

Einmal ist die Vernehmung so durchzuführen, daß möglichst alle Fehlerquellen erkannt und unschädlich gemacht werden. Zum anderen muß die Aussage so protokolliert werden, daß sie später für den Vernehmenden, den Anwalt und den Rechtsmittelrichter eine taugliche Unterlage für die Beweiswürdigung ist. Daher haben wir uns zunächst mit der **Vernehmungskunst** und sodann mit der **Protokollierungstechnik** zu befassen. Bei der Vernehmungskunst sind gesondert zu behandeln: 1. der Vernehmende; 2. der Vernommene; 3. die Vernehmung.

Um den raumfüllenden Fußnoten zu entgehen, verzichte ich im folgenden auf Einzelbelege. Hier jedoch sei eine Zusammenstellung einiger von mir speziell für dieses Kapitel benutzter Abhandlungen und Bücher gegeben.

I. Aufsätze von Juristen:

1148 Arndt DRiZ 1956, 28; Arnold DJZ 1935, 602; Lindemann Deutsche Justiz 1942, 695; Hülle DRiZ 1953, 89; Reimers DRiZ 1953, 141; Scheuerle ZZP Bd. 66 (1953), 306; Fleischmann DRiZ 1961, 85; Breithaupt DRiZ 1962, 47; Bull DRiZ 1963, 349 u. 1964, 93; Demuth DRiZ 1963, 435; Ostermeyer DRiZ 1967, 349 u. MDR 1964, 975; Bruns ZZP Bd. 86 (1973), 393; Herren JZ 1972, 512; Eisenberg JZ 1983, 912 u. 961; Rüßmann DRiZ 1985, 227; derselbe, Festschrift für Wassermann, 1985, 789 ff.

II. Bücher:

1149 Enrico Altavilla, Forensische Psychologie, Bd. I: Der psychologische Prozeß und die gerichtliche Wahrheit, Bd. II: Die Psychologie der Strafprozeßbeteiligten, 1955.

Herbert Arndt, Das Urteil, 2. Aufl. 1962, S. 94 ff.

Friedrich Arntzen, Vernehmungspsychologie, 2. Aufl. 1989.

Friedrich Arntzen, Psychologie der Zeugenaussage, 3. Auflage 1993.

Bender/Röder/Nack, Tatsachenfeststellung vor Gericht, Bd. II: Vernehmungslehre, 1981.

Jürgen Bürkle, Richterliche Alltagstheorien im Bereich des Zivilrechts, 1984.

Roland Graßberger, Psychologie des Strafverfahrens, 2. Aufl. 1968.

Hans Groß, Kriminalpsychologie, 2. Aufl. 1905.

Albert Hellwig, Psychologie und Vernehmungstechnik bei der Tatbestandsermittlung, 4. Aufl. 1951.

Max Hirschberger, Das Fehlurteil im Strafprozeß, 1960.

Ernst Krönig, Die Kunst der Beweiserhebung, 3. Aufl. 1959.

F. Meinert, Vernehmungstechnik, 4. Aufl. 1956 (5. Aufl. 1976, bearbeitet von Friedrich Geerds).

Otto Mönkemöller, Psychologie und Psychopathologie der Aussage, 1930.

Karl Peters, ein Beitrag zum Fehlurteil, Festschrift für Edmund Mezger zum 70. Geburtstag, S. 477 ff.

Karl Peters, Zeugenlüge und Prozeßausgang, 1939.

Paul Plaut, Der Zeuge und seine Aussage im Strafprozeß, 1931.

Hubert Rohracher, Einführung in die Psychologie, 9. Aufl. 1965.

Udo Undeutsch, Handbuch der Psychologie, Bd. 11: Forensische Psychologie, 1967.

1150 Die vorstehend erwähnte Literatur ist im Grunde nur ein kleiner Zweig am Baum der Individual- und Sozialpsychologie. Je länger ich mich mit der Beweiswürdigung befaßt und ihre Probleme auch aus der Sicht tiefenpsychologischer Theorie und Praxis betrachtet habe, um so mehr habe ich mich davon überzeugt, daß die größten Schwierigkeiten nicht selten beim vernehmenden Richter zu suchen sind und von diesem häufig nur in den Zeugen verlagert werden. Wir können einen anderen Menschen nicht introspizieren, nicht wie ein Buch aufklappen, um darin zu lesen. Wir können nur versuchen, über Analogieschlüsse aus unserem eigenen Fühlen den anderen zu verstehen. Es ist also grundsätzlich schwierig, oft (oder immer?) sogar unmöglich, wirklich etwas von den psychischen Vorgängen in einem anderen zu ergründen.[1] Daraus erklären sich die sog. Übertragungssituationen im Alltagsleben.

Es ist ein durchgehendes Bestreben der Menschen, neue Erfahrungen im **1151**
Licht der Vergangenheit zu interpretieren.[2] Zu den feststehenden Erkenntnissen gehört es daher auch, daß eine Person, mag sie sich dessen bewußt sein oder nicht, hört, was sie hören will, und liest, was dasjenige bestätigt, an das sie glauben will.[3] Das wußten schon die Alten: „quae volumus ea credimus libenter!"

Deshalb bestimmen auch die Eigenschaften, die ein Mensch in sich selbst **1152**
bejaht oder ablehnt, was er bei anderen als Fehler oder Nachteil empfindet.[4] Diese Vorurteilsbestimmtheit ist aber, insgesamt gesehen, nicht bewußt.[5] Insbesondere macht großer Ehrgeiz, der natürlich auch bei Richtern als hervorgehobenen Mitgliedern einer ausgeprägten Wettbewerbsgesellschaft besteht, uneinsichtig für die eigenen Fehler und fixiert diese dadurch noch.[6]

Vorurteilsbestimmte Menschen unterschätzen auch das Ausmaß ihrer **1153**
eigenen Vorurteile, weil sie sich selbst nicht genügend kennen. Sie sind nicht – wie man sagt – selbstreflektiert.[7] Insbesondere Personen der oberen Klassen pflegen sich, wie wissenschaftliche Tests ergeben haben, überlegen zu fühlen, weil die Rangordnung der sozialen Klasse, der sie angehören, ihre Selbsteinschätzung stark beeinflußt.[8]

Dies alles und viele andere wissenschaftlich gesicherte Beobachtungen **1154**
wirken sich bei der Zeugenvernehmung nachteilig aus. Man muß sich – wie Rattner[9] es ausgedrückt hat – selbst kennen, um andere zu verstehen. Dort, wo man seinen neurotischen „blinden Fleck" hat, verkennt man die Motive und Verhaltensweisen des anderen und – so ergänze ich – ist man nicht mehr in der Lage, eine optimale Zeugenvernehmung durchzuführen.

Leider scheint dies alles unabänderlich zu sein. Die Ausbildung der Juristen **1155**
ist zu einseitig, zu formal. Niemand kümmert sich um die Persönlichkeitsstruktur der Richter, denen in erster Linie die Aufgabe zufällt, Zeugen um der Wahrheitsfindung willen zu vernehmen. Psychologische oder gar tiefenpsychologische Schulung gibt es weder während des Studiums noch irgendwann in der Praxis. Ich fürchte, daran wird sich nie etwas ändern, weil weder diejenigen, die über den Ausbildungsgang zu bestimmen haben, noch

---

[1] Schultz-Hencke, Einführung in die Psychoanalyse, 1972, S. 64.
[2] Fenichel, Psychoanalytische Neurosenlehre, Bd. I. 1974, S. 49.
[3] Berelson/Steiner, Menschliches Verhalten, Bd. II: Soziale Aspekte, 1972, S. 36.
[4] Horney, Unsere inneren Konflikte. Neurosen in unserer Zeit – Entstehung, Entwicklung und Lösung, 1973, S. 86.
[5] Berelson/Steiner, Menschliches Verhalten, Bd. II, S. 315.
[6] Richter, Flüchten oder Standhalten, 1976, S. 204.
[7] Berelson/Steiner, Menschliches Verhalten, Bd. II, S. 315.
[8] Berelson/Steiner, Menschliches Verhalten, Bd. II, S. 307.
[9] Rattner, Selbsterkenntnis und Menschenkenntnis. Praxis und Theorie der neuen Psychoanalyse, 1973, S. 70.

diejenigen, die ihn absolvieren müssen, an Selbsterkenntnis interessiert sind. Der Widerstand der Juristen gegen Psychologie und Soziologie ist zu groß und scheint unüberwindbar. Gerade deshalb schien es mir geboten, hier auf diese problematische Situation hinzuweisen. Vielleicht veranlassen die wenigen Bemerkungen den einen oder anderen Leser doch, darüber nachzudenken und dem Mangel bei sich selbst ein wenig abzuhelfen. Nur wenn dies möglich ist – und sei es auch in noch so kleinen Schritten –, kann sich etwas an der Gesamtsituation ändern.

§ 40. Der Vernehmende

1156 Wer gut vernehmen will, muß informiert sein. Eine Beweisaufnahme kann daher nur dann sachgemäß und erfolgreich durchgeführt werden, wenn der Vernehmende die **Akten** vollständig **kennt** und die Rechtsfragen, um die es geht, gründlich durchdacht hat. Er muß sofort die rechtlichen Auswirkungen überschauen können, die mit einer Veränderung des Beweisergebnisses verbunden sind. Dann vermag er die Vernehmung jeder neuen Beweissituation anzupassen.

1157 Natürlich kann man nicht alles, was Inhalt der Akten ist, auswendig wissen. Das ist auch nicht erforderlich. Nötig ist nur, daß der wesentliche Akteninhalt irgendwie präsent ist. Gewöhnlich wird es dazu ausreichen, sich die Akten vor dem Beweistermin noch einmal durchzulesen. Die hauptsächliche Gedächtnisstütze liegt ja ohnehin in Form des Beweisbeschlusses vor. Reicht diese Vorbereitung nicht aus, so muß man sich auf einem Notizzettel das eine oder andere notieren, auf das in der Beweisaufnahme zu achten ist.

1158 Diese Vorbereitungsarbeit müssen selbstverständlich auch die **Prozeßbevollmächtigten** leisten. Nur dann sind sie in der Lage, der Vernehmung kritisch zu folgen und im richtigen Augenblick die richtigen Fragen zu stellen.

1159 Bei der Vernehmung von Zeugen, die bereits im strafrechtlichen Ermittlungsverfahren gehört worden sind, sollten stets die Strafakten vorliegen, damit etwaige wesentliche Abweichungen zwischen früherer und späterer Aussage festgestellt werden können. Aussagepsychologisch hat die frühere Aussage den unbedingten Vorzug vor der späteren.

1160 Jedoch hüte sich der Vernehmende davor, solchen Regeln den Rang von Gesetzmäßigkeiten zuzuerkennen. Im Einzelfall kann es möglich sein, daß die spätere Aussage zuverlässiger ist als die frühere, etwa weil neu zur Sprache gekommene Umstände Erinnerungsassoziationen auslösen oder einfach deshalb, weil die zweite Vernehmung besser durchgeführt wird. Die Aktenkenntnis des Vernehmenden darf deshalb nie dazu führen, daß er sich von vornherein auf ein gewünschtes Beweisergebnis festlegt. Er muß sich seine Unbefangenheit bewahren.

1161 Nicht minder wichtig als die Kenntnis des Akteninhaltes ist natürlich eine genaue **Kenntnis der Gesetze,** die auf den Streitfall anwendbar sind. Wer etwa als Vernehmender Zeugenbeweise erhebt, ohne sich über die Verteilung der Beweislast klar zu sein, wird leicht Fehler begehen, die sich später bei der Beweiswürdigung auswirken. Das Reichsgericht hat deswegen verschiedentlich Berufungsurteile aufheben müssen[1].

Die Sicherheit in der rechtlichen Beurteilung ist für den Vernehmenden auch deshalb unerläßlich, weil er sonst nicht seine ganze Aufmerksamkeit dem Vernehmungsvorgang widmen kann. Die sog. Simultankapazität des Bewußtseins ist beschränkt; das heißt, der Mensch vermag nicht seine volle Aufmerksamkeit auf ein bestimmtes Geschehen zu richten und nebenher noch eine andere Denkleistung sorgfältig auszuführen. Daher zieht ein Vernehmender, der während der Beweisaufnahme rechtliche Überlegungen anstellt, seine Aufmerksamkeit entsprechend der Intensität dieser Überlegungen von dem Vorgang der Beweiserhebung ab. In diesem Moment steht er nicht mehr völlig über dem Geschehen. Und gerade in einem solchen Augenblick kann beiläufig eine wichtige Äußerung vom Zeugen getan werden, die nun unbeachtet bleibt. 1162

Was für die Gesetzeskenntnis gilt, gilt auch für die **Sachkenntnis.** In manchen Prozessen kommen technische Fragen zur Sprache, von denen der Vernehmende keine Ahnung hat, über die er jedenfalls nicht genügend unterrichtet ist. Dann wird er gut daran tun, sich schon *vor* der Vernehmung in einem Nachschlagewerk oder in einem sonstigen Buch über die ihm unbekannten Begriffe zu informieren. 1163

Wenn er aber mit solchen für ihn dunklen Begriffen erst im Verlauf der Vernehmung befaßt wird, ist es für ihn unerläßlich, sich alsbald Klarheit darüber zu verschaffen. Kommt der Zeuge etwa bei seiner Aussage auf die Organisation einer Behörde oder auf bautechnische oder maschinentechnische Fragen zu sprechen, über die der Vernehmende nicht informiert ist, dann läßt sich der Gefahr, darüber hinwegzugehen und Wesentliches zu verkennen, nur so begegnen, daß er vorab mit Hilfe der Beteiligten und der Zeugen diese Unklarheit behebt. Der Vernehmende muß sich die ihm unbekannten Begriffe oder Begriffszusammenhänge erklären lassen. Erst wenn dies geschehen ist, vermag er sich ein abschließendes Urteil darüber zu bilden, inwieweit die Klärung dieser Fragen für die Entscheidung des Rechtsstreites von Bedeutung sein kann. 1164

Diese Situation kommt gar nicht so selten vor, wie es scheinen könnte. In Bauprozessen etwa kommt es für die Haftung der Handwerker oder des Architekten unter Umständen darauf an, ob ein bestimmter Mangel in das Gebiet des Statikers fällt. In einem Maklerprozeß habe ich es erlebt, daß die entscheidende Rechtsfrage allein davon abhing, wie eine Behörde organisiert war. Von der Klärung dieser Frage hing es ab, welches von mehreren Nachweisangeboten für einen späteren Vertragsabschluß ursächlich war. 1165

Oft geniert sich der Vernehmende vielleicht, seine Unkenntnis zu zeigen. Das ist grundfalsch! Selbst wenn es sich um Dinge handelt, deren Kenntnis die anderen von einem erwarten, die man aber nicht hat, muß man als Vernehmender sein mangelndes Wissen unbedingt offenlegen. Wer nicht 1166

---

[1] Vgl. dazu Rosenberg, Beweislast, 5. Aufl. 1965, S. 61–72 mit Belegen; siehe auch oben § 27 Rn. 799 ff.

weiß, was „Wassernasen" sind oder was ein „Streifenfundament" ist, braucht deshalb nicht innerlich zu erröten, wenn er bemerkt, daß alle anderen Beteiligten es wissen. Er läßt es sich einfach erklären. Der einzige Fehler, den er in dieser Situation begehen kann, ist der, aus falscher Scham den Anschein zu erwecken, als wisse er, worum es sich handele, und in der Vernehmung darüber hinwegzugehen.

1167 Auf das Erklären, Erläutern und Darstellen wird allerdings allgemein zu wenig Wert in der Beweisaufnahme gelegt. Das ist *teilweise* ein Problem der räumlichen Ausstattung. So gehörte beispielsweise in jeden Vernehmungssaal eigentlich eine Wandtafel, auf der mit Kreide vom Zeugen, Prozeßbevollmächtigten, von der Partei oder vom Richter Lageskizzen, Straßenführungen, Raumgestaltungen, Standorte und dergleichen aufgezeichnet werden können. In vielen Prozessen (z. B. Bausachen, Unfallsachen, Wegerechtsstreitigkeiten) könnte damit mehr Klarheit erreicht werden als mit langatmigen, unbeholfenen Erklärungsversuchen der Parteien und Zeugen oder ungelenken Bleistiftskizzen auf einem Schmierzettel, über den sich Anwälte, Parteien und Richter niederbeugen.

1168 Mit Rücksicht darauf, daß der Zeugenbeweis das schlechteste Beweismittel ist, ist es zu empfehlen, bereits bei der Abfassung des Beweisbeschlusses darüber nachzudenken, welche **objektiven Beweismittel** noch beschafft werden könnten. **Urkunden**, auf die sich die Parteien berufen haben, sollten spätestens im Beweistermin vorliegen. Die häufig anzutreffende Scheu vor der Durchführung einer **Ortsbesichtigung** oder der sonstigen Einnahme eines Augenscheins ist sehr zu bedauern. Denn damit begibt sich der Richter einer besonders aufschlußreichen Quelle der Wahrheitsfindung. Der Hergang eines Verkehrsunfalles läßt sich nun einmal nicht am grünen Tisch durch Vernehmung von Zeugen so aufklären, daß dadurch die Besichtigung der Unfallörtlichkeit überflüssig würde.

1169 Am sachdienlichsten ist es in solchen Fällen, auch die Zeugenvernehmung an Ort und Stelle durchzuführen, zumindest aber mit den Zeugen zusammen die Örtlichkeit zu besichtigen und die Vernehmung dann anschließend an der Gerichtsstelle oder an einem anderen geeigneten Ort durchzuführen. Die optischen Eindrücke an der Unfallstelle fördern die Erinnerungsleistung des Vernommenen, weil sie zu Assoziationen führen, die im nüchternen, manchmal trostlos ausgestatteten Sitzungssaal oder im Amtszimmer beim Zeugen ausbleiben.

1170 Wohl am nachteiligsten für die Wahrheitsfindung ist es, wenn beim Vernehmenden der entschlossene **Wille** fehlt, **die Wahrheit zu erforschen.** Das ist leider manchmal der Fall. Es läßt sich nicht leugnen, daß der heutige Justizbetrieb mit seiner Überlastung der Berufsrichter und der Rechtsanwälte hierfür mitursächlich ist. Als Entschuldigung reicht das jedoch nicht aus. Gerade dem Richter ist die sachliche Unabhängigkeit auch deshalb eingeräumt worden, damit er sich einem solchen Druck widersetzen kann, wenn dies um der Wahrheitsfindung willen nötig ist.

1171 Eine weitere wesentliche Fehlerquelle tritt auf, wenn sich ein Vernehmender von **Vorurteilen** beherrschen läßt. Sicher soll er seine Berufserfahrung verwerten. Er darf aber nicht gewisse Dinge von vornherein aus einer bestimmten Sicht betrachten.

1172 Diese Vorurteile können sich natürlich auch beim Vernommenen finden!

Ein Zeuge, der eine freundliche oder feindliche Einstellung zu einer Partei hat, schwebt immer in der Gefahr, daß seine Aussage trotz seiner Bereitschaft, die Wahrheit zu sagen, von einem Vorurteil beeinflußt wird. Der Vernehmende hat auch darauf zu achten und tunlichst solche persönlichen Beziehungen aufzudecken.

In erster Linie sollte er sich aber immer vor Augen halten, daß jeder **1173**
Mensch und damit auch er selbst seine eigene Voreingenommenheit infolge der Prägung durch frühere Erfahrungen besitzt, und daß dadurch auch seine Persönlichkeit mitgeformt worden ist.[2] Wir übertragen leicht unsere Wesenszüge in die Deutung des Verhaltens anderer, wir projizieren also, wie es in der Fachsprache heißt, unsere eigenen Fehler in andere hinein, gewissermaßen, um sie loszuwerden. Wer etwa von Natur aus mißtrauisch ist und fürchtet, daß er nicht respektiert wird, läuft immer Gefahr, gerade diesen Mangel an Selbstwertgefühl in beliebigen Äußerungen anderer zu sehen. Eigenschaften, deren wir uns sicher sind, lassen wir uns so leicht nicht in Zweifel stellen. Aber „wir sind außerordentlich empfindlich, wenn falsche Ansprüche in Frage gestellt werden."[3]

In einem psychologischen Experiment hatten Lehrer einzelne Schüler in die **1174**
Lösung bestimmter mathematischer Aufgaben eingeführt. Wenn die Leistung des Schülers sich konstant verbesserte, neigten die Lehrer dazu, sich selbst (d. h. ihr eigenes Unterrichtsgeschick) für den Lernerfolg des Schülers verantwortlich zu halten. Verschlechterte sich dagegen die Leistung des Schülers im Laufe des Unterrichts, so schoben sie das der mangelnden Fähigkeit des Schülers zu. Eine Gruppe unabhängiger Beobachter neigte dagegen zu der umgekehrten Ursachenerklärung.[4]

Ähnliches ließe sich vermutlich im gerichtlichen Verfahren nachweisen. Hat **1175**
etwa ein Richter seinen Fall juristisch in ein bestimmtes Konzept (oder gar: Korsett) gebracht, dann wird er dazu neigen, jedem Zeugen entgegenzukommen, der dieses „Vor-Urteil" bestätigt. Und er läuft Gefahr, negativ zu projizieren, wenn die Bekundung des Zeugen sein vorgefaßtes Gedankengebäude gefährdet. Dies kann dazu führen, daß infolge der bestehenden Prädisposition des Vernehmenden die Mitteilung von Fakten über- oder unterbewertet wird, jedenfalls den ihr gebührenden ersten Rang verliert.[5]

Ein guter Vernehmender muß **rücksichtsvoll** gegenüber den Zeugen sein. **1176**
Das setzt vor allem Pünktlichkeit voraus. **Es sollte daher Grundsatz sein, daß zur festgesetzten Terminstunde der Vernehmende erscheint und auch sofort mit der Vernehmung beginnt.**

Dem Vernehmenden obliegt es, für die **Konzentration der Vernehmung** **1177**
zu sorgen. Er soll bemüht sein, jede Unterbrechung zu vermeiden. Dieses Gebot gilt natürlich in erster Linie für ihn selbst. Auch er sollte tunlichst den Gang der Aussage nicht unterbrechen. Irgendwelche Zweifel, Besonderhei-

---

[2] Guilford, Persönlichkeit, Logik, Methodik und Ergebnisse ihrer quantitativen Erforschung, 6. Aufl. 1974, S. 40.

[3] Horney, Unsere inneren Konflikte, 1973, S. 82.

[4] Heckhausen, Leistung und Chancengleichheit, 1974, S. 26.

[5] Vgl. Berelson/Steiner, Menschliches Verhalten, Bd. II: Soziale Aspekte, 1972, S. 343.

ten, Widersprüche und dergleichen wird er sich, dem Zeugen weiter zuhörend, stichwortartig notieren und sie erst anschließend klären.

1178 Diese kurzen Notizen sind unerläßlich. Wie oft schon hat ein Vernehmender gemeint, daß er dieses oder jenes, was ihm aufgefallen ist, bestimmt nicht vergessen werde; und am Ende hat er doch nicht daran gedacht, darauf einzugehen.

1179 Auch von dritter Seite darf der Vernehmende keine Störung dulden. Zwischenfragen, Zurufe der Parteien und auch der Anwälte muß er unterbinden. Notfalls sollte er klar und deutlich darauf hinweisen, daß hierdurch das Beweisergebnis verfälscht werden könne und daß er gegebenenfalls die Konsequenzen aus diesen Störungen für die Beweiswürdigung ziehen werde. Das hilft dann erfahrungsgemäß schnell, um Ruhe herbeizuführen.

1180 Die Konzentration der Beweisaufnahme ist nur dann gesichert, wenn sich der Vernehmende bedingungslos an den Grundsatz hält, **keine neue Frage anzuschneiden oder aufwerfen zu lassen, ehe die vorhergehende beantwortet ist**. Sonst geschieht das, was man leider in nicht wenigen Vernehmungen beobachten kann: der Richter kommt – wie man so sagt – vom „Hölzchen auf's Stöckchen". Alles Mögliche rückt dann vorübergehend in den Brennpunkt der Vernehmung, nichts wird bereinigt, und am Ende weiß keiner mehr, was denn eigentlich als Beweisergebnis festzuhalten sei. Die Parteien werfen den Zeugen Widersprüche vor, sie lesen dieses und jenes aus unprotokollierten Bekundungen heraus, und der Richter kann keine Ordnung mehr in das Ganze hineinbringen, weil ihm längst die Zügel entglitten sind.

1181 Deshalb sind Zwischenfragen der Anwälte und Parteien grundsätzlich erst zuzulassen, wenn die richterliche Vernehmung abgeschlossen ist. Zunächst einmal muß das, was der Zeuge gesagt hat, in den Hafen des Protokolls gerettet werden. Denn nur dann wird der Streit darüber vermieden, ob der Zeuge etwas mit bestimmten Worten gesagt hat, von denen er später vielleicht auf Vorhalt einer Partei oder eines Rechtsanwalts abrücken möchte.

1182 Außerdem ist nur so gewährleistet, daß der für die Beweiswürdigung wesentliche Verlauf der Vernehmung aktenkundig ist. Rückt nämlich der Zeuge auf Befragen von einer früheren Erklärung ab, so erscheint dies im Protokoll als Berichtigung. Es ist später möglich, sich mit dem Beweiswert dieses Umstandes zu befassen. Eine dahingehende Prüfung ist aber ausgeschlossen, wenn sich wegen vorzeitiger Gestattung von Zwischenfragen nachher nicht genau klären läßt, was der Zeuge ursprünglich gesagt und was er berichtigt hat.

1183 Nach Abschluß der richterlichen Vernehmung sollten **Fragen in weitem Umfang zugelassen** werden. Manche Vernehmenden klammern sich ängstlich an das Thema des Beweisbeschlusses und versuchen, jede darüber hinausgehende Frage zurückzuweisen. Das ist verfehlt. Einmal ist die Beweisfrage des jeweiligen Beweisbeschlusses nicht unbedingt die beste Formulierung dessen, worauf es beweismäßig ankommt. Darüber hinaus sollte nicht die Begrenzung des Beweisbeschlusses im Vordergrund stehen, sondern die Ermittlung der Wahrheit. Eine gezielte Frage ist aber für die Wahrheitsermittlung oft gerade dann aufschlußreich, wenn sie einen Nebenumstand berührt, den der Zeuge vielleicht geflissentlich übergangen hat.

Schließlich sollte auch der praktische Gesichtspunkt im Auge behalten werden, daß es häufig weit einfacher und zeitsparender ist, eine vielleicht überflüssige oder das eigentliche Beweisthema überschreitende Frage zuzulassen, als lange Debatten über Wesentlichkeit und Zulässigkeit zu führen.

Die Zulassung von Fragen, die das Beweisthema überschreiten oder gar **1184**
mit ihm nichts mehr zu tun haben, muß aber die Ausnahme bleiben. Rigoros abzuschneiden sind Fragen, mit denen entscheidungsunerhebliche Wertungen, Deutungen und Vermutungen aus dem Zeugen herausgelockt werden sollen („Trauen Sie das dem Kläger zu?" „Könnte es auch anders gewesen sein?" usw.). Solche Fragen führen zu nichts, außer zu dem späteren Versuch, solche Zeugenäußerungen als Faktenbehauptungen hinzustellen.

Ablehnung ist auch dann geboten, wenn die Frage auf ein neues, neben der **1185**
Sache liegendes Geschehen führt und umständliche, zeitraubende Erörterung nötig macht. In einem solchen Fall ist es schon mit Rücksicht auf die anderen Prozeßbeteiligten geboten, den Beschluß zu fassen, die Frage werde nicht zugelassen. Dann sollten aber auch nicht lange Erörterungen vorausgehen, sondern der Vernehmende sollte seine Ansicht entschlossen durchsetzen.

Bei jeder Zeugenbeweisaufnahme dürfte irgendwo versteckt im Hinter- **1186**
grund Zündstoff zu psychischen Entladungen und damit zu Erregung und zur Verhandlungsunordnung vorhanden sein. **Um so wichtiger ist es, daß der Vernehmende stets freundlich, ruhig und geduldig ist.** Das bedeutet keineswegs, er müsse unentschlossen und nachgiebig sein. Auch ein verstehender Richter kann für einen straffen Gang der Vernehmung sorgen. Verstehen! – darauf kommt es an.

Es kommt immer wieder vor, daß ein Zeuge oder eine Partei bei der **1187**
Vernehmung eine dumme Bemerkung macht oder sich irgendwie ungezogen aufführt. Dem sollte man keine große Bedeutung beimessen. Das ist in aller Regel auf die für den Vernommenen ungewöhnliche und aufregende Atmosphäre des Gerichtssaales zurückzuführen. Das beste Mittel dagegen ist, daß der Vernehmende selbst völlige Ruhe bewahrt und den Vernommenen einige Augenblicke sich selbst überläßt. Dieser wird dann am schnellsten Herr über sich. Mit väterlichen Ermahnungen ist jedenfalls in solchen Situationen nichts getan.

Überschreitet der Vernommene das Maß, das der Vernehmende glaubt **1188**
schweigend hinnehmen zu können, dann ist es besser, den Zeugen entschieden (aber nicht unfreundlich!) zurechtzuweisen, als salbungsvolle Sätze von sich zu geben. Für Moralpredigten ist kein Vernehmender zuständig.

Bevor der Vernehmende aber einen Zeugen zurechtweist, sollte er sich ge- **1189**
nau überlegen, ob nicht die Quelle der Entgleisung woanders zu suchen ist. Leider bringen selbst Rechtsanwälte auf eine häßlich-feine Art einen Zeugen oder eine Partei in Zorn und verwahren sich dann heftig gegen deren fast unvermerkt provozierten Gefühlsausbruch. Vom Richter wird dann verlangt, den Zeugen oder die Partei zurechtzuweisen. In derartigen Fällen muß man objektiv bleiben. Der Anwalt ist höflich, aber entschieden darauf hinzuweisen, daß er der Urheber der psychischen Entladung sei, sich also über die Folgen seines Verhaltens nicht so sehr aufzuregen brauche. Sagt man dann auch dem Zeugen, daß er zu weit gegangen sei, so wird man in der Regel alsbald wieder zu einer ruhigen, sachlichen Vernehmung zurückfinden.

1190 Der Vernehmende muß sich stets seiner Aufgabe und seiner Funktion bewußt bleiben. Ihm obliegt es, durch richtige Gestaltung und Leitung der Vernehmung den Zeugen aussagetüchtig zu machen.

1191 Wer einen Zeugen auffordert, dieser möge sein Gedächtnis anstrengen, sich zusammennehmen, scharf überlegen, wie es gewesen sei und dergleichen, zeigt damit, daß er seiner Aufgabe nicht gewachsen ist. Die Funktion des Gehirns wird nicht durch strenge oder milde Ermahnungen angeregt. Derartige „Anstrengungen" stören eher den Erinnerungsablauf, weil sie dem Zeugen die Gelöstheit und Unbeschwertheit nehmen.

1192 Die beste „Gedächtnisanstrengung" in diesem Sinne erzielt man, wenn man den Zeugen einfach reden läßt. Mit dem Strom des Unwesentlichen wird auch das Wesentliche an die Gestade des Bewußtseins gespült.

1193 Darum sollte man auch alles vermeiden, was den Zeugen irgendwie beunruhigen oder gar erschrecken könnte. Dazu genügt unter Umständen schon, wenn sich der Vernehmende der schwerfälligen Amtssprache bedient. „Kläger", „Beklagter", „Nebenintervenient" und dergleichen Ausdrücke sind dem Zeugen oft fremd und ohne Sinn; das kann ihn unsicher und befangen machen. Der „Fußballfreund Willi" oder die „Nachbarin Frau Müller" hingegen sind für den Zeugen keine Prozeßschemen.

1194 Wohl der schlimmste *Mißgriff,* den ein Vernehmender begehen kann, ist der, daß er *ärgerlich* wird, wenn er auf einen Fehler (sei es einen Hörfehler oder eine Fehlbeurteilung) aufmerksam gemacht wird. Er sollte statt dessen dankbar sein, daß der Zeuge oder die Partei oder deren Prozeßbevollmächtigter durch einen entsprechenden Hinweis die Folgen des Mißverständnisses beseitigt. Zu solchen Minderleistungen kann es dann kommen, wenn der Vernehmende zu stark betont, was *er* für rechtserheblich hält. Das kann dazu führen, daß die Schilderung des Zeugen zerstückelt und in ihrem einheitlichen Bild zerstört wird.

1195 Nicht weniger tadelnswert ist es, wenn ein Richter sich soweit vergißt, daß er den Vernehmungspersonen mit Ironie oder gar mit Spott entgegentritt. Die Wahrheitsfindung ist zu ernst, als daß irgendwer, insbesondere aber der Richter, sie ins Lächerliche ziehen dürfte. Spöttische oder abschätzige Bemerkungen sind wie alle persönlichen Schärfen beim Vernehmenden Todsünden. **Kommt es dazu, dann ist nicht mehr mit einer zuverlässigen und wahrheitsmäßigen Aussage zu rechnen!** Dem steht schon entgegen, daß der Vernehmende durch sein taktloses Verhalten die unerläßliche Vertrauensbasis zwischen ihm und dem Vernommenen zerstört hat. Außerdem gerät der Zeuge, der sich hilflos der mißbrauchten Macht des Vernehmenden ausgesetzt sieht, innerlich in eine solche Erregung, daß dadurch seine Aussagetüchtigkeit wesentlich geschwächt wird.

1196 Ein sehr weises Sprichwort besagt, Reden sei Silber, Schweigen aber Gold. Es sollte in jedem Vernehmungszimmer vor den Augen des Vernehmenden angebracht werden! **Ein Richter, der in der Beweisaufnahme viel redet, wird wenig erfahren.**

1197 Der Vernehmende soll *zuhören;* reden soll der Vernommene. Er ist gemäß § 396 Abs. 1 ZPO sogar dazu anzuhalten, im Zusammenhang zu erzählen. Nur wenn die Gefahr besteht, daß der Zeuge ins Stocken kommt, ist ihm weiterzuhelfen, beispielsweise durch Fragen.

Kommt man in der Vernehmung auf Dinge zu sprechen, die der vernommenen Person peinlich sind, dann hat sich als bestes Mittel dieses bewährt: ohne Zögern und Zaudern die Dinge deutlich beim Namen zu nennen. Muß etwa der „Mundverkehr" oder ein sonstiger geschlechtlicher Vorgang zur Sprache gebracht werden, dann gehe man mit Gleichmut darüber hinweg. Es ist nicht richtig, davon Aufhebens zu machen, etwa indem man sich der den Parteien und Zeugen unverständlichen lateinischen Ausdrücke dafür bedient, mögen sie auch in den Schriftsätzen verwendet worden sein. **1198**

Unter Umständen kann man dem Zeugen dadurch helfen und ihm die Scham nehmen, daß man ihm vorweg mehrdeutige oder für den Laien kaum verständliche Rechtsbegriffe kurz erläutert. Die wenigen sachlichen Sätze hierzu genügen in aller Regel, die Scheu des Zeugen zu beseitigen und ihn erkennen zu lassen, daß die Vernehmung sich in wertneutraler Atmosphäre abspielt. **1199**

Nach § 397 Abs. 1 ZPO sind die Parteien berechtigt, dem Zeugen durch das Gericht Fragen vorlegen zu lassen, die *sie* (also nicht nur das Gericht!) als zur Aufklärung der Sache oder der Verhältnisse des Zeugen dienlich erachten. Der Vorsitzende kann auch gestatten, daß die Parteien unmittelbar Fragen an die Zeugen richten. Beschränkt ist dieses Fragerecht nur durch das Erfordernis, daß die Frage nicht sachfremde Dinge anschneiden oder bereits erledigte Beweisthemen wieder aufgreifen oder völlig außerhalb des Beweissatzes liegende Dinge hervorholen darf (Rn. 1183). **1200**

Man sollte gegenüber den Parteien mit der Gewährung des Fragerechts nicht kleinlich sein. Denn niemand ist besser in der Lage, dem Zeugen Fragen zu stellen, die zur Aufklärung der Sache dienlich sind, als eine Partei. Die Parteien wissen am besten, wie es „wirklich war". **1201**

Allerdings bereitet es nicht wenigen Parteien Schwierigkeiten, lediglich Fragen zu stellen oder auch nur die zu stellende Frage genau zu formulieren. In ihrer Unbeholfenheit beginnen sie statt dessen zu erzählen, wie sich das streitige Geschehen nach ihrer Ansicht zugetragen habe. **1202**

Es ist unfair, einer Partei dann zu gebieten, sie möge schweigen, da sie nicht frage. Vielmehr hat der Vorsitzende in solchen Fällen der Partei zu helfen und sie durch entsprechendes Befragen dahin zu leiten, daß sie die gewünschte Frage zustande bringt. Notfalls mag er die Partei unterbrechen und sie bitten, ihm zu sagen, was sie wissen wolle, damit er den Zeugen selbst befrage.

Ebenso wie den Parteien ist natürlich auch *den Zeugen zu helfen*. Liegt etwa die Annahme nahe, daß ein Zeuge in Gegenwart eines bereits vernommenen Zeugen befangen und unsicher sei, so wird der Vernehmende den anderen Zeugen bitten, draußen zu warten. Dazu wird vor allem Anlaß bestehen, wenn sich Verwandte im Saal aufhalten, oder wenn es sich dabei um Ausländer handelt, bei denen wegen ihrer Minderheitenstellung die Gruppensolidarität besonders stark ausgeprägt ist. **1203**

So können sich zahlreiche Gelegenheiten bieten, günstige Voraussetzungen für eine zuverlässige Aussage zu schaffen und Widrigkeiten auszuräumen. Zusammenstellen lassen sich diese Möglichkeiten hier nicht. Vielfach handelt es sich nur um Fragen des Taktes. Es scheinen oft nur Kleinigkeiten zu sein, die aber letztlich ausschlaggebend dafür sein können, ob die Wahrheitsfindung erfolgreich verläuft oder nicht. **1204**

§ 41. Der Vernommene

1205 **Hauptperson der Beweisaufnahme ist der Zeuge** – und nicht der Vernehmende. Leider gibt es zu viele Beweistermine, in denen diese Grundeinsicht nicht beachtet wird! Ein Vernehmender, der gegenüber Parteien, Anwälten und Zeugen mit Witzchen und Humor glänzt, seine Schulweisheit unbedingt an den Mann bringen muß und über alles von vornherein besser informiert ist, der mag sich ungemein bedeutsam vorkommen; aussagepsychologisch gesehen ist er eine Null.

1206 Steht also der Zeuge und seine Aussage im Brennpunkt der Vernehmung, so sollte auch alles geschehen, dem Zeugen seine Aussagetüchtigkeit zu erhalten. Statt dessen geschieht vielfach das genaue Gegenteil.

Infolge unzulänglicher oder gedankenloser **Terminierung** müssen Zeugen oft stundenlang auf den Gängen stehen. Wenn sie Glück haben, finden sie irgendwo ein Plätzchen auf der Bank. Entfernen dürfen sie sich nicht, auch nicht um eine Tasse Kaffee zu trinken. Denn vielleicht werden sie gerade während dieser kurzen Zeitspanne aufgerufen; und der Vorsitzende ist ehrlich darüber empört, daß der Zeuge nicht auf Kommando bereitsteht. Daß der arme Tropf schon vermeidbarerweise stundenlang auf dem Flur auf und ab gegangen ist, scheint für den Verhandlungsführer schlechthin unbeachtlich zu sein.

1207 Dabei ist gerade die bei Gericht schon zur Regel gewordene lange Wartezeit sehr nachteilig für die Wahrheitsfindung. Der Zeuge **ermüdet** schnell. Jeder, der einmal als Zeuge längere Zeit hat warten müssen, weiß, wie zermürbend dieses Umherlaufen und Herumsitzen ist. Ständig schaut man gespannt zur Tür, ob man aufgerufen wird, damit man nicht den Termin verpaßt und womöglich noch eine weitere Stunde wartet.

1208 Die Momente der Erregung und Ermüdung wirken sich noch zusätzlich aus, wenn manche Zeugen einen weiten Weg zur Gerichtsstelle haben. Wird der Termin etwa auf 9 Uhr vormittags angesetzt, so müssen sie unter Umständen schon um 7 Uhr zur Bahnstation und um 6 Uhr oder früher aufstehen oder sich durch die morgendlichen Autostaus quälen. Gerade im Winter ist das mitunter recht beschwerlich. Von der kalten Winterluft in überfüllte und überheizte Züge, von dort in das Großstadtgewühl der Kraftwagen und Straßenbahnen und anschließend noch zwei Stunden Wartezeit auf dem Flur: das wirkt sich bei *jedem* nachteilig aus.

1209 Zu der geschwächten Erinnerungsleistung als Folge der Ermüdung kommt hinzu, daß der Zeuge – mag es ihm auch nicht bewußt sein – unwillig wird und der Vernehmung voller *Verdruß* entgegensieht. Das bedeutet psychologisch, daß er sich von vornherein gegen eine intensive Mitarbeit an der Wahrheitsfindung sperrt. Wenn seine Toleranzgrenze überschritten ist, wenn es ihm also „zu bunt geworden ist", kann es sogar dazu kommen, daß er jegliche Mitwirkung verweigert und kurzerhand erklärt, er könne sich an nichts mehr erinnern. Das ist dann gewissermaßen seine persönliche Rache gegenüber der Unbill, die ihm ein seelenloser Gerichtsbetrieb angetan hat. Dies alles wird viel zu wenig bedacht.

1210 Ein drittes ist schließlich zu berücksichtigen: Müssen mehrere Zeugen auf dem Flur warten – und das Warten ist meist die Folge davon, daß eine Reihe von Zeugen zu vernehmen ist –, so bleibt es nicht aus, daß sie sich über *„den Fall"* unterhalten. Zunächst geht es dabei um das Geschehen selbst. Der eine weiß dies, der andere jenes; zweie geraten vielleicht aneinander, weil jeder meint, der andere habe falsch beobachtet oder falsch gehört. Doch nach einer Weile gleichen sich die Darstellungen einander an! Das ist das Ergebnis der Zeugendiskussion auf dem Gerichtsflur darüber, „wie es wirklich gewesen ist". Später bei der Vernehmung schildert dann jeder in bester Absicht das, was sich aus der Beratung der mehreren Zeugen als „wohl richtig" herausgestellt hat. Nur weiß der Zeuge leider nicht, daß er jetzt gar nicht mehr seine Erinnerungen an das Geschehen, sondern seine Erinnerung an die Unterhaltung auf dem Flur wiedergibt. Davon erwähnt er überhaupt nichts; er wird ja auch nicht danach gefragt.

Das Warten auf dem Flur schwächt also nicht nur die effektive Aussagetüchtigkeit des Zeugen; sie führt auch häufig noch dazu, daß eindeutige Fälschungsfaktoren auftreten, ohne daß einer der am Beweistermin Beteiligten dies bemerkt.

Diese Nachteile können durch *überlegtes Terminieren* weitgehend ausge- **1211**
räumt werden. So braucht man z. B. nur die reinen Vernehmungssachen auf eine spätere Terminstunde als die eigentlichen (bloßen) Verhandlungssachen zu legen. Bei einem Beweistermin mit zahlreichen Zeugen in einer einzigen Sache können die Zeugen in Abständen geladen werden und dergleichen.

Die gebotene Rücksichtnahme auf den Zeugen verlangt auch, daß ihm **1212**
vom Gericht Schutz gewährt wird. Das gilt zunächst für das Verhältnis von Zeuge und Rechtsanwalt. Nicht häufig, aber doch immer wieder einmal überschreiten Prozeßbevollmächtigte hier die Grenze des Zulässigen. Gewiß ist es ihre Aufgabe, um der Wahrheit willen den unglaubwürdigen Zeugen als solchen hinzustellen. Das muß aber stets sachlich geschehen.

So ist in einem Ehrengerichtsverfahren mit Recht ausgeführt worden:[1] **1213**

> „Wenn der Angeklagte wirklich überzeugt war, daß der Zeuge die Unwahrheit gesagt habe, so stand es ihm frei, diese Überzeugung in sachlicher Form zum Ausdruck zu bringen. Es durfte aber nicht den Zeugen in beleidigender Form angreifen, was er dadurch tat, daß er dem Zeugen ‚Charakterlosigkeit', ‚volle charakterliche Minderwertigkeit' vorwarf und ihn als ‚charakterlosen Hausverwalter' in beleidigender Form bezeichnete."

Kommt es zu solchen Ausfällen, so muß der Vernehmende scharf durchgrei- **1214**
fen und darf sich auch vor einer Zurechtweisung nicht scheuen. Oft ist es allerdings für die Wahrheitsfindung bereits zu spät, wenn es soweit gekommen ist. Denn ein derart angegriffener Zeuge, der sich nicht zur Wehr setzen kann, wird verwirrt und erregt. Seine Aussagetüchtigkeit ist hin. Das sollten die zur Stellung von Fragen berechtigten Prozeßbevollmächtigten stets bedenken. Auch wenn sie das standesrechtlich gezogene Maß einhalten, ist Vorsicht walten zu lassen, ehe ein Zeuge „hart angepackt" wird. Der in seiner Aussagebereitschaft vielleicht noch schwankende Zeuge kann gerade dadurch in den Trotz und in die Lüge getrieben werden. Am weitesten kommt man immer mit Ruhe und Geduld.

---

[1] Zitat nach Kalsbach, Standesrecht des Rechtsanwalts, 1956, S. 200.

1215 Zum Schutz des Zeugen im weiteren Sinne, z. B. um ihn vor falschen Aussagen zu bewahren, gehört auch, daß der Vernehmende sich bemüht, alsbald herauszufinden, wes Geistes Kind der Vernommene ist. Er muß sich dann dem Bildungsstand des Zeugen anpassen. Die noch so genau formulierten Fragen sind überflüssig und sogar schädlich, wenn der Zeuge sie nicht versteht. Der Vernehmende muß sich auf das Niveau des Zeugen begeben und ihm beispielsweise durch eine Umschreibung oder durch eine Analogie zu dem ihm vertrauten Vorstellungskreis den Inhalt der Frage bewußt machen. **Es muß sich also der Vernehmende dem Zeugen anpassen und nicht umgekehrt.**

1216 Ein guter Vernehmender weiß auch, daß viele Zeugen nicht zwischen eigenem Wissen und Wissen vom Hörensagen zu unterscheiden vermögen. Wenn es darauf ankommen kann, muß er ihnen den Unterschied *vor* Beginn der Aussage klarmachen. Er mag ihnen etwa sagen, daß ihn nur interessiere, was der Zeuge mit eigenen Augen gesehen habe, nicht was andere, in der Familie oder sonstwo, darüber erzählt hätten. Er wird ihn gegebenenfalls bei besonders wichtigen Punkten immer wieder fragen, ob der Zeuge das selbst gesehen habe. Wie oft kommt dann die Antwort: „Nein, aber das weiß ich ganz genau!"

1217 Viele Zeugen bejahen eben eine Frage nur, weil sie die Antwort infolge der Schilderung eines Dritten „wissen". Wissen in diesem Sinne ist für solche Zeugen alles, was ihnen durch eigene Wahrnehmung **oder sonstwie** bekanntgeworden ist. Es kann sogar vorkommen, daß das Wissen des Zeugen auf eine Schilderung derjenigen Partei zurückgeht, die ihn benannt hat!

1218 Dabei muß man sogar dieser Einstellung vieler Zeugen Verständnis entgegenbringen. Die Eideshelfer im germanischen Rechtsgang beschworen auch nicht, daß sie etwas wahrgenommen hätten, sondern sie beschworen, daß der Kläger ein redlicher und rechtschaffener Mann sei. Dahinter verbirgt sich ein tiefer Gedanke. Der Schluß, daß einer, der ein Leben lang anständig und rechtschaffen gelebt hat, diese charakterlichen Eigenschaften nicht preisgibt, wenn er einmal in einen Prozeß verwickelt wird, erscheint mir manchmal weit sicherer als der andere, ein Geschehen sei so oder anders abgelaufen, weil irgendein Zeuge es so oder anders bekundet habe.

1219 Das ändert aber natürlich nichts daran, daß der Vernehmende sich ein möglichst zuverlässiges Bild von dem wirklichen Hergang nur dann bilden kann, wenn er erfährt, was der Zeuge aus eigener Wahrnehmung zu bekunden vermag und was nur vom Hörensagen. Nicht, daß das Zeugnis vom Hörensagen schlechthin untauglich wäre; es lassen sich nur keine allgemeingültigen Regeln darüber aufstellen. Ob im Einzelfall ein Wissen vom Hörensagen das Beweisergebnis entscheidend beeinflussen wird, läßt sich nur unter Berücksichtigung *aller* Umstände klären; und zu diesen Umständen gehört auch das Wissen, was Zeugenwahrnehmung und was Hörensagen ist.[2]

1220 Manchmal bleibt auf eine dem Vernehmenden einfach erscheinende **Frage** die Antwort aus. Das liegt vielleicht nur daran, daß die Frage dem Zeugen nicht verständlich genug gestellt worden ist. Nicht jeder vermag abstrakt zu denken und allgemein gehaltene Fragen in ihrem vollen Inhalt zu verstehen.

---

[2] Vgl. näher zum „Zeugen vom Hörensagen" oben § 30 Rn. 873 ff.

Der Vernehmende muß dabei weiter berücksichtigen, daß ihm die Gegenstände, mit denen er sich in der Beweisaufnahme befaßt, geläufig sind: kraft Berufes und kraft Aktenkenntnis. Geistig ungeschulte Leute beispielsweise – und darunter fallen nicht wenige Akademiker! – können nicht exakt definieren, um nur ein Beispiel für die Schwierigkeit abstrakten Denkens zu bringen. Man kann aber einen Gegenstand nur vermöge einer Definition exakt beschreiben. **1221**

Deshalb muß man grundsätzlich *allen* Beschreibungen gegenüber skeptisch sein. Sie konzentrieren sich in der Regel nur auf *ein* Merkmal des Gegenstandes. Jeder mag die Schwierigkeiten einer *genauen* Beschreibung an sich selbst erproben. Er mag z. B. einen einfachen Gegenstand auf seinem Schreibtsich so genau beschreiben, daß jeder verständige Dritte den Gegenstand nachbilden könnte. Das ist unendlich schwer! **1222**

Selbst bei weit einfacheren Aufgaben versagen wir oft. Was ist ein Tisch? Was ist ein Kommentar? – Darüber muß man schon nachdenken, wenn man eine genaue Definition finden will. Und nun stelle man sich vor, was ein einfacher Mann bei der Beschreibung komplizierter Unfallvorgänge oder Vertragsverhandlungen und dergleichen zuwege bringen wird!

Eine andere Gefahr, die bei *allen* Zeugen besteht, ist die, daß man den Zeugen **Werturteile** abgeben läßt, statt tatsächliches Wissen aus ihm herauszuholen. Ob eine Wohnung „in unordentlichem Zustand" geräumt herausgegeben worden ist, ob der Beklagte „häufig" betrunken war, ob der Führer des Kraftfahrzeuges ein „zuverlässiger" Fahrer war, ob der Verunglückte sich „leichtsinnig" auf die Straße begeben hat usw.: das alles wird jeder Zeuge alsbald mit ja oder nein beantworten. Nur daß er dann nicht mehr entsprechend dem Gesetz „dasjenige, was ihm von dem Gegenstand seiner Vernehmung bekannt ist" (§ 396 Abs. 1 ZPO), bekundet, sondern Werurteile fällt. **1223**

Dessen sollte sich ein Vernehmender stets bewußt sein und immer wieder seine Fragen und die Antworten der Zeugen daraufhin überprüfen, inwieweit dessen Wissensangaben nur offene oder verkappte Werturteile sind. Die Grenzen gehen ineinander über.

Wir können unsere Wahrnehmungen nur sprachlich wiedergeben, indem wir sie in **Begriffe** fassen. Schon darin liegt die erste Fehlermöglichkeit. Denn der Begriff, mit dem ein Zeuge eine bestimmte Wahrnehmung etikettiert, kann ganz oder teilweise unpassend sein. Wer in einer Baracke wohnt, für den ist ein gewöhnliches Einfamilienhaus vielleicht eine „Villa". Und eine alte Jungfer sieht vielleicht in einem fröhlichen Junggesellen, der schon einmal zwei, drei Glas Bier trinkt, einen „notorischen Säufer". Der sich langweilende Arbeitslose wird zum „Tagedieb", der Asylant zum „Dealer", weil er eine dunkle Hautfarbe hat. Wer einmal auf diese Dinge achtet, wird leichter verstehen, worum es geht. **1224**

Das **äußere Verhalten eines Zeugen** während der Vernehmung darf nicht zu wichtig genommen werden. Jemand, der vor Gericht auszusagen hat, ist befangen und innerlich erregt. Derselbe Mensch wird auf der Straße oder in der Familie unter Umständen einen völlig anderen Eindruck hinterlassen. Die „Normalausführung" des Zeugen bleibt zu Hause! **1225**

Tonfall, Blick, Erröten, Atmung, Tränen usw. lassen häufig nur ganz **1226** unsichere Schlüsse auf die Wahrheit oder Unwahrheit des Aussageinhaltes zu. Wohl gibt es Zeugentypen: empfindliche, hartgesottene, erregbare, eigensinnige, schüchterne, schwätzende, eitle und lügenhafte Zeugen. Doch aus dem Typus folgt noch kein zuverlässiger Schluß auf die Aussageleistung im Einzelfall. Es handelt sich hierbei lediglich um Würdigungsmomente, die *neben anderen* Bedeutung erlangen *können*.

1227 Auch das Lachen eines Zeugen bedeutet keineswegs, daß er nicht den nötigen Ernst aufbringt oder ihm die nötige Reife fehlt. Häufig lacht oder lächelt der Zeuge nur aus Verlegenheit, weil er sich unsicher fühlt oder ihm die Angelegenheit peinlich ist. Hin und wieder verbirgt sich dahinter auch ein gestörter Sprachkontakt. Reagiert der Vernehmende darauf mit Ungeduld, dann ist das für den Vernommenen ein zusätzliches Hindernis, sich kurz und klar auszudrücken.

1228 Immer wieder ist auch davor zu warnen, den persönlichen Eindruck[3] überzubewerten. Untersuchungen über die Persönlichkeit eines Menschen, etwa durch Beobachtung seiner Sprechstimme, seines Ganges, des körperlichen Verhaltens, der Schrift usw. belegen, daß aus dem persönlichen Eindruck kaum zuverlässige Urteile hergeleitet werden können.[4] Der „persönliche Eindruck" (= Eindruck von einer Person) sollte daher richtiger übersetzt werden mit „persönlicher Anwesenheit", also damit, daß der Vernehmende den Zeugen gesehen und selbst vernommen hat.

1229 Immer noch geistert in der forensischen Praxis der Satz umher, die **Sicherheit,** mit der ein Zeuge seine Wahrnehmungen wiedergebe, sei Indiz oder gar Kriterium für seine Wahrhaftigkeit. Die Aussagepsychologen indessen sind eher der Meinung, daß dieses Kriterium eines der unzuverlässigsten überhaupt ist. Ich meine, daß sie recht haben. Denn danach müßte die Bekundung eines gerissenen Lügners, der sich gründlich auf seine Aussage vorbereitet hat und genau weiß, was er sagt, dabei auch fließend spricht, es müßte also diese Aussage die zuverlässigste sein!

1230 Ein Zeuge, der wirklich an der Wahrheitsfindung mitarbeitet, redet meist nicht kurz, unzweideutig und in wohlgeformten Sätzen. Er ringt um den Ausdruck, er sucht nach dem treffenden Wort, er gibt sich Mühe, und das merkt ein aufmerksamer Beobachter.

1231 Der Vernehmende sollte also den Zeugen im Auge behalten und ihn bei der Aussageleistung als Persönlichkeit beobachten. Es genügt nicht, lediglich erfreut, der – endlich! – ins Konzept des Vernehmenden passenden Aussage zuzuhören.

1232 Daß ein Zeuge erregt und ängstlich ist, wenn er vor Gericht auszusagen hat, ist normal. Oft gibt er es selbst durch die Einleitung zu erkennen, er habe noch nie im Leben „etwas mit dem Gericht oder mit der Polizei zu tun gehabt". Ein solches Bekenntnis läßt darauf schließen, daß der Zeuge zu einer wahren Aussage bereit ist. Denn der lügnerische Zeuge ist meist auf seine Bekundung vorbereitet. Bei ihm läßt sich jedoch häufig feststellen, daß er bestrebt ist, ausführlich und viel zu reden. Mit einem Redeschwall will er

---

[3] Siehe dazu auch oben in § 30 Rn. 886 ff.

[4] Guilford, Persönlichkeit, 6. Aufl. 1974, S. 274 ff.

den Vernehmenden täuschen. Die unwahrhaftigen Zeugen wissen nicht, daß sie sich gerade dadurch am ehesten der Gefahr einer Entdeckung aussetzen. Sie reden und schwätzen und verwickeln sich dabei ungewollt in Widersprüche. Läßt man sie lange genug erzählen, so wird man häufig die Ansatzpunkte für die Unzuverlässigkeit der Aussage herausfinden.

Im Zivilprozeß, insbesondere in Unfallsachen, liegt es häufig so, daß die **1233** zu vernehmenden Zeugen bereits einmal oder gar mehrmals im strafrechtlichen Ermittlungsverfahren und in der Hauptverhandlung eines Strafverfahrens vernommen worden sind. Dazwischen liegen meist Monate oder gar Jahre. Die *Erinnerungsfähigkeit* des Zeugen ist natürlich wesentlich herabgesetzt. Er wird in der späteren Aussage nie mehr die Gedächtnisleistung erreichen, die er bei früheren Bekundungen erzielt hat. Deshalb ist es aussagepsychologisch im Grund auch sinnlos, von einem Zeugen nach Jahr und Tag eine zuverlässigere Schilderung zu erwarten, als bei seiner ersten Vernehmung.[5]

Irgendwie spürt das auch der Laie. Häufig sind nämlich Zeugen ängstlich **1234** bemüht, nur ja nicht von ihrer früheren Aussage abzuweichen. Sie versuchen gar nicht, sich an ihre Wahrnehmungen zu erinnern, sondern sie sind bestrebt, die frühere Aussage zu rekapitulieren. Dabei spielt manchmal die Angst des Zeugen mit, er könne sich strafbar machen oder erscheine als lügenhaft, wenn es ihm nicht gelinge, identische Aussageinhalte zu reproduzieren. Besteht Grund für die Annahme, daß im Einzelfall der Zeuge diesen Fehldeutungen unterliegt, so sollte er belehrt werden.

Damit beim Zeugen die innere Bereitschaft erhalten bleibt, an der Wahr- **1235** heitsermittlung mitzuwirken, muß bei ihm die Einsicht geweckt und gefördert werden, daß von seiner Hilfe einiges abhängt. Erste Voraussetzung hierfür ist, daß der Zeuge auch zu Wort kommen kann.

Ein Vernehmender, der den Zeugen ständig unterbricht, berichtigt oder **1236** sonstwie gängelt, erweckt beim Zeugen Verbitterung. Er kommt sich überflüssig vor und ist nur noch bestrebt, möglichst bald aus dem Sitzungssaal herauszukommen.

Andererseits muß natürlich bedacht werden, daß die ehrliche Überzeu- **1237** gung des Vernommenen, seine Wahrnehmungen seien fehlerfrei gewesen und seine Bekundung schildere das wirkliche Geschehen zutreffend, schlechthin belanglos ist. Es kommt nur darauf an, was ein Zeuge an Tatsächlichem bekundet und wie es sich mit dem übrigen Beweisergebnis vereinbaren läßt. **Die persönliche Wertung eines Zeugen, daß er die objektive Wahrheit wiedergebe, ist aussagepsychologisch unwesentlich.** Darin kommt nur zum Ausdruck, daß der Zeuge die Wahrheit sagen **will.**

Deshalb ist es auch grundsätzlich verfehlt, einen Zeugen danach zu fragen, ob er nun seine oder die abweichende Darstellung eines anderen Zeugen für richtig halte. Das wäre ein merkwürdiger Vernommener, der bei der Antwort auf eine solche Frage der Fremdaussage den Vorzug gäbe!

Im Zivilprozeß haben **Vernehmungen von Kindern** geringe praktische **1238** Bedeutung. Bei ihnen ist vornehmlich zu beachten, daß es nicht angebracht

---

[5] Siehe § 35 Rn. 1016.

ist, mit Kindern übertrieben kindlich zu sprechen. Am besten ist es, man bedient sich einer klaren, von Fremdwörtern freien Sprache, bildet kurze Sätze und verwendet um der Anschaulichkeit willen tunlichst Tätigkeitswörter.

1239 Abstrakte Begriffe sind dem Kind nicht zugänglich. Es ist geradezu töricht, einen fünfjährigen Jungen zu fragen, ob jemand mit ihm „eine Unsittlichkeit" begangen habe. Das Kind versteht eine solche Frage nicht; aber um dem Vernehmenden einen Gefallen zu tun, wird es im Zweifel „ja!" sagen.

1240 Kinder sind in besonderem Maße beeinflußbar. Die direkte Frage bewirkt beim Kind, daß der in der Frage enthaltene Bezug zu einem tatsächlichen Geschehen die kindliche Phantasie entzündet und alsbald Phantasievorstellungen hervorruft. Diese formen den Aussageinhalt mit, ohne daß das Kind, jedenfalls wenn es mehrmals vernommen worden ist, noch seine früheren Wahrnehmungen und seine Phantasiebilder auseinanderzuhalten vermöchte.

1241 Auch die Befangenheit ist bei Kindern größer als bei Erwachsenen. Hat ein Kind beispielsweise über irgend etwas auszusagen, was auch nur im entferntesten zu einem Tadel gegen sich gedeutet werden könnte, dann ist höchste Vorsicht geboten. Ein solches Kind wird z. B. niemals in Gegenwart der Eltern völlig aufrichtig sein. Man sollte in solchen Fällen unbedingt die Eltern und am besten alle sonstigen Bekannten aus dem Sitzungssaal schikken.

§ 42. Die Vernehmung

1242 Die Vernehmung von Zeugen ist ein ebenso verantwortlicher wie schwieriger Vorgang. Der Jurist wird – fast möchte man sagen: natürlich! – auch darin in Studium, Ausbildung oder Praxis nicht unterwiesen. Der geschulte Beobachter kann daher unglaubliche Fehlleistungen im gerichtlichen Verfahren feststellen. Eine gute Vernehmung setzt im Grunde Kenntnis der Gesprächspsychotherapie voraus, einem Teilgebiet der Psychologie, das die Kommunikationspraxis zwischen Menschen erforscht und zur Heilung psychogener Störungen oder Erkrankungen eingesetzt wird.

1243 Für denjenigen, der sich erstmals mit diesem Thema befaßt, kommt als m. E. vorzüglichste Einführung in Betracht: Thomas Gordon, Familienkonferenz – Die Lösung von Konflikten zwischen Eltern und Kind, Verlag Hoffmann und Campe (zahlreiche Auflagen). Dieses Buch ist, ohne daß es ausgesprochen wird, die Übertragung gesicherter Erkenntnisse der Gesprächspsychotherapie auf die konfliktlösende Kommunikation innerhalb der Familie. Da es keine Familie gibt, in der nicht irgendwelche Konflikte zwischen Eltern und Kindern auftreten, ist die Motivation zur Lektüre dieses Buches schon im Ansatz sehr groß. Die darin gebotenen Erkenntnisse lassen sich unmittelbar auf die sprachliche Kommunikation mit Nichtfamilienmitgliedern und damit auch zwischen Vernehmendem und Vernommenem übertragen.

Viele Vernehmungen leiden darunter, daß die im Verlauf der Vernehmung **1244**
auftretenden Konflikte und Widerstände weder allgemein (theoretisch) noch im Einzelfall (praktisch) bewußt sind. Worum es dabei geht, sei durch die Wiedergabe einiger Stellen aus dem Buch von Marc Oraison, Mit Konflikten leben (2. Aufl. 1974, S. 56 ff.), verdeutlicht:

> Wenn sich ein Gespräch entwickelt, sollte man so entspannt wie möglich zu verstehen suchen, was der Gesprächspartner sagen will, und behutsam abwarten, bis er seine Gedanken dargelegt hat, bevor man selbst das Wort ergreift. In der zweiten Phase des Gesprächs sollte man ihm in wenigen Worten wiederholen, wie man das, was er sagen wollte, verstanden hat. Und erst, wenn man darüber völlige Übereinstimmung erzielt hat, sollte man ihm antworten und die eigenen Argumente vorbringen. Hat man sich, soweit es einem möglich ist, zu dieser Haltung erzogen, wird man bald merken, wie leicht ein Gespräch wird, ob es sich nun um eine Diskussion oder um eine Kontroverse handelt. ... Sobald die eine der beiden Parteien die Absicht hat, *sich an die Stelle des anderen zu setzen,* handelt es sich nicht mehr um einen Konflikt, sondern um Ignoranz, Aggressivität, Verständnislosigkeit und letztlich um eine Mißachtung des anderen. ...
>
> Der Autoritätskonflikt beruht auf dem Bedürfnis, eine rangmäßige Autorität, die vorgibt, alles zu wissen, aber nichts verstehen will, folgerichtig durch eine „fachliche“, das heißt wirklich maßgebende Autorität zu ersetzen. ... Wie relativ selten kommt es vor, daß einer der Gesprächspartner allein, das heißt, während die anderen schweigen, sprechen kann! Sobald man miteinander spricht, hat man beträchtliche Mühe, einander wirklich zu *hören.* Diese Erfahrung kann einem helfen einzusehen, bis zu welchem Grade man sich gegenseitig unterbricht, um einander ‚das Wort abzuschneiden‘, und wie sehr man unwillkürlich versucht, mit der eigenen Stimme zuzudecken, was der andere sagt, oder unwillkürlich versucht, jemandem, der gern zu Wort kommen möchte, keine Gelegenheit dazu zu geben. Das menschliche Hören verfährt ausgesprochen selektiv, auswählend. Unbewußt weist man in diesem Auswahlvorgang alle die persönliche Haltung des Zuhörers störenden Geräusche und Wörter ab. Man könnte überspitzt sagen, daß wir nur das bewußt wahrnehmen, was uns gefällt oder von dem wir unbewußt annehmen, daß es uns genehm ist. Und ohne uns darüber klar zu sein, scheiden wir sofort alles aus, was unsere Bemühung um den eigenen inneren Zusammenhang stört. In Diskussionen kommt es vor, daß ein Gespräch bereits mit einer mehr oder weniger heftigen Auseinandersetzung beginnt, in der dieser Prozeß des Nicht-Verstehens sofort seinen Höhepunkt erreicht. ...
>
> Dieser innere Mechanismus ist völlig normal und gehört notwendig zum Leben. Wenn wir mit jemandem oder gar mit mehreren sprechen, setzt sofort der Prozeß des inneren Widerspruchs, der Abwehr ein, der unsere innere Festigkeit ausreichend sichern soll. Nur wenn diese Abwehrprozesse in keinem Verhältnis zur Wirklichkeit stehen, kann man von neurotischen Störungen im eigentlichen Sinne sprechen.

In der Praxis lassen sich tatsächlich Vernehmungen beobachten, die „in gar **1245**
keinem Verhältnis zur Wirklichkeit stehen“, wenn nämlich Zeugen angeschrien, geringschätzig behandelt oder gar beleidigt werden – ein Vorgang, der psychologisch schon darin liegen kann, daß man sie stundenlang vor dem Sitzungssaal warten läßt, womöglich noch ohne ausreichende Sitzgelegenheit und ohne sich im voraus oder wenigstens nachträglich dafür zu entschuldigen.

1246 Die Vernehmung wird durch die **„Belehrung"**, also dadurch eingeleitet, daß „der Zeuge zur Wahrheit ermahnt und darauf hingewiesen" wird, „daß er in den vom Gesetz vorgesehenen Fällen unter Umständen seine Aussage zu beeiden habe" (§ 395 Abs. 1 ZPO).[1] Darunter fällt auch der Hinweis auf die Strafbarkeit falscher Aussagen.

Die ständige Wiederholung dieser im Gesetz vorgesehenen Ermahnung bewirkt leicht, daß sie beim Vernehmenden zur formelhaften Wendung erstarrt. Umgekehrt ist derjenige, der sich dieser Gefahr bewußt ist und ihr zu entgehen trachtet, erfahrungsgemäß manchmal geneigt, der Wahrheitsermahnung eine salbungsvolle Weihe zu geben. Beides ist nicht richtig. Man sollte den Zeugen ernst und sachlich belehren. Dann ist er solchen Worten am ehesten aufgeschlossen.

1247 An die Belehrung schließt sich die Frage nach den **persönlichen Verhältnissen** des Zeugen an: Vorname und Zuname, Alter, Stand oder Gewerbe und Wohnort (§ 395 Abs. 2 S. 1 ZPO). Damit beginnt die eigentliche Vernehmung.

1248 Das *Ziel einer jeden Vernehmung* ist es, möglichst viel zutreffendes Wissen aus dem Vernommenen herauszuholen, also möglichst viel von dem wirklichen Ablauf des aufzuklärenden Sachverhaltes zu erfahren. Dieser Gedanke kommt auch in § 395 Abs. 2 S. 2 ZPO zum Ausdruck:

> Erforderlichenfalls sind dem Zeugen „Fragen über solche Umstände, die seine Glaubwürdigkeit in der vorliegenden Sache betreffen, insbesondere seine Beziehungen zu den Parteien, vorzulegen."

1249 Damit ist nun nicht gemeint, daß man vorab eine „Glaubwürdigkeitsprüfung" anstellt. Das wäre sinnlos; denn eine Zeugenglaubwürdigkeit „an sich" gibt es nicht. Der Aufrichtigste kann im Einzelfall einmal objektiv oder auch subjektiv die Unwahrheit sagen; und der notorische Lügner wird unter Umständen die reine Wahrheit vortragen, z. B. weil sie ihm von Vorteil ist.

Gemeint ist in § 395 Abs. 2 S. 2 ZPO lediglich, daß bereits bei Beginn der Vernehmung herauszufinden ist, wie der Zeuge voraussichtlich zur Sache eingestellt ist. Es macht einen wesentlichen Unterschied, ob er z. B. die Parteien überhaupt nicht kennt, mit dem Kläger verfeindet oder der Bruder des Beklagten ist. Außerdem ist dies zu wissen unerläßlich, weil davon die Belehrungspflicht nach § 383 ZPO abhängt.

1250 Hat die Vernehmung begonnen, dann hängt deren Verlauf nicht zuletzt von dem *Geschick des Vernehmenden* ab. Vernehmungskunst bedingt nun zweierlei: Anpassungs- und Einfühlungsvermögen des Vernehmenden, die nicht gleichbedeutend sind mit langjähriger Berufserfahrung, sowie Kenntnisse über die Grundsätze der Aussagepsychologie. Diese sind erlernbar und in den §§ 30–36 dieses Buches schon recht eingehend behandelt worden.

1251 Die *Vernehmungskunst* im engeren Sinne ist dagegen ein so individueller, persönlichkeitsgebundener und ursprünglicher Vorgang, daß er sich einer streng systematischen Darstellung entzieht. Alles, was dazu gesagt worden ist und was sich dazu sagen läßt, ist Beschreibung und Umschreibung, aber

---

[1] Siehe dazu Bringewat MDR 1984, 451.

nicht Schema. Hauptsächlich handelt es sich darum, erprobte Hinweise zusammenzustellen und erkannte Fehlerquellen aufzudecken. In diesem Sinne aber ist eine Darstellung der Vernehmungskunst auch nützlich.

Poltern, Drohen mit Strafverfolgung und Vereidigungen sind die unge- 1252
eignetsten Mittel, mit aussageunwilligen Zeugen fertigzuwerden. Die Wahrheit findet am ehesten derjenige, der durch ein überlegtes und entschlossenes Vorgehen bei der Vernehmung den sich sperrenden Zeugen erkennen läßt, daß dieser Gefahr läuft, am Ende der Unwahrheit überführt zu werden. Das nimmt einem Zeugen am nachhaltigsten die Lust zur Lüge.

Zunächst ist dazu erforderlich, daß erkannt wird, wovon auszugehen ist, 1253
was also vorausgesetzt werden kann. **Am Anfang der Vernehmung ist deshalb klarzustellen, was der Zeuge mit der Sache zu tun hat.** Der Vernehmende muß wissen, wie es dazu gekommen ist, daß der Zeuge bestimmte Wahrnehmungen gemacht hat. Klärt man dies gleich zu Beginn, so wird man auch von vornherein eigene Wahrnehmungen und Zeugenwissen vom Hörensagen scheiden können.

Zweckmäßig ist es häufig, den Zeugen vorab nach Vorgängen zu fragen, 1254
deren Ablauf dem Vernehmenden bereits genau bekannt ist, sei es aus den Akten, aus sonstigen Zeugenaussagen oder auf Grund objektiver Beweismittel. Der Zeuge gerät dann, ohne daß ihm dies bewußt wird, schon in den ersten „*Wahrheitstest*". Hier hat der Vernehmende kraft seines schon vorhandenen Wissens die beste Möglichkeit zu prüfen, ob der Zeuge wahrheitswillig ist, ob er genau darzustellen vermag und dergleichen.

Jedoch darf das nicht dazu führen, daß die Vernehmung in Form von 1255
Frage und Antwort abläuft. Das wäre aussagepsychologisch verfehlt und auch ungesetzlich. Denn nach § 396 Abs. 1 ZPO ist der Zeuge zu veranlassen, dasjenige, was ihm von dem Gegenstand seiner Vernehmung bekannt ist, im Zusammenhang anzugeben. Der Kern des Vernehmungsvorganges muß stets ein **zusammenhängender Bericht des Zeugen** sein. Darauf ist hinzuarbeiten. Der Vernehmende muß den Zeugen zum Sprechen bringen. Nur wenn sich dies wegen der intellektuellen Leistungsschwäche des Zeugen als undurchführbar erweist, darf die Vernehmung in Frageform durchgeführt werden. Anderenfalls sind die Fragen tunlichst erst im Anschluß an die zusammenhängende Schilderung des Zeugen zu stellen.

Ganz verfehlt ist es, den Bericht des Zeugen durch ständige Fragen zu 1256
unterbrechen. Im persönlichen Bereich, etwa bei einer Unterhaltung, wird ein solches Verhalten mit Recht als ungehörig empfunden und ruft den Unwillen des Gesprächspartners hervor. Offenbar meinen aber manche Vernehmende, im Beweistermin sei das anders. Tatsächlich ist es dort nicht minder ungehörig, wohl aber weitaus folgenschwerer. Auch der Zeuge, der ständig unterbrochen wird, reagiert unwillig und sperrt sich innerlich gegen eine solche Bevormundung. Da er indessen machtlos ist, muß er sich beugen, ist aber nicht mehr zur Mitarbeit an der Wahrheitsfindung bereit.

Das Gegenstück des unentwegt fragenden Vernehmenden ist **der Verneh-** 1257
mende, der den Zeugen reden läßt, dabei aber **seine Aufmerksamkeit anderen Dingen zuwendet,** etwa den Rechtsanwälten oder dem Protokollführer oder den Akten. Dann muß der Zeuge den Eindruck gewinnen, daß seine Bekundung lediglich als eine überflüssige Formalität abläuft. Offenbar

– so muß er schließen – wird seiner Äußerung keine Bedeutung zugemessen und kein Interesse entgegengebracht. Das lähmt seinen Aussagewillen. Wer einen solchen Zeugen unbemerkt beobachtet, wird feststellen, daß der Zeuge langsamer zu sprechen beginnt, sich ratlos umschaut und schließlich nach einigen kurzen Sätzen seine Aussage abschließt.

1258 Ganz anders verhält sich derjenige Zeuge, bei dem der Vorsitzende dafür sorgt, daß der Zeuge erkennt, auf seine Äußerung werde großes Gewicht gelegt. Der Zeuge sieht, mit welchem Interesse seine Schilderung aufgenommen wird. Er hat den Eindruck, daß seine Zuhörer von ihm Neues erfahren. Das spornt ihn an. Es steigert seine Aussageleistung und wird der Anlaß zu einer wirklich brauchbaren und glaubhaften Sachdarstellung.

1259 In solchen Fällen muß der Vernehmende notfalls auch dann Aufmerksamkeit und Interesse zeigen, wenn die Aussage Teile enthält, die dem Vernehmenden bekannt sind und hinsichtlich deren keine Zweifel mehr bestehen. Stets muß aber der Zeuge genau beobachtet werden; denn hin und wieder verführt das Interesse, das einem Zeugen entgegengebracht wird, diesen dazu, seine Aussage auszuschmücken und mit Nichterlebtem auszufüllen, um seine Zuhörer recht zufriedenzustellen.

1260 Das Gebot, den Zeugen ständig zu beobachten, ist auch aus psychologischer Sicht eine Notwendigkeit. Jede Aussage ist eine Mitteilung, die im Rahmen einer Kommunikation stattfindet. Diese Mitteilung besteht nicht nur in gesprochenen Worten, sondern in zahlreichen sogenannten paralinguistischen Phänomenen (Tonfall, Sprechgeschwindigkeit, Lachen, Weinen, Pausieren; hinzu kommen Ausdruck, Bewegung, Haltung usw.).[2]

1261 Die in der Rechtsprechung häufig hervorgehobene – und nicht selten überschätzte – Bedeutung des persönlichen Eindrucks kann nur damit gerechtfertigt werden, daß erst dann ein ganzes Aufnehmen der Mitteilung des Zeugen gewährleistet ist, wenn der Vernehmende den Sprechenden *sieht.* Dies setzt jedoch voraus, daß der Vernehmende außer der Wortsprache auch die sogenannte Körpersprache beobachtet und versteht.[3] Wirkliches Verstehen setzt allerdings spezielle Sachkunde voraus, an der es uns Juristen fehlt, weil wir darin nicht unterrichtet werden. Vieles ist aber auch für den nicht fachlich Ausgebildeten erkennbar; und kein Vernehmender sollte sich deshalb dieser Chance zur Erkenntnis begeben.

1262 Einem Zeugen, von dessen Wahrheitsbereitschaft man ausgehen darf, sollte man auch dadurch **Vertrauen entgegenbringen,** daß man ihn wissen läßt, welche Bedeutung seine Aussage unter Umständen für die Entscheidung des Rechtsstreites haben kann. Ein redlicher Zeuge wird dadurch in seinem Verantwortungsgefühl bestärkt. Er wird besonders nachdrücklich darauf bedacht sein, eine möglichst zuverlässige Schilderung des ihm bekannten Geschehens zu geben. Dies nicht zuletzt deshalb, weil ihm ja vom Vernehmenden klargemacht worden ist, daß er eine **Mitverantwortung an der Entscheidung** trägt, weil eine Unrichtigkeit in seiner Bekundung zu einer fehlerhaften Entscheidung beitragen kann.

---

[2] Watzlawick/Beavin/Jackson, Menschliche Kommunikation, 4. Aufl. 1974, S. 51.

[3] Siehe dazu im einzelnen das Handbuch der Psychologie, Bd. V: Ausdruckspsychologie, 2. Aufl. 1972; ferner Kraß ZRP 1993, 266.

Umgekehrt ist dagegen zu verfahren, wenn man Bedenken gegen die Zuverlässigkeit eines Zeugen hat. Er ist tunlichst im unklaren darüber zu lassen, wer durch einen bestimmten Aussageinhalt begünstigt werden könnte. Dann weiß er nicht, wie er seine Aussage färben muß, um der Partei zu helfen, der er freundlich gesonnen ist. Aus diesem Dilemma hilft sich der Zeuge dann möglicherweise heraus, indem er einfach bei der Wahr heit bleibt. Jedenfalls besteht die *Chance,* daß er sich so verhält, eher als dann, wenn er genau weiß, wie er bekunden muß, um „seiner" Partei zu nützen. **1263**

Ein feststehender Grundsatz jeder Vernehmung sollte der sein, daß das zum Beweis stehende Ereignis vom Zeugen in der **Reihenfolge** geschildert wird, in der er es erlebt hat. Der Zeuge muß also unbedingt dazu veranlaßt werden, sich an den historischen Ablauf zu halten. Anderenfalls ergeben sich Lücken, die gar leicht unerkannt bleiben und zu einem verfälschten Gesamtbild führen. **1264**

Hat man es erreicht, daß der Zeuge an der richtigen Stelle beginnt und seinen Faden abspinnt, so sollte man ihn nach Möglichkeit auch dann reden lassen, wenn er nebensächliche Ereignisse einbezieht. Der geschwätzige Zeuge schwätzt ja nicht aus Bosheit, sondern weil es seiner Wesensart entspricht. Ermahnt man ihn ständig, zur Sache zu kommen oder bei der Sache zu bleiben, so wird er nervös und unsicher. Er hat eben seiner Natur nach keinen Blick für das Wesentliche, und die ständige Forderung danach verwirrt ihn. Läßt man ihn wenigstens kurz auf Nebensächliches abschweifen, so ist es verhältnismäßig einfach, ihn wieder zur Sache zurückzuleiten. Dann ist nämlich am ehesten zu erwarten, daß der Zeuge selbst erkennt, er sei vom Thema abgekommen. Sobald aber diese Erkenntnis ausgelöst wird, tritt die Unsicherheit beim Zeugen nicht auf. **1265**

Überdies ist es eine alte forensische Erfahrung, daß sich in dem Knäuel der Belanglosigkeiten immer wieder ein wesentlicher Umstand befindet, der unter Umständen den Ausschlag bei der Entscheidung geben kann. Gerade der lügnerische Zeuge wird vom erfahrenen Vernehmenden oft dadurch überführt, daß dieser ihn schwätzen und schwätzen läßt, bis er sich in seinem eigenen Lügennetz verfängt. **1266**

Einem weitschweifigen Zeugen kann man auch dadurch helfen, ohne ihn zu kränken oder zu verwirren, daß man einfach aus dem von ihm erwarteten Bericht einen Teil herausnimmt oder ein Stück wegläßt. Man fordert ihn etwa auf, die Vorgeschichte bis zu einem bestimmten Zeitpunkt oder einem bestimmten Ereignis wegzulassen, weil es darauf nicht ankomme. **1267**

Das kann allerdings dazu führen, daß der Zeuge erwidert, dieses und jenes müsse er aber noch sagen, das sei wichtig. Solche Äußerungen zeigen, daß der Zeuge nicht in der Lage ist, zu differenzieren. Dann läßt man ihn am besten reden, um zu verhindern, daß sein ganzes Aussagekonzept zusammenbricht.

Für die Aussageleistung des Vernommenen ist wesentlich seine **Ausdrucksfähigkeit.** Der Vernehmende sollte niemals beim Zeugen den Eindruck entstehen lassen, daß er sich einer „gehobenen" Sprache zu bedienen habe. Niemand springt über seinen eigenen Schatten; und ein Zeuge vermag sich nicht genau auszudrücken, wenn er in ein ihm fremdes sprachliches Schema gezwängt wird. **1268**

Mir ist schon oft aufgefallen, daß Zeugen, wenn sie an eine wesentliche tatsächliche Stelle kommen, von ihrem gequälten Hochdeutsch ins Mundartliche fallen. Es wäre völlig verfehlt, dies zu unterbinden. Die Würde des Gerichts wird dadurch nicht verletzt; und außerdem steht bei jeder Vernehmung die Wahrheitsermittlung am höchsten.

1269 Wer den Zeugen etwa ermahnt, hochdeutsch zu reden, begeht einen schweren Fehler. Er zerstört die Assoziationsbahnen der Erinnerungen und die Reproduktionsfähigkeit des Zeugen, weil er diesem praktisch verbietet, sich des ihm geläufigen Wortschatzes zu bedienen. Der spontan in seinen Dialekt fallende Zeuge zeigt gerade durch diesen Wechsel im Ausdruck, daß er bemüht ist, eine Erinnerung genau wiederzugeben. Der Wille zur Genauigkeit nötigt ihn gewissermaßen dazu, in seine gewohnte Sprache zurückzufallen. Ein solcher Vorgang kann sogar von besonderer Bedeutung für die Beweiswürdigung sein; denn darin kann ein Indiz für die Glaubwürdigkeit des Zeugen liegen.

1270 Bei jedem Menschen besteht die Tendenz, wahrgenommene Fakten bei der Wiedergabe mit Werturteilen zu vermischen oder gar dadurch zu ersetzen. Deshalb muß bei der Vernehmung immer darauf geachtet werden, daß ein Zeuge es nicht bei allgemein wertenden Äußerungen beläßt. Notfalls ist durch Fragen darauf hinzuwirken, daß er solche Werturteile in die dahinter stehende Faktengrundlage auflöst.

1271 Mit Recht hat in diesem Zusammenhang das BAG[4] darauf hingewiesen, bei der Vernehmung zu der Frage, ob ein Arbeitnehmer die für sein Arbeitsverhältnis notwendige Führungskraft besitze, dürfe das Gericht sich nicht mit allgemeinen wertenden Äußerungen des Zeugen begnügen, sondern müsse ihn veranlassen, diejenigen Beobachtungen zu schildern, auf die er sein Urteil stütze. Bei diesem „nachbohrenden" Vorgehen wird sich allerdings manchmal auch zeigen, daß es einer solchen Faktengrundlage fehlt und der Zeuge lediglich Meinungen, Mutmaßungen und Wertungen von sich gegeben hat, ohne über Wahrnehmungen zu verfügen, die solche Äußerungen stützen könnten.

1272 Leider ist in der Praxis immer noch der **Mißbrauch anzutreffen, einem Zeugen seine frühere Aussage vorzulesen und sie von ihm bestätigen zu lassen.** Es kann nicht nachdrücklich genug darauf hingewiesen werden, daß dies ebenso dem Gesetz wie den Erkenntnissen der Aussagepsychologie widerspricht. Der Satz des Zeugen „Ja, so stimmt es" ist keine Aussage im beweisrechtlichen Sinne.[5] Damit hat der Zeuge keine Sachschilderung gegeben, sondern nur dem Wunsche des Vernehmenden entsprochen, eine frühere Bekundung als wahr zu bezeichnen. Es kommt aber immer nur darauf an, was der Zeuge hier und jetzt als eigene Wahrnehmung zu berichten weiß.

1273 Deshalb ist es auch zu verhindern, daß der Vernommene sich in bester Absicht an eine Partei oder an einen anderen Zeugen wendet und diesen nach einem genauen Datum oder dergleichen fragt. Die angesprochene

---

[4] BB 1976, 1560 = DB 1976, 2356 = AP § 1 KSchG Verhaltensbedingte Kündigung Nr. 9 mit zust. Anm. Boden.

[5] Siehe dazu Schneider GoldtArchiv 1956, 337, und unten Rn. 1301, 1302.

Partei beantwortet eine solche Frage erfahrungsgemäß unverzüglich. Und dann läßt es sich nicht mehr feststellen, was eigenes Wissen des Zeugen ist.

Auch das Dazwischenreden der Parteien ist streng zu unterbinden. Auf **1274** diese Weise macht sich eine Partei zum Souffleur des Zeugen. Erst wenn die Vernehmung abgeschlossen ist, dürfen die anderen Beteiligten Fragen an die Zeugen richten. Dann aber sollte man auch nicht zu kleinlich sein und sich nicht ängstlich an den Wortlaut des Beweisthemas klammern. Alles was der Wahrheitsermittlung dienen *kann,* ist zuzulassen.

Ein häufig behandeltes Kapitel in der Aussagepsychologie ist die **Sugge-** **1275** **stivfrage.** Man versteht darunter solche Fragen, die durch ihre Fassung eine bestimmte Antwort herausfordern:

> „Hatte der Täter einen Hut oder eine Baskenmütze auf?" – „Warum hat der Beklagte am soundsovielten seine Frau geschlagen?"

Bei derartigen Fragen wird stets etwas vorausgesetzt (daß der Täter über- **1276** haupt eine Kopfbedeckung getragen hat; daß der Beklagte überhaupt seine Frau geschlagen hat) und der Zeuge in die Alternative gedrängt, das eine oder andere zu bejahen (Baskenmütze oder Hut). Bei richtiger Frageweise hätte er dagegen vielleicht erklärt, daß er das nicht wisse, weil er darauf nicht geachtet habe.

Suggestivfragen sind, weil sie stets die Möglichkeit einer Aussageverfäl- **1277** schung nach sich ziehen, grundsätzlich zu vermeiden. Gesetzlich verboten sind sie allerdings nicht. Die Suggestivfrage kann sinnvoll sein, wenn sie als Kriterium für die Urteilskraft oder die Wahrheitsliebe eines Zeugen benutzt wird. Tappt der Vernommene in die ihm gestellte Falle, so lassen sich daraus unter Umständen Schlüsse auf die Beweiskraft seiner Bekundung ziehen. **Suggestivfagen sind also eigentlich nur dann wirklich schädlich und gefährlich, wenn sich der Vernehmende ihrer nicht bewußt ist.**

Er hat aber nicht nur auf seine eigenen Fragen zu achten, sondern auch auf **1278** diejenigen, die erlaubterweise von Parteien und Prozeßbevollmächtigten gestellt werden. Handelt es sich dabei um Suggestivfragen, so muß der Vorsitzende eingreifen und die Frage in mehrere Fragen auflösen oder so umformulieren, daß die Suggestivwirkung entfällt.

Der Suggestivfrage verwandt ist die **Erwartungsfrage.** Sie enthält keine **1279** Alternative, läßt den Zeugen aber erkennen, daß sie in der Hoffnung ausgesprochen wird, der Zeuge werde sie bejahen oder verneinen. Dieser erkennbare Wunsch des Vernehmenden beeinflußt den Zeugen insbesondere dann, wenn dieser sich selbst noch nicht ganz klar ist, wie es denn „wirklich" gewesen ist. Und so wird er geneigt sein, statt einer die Ungewißheit hervorhebenden Antwort eine eindeutige positive oder negative Erwiderung zu geben. Ein Beispiel für eine solche Frage wäre etwa folgendes:

> „Sie waren doch zugegen, als der Unfall passierte. Dann haben Sie doch sicher auch gesehen, ob (oder gar: *daß*) der Opelfahrer scharf gebremst hat?"

Suggestiv- oder Erwartungsfragen bei Kindern sind nach meiner Mei- **1280** nung gänzlich unzulässig, ausgenommen dann, wenn nach vollständigem

Abschluß einer Vernehmung damit noch ein Glaubwürdigkeitstest durchgeführt wird. Das Kind wird nämlich regelmäßig den Wirkungen einer Suggestiv- oder Erwartungsfrage erliegen. Es empfindet aufrichtige Freude, wenn es dem freundlichen Vorsitzenden eine genaue Antwort geben kann. Ob diese Antwort sich mit dem wirklichen Hergang deckt, ist für das Kind weitgehend belanglos. Es richtet überhaupt während der Vernehmung seinen Verstand weniger in die Vergangenheit und auf das wirkliche Geschehen als auf den Vernehmenden, dem es alles zu sagen bereit ist, was dieser hören will.

§ 43. Die Protokollierung

1281 Es ist eine hinlänglich bekannte Erfahrung, daß man allen fremden Protokollen über Aussagen grundsätzlich mit Zurückhaltung zu begegnen hat. **Eine vom Vernehmenden diktierte Vernehmungsniederschrift ist nun einmal nicht identisch mit der Aussage des Zeugen,** auf die allein es ankommt. Das beste „Vernehmungsprotokoll“ ist daher immer noch das ungeschriebene: der unmittelbare Eindruck des erkennenden Gerichts, der ohne Zwischenschaltung eines Verkündungstermins zur Entscheidungsgrundlage gemacht wird (§ 310 Abs. 1 S. 1 ZPO).

1282 So vorzugehen ist dem Prozeßgericht jedoch nur möglich, wenn die zu treffende Entscheidung nicht rechtsmittelfähig ist (§§ 160 Abs. 3 Nr. 4, 161 Abs. 1 Nr. 2 ZPO). Und das ist nicht die Regel. In den meisten Fällen muß also ein schriftliches Protokoll über die Vernehmung angefertigt werden, was zwangsläufig die Gefahr mit sich bringt, daß die Bedeutung einer Aussage als Erkenntnisquelle gemindert wird.

1283 Gerade wegen dieser Bedenken sollte jeder Vernehmende seine Protokolle so gestalten, daß sie bei späterer Auswertung durch andere diesen ein möglichst objektives und zuverlässiges Bild der Aussage des Zeugen verschaffen. Das – meist nicht erreichbare – Endziel bei der Protokollierung ist es, das Protokoll so zu gestalten, daß derjenige, der später nur die Niederschrift liest, möglichst den gleichen Eindruck von dem Aussageinhalt des Zeugen erhält, den er erhalten hätte, wenn er den Zeugen selbst vernommen hätte.

1284 In rechtsmittelfähigen Prozessen ist es nach höchstrichterlicher Rechtsprechung unschädlich, wenn das Vernehmungsergebnis statt durch das Vernehmungsprotokoll in anderer Form schriftlich festgelegt wird.[1] In Betracht kommt einmal, den Bericht über die Zeugenaussage im Urteilstatbestand (siehe das Beispiel unten in § 53) oder – dann deutlich hervorgehoben – in den Entscheidungsgründen zu bringen.

1285 Statt dessen ist es auch erlaubt, daß der Berichterstatter eine Niederschrift dazu anfertigt, die den Parteien mitgeteilt und im Urteil in Bezug genommen wird (sog. Berichterstattervermerk).

1286 In beiden Fällen wird für die nächsthöhere Instanz eine Grundlage zur

---

[1] Siehe dazu BGHZ 40, 86 f.

Nachvollziehung und Überprüfung der vorinstanzlichen Beweiswürdigung geschaffen. Gerade deshalb hat ein solcher Bericht im Tatbestand oder ein Berichterstattervermerk aber auch nur dann einen Sinn, wenn er ebenso gut und vollständig informiert wie ein Vernehmungsprotokoll.

Damit dies wenigstens annähernd erreicht wird, ist zunächst einmal **1287** unerläßlich, daß alle *Schwierigkeiten und Hindernisse,* die sich im Verlaufe der Vernehmung ergeben haben, *aus dem Protokoll* (oder dem dieses ersetzenden Tatbestandsabschnitt bzw. Berichterstattervermerk) *ersichtlich* sind. Räumt ein Zeuge beispielsweise eine bestimmte Tatsache erst nach eindringlichem Ermahnen ein, so entsteht für den späteren Leser der Niederschrift ein falsches Bild, wenn diese Ermahnungen nicht festgehalten werden, sondern so berichtet wird, als hätte der Zeuge aus sich heraus sofort eine zusammenhängende wahrheitsgemäße Schilderung der zum Beweis stehenden Vorgänge gegeben.

Man kann derartige Begebenheiten auch in *Vermerken* bringen, die am **1288** richtigen Ort die Vernehmungsniederschrift durchsetzen. Solche Vermerke sind zweckmäßig durch Einzug oder engeren Zeilenabstand optisch hervorzuheben.

Der ersuchte oder beauftragte Richter sowie der Einzelrichter haben **1289** darauf zu achten, daß auch diese Vermerke abschließend **verlesen** werden; denn nur dann sind sie für den Entscheidungsrichter (beim Einzelrichter das Kollegium) prozessual verwertbar.

Jeder Praktiker kennt die unselige Neigung mancher Richter zur **Viel- 1290 schreiberei.** Was in einem Urteil in zwei, drei Sätzen zu erledigen ist, wird vielleicht auf mehreren Schreibmaschinenseiten minuziös abgehandelt, ohne daß in der Sache mehr gesagt würde. Diese abzulehnende Arbeitsweise ist verschiedentlich auch bei der Protokollierung von Zeugenaussagen anzutreffen.

Gute Protokolle sind fast immer verhältnismäßig kurz. Es kommt natür- **1291** lich dabei auch auf den Gegenstand des Beweises an. Wer einen Zeugen zu fünfzehn selbständigen Positionen eines Bauprozesses zu vernehmen hat, muß schon allerlei diktieren. Das ändert aber nichts daran, daß auch in solchen Fällen zwischen dem wesentlichen Inhalt der Aussage und dem Inhalt des Protokolls ein sachentsprechendes Verhältnis anzustreben ist.

Sorgfältiges Protokollieren hat schlechterdings nichts mit Vielschreiberei **1292** zu tun. Der Umfang eines Protokolls ist kein tauglicher Maßstab für seine Güte. Es kommt ganz allein darauf an, daß die Niederschrift den Verlauf der Vernehmung und das Vernehmungsergebnis korrekt und *im wesentlichen* erschöpfend festhält. Die übermäßige Länge verrät demgegenüber dem Kenner meist, daß der Vernehmende ein unklarer oder unkritischer Kopf war, der die Vernehmung nicht geleitet und deshalb alles ins Protokoll genommen hat, was irgendwie aufs Tapet gekommen ist.

Vernehmungsniederschriften sind in *direkter Rede* abzufassen. Es wird also **1293** so diktiert, wie wenn der Diktierende selbst aussagen würde (Ich-Form). Ein Diktat in indirekter Rede (entsprechend also der Wiedergabe der Parteibehauptungen im Tatbestand des Zivilurteils) hätte eine ungewollte stilistische Wirkung. Der spätere Leser würde irritiert und hätte stets das Gefühl, daß ihm gar nicht die Niederschrift einer fremden Aussage vorliege, sondern der subjektive Bericht des Vernehmenden.

1294 Ein *sachlicher* Unterschied läßt sich zwischen einem Protokoll in direkter und einem in indirekter Rede natürlich kaum ermitteln. Da aber eben die Vernehmungsniederschrift dem späteren Leser einen solchen Eindruck verschaffen soll, wie wenn er der Vernehmung selbst beigewohnt hätte, muß jedes Mittel, dies zu erreichen, benutzt werden. Und zu diesen Mitteln gehört eben auch die richtige Wahl der sprachlichen Darstellungsform.

1295 Während man bei der Vernehmung einen Zeugen zunächst einmal reden lassen muß, um etwas aus ihm herauszubringen, hat man sich beim Protokollieren auf dasjenige zu beschränken, was man an erheblichen Schilderungen und Angaben aus dem Zeugen herausgeholt hat. Die unter Umständen zahlreichen Belanglosigkeiten und Werturteile, die der Zeuge in seine Darstellung einflicht, die taktischen Fragen des Vernehmenden, um den Zeugen zur Sache hinzuleiten und dergleichen, das alles soll ein Protokoll nicht belasten.

1296 Ebenso, wie keine Vernehmungsniederschrift das ursprüngliche Erlebnis der Vernehmung genau festzuhalten vermag, ist es unmöglich, den Ablauf der Vernehmung in allen Einzelheiten wiederzugeben. Es ist ein Mangel an Urteilskraft, dies durch Vielschreiberei erzwingen zu wollen.

1297 Man muß sich darüber klar sein, daß in der Praxis nie die Originalfassung der Aussage des Zeugen protokolliert wird (wie etwa bei einer Tonbandaufnahme), sondern **daß der Vernehmende im Diktat erklärt, wie er eine fremde Schilderung verstanden hat,** was er als für die Beweisaufnahme wesentlich ansieht und deshalb schriftlich festlegen will.

1298 Damit tritt zu den bekannten Fehlerquellen bei Zeugenaussagen eine weitere Fehlerquelle hinzu. Auch die „Aussage über eine fremde Aussage", als welche sich letztlich das Diktat des Vernehmenden erweist, enthält Fehler, – unter Umständen sogar noch mehr als die ursprüngliche Aussage des Zeugen.

1299 In der Fachliteratur besteht kein Zweifel darüber, daß nahezu jedes Vernehmungsprotokoll irgendwelche auf die Person des Vernehmenden zurückzuführenden subjektiven Unvollkommenheiten aufweist. Der Vernehmende begegnet solchen Schwächen seines Protokolls noch am ehesten dadurch, daß er sich seiner eigenen aussagepsychologischen Unvollkommenheit bewußt wird. Nichts ist der Objektivität einer Vernehmungsniederschrift schädlicher als die Selbstherrlichkeit und vermeintliche Vollkommenheit eines Vernehmenden.

1300 Wer meint, die vorstehenden Bemerkungen enthielten Übertreibungen, der sei nur an den häufig anzutreffenden Unfug erinnert, daß einem Zeugen einfach ein früheres Vernehmungsprotokoll vorgelesen wird und man den Zeugen diese frühere Vernehmung „bestätigen" läßt (oben Rn. 1272). Die strafrechtlichen Revisionsgerichte haben heute noch Last damit, den Instanzgerichten die Unzulässigkeit eines solchen Vorgehens klarzumachen[2]

1301 Häufig bestehen zwar keine Bedenken dagegen, daß man einen Zeugen zusammenhängend schildern läßt und sich die **Niederschrift** dieser Bekundung erspart, weil bereits eine in allen wesentlichen Punkten gleichlautende

[2] Vgl. dazu die Kommentare zu § 69 StPO und Schneider GoldtArchiv 1956, 337.

Niederschrift in anderen Akten enthalten ist. Dann genügt es unter Umständen, etwaige zusätzliche Äußerungen oder Berichtigungen in das Protokoll aufzunehmen.

Würde dieses Verfahren beachtet, so wäre wenig zu sagen. Der Verneh- **1302**
mende empfindet es aber manchmal noch als zu lästig, den Zeugen überhaupt noch einmal *reden* zu lassen. Er stellt von vornherein gar nicht fest, ob der Zeuge eine Darstellung gibt, die sich mit einer bereits protokollmäßig festliegenden früheren Aussage deckt, sondern er liest dem Zeugen schon zu Beginn die frühere Aussage vor. Schon kraft der Suggestivwirkung eines derartigen Vorgehens wird jeder Zeuge im Zweifel erklären, daß alles so richtig sei und er dabei bleibe. Aber diese Bestätigung ist keine Aussage im Sinne des Gesetzes.

Der wohl häufigste Fehler, der bei der Niederschrift einer Aussage began- **1303**
gen wird, ist der, daß der *Bestimmtheitsgrad* einer Zeugenbekundung falsch wiedergegeben wird. Man kennt in der Logik sogenannte problematische, apodiktische und assertorische Urteile. Das sind Behauptungen, die entweder aufgestellt werden als *zweifelhafte* (problematisch: „*Vielleicht* hat der Beklagte seine Frau geschlagen"), als *bestimmte* (assertorisch: „Der Beklagte *hat seine* Frau geschlagen") oder als *völlig gewisse* (apodiktisch: „Der Beklagte hat seine Frau *ganz sicher* geschlagen"). Ob nun ein Zeuge bei seiner Bekundung den einen oder anderen Gewißheitsgrad wählt, ob er gar noch Abstufungen dabei vornimmt, das ist für die Beweiswürdigung von entscheidender Bedeutung.

Dabei ist zu berücksichtigen, daß ein Zeuge, der eine Äußerung als nicht **1304**
ganz zuverlässig verstanden haben will, nicht stets das genau passende Wort findet, um dies zu erklären. Er druckst statt dessen vielleicht an einem sprachlich assertorisch gefaßten Satz herum, zuckt mit den Achseln, wird weitschweifig und dergleichen. Auch darauf muß der Vernehmende achten und prüfen, inwieweit der ungeschickte Zeuge damit den Gewißheitsgrad seiner Bekundung abschwächen will.

Erst recht ist es natürlich ganz unzulässig – wenngleich auch dies ge- **1305**
schieht! –, einen *erklärten* Zweifel eines Zeugen zu unterdrücken. Bekundet etwa der Aussagende:

> „Ich meine, mich zu erinnern, daß der Mercedes-Fahrer sein rechtes Blinklicht eingeschaltet hatte",

dann ist es eine glatte Fälschung, wenn nachher im Protokoll steht: „Ich habe gesehen, daß der Mercedes-Fahrer sein rechtes Blinklicht eingeschaltet hatte."

Darauf hinzuweisen besteht leider Anlaß. Anwälte müssen manchmal ver- **1306**
zweifelte Debatten mit dem Vernehmenden über solche Dinge führen; denn der Gewißheitsgrad der Aussage wird durch solche Eigenmächtigkeiten des Vernehmenden verfälscht. Derjenige, der später – beispielsweise als Berufungsrichter – ein solches Protokoll liest, bekommt einen ganz falschen Eindruck von dem Vernehmungsergebnis. Und nicht immer gelingt es, diesen falschen Eindruck richtigzustellen. Der Gegner wird begreiflicherweise häufig der Versuchung erliegen, den falsch protokollierten Gewißheitsgrad als zutreffend anzusehen. Ein Berufungsgericht aber ist erfahrungs-

gemäß in seiner Haltung recht ablehnend, wenn von ihm die Wiederholung einer Beweisaufnahme gefordert wird.

1307 Ein Kunstfehler ist auch die Aufnahme eines genauen Datums in das Protokoll, wenn dieses Wissen des Vernehmenden nicht vom Zeugen, sondern aus dem Inhalt der Akten stammt. Manchmal wissen die Zeugen nicht einmal, ob sich ein Ereignis ein Jahr früher oder später abgespielt hat; sie erinnern sich lediglich daran, daß es „im Frühjahr" oder „um Weihnachten herum" gewesen ist. Die Parteien sind sich dann vielleicht darüber einig, daß – wenn überhaupt – der Vorfall sich zu einem bestimmten Zeitpunkt abgespielt hat. Dann kann die Beweiserheblichkeit des genauen Datums wegen Unstreitigkeit entfallen; gleichwohl geht es nicht an, unter Verwertung derartigen „Drittwissens" die Aussage eines Zeugen über dessen Kopf hinweg zu „vervollständigen".

1308 Was der Zeuge nicht weiß, darf niemals in der Vernehmungsniederschrift als von ihm positiv bekundet auftauchen. Damit wird nicht nur die Aussage des Zeugen falsch beurkundet, sondern es können unter Umständen dem Zeugen dadurch auch beträchtliche Unannehmlichkeiten entstehen. Man setze nur den Fall, daß es auf die Strafanzeige eines Dritten hin zu einem Verfahren gegen den Zeugen kommt, weil er eine falsche Zeitangabe gemacht habe. Wie soll dann der Zeuge, gegen den die falsche Niederschrift spricht, nachweisen, daß er dieses Datum nicht oder nicht mit Bestimmtheit genannt hat? Man wird ihm womöglich vorhalten, ihm sei das Protokoll vorgelesen worden und er habe es genehmigt. Wie es indessen mit dem „vorgelesen und genehmigt" in der Praxis manchmal aussieht, steht auf einem anderen Blatt.

1309 Spielt sich die **Vernehmung** wegen der Unfähigkeit eines Zeugen, zusammenhängend zu berichten, oder wegen der besonderen Wichtigkeit einzelner Aussageteile **in Frage und Antwort** ab, dann sollte das Protokoll dies erkennen lassen. Fragen müssen jedenfalls dann als *Fragen* wörtlich oder sinngemäß im Protokoll erscheinen, wenn von der Fragestellung eine zutreffende Wertung der Antwort des Zeugen abhängen kann. Ebenso sind auch Vorhalte mit in das Protokoll aufzunehmen, wenn ohne Kenntnis von deren Formulierung die Antwort des Zeugen nicht zu würdigen oder gar nicht zu verstehen ist.

1310 Hat ein Zeuge einen Vorgang zunächst anders dargestellt, sich „auf Befragen" aber berichtigt, so darf nicht nur die berichtigte Aussage im Protokoll erscheinen. Es muß vielmehr zunächst festgehalten werden, was der Zeuge zuerst bekundet hat; später folgt dann, was er auf Vorhalt zu diesem Vorgang erklärt hat. Nur dann schafft die Niederschrift eine tragfähige Grundlage für die spätere Beweiswürdigung.

Im Hinblick auf diese ist im Protokoll auch klarzustellen, ob etwa der Zeuge seine Aussage lediglich deshalb geändert oder berichtigt hat, weil er eine frühere Frage mißverstanden hat. Denn in diesem Fall läßt die Änderung keine Schlüsse auf seine mangelnde Glaubwürdigkeit zu.

1311 Der Protokollierende sollte darauf bedacht sein, nicht den **historischen Ablauf der Aussage** zu verwischen. Hat beispielsweise der Vernommene auf eine klare und von ihm auch richtig verstandene Frage eine klare Antwort gegeben, gibt er aber später auf eine andere Frage eine Antwort, die mit der früheren in Widerspruch steht, so sind zunächst einmal beide Fragen und Antworten im Protokoll festzuhalten. Erst dann ist dem Zeugen vorzuhalten, daß er sich in einen Widerspruch verwickelt hat. Weist man ihn schon vor der Protokollierung darauf hin, so besteht leicht die Gefahr, daß er sich mit irgendwelchen Mißverständnissen oder Versehen herausredet. Dieser Weg wird ihm durch die vorangegangene Protokollierung abgeschnitten.

Bei hartgesottenen Zeugen oder Parteien kann man sich sogar noch weiter **1312** absichern, indem man vor dem Hinweis auf den Widerspruch zwischen den beiden Antworten den bereits protokollierten Teil der Aussage vorlesen und genehmigen läßt.

Ebenso ist zu verfahren, wenn eine Partei etwas ihr Ungünstiges bekun- **1313** det. Nur wenn dann sofort protokolliert und genehmigt wird, ist Vorsorge dagegen getroffen, daß die Partei nachher an ihrer Aussage herumdeutelt und das ursprünglich klare Bild mit Erfolg verwischt. Kommt nämlich erst einmal eine Diskussion darüber in Gang, was ein Zeuge oder eine Partei vor wenigen Minuten gesagt habe, dann ist es zu spät. Sehr schnell geht dann die frühere (nicht protokollierte) Bekundung in einem Meer von Behauptungen, Meinungen und Wertungen unter; und am Ende weiß keiner mehr, was denn der Zeuge oder die Partei wirklich zunächst ausgesagt hat.

In allen Vernehmungen gewöhnlichen Schwierigkeitsgrades empfiehlt es **1314** sich, erst den **Zeugen zusammenhängend darstellen zu lassen und dann das Protokoll in einem Zuge herunterzudiktieren.** Der Vernehmende wird sich dabei zweckmäßigerweise während des Zuhörens Stichworte notieren, damit er nichts ausläßt, wenn er den Aussagebericht diktiert.

Bei umfangreicheren Vernehmungen oder solchen, bei denen ein Zeuge zu **1315** mehreren selbständigen Beweisthemen vernommen wird, ist das sogenannte „Zug-um-Zug-Protokoll", auch **Abschnittsprotokoll** genannt, empfehlenswerter. Bei ihm beschränkt sich das zusammenhängende Diktat des Vernehmenden auf einen abgeschlossenen Vorgang, über den der Vernommene berichtet hat, oder auf das jeweils zusammenhängende Diktat zu den einzelnen Beweisfragen.

Stets verfehlt ist es, wenn der Vernehmende den Zeugen nach jedem Satz **1316** oder nach einigen Sätzen unterbricht, um das Gesagte schnell ins Protokoll zu bringen. Damit stellt er nicht nur seinen Fähigkeiten als Vernehmender ein Armutszeugnis aus; er bringt auch den Zeugen durcheinander und wird keine zuverlässige Aussage herbeiführen.

Die sprachliche Fassung der Vernehmungsniederschrift hängt vom Ver- **1317** nehmenden ab. Er sollte tunlichst bemüht sein, sich der *Ausdrucksweise des Zeugen* zu bedienen. **Alle charakteristischen und aufschlußreichen Ausdrücke des Vernommenen sind wörtlich wiederzugeben.** Ergibt sich für den späteren Leser die wörtliche Wiedergabe nicht bereits aus der Art des Ausdruckes (vulgäre Wörter usw.), dann ist es zweckmäßig, dies durch Anführungszeichen hervorzuheben.

Ein Protokoll, das sich in einer Stilschicht bewegt, die dem Zeugen fremd **1318** ist, erweckt von vornherein Bedenken hinsichtlich seiner Zuverlässigkeit. Es gibt Fälle, in denen der Unterschied zwischen Aussage und Protokoll so kraß ist, daß die Vernehmungsniederschrift geradezu lächerlich wirkt. Graßberger[3] hat dazu folgende Beispiele gebracht:

1. Im Protokoll über die Vernehmung eines zehnjährigen Mädchens hieß es: „Der Beschuldigte ist mit seinem Penis nicht bis in die Vagina eingedrungen, sondern hat sich nur an den Schamlippen zu schaffen gemacht."

2. Das Ergebnis der Vernehmung einer sechzehnjährigen Häuslerstochter wurde folgendermaßen schriftlich festgelegt: „Ich gebe zu, mir das Rad des N. N. ohne dessen Einwilligung angeeignet zu haben. Ich behaupte aber, daß dies ein bloßes furtum usus gewesen ist."

1319 Die Fälle sind kraß, gewiß. Doch sollte man nie vergessen, daß auch die richterliche Formulierung die Aussage eines Zeugen bereits so verfälschen kann, daß statt der **Aussage**niederschrift die **Beweiswürdigung des Richters** zu Papier kommt. Scheuerle[4] hat diesen Vorgang in einer sehr bedeutsamen Abhandlung untersucht. Er bringt folgendes Beispiel:

Ein im Prozeß vernommener Zeuge sagt aus:

„Kaum daß ich mich fange, rumpelt er mir mit dem Dreckkübel in der Hand an die Gurgel."

Der Richter diktiert in das Protokoll:

„Ich hatte mich noch nicht vom ersten Schrecken erholt, als der Beklagte, welcher zu diesem Zeitpunkt noch immer den Kehrichteimer in der linken Hand hielt, auf mich zustürzte, derart, daß ich den bestimmten Eindruck bekommen mußte, er habe es darauf abgestellt, mir an die Kehle zu springen."

Nachdem dieser Satz diktiert ist, fragt der Richter den Zeugen: „Stimmt das so?" Der Zeuge, stolz darauf, was aus seiner Aussage geworden ist, antwortet: „Jawohl." Der Richter schickt sich sodann an, in der gekennzeichneten Vernehmungsmethode fortzufahren.

Scheuerle schreibt dazu:

„Das vorstehend gegebene Beispiel ist harmlos. Es wird indessen ausreichen, um zumindest deutlich zu machen, daß dem Zeugen eine Aussage unterschoben wurde, die er in dieser Form nicht ausgesprochen hat. Andere Fälle sind weniger harmlos. Sie führen gelegentlich dazu, daß man an der Objektivität des Richters zweifeln muß, was mit schweren Prestigeverlusten für den gesamten Stand verbunden ist. Es gibt Richter, die nicht in der Lage sind, den klarsten und einfachsten Satz eines Zeugen so zu den Akten zu nehmen, wie ihn der Aussagende dargeboten hat."

1320 Der Vernehmende hat oft eine beachtliche geistige Leistung zu bewältigen, wenn er durch sein Diktat einen möglichst korrekten, objektiven Bericht über die Aussage des Zeugen bringen will. Nicht immer gelingt das auf Anhieb. Es stellt sich vielleicht heraus, daß man nicht den richtigen Anfang gefunden hat oder ein Satz mißglückt ist. In diesen Fällen ist es richtig, die mißlungene Stelle wegstreichen zu lassen und neu zu beginnen. **Auch ein häufig verbessertes Protokoll ist stets einem säuberlich geschriebenen, aber inhaltlich mangelhaften überlegen!**

---

[3] Psychologie des Strafverfahrens, 2. Aufl. 1968, S. 303 f.
[4] ZZP Bd. 66 (1953), S. 306 ff.

In einem Protokoll stand z. B. als abschließende Äußerung des Vernommenen: 1321

„Einerseits stand dort ein Nußbaum, andererseits habe ich nichts weiter zu bemerken."

Daß niemand einen solchen Unsinn in dieser gequälten Sprache aussagt, dürfte unzweifelhaft sein. In Wirklichkeit hatte der Vernehmende einen Satz falsch angefangen und wußte nicht, wie er ihn zu Ende bringen sollte. Er hätte besser den ersten Satz durchgestrichen und nach einem besseren Anfang gesucht.

Der Vernehmende sollte auch nicht darauf bedacht sein, daß das Vernehmungsprotokoll die Form einer stilistisch einwandfreien Darstellung bekommt. **Ein Zeuge, der sich schlecht gebaute und verstümmelte Sätze abringt, darf nicht später im Protokoll als sprachlich geschickte Aussageperson erscheinen.** 1322

Seine Vorliebe für Fremdwörter muß der Vernehmende entschieden bekämpfen. Einfache Leute pflegen viele der Fremdwörter, die manchmal im Protokoll erscheinen, nicht einmal dem Sinne nach zu verstehen. 1323

Auch der übermäßigen Benutzung von Abkürzungen im Vernehmungsprotokoll, für die Protokollführer eine Vorliebe zu haben scheinen, ist entgegenzutreten. Fleischmann[5], erwähnt ein Beispiel, das ihm in einem Aktenstück aufgefallen ist: 1324

„Ich bestreite nach wie vor mit der KM in der EZ GV gehabt zu haben." (Das heißt: „... mit der Kindesmutter in der gesetzlichen Empfängniszeit Geschlechtsverkehr gehabt zu haben.")

Am Schluß der Vernehmung ist das Protokoll zu **verlesen**. Der Vernommene hat es zu **genehmigen**. Statt dessen kann den Beteiligten das Protokoll auch zur Durchsicht vorgelegt werden (§ 162 Abs. 1 S. 1 ZPO), eine Genehmigungsform, die im Zivilprozeß nie praktiziert worden ist und heute gar nicht mehr vorkommt, soweit Tonband- oder Plattenprotokolle diktiert werden. In diesem Fall ist die Aufzeichnung dem Zeugen vorzuspielen. Von der Wiedergabe des Diktates oder der Aufzeichnung kann abgesehen werden, wenn der Zeuge und die Prozeßbeteiligten darauf verzichten (§ 162 Abs. 2 ZPO). 1325

Bei der Verlesung ist darauf zu achten, daß das Protokoll nicht im Eiltempo heruntergeleiert wird; denn dann ist der Zeuge nicht mehr in der Lage, das Vorgelesene vollständig zu erfassen. Damit wird aber der Sinn der Verlesung, an die sich ja eine **Genehmigung** anzuschließen hat, völlig verfehlt. 1326

Oft empfiehlt es sich sogar, einen vielleicht etwas schwerfälligen Zeugen vor der Verlesung nochmals darauf hinzuweisen, er möge ganz genau aufpassen und sich sofort melden, wenn irgend etwas in der Niederschrift nicht genau stimme. 1327

Beim Verlesen des Protokolls muß der Vernommene sorgfältig zuhören. 1328

[5] DRiZ 1961, 85.

Erfahrungsgemäß bemerkt der Zeuge am wenigsten, wenn zwischen seiner Aussage und deren Niederschrift ein Widerspruch auftritt. Meist ist es der Richter, dem dies auffällt. Er sollte sich deshalb die letzte Möglichkeit, einen Protokollierungsfehler unschädlich zu machen, nicht entgehen lassen.

1329 Die Aufgabe des Vernehmenden, gut zu vernehmen, dabei gleichzeitig unentwegt rechtliche Überlegungen anzustellen, um das Gehörte juristisch sogleich auf seine Konsequenzen zu überprüfen, und obendrein auch noch eine einwandfreie Nacherzählung der Aussage zu diktieren sowie das Diktat beim Verlesen zu kontrollieren: das alles fordert eine beachtliche Leistungskonzentration. Eine auch nur kurzfristige Ablenkung oder Erlahmung der Aufmerksamkeit des Vernehmenden kann ein wichtiges Detail untergehen lassen und das Gesamtergebnis verfälschen. Daher sollte ein Vorschlag Benders[6] durchdacht werden:

> Es bekäme „der Rechtsprechung in den meisten Fällen besser, wenn in der Regel der Berichterstatter die Einzelheiten mit den Parteien und ihren Vertretern erörtert, die Zeugen vernimmt und ihre Aussagen zu Protokoll gibt. Dann könnte nämlich der Vorsitzende seiner Aufgabe der Prozeßleitung mehr gerecht werden, weil er viel besser aufpassen kann, wenn ein anderer die Fragen stellt und er schon die Konsequenzen für den weiteren Terminsverlauf durchdenken kann, während der Berichterstatter ins Protokoll diktiert."

1330 Ich habe zusammen mit einem Vorsitzenden ein ähnliches Verfahren mit Erfolg praktiziert, jedoch ohne Rollentausch bezüglich der Vernehmung selbst. Der Vorsitzende hat die Vernehmung durchgeführt, während ich als Berichterstatter aufmerksam zuhörte, dabei auch einige Notizen machte, und dann den Aussageinhalt diktierte, wobei mich wieder der Vorsitzende zuhörend kontrollierte. Bei längeren Vernehmungen unterbrach ich an geeigneter Stelle den Vorsitzenden, wenn ich meinte, die Kapazität meines Kurzzeitgedächtnisses ausgeschöpft zu haben. Dann diktierte ich die bisherige Aussage. Anschließend wurde die Vernehmung in derselben Weise fortgesetzt.

Diese Protokollierungsform hat sich sehr bewährt. Sie setzt allerdings ein gutes Zusammenspiel voraus. Der Vernehmende muß gut vernehmen und der Beisitzer gut diktieren und formulieren können.

---

[6] DRiZ 1970, 389.

Achtes Kapitel

§ 44. Der Urkundenbeweis

Der Urkundenbeweis ist ein sehr zuverlässiger Beweis. Was eine Partei geschrieben oder unterschrieben hat, das wird sie gegen sich gelten lassen müssen, sofern sie nicht Umstände darlegt und beweist, die einen anderen Schluß rechtfertigen. **1331**

Beim Urkundenbeweis gibt es noch gesetzliche Beweisregeln. Die §§ 415 ff. ZPO legen die Beweiskraft von privaten und öffentlichen Urkunden fest. **1332**

In Ergänzung der gesetzlichen Beweisregeln hat die Rechtsprechung für urkundlich verfestigte rechtsgeschäftliche Erklärungen gewohnheitsrechtlich die **Beweisregel** geschaffen, daß eine solche Erklärung die Vermutung für sich hat, das in ihr Erklärte sei **richtig und vollständig** beurkundet worden.[1] Die Wahrung der Form beim Vertragsschluß ist ein Indiz für den Inhalt. Wer daher behauptet, daß neben einem ausführlichen schriftlichen Vertrag über einen wesentlichen Punkt eine mündliche Abrede verbindlich getroffen sei, muß Gründe dafür darlegen und beweisen, weshalb diese Nebenabrede nicht in den Vertrag aufgenommen worden ist.[2] **1333**

Diese sogenannte Vollständigkeits- und Richtigkeitsvermutung kann auch als Anscheinsbeweis verstanden werden: prima facie ist davon auszugehen, daß Parteien, die sich für die Schriftform entschieden haben, auch alle Vereinbarungen schriftlich niederlegen. **1334**

Jedoch darf auch bei Anwendung dieser Grundsätze nicht außer Betracht bleiben, wer die Vertragschließenden sind. Mit Recht hat daher das OLG Köln[3] ausgeführt, der Beweiswert einer Quittung, die ein wegen geistiger Gebrechlichkeit unter Pflegschaft stehender Volljähriger ausstelle, sei gemindert. **1335**

Da Urkunden wichtige objektive Beweismittel sind, müssen sie stets berücksichtigt werden, soll die Bestimmung des § 286 ZPO nicht verletzt werden. Wegen der Unzuverlässigkeit von Zeugenaussagen ist es sogar dringend anzuraten, daß das Gericht durch Auflagen versucht, nicht vorgelegte Schriftstücke – Briefe, Vertragstexte usw. – zu den Akten zu bekommen. Es ist schon vorgekommen, daß die Parteien den Inhalt einer nicht vorgelegten Urkunde übereinstimmend – *und falsch* wiedergegeben haben. **1336**

---

[1] BGH VersR 1960, 812; OLG Frankfurt FamRZ 1981, 1100. Zahlreiche weitere Belege bei Wieczorek, ZPO, § 415 Anm. A III b 1. Zur Richtigkeitsvermutung für Datums- und Ortsangabe siehe BGH ZIP 1993, 1172 = BB 1993, 1911 = NJW 1993, 1379; Mayer ZZP Bd. 105, 1992, 287.

[2] BGH VersR 1960, 812; DB 1976, 1328; OLG Köln BB 1975, 1040; OLG Frankfurt MDR 1957, 488; OLG Celle NdsRpfl 1961, 126.

[3] MDR 1964, 155.

Zu achten ist von vornherein darauf, daß der Urkundenbeweis ordnungsmäßig angetreten wird: Vorlegung durch den Beweisführer (§ 420 ZPO) oder Vorlegungsantrag (§§ 421–432 ZPO). Das gilt auch dann, wenn ein Sachverstandigengutachten als Urkundenbeweis verwertet werden soll,[4] soweit das zulässig ist.[5]

1337 Ein solcher Beweisantrag darf vom Gericht allerdings nicht erzwungen werden. Es ist deshalb unzulässig, daß beispielsweise in einem Zivilprozeß über Unfallschäden eine Auflage zur Beschaffung der Einreichung von Aktenauszügen aus einem vorangegangenen Straf- oder Bußgeldverfahren gemacht wird.[6] Die Voraussetzungen der §§ 142, 143 ZPO sind in diesem Fall nicht gegeben. Überdies hat das Gericht selbst jederzeit die Möglichkeit, von Amts wegen Akten beizuziehen (§ 273 ZPO).

1338 Der Antrag auf Heranziehung ganzer Akten ist kein echter Beweisantrag im Sinne der ZPO.[7] In der Regel handelt es sich dabei aber nur um eine abkürzende Formulierung. Wird etwa in einem Unfallhaftpflichtprozeß beantragt, die diesen Fall betreffenden strafrechtlichen Ermittlungsakten beizuziehen, dann ist ganz klar, daß es um die polizeilichen Vernehmungsprotokolle und die Unfallsskizze geht. Dementsprechend wird derartigen Beweisanträgen auch ohne weiteres stattgegeben. Will das Gericht nicht so verfahren, dann muß es den Beweisführer gemäß §§ 139, 278 Abs. 3 ZPO darauf hinweisen und ihm Gelegenheit geben, den Antrag auf Beiziehung der Akten durch Angabe der gemeinten Stellen zu konkretisieren.

1339 Soweit Urkundenbeweis erhoben wird, braucht darüber – anders als beim Augenscheinsbeweis, § 160 Abs. 3 Nr. 5 ZPO – kein Protokoll aufgenommen zu werden, z. B. nicht bei einer Einsichtnahme des beauftragten Richters in die Geschäftsbücher einer Partei an Ort und Stelle.[8]

1340 Manchmal wird übersehen, daß § 416 ZPO **die Beweiskraft von Privaturkunden** durch eine gesetzliche Beweisregel festgelegt hat, die eine freie Beweiswürdigung nach § 286 ZPO ausschließt. Privaturkunden begründen nach § 416 ZPO, sofern sie von den Ausstellern unterschrieben sind, zwischen den Vertragsparteien[9] **vollen Beweis dafür, daß die in ihnen enthaltenen Erklärungen von den Ausstellern abgegeben sind.**

1341 Daher ist es rechtlich unbeachtlich, wenn eine Partei im Rechtsstreit die Abgabe einer schriftlich niedergelegten Erklärung bestreitet, ohne zugleich die Echtheit der Privaturkunde in Zweifel zu ziehen.

Bestreitet sie die Echtheit, dann muß derjenige, der unterschrieben hat, den Echtheitsbeweis führen.[10]

---

[4] LG Braunschweig WPM 1977, 10.
[5] Siehe dazu BSG VersR 1984, 960.
[6] KG AnwBl 1973, 305.
[7] BGH DRiZ 1963, 60.
[8] BGH DB 1962, 1438.
[9] KG MDR 1977, 674.
[10] OLG Düsseldorf VersR 1979, 626; Baumgärtel, Handbuch der Beweislast im Privatrecht, Bd. 1, 1981, § 126 Rn. 1. Das gilt auch bei einer Blankounterschrift (BGH NJW 1986, 3086 = WPM 1986, 1238 = WuB VII A. § 440 ZPO 1. 86 mit

Wird die Echtheit der Unterschrift bewiesen, dann gilt auch die Echtheitsvermutung des § 440 Abs. 2 ZPO für den von der **Unterschrift** gedeckten Text; der Beweis des Gegenteils (§ 292 ZPO) bleibt möglich.[11] Keine „Unterschrift" ist die „Oberschrift" oder die „Nebenschrift" zum Urkundentext.[12]

Welchen *Inhalt* eine solche Erklärung jedoch hat und welche rechtliche **1342**
Bedeutung ihr beizumessen ist, läßt sich *nicht* aus § 416 ZPO entnehmen. Dazu bedarf es der *Auslegung* und der freien (nicht an die Regeln der §§ 416 ff. ZPO gebundenen) Würdigung der Erklärung.

Auf die *materielle* Beweiskraft können auch außerhalb der Urkunde lie- **1343**
gende Umstände von Einfluß sein, etwa die Glaubwürdigkeit des Urhebers.

Bei der Verwertung von Urkunden ist also zu unterscheiden:

1. die Auslegung schriftlicher Erklärungen, die nur auf die *Klarstellung des Inhalts* von Willenserklärungen abzielt, und
2. die Benutzung zum Zwecke des Beweises.

Schreiben zu würdigen, ist allein Sache des Richters. Ein Zeuge kann **1344**
allenfalls sagen, was er sich bei Abfassung seines Schreibens für Gedanken gemacht hat oder welche Gedanken er sich jetzt darüber macht, wie ein Schreiben verstanden werden sollte oder konnte.

Auf die Gedanken des Briefschreibers kommt es für die Auslegung des **1345**
Briefes jedoch dann nicht an, wenn diese Gedanken in dem Schreiben nicht für den Empfänger verständlich zum Ausdruck gebracht worden sind.[13] Da die Deutung des Urkundeninhaltes keiner Beweislast unterworfen ist, kann sie nicht zu einem non liquet führen und darf der Tatrichter bei der Auslegung der vorgelegten Urkunden auch im Urkundenprozeß Erfahrungssätze berücksichtigen.[14]

Auch im **Urkundenprozeß** gilt der Grundsatz der freien Beweiswürdigung, **1346**
soweit nicht Sondervorschriften entgegenstehen. Die Frage, ob der Inhalt von Urkunden hinreichend ist, um den Beweis von Tatsachen als geführt erscheinen zu lassen, unterliegt (soweit nicht die §§ 415 ff. ZPO eingreifen) der freien richterlichen Beweiswürdigung. Hierbei können auch aus den Urkunden sich ergebende Tatsachen, die nur mittelbar auf die Richtigkeit der zu beweisenden Tatsachen schließen lassen, verwertet werden.[15]

Die Echtheit einer Privaturkunde darf der Beklagte auch noch im Nachverfahren **1347**
bestreiten, wenn er sich dazu im Urkundenverfahren nicht erklärt hat.[16]

Anm. Messer). Beweis durch Parteivernehmung des Gegners ist trotz des § 445 Abs. 2 ZPO zulässig (BGH WPM 1988, 957 = NJW 1988, 2741 = MDR 1988, 770.

[11] BGH NJW 1986, 3086 mit Nachweisen; WPM 1988, 957 = NJW 1988, 2741 = MDR 1988, 770.

[12] BGH NJW 1991, 487 = JR 1991, 285 mit Anm. Schubert = JZ 1991, 406 mit Anm. Köhler = VersR 1991, 57; NJW 1992, 829 = WPM 1992, 626 = VersR 1992, 1021.

[13] BGH BB 1962, 614.

[14] BGH WPM 1989, 1344 = FamRZ 1989, 959; DB 1967, 728.

[15] BGH WPM 1960, 767.

[16] BGH MDR 1982, 209 = NJW 1982, 183 = JR 1982, 333 mit zust. Anm. Schreiber = BB 1982, 277 = ZIP 1981, 1309.

1348 Die Beweiskraft einer nicht unterschriebenen Urkunde, deren Aussteller *nicht* unstreitig ist, muß *frei* gewürdigt werden. Fälle, in denen streitig wird, ob eine schriftliche Erklärung von einer Partei stammt, sind verhältnismäßig selten. Dann muß gewöhnlich ein Schriftsachverständiger damit beauftragt werden, die Echtheit der Unterschrift, etwa unter einem Wechsel oder einer Bürgschaftserklärung, zu prüfen (§§ 441, 442, ZPO).

1349 Nach § 419 ZPO entscheidet das Gericht nach freier Überzeugung, inwiefern Durchstreichungen, Radierungen, Einschaltungen oder sonstige äußere Mängel die Beweiskraft einer Urkunde ganz oder teilweise aufheben.

Einschaltungen im Sinne des § 419 ZPO sind äußerlich erkennbare Einfügungen in den Text der Urkunde, z. B. in freie Zeilen,[17] und zwar nicht nur dann, wenn feststeht, daß die bereits unterzeichnete Urkunde nachträglich geändert worden ist, sondern auch dann, wenn das nach ihrem Erscheinungsbild nur möglich ist.[18]

1350 Unter § 419 ZPO fällt jeder äußere Mangel einer Urkunde, der geeignet ist, ihre Beweiskraft zu beeinträchtigen, etwa ein auffälliges Schriftbild oder eine ungewöhnliche Anordnung der Erklärung oder das außerhalb der DIN-Größen liegende Format des Papiers.[19] So ist mir beispielsweise der Fall vorgekommen, daß aus einer schriftlichen Darlehensurkunde geklagt wurde und der Beklagte zwar die Echtheit seiner Unterschrift einräumte, jedoch behauptete, es habe sich um eine Blankounterschrift gehandelt. Das Blankett sei dem Kläger überlassen worden, weil dieser beauftragt gewesen sei, für den Beklagten einen bestimmten Gegenstand käuflich zu erwerben. Der Vertragstext habe oberhalb der Unterschrift des Beklagten eingesetzt werden sollen. Unter anderem wegen des Papierformates ist die Klage abgewiesen worden. Es bestand der dringende Verdacht, daß der Kläger einen ursprünglich auf dem unterschriebenen Blatt befindlichen Text, der gegen eine Darlehenshingabe gesprochen hätte, weggeschnitten hatte.

1351 Zu Urkundenmängeln hat das LG Bremen[20] auch Vermerke des Gläubigers gerechnet, die dieser auf der vollstreckbaren Ausfertigung des Schuldtitels angebracht hatte.

1352 Wie eine „Einschaltung" ist der Fall zu beurteilen, daß die Einfügung zwar nicht äußerlich erkennbar, aber unstreitig später geschrieben ist als der sonstige Text.

1353 Mit äußeren Mängeln einer Urkunde sind auch bei echter Unterschrift die Voraussetzungen für die Anwendbarkeit des § 419 ZPO grundsätzlich gegeben. Selbst einer Urkunde mit gewissen festgestellten äußeren Mängeln kann aber bei feststehender echter Unterschrift die Beweiskraft des § 440 Abs. 2 ZPO (Vermutung der Echtheit einer **Privaturkunde**) zuerkannt werden, wenn diese Mängel oder die sonstige äußere Beeinträchtigung der Urkunde nicht erheblich sind.

---

17 Vgl. RG Gruchot Bd. 61, 489 f.

18 BGH Warneyer 1966 Nr. 120.

19 BGH MDR 1980, 385 = NJW 1980, 893 = WPM 1980, 340 = JR 1980, 376 mit Anm. Olzen.

20 DGVZ 1982, 8. Siehe ferner LG Itzehoe DNotZ 1990, 519 (zu nachträglichen Änderungen); OLG Düsseldorf AnwBl. 1988, 412 (zu ungleichen Vertragstexten).

Jedenfalls dann, wenn nach Fertigstellung und Unterzeichnung einer Urkunde etwas in sie eingefügt worden ist, braucht der die Ungültigkeit dieser Einfügung geltend machende Unterzeichner nur zu beweisen, daß diese Einfügung nach Fertigstellung und Unterzeichnung der Urkunde erfolgt ist. Gesteht der Gegner die insoweit nachträgliche Einfügung oder Ergänzung zu, so ist der Unterzeichner dieses Beweises enthoben und der Gegner muß alsdann beweisen, daß das nachträglich Eingefügte mit Wissen und Willen des Unterzeichners geschehen ist.[21] 1354

Enthält eine **notarielle Urkunde** Durchstreichungen und Einschaltungen, so kommt ihr die Beweiskraft des § 415 Abs. 1 ZPO nicht zu, sondern das Gericht hat darüber nach § 419 ZPO gemäß freier Überzeugung (§ 286 ZPO) zu entscheiden. Ist eine **Soll**vorschrift des Beurkundungsrechts nicht beachtet worden, wonach handschriftliche Änderungen durch besondere Unterzeichnung zu beurkunden sind, so ändert dieser Verstoß nichts daran, daß keine die Vorschrift des § 419 ZPO ausschließende Beurkundung der handschriftlichen Änderungen vorliegt. Die Beweiskraft der Urkunde ist deshalb nicht nach § 415 Abs. 1 ZPO, sondern gemäß § 419 ZPO in Verbindung mit § 286 ZPO zu prüfen.[22] 1355

Privaturkunden müssen grundsätzlich dem Gericht in der Urschrift vorgelegt werden. Beglaubigte oder unbeglaubigte Photokopien reichen nicht.[23] Der Beweiswert einer beglaubigten Abschrift ist gemäß § 286 ZPO frei zu würdigen[24] Der Grund dafür ist der, daß nur das Original unterschrieben zu sein pflegt und damit die Beweiskraft des § 416 ZPO hat. Ist auch die Durchschrift – deren Urkundeneigenschaft als solche durch den Mangel der Unterschrift *nicht* berührt wird[25] – oder eine Abschrift vom Aussteller unterschrieben, so handelt es sich um eine selbständige Urkunde, die volle Beweisfunktion hat. 1356

Wenn man in den Akten *Durchschriften* oder Ablichtungen von Urkunden findet, so kann man, sofern sich aus den Schriftsätzen oder Erklärungen der Parteien nicht das Gegenteil ergibt, davon ausgehen, daß die *Abgabe* der durchschriftlich oder in Ablichtung vorliegenden Erklärung *unstreitig* ist. Es ist dann nur noch deren Erklärungsinhalt rechtlich zu würdigen und durch Vergleich mit dem Ergebnis einer etwaigen Beweisaufnahme tatsächlich zu verwerten. 1357

Der Fall ist deshalb von praktischer Bedeutung, weil die Parteien vielfach 1358

---

[21] BGH DB 1965, 1665; LG Itzehoe DNotZ 1990, 519.

[22] BGH Rpfleger 1957, 110; siehe auch OLG Schleswig DNotZ 1972, 556 (Verbindung mehrerer Bogen durch Klebestreifen statt durch Schnur und Siegel); Müller, Bad-Württ NotZ 1969, 187 ff – BGH NJW 1988, 60: „Die in § 419 ZPO genannten Mängel nehmen der Urkunde nicht schlechthin die Beweiskraft, sondern schließen nur die Geltung der Beweisregeln der §§ 415 bis 418 ZPO aus; sie stellen damit den Grundsatz der freien Beweiswürdigung wieder her."

[23] BGH NJW 1992, 829 = VersR 1992, 1021; WPM 1993, 1803; LG Mainz WPM 1979, 116; Zoller NJW 1993, 429.

[24] BGH MDR 1980, 299 = NJW 1980, 1047 = WPM 1980, 34 = JR 1980, 243 mit zust. Anm. Baumgärtel.

[25] Rosenberg/Schwab/Gottwald, Zivilprozeßrecht, 15. Aufl. 1993, S. 697.

lediglich nicht unterschriebene Durchschriften vorlegen, etwa weil der Gegner vergessen hat, das Original zur mündlichen Verhandlung mitzubringen. Da die Parteien den Inhalt des Originals kennen und auch wissen, ob es unterschrieben ist, erklären sie sich in der Regel mit der Verwertung der Durchschrift (stillschweigend) einverstanden. Dann ist unstreitig, daß die aus der Durchschrift als Aussteller ersichtliche oder als solche benannte Partei die in der Durchschrift enthaltene Erklärung abgegeben hat. *Ein Beweis ist insoweit nicht mehr erforderlich.* Die Durchschrift hat nur noch den Zweck, das Gericht mit dem eindeutigen Wortlaut der Erklärung bekannt zu machen.

1359 Besteht aber der Streit darüber, was die Urkunde belegen soll, fort, so kann auch eine Durchschrift Gegenstand des Urkundenbeweises sein.[26]

1360 Die *amtliche* oder *behördliche Auskunft,* durch die eine Zeugenvernehmung von Beamten oder Angestellten des öffentlichen Dienstes oder eine Begutachtung durch eine dieser Personen oft ersetzt werden kann, fällt unter den **Urkundenbeweis.**[27]

1361 Der *strafrechtliche Urkundenbegriff,* der für die Strafbarkeit der Urkundenfälschung entwickelt worden ist („Beweiszeichen" oder „Kennzeichen" [z. B. der Waldhammerschlag] als „Urkunden" im Sinne des § 267 StGB) hat für das Prozeßverfahren keine Bedeutung. Solche Kennzeichen oder Beweiszeichen fallen prozessual unter den Augenscheinsbeweis: Betrachtung von Sachen.

1362 Über die Beweiskraft *öffentlicher Urkunden geben* die §§ 417, 418 ZPO feste Regeln. Öffentliche Urkunden sind zum Beispiel: die Niederschrift über eine Aufgebotsverhandlung;[28] Zustellungsurkunden,[29] Vermerke des Gerichtsvollziehers auf Vollstreckungstiteln,[30] Versteigerungsprotokolle[31]; nicht dagegen der Kraftfahrzeugschein.[32]

1363 Das Krankenblatt des Krankenhausarztes ist keine öffentliche Urkunde, sondern nur eine Gedächtnisstütze des Arztes, ein von ihm oder für ihn gefertigtes Hilfsmittel, das ihm den jederzeitigen raschen Überblick über den Verlauf der Krankheit und ihrer Behandlung ermöglichen und ihn damit bei der Durchführung der Therapie entlasten soll.[33]

1364 Auch ein vor drei Zeugen errichtetes Nottestament ist nur eine Privaturkunde, die der freien Würdigung des Gerichts unterliegt.[34]

1365 In der Praxis ist es wichtig, die Wahrung von Rechtsmittelfristen zu beweisen. Dafür ist grundsätzlich der Eingangsstempel maßgebend; der Gegenbeweis ist aber zulässig (siehe unten Rn. 1385 unter „Eingangsstempel").

1366 Wird die Erklärung einer Person von einem *Notar* beurkundet, so beweist die Urkunde gemäß § 415 ZPO, daß diese Person die Erklärung abgegeben

---

[26] BGH NJW 1959, 2011.
[27] Siehe dazu unten § 47.
[28] LG Hamburg StA 1964, 74.
[29] OLG Hamm JurBüro 1966 Sp. 889; LAG Baden-Württemberg AP § 233 ZPO Nr. 16.
[30] KG DGVZ 1956, 55; LG Stuttgart ZZP Bd. 71 (1962), 284.
[31] BGH VersR 1963, 479.
[32] Vogel NJW 1962, 998; BGHSt 22, 201.
[33] BGH VersR 1963, 168.
[34] BGH LM § 416 ZPO Nr. 1.

hat.[35] Dagegen erstreckt sich die Beweiskraft der Urkunde nicht darauf, daß die abgegebene Erklärung *zutreffend* ist.

Hat sich der die Erbteilsübertragung beurkundende Notar auf Grund eines vorgelegten Reisepasses gemäß § 176 Abs. 3 S. 1 FGG die Gewißheit verschafft, daß die im Grundbuch noch als ledig eingetragene Miteigentümerin jetzt verheiratet ist, und den jetzt von ihr geführten Namen in die Urkunde aufgenommen, so erstreckt sich die Beweiskraft der notariellen Urkunde auch auf den darin beurkundeten Personenstand und bietet vollen Beweis für die Identität der Erbteilszedentin mit der eingetragenen Miteigentümerin.[36] **1367**

Wegen der Unzuverlässigkeit von Zeugenaussagen ist es dringend zu empfehlen, sämtliche von den Parteien vorgelegten und in den Akten befindlichen Schriftstücke genau durchzulesen und wenigstens als Hilfstatsachen des Beweises oder als Indizien nutzbar zu machen. „Bemerkungen in Briefen lassen sich oft verwerten für die richtige Beurteilung des Sachverhalts. Was da niedergelegt ist, ist aus der Sache und der Zeit heraus geschrieben und übertrifft an Beweiskraft jede spätere Aussage, die doch nur unsichere Grundlagen hat. Aber es ist ganz auffällig, wie derartige Dinge übersehen werden".[37] **1368**

Sind mehrere, eine Einheit bildende Schriftstücke, zum Beispiel eine Korrespondenz, zu würdigen, so ist ein pauschaler Hinweis auf „Handakten", „den Schriftverkehr", die „Beiakten" usw. unzureichend. *Es müssen vielmehr die einzelnen Urkunden oder besondere Stellen daraus hervorgehoben werden* (siehe aber oben Rn. 1338). Jedoch ist es nicht erforderlich, die wesentlichen Stellen in der Beweiswürdigung wörtlich wiederzugeben. Der Inhalt ist grundsätzlich als bekannt vorauszusetzen. Es kann sich aber empfehlen, halbe oder ganze Sätze wörtlich wiederzugeben, wenn es auf deren genauen Wortlaut besonders ankommt. **1369**

Zur Kennzeichnung reicht es bei einem Brief aus einer Korrespondenz zum Beispiel aus, das Datum anzugeben und mitzuteilen, wer den Brief an wen geschrieben hat.

Legt eine Partei als Anlage zu einem Schriftsatz ein von ihr eingeholtes Privatgutachten vor, dann ist der Inhalt dieses Gutachtens Parteivortrag. Das Gutachten selbst ist eine Urkunde, kein zivilprozessualer Sachverständigenbeweis, der dadurch also nicht ersetzt werden kann.[38] **1370**

Die Verwertung eines **Privatgutachtens** im Wege des Urkundenbeweises ist auch gegen den Widerspruch einer Partei zulässig. Dies gilt insbesondere für solche schriftlichen Äußerungen eines Privatgutachtens, die in einem gerichtlichen Obergutachten ausdrücklich in Bezug genommen und gebilligt worden sind.[39] **1371**

Auch der nicht ausdrücklich von den Parteien erwähnte **Inhalt beigezogener Akten** ist oft aufschlußreich. Eine Verwertung ist jedoch unzulässig, **1372**

---

[35] OLG Frankfurt DNotZ 1991, 389.

[36] LG Berlin Rpfleger 1963, 53.

[37] Deinhardt, Die praktische Assessorprobearbeit, 1914, S. 100.

[38] BGH VersR 1981, 576 = VRS Bd. 61, 83; LG Aurich VersR 1991, 214.

[39] BGH VersR 1962, 450. Es besteht aber eine Hinweispflicht des Gerichts: OLG Karlsruhe NJW 1990, 192 = MDR 1989, 1109.

wenn die Beiakten nicht Gegenstand der mündlichen Verhandlung waren[40] oder den Parteien nicht zugänglich gemacht werden dürfen.[41]

1373 Vielfach werden Akten beigezogen, die **Vernehmungsprotokolle aus Beweisaufnahmen in anderen Verfahren** enthalten. Es ist dann fehlerhaft, die in den Beiakten enthaltenen protokollierten Aussagen *als Zeugenaussagen* zu würdigen. Derjenige, der sich auf Vernehmungsniederschriften in Beiakten beruft, führt vielmehr einen Urkundenbeweis. Solche Protokolle sind daher *als Beweisurkunden* zu würdigen. Diese Unterscheidung erlangt praktische Bedeutung wegen des prozeßrechtlichen Grundsatzes, daß das unmittelbare Beweismittel dem mittelbaren vorzuziehen ist.[42] Deshalb *müssen* die Zeugen persönlich vernommen werden, wenn eine Partei dies beantragt.[43] Denn damit wird das berechtigte Begehren an das Gericht gestellt, das *unmittelbare* Beweismittel *vor* dem lediglich mittelbaren zu benutzen.

1374 Ein dahingehender Antrag ist allerdings auch *erforderlich*. Der bloße einseitige Widerspruch gegen die Erhebung des Urkundenbeweises ist unbeachtlich.[44]

1375 Unzulässig ist es, aus dem bloßen Einverständnis mit der Verwertung von Strafakten ohne klärende Rückfrage bei der Partei zu folgern, diese habe auf ihre übrigen Beweisanträge verzichtet.[45] Denn die Erklärung des Einverständnisses beruht, wie die forensische Erfahrung lehrt, nicht selten auf einem bloßen Irrtum über das Beweisrecht. Es wird nämlich angenommen, zur Verwertung beizuziehender Akten sei das Einverständnis der Parteien nötig.

1376 Fremde Akten, insbesondere Strafakten, dürfen *urkundenbeweislich* im Zivilprozeß immer verwertet werden, also selbst gegen den Widerspruch einer Partei.[46] Die Niederschriften über Zeugenaussagen dürfen sogar dann im Wege des Urkundenbeweises gewürdigt werden, wenn die Zeugen die Aussage verweigern.[47]

1377 Anders liegt es jedoch nach BGH,[48] wenn eine Niederschrift über eine

---

[40] Vgl. BGH NJW 1952, 305; siehe ferner Arnold NJW 1953, 1283; Blunk VersR 1985, 1025.

[41] OGH JR 1950, 52.

[42] BGH r + s 1993, 334.

[43] BGHZ 7, 116 (122); ständige Rechtsprechung, siehe BGH VersR 1983, 667 = ZIP 1983, 738; MDR 1985, 567 = r + s 1985, 129j; NJW-RR 1988, 1527; VersR 1992, 1018 = MDR 1992, 803.

[44] RG JW 1931, 170 Nr. 6; 1930, 2052 Nr. 1; BGH VersR 1970, 322; KG VersR 1976, 474; OLG Stuttgart DAVorm 1974, 250; OLG München NJW 1986, 263; OLG Karlsruhe NJW-RR 1986, 864; BAG MDR 1968, 529.

[45] So aber OLG München NJW 1972, 2047; VersR 1976, 1173 mit kritischer Anm. Schneider VersR 1977, 163; OLG Karlsruhe NJW-RR 1986, 864; siehe dazu auch KG OLGZ 1975, 50.

[46] Vgl. Wussow VersR 1960, 582; siehe auch die Nachweise in Rn. 1373. Zum Strafverfahren vgl. BGH MDR 1977, 1029.

[47] So jedenfalls BSG NJW 1966, 270; siehe auch BGH WPM 1979, 1052; OLG Köln VersR 1993, 335.

[48] BGH MDR 1985, 567 = r + s 1985, 129 sowie § 11 Rn. 177 ff.

Aussage als Beschuldigter oder als Zeuge im Ermittlungsverfahren urkundenbeweislich verwertet werden soll, obwohl der Vernommene nicht ordnungsgemäß über sein Aussagerecht belehrt worden ist. Dieser Verfahrensmangel kann jedoch geheilt und damit unschädlich gemacht werden, wenn der im Ermittlungsverfahren Vernommene später im Zivilprozeß ordnungsgemäß belehrt wird und bereit ist, als Zeuge auszusagen. Dann dürfen aus den früheren, verfahrenswidrig zustande gekommenen Vernehmungen Vorhalte gemacht werden.[49]

Bezieht sich eine Partei auf fremde Akten, in denen Vernehmungsnieder- 1378
schriften enthalten sind, so liegt darin der **Antrag auf Verwertung der Aussagen im Wege des Urkundenbeweises,** also kein Zeugenbeweisantritt im Sinne des § 373 ZPO.[50]

Das Einverständnis mit der Verwertung der Beweisaufnahme aus einem 1379
anderen Verfahren gilt in der Regel nur für die Instanz, in der es erklärt worden ist.[51] Erklärt sich eine Partei im ersten Rechtszug damit einverstanden, daß die Vernehmungsniederschriften aus dem Verfahren auf Bewilligung von Prozeßkostenhilfe im Wege des Urkundenbeweises bei der Entscheidung in der Sache selbst verwertet werden, so ist sie im allgemeinen nicht gehindert, im Berufungsrechtszug die Vernehmung der im PKH-Verfahren gehörten Zeugen zu beantragen.[52]

Auch beim Urkundenbeweis muß der **Grundsatz der Unmittelbarkeit** 1380
beachtet werden. Deshalb ist es unzulässig, die Unmittelbarkeit der Beweisaufnahme dadurch zu umgehen, daß **eidesstattliche Versicherungen von Zeugen** beigebracht werden, um über einen „Urkundenbeweis" die Vernehmung auszuschalten.[53]

Wer die Vernehmung von Zeugen, die bereits in einem Strafverfahren vernommen worden sind, erzwingen will, muß sich auf deren **Zeugnis** berufen.[54] Es genügt nicht, bloß der Verwertung der Strafakten zu **widersprechen,** wenn sich der Gegner in erster Linie auf Vernehmungsprotokolle in einem vorangegangenen Strafverfahren berufen und nur hilfsweise beantragt hat, den dort Vernommenen auch im Zivilprozeß als Zeugen zu vernehmen.[55]

Für die übrigen Beweismittel gelten im wesentlichen dieselben Grundsätze wie für das Verhältnis vom Urkundenbeweis zum Zeugenbeweis:

Augenschein: Der Richter darf nicht das Ergebnis des in einem anderen Verfahren eingenommenen gerichtlichen Augenscheins im Wege des Urkundenbeweises verwerten, wenn eine Partei zum Beweis bestimmter Tatsachen den Antrag auf eine Augenscheinseinnahme durch das Prozeßgericht selbst stellt.[56]

---

[49] BGH r + s 1985, 130.
[50] Anders, aber schwerlich richtig, OLG Düsseldorf VersR 1953, 260.
[51] BGH JR 1962, 183.
[52] BGH VersR 1960, 367.
[53] BGH MDR 1970, 135. Siehe auch OLG Hamburg (VersR 1990, 610: schriftliche Zeugenaussage ohne Versicherung an Eides Statt).
[54] Siehe die Nachweise in Rn. 978 zu Fußnote 44.
[55] BGH VersR 1970, 322. Siehe auch vorstehend den Text bei Rn. 1373.
[56] BGH VersR 1959, 46.

1381 **Gutachten:** Ein im Wege des Urkundenbeweises verwertetes Gutachten darf das Gericht ebenso zur Grundlage seiner Überzeugung machen wie das Gutachten eines gerichtlichen Sachverständigen.[57] Es ist aber zu berücksichtigen, daß die dem Sachverständigen vorzulegenden Beweisfragen im Strafprozeß oft ganz anders sind als im Zivilprozeß.[58]

1382 **Parteivernehmung:** Abgesehen von dem Sonderfall des § 445 Abs. 2 ZPO kommt – wie beim Zeugen – der unmittelbaren Parteivernehmung der Vorrang vor einer Verwertung der Parteiaussage in einem anderen Verfahren zu. Ein entsprechender Beweisantrag darf deshalb nicht übergangen werden.[59]

1383 Im Strafverfahren ist die Rechtslage anders. Eine Vernehmung darf nach § 250 StPO nicht durch Verlesung des über eine frühere Vernehmung aufgenommenen Protokolls oder einer schriftlichen Erklärung ersetzt werden. Die einzigen – engen! – Ausnahmen hiervon enthält § 251 StPO. Die §§ 253, 254 StPO bringen einige Erleichterungen: Protokollverlesung zur Gedächtnisunterstützung und Verlesung von Geständnissen bei Widersprüchen.

1384 Auch beim Urkundenbeweis gelten die von der höchstrichterlichen Rechtsprechung für den Zeugenbeweis herausgearbeiteten **Würdigungssperren**.[60] Die Richtigkeit einer urkundenbeweislich verwerteten Zeugenaussage aus einem anderen Verfahren darf daher nicht aus Gründen angezweifelt werden, die sich nicht aus der Urkunde selbst ergeben und für die sich auch sonst keine belegbaren Umstände finden lassen.[61]

Entsprechend darf der Tatrichter im Arzthafungsprozeß zwar das Gutachten einer Gutachter- und Schlichtungsstelle urkundenbeweislich würdigen. Rügt jedoch eine Partei die Sachkunde dieser Gutachter, dann muß das Gericht dieser Rüge durch Einholung eines gerichtlichen Sachverständigen nachgehen.[62]

1385 **Beweisurkunden-Schlüssel**

Die Rechtsprechung muß sich häufig mit dem Beweiswert spezieller Urkunden befassen. Solchen Entscheidungen kommt keine grundsätzliche Bedeutung zu. Für den einschlägigen Einzelfall sind sie aber oft recht nützlich. Deshalb bringe ich nachstehend eine nach alphabetischen Stichwörtern geordnete Zusammenstellung einschlägiger Veröffentlichungen.

Abfindungsvereinbarung über die Höhe einer Kaskoentschädigung (OLG Hamm VersR 1984, 229).

Ablichtungen: Siehe oben Rn. 1357.

Ärztliche Arbeitsunfähigkeitsbescheinigung (BGH VersR 1977, 833; LAG Hamm BB 1986, 2127; LAG München DB 1989, 631; ArbG Düsseldorf DB 1989, 1628).

Ärztliche Dokumentation, insbesondere deren beweisrechtliche Würdigung (BGH MDR 1978, 917 = VersR 1978, 542 = NJW 1978, 1681).

---

[57] BGH VersR 1963, 463.
[58] BGH VersR 1958, 340.
[59] BGH VersR 1959, 46 (48 zu Ziff. 3).
[60] Siehe oben § 3 Rn. 29 ff.
[61] BGH VersR 1992, 1081 = NJW-RR 1992, 1214 = r + s 1993, 333.
[62] BGH VersR 1987, 1091 = NJW 1987, 2300.

Ausländische Urkunde (BVerwG NJW 1987, 1159).

Behördenauskünfte (OLG Hamburg DAVorm 1989, 789).

Bürgschaftsurkunde hat Vermutung der Vollständigkeit, Richtigkeit und vereinbarungsgemäßen Ausfüllung auch dann für sich (§ 440 Abs. 2 ZPO), wenn der Bürge blanko unterschrieben hat (OLG Hamm WPM 1984, 829).

Computerausdrucke (v. Sponeck CR 1991, 269).

Datenbandauszug der Datenverarbeitung eines Versicherers (LG Würzburg VersR 1983, 723; Seidel CR 1993, 409).

Datumsangabe bei Beschlüssen (OLG Koblenz MDR 1985, 1048).

Demoskopische Gutachten (Böhm GRUR 1986, 290).

Durchschriften: siehe oben Rn. 1357.

Eingangsstempel: Anforderungen an Beweis; Entkräftungsbeweis durch jedes Beweismittel möglich (BGH VersR 1977, 721; VersR 1982, 652; 1988, 1140; OLG Frankfurt AnwBl 1978, 310; KG MDR 1986, 1032; Wilde BB 1984, 1042; Friedrich BB 1985, 113. Siehe ferner Zöller/Schneider, ZPO, 18. Aufl. 1993, § 516 Rn. 15 und § 518 Rn. 20 sowie unten bei „Zustellung").

Fahrtenschreiber: siehe unter „Technische Aufzeichnungen".

Fotokopie (Zoller NJW 1993, 429).

Gerichtsvollzieher-Protokoll (OLG Köln DGVZ 1986, 117 = Rpfleger 1986, 393 = NJW-RR 1986, 863).

Handelsbücher: Beweiswert frei nach § 286 ZPO zu würdigen (BGH MDR 1955, 92).

Mikrokopien bei vernichteten Originalunterlagen haben Urkundeneigenschaft (Heuer NJW 1982, 1505; Zoller NJW 1993, 429).

Notarielle Urkunde: siehe oben Rn. 1355.

Postsparbuch (BayObLG WPM 1993, 2006 = ZIP 1993, 1224: öffentliche Urkunde; OVG Hamburg NJW 1993, 277 = WPM 1993, 744: Tagesstempel hat volle Beweiskraft).

Privatgutachten: siehe oben Rn. 1442 ff.

Privaturkunde: siehe oben Rn. 1356.

Prüfvermerk des Architekten auf der Schlußrechnung (OLG Köln MDR 1977, 404; ausführlich dazu Hochstein BauR 1973, 333 f.).

Quittung beweist nur, daß die in ihr enthaltene Erklärung abgegeben worden ist und unterliegt darüber hinaus inhaltlich freier Beweiswürdigung; zur Erschütterung des Beweises ist nicht Beweis des Gegenteils erforderlich (BGH MDR 1978, 914 = BB 1978, 1232 = WPM 1978, 849 = JR 1978, 417 mit Anm. Baumgärtel; WPM 1979, 1157). Bankquittung: BGH WPM 1988, 524; OLG Frankfurt NJW-RR 1991, 172; OLG Köln BB 1993, 1905 = WPM 1993, 1791; JMBlNW 1993, 153. Empfangsbestätigung auf einem Frachtbrief über eine bestimmte Anzahl von Frachtstücken ist als Quittung im Beweiwert erschüttert, wenn das Gericht nicht mehr von der genannten Anzahl überzeugt ist (OLG Hamburg VersR 1982, 1009). Hat ein Geschäftsunfähiger die Quittung ausgestellt, ist ihr Beweiswert frei zu würdigen (OLG Karlsruhe MDR 1978, 667; OLG Köln MDR 1964, 155; siehe auch Stötter MDR 1978, 632).

Regeln der Technik (Pieper BB 1987, 273).

Sozialamtsbescheinigung reicht im Verfahren auf Erteilung einer vollstreckbaren Ausfertigung für den Rechtsnachfolger nicht zum Vollbeweis aus (OLG Hamburg FamRZ 1981, 980; OLG Stuttgart Rpfleger 1986, 438 = NJW-RR 1986, 1505; NJW-RR 1986, 1504).

Sparbuch-Kontoblätter (OLG Hamm WMP 1987, 1097 = NJW 1987, 964).

Telekopie (Zoller NJW 1993, 429; Schneider ZAP Fach 13 S. 259).

Strafakten: siehe oben Rn. 1373.

Technische Aufzeichnungen: Jöstlein DRiZ 1983, 409; Jessnitzer DRiZ 1974, 98; Kraft DAR 1971, 124 (Fahrtenschreiber).

Verkündungsvermerk (BGH VersR 1989, 604).

Vernehmungsprotokolle: siehe oben Rn. 1373 ff.

Zustellungsurkunde: Wer sich auf unrichtige Datierung beruft, hat dies zu beweisen (BGH VersR 1985, 142; KG VRS Bd. 83, 1992, 52; OLG Köln FamRZ 1992, 1082; OVG Münster NJW 1991, 3167; Schwab DWW 1987, 349) und nach BVerwG (NJW 1985, 1179; 1986, 2128) auch bereits eine gewisse Wahrscheinlichkeit für die Unrichtigkeit darzulegen. Ob eine eidesstattliche Versicherung zum Beweis der Unrichtigkeit (§ 418 Abs. 2 ZPO) ausreicht, ist zweifelhaft (OLG Düsseldorf GRUR 1978, 78). Siehe auch oben bei „Eingangsstempel". Die Postzustellungsurkunde kann gem. § 418 Abs. 1 ZPO vollen Beweis dafür erbringen, daß der Postzusteller bei Ersatzzustellung die vorgeschriebene Mitteilung in den Hausbriefkasten eingeworfen hat (BVerwG Rpfleger 1986, 438 = DGVZ 1986, 181 – betrifft die Postzustellungsurkunde in der Fassung 1983, die später geändert worden ist). Kein Beweis dafür, daß der Zustellungsempfänger unter der angegebenen Adresse wohnt (BVerfG NJW 1992, 224; DGVZ 1992, 154 = Rpfleger 1992, 358 = NJW-RR 1992, 1084; BGH NJW 1992, 1963 = MDR 1992, 809), wohl aber auf das Zustellungsdatum (LAG Düsseldorf JurBüro 1987, 1565).

Neuntes Kapitel

§ 45. Der Beweis durch Sachverständige

Der Sachverständigenbeweis ist von großer praktischer Bedeutung. Er berührt auch zahlreiche andere Berufsgruppen, deren Sachkunde bei diesem Beweismittel nutzbar gemacht wird. Damit hängt es zusammen, daß gerade über den Sachverständigenbeweis weit mehr Schrifttum vorliegt als über jedes andere Beweismittel. Es gibt einige allgemeine Darstellungen darüber, nämlich: 1386

Bremer, Der Sachverständige. Seine Rechtsstellung und seine Rechtsbeziehung, 2. Aufl. 1973.
Döbereiner/von Keyserlingk, Sachverständigenhaftung, 1979.
Jessnitzer, Der gerichtliche Sachverständige. Ein Handbuch für die Praxis, 10. Aufl. 1992.
Müller, Der Sachverständige im gerichtlichen Verfahren. Handbuch des Sachverständigenbeweises, 3. Aufl. 1988.
Pieper/Breunung/Stahlmann, Sachverständige im Zivilprozeß, 1982.
Wellmann/Schneider/Hüttemann/Weidhaas, Der Sachverständige in der Praxis, 5. Aufl. 1988.

Daneben sind zahlreiche Aufsätze in Fachzeitschriften veröffentlicht, die sich mit Sonderproblemen befassen. Hierüber mag die folgende Zusammenstellung informieren, in der die wichtigsten Aufsätze der letzten Jahre nach alphabetisch geordneten Stichwörtern nachgewiesen sind: 1387

Ablehnung (Kahlke ZZP Bd. 94 (1981), 50; Hesse ZfBR 1983, 247; Kamphausen BauR 1984, 31; Motzke BauR 1983, 500; Müller NJW 1982, 1961; Schulze NJW 1984, 1019).
Alkoholproben (Pluisch/Heifer NZV 1992, 337).
Analytische Diagramme (Arning DAR 1971, 169).
Anhörung des Gutachters (Gehle DRiZ 1984, 101; Schrader NJW 1984, 2806; Ankermann NJW 1985, 1204).
Antizipierte Gutachten (Vieweg NJW 1982, 2473; Rittstieg NJW 1983, 1098).
Arzthaftungsprozeß (Franzki DRiZ 1977, 36; Uhlenbruck NJW 1965, 1057; ZfA 1968, 99).
Auftrag (Schima ZSW 1980, 159 – Schriftsachverständiger).
Bauprozeß (Jessnitzer BauR 1975, 73 ff.: Ortsbesichtigung des Sachverständigen; Karwat DRiZ 1972, 203; Soergel BlGBW 1970, 14: Beweissicherung; siehe auch die umfassende Darstellung bei Werner/Pastor, Der Bauprozeß, 7. Aufl. 1993, Rn. 1824 ff.).
Behörden (Jessnitzer NJW 1971, 1075).
Beweiswert (Auernhammer BauR 1981, 139; 1983, 97; Jessnitzer JVBl 1970, 78; Klimke ZfV 1977, 538; Wachsmuth/Schreiber NJW 1982, 2094).
Bindung: siehe „Auftrag“.

Demoskopische Gutachten (von Stein GRUR 1972, 73 u. 314; Teplitzky WRP 1990, 145; siehe auch die umfassende Darstellung bei Kreft, Handbuch des Wettbewerbsrechts, 1986, § 17 mit vollständigen Nachweisen).
Familiengerichtliches Verfahren (Puls ZBlJugR 1984, 8).
Fragerecht: siehe „Anhörung".
Gemeinsames Gutachten (Engels VP 1984, 102; siehe auch unter „Hilfskräfte" u. „Nebengutachten").
Hilfskräfte (Stern NJW 1969, 2259; Blutge NJW 1985, 1185; Pause NJW 1985, 2576; s. auch unter „Gemeinsames Gutachten" und „Nebengutachten").
Insolvenzrecht (Jessnitzer KTS 1971, 81).
Institute (Himmelreich DAR 1976, 197; siehe auch „Behörden").
Makler als Grundstücksachverständige (Seiler AIZ 1974, 87).
Medizinische Gutachten (Friedrichs NJW 1972, 1114; Plagemann AnwBl 1983, 368; Wachsmuth DRiZ 1982, 412).
Mietgutachten (Oliver ZMR 1979, 129; Reinecke WuM 1993, 101).
Nebengutachten (Friedrichs JZ 1974, 257; siehe auch „Gemeinsames Gutachten" und „Hilfskräfte").
Ortsbesichtigung (Jessnitzer BauR 1975, 73).
Parapsychologie (Bender NJW 1977, 1089; Wimmer NJW 1976, 1131).
Psychiatrische Gutachten über Schuldfähigkeit (de Boor ZSW 1986, 92).
Pflichten des Sachverständigen (Müller DB 1972, 1809).
Prozeßverzögerung durch Sachverständigenbeweis (Kühl BB 1970, 323).
Raumtemperatur-Messung (Isenmann WuM 1988, 341).
Rechtsanwaltskammer (Heinrich AnwBl 1973, 124).
Rechtsgutachten: a) zum ausländischen und internationalen Privatrecht (Bendref DRiZ 1983, 185; Geisler ZZP Bd. 91 (1978), 176; Hetger DNotZ 1985, 269; Wengler JR 1983, 221); b) Deutsches Recht (Tipke NJW 1976, 2199: nicht über steuerrechtliche Fragen).
Softwaremängel (Redeker CR 1991, 654).
Stellung des Sachverständigen (Arbab-Cadeh NJW 1970, 1214; Bleutge DRiZ 1977, 170; Jessnitzer DB 1973, 2497; AgrarR 1979, 71; Kahnt NJW 1971, 1868; Oelzen ZZP Bd. 93 (1978), 66; Piper ZZP Bd. 84 (1971), 1; Schlosser FamRZ 1976, 6: Statusprozeß).
Steuerrecht (Nickl NJW 1989, 2091).
Verkehrsunfall (Baumgärtel VersR 1975, 677; Füchsel DAR 1972, 1; Höfle DAR 1984, 214; Kuckuck/Reuter DAR 1976, 253; Nicklisch BB 1981, 1653; Sacher ZSW 1982, 107 u. 124: insbesondere zu Fehlerquellen).
Technische Regelwerke (Nicklisch NJW 1983, 841).
Terminssachverständige (Bürck NZA 1985, 145: betrifft das sozialgerichtliche Verfahren).
Zeugenvernehmung durch Sachverständigen (Tropf DRiZ 1985, 87).

Die für die Ausarbeitung eines Sachverständigengutachtens erforderlichen tatsächlichen Verhältnisse sind grundsätzlich vom Gericht und nicht vom Sachverständigen aufzuklären und festzustellen.[1] Lediglich dann, wenn diese tatsächliche Ermittlung gerade spezielle Sachkunde voraussetzt, ist sie Aufgabe des Gutachters.[2] 1388

Dazu kann auch die Zuziehung von Hilfspersonen rechnen.[3] So hat der BGH[4] es in das Ermessen eines psychologischen Sachverständigen gestellt, ob er bei der Exploration eines nur mangelhaft deutsch sprechenden Ausländers einen Dolmetscher oder einen anderen Sachverständigen heranzieht, der die Muttersprache des Untersuchten beherrscht. 1389

Der Sachverständige ist streng an die Beweisfragen gebunden. Dem Gericht obliegt es, dafür Sorge zu tragen, daß er sie nicht mißversteht. Gegebenenfalls sind dem Sachverständigen bestimmte Rechtsbegriffe näher zu erläutern.[5] 1390

Sachverständigengutachten werden grundsätzlich auf Beweisantrag einer Partei hin eingeholt. Das Gericht ist jedoch auch berechtigt, von Amts wegen die Begutachtung anzuordnen (§ 144 ZPO). Über diese Wahlmöglichkeit muß das Gericht sich klar sein und dies gegebenenfalls in den Entscheidungsgründen zum Ausdruck bringen. 1391

Fehlt ein Beweisantrag oder ist er gestellt, zahlt aber der Beweisführer den Auslagenvorschuß (§§ 402, 379 ZPO) nicht, dann muß das Gericht prüfen, ob das vorgesehene Gutachten von Amts wegen einzuholen ist. Dagegen können die Parteien sich nicht wehren. Ihre Zustimmung ist nicht erforderlich. Die Sachverhaltsaufklärung verletzt nicht ihr Persönlichkeitsrecht, auch nicht wenn das Gericht eine schriftvergleichende Begutachtung beschließt.[6] 1392

Hält der Tatrichter beim Fehlen eigener Sachkunde die Zuziehung eines Sachverständigen im Rechtsstreit für geboten, so muß er die für den Sachverständigenbeweis geltenden Vorschriften der Zivilprozeßordnung einhalten und dadurch den Parteien die Wahrung ihrer prozessualen Rechte bei der Beweisaufnahme ermöglichen.[7] 1393

Vernimmt ein Sachverständiger Zeugen oder Parteien über wesentliche Streitpunkte und würdigt das Gericht das Ergebnis einer solchen Vernehmung so, als wäre die Vernehmung durch den Richter erfolgt, dann ist ein solches Verfahren mit dem Grundsatz der Unmittelbarkeit der Beweisaufnahme nicht vereinbar.[8] 1394

Ein Sachverständiger darf tatsächliche Feststellungen durch Einsichtnahme in die Geschäftsbücher oder Urkunden einer Partei nur treffen, wenn er auch der anderen Partei Gelegenheit gegeben hat, bei diesen Feststellungen 1395

---

[1] OLG Stuttgart Justiz 1975, 273; siehe näher dazu Tropf DRiZ 1985, 87.

[2] Zöller/Greger, ZPO, 18. Aufl. 1993, § 355 Rn. 2 mit Nachweisen.

[3] Vgl. Bleutge NJW 1985, 1185 u. Pause NJW 1985, 2576; Stern NJW 1969, 2259.

[4] NJW 1970, 1242.

[5] BAG NJW 1972, 2279.

[6] BAG BB 1982, 117 = AP ZPO § 471 Nr. 1 mit zust. Anm. Walchshöfer.

[7] BGH VersR 1957, 521.

[8] BGH NJW 1955, 671; BGHSt 13, 1 u. 250.

zugegen zu sein.[9] Will er eigene Ermittlungen anstellen, die zur Erstattung seines Gutachtens benötigt werden, so muß er bei der Durchführung dieser Ermittlungen die Parteien oder, soweit solche vorhanden sind, deren Prozeßbevollmachtigte hinzuziehen.[10]

1396 Bei der Überprüfung eines von einer klagenden Unternehmerin geltend gemachten Schadens genügt es nicht, daß die Klägerin einem gerichtlich bestellten Sachverständigen vertraulichen Einblick in ihre Bücher geben will, damit dieser die Richtigkeit der Behauptung der Klägerin über ihren Umsatzrückgang prüfen kann. Ein Sachverständigengutachten über das Ergebnis einer solchen Prüfung ist solange im Prozeß unverwertbar, wie die Klägerin nicht gestattet, daß der Sachverständige die seiner Begutachtung zugrunde gelegten Zahlen und sonstigen Tatsachen dem Gericht und der Gegenseite offenbart.[11]

1397 Ein Sachverständiger, der seine Neutralitätspflicht verletzt, etwa unter Hinzuziehen nur einer Partei Besichtigungen vornimmt[12] oder einseitige Informationsgespräche führt,[13] kann nach § 406 Abs. 1 ZPO wie ein Richter wegen Besorgnis der Befangenheit abgelehnt werden, auch schon im selbständigen Beweisverfahren.[14]

1398 Ablehnungsverhalten setzt jedoch den Verdacht der Parteilichkeit voraus; die Behauptung mangelnder Sachverständigenqualifikation ist nie ein Ablehnungsgrund.[15]

1399 Will die Partei einen Gutachter ablehnen, dann muß dies nach § 406 Abs. 2 S. 1 ZPO vor der Begutachtung geschehen, spätestens zwei Wochen nach bekannt gewordener Ernennung, damit keine für die Entscheidung unverwertbaren Sachverständigenleistungen erbracht werden. Ergibt sich der Ablehnungsgrund erst nach Erstattung des Gutachtens – meist gestützt auf dessen Inhalt –, dann ist nach § 406 Abs. 2 S. 2 ZPO die Ablehnung auch nachträglich noch möglich.

1400 Die Rechtsprechung hat hier jedoch die Einschränkung gemacht, daß in einem solchen Fall das Ablehnungsgesuch „unverzüglich“ anzubringen ist,[16] vorbehaltlich einer angemessenen Überlegungszeit.[17]. Jedoch braucht eine Partei erst dann zu prüfen, ob ein Grund zur Ablehnung besteht,

---

[9] BGH NJW 1992, 1817 = WPM 1992, 452; BAG DB 1963, 804.

[10] BAG AP § 402 ZPO Nr. 2; siehe dazu auch Gehle DRiZ 1984, 101 u. Ankermann NJW 1985, 1204.

[11] BGH NJW 1992, 1817 = WPM 1992, 452; OLG Hamm BB 1963, 1079; siehe dazu Tropf DRiZ 1985, 87.

[12] BGH MDR 1975, 754; OLG Koblenz OLGZ 1977, 109.

[13] OLG Hamm MDR 1973, 144.

[14] OLG Köln VersR 1993, 72 = OLG Rechtsprechung 3/1993 S. 7.

[15] OLG München VersR 1977, 939.

[16] Vgl. z. B. OLG Oldenburg MDR 1975, 408; OLG Nürnberg MDR 1970, 150; OLG Köln MDR 1983, 412; OLG Frankfurt MDR 1989, 744; OLG Karlsruhe MDR 1991, 161; 1990, 161 (Streithelfer) ausführliche Erörterung der damit verbundenen Streitfragen bei Schneider MDR 1975, 353.

[17] OLG Koblenz NJW-RR 1992, 1470; OLGZ 1977, 376 = VersR 1978, 236; OLG Köln VersR 1989, 210.

wenn sie aus dem Gutachten erfährt, wer der verantwortliche Verfasser ist.[18]

Ist eine Ablehnung wegen Verspätung unzulässig, dann ist das Ableh- **1401**
nungsrecht endgültig verloren. Es lebt auch nicht wieder auf, wenn das Gericht diesen Sachverständigen später zur Begutachtung eines weiteren Punktes heranzieht, sofern nicht ein neuer Ablehnungsgrund gesetzt worden ist.[19] Jedoch ist das Verhalten des Sachverständigen bei der beweisrechtlichen Würdigung des Gutachtens zu berücksichtigen.[20] Dies ist auch dann zulässig, wenn das beanstandete Verhalten des Sachverständigen noch nicht zur Ablehnung ausreicht.

Über die Ablehnung darf in den Gerichtsferien entschieden werden.[21] **1402**
Zuständig ist das Gericht, das im Zeitpunkt der Stellung des Antrages erkennendes Gericht ist. Wird also die Ablehnung eines Gutachters, der im ersten Rechtszug tätig geworden ist, erst im Berufungsverfahren vorgebracht, dann ist das Berufungsgericht zuständig.[22]

Dem Sachverständigen ist, ebenso wie dem abgelehnten Richter, Gelegen- **1403**
heit zu geben, sich zum Ablehnungsgesuch zu äußern;[23] seine Äußerung muß dann natürlich wieder den Parteien bekanntgegeben werden.[24]

Trotz des Ablehnungsverfahrens sind die allgemeinen Beweisvorschriften **1404**
zu beachten. Ein Hindernis im Sinne des § 356 ZPO darf bei Geltendmachung eines unbegründeten Ablehnungsgesuches deshalb erst angenommen werden, wenn die dort vorgesehene Frist gesetzt worden ist.[25]

Zu beachten ist, daß der Beschluß über die Ablehnung eines Sachver- **1405**
ständigen (§ 406 Abs. 5 ZPO) vor der Sachentscheidung zu erlassen ist.[26] Wird über den Antrag erst im Endurteil entschieden, so liegt darin ein wesentlicher Verfahrensmangel im Sinne des § 539 ZPO, der grundsätzlich zur Aufhebung des Urteils und zur Zurückverweisung in die erste Instanz zwingt.[27]

Gutachten werden häufig in Unfall-, Arzt- und Bauprozessen eingeholt.[28] **1406**
Die in diesen Rechtsstreitigkeiten auftauchenden technischen Fragen setzen

[18] OLG Karlsruhe MDR 1975, 670.
[19] OLG Düsseldorf WPM 1970, 1305.
[20] BGH MDR 1981, 739 = VersR 1981, 546 = NJW 1981, 2009; BSG MDR 1993, 907.
[21] OLG Koblenz JurBüro 1977 Sp. 113.
[22] OLG Köln MDR 1977, 57; OLG Düsseldorf WPM 1970, 1315.
[23] OLG Koblenz NJW 1977, 395; OLG Karlsruhe OLGZ 1984, 104 = Justiz 1984, 60; a. A. OLG München WRP 1976, 386; OLG Schleswig SchlHA 1979, 23.
[24] OLG Koblenz NJW 1977, 395.
[25] BGH MDR 1972, 508 = VersR 1972, 488.
[26] BayObLG DAVorm 1983, 69 = FamRZ 1982, 1136 (LS); OLG Schleswig SchlHA 1982, 30; OLG Düsseldorf JZ 1977, 564; siehe dazu auch Schneider JurBüro 1974 Sp. 439.
[27] OLG Köln MDR 1974, 761; OLG Hamm OLGZ 1974, 321; OLG Düsseldorf JZ 1977, 564.
[28] Siehe zur Beweiswürdigung im Kunstfehlerprozeß BGH VersR 1971, 764; 1974, 1222; 1975, 43 u. 852 = MDR 1975, 832 – eine wichtige Entscheidung, die von den Grundsätzen der tatrichterlichen Würdigung medizinischer Gutachten handelt.

spezialisierte Fachkenntnisse voraus. Der Richter würde überfordert, wenn er solche Streitigkeiten aus eigenem Wissen entscheiden sollte. Woher soll er zum Beispiel die Kenntnis nehmen, ob eine eingestürzte Decke statisch richtig berechnet war, oder auf welche Ursache ein Getriebeschaden an einem schweren Lastkraftwagen zurückzuführen ist? Hier muß ihm der Sachverständige weiterhelfen.

1407 **Weitere Beispiele nach der Rechtsprechung,** in denen die Einholung eines Gutachtens unerläßlich ist: Bei typisch medizinischen Fragen,[29] Vorschriftsmäßigkeit von Beleuchtungseinrichtungen an einem Kraftfahrzeug,[30] Ausmaß der Berufsbehinderung eines Versicherungsagenten durch unfallbedingte körperliche Beschwerden,[31] Beurteilung von Kunstwerken,[32] Wetterverhältnisse,[33] Echtheit einer Handschrift,[34] technisch problematische Begegnungskollision von Schiffen,[35] Verlauf eines schweren Verkehrsunfalles,[36] Wertminderung eines Pkw durch Mietwageneigenschaft.[37]

Entbehrlich ist die Einholung eines Gutachtens beispielsweise grundsätzlich auf dem Gebiet des Kraftfahrzeugwesens, auf dem die Richter heute im allgemeinen keine Laien mehr sind,[38] bei der Auswertung einer polizeilichen Unfallskizze[39] oder bei der einfachen Rückrechnung einer Blutalkoholkonzentration.[40]

1408 Um die Frage, ob die Einholung eines Gutachtens unerläßlich ist, kommt das Gericht nicht herum. Die Rechtsprechung achtet darauf.

Beispiele: Vernimmt das Gericht als Sachverständigen über Mängel eines Gebäudes nur einen Fachmann, der für einen Teil der zu beurteilenden Umstände – etwa die technischen Mängel eines Gebäudes – zuständig ist, ohne, trotz erbotenen Beweises, einen Sachverständigen zu hören, der Kenntnisse über die Gesamtauswirkung der betreffenden Mängel auf den gemeinen Wert hat, so handelt es nicht mehr im Bereich des ihm für die Auswahl des Sachverständigen zustehenden Ermessens.[41]

1409 Sofern nicht ausnahmsweise eine **besondere Sachkunde des Richters** dargetan ist (siehe dazu § 46), liegt im allgemeinen ein Verstoß gegen § 286 ZPO darin, daß der Richter die für die Entscheidung erhebliche Beurteilung des Tatsachenstoffs nach der Richtung, ob ein ärztlicher Kunstfehler vorliegt oder eine gebotene ärztliche Maßnahme unterlassen worden ist, ohne die

---

[29] BGH VersR 1957, 244.
[30] OLG Karlsruhe DAR 1965, 108.
[31] BGH VersR 1961, 593.
[32] OLG Hamburg JR 1964, 151.
[33] Johannsen JZ 1952, 410.
[34] Scheffler DRiZ 1953, 141; Deitigsmann JZ 1953, 494 u. NJW 1957, 1867; Falck JR 1956, 255. Vorsicht geboten: OLG Braunschweig BB 1953, 398.
[35] BGH VersR 1974, 159.
[36] BGH VersR 1971, 129; 1977, 767.
[37] OLG Koblenz VRS Bd. 46, 283 (zweifelhafte Entscheidung!).
[38] BAG VersR 1970, 1140.
[39] OLG Koblenz VRS Bd. 49, 273.
[40] OLG Koblenz VRS Bd. 49, 374.
[41] BGH DB 1953, 271.

Einholung des Gutachtens eines fachkundigen ärztlichen Sachverständigen vornimmt.[42]

Die Nichterhebung eines Sachverständigenbeweises bildet einen Prozeßverstoß im Rahmen des § 286 ZPO, wenn die Gründe des Berufungsurteils die eigene Sachkunde des Gerichts nicht deutlich erkennen lassen.[43] Doch bleibt dem Gericht noch ein Ermessensspielraum erhalten. So ist etwa in einer einfachen Verkehrssache die Nichteinholung eines Sachverständigengutachtens unangreifbar.[44] 1410

Der Zeuge vermittelt dem Gericht die Kenntnis des klagebegründenden oder klageabwehrenden Sachverhaltes; der Sachverständige setzt den Richter in den Stand, die *bereits festgestellten* Tatsachen zutreffend zu beurteilen. Er hat damit die Aufgabe, das Wissen des Richters auf nicht allgemein zugänglichen Gebieten zu ergänzen.[45] 1411

Gutachter sind aber nur *einzelne Fachleute,*[46] nicht also eine „Universitätsklinik".[47] Ist der Direktor einer Klinik als ärztlicher Sachverständiger vom Gericht mit der Erstattung eines schriftlichen Gutachtens beauftragt, so kann er sich dieses Auftrags jedoch dadurch entledigen, daß er das Gutachten von Assistenzärzten anfertigen und unterzeichnen läßt, wenn er auf Grund persönlicher Untersuchung des zu begutachtenden Patienten sowie eigener Urteilsbildung durch schriftlichen Vermerk sein Einverständnis mit dem Gutachten erklärt und damit für seinen Inhalt die Verantwortung übernimmt.[48] Ein eigenes Gutachten des Sachverständigen liegt in einem solchen Falle vor allem dann vor, wenn er die wesentlichen Punkte der gutachtlichen Äußerung bei seiner Vernehmung mündlich bestätigt hat.[49] 1412

Wird eine private Organisation mit der Erstattung eines Gutachtens beauftragt, dann muß das Gutachten erkennen lassen, wer der verantwortliche Verfasser ist, weil die Organisation als solche nicht Sachverständiger sein kann.[50] Entsprechend darf das Gericht bei der Auswahl eines Mitgutachters durch den Hauptgutachter nicht gänzlich übergangen werden.[51] 1413

---

[42] BGH VersR 1954, 290.

[43] OGH DB 1951, 37; BGH VersR 1970, 162; BGH NJW 1970, 523. Siehe dazu § 46 mit weiteren Nachweisen.

[44] BGH VersR 1958, 566; siehe auch BGH VersR 1964, 946: Über die Notwendigkeit der Beiziehung eines gerichtlichen Sachverständigen zur Klärung der Frage, in welcher Entfernung und in welchem zeitlichen Abstand die beginnende Linksschwenkung eines vorausfahrenden Lastzugs von einem nachfolgenden Fahrer bemerkt werden mußte. – BGH VersR 1966, 491: Zur Frage des rechtlich einwandfreien Nachweises einer vorsätzlichen Brandstiftung, insbesondere zur Notwendigkeit, ein Sachverständigengutachten einzuholen.

[45] BGH Warneyer 1965 Nr. 50; OLG Düsseldorf VersR 1993, 1167.

[46] OLG München NJW 1968, 202.

[47] OLG München NJW 1968, 202.

[48] LG Koblenz r + s 1993, 280.

[49] BGH VersR 1963, 655. Über die Grenzen der Verwertbarkeit einer durch einen Medizinalassistenten entnommenen Blutprobe vgl. den Aufsatz von Jeßnitzer in MDR 1970, 797.

[50] OLG Karlsruhe MDR 1975, 670; OLG Düsseldorf FamRZ 1989, 1101.

[51] Vgl. dazu BGH VersR 1972, 927; OLG Stuttgart Justiz 1975, 273; siehe aber

1414 Die Abgrenzung im einzelnen kann schwierig werden. Als Grundsatz gilt, daß kein Sachverständiger verpflichtet ist, alle für die Begutachtung notwendigen Arbeiten persönlich vorzunehmen.[52] Es steht ihm frei, zuverlässige Hilfspersonen zu seiner Entlastung hinzuzuziehen.

1415 Das gilt aber grundsätzlich nur für Tätigkeiten von untergeordneter Bedeutung nach Weisung und Aufsicht des Sachverständigen, sofern es sich nicht um Spezialisten anderer Fachrichtungen für vorgreifliche Einzeluntersuchungen handelt. Der Gutachter darf die Grundlagenbeschaffung nicht vollständig einem Mitarbeiter überlassen.[53] Er muß für diese die volle Verantwortung übernehmen[54] und auch im Gutachten angeben, welche Hilfskräfte er für welche Arbeiten eingesetzt hat und wie diese Mitarbeiter ausgebildet sind.[55]

1416 Ein Gutachten, das nicht vom beauftragten Sachverständigen erstattet worden ist, ist nicht verwertbar, auch nicht im Wege des Urkundenbeweises.[56] Will das Gericht das Gutachten gleichwohl verwerten, dann muß es die Parteien darüber so rechtzeitig informieren, daß diese sich darauf einstellen und zu diesem Entschluß des Gerichts Stellung nehmen können.[57]

1417 Ein Zeuge kann zugleich Sachverständiger sein. **Beispiele:** Wird der als Zeuge vernommene behandelnde Arzt bei seiner Vernehmung veranlaßt, aus dem von ihm bekundeten körperlichen Zustand eines Patienten dessen Arbeitsfähigkeit zu beurteilen, so wird er insoweit als Sachverständiger tätig.

1418 Umgekehrt ist es Zeugenbeweis, wenn der Sachverständige mit Erfolg als befangen abgelehnt worden ist, dann aber über sein persönliches Wissen vernommen wird.[58] In diesem Fall kann der Ablehnungsgrund, der bei der Beweiswürdigung berücksichtigt werden muß, die Zuverlässigkeit der Aussage allerdings abschwächen.[59]

1419 Die Abgrenzung, ob jemand als sachverständiger Zeuge oder als Sachverständiger vor Gericht tätig geworden ist, hat Bedeutung für die Höhe der

---

BVerwG NJW 1969, 70 mit abl. Anm. Friedrichs auf S. 1991 zur Gutachtenerstattung durch eine Klinik.

[52] OLG Hamburg VersR 1981, 787; OLG Frankfurt FamRZ 1981, 485.

[53] OLG Düsseldorf VersR 1981, 1147; OLG Frankfurt FamRZ 1981, 485; OLG Celle NdsRpfl 1985, 172.

[54] BSG NJW 1985, 1422; OLG Frankfurt MDR 1983, 849 = ZIP 1983, 1000 = BauR 1985, 240.

[55] OLG Frankfurt FamRZ 1981, 485.

[56] BGH MDR 1985, 923 = VersR 1985, 361 = Warneyer 1985 Nr. 1 = NJW 1985, 1399 = JZ 1986, 241 mit Anm. Giesen; BSG VersR 1984, 960. Ausführlich zur Abgrenzung des „sachverständigen Zeugen" vom „Sachverständigen" BVerwG NJW 1986, 2268 und OLG Hamm JurBüro 1991, 1259.

[57] BGH Warneyer 1978 Nr. 202; Warneyer 1985 Nr. 1 = MDR 1985, 923 = VersR 1985, 361 = NJW 1985, 1399 = JZ 1986, 241 mit Anm. Giesen.

[58] BGH ZfA 1952, 228; BGHSt 20, 222; BGH BauR 1990, 773. Natürlich darf dann der Sachverständige nicht als Zeuge zu den **Schlußfolgerungen** vernommen werden, die er aus den ihm bekannt gewordenen Tatsachen auf Grund seiner Sachkunde gezogen hat. Sonst würde die Befangenheitsablehnung umgangen.

[59] BGH MDR 1974, 382 = Warneyer 1973 Nr. 275.

Entschädigung,[60] ist aber vor allem auch deshalb wichtig, weil das Gericht einen sachverständigen Zeugen nur auf Antrag einer Partei, also nicht von Amts wegen (§ 144 ZPO) vernehmen darf.[61]

Fehler des Gerichts in der Qualifizierung als Zeuge, sachverständiger Zeuge 1420
oder Sachverständiger stellen Verfahrensmängel dar. Ist das Beweisthema nur auf Grund fachwissenschaftlicher Beurteilung zu beantworten, dann kommt prozessual nur die Einholung eines Sachverständigengutachtens in Betracht. Trifft das Gericht gleichwohl die Feststellung durch Vernehmung der sachkundigen Person als Zeuge, dann handelt es sich trotz des fehlerhaften Beweisweges um die Einholung eines Sachverständigengutachtens.[62]

Der Funktion nach um Gutachten handelt es sich oft bei **Behördenaus-** 1421
künften. Solche gutachtlichen Auskünfte von Behörden sind zulässige Beweismittel (siehe § 273 Abs. 2 Nr. 2 ZPO), werden jedoch nicht dem Sachverständigenbeweis unterstellt, so daß die §§ 402 ff. ZPO darauf anwendbar sind. Das ist nicht unbedenklich. Deshalb sind jedenfalls die Umstände, welche die Ablehnung eines Sachverständigen wegen Befangenheit rechtfertigen könnten, unter dem Gesichtspunkt des Beweiswertes der Auskunft besonders zu prüfen.[63]

Der Sachverständige hat niemals über Rechtsfragen des deutschen 1422
Rechts zu befinden.[64] Insoweit ist der Richter kraft seines Amtes und kraft seiner Vorbildung dem Sachverständigen überlegen (iura novit curia!). Zudem wäre es gesetzeswidrig, Rechtsfragen durch dritte Personen entscheiden zu lassen. Die richterlichen Funktionen sind wesensmäßig unübertragbar.[65] Das gilt auch für Materien, mit denen der Richter normalerweise nicht vertraut ist, etwa für das Steuerrecht.[66]

Nur über ausländisches Recht darf er Beweis erheben (§ 293 ZPO). Soweit 1423
möglich, hat er es aber von Amts wegen zu ermitteln.[67] Den Parteien obliegt jedoch eine Mitwirkungspflicht, auf die das Gericht zurückgreifen darf.[68]

Gegen den Grundsatz, daß kein Sachverständiger Rechtsfragen zu ent- 1424
scheiden hat, wird in der Praxis immer wieder verstoßen. Das sieht dann beispielsweise so aus:

> „Es soll über folgende Fragen Beweis durch Einholung eines Sachverständigengutachtens erhoben werden:
> Hat der Beklagte zu 1 den Verkehrsunfall am soundsovielten nicht (mit-) verschuldet?
> War der Unfall für den Beklagten zu 1 sogar unvermeidbar?
> Hat vielmehr der Beklagte zu 3 den Unfall allein verschuldet?

---

[60] Vgl. dazu OLG Hamm Rpfleger 1972, 336; Hauser, Der Zeugenbeweis im Strafprozeß mit Berücksichtigung des Zivilprozesses, 1974, § 16.
[61] OLG Celle ZSW 1980, 273 mit Anm. Müller.
[62] OLG Celle ZSW 1980, 273 mit Anm. Müller.
[63] BGH MDR 1964, 223; LM § 404 ZPO Nr. 8.
[64] BGH VersR 1962, 663; OLG Hamburg MDR 1960, 930.
[65] Vgl. BGHSt 8, 113.
[66] Siehe Tipke NJW 1976, 2199.
[67] BGH MDR 1980, 914 = WPM 1980, 624 = NJW 1980, 2022.
[68] BGH Warneyer 1976 Nr. 241 = VRS Bd. 51, 271; OLG Frankfurt MDR 1983, 410.

Der vorstehend mitgeteilte Beweisbeschluß ist übrigens auf Gegenvorstellung eines Prozeßbevollmächtigten abgeändert worden.

1425 Der Sachverständige muß von sich aus darauf achten, daß ihm kein fehlerhafter Auftrag erteilt wird. Soll er Rechtsfragen beantworten, dann muß er dieses Ansinnen ablehnen, weil es nicht in seinen Fachbereich fällt. Erst recht darf er natürlich nicht von sich aus das Vorbringen der Parteien auf Schlüssigkeit und Erheblichkeit überprüfen. Dadurch würde er sich sogar der Befangenheitsablehnung aussetzen.[69]

1426 **Jedes Gutachten muß selbständig nachgedacht und kritisch gelesen werden.**[70] Auf Vollständigkeit und Widerspruchsfreiheit der Begutachtung ist zu achten.[71] Die Tatsachengrundlage muß feststehen und den Parteien zugänglich sein; geheimgehaltene Unterlagen dürfen nicht berücksichtigt werden.[72] Vorwegwürdigung von Beweisen ist unzulässig, etwa indem ein in einem anderen Rechtsstreit erstattetes Gutachten verwertet und der Beweisantrag auf Einholung eines Gutachtens im laufenden Verfahren nicht berücksichtigt wird.[73]

1427 Alle entscheidungserheblichen Umstände müssen in die Würdigung einbezogen werden.[74] *Daß dies geschehen ist, muß sich aus dem Inhalt der Beweiswürdigung ergeben.*[75]. Der Tatrichter ist „mangels Wiedergabe eigener Erörterung verpflichtet, die wesentlichen tatsächlichen Grundlagen, an die die Schlußfolgerungen eines Gutachtens anknüpfen, und die Art dieser Folgerungen wenigstens insoweit im Urteil mitzuteilen, als dies zum Verständnis des Gutachtens und zur Beurteilung seiner gedanklichen Schlüssigkeit ... erforderlich ist. Der Umfang dieser Darlegungspflicht richtet sich dabei nach der jeweiligen Beweislage, nicht zuletzt nach der Bedeutung, die der Beweisfrage ... für die Wahrheitsfindung zukommt“[76].

1428 Will das Berufungsgericht bei der Würdigung von Zeugenaussagen von der Wertung des erstinstanzlichen Richters abweichen, dann ist es verfahrensrechtlich ezwungen, die Zeugenvernehmung zu wiederholen (§ 3 Rn. 29 ff.). Verstößt es dagegen, dann kann sich das auch auf die Würdigung eines Sachverständigengutachtens auswirken, wenn die abweichende Beurteilung der früheren Zeugenaussage Grundlage des Gutachtens wird.[77]

1429 Es gibt Gutachten, deren Inhalt so exakt ist, daß man sich ihnen nur noch kommentarlos anschließen kann. Wenn zum Beispiel in einem Ehelichkeitsanfechtungsprozeß beim Kläger und beim Beklagten dieselbe Blutgruppe

---

[69] OLG Köln NJW-RR 1987, 1198.
[70] BGH FamRZ 1993, 1489, 1490 mit Nachweisen.
[71] BGH VersR 1985, 1187; 1992, 1015; 1993, 245; NJW-RR 1993, 1022; BayObLG ZSW 1986, 98.
[72] OLG Stuttgart NJW 1981, 2581.
[73] BGH WPM 1977, 334.
[74] BGH VersR 1981, 352.
[75] BAG AP BAT 1975 §§ 22, 23 Nr. 61.
[76] BGHSt 12, 311 (314).
[77] BGH GRUR 1981, 533.

festgestellt wird, so ist das *als Tatsache hinzunehmen*. Es wäre verfehlt, lange Ausführungen über Wert und Umwert serologischer Gutachten zu bringen.[78] Das alles sind für die Gerichte ausgetragene Fragen.

Anders dagegen verhält es sich schon bei einem *erbbiologischen* Gutachten und erst recht bei einem Gutachten darüber, ob eine bestimmte Verletzung auf einen Kunstfehler des behandelnden Arztes zurückzuführen ist oder ob ein eingeklagtes Architektenhonorar der Höhe nach begründet ist. In derartigen Fällen darf die Erörterung des Gutachtens im Rahmen der Beweiswürdigung nicht unterbleiben.

Der Sachverständigenbeweis ist heute dadurch belastet, daß immer weni- **1430**
ger gute Kräfte bereit sind, für die Gebühren des Gesetzes über die Entschädigung von Zeugen und Sachverständigen zu arbeiten. Um so gründlicher muß deshalb der Richter bei der Verwertung von Sachverständigengutachten verfahren. Bei jeder Auseinandersetzung mit einem Sachverständigengutachten hat man sich zunächst darüber zu vergewissern, *ob die Beweisfragen vom Sachverständigen richtig verstanden und ob sie auch genau beantwortet worden sind.*[79] Es kann vorkommen, daß der Sachverständige die Beweisfrage auf der ersten Seite seines Gutachtens richtig wiedergibt, dann aber auf der letzten Seite eine davon – wenn auch nur um Nuancen – *abweichende* Frage beantwortet. Geht der Tatrichter bei seinen Feststellungen von einem anderen Sachverhalt aus als von demjenigen, welchen der Sachverständige seinem Gutachten zugrunde legt, so kann er sich bei der Sachverhaltswürdigung in der Regel nicht auf das Gutachten stützen.[80]

Dagegen darf die Verwertung eines Gutachters nicht davon abhän- **1431**
gig gemacht werden, ob der Richter zur Nachprüfung seiner wissenschaftlichen Richtigkeit in der Lage ist.[81] Anderenfalls könnten mit dieser Behauptung praktisch zahlreiche Sachverständigen-Beweisverfahren blockiert werden.

Das Gutachten muß jedoch gedanklich nachvollziehbar sein. Beispiels- **1432**
weise muß das Gutachten eines Sachverständigen über den Verkehrswert eines enteigneten Grundstücks erkennen lassen, worauf sich die Schätzungen des Sachverständigen gründen. Der Richter darf sich dem Gutachten nur anschließen, wenn es auch die Unterlagen dafür bietet, sich von der Richtigkeit des Gutachtens zu überzeugen. Enthält das Gutachten selbst nicht die dazu erforderlichen Einzelangaben, so muß das Urteil jedenfalls erkennen lassen, weshalb der Richter sich diesem Gutachten und der in ihm enthaltenen Schätzung des Preises anschließt.[82]

Für die Feststellung der tatsächlichen Grundlage des Gutachtens ist allein **1433**
das Gericht zuständig,[83] sofern es nicht gerade dafür der besonderen Sach-

[78] Siehe auch BGHSt 12, 311 (314).
[79] Vgl. z. B. den Sachverhalt des Beschlusses des LG Bückeburg MDR 1957, 112.
[80] BGH Warneyer 1967 Nr. 217.
[81] OLG Stuttgart VersR 1958, 791; siehe zu diesem Thema Arbab-Zadeh NJW 1970, 1214.
[82] BGH DRiZ 1962, 387.
[83] Vgl. z. B. BGHZ 37, 389; BVerwG VRS Bd. 30, 394; OLG Hamburg MDR 1962, 414.

kunde bedarf.[84] Eine Tatsachenfeststellung, die auf ein Sachverständigengutachten gestützt wird, ist rechtlich fehlerhaft, wenn der Inhalt des Gutachtens der getroffenen Feststellung entgegensteht.[85]

1434 Hat ein ärztlicher Sachverständiger im Rahmen seines Gutachtens Feststellungen über die Vorgeschichte einer Krankheit zu treffen, so darf sich das Gericht nicht mit der Befragung des Geschädigten allein durch den Sachverständigen begnügen, wenn die geschädigte Partei die Richtigkeit der auf diese Weise getroffenen und im Gutachten enthaltenen Feststellungen angreift oder andere Umstände hervortreten, die eine Bewertung ihrer Angaben gegenüber dem Sachverständigen erschweren.[86]

1435 Es verstößt insbesondere grundsätzlich gegen die Vorschriften des Beweisrechts, wenn ein Sachverständiger selbständig Zeugen oder Parteien über wesentliche Streitpunkte vernimmt. Gleichwohl darf der Sachverständige die Angaben solcher Auskunftspersonen seinem Gutachten zugrunde legen, wenn sie von den Parteien nicht bestritten werden.

1436 Bestreitet die beweispflichtige Partei nur die Vollständigkeit der Angaben der vom Sachverständigen vernommenen Personen, so hat sie die weiteren Tatsachen, über die die Zeugen noch hätten aussagen können, zu behaupten und unter Beweis zu stellen. Kommt sie dieser Behauptungs- und Beweislast nicht nach, so sind die darauf fußenden Einwendungen gegen das Sachverständigengutachten nicht begründet.[87]

1437 Ist die Tatsachengrundlage gesichert, dann kann zur eigentlichen **Inhaltsprüfung** übergegangen werden. Die Tatsachen, auf denen der Sachverständige aufbaut, müssen aber ausschließlich auf den Ergebnissen des Rechtsstreits beruhen. Es muß sich um *unstreitige* oder *bewiesene* Tatsachen handeln, denn sonst ist die Basis des Gutachtens nicht tragfähig. Man darf zum Beispiel nicht über die Höhe des Architektenhonorars entscheiden, wenn noch ungewiß ist, ob ein Architektenvertrag zustande gekommen ist. Man darf auch nicht darüber entscheiden, ob ein verklagter Arzt wegen eines Kunstfehlers haftet, solange noch die Möglichkeit offen ist, daß die Verletzung des Klägers aus einer anderen Operation herrührt. Das alles leuchtet ein. Verstöße hiergegen beruhen daher meist auf Unachtsamkeit.

1438 Die Inhaltsprüfung besteht darin, daß der Richter untersucht, *ob die vom Sachverständigen im Gutachten gezogenen Schlüsse überzeugend sind*. Das wird in aller Regel so sein; es muß aber nicht so sein. In folgendem Fall zum Beispiel ist ein Gericht von einem Sachverständigengutachten abgewichen:

Es ging um den Zeitwert eines Personenkraftwagens, der bei einem Verkehrsunfall Totalschaden erlitten hatte. Der Sachverständige errechnete für den Unfallwagen einen Zeitwert von 5000,– DM. Unstreitig und auch im Gutachten erwähnt war jedoch, daß der Kläger den Wagen an einen Autohändler für 6000,– DM verkauft hatte. Nun ist es allgemein bekannt, daß Au-

---

[84] BGH DRiZ 1962, 387.
[85] BGH VersR 1962, 49.
[86] BGH MDR 1963, 485.
[87] OLG Nürnberg BayJMBl 1953, 9. – Zum Gutachten mit Untergutachten siehe BGHSt 22, 268.

tohändler für gebrauchte Wagen und insbesondere auch für Unfallwagen weit weniger zahlen als gewöhnliche Privatkäufer. Wenn daher der Kläger einen Preis von 6000,– DM für den Unfallwagen erzielte, so mußte das Sachverständigengutachten, nach dem der Wert des Wagens nur 5000,– DM betragen sollte, unrichtig sein. Hier bestand ein offenbarer Widerspruch: Wenn der Zeitwert derjenige Wert ist, für den man ein Fahrzeug ohne besondere Vorkehrungen verkaufen kann, so darf der Wert nicht geringer angesetzt werden als der Erlös aus einem ohne besondere Vorkehrungen tatsächlich abgewickelten Verkauf. Das Gericht hat deshalb in dem mitgeteilten Fall den Verkehrswert auf 6000,– DM geschätzt (§ 287 ZPO).

Wäre der Wagen allerdings vom Händler bei Verkauf eines neuen Fahrzeugs *in Zahlung genommen* worden, dann läge es anders. In solchen Fällen wird nämlich erfahrungsgemäß wegen des Gewinns am Neuwagen häufig ein überhöhter Preis für den Alt- oder Unfallwagen angesetzt.

Zu achten ist bei der Inhaltsprüfung darauf, *daß Fachleute manchmal Gedankenglieder auslassen,* die ihnen so selbstverständlich sind, daß sie damit keinen Dritten „behelligen" möchten. Dann ist das Gutachten in sich schlüssig, nur fehlt ein Teil des Denkweges in der Niederschrift. Bei Zweifeln ist eine Verständigung mit dem Sachverständigen und die Ergänzung oder Klarstellung des Gutachtens nötig. **1439**

Nachzuprüfen ist jedes Gutachten auch auf seine *Vereinbarkeit mit den Denkgesetzen.* In Betracht kommen hier vor allem fehlerhafte Berechnungen, Widersprüche zwischen Antworten auf verschiedene Fragen und dergleichen. Einzelheiten lassen sich nicht erschöpfend zusammenstellen. Die Fragen sind für jedes Gutachten gesondert zu stellen. **1440**

Obacht ist zu geben, wenn sich tatsächliche Feststellungen aus der Sicht verschiedener Wissenschaften unterschiedlich beurteilen lassen: zum Beispiel „Kausalität" naturwissenschaftlich oder juristisch (Adäquanztheorie!); ein „Kunstfehler" vom Standpunkt des Arztes und vom Standpunkt des Juristen. In solchen Fällen ist klarzustellen, ob vom Sachverständigen und vom Gericht mit demselben Wort auch derselbe Begriff verbunden wird. **1441**

Durch ein **Privatgutachten** kann *kein* Sachverständigenbeweis geführt werden.[88] Jedoch muß man sich solche von den Parteien überreichte Gutachten genau ansehen, da sie jedenfalls *als Parteivortrag* „zum gesamten Inhalt der Verhandlungen" (§ 286 ZPO) rechnen.[89] Jedenfalls erleichtert das Privatgutachten die Überprüfung des Sachverständigengutachtens, weil es die zu beurteilenden Fragen aus einer anderen Sicht betrachtet: Vier Augen sehen mehr als zwei! **1442**

Enthält das Privatgutachten Ausführungen, die zu begründeten Bedenken gegen ein Sachverständigengutachten Anlaß geben, so kann das dazu führen, daß das Gericht das Sachverständigengutachten ergänzen läßt oder einen zweiten Sachverständigen beauftragt. **1443**

Privatgutachten können – ebenso wie Gutachten, die in beigezogenen Akten enthalten sind – stets im Wege des *Urkundenbeweises* verwertet wer- **1444**

---

[88] BGH VersR 1963, 1188; *OLG* Karlsruhe VersR 1984, 1194.
[89] Vgl. RGZ 162, 223 (227); OLG München NJW-RR 1988, 1534 = MDR 1989, 71.

den. Die Beweiskraft wird allerdings wegen des einseitigen Tätigwerdens des Gutachters für eine Partei oft gemindert sein. Immerhin kann es sehr nützlich sein zu wissen, daß ein Fachmann sich zum Beweisthema in bestimmtem Sinne geäußert hat (die Äußerung als solche steht nach § 416 ZPO fest!).

1445 *Widerspricht* eine Partei der Verwertung des Privatgutachtens oder des verfahrensfremden Sachverständigengutachtens *und* beantragt sie die Einholung eines (prozessual ersten) Sachverständigengutachtens, so *muß* dem Antrag entsprochen werden.[90] „Nach feststehender Rspr. hat eine Beweiserhebung durch Urkunden dann zurückzutreten, wenn eine *unmittelbare* Beweiserhebung durch Vernehmung von Personen als Zeugen oder Sachverständige beantragt wird".[91].

1446 Von dieser Rechtslage ist der Bundesgerichtshof allerdings in einer früheren Entscheidung abgewichen.[92] Es ging dabei um folgenden Sachverhalt: In einem *anderen* Verfahren war ein Gutachten erstattet worden, das vom Gericht beigezogen und im Wege des Urkundenbeweises verwertet worden war. Der Beklagte hatte dem nicht widersprochen, jedoch die Einholung eines weiteren Gutachtens beantragt. Diesem Antrag hatte das Berufungsgericht nicht stattgegeben. Der Bundesgerichtshof hat das gebilligt und ausgeführt: „Der Tatsachenrichter kann sich mit einem im Wege des Urkundenbeweises verwerteten Gutachten begnügen und braucht auf weiter beantragte Sachverständigenbeweise nicht einzugehen, wenn er das gesamte ihm vorliegende Beweisergebnis für ausreichend hält, um die Beweisfrage zuverlässig zu beurteilen."

1447 Die Entscheidung ist bedenklich und wohl abzulehnen, da sie im Ergebnis auf eine unerlaubte Beweisantizipation hinausläuft. Das Berufungsgericht mag die Überzeugung von einem bestimmten Hergang gewonnen haben. Aber der Beklagte wollte diese Überzeugung gerade erschüttern. Der Beweisantrag auf Einholung eines „weiteren Gutachtens" konnte prozessual nur als Beweisantrag auf Einholung eines ersten gerichtlichen Gutachtens verstanden werden. Diesem Antrag aber hätte entsprochen werden müssen.

1448 Selbstverständlich gilt auch bei dem Sachverständigenbeweis das Verbot der Beweisantizipation.[93] Wird daher eine ungeklärte, für die Entscheidung aber erhebliche tatsächliche Frage durch Antrag auf Einholung eines Sachverständigengutachtens unter Beweis gestellt, so muß dem entsprochen werden. In wichtigen Fragen darf nach der Rechtsprechung des BGH[94] nicht einmal frei nach § 287 ZPO verfahren werden, wenn die Sachlage fachliche Erkenntnisse unentbehrlich macht.

1449 Übergangen werden dürfen Anträge auf Einholung von Sachverständigengutachten jedoch, wenn von vornherein nicht mit einer zuverlässigeren Aufklärung gerechnet werden kann. Das ist in der Praxis häufig der Fall, da

---

[90] BAG DB 1961, 1104; WPM 1977, 334.
[91] RG JW 1937, 2226; ferner SeuffArchiv Bd. 79 Nr. 155; RGZ 105, 219 (222); BGHZ 7, 116 (121 f.).
[92] LM § 286 (E) ZPO Nr. 7.
[93] Siehe oben § 12.
[94] VersR 1976, 398.

Prozeßbevollmächtigte nicht selten dazu neigen, Sachverständigenbeweis gewissermaßen auf das Geratewohl zu beantragen.

Der Richter muß ein Privatgutachten berücksichtigen. Er ist aber *nicht* 1450
verpflichtet, sich damit auseinanderzusetzen; das liegt in seinem Ermessen,[95] zumal dann, wenn sich der gerichtliche Sachverständige ausführlich damit befaßt hat.[96] Umgekehrt steht es dem Tatrichter grundsätzlich frei, von dem Gutachten eines gerichtlichen Sachverständigen abzuweichen und sich dafür den gutachtlichen Ausführungen eines – mündlich angehörten – Privatgutachters anzuschließen.[97]

Legt eine Partei ein Privatgutachten vor, mit dem sie die Ergebnisse eines 1451
gerichtlichen Gutachtens angreift, dann **muß** sich das Gericht damit auseinandersetzen und bei Widersprüchen, die es nicht kraft eigener Sachkunde beheben kann, sogar die Beweiserhebung durch Sachverständigen fortsetzen.[98]

Urkundenbeweislich darf ein von einer Partei vorgelegtes Privatgutach- 1452
ten oder das in einem anderen Verfahren erstattete Gutachten nur verwertet werden, wenn es Gegenstand der mündlichen Verhandlung gewesen ist und der Gegner nicht Sachverständigenbeweis im prozeßtechnischen Sinne fordert.[99]

Ein Privatgutachter wird auch dadurch, daß das Gericht sich mit seinen 1453
Ausführungen auseinandersetzt, noch nicht zu einem Gerichtssachverständigen, dessen Anhörung die Parteien nach den §§ 397, 402 ZPO verlangen können.[100] Andererseits ist ein Sachverständiger, der im einstweiligen Verfügungsverfahren von einer Partei zu der Sitzung gestellt worden ist, deshalb nicht Parteigutachter.[101]

Von Bedeutung ist die Unterscheidung zwischen Gerichts- und Privatgut- 1454
achter auch deswegen, weil nur der **gerichtliche** Sachverständige gemäß § 406 ZPO wegen Befangenheit abgelehnt werden kann.

Gutachten können sich auch in beigezogenen Akten befinden. Verwertbar 1455
sind sie dann im Wege des Urkundenbeweises. Die Nichtverwertung eines in beigezogenen Strafakten enthaltenen schriftlichen Sachverständigengutachtens zur Frage des fahrtechnischen Fehlverhaltens eines Unfallbeteiligten kann nach BGH[102] sogar einen Verfahrensfehler darstellen.

Meinungsverschiedenheiten zwischen Parteien und Gericht ergeben sich 1456
nicht selten in der Praxis wegen der Frage, ob ein weiteres (= **zweites**) Gutachten oder ein Obergutachten (= **drittes** Gutachten) einzuholen ist.

Ein Hinweis zur **Terminologie:** 1457
Ein Obergutachten setzt stets **zwei** in derselben Sache erstattete Gutachten voraus. Korrekt ist nur folgender Sprachgebrauch: Das erste Gutachten heißt

---

[95] BGH VersR 1963, 1188; 1961, 67.
[69] OLG Köln NJW-RR 1987, 1198.
[97] BGH VersR 1960, 470.
[98] BGH ZSW 1986, 152 mit Anm. Müller.
[99] BGH BB 1993, 2187; BAG AP § 412 ZPO Nr. 1.
[100] BGH VersR 1962, 231.
[101] OLG Stuttgart MDR 1964, 63.
[102] VersR 1962, 1080.

einfach „Gutachten". Das zweite in derselben Sache erstattete Gutachten heißt „neues, zweites oder weiteres Gutachten", auch „Gegengutachten". Erst das dritte Gutachten ist das „Obergutachten", – was leider auch manchem Sachverständigen unbekannt ist. Das vierte wäre ein „weiteres Obergutachten" und so fort. Die Sachverständigen heißen entsprechend: Gutachter, weiterer (neuer, zweiter) Gutachter oder Gegengutachter, Obergutachter, weiterer (neuer, zweiter) Obergutachter.

1458 Darüber, ob ein zusätzliches Gutachten eingeholt werden soll, entscheidet der Tatrichter nach freiem Ermessen.[103] Eine *Pflicht* dazu besteht nur ausnahmsweise, wenn

> es sich um besonders schwierige Fragen handelt, eine Partei konkrete substantiierte Rügen vorbringt oder das bereits eingeholte Gutachten grobe Mängel aufweist.[104]

1459 Im Regelfall genügt es also, wenn das Gericht die Einholung neuer Gutachten mit der Begründung ablehnt, es habe sich bereits eine Überzeugung auf Grund des vorhandenen Gutachtens gebildet und sehe keine Veranlassung, diese erneut in Zweifel zu ziehen.[105] Das gilt erst recht, wenn bereits mehrere Gutachten vorliegen und die Gutachter in allen wesentlichen Punkten zu demselben Ergebnis gekommen sind.[106]

1460 Von weiteren Gutachten darf der Richter auch dann absehen, wenn die Ansicht eines von einer Partei eingeholten und im Prozeß vorgelegten Privatgutachtens von der des gerichtlichen Sachverständigen abweicht.[107] Hier wird jedoch eine besonders kritische Durchmusterung des gerichtlichen Gutachtens angebracht sein.

1461 Hält das Gericht selbst das von ihm erhobene Sachverständigengutachten für ungenügend, dann *muß* es, wo die eigene Sachkunde fehlt, ein neues Gutachten einholen.[108] Die Aufklärungspflicht wird verletzt, wenn das Gericht bei widersprüchlichen Gutachten dem einen Gutachter folgt, ohne sich mit dem anderen auseinanderzusetzen.[109] Davon darf es auch nicht deshalb absehen, weil es keinen geeigneten weiteren Sachverständigen oder Obergutachter finden könne. Notfalls muß es die Erstattung eines solchen Gutachtens gemäß § 407 ZPO erzwingen.[110]

1462 Der Ermessensspielraum des Tatrichters wird eingeengt, wenn ihm zwei sich widersprechende Gutachten vorliegen. Dann erhöhen sich die Anforderungen an seine Aufklärungspflicht. Es muß beispielsweise versu-

---

[103] BGH VersR 1959, 392; DB 1971, 813; VersR 1988,801; BAG BB 1966, 947 u. 1971, 41; BayObLG FamRZ 1974, 318.

[104] BGH VersR 1955, 279; 1958, 688 u. 847; 1959, 802; 1960, 596; 1962, 231; 1964, 440;1969, 188; NJW 1986, 1928 = WPM 1986, 605; BayObLG DAVorm 1989, 627; OLG Köln GRUR 1991, 387.

[105] BGH VersR 1959, 394; 1988, 801; OGH VRS Bd. 3, 64; OLG Bremen VersR 1970, 447; KG VersR 1976, 346 u. 1976, 391; OLG Hamm r + s 1986, 205.

[106] BGH VersR 1958, 48.

[107] BGH Warneyer 1965 Nr. 50.

[108] BAG AP § 412 ZPO Nr. 1.

[109] BGH VersR 1986, 467; NJW 1987, 442 = VersR 1987, 179.

[110] BAG NJW 1965, 1876.

chen, durch Anhörung beider Sachverständiger vorhandene Widersprüche auszuräumen.[111] Auch kommt die Ergänzung eines Gutachtens oder beider Gutachten in Betracht. Will der Tatrichter in diesem Fall dem einen Gutachten folgen und das andere verwerfen, dann muß er sich insbesondere mit dem abgelehnten Gutachten in den Entscheidungsgründen auseinandersetzen.[112]

Eine gesteigerte Aufklärungspflicht trifft das Gericht auch dann, wenn **1463** lediglich ein Gutachten eingeholt worden ist, dagegen aber von einer Partei substantiierte Beanstandungen vorgebracht werden.[113] Dann wird das Gericht den Sachverständigen von sich aus anhören müssen und ihn gegebenenfalls ein Ergänzungsgutachten erstatten lassen.[114] Läßt sich auf diese Weise keine hinreichende Klarheit gewinnen, dann ist die Einholung eines weiteren Gutachtens geboten.[115]

Im Zivilprozeß erstattet der Sachverständige sein Gutachten häufig nur **1464** schriftlich. Das Gericht darf sich damit begnügen (§ 411 Abs. 1 ZPO). Jedoch haben die Parteien dann das Recht, bei der das Gutachten vorbereitenden Ortsbesichtigung anwesend zu sein[116] und mündliche Erörterung zu verlangen, damit sie dem Gutachter Fragen stellen können.

Ein dahingehender Antrag darf vom Gericht nicht abgelehnt werden,[117] **1465** sofern der Antrag nicht verspätet (Rn. 1473) oder offensichtlich mißbräuchlich, insbesondere zur Verschleppung des Rechtsstreits gestellt wird.[118]

Hier läßt der BGH aber eine Beweisantizipation zu und billigt die Nicht- **1466** anhörung, wenn ausgeschlossen werden kann, daß die Befragung des Sachverständigen zu einer anderen Beurteilung führen würde.[119]

Das Recht der Verfahrensbeteiligten, den Sachverständigen zur mündli- **1467** chen Erläuterung seines schriftlichen Gutachtens laden zu lassen, ist grundsätzlich unabdingbar[120] und hängt nicht davon ab, ob das Gericht selbst Fragen stellen will.[121]

Selbst einem verspäteten Anhörungsantrag muß stattgegeben werden, **1468** wenn für das Gericht Anlaß besteht, die Anhörung von Amts wegen zu beschließen,[122] beispielsweise weil die Partei substantiierte Einwendungen vorgebracht hat[123] oder Widersprüche zwischen mehreren Gutachten aufge-

---

[111] BGH VersR 1986, 366, 368; BGH VersR 1986, 467; 1987, 179 = NJW 1987, 442.
[112] BGH VersR 1986, 467; MDR 1980, 662 = VersR 1980, 533 = DAR 1980, 244 = BB 1980, 863 = Rpfleger 1980, 276; BayObLG ZSW 1980, 79 mit Anm. Müller.
[113] BGH NJW 1986, 1928 = WPM 1986, 605.
[114] BGH VersR 1982, 849 = VRS Bd. 63, 176.
[115] BGH VersR 1981, 752; WPM 1986, 605 = MDR 1986, 915.
[116] OLG München NJW 1984, 807; OLGZ 1983, 355 = Rpfleger 1983, 319.
[117] BGHZ 6, 398; BGH VersR 1957, 802; 1964, 658; BAG RdA 1963, 287; 1980, 81; OLG Oldenburg OLGZ 1970, 480. Das gilt auch bei der Ermittlung ausländischen Rechts durch einen Sachverständigen: BGH MDR 1975, 1003.
[118] BGH NJW-RR 1986, 1470; BAG MDR 1968, 529.
[119] BGH NJW-RR 1986, 1470, 1471 mit weiteren Nachweisen; NJW 1989, 953.
[120] OLG Hamm NJW-RR 1992, 1469; OLG Celle VersR 1993, 629.
[121] OLG Stuttgart VersR 1989, 974.
[122] BGH VersR 1989, 378 = NJW-RR 1989, 1275.
[123] BGH VersR 1992, 722 = NJW 1992, 1459.

treten sind[124] oder ihm die Sachkunde fehlt, einleuchtende Einwendungen einer Partei gegen das Gutachten zu überprüfen.[125] Notfalls muß sogar die mündliche Verhandlung mit dem Ziel der Anhörung wieder eröffnet werden.[126]

1469 Das Anhörungsrecht der Parteien besteht auch im selbständigen Beweisverfahren.[127]

1470 Erforderlich ist die rechtzeitige Ankündigung vor dem nächsten Termin zur mündlichen Verhandlung (Rn. 1473). Dieses Recht erlischt auch nicht durch den Tod des Sachverständigen; dann muß notfalls ein neuer Sachverständiger bestellt werden, der die Fragen der Partei beantworten kann.[128]

1471 Das Recht der Parteien auf Ladung des Sachverständigen, um ihm Fragen zur Erläuterung seines schriftlichen Gutachtens vorzulegen, besteht auch bei einer Beweisaufnahme zur Schadenshöhe.[129] Eine vorweggenommene Beweiswürdigung des Gerichts, daß eine Klärung nicht zu erwarten sei, ist unzulässig,[130] selbst wenn der Sachverständige im Ausland wohnt.[131] Das Gericht muß dann versuchen, den im Ausland wohnenden Sachverständigen zu veranlassen, den inländischen Gerichtstermin wahrzunehmen, um die Fragen der Partei zu beantworten.[132]

1472 Das Recht der Parteien, an einen gerichtlich bestellten Sachverständigen Fragen zur Erläuterung seines Gutachtens zu stellen, gilt nicht auch für einen Privatgutachter, da dessen Gutachten grundsätzlich nur als Parteivorbringen zu werten ist.[133]

1473 Der Antrag einer Prozeßpartei, das Erscheinen eines Sachverständigen zur Erläuterung seines schriftlichen Gutachtens anzuordnen, ist spätestens in dem Termin zu stellen, in dem das schriftliche Gutachten durch Vortrag zum Gegenstand des Rechtsstreits und zur Grundlage der Urteilsbildung wird;[134] und zwar auch dann, wenn der Antrag von einer Partei erst gestellt wird, nachdem das für sie günstige Gutachten durch die weitere Beweisaufnahme widerlegt worden ist.[135]

1474 Das OLG Celle[136] verlangt, daß die Partei den Antrag auf mündliche Erläuterung des Gutachtens durch den Sachverständigen rechtzeitig ankündigt. Dies entspricht der herrschenden Auffassung.[137]

---

[124] BGH BauR 1993, 500.
[125] BGH NJW-RR 1988, 763; OLG Frankfurt CR 1990, 127.
[126] Schneider ZAP Fach 13 S. 89.
[127] OLG Düsseldorf BauR 1993, 637 = OLG Rechtsprechung 12/1993 S. 8; OLG München BauR 1993, 636, 637.
[128] BGH MDR 1978, 830 = WPM 1978, 922.
[129] BGH VersR 1968, 257.
[130] BGH VersR 1961, 415.
[131] BGH MDR 1960, 659.
[132] BGH MDR 1980, 931.
[133] BGH VRS Bd. 26, 86.
[134] BGH VersR 1966, 637; ZZP Bd. 74 (1961), 452; BGHZ 35, 370; OLG Köln r + s 1986, 220; OLG Koblenz r + s 1993, 279.
[135] BGH MDR 1964, 998.
[136] DAR 1969, 72.
[137] OLG Koblenz OLGZ 1975, 379; OLG Oldenburg DAVorm 1975, 494; OLG

Weitergehend verlangt das OLG Hamm,[138] daß die Partei dem Gericht die Frage schriftsätzlich vorlegt, die sie dem Sachverständigen zu stellen beabsichtige, damit das Gericht darüber entscheiden könne, ob es sich um beweiserhebliche Fragen handelt, deretwegen eine Ladung des Sachverständigen zur mündlichen Verhandlung geboten erscheint. Dafür spricht, daß keine Partei das Recht hat, die Ladung eines Sachverständigen, der sich zu beweiserheblichen Fragen nur schriftlich geäußert hat, nur deshalb zu verlangen, um ihm zu einem weiteren Beweisthema Fragen vorzulegen, das nicht Gegenstand des Sachverständigenbeweises gewesen ist.[139] 1475

Der Antrag einer Partei, einen Sachverständigen zur Erläuterung seines schriftlich erstatteten Gutachtens zu laden, kann ein Antrag auf wiederholte Vernehmung des Sachverständigen sein, wenn er erst gestellt wird, nachdem in der mündlichen Verhandlung weitere Beweise erhoben sind. Falls der Antrag solcher Art ist, steht es im Ermessen des Gerichts, ob es ihm entspricht.[140] Werden neue sachliche Einwendungen vorgebracht, dann kann sich im Einzelfall, insbesondere im Arztprozeß, auch eine Pflicht des Gerichts zur erneuten Anhörung ergeben;[141] unter Umständen muß sogar die mündliche Verhandlung wieder eröffnet werden, damit einer Partei nicht der Anspruch auf rechtliches Gehör genommen wird.[142] 1476

Das OLG Düsseldorf[143] läßt den erstinstanzlichen Verlust des Fragerechts in der Berufungsinstanz fortwirken. Das hat dann zur Folge, daß das Berufungsgericht nach freiem Ermessen darüber entscheiden darf, ob es einem zweitinstanzlich gestellten Anhörungsantrag stattgeben will. 1477

Reicht das Anhörungsrecht einer Partei nicht zur vollen Wahrnehmung ihrer Rechte aus, dann kann der Grundsatz des fairen Verfahrens es erforderlich machen, der Partei zusätzlich Gelegenheit zu schriftsätzlicher Stellungnahme zu geben. Dies hat der BGH[144] für den Fall entschieden, daß in einem Arztprozeß ein mündlich erstattetes Gutachten gegenüber dem früheren schriftlichen Gutachten neue und ausführlichere Überlegungen zur Sprache brachte. 1478

Der **Beweiswert des Sachverständigengutachtens** ist ungleich höher als der Wert des Zeugenbeweises. Zwar gibt auch der Sachverständige oft *Wahrnehmungen* wieder, die er im Auftrage des Gerichts gemacht hat, zum Beispiel bei der Besichtigung eines Bauwerkes oder der Untersuchung eines Unfallwagens. Jedoch sind insoweit die Fehlerquellen einer Zeugenaussage nicht zu befürchten. Der Sachverständige macht die notwendigen Wahrnehmungen gewissermaßen „dienstlich“. Persönlich ist er uninteressiert, sachlich ist seine Aufmerksamkeit gesteigert. Ihm eignet kraft seines Berufes besonders große Wahrnehmungsfähigkeit. Auch überprüft und durchdenkt 1479

Düsseldorf BauR 1978, 412.

[138] MDR 1985, 593.

[139] BGH VersR 1961, 1046; oben Fußnote 119.

[140] BGH Warneyer 1967 Nr. 173.

[141] Vgl. BGH VersR 1986, 1079 = NJW 1986, 2886.

[142] Siehe dazu mit Nachweisen Schneider ZAP Fach 13 S. 89.

[143] FamRZ 1984, 699 unter Berufung auf BGH NJW 1961, 2308.

[144] BGH Warneyer 1984 Nr. 132 = VersR 1984, 661 im Anschluß an BGH NJW 1982, 1335.

er seine Feststellungen von vornherein kritisch, so daß eine Täuschung unwahrscheinlich ist. **Daher ist es durchweg unvertretbar, einem Zeugen mehr zuzutrauen als einem Sachverständigen.**

1480 Darauf hinzuweisen, scheint mir geboten; denn mir ist folgender Fall begegnet:

Drei Verkehrssachverständige hatten an Hand einer Bremsspur unabhängig voneinander die Geschwindigkeit eines Kraftwagens mit 40 km errechnet. Der Prozeßbevollmächtigte des Klägers (ein Rechtsanwalt!) wollte dieses Beweisergebnis durch zwei Zeugen *widerlegen,* die als Fußgänger den fahrenden Wagen gesehen und die Geschwindigkeit „auf wenigstens 80 km" geschätzt hätten. Gestützt auf dieses Beweiserbieten erwartete er vom Gericht die Bewilligung von Prozeßkostenhilfe für eine Klage aus § 823 Abs. 1 BGB. Nicht nur das: gegen den ablehnenden Beschluß legte er auch noch Beschwerde beim Oberlandesgericht ein.

Man mag hieran erkennen, welch unhaltbare Ansichten bei Juristen noch heute über den Wert der einzelnen Beweismittel bestehen.

§ 46. Abweichung vom Sachverständigengutachten

1481 Auch beim Sachverständigenbeweis gilt das Verbot der Beweisantizipation (siehe oben § 12). Der Richter darf einen Beweisantrag auf Einholung eines Sachverständigengutachtens zu einer beweiserheblichen Tatfrage nicht übergehen. Er darf auch nicht Fragen, die nur aufgrund besonderer Sachkunde beurteilt werden können, lediglich durch Erhebung von Zeugenbeweis zu klären versuchen.[1]

1482 Jedoch gilt für den Sachverständigenbeweis auch der Grundsatz der freien Beweiswürdigung (oben §§ 2ff.). Damit ist ein Konflikt programmiert. Eine freie, also von der Einholung des Gutachtens oder vom Inhalt eines eingeholten Gutachtens unabhängige Beweiswürdigung darf nicht zur Beweisantizipation führen. Das aber ist der Fall, wenn das Gericht ohne Hilfe eines Sachverständigen über Tatfragen entscheidet, ohne die dafür erforderliche Sachkunde zu haben. Anders ausgedrückt: **Das Gericht ist frei darin, dem Sachverständigen zu folgen; es ist aber gleichzeitig auch unfrei, weil das in der Regel weniger sachkundige Gericht dem besser Sachkundigen schwerlich fachlich überlegen ist und sich nicht leicht selbst hinreichende Zuverlässigkeit attestieren kann.**

1483 In Fällen und auf Gebieten, die fachlich besonders schwierig oder spezialisiert sind, ist dieser Widerspruch grundsätzlich dahin aufzulösen, daß der Grundsatz der freien Beweiswürdigung zurücktritt, das Gericht also ein Sachverständigengutachten einholen muß und von einem eingeholten Gutachten nicht ohne zusätzliche sachverständige Information abweichen darf. So verhält es sich beispielsweise in Arztprozessen.[2]

---

[1] BGH NJW 1993, 1796.

[2] Vgl. z. B. BGH NJW 1985, 2752; MDR 1982, 42 = VersR 1977, 819 = Warneyer 1984, Nr. 2 = ZSW 1984, 281 mit Anm. Müller; MDR 1984, 660 = VersR 1984, 354 = NJW 1984, 1408 = ZSW 1980, 33 mit Anm. Müller; NJW 1989, 2948 =

Die höchstrichterliche Rechtsprechung versucht, aus diesem Dilemma zwischen freier Beweiswürdigung, richterlicher Aufklärungspflicht und verbotener Beweisantizipation herauszukommen, indem sie die Würdigungsfreiheit des Richters gegenüber dem Sachverständigengutachten grundsätzlich bestätigt, aber gleichzeitig verlangt, der Richter müsse bei Abweichungen vom Gutachten die eigene Sachkenntnis in der jeweils erheblichen Materie in einer ausreichenden Begründung nachweisen, andernfalls mangelnde Sachkunde anzunehmen sei.[3] **1484**

Vielfach läuft das auf eine **„Zwar-Aber-Argumentation"** hinaus: **1485**

Zwar ist der Richter an das Sachverständigengutachten nicht gebunden. Aber er gerät verfahrensrechtlich ins Abseits, wenn er sich auf seine bessere Sachkunde beruft, weil er diese so gut wie nie haben und nachweisen kann.

Der Richter muß sich daher davor hüten, vorschnell abwertende Kritik an einem Sachverständigengutachten zu üben. Im Zweifel ist davon auszugehen, daß derjenige, der für ein bestimmtes Fachgebiet als Gutachter öffentlich bestellt ist, über hinreichende Sachkunde verfügt; jedenfalls wird er in der Regel sachkundiger sein als das Gericht.

Doch das ändert nichts daran, daß der Grundsatz der freien Beweiswürdigung gilt. Um ihn praktizieren zu können, muß das Gericht die Möglichkeit haben, in den Entscheidungsgründen die eigene Sachkunde darzulegen. Dazu bietet sich in erster Linie die Berufung auf Fachliteratur an. Deren Berücksichtigung ist unbedenklich. Wie der Richter sich die für die Entscheidung des Rechtsstreits erforderliche Sachkunde verschafft, steht ihm frei.[4] Dann aber darf er sich diese Kenntnisse selbstverständlich auch aus der einschlägigen Fachliteratur verschaffen. **1486**

Das ist das **„Zwar-"**. Scheitern wird er in der Revisionsinstanz allerdings in der Regel an dem nachfolgenden **„Aber"**: **1487**

„Zwar steht es dem Richter grundsätzlich frei, sich Kenntnisse auf einem ihm von Haus aus fremden Fachgebiet auch aus einschlägiger Fachliteratur zu verschaffen und daher auf Sachverständigenbeweis zu verzichten. Dies muß aber dort seine Grenze finden, wo sich das gesuchte Ergebnis nicht unmittelbar aus der Literatur entnehmen läßt, sondern einer Auswertung bedarf, die ihrerseits wieder fachliche Kenntnisse voraussetzt. Die Abwägung, welche der in der „Antibiotikafibel" allgemein geschilderten Wirkungen und Nebenwirkungen schließlich im konkreten Fall des Klägers den Ausschlag für die Wahl der Therapie geben mußte, war eine solche ärztliche Entscheidung. Die dafür über die Angaben des Buches hinaus erforderlichen Fachkenntnisse hat das Berufungsgericht jedenfalls nicht ausgewiesen."[5]

VersR 1989, 758; NJW 1993, 2378 = VersR 1993, 749; NJW 1993, 2382; FamRZ 1993, 440.

[3] Vgl. z. B. BGH MDR 1970, 321 = VersR 1970, 162; ZSW 1980, 164 mit Anm. Müller; BayObLG ZSW 1986, 98 mit Anm. Müller; ständige Rspr.

[4] Einhellige Meinung; siehe z. B. BGH VersR 1977, 819, 820 = MDR 1978, 42 = Warneyer 1984 Nr. 2 = ZSW 1984, 281; MDR 1984, 660 = VersR 1984, 354 = NJW 1984, 1408 = ZSW 1980, 33.

[5] BGH ZSW 1980, 33, 35.

1488 Oder ein anderes Beispiel für die unharmonische „Ja-Aber-Begründung“:[6]

„Der Hinweis auf Ausführungen in medizinischen Lehrbüchern ist weder dazu geeignet, die Sachkunde des Gerichts zu begründen, noch dazu, Teile der Sachverständigengutachten und vor allem deren Schlußfolgerungen zu widerlegen. Die kritische Überprüfung ärztlicher Gutachten ist allerdings eine wichtige und unentbehrliche Aufgabe für den Tatrichter; ein Mittel dazu kann durchaus das Studium einschlägiger Fachliteratur sein. Nur darf der Tatrichter so erworbene, notwendigerweise bruchstückhafte Kenntnisse nicht über die Ausführungen des Fachmannes stellen. Er darf und soll sie ihm vorhalten, wenn er Lücken und Widersprüche in den medizinischen Ausführungen des Sachverständigen vermutet... Das hier vom Berufungsgericht gewählte Verfahren, mit einem aus notwendigerweise generalisierenden Lehrbüchern erworbenen Wissen ein von den sachverständigen Fachärzten abweichendes medizinisches Urteil zu fällen, ist jedenfalls mit dem Grundsatz der freien Beweiswürdigung (§ 286 ZPO) nicht mehr vereinbar.“

1489 Gewonnen ist mit solchen Formulierungen, die Überlegenheit vortäuschen, letztlich wenig. Abgrenzungskriterien, mit denen der Tatrichter etwas anfangen kann, werden damit nicht angeboten. Zwei Widersprüche sind fast unaufhebbar.

Der Tatrichter, der die Hilfe eines Sachverständigen in Anspruch nimmt, gibt damit zu erkennen, daß er sich die eigene Sachkunde nicht zutraut. Wie soll er dann aber in der Lage sein, zu prüfen, ob der Gutachter die erforderliche Sachkunde hatte und den Richter vollständig und richtig informiert hat? Es ist ungereimt, den Richter dazu aufzurufen, durch kritisches Lesen den oft komplizierten fachlichen Gedankengang des Sachverständigen kritisch nachzuvollziehen, ohne die dazu erforderliche eigene Sachkunde zu haben, die ihm vielmehr durch das eingeholte Gutachten erst vermittelt werden soll, was dann aber wieder die gleichzeitige oder sich anschließende kritische Würdigung ausschließt.[7] Diese Forderung läuft auf einen Zirkelschluß hinaus.

1490 Dieser Ansicht ist auch Pieper:[8]

„Wenn man den Gerichten die Pflicht auferlegt, Abweichungen von einem Gutachten hinreichend zu begründen, und ferner verlangt, sie sollten dartun, daß die Abweichung nicht auf einem Mißverstehen des Sachverständigen oder des Gutachtens oder auf dem Mangel eigener Sachkunde beruhe, so läuft das in vielen Fällen auf die Forderung nach zumindest gleich großer, wenn nicht sogar größerer eigener Sachkunde des Gerichts hinaus.“

1491 Ist das Gericht unter diesen Voraussetzungen so gut wie nie imstande, kraft eigener Sachkunde besseres Wissen als der Gutachter zu erlangen, weil es dazu den Gutachter widerlegen müßte,[9] dann läuft dies letztlich auf eine beweisrechtliche Vermutung der Richtigkeit eines Gutachtens hinaus. Das aber wäre eine das Gericht nach § 286 Abs. 2 ZPO nicht bindende Beweisre-

---

[6] BGH VersR 1984, 354.
[7] So zutreffend Müller ZSW 1983, 113.
[8] ZZP Bd. 84 (1971), 25/26.
[9] Siehe BGH ZSW 1983, 109.

gel. Die Freiheit der Überzeugungsbildung fällt daher praktisch weg, wenn vom Gericht eine sachkundige Rechtfertigung gefordert wird, warum es sich durch ein Gutachten nicht hat überzeugen lassen. Im Ergebnis ist, worauf Pieper[10] zutreffend hingewiesen hat, „die Auffassung, wonach ein Sachverständigengutachten generell der freien Beweiswürdigung des Gerichts unterliege, unrealistisch und in dieser Allgemeinheit unrichtig." Es ist eben trotz gegenteiliger „Zwar-Aber-Begründungen" in höchstrichterlichen Entscheidungen unzutreffend, daß das Gericht mit einem aus dem Studium von Fachliteratur erworbenen Wissen eine vom Gutachten abweichende Überzeugung gewinnen darf.

Die zweite Schwierigkeit liegt in dem **Fehlen der Sachkunde des Revisionsgerichts**. Dieses überprüft, ob der Tatrichter das entscheidungserhebliche Sachverständigen-Gutachten kritisch beurteilt hat und ob dieser bei Abweichung davon in den Entscheidungsgründen die dazu erforderliche hinreichende Sachkunde offengelegt hat. Wie aber soll das Revisionsgericht darüber befinden, ob der Tatrichter hinreichende Sachkunde hatte, obwohl das Revisionsgericht selbst erst recht keine hinreichende Sachkunde haben kann, da es überhaupt nicht mit der Tatsachenfeststellung befaßt ist? Das erinnert ein wenig an die Wendung von dem Blinden, der über Farben redet. Bezeichnend ist dementsprechend auch, daß das Revisionsgericht die für eine Überprüfung der Sachkunde des Berufungsgerichts notwendige eigene Sachkunde in seinen Entscheidungsgründen nie darlegt.[11] **1492**

Angesichts dieser Schwierigkeiten ist es nicht verwunderlich, daß Unsicherheit herrscht und die höchstrichterliche Rechtsprechung selbst nicht einheitlich ist. So hat der BGH[12] beispielsweise ausgeführt, die Beurteilung der Geschäftsfähigkeit sei keine besonders schwierige Frage. Folglich sei der Tatrichter nicht gehindert, von dem Gutachten eines psychiatrischen Sachverständigen ohne Anhörung eines weiteren Gutachters abzuweichen. In anderen Entscheidungen[13] hat er, ohne die abweichende ältere Rechtsprechung zu berücksichtigen, dem Tatrichter diese Entscheidungs- und Würdigungsfreiheit abgesprochen. **1493**

Letztlich läuft die höchstrichterliche Überprüfung des Sachverständigenbeweises darauf hinaus, ob das Revisionsgericht seinerseits von den Ausführungen des Tatrichters überzeugt wird. Auf dem Umweg der Bejahung einer Verletzung des Gesetzes (§ 550 ZPO), nämlich des § 286 ZPO, wird in die dem Tatrichter vorbehaltene Beweiswürdigung eingegriffen. Da dies nicht Aufgabe des Revisionsgerichts ist, fallen die Begründungen zwangsläufig oft entsprechend irritierend aus. Es sei etwa darauf hingewiesen, daß der BGH[14] die durch Literaturstudium erworbene Sachkunde des Tatrichters nur gelten läßt, soweit sich das gesuchte Ergebnis „unmittelbar aus der Literatur entnehmen läßt". Aber welches „gesuchte Ergebnis" läßt **1494**

---

[10] ZZP Bd. 84 (1971), 28, 30.

[11] Auch der BGH hat das eingeräumt; vgl. ZSW 1984, 281.

[12] MDR 1953, 605; 1961, 925; 1962, 391.

[13] Urteil vom 23. 9. 1977 – V ZR 180/85 – anscheinend nicht veröffentlicht; siehe auch FamRZ 1984, 1003 = WPM 1984, 1063.

[14] Siehe VersR 1977, 819, 820 f.

sich schon „unmittelbar aus der Literatur entnehmen"? Natürlich keines! Denn Literatur ist abstrakt, der Rechtsfall konkret. Kein Autor vermag im voraus zu entscheiden, was sich irgendwann tatsächlich zwischen einem Kläger und einem Beklagten abspielen wird. Die Sachkunde-Anforderungen des BGH beschränken sich daher auf Angaben, die im Lexikon stehen und gerade deshalb wegen § 291 ZPO nicht beweisbedürftig sind.

1495 Die Anforderungen, die der Bundesgerichtshof an den vom Gutachten abweichenden Tatrichter stellt, sind nicht selten überspannt.[15] Indessen darf nicht verkannt werden, daß der revisionsrechtliche Eingriff in die Beweiswürdigung des Tatrichters zureichende Gründe hat. Zahlreiche Entscheidungen belegen, daß in der Tatsacheninstanz vielfach unsorgfältig gearbeitet wird.[16] Angesichts dessen ist es verständlich, wenn Revisionsgerichte ihren Prüfungsbereich ausdehnen, um materiellrechtliche Fehlentscheidungen zu verhindern. Der Preis, der dafür gezahlt werden muß, ist die Einschränkung des Grundsatzes der freien richterlichen Beweiswürdigung auf dem Gebiet des Sachverständigenbeweises.

1496 Der Tatrichter kann dem formalrechtlich in der Regel dadurch ausweichen, daß er die von ihm geforderte kritische Überprüfung des Gutachtens unterläßt und sich dem Sachverständigen mehr oder weniger unterwirft, in schwierigen Sachen auch immer neue Gutachter hinzuzieht. Dadurch macht er seinen Rechtsstreit „revisionsfest". Nur dankt er damit letztlich als Richter ab, so häufig dieses Verfahren auch praktiziert werden mag.

1497 Der andere und einzig richtige Weg ist der, eigene Bedenken durch Erörterung mit dem Sachverständigen auszuräumen. Dies ist der im Gesetz vorgesehene Weg (§ 411 Abs. 3 ZPO). Wird er beschritten, dann sind die Ergebnisse abzusehen: Entweder räumt der Sachverständige die Bedenken des Gerichts aus; oder der Sachverständige korrigiert auf die kritische Wertung des Gerichts hin sein Gutachten; oder es stellt sich heraus, daß er überfordert ist, und ein weiteres Gutachten wird eingeholt. In allen diesen Fällen ist die Beweiswürdigung des Tatrichters „revisionsfest", jetzt aber nicht nur aus formellen Gründen, sondern weil der Sachverhalt bestmöglich aufgeklärt worden ist. Und das ist das einzige Ziel des Sachverständigenbeweises.

---

[15] Zustimmend Reinecke MDR 1986, 632 Fußnote 33.

[16] Vgl. etwa zur abweichenden Würdigung von Zeugenaussagen oben § 3 Rn. 29ff.

Zehntes Kapitel

§ 47. Die Parteivernehmung

Der Zeuge ist, wie wir gesehen haben, ein schlechtes Beweismittel. Die Parteivernehmung ist in aller Regel noch unzuverlässiger, es sei denn, daß eine Partei sich selbst belastet. Sie ist deshalb auch als **subsidiäres Beweismittel** ausgestaltet (§ 445 ZPO). Mit gutem Grund hat der Gesetzgeber durch die ZPO-Novelle vom 27. Oktober 1933 den Parteieid abgeschafft. Wir sollten uns jedoch davor hüten, dieselben Ergebnisse nunmehr mit einer allzu bereitwilligen Vernehmung der Parteien herbeizuführen. **1498**

Die Parteien werden gewöhnlich uneidlich vernommen. Etwaige Falschaussagen können dann nicht bestraft werden, weil nur die Parteien-*Falschaussage* unter Eid mit Strafe bedroht ist (§§ 153, 154 StGB). Auch Laien aus einfachen Verhältnissen sind hierüber oft unterrichtet, etwa durch ihren Anwalt. Dergleichen Fälle habe ich wiederholt erlebt. Parteien, die nicht beeidet worden sind, widerriefen die Aussage in dem Bewußtsein, kein strafbares Aussagedelikt verwirklicht zu haben. Auffällig war in diesen Fällen, daß das Gericht dahin tendiert hatte, der falschen Aussage zu folgen. Dies dürfte verdeutlichen, wie einfach es im Grunde ist, den Richter mit einer vorbereiteten oder gar einstudierten falschen Aussage zu täuschen. **1499**

Wer in eigener Sache auszusagen hat, wird auch bei größter Wahrheitsliebe nur selten in der Lage sein, eine objektive Schilderung zu geben. Alle die oben in §§ 30–36 behandelten Fehlerquellen werden bei der Parteivernehmung zu besonderen *Gefahrenquellen*. Oft lassen sich aus dem, was eine Partei *nicht* sagt, mehr Rückschlüsse ziehen als aus dem, was sie wortreich und bereitwillig bekundet. Der Gesetzgeber hat dem Rechnung getragen und in § 446 ZPO *ausdrücklich* gestattet, aus der Weigerung einer Partei, sich vernehmen zu lassen, ihr nachteilige Schlüsse zu ziehen. **1500**

Das unentschuldigte Ausbleiben der zur Vernehmung geladenen Partei ist dabei als Aussageverweigerung zu behandeln,[1] die wiederum gemäß § 446 ZPO nachteilige Schlüsse bei der Beweiswürdigung zur Folge haben kann.[2] Insoweit gibt es jedoch keine zwingenden Beweiswürdigungsregeln. Umgekehrt kann ja auch gerade die Gefahr, daß aus einer Weigerung ungünstige Folgerungen vom Gericht gezogen werden, die Partei zu einer Aussage veranlassen, – die dann von entsprechender Güte ist! Die Parteivernehmung ist und bleibt eben ein zweischneidiges Schwert. **1501**

Wie bei jeder Beweiswürdigung muß man sich jedoch auch hier vor Pauschalurteilen und verallgemeinernden Schlüssen hüten. Die Partei als Aussageperson hat nämlich auch einen unbestreitbaren Vorzug: *sie weiß über* **1502**

---

[1] LG Kiel SchlHA 1977, 117.

[2] BGH NJW-RR 1991, 888; WPM 1991, 942.

die streitigen Vorgänge regelmäßig am besten Bescheid! Wer es nun versteht, aus einer Partei in der Beweisaufnahme etwas herauszuholen, dessen Vernehmungsniederschriften können ergiebiger sein als die Resultate eines Zeugenbeweises.[3]

1503 Jedoch ist dasjenige, was eine Partei *zu ihren Gunsten aussagt,* naturgemäß weit weniger beweiskräftig als das, was sie *zu ihren Ungunsten* bekundet. Zu ihrem Nachteil sagt eine Partei jedenfalls *bewußt* nicht so leicht falsch aus. Solche Bekundungen zu ihren Ungunsten haben daher sicherlich mehr Beweiskraft als die Aussage eines parteifreundlichen Zeugen. Wer dagegen ein Urteil auf die Aussage einer Partei zu eigenen Gunsten stützen will, der muß genau abwägen, ob ihm sonstige Beweisergebnisse und andere Anhaltspunkte hinreichende Stütze bieten.

1504 Die Möglichkeit, bei einer Parteivernehmung die Wahrheit zu ergründen, rechtfertigt es auch, dieses Beweismittel dem Unmittelbarkeitsgebot zu unterstellen. Ebenso wie beim Zeugen kommt der beantragten Vernehmung der Partei durch das Gericht der Vorrang vor der Verwertung einer früheren Aussage zu, die die Partei in einem anderen Verfahren gemacht hatte. Die frühere Aussage darf nur urkundenbeweislich verwertet werden; dem Beweisantrag auf unmittelbare Vernehmung muß deshalb entsprochen werden.[4]

1505 Auch bei der Parteivernehmung achtet das Revisionsgericht streng darauf, daß das Berufungsgericht eine Parteiaussage nicht abweichend vom Erstrichter würdigt, ohne die Partei selbst vernommen zu haben.[5] Die oben in § 3 Rn. 29 ff. dargestellte Rechtsprechung gilt auch hier.

1506 Auch bei der Parteivernehmung darf der Wert einer Beeidigung nicht überschätzt werden. Insbesondere geht es nicht an, wenn lediglich zwei sich widersprechende Parteiaussagen vorliegen, die Ungewißheit dadurch zu „beheben", daß man eine Partei vereidigt. Jedoch sollte gerade bei der Parteivernehmung die Beeidigung häufiger vorkommen als beim Zeugen, weil die Partei sonst mangels Strafdrohung sanktionslos in die eigene Tasche lügen kann.

1507 Macht die Gegenpartei von der Möglichkeit der Eidesverweigerung Gebrauch, so hat das Gericht nach freier Überzeugung unter Würdigung der Weigerungsgründe darüber zu entscheiden, ob es das Vorbringen des Klägers als bewiesen ansehen will oder nicht (§§ 453 Abs. 2, 446 ZPO; siehe auch oben Rn. 1501). Besteht auf Grund der Eidesverweigerung eine hohe Wahrscheinlichkeit für die Wahrheit des Klagevorbringens, so darf nunmehr auch der Kläger im Wege der ergänzenden Parteivernehmung nach § 448 ZPO vernommen und seinerseits vereidigt werden. Dann steht wegen der Eidesverweigerung des Beklagten der Vereidigung des Klägers auch § 452 Abs. 1 Satz 2 ZPO nicht entgegen.[6]

---

[3] Siehe dazu näher Bender/Röder/Nack, Tatsachenfeststellung vor Gericht, Bd. II, 1981, S. 34.

[4] BGH LM § 445 ZPO Nr. 3; FamRZ 1966, 566.

[5] BGH MDR 1974, 223 = Warneyer 1974, Nr. 238; VersR 1981, 1175 = VRS Bd. 62, 174.

[6] ArbG Marburg BB 1965, 989.

Hat eine Partei bei ihrer Vernehmung eine ihr ungünstige Behauptung des dafür beweispflichtigen Gegners verneint, zu der sie auf Grund eigener Handlung oder Wahrnehmung nur eine eindeutige Auskunft geben kann, so muß das Gericht, wenn es auf Grund des sonstigen Beweisergebnisses Zweifel am Wahrheitsgehalt der Aussage hat, eine Vereidigung der vernommenen Partei auch unter dem Gesichtspunkt in Erwägung ziehen, daß die Partei möglicherweise ihre Aussage unter Eid nicht aufrechterhalten oder den Eid verweigern werde (§§ 453 Abs. 2, 446 ZPO). **1508**

Hat das Gericht in einem solchen Falle von der Vereidigung abgesehen, so müssen die Gründe seines Urteils erkennen lassen, daß es diese Erwägung bei seiner Entscheidung über die Vereidigung, die es nach pflichtgemäßem Ermessen zu treffen hatte, nicht unterlassen hat.[7] **1509**

Der Antrag auf Parteivernehmung des Gegners **(§ 445 ZPO)** ist grundsätzlich zulässig und beachtlich. Wenn andere Beweismittel nicht vorhanden sind oder wenn sie keinen Beweis für eine Behauptung erbracht haben, kann die beweispflichtige Partei beantragen, den Gegner über die von ihr zu beweisende Tatsache zu vernehmen. Dieser Antrag darf nicht mit der Begründung abgelehnt werden, die Beweistatsachen seien nicht glaubhaft gemacht.[8] Darin läge eine verbotene Beweisantizipation.[9] **1510**

Für die Frage, ob die Parteivernehmung zulässig ist, kommt es nicht auf den Zeitpunkt ihrer Anordnung, sondern auf den ihrer Durchführung an.[10] Zu diesem Zeitpunkt ist also insbesondere auch zu entscheiden, ob die Vernehmungsperson Partei oder Zeuge ist.[11] Als Zeuge ist beispielsweise der Kommanditist im Rechtsstreit der Gesellschaft zu vernehmen,[12] hingegen der Komplementär oder der GmbH-Geschäftsführer als Partei.[13] **1511**

Befindet sich eine Kommanditgesellschaft in Liquidation, dann darf der Komplementär (persönlich haftende Gesellschafter) nur als Partei vernommen werden, wenn er Liquidator ist.[14] Der gesetzliche Vertreter einer Partei, der für diese den Prozeß führt, kann nur als Partei nicht als Zeuge vernommen werden.[15] **1512**

Diese rein juristischen Fragen der prozessualen Stellung – Partei oder Zeuge? – sind aussagepsychologisch von untergeordneter Bedeutung. Deshalb kann ein Rechtsfehler, wenn er erkannt wird, immer noch bei der Beweiswürdigung ausgeglichen werden und ist nach § 295 ZPO heilbar.[16] **1513**

Das Gericht darf bei Zweifeln, ob eine Person noch gesetzlicher Vertreter **1514**

---

[7] BGH MDR 1964, 490.
[8] BGHZ 33, 63.
[9] Siehe dazu oben § 12; BGH LM ZPO § 448 Nr. 4.
[10] BGH Warneyer 1965 Nr. 8.
[11] Siehe dazu Barfuß NJW 1977, 1273.
[12] BGH MDR 1965, 980.
[13] BGH ZZP Bd. 78 (1965), 160; LG Oldenburg BB 1975, 983.
[14] BGH ZZP Bd. 78 (1965), 160.
[15] BGH FamRZ 1964, 150.
[16] BGH LM DBG § 27 Nr. 2; WPM 1968, 1099; 1977, 1007.

einer Partei ist, diese Frage sogar ohne Verfahrensverstoß offenlassen, sofern es sich des Zweifels bei der Beweiswürdigung bewußt bleibt.[17]

1515 **Notwendige Streitgenossen** sind immer als Partei zu vernehmen.[18] **Einfache Streitgenossen** sind Parteien, dürfen aber für Tatsachen, die ausschließlich andere Streitgenossen betreffen, als Zeugen vernommen werden.[19]

Beispiel: Mehrere gewöhnliche Streitgenossen werden auf Schadensersatz in Anspruch genommen, einer von ihnen darüber hinaus aber auch auf Herausgabe von Gegenständen. Beruhen die Ansprüche auf Schadensersatz und Herausgabe auf demselben Sachverhalt, folgen sie etwa aus einer einzigen arglistigen Täuschung, dann darf kein Streitgenosse als Zeuge vernommen werden.[20]

1516 Nur dann, wenn die Ansprüche in tatsächlicher Hinsicht auf völlig selbständigen Geschehensabläufen beruhen, ist es anders.[21] Diese Trennung muß auch dann durchgehalten werden, wenn über ein Begehren durch Teilurteil vorab entschieden und der Rechtsstreit deshalb in die höhere Instanz gelangt.[22] Ein völlig ausgeschiedener Streitgenosse hat mit der Sache nichts mehr zu tun und darf als Zeuge vernommen werden. Problematisch ist aber, ob dies auch dann gilt, wenn er in die Schlußkostenentscheidung einzubeziehen ist, die von Amts wegen mit überprüft werden muß.[23]

1517 Auch die Parteivernehmung zielt darauf ab, einen Bericht über **Wahrnehmungen** zu veranlassen. Darüber hinaus ist sie nicht gestattet. **Beispiel:**

Hat der persönlich haftende Gesellschafter einer Personalhandelsgesellschaft nach dem Gesellschaftsvertrag einen Anspruch auf Zulassung zur Geschäftsführung und Vertretung, und soll dieser Anspruch nach dem Gesellschaftsvertrag nur entfallen, wenn schwerwiegende Bedenken gegen die persönliche oder fachliche Eignung dieses Gesellschafters bestehen, so können in einem Rechtsstreit über die Zulassung zur Geschäftsführung und Vertretung die beklagten Gesellschafter den ihnen obliegenden Beweis einer mangelnden fachlichen Eignung des Klägers nicht dadurch führen, daß sie eine *Fachprüfung* des Klägers durch einen Sachverständigen vor dem Prozeßgericht verlangen.[24]

1518 Der Antrag auf Parteivernehmung des Prozeßgegners (§ 445 ZPO) enthält insoweit, als der Gegner sich zwangsläufig auch über Punkte äußern muß, für welche er selbst beweispflichtig ist, zugleich eine beschränkte Einwilligung in die Vernehmung des Beweispflichtigen gemäß § 447 ZPO. Deshalb

---

[17] BGH ZZP Bd. 71 (1958), 114.

[18] Allgemeine Ansicht; siehe z. B. OLG Koblenz DAVorm 1977, 646.

[19] Vgl. BGH WPM 1983, 729; BAG MDR 1973, 169 = JZ 1973, 58; OLG Düsseldorf MDR 1971, 56; OLG Hamm NJW-RR 1986, 391. Das gilt natürlich erst recht für eine ausgeschiedene Partei (OLG Karlsruhe BB 1992, 97: Widerbeklagter).

[20] BGH WPM 1983, 729 = NJW 1983, 2508 (LS).

[21] OLG Hamm VersR 1987, 351.

[22] BGH WPM 1983, 729.

[23] Siehe dazu mit Nachw. Schneider MDR 1982, 372; OLG Celle NJW-RR 1991, 62; verneinend KG MDR 1981, 765.

[24] BGH JZ 1958, 541.

ist es wichtig zu wissen, daß ein Antrag auf Parteivernehmung nach § 445 ZPO widerrufen werden kann, ebenso wie es nach § 399 ZPO möglich ist, auf einen Zeugen zu verzichten.[25]

Die auf Grund eines Antrags der Gegenseite vernommene Partei ist daher unter Umständen in der Lage, einen ihr obliegenden Beweis auch dann durch eigene Aussage zu führen, wenn ihr dies nicht durch eine gerichtliche Anordnung gemäß § 448 ZPO ausdrücklich gestattet worden ist. **1519**

Ein Antrag auf Parteivernehmung, der unter Verkennung der Beweislast gestellt und beschieden worden ist, kann natürlich dann nicht mehr widerrufen werden, wenn die Beweisaufnahme beendet ist.[26] **1520**

Wie ist zu entscheiden, wenn eine Partei *auf ihren Antrag in eigener Sache* vernommen wird und sich das Vernehmungsprotokoll in den Akten befindet? Die Vorschrift des § 445 ZPO ist nicht einschlägig. Sie besagt nur, daß eine Partei, die den ihr obliegenden Beweis mit anderen Mitteln nicht vollständig geführt oder andere Beweismittel nicht vorgebracht hat, den Beweis dadurch antreten kann, daß sie beantragt, *den Gegner* über die zu beweisenden Tatsachen zu vernehmen. **1521**

Die Möglichkeit, eine Partei als Beweismittel *für ihr eigenes Vorbringen* zu hören, hat das Gesetz nur in drei Fällen gestattet: **1522**

- in § 287 Abs. 1 S. 3 ZPO bei der freien Schadensermittlung;
- in § 447 ZPO, wenn eine Partei dies beantragt *und* die andere damit einverstanden ist;
- in § 448 ZPO von Amts wegen, wenn auf Grund sonstiger Beweiserhebungen bereits eine Wahrscheinlichkeit für die zu beweisende Tatsache besteht.

Keine dieser Ausnahmen trifft zu. Die Vernehmung einer Partei in eigener Sache oder in fehlerhafter Anwendung des § 445 ZPO kann ein Beweisverwertungsverbot begründen.[27]

Der Tatrichter ist dagegen verfahrensrechtlich nicht gehindert, der persönlichen Aussage einer Partei den Vorzug vor einer von ihrem Prozeßbevollmächtigten aufgestellten abweichenden Behauptung zu geben. In der Regel wird das sogar angebracht sein.[28] **1523**

Das Gericht muß schon vor Anordnung der Vernehmung einer Partei Überlegungen über deren Glaubwürdigkeit anstellen. Anders als bei der Anordnung einer Zeugenvernehmung kann es hier nämlich nach §§ 445 ff. ZPO seine Entschließung von dem Ergebnis dieser Überlegungen abhängig machen (§ 445 Abs. 2 ZPO)[29] **1524**

Schwierigkeiten bereitet der Praxis oft die Vorschrift des **§ 448 ZPO,** wonach das Gericht auch ohne Antrag und ohne Rücksicht auf die Beweislast die Vernehmung einer Partei oder beider Parteien anordnen darf, wenn es sich nach der bisherigen Beweisaufnahme noch keine Überzeugung gebildet hat. Voraussetzung für die Parteivernehmung nach § 448 ZPO ist, **1525**

---

[25] BAG NJW 1974, 1349.
[26] OLG Hamburg MDR 1964, 414.
[27] Siehe § 11 Rn. 192.
[28] BGH VersR 1962, 283; 1969, 58.
[29] RG JW 1935, 2432; BGH NJW 1952, 384; OLG Hamm VersR 1991, 330.

daß sich das Gericht von der Vernehmung einen Überzeugungswert verspricht, also annimmt, die Partei werde aus eigenem Wissen etwas Sachdienliches bekunden können. Die Beweislage muß also so sein, daß das Ergebnis der Verhandlung nicht ausreicht, die richterliche Überzeugung von der Richtigkeit der Darstellung der einen oder anderen Partei zu begründen, daß aber doch eine gewisse Wahrscheinlichkeit für die Richtigkeit der Behauptungen derjenigen Partei besteht, die vernommen werden soll.[30]

1526 Solange Zeugen benannt sind, wird es in der Regel an diesen Voraussetzungen fehlen;[31] jedenfalls darf bis zur Erledigung der Zeugen-Beweisanträge ein Antrag nach § 448 ZPO nicht abgelehnt werden.[32]

1527 Die Entscheidung über die Parteivernehmung steht im pflichtmäßigen Ermessen des Gerichts. Es braucht nicht in jedem Falle ausdrücklich Stellung zu nehmen, aus welchem Grunde von der Möglichkeit des § 448 ZPO kein Gebrauch gemacht worden ist.[33] Es ist vielmehr regelmäßig davon auszugehen, daß ihm die Bestimmung des § 448 ZPO bekannt ist. Auch wenn in den Urteilsgründen nichts darüber gesagt ist, muß daher angenommen werden, daß das Gericht das ihm in dieser Vorschrift eingeräumte Ermessen ausgeübt hat.[34]

1528 Ergibt sich jedoch aus dem Sachverhalt, daß bereits eine Wahrscheinlichkeit für die Behauptungen der mit dem Beweis belasteten Partei spricht, dann ist in den Entscheidungsgründen auszuführen, warum gleichwohl von einer Parteivernehmung abgesehen worden ist.[35]

1529 Bei der Parteivernehmung nach § 448 ZPO kommt es nicht darauf an, welche Partei die Beweislast trägt. Der Richter kann vielmehr, wenn die Voraussetzungen des § 448 ZPO gegeben sind, auch die an sich beweispflichtige Partei vernehmen und ihr glauben.[36] Stehen sich die Behauptungen der Parteien jedoch völlig beweislos gegenüber, so ist für eine Anordnung nach § 448 ZPO kein Raum.[37]

1530 Ist eine Partei im Strafverfahren aufgrund der Aussage eines Zeugen verurteilt worden, der im nachfolgenden Zivilprozeß beweispflichtiger Gegner ist, dann geht es nicht an, die strafrechtliche Verurteilung als Umstand zu

---

[30] BGH MDR 1976, 483 = VersR 1956, 587; MDR 1965, 287; VersR 1965, 1075; 1980, 229 = DAR 1980, 113 = VRS Bd. 58, 173; NJW 1989, 3222 = ZMR 1990, 211 mit Anm. Prange; MDR 1992, 137; BAG BB 1980, 1745; OLG Köln JMBlNRW 1971, 208; OLG Bamberg VersR 1971, 769; OLG Hamburg MDR 1970, 58; OLG Oldenburg VersR 1989, 164; OLG Hamm VersR 1991, 330; OLG Düsseldorf VersR 1993, 1103, 1104.

[31] BAG DB 1975, 1660.

[32] BGH VersR 1984, 665 = VRS Bd. 67, 93.

[33] OGHZ 1, 226.

[34] BGH ZZP Bd. 70 (1957), 332.

[35] BGH MDR 1983, 478 mit Anm. Baumgärtel = VersR 1983, 445 = NJW 1983, 2033 = DAR 1983, 227 = VRS Bd. 64, 344; FamRZ 1987, 152; NJW 1990, 1721 = WPM 1990, 1079. Siehe zu dieser Rspr. Schmidt MDR 1992, 637.

[36] BGH VersR 1958, 601.

[37] BGH VersR 1958, 601; BAG RdA 1968, 157; OLG Nürnberg AnwBl 1964, 257 (eine Partei war verstorben).

werten, der die Parteivernehmung des Gegners in eigener Sache rechtfertige.[38]

Doch geht die Rechtsprechung oft sehr weit: 1531

Ist nach einem Unfall die Unfallstelle und die Art des Unfalls streitig, ist aber niemand außer dem klagenden Verletzten zugegen gewesen, so ist der Kläger – wenn seine Darstellung nicht schlechthin unwahrscheinlich ist – als Partei zu vernehmen. Nur schwerwiegende Gründe gegen die Glaubwürdigkeit können die Parteivernehmung ausschließen. Eine Lebenserfahrung steht der Darstellung des Klägers nur entgegen, wenn sie allgemein gültig ist.[39]

Bei der Prüfung, ob sich ein Kraftfahrer gemäß § 7 Abs. 2 StVG entlasten kann, ist der Tatrichter nicht gehindert, den Kraftfahrer nach § 448 ZPO als Partei zu vernehmen und seine Aussage als Erkenntnismittel zu verwerten.[40] Einige objektiv feststehende Umstände müssen aber die Unfalldarstellung des Kraftfahrers bestätigen, wenn die Entscheidung allein auf sie gestützt werden soll.[41] Daher genügt es nie, daß eine Partei zur Behauptung der Beteiligung eines Fahrzeugs an einem Verkehrsunfall lediglich die gesetzlichen Tatbestandsvoraussetzungen einer Anspruchsnorm vorbringt.[42]

Mit Recht hat das OLG Hamburg[43] betont, daß auch die Vernehmung der 1532
beweisbelasteten Partei ihre Grenzen haben muß. Das OLG hat sie in einem Fall abgelehnt, in dem es um den Inhalt einer Besprechung ging, an der für beide Parteien Rechtsanwälte teilgenommen hatten. Die eine Partei benannte nun den für sie tätig gewordenen Rechtsanwalt als Zeugen, der auch vernommen wurde. Die andere Partei stellte keinen Antrag auf Vernehmung des für sie tätig gewordenen Anwalts, sondern wünschte, daß sie selbst als Partei vernommen werde.

Die nicht protokollierte Aussage einer Partei bei Vernehmung nach § 448 ZPO darf, wenn das Gericht in der Schlußverhandlung anders besetzt war als bei der Parteivernehmung, im Urteil nicht verwendet werden.[44]

Von der Parteivernehmung ist die **Anhörung einer Partei** gemäß § 141 1533
ZPO zu unterscheiden. Sie dient nur der Aufklärung des Sachverhaltes. Die Anhörung soll keinen Beweis erbringen, sondern den noch nicht durchsichtigen Sachverhalt klären helfen. Deshalb darf die bloße Anhörung nicht als Parteivernehmung gewürdigt werden.[45] Eine Parteivernehmung liegt nur vor, wenn sie durch Beweisbeschluß angeordnet ist, vgl. § 450 Abs. 1 S. 1 ZPO. Allerdings ist ein Verstoß hiergegen nach § 295 ZPO heilbar.[46]

Für die Würdigung einer Parteibekundung gelten im übrigen aussage- 1534
psychologisch dieselben Grundsätze wie für den Zeugenbeweis.[47] **Daher**

---

[38] OLG Nürnberg VersR 1961, 956.

[39] KG VersR 1958, 385.

[40] BGH VersR 1959, 199.

[41] OLG Hamburg VersR 1967, 886.

[42] AG Grünstadt VersR 1982, 52.

[43] MDR 1970, 58.

[44] BGH VersR 1968, 256; siehe dazu auch oben § 11 Rn. 192.

[45] BGH WPM 1976, 1562 = NJW-RR 1988, 394.

[46] BGH MDR 1959, 638 Nr. 11.

[47] Siehe zur weitgehenden aussagepsychologischen Gleichheit des Zeugenbeweises und der Partei- bzw. Angeklagtenvernehmung auch BGHSt 17, 134; 18, 238.

kann insoweit auf die Darstellung im sechsten und siebten Kapitel verwiesen werden. Auch das Verbot der Beweisantizipation gilt (siehe oben § 12).

1535 Ähnlich wie der Beweis durch Antrag auf Einholung eines Sachverständigengutachtens wird auch der Antrag auf Parteivernehmung manchmal auf das Geratewohl gestellt. So ist es etwa an der Tagesordnung, daß für alltägliche Vorgänge am Laden- oder Kassentisch großer Unternehmen Beweis angetreten wird durch Parteivernehmung des gesetzlichen Vertreters (Geschäftsführers, Komplementärs, Vorstands usw.). In solchen Fällen steht nach der Lebenserfahrung von vornherein fest, daß die Aussageperson darüber, was in ihr Wissen gestellt wird, nichts weiß und nichts wissen kann. Deshalb ist der Beweisführer aufzufordern, nähere Angaben dazu zu machen, auf Grund welcher besonderen Umstände der Unternehmensleiter konkrete Wahrnehmungen über einzelne Geschäftsvorgänge gemacht habe, mit denen er normalerweise schlechthin nichts zu tun habe.[48]

---

[48] Siehe dazu LG Düsseldorf DB 1973, 967.

Elftes Kapitel

§ 48. Der Freibeweis

Im Jahre 1926 erschien ein Buch von Ditzen mit dem Titel „Dreierlei Beweis im Strafverfahren". Dort wurde in Fortführung strafprozessualer Abhandlung neben den „Strengbeweis" auf Grund der Beweisvorschriften der Strafprozeßordnung ein „Freibeweis" gestellt. Nach ihm sollen die Tatsachen ermittelt werden, die für prozessuale, das Verfahren selbst betreffende Maßnahmen und Entscheidungen maßgebend sind; vor allem die Tatsachen, von deren Gegebensein die Prozeßvoraussetzungen abhängig sind. Inzwischen ist der Begriff des Freibeweises auch im Zivilprozeßrecht heimisch geworden.[1] So heißt es beispielweise schon in BGH NJW 1951, 442: 1536

> „Bei der Prüfung von Prozeßvoraussetzungen ist das Gericht an die Vorschriften der ZPO über das Beweisverfahren nicht gebunden und auf die dort vorgesehenen Beweismittel nicht beschränkt (sog. Freibeweis...)."

Der Freibeweis ist ein „beweisrechtlicher Zwitter". Es handelt sich dabei um einen Strengbeweis mit dem für § 286 ZPO erforderlichen Gewißheitsgrad. Das grenzt ihn von der bloßen Glaubhaftmachung des § 294 ZPO ab. Weil er aber „frei" ist von der geschlossenen Zahl der Beweismittel (Augenschein, Zeuge, Sachverständiger, Urkunde, Partei), ist es statthaft, daß der „strenge Freibeweis" mit Mitteln der Glaubhaftmachung geführt wird. So kann insbesondere eine eidesstattliche Versicherung hinreichend beweiskräftig sein.[2] 1537

Der Freibeweis ist andererseits auf verfahrensrechtliche Feststellungen beschränkt. Auf die Prüfung materiellrechtlich erheblicher Tatsachen ist er unanwendbar.[3] Insoweit gilt das Gebot des Strengbeweises (§ 286 ZPO) mit dem gesetzlichen numerus clausus der Beweismittel. 1538

Seine Eigenart liegt also letztlich darin, daß er das Gericht **bei unverminderter Anforderung an den Gewißheitsgrad von den förmlichen Vorschriften** der Prozeßordnung über das bei der Beweisnahme zu beachtende Verfahren und den Mitwirkungsrechten der Parteien **freistellt**.[4] 1539

Wollte man nur darauf abstellen, daß der Freibeweis die Bindung des Gerichts an die gesetzlichen Beweismittel aufhebt, dann müßte in allen Fällen von einem freibeweislichen Verfahren gesprochen werden, in denen das 1540

---

[1] Siehe aus jüngster Zeit BGH NJW 1992, 627; NFW-RR 1992, 1338. Zur Rechtslage in der freiwilligen Gerichtsbarkeit vgl. Pohlmann ZZP Bd. 106, 1993, 181 ff.

[2] BGH WPM 1991, 1652 = NJW 1992, 627; OLG Frankfurt AnwBl. 1978, 310, 311; LAG Hamm DB 1981, 2132.

[3] Koch/Steinmetz MDR 1980, 902.

[4] Teilweise enger Koch/Steinmetz MDR 1980, 901.

Gesetz die Einholung einfacher Auskünfte erlaubt, beispielsweise von Arbeitgeberbescheinigungen in § 118 Abs. 2 S. 2 ZPO.[5] Dem steht aber bereits entgegen, daß solche Ausnahmen nur bei der Glaubhaftmachung vorgesehen sind, während zum Begriff des Freibeweises die strengbeweisliche Gewißheitsanforderung gehört.

1541 **Freibeweis bedeutet also ungeminderte Überzeugungsstärke bei freierer Form der Tatsachenfeststellung, jedoch beschränkt auf Feststellungen im prozessualen Bereich.** Er wird ohne Antrag („von Amts wegen") erhoben, setzt jedoch Darlegungen einer Partei voraus.[6]

1542 Ein Beweisbeschluß gem. § 358 ZPO erübrigt sich. Ein Fragerecht der Parteien gem. §§ 397, 402 ZPO scheidet aus. Eine Beschränkung auf das Beweisverfahren der ZPO besteht nicht, so daß z. B. formloser Briefverkehr oder telephonische Rückfrage statthaft sind usw.

1543 Auch in diesen Fällen muß den Parteien aber rechtliches Gehör gewährt werden (unten Rn. 1546). Sie sind über alle Maßnahmen des Gerichts und deren Ergebnisse zu unterrichten und müssen Gelegenheit haben, dazu Stellung zu nehmen,[7] haben jedoch nicht die Möglichkeit, den Freibeweis durch Widerspruch auszuschließen.[8]

1544 Da das Gesetz den Freibeweis nicht behandelt, ist der Meinungsstand entsprechend kontrovers. Wieczorek[9] hält ihn sogar für gesetzwidrig, steht jedoch mit dieser gänzlich ablehnenden Auffassung allein.

1545 Über den **Anwendungsbereich** des Freibeweises besteht noch weitgehend Einigkeit. Er erstreckt sich z. B. auf Feststellungen über die Partei- und Prozeßfähigkeit, über die Unterwerfung unter die deutsche Gerichtsbarkeit, über die Unbekanntheit des Aufenthaltsorts einer Partei, über die Wahrung der Rechtsmittelfristen, über die genügende Entschuldigung eines ausgebliebenen Zeugen (§ 381 ZPO), über die Ermittlung ausländischen Rechts usw.[10]

1546 Die Frage, wie der Freibeweis prozessual zu behandeln ist, wird dagegen nicht mehr so einheitlich beantwortet. In einer Entscheidung des Reichsgerichts[11] hatte das Berufungsgericht „zu seiner Information Äußerungen des Zentralverbandes des deutschen Bank- und Bankiergewerbes sowie der Industrie- und Handelskammer in Berlin über die damaligen Zinssätze erbeten". Es hatte jedoch die Parteien nicht davon unterrichtet und sie über die eingegangenen schriftlichen Äußerungen in Unkenntnis gelassen. Das Reichsgericht hat dies gebilligt. Diese Auffassung ist jedenfalls heute wegen des prozessualen Grundrechts auf **Gewährung rechtlichen Gehörs** (Art. 103 Abs. 1 GG) nicht mehr haltbar. Damals war die Problematik des Freibeweises im Zivilprozeß noch nicht herausgearbeitet. Das Reichsgericht behan-

---

[5] So die h. M.; vgl. Blomeyer, Zivilprozeßrecht, 3. Aufl. 1985, § 66 II 3 m. Nachw.
[6] BAG NJW 1971, 671.
[7] Koch/Steinmetz MDR 1980, 903.
[8] Insoweit a. A. Koch/Steinmetz MDR 1980, 904.
[9] ZPO, § 282 Anm. D III.
[10] Weitere Anwendungsfälle sind zusammengestellt bei Peters, Der sogenannte Freibeweis im Zivilprozeß, 1962, S. 133 ff.
[11] JW 1926, 2630.

delte deshalb die eingeholten Informationen als Mittel der richterlichen Erkenntnisbildung, wie z. B. die Benutzung eines Lehrbuches des Bankrechts oder der Gerichtsmedizin. In Wahrheit war freibeweislich verfahren worden. Es hätte den Parteien rechtliches Gehör gewährt werden müssen.[12]

Die gewichtigsten Bedenken gegen die Ausdehnung des Freibeweises im **1547**
Zivilprozeß gehen auf die Vorschrift des § 273 Abs. 2 Nr. 2 ZPO zurück. Danach darf der Vorsitzende oder ein von ihm zu bestimmendes Mitglied des Prozeßgerichts schon vor der mündlichen Verhandlung Behörden oder Beamte um Erteilung einer amtlichen Auskunft ersuchen. Die Einholung einer solchen Auskunft ist Freibeweis.[13] Seiner Form nach fällt er unter den Urkundenbeweis.

Damit aber ist die amtliche Auskunft nicht ihrem sachlichen Gehalt nach erfaßt. Die Auskunft eines Beamten oder eines anonymen Bediensteten bei der „Behördenauskunft" stellt sich sachlich immer entweder als Mitteilung eigenen oder Wiedergabe fremden Erlebens oder als Mitteilung besonderen Wissens dar. Im ersten Fall würde der Strengbeweis eine Zeugenvernehmung nötig machen (Beweisantrag der beweisbelasteten Partei unerläßlich!), im zweiten Fall die Einholung eines Sachverständigengutachtens. Dann wären beispielsweise folgende Vorschriften der ZPO zu beachten: § 355 (Parteiöffentlichkeit der Beweisaufnahme); § 377 (schriftliche Erklärung nur ausnahmsweise); §§ 383 ff. (Zeugnisverweigerungsrecht); §§ 391 ff., 410 (Beeidigung); §§ 396, 397 (Befragungsrecht); § 404 Abs. 4 (Parteienrecht der Sachverständigenauswahl); § 406 (Sachverständigenablehnung).

Die in Form einer amtlichen Auskunft eingeholte Zeugenaussage oder **1548**
sachverständige Äußerung nimmt den Parteien folglich die Garantien des Strengbeweises. Insbesondere versagt die Rechtsprechung den Parteien die Befangenheitsablehnung einer zum Sachverständigen bestellten Behörde und läßt die Berücksichtigung der vorgebrachten Ablehnungsgründe nur im Rahmen der Beweiswürdigung zu.[14]

Diese Bedenken sind neuerdings vor allem von Peters[15] herausgearbeitet **1549**
worden. Er will die jeweilige Ersatzfunktion der amtlichen Auskunft (die den Augenschein, Zeugen- oder Sachverständigen ersetzen kann) zum Anknüpfungspunkt der rechtlichen Beurteilung nehmen.[16] Diese Ansicht ist beachtlich. Auf die Praxis der Gerichte hat sie bisher leider keinen Einfluß gehabt.

Solange die Rechtsprechung die amtliche Auskunft nicht entsprechend **1550**
ihrer jeweiligen Ersatzfunktion prozessual einordnet, muß umso nachhaltiger einer unzulässigen Ausdehnung dieses Beweismittels entgegengewirkt werden.

---

[12] Koch/Steinmetz MDR 1980, 903.

[13] Kein sechstes Beweismittel der ZPO, sondern ein besonderes Beweisverfahren! Vgl. z. B. Nikisch, Zivilprozeßrecht, 2. Aufl. 1952, S. 329; Blomeyer, Zivilprozeßrecht, Erkenntnisverfahren, 1963, § 71 I 1.

[14] Siehe OLG Köln Schäfer/Finnern/Hochstein ZPO § 406 Nr. 2.

[15] Freibeweis, S. 119 ff. III 2 vor § 355; siehe ferner Koch/Steinmetz MDR 1980, 901 ff.

[16] Vgl. Peters, Freibeweis, S. 126, 131 f.; 195 f.

1551 Es ist heute z. B. schon weitgehend üblich, Beweis anzutreten durch „Auskunft der Sparkasse N. N." oder „Auskunft des Firmeninhabers der Firma N. N." oder „Auskunft des Vorstandes der Gesellschaft N. N." usw. Solche Beweisanträge werden nicht durch § 273 Abs. 2 Nr. 2 ZPO gedeckt. Amtliche Auskünfte nichtamtlicher Stellen einzuholen ist dem Gericht von Gesetzes wegen nicht erlaubt. Das in der Praxis übliche Verfahren, auf Antrag solche Auskünfte an Stelle der Partei einzuholen, dient nur der Vereinfachung. Der nach § 420 ZPO gebotenen Vorlegung der vom Beweisführer beschaffenden Urkunde wird durch Übersendung zu den Gerichtsakten durch den sich erklärenden Dritten ersetzt.

1552 Bei Gesuchen an Bundes- und Landesbehörden um amtliche Auskünfte ist der Schriftverkehr unmittelbar zwischen Gericht und ersuchter Behörde durchzuführen. Die Zwischenschaltung des „Dienstweges", die in ministeriellen Erlassen vorgesehen ist,[17] entspricht nicht dem Verfassungsrecht. Die Verletzung des Unmittelbarkeitserfordernisses bei Einholung der amtlichen Auskunft macht diese prozessual unverwertbar.[18] Leider ist die Praxis gegen derartige ministerielle Kompetenzüberschreitungen gegenüber der verfassungsrechtlichen Aufgabe der Gerichte auch heute noch nicht genügend sensibilisiert.

1553 Wie weit die Ausuferung des Freibeweises gediehen ist, zeigt eine Entscheidung des Bundesgerichtshofes,[19] in der dieser hervorheben mußte, es sei kein Freibeweis darüber zulässig, daß ein Zeuge in der Hauptverhandlung zur Schuldfrage anders ausgesagt habe, als im Urteil festgestellt worden ist.

---

[17] Siehe Scheld DRiZ 1960, 182.

[18] So mit näherer Begründung und überzeugend LG Gießen DRiZ 1965, 303; die Praxis ignoriert diese Bedenken allerdings nach wie vor.

[19] BGHSt 21, 149.

Anhang
Lehrfälle aus der Praxis

Jede systematische Darstellung ist zwangsläufig bis zu einem gewissen 1555
Grade abstrakt. Daran läßt sich auch stilistisch nur in Grenzen etwas ändern. Viel mehr leistet insoweit ein Simile. An brauchbare Vorlagen heranzukommen, ist aber gar nicht so einfach. Urteile, in denen es (fast) nur um die Beweiswürdigung geht, werden fast nie veröffentlicht, weil sie keine über den konkreten Fall hinausweisenden grundsätzlichen Rechtsfragen erörtern.

In den folgenden Paragraphen habe ich hierzu Anschauungsmaterial zusammengestellt. Es handelt sich um Fälle, die tatsächlich verhandelt und entschieden worden sind. Bis auf die Identitätsmerkmale (Namen usw.) und einige – fast immer ohne weiteres erkennbare – Umfangskürzungen ist an den Texten nichts geändert worden.

§ 49. Schenkung oder Kauf 1556

Im Namen des Volkes!
Urteil
In dem Rechtsstreit

der Kauffrau Wilhelmine B., A-Straße 12, X-Stadt,

Klägerin,

– Prozeßbevollmächtigte: Rechtsanwälte E., G. und M. in X-Stadt –

gegen

den Vertreter Bernhard M., L-Straße 36, X-Stadt,

Beklagten,

– Prozeßbevollmächtigte: Rechtsanwälte F. und O. in X-Stadt –

hat die 12. Zivilkammer des Landgerichts X-Stadt
auf die mündliche Verhandlung vom ...
unter Mitwirkung des Vorsitzenden Richters am Landgericht A., des Richters am Landgericht B. und der Richterin am Landgericht C.
für Recht erkannt:

Die Klage wird abgewiesen.

Die Kosten des Rechtsstreits trägt die Klägerin.

Das Urteil ist vorläufig vollstreckbar. Die Klägerin darf die Zwangsvollstreckung wegen der Kosten des Beklagten durch Sicherheitsleistung in Höhe von ... abwenden, sofern nicht die Klägerin vor der Vollstreckung Sicherheit in gleicher Höhe leistet.

Tatbestand

Die Klägerin betreibt in R. einen Autohandel. Ihr Ehemann, der in dem Unternehmen als Geschäftsführer tätig ist, hat eine nichteheliche Tochter, die mit dem Beklagten verheiratet ist. Im Sommer 1983, kurz nach ihrer Hochzeit, suchten der Beklagte und seine Frau den Ehemann der Klägerin in R. auf. Bei dieser Gelegenheit übergab der Ehemann der Klägerin dem Beklagten einen Vorführwagen, Marke Toyota, Typ Corona, und erhielt von ihm einen Scheck über 1500,– DM. Toyota-Wagen des Typs Corona kosteten seinerzeit in neuwertigem Zustand weit über 10 000,– DM. Die Parteien streiten darüber, ob der Ehemann der Klägerin dem Beklagten den Wagen verkauft oder geschenkt hat. Irgendwelche schriftlichen Vereinbarungen sind nicht getroffen worden.

Die Klägerin behauptet, der Wagen sei dem Beklagten zum Preise von 8500,– DM verkauft worden. Der Scheck über 1500,– DM stelle eine Anzahlung dar. Bei der Auslieferung des Wagens habe der Beklagte ausdrücklich zugesagt, am darauffolgenden Sonntag der Schwiegermutter der Klägerin 6500,– DM zu überbringen, was jedoch nicht geschehen ist. Den Rest von 500,– DM habe ihr Ehemann aus eigener Tasche dazulegen wollen.

Die Klägerin hat zunächst beantragt,

den Beklagten zu verurteilen, an sie 7000,– DM nebst 4% Zinsen seit ... und weitere 10% Zinsen seit ... zu zahlen.

Der Beklagte beantragt,

die Klage abzuweisen.

Er behauptet, der Ehemann der Klägerin habe ihm den Wagen geschenkt, und zwar entsprechend einer Zusage, die er seiner Tochter bei früheren Gelegenheiten wiederholt gemacht habe. Zur Hingabe des Schecks sei es nur deshalb gekommen, weil er, der Beklagte, der Meinung gewesen sei, ein so teures Geschenk ohne Erstattung der Unkosten nicht annehmen zu können.

Die Klägerin hat eingeräumt, daß ihr Ehemann seiner Tochter wiederholt einen Wagen versprochen hat. Es sei jedoch immer nur von einem kleinen Wagen die Rede gewesen.

Die Kammer hat Beweis erhoben durch Vernehmung des Geschäftsführers A. B., der Angestellten Ch. B., des Schrotthändlers L. P., der Postangestellten Ch. M. und des Fahrschullehrers G. H. als Zeugen. Wegen des Ergebnisses der Beweisaufnahme und wegen der weiteren Einzelheiten des Sach- und Streitstandes wird auf die Sitzungsniederschrift verwiesen.

Entscheidungsgründe:

Die Klage ist unbegründet.

Der Klägerin steht kein Anspruch aus § 433 Abs. 2 BGB zu, weil sie nicht nachgewiesen hat, daß der Wagen an den Beklagten verkauft worden ist.

Was die Beteiligten seinerzeit vereinbart haben, ist von den Zeugen, die bei den Vertragsverhandlungen mitgewirkt haben, unterschiedlich dargestellt worden. Nach der Aussage des Zeugen B. soll der Wagen verkauft, nach der der Zeugin M. unentgeltlich veräußert worden sein. Daß nur die Aussage des Zeugen B. richtig sein kann und daß die der Zeugin M. falsch sein muß, vermag die Kammer nicht festzustellen. Gegen die Zuverlässigkeit der Zeugin M. mögen zwar Bedenken bestehen, weil sie als Ehefrau des Beklagten von einem ungünstigen Ausgang des Verfahrens finanziell mitbetroffen ist. Dieselben Bedenken bestehen jedoch auch bei dem Zeugen B., der nicht nur als Ehemann der Klägerin, sondern auch deshalb an einem Erfolg der Klage interessiert sein muß, weil er das Geschäft mit dem Beklagten gegenüber seiner Frau zu verantworten hat. Kann aber beiden Zeugen der Ausgang des Verfahrens nicht gleichgültig sein, dann ist nicht auszuschließen, daß ihr Wille zur Wahrheit durch das Bestreben, dem jeweiligen Ehepartner zu helfen, verdrängt worden ist.

Abgesehen davon verliert die Aussage des Zeugen B. auch deshalb an Überzeugungskraft, weil dieser sich im Laufe des Verfahrens in Widersprüche verwickelt hat. Bei seiner Vernehmung hat B. zunächst angegeben, den Wagen für 7000,– DM verkauft zu haben. In seiner wiederholten Vernehmung ist von 7000,– DM nicht mehr die Rede gewesen. Nach seiner jetzigen Darstellung will der Zeuge mit dem Beklagten einen Kaufpreis von 8500,– DM vereinbart haben. Dementsprechend soll der Beklagte für den nachfolgenden Sonntag die Ablieferung von 7000,– DM in Aussicht gestellt haben. Widersprüchlich ist ferner, was der Zeuge zu den 500,– DM gesagt hat, die er angeblich aus eigener Tasche zulegen wollte. Zunächst hat er nur von einer entsprechenden Bereitschaft gesprochen, während er später die 500,– DM sofort nach Abschluß des Kaufvertrages in die Geschäftskasse gelegt haben will. Ist seinerzeit tatsächlich ein Kaufvertrag zustande gekommen, dann gibt es für diese Widersprüche keine einleuchtende Erklärung. Ein Versehen scheidet unter den gegebenen Umständen aus, weil sich dem Zeugen als versierten Kaufmann die Einzelheiten des Geschäfts, über das er berichten sollte, unschwer einprägen mußten.

Gegen den Zeugen B. spricht schließlich die wenig glaubwürdige Schilderung, wie er die Einzahlung der eigenen 500,– DM gegenüber seiner Frau verheimlicht haben will. Da der Betrieb der Klägerin eine geordnete Buchführung erfordert, ist kaum vorstellbar, daß die 500,– DM monatelang als „ungeklärter Betrag" in der Geschäftskasse gelegen haben.

Das Klagevorbringen wird auch nicht durch die Aussage der Zeugin Ch. B. bewiesen. Diese Zeugin war bei den eigentlichen Vertragsverhandlungen nicht zugegen. Der Beklagte soll lediglich nach dem Ende der Verhandlungen zu ihr gesagt haben, daß er das restliche Geld am kommenden Sonntag bei ihr abliefern werde. Ob diese Bemerkung tatsächlich gefallen ist, hält die Kammer jedoch für zweifelhaft, weil gegen die Zuverlässigkeit dieser Zeugin ebenfalls Bedenken bestehen. Die Zeugin hat bei ihrer Vernehmung erklärt, sie habe an dem fraglichen Sonntag vergeblich auf den Beklagten gewartet. Diese Erklärung mußte sie später nach der Vernehmung des Zeugen H. zurücknehmen. H. hat glaubhaft bekundet, daß er zur fraglichen Zeit mit dem Beklagten und dessen Frau von Neuburg in die Gegend von R. gefahren sei, zwar nicht, um dort Geld abzuliefern, wohl aber, um den nach der Schilderung des Beklagten geschenkten Wagen abzuholen. Man habe jedoch an dem vereinbarten Treffpunkt nicht den

Ehemann der Klägerin, sondern nur dessen Mutter, die Zeugin B. angetroffen. Angesichts dessen erscheint der Kammer die Aussage der Zeugin B. insgesamt nicht geeignet, um darauf völlig sichere Feststellungen zu stützen.

Ebensowenig hilft der Klägerin die Aussage des Zeugen P., obwohl dieser einen durchaus glaubwürdigen Eindruck gemacht hat; denn unter den gegebenen Umständen ist nicht mit Sicherheit auszuschließen, daß P., als er auf die Beteiligten zutrat, die Bemerkungen des Ehemanns der Klägerin falsch aufgefaßt oder doch mißverstanden hat. Wenn der Ehemann der Klägerin tatsächlich gesagt hat „für 8500,– DM könnt ihr den Wagen haben", dann ist kein vernünftiger Grund einzusehen, warum er anfangs immer nur von 7000,– DM gesprochen hat. Im übrigen hält es die Kammer für durchaus möglich, daß die streitige Erklärung, wenn sie tatsächlich so abgegeben worden ist, wie es der Zeuge P. darstellt, nur dazu diente, den Zeugen irrezuführen. Da B. offenbar beabsichtigte, das Geschäft mit dem Beklagten oder doch die näheren Einzelheiten der Vereinbarung gegenüber seiner Frau zu verheimlichen, mußte er dafür sorgen, daß kein Betriebsangehöriger von den Absprachen mit dem Beklagten Kenntnis erlangte.

Bleibt hiernach offen, ob der Wagen an den Beklagten verkauft oder verschenkt worden ist, dann geht dies zu Lasten der Klägerin; denn wer aus einem Vertrag Rechte herleitet, trägt die Beweislast dafür, daß der Vertrag einen ihm günstigen Inhalt hat.

Das Klagebegehren findet auch keine Stütze in § 812 BGB. Dabei kann dahingestellt bleiben und braucht nicht aufgeklärt zu werden, ob der Ehemann der Klägerin berechtigt war, den hier streitigen Wagen zu verschenken oder doch weit unter seinem wirklichen Wert zu verkaufen. Selbst wenn das nicht der Fall gewesen sein sollte und deshalb die mit dem Beklagten getroffene Vereinbarung gegenüber der Klägerin gem. § 177 BGB unwirksam ist, kann diese nur die Herausgabe des Wagens, nicht aber einen Wertausgleich verlangen. Entsprechendes gilt bei Unwirksamkeit des Übereignungsgeschäftes. Ein etwaiger Anspruch aus § 985 BGB ist ebenfalls nur auf Herausgabe des Wagens gerichtet.

Die Kostenentscheidung beruht auf § 91 ZPO.

Die Entscheidung über die vorläufige Vollstreckbarkeit ergibt sich aus §§ 708 Nr. 11, 711 ZPO.

1557 § 50. Umfassende Auswertung aller Umstände eines Verkehrsunfalls in freier Beweiswürdigung

Wie überzeugend eine Beweiswürdigung ausfallen kann, wenn der Richter den Mut hat, seine Lebenserfahrung voll auszuschöpfen und hohe Wahrscheinlichkeit gebührend zu berücksichtigen, mag das nachstehend auszugsweise abgedruckte Urteil verdeutlichen. Es hat den Klägern weit über 100 000,– DM eingebracht, die diesen im ersten Rechtszug wegen nicht ausgeschöpfter Möglichkeiten der freien Beweiswürdigung aberkannt worden waren.

In *tatsächlicher* Hinsicht ging es um folgendes:

Der Ehemann der Klägerin zu 1) und Vater der Klägerin zu 2), Herr Johann W., befuhr mit seinem Pkw „Fiat" die Landstraße Nr. 145 aus Richtung E. in Richtung V. Neben ihm saß die Klägerin zu 1); auf dem Rücksitz saß die Klägerin zu 2). Der Beklagte kam aus der Gegenrichtung mit seinem Pkw Mercedes 190 D. In einer Kurve, und zwar an der Einmündung einer Nebenstraße, der Kalkstraße, stießen beide Fahrzeuge zusammen. Johann W. wurde bei diesem Unfall getötet; die Klägerinnen wurden verletzt. Zwischen den Parteien war streitig, wer den Unfall verursacht und verschuldet habe. Sie behaupteten beide, ihre Fahrspur nicht verlassen zu haben, und warfen sich wechselseitig vor, die falsche Fahrspur benutzt zu haben. Die Klägerinnen insbesondere erklärten diesen Vorwurf gegen den Beklagten damit, daß dieser ständig die für ihn günstige Abkürzung „Kalkstraße" benutzt und dies auch am Unfalltag getan habe. Dadurch sei er in die Fahrbahn des verstorbenen Johann W. geraten. Außerdem sei er mit wesentlich übersetzter Geschwindigkeit gefahren.
Die Klägerinnen hatten Ansprüche wegen Sachschäden, entgangenen Unterhalts und Schmerzensgeldes geltend gemacht; außerdem hatten sie Feststellung der Ersatzpflicht des Beklagten für Zukunftsschäden begehrt.
Das Landgericht hatte nach einer Beweisaufnahme die Verschuldenshaftung des Beklagten verneint, seine Gefährdungshaftung bejaht und der Klage daraus dem Grunde nach zur Hälfte stattgegeben. Im zweiten Rechtszug obsiegten die Klägerinnen ohne die geringste Veränderung des Sach- und Beweisstandes voll. Das Berufungsgericht hat dazu wörtlich ausgeführt:

... Der Senat hat unter Berücksichtigung des gesamten Inhalts der Verhandlungen, des Ergebnisses der erstinstanzlichen Beweisaufnahme und des Inhalts der Strafakten die Überzeugung gewonnen, daß allein der Beklagte durch schuldhaftes Fehlverhalten im Straßenverkehr den Unfall verursacht hat. Dabei hat der Senat die zu § 286 ZPO in der höchstrichterlichen Rechtsprechung entwickelten Grundsätze berücksichtigt. Der Begriff der richterlichen Überzeugung schließt die Möglichkeit eines anderen als des festgestellten Sachverhalts begrifflich nicht aus; denn im Bereich der vom Tatrichter zu würdigenden Tatsachen ist der menschlichen Erkenntnis ein absolut sicheres Wissen über den Hergang verschlossen. Ausschlaggebend für die Beurteilung des Streitfalles ist daher allein, daß die schuldhafte Unfallverursachung durch den Beklagten für den Senat von so hoher Wahrscheinlichkeit ist, daß er die Gewißheit gerade dieses Herganges erlangt hat. Da es für die Tatsachenfeststellung nach § 286 ZPO allein auf diese persönliche Gewißheit der erkennenden Richter ankommt und danach vom Alleinverschulden des Beklagten auszugehen ist, muß der Berufung stattgegeben werden.

Nach dem wechselseitigen Vorbringen der Parteien kommen für den Verkehrsunfall nur zwei Unfallursachen in Betracht: Entweder ist zur Unfallzeit der verstorbene Fahrer Johann W. oder der Beklagte auf der falschen Fahrbahnseite gefahren. Diese Alternative ergibt sich auch aus dem Unfallgeschehen selbst und aus dem Inhalt der Strafakten. Eine Aufklärung und Auflösung dieser Alternative durch Einholung von Sachverständigengutachten – auf Antrag der Parteien oder von Amts wegen – ist nicht möglich. Ausweislich des Inhalts der Strafakten sind mehrere bereits durchgeführte Versuche, den wirklichen Hergang mit Hilfe von Sachverständigen eindeutig zu klären, erfolglos geblieben. Es bestehen keine Anhaltspunkte dafür, daß erneute Begutachtungen insoweit zuverlässigere Erkenntnisse vermitteln könnten. Auch die Einnahme eines Augenscheins durch den Senat – wiederum auf Antrag der Parteien oder von Amts wegen – würde keine zusätzlichen Erkenntnisse vermitteln. Die Örtlichkeit ist von den beiden Sachverständigen, die im Strafverfahren tätig geworden sind, besichtigt worden. In den Strafakten befinden sich Skizzen und Lichtbilder der Unfallstelle aus allen Perspektiven. Die Unfallstelle als solche ist auch genau bekannt. Zweifelhaft ist nur, welcher der unfallbeteiligten Fahrer die falsche Fahrbahnseite befahren hat. Das läßt sich aber nicht durch eine Ortsbesichtigung klären.

Das Landgericht hat im Hinblick auf diese Beweislage angenommen, daß mehrere Umstände für ein schuldhaftes Verhalten des Beklagten sprächen, letzte Gewißheit jedoch nicht zu gewinnen sei. Dem vermag der Senat nicht zu folgen. Die Auswertung aller Umstände und Beweisindizien des Streitfalles einschließlich des Inhaltes der Strafakten führt vielmehr zu der an Sicherheit grenzenden Wahrscheinlichkeit, daß der Beklagte in die Fahrspur des verstorbenen Fahrers Johann W. gefahren ist und damit den Unfall allein verursacht und verschuldet hat. Der Beklagte ist entweder zu schnell in Richtung E. gefahren und dabei aus der Kurve getragen worden; oder er hat – seiner Übung entsprechend – unmittelbar in die Kalkstraße einbiegen wollen und dabei vorfahrtswidrig die Fahrspur des verstorbenen Fahrers W. geschnitten. Ob dem Beklagten das eine oder andere Fehlverhalten zur Last fällt, kann dahinstehen. Beide Möglichkeiten erfüllen die tatbestandlichen Voraussetzungen der §§ 823 Abs. 1, 847 BGB. Eine dritte Möglichkeit – Benutzung der falschen Fahrspur durch den Fahrer Johann W. – scheidet nach der Überzeugung des Sentas aus. Zur Unfallzeit hat sich – darin stimmen die Parteien überein – nur entweder der Fahrer Johann W. oder der Beklagte verkehrswidrig verhalten. Die Beweiswürdigung hängt deshalb davon ab, welche Umstände für die eine oder für die andere Möglichkeit sprechen und ob die Abwägung der Umstände in Anwendung des § 286 ZPO eine richterliche Gewißheitsüberzeugung stützt.

Dafür, daß der verstorbene Fahrer Johann W. an der Unfallstelle die völlig unübersichtliche Kurve geschnitten und dabei die linke Fahrbahn benutzt hat, bestehen keine Anhaltspunkte. Johann W. hatte keinen Anlaß, sich so zu verhalten. Er fuhr einen kleinen Wagen, in dem er seine Ehefrau und sein Kind mitgenommen hatte. Nichts spricht dafür, daß er es eilig hatte. Das ist auch nicht vorgetragen worden. Das Schneiden der Kurve an der Unfallstelle konnte ihm keinen Geschwindigkeits- oder Abkürzungsvorteil bringen, sondern ihn lediglich der großen Gefahr eines Zusammenstoßes aussetzen, da die Unfallstelle unübersichtlich war. Johann W. kannte die Unfallstrecke auch, so daß im Hinblick darauf nach der Lebenserfahrung anzunehmen ist, daß er sich und seine Angehörigen nicht einer erheblichen Verkehrsgefahr aussetzte, die ihm nicht den mindesten Fahrvorteil bringen konnte. Dementsprechend haben auch die Klägerinnen am Tage nach dem Unfall, der sich am späten Abend gegen 23.00 Uhr ereignet hatte, spontan und übereinstimmend erklärt, Johann W. sei auf der rechten Fahrbahnseite gefahren. Bei ihrer Zeugenvernehmung im Ermittlungsverfahren hat die Klägerin zu 1) dies erneut bestätigt und weiter darauf hingewiesen, daß Johann W. eine Geschwindigkeit von 40–45 km/h eingehalten habe; dies habe er stets getan, weil es der Klägerin zu 1) bei höherer Geschwindigkeit wiederholt übel geworden sei. Obwohl es sich bei diesen Bekundungen um Äußerungen der jetzigen Partei des Zivilprozesses handelt, dürfen sie bei der Beweiswürdigung berücksichtigt werden. Einen Tag nach dem Verkehrsunfall und dem Tode ihres Ehemannes hat die Klägerin zu 1) bei ihrer polizeilichen Vernehmung im Krankenhaus mit Sicherheit nicht aus den prozeßtaktischen Erwägungen eines späteren Zivilprozesses irgendwelche entlastenden Erklärungen erfunden und durch deren Wiedergabe bewußt die Unwahrheit gesagt. Für die Annahme einer derart gezielten planmäßigen Falschdarstellung besteht schlechterdings kein Anhaltspunkt. Ebenso ausgeschlossen erscheint es aber auch, daß die Klägerin sich über ihr subjektives Befinden beim Autofahren und über die Rücksichtnahme ihres verstorbenen Ehemannes darauf geirrt haben könnte.

Insgesamt gesehen weist hiernach kein einziger Umstand daraufhin, daß der verstorbene Fahrer Johann W. die für ihn linke Fahrbahnseite in der scharfen Kurve benutzt hat. Die Beweisumstände und die Lebenserfahrung sprechen vielmehr dafür, daß dies *nicht* der Fall gewesen ist.

Anders verhält es sich beim Beklagten. Der Beklagte hat im Strafverfahren und auch sonst gegenüber Zeugen erklärt, er wisse nicht, wie es zu dem Unfall gekommen sei. Hiervon ausgehend ist die jetzige genaue Schilderung des Unfallhergangs im Zivilprozeß durch den Beklagten beweismäßig weitgehend unergiebig. Unstreitig pflegte dagegen der Beklagte gewöhnlich aus der Unfallkurve heraus unmittelbar geradeaus in die Kalkstraße zu fahren, um seinen Heimweg abzukürzen. Wenn er zur Unfallzeit so gefahren ist, liegt es auf der Hand, daß er dabei in die Fahrbahn des verstorbenen Fahrers Johann W. geraten ist. Der Beklagte hat allerdings behauptet, ausgerechnet an diesem Tag sei er von dieser Übung abgewichen. Einen plausiblen Grund dafür hat er indessen nicht anzugeben vermocht. Er hat zwar zunächst behauptet, er sei deshalb in Richtung E. weitergefahren, weil die Kalkstraße zur Unfallzeit gesperrt gewesen sei. Diese Behauptung hat sich indessen als nicht zutreffend herausgestellt. Offenbar hatte es sich dabei um eine Schutzbehauptung des Beklagten gehandelt. Es bleibt nach der Überzeugung des Senats nur die Feststellung möglich, daß der Beklagte sich auf diese Weise zu entlasten versucht hat, daß er also insoweit die Unwahrheit gesagt hat.

Dafür, daß der Unfall sich auf der Fahrspur des verstorbenen Johann W. ereignet hat, sprechen auch die Bremsspuren, die in Richtung zur Kalkstraße hin festgestellt worden sind. Die Polizeibeamten P. und W. haben diese Spuren gesichert und darüber als Zeugen im Zivilprozeß ausgesagt. Gewiß ist es denkgesetzlich nicht ausgeschlossen, daß nach Räumung der Unfallstelle, also in der Nacht oder am frühen Morgen des anderen Tages, genau an dieser Stelle ein anderes Kraftfahrzeug heftig gebremst und diese Spuren ausgelöst hat. Allein wahrscheinlich ist indessen, daß es sich dabei um die Spuren des Unfalls der Parteien handelt. Es mag denkgesetzlich auch möglich sein, daß die beiden Fahrzeuge auf der – vom Beklagten aus gesehen – rechten Fahrspur zusammengestoßen, Brems- und Schleifspuren aber nur an der Einmündung zur Kalkstraße aufgetreten sind. Diese Möglichkeit erscheint dem Senat jedoch so unwahrscheinlich, daß sie im Gesamtbild der Beweiswürdigung außer Betracht bleiben muß.

Von indizieller Bedeutung ist weiter, daß die sachkundigen und geschulten Polizeibeamten von Anfang an davon ausgegangen sind, die Unfallstelle liege an der Einmündung der Kalkstraße, also auf der Fahrspur des verstorbenen Fahrers Johann W. Gewiß ist dieser Umstand alleine nicht geeignet, eine schuldhafte Verkehrswidrigkeit nachzuweisen. Er hat aber Bedeutung als einer von mehreren Beweisumständen. Der unmittelbare Eindruck nach dem Unfallgeschehen an der Unfallstelle hat sein eigenes Gewicht und damit auch einen Erkenntniswert, der nachträglichen gedanklichen Hergangskonstruktionen überlegen oder doch jedenfalls gleichwertig sein kann.

Hinzu kommt, daß der Beklagte sich nicht als verkehrsbewußter Fahrer verhalten hat. Bereits an der Unfallstelle haben die mit dem Unfall befaßten Verkehrspolizisten erkannt, daß der Beklagte unter Alkoholeinwirkung stand. So ist es in der Verkehrsunfallanzeige vermerkt. Auch ausweislich des Strafverfahrens hatte er vor dem Unfall Alkohol getrunken. Gleichwohl ist der Beklagte übermäßig schnell und in unvernünftiger Fahrweise die Strecke in Richtung E. gefahren. Insoweit liegen zuverlässige Zeugenaussagen vor. Der Zeuge H. hat im Strafverfahren geschildert, wie er die Fahrweise des Beklagten beobachtet hat. Obwohl der Zeuge H. selbst sehr zügig in Richtung E. fuhr, hat er den vor ihm fahrenden Personenwagen vom Typ Mercedes alsbald aus den Augen verloren, weil dieser noch wesentlich schneller fuhr als er. Bei seiner Vernehmung im ersten Rechtszug hat der Zeuge seine Angaben auf Befragen hin weiter präzisiert und bekundet, der Beklagte sei unverhältnismäßig schnell gefahren. „Ich hatte den Eindruck – obwohl das wohl in Wirklichkeit nicht stimmte – daß der Beklagte mit dem Fahrzeug zeitweilig auf zwei Rädern fuhr". Daß der Zeuge H. nach seinen Bekundungen den Eindruck hatte, der Unfall sei vom Beklagten verursacht worden, ist keine Wahrnehmungswiedergabe. Für die Beweiswürdigung hat sein subjektiver Eindruck jedoch indizielle Bedeutung, weil es sich um den Eindruck eines verkehrserfahrenen Kraftfahrers handelt. Dieser Eindruck stellt seinerseits eine subjektive Realität dar, die auf Beobachtungen der Fahrweise eines anderen zurückzuführen ist.

Darüber hinaus wird aber die Aussage des Zeugen H. nachdrücklich bestätigt durch die Bekundung des Zeugen B. Dieser Zeuge fuhr zur Unfallzeit vor dem Beklagten. Obwohl er schnell fuhr – einen schweren Wagen Typ Mercedes mit hoher Fahrleistung –, wurde er vom Beklagten überholt. Da der Beklagte daraufhin wieder langsamer fuhr, überholte ihn nunmehr der gleichmäßig weiterfahrende Zeuge B., wurde danach aber erneut vom Beklagten überholt. Der Zeuge gewann dabei den Eindruck, daß der Beklagte sich unvernünftig und anomal im Straßenverkehr verhalte. Er äußerte zu seinen Mitfahrern, der Beklagte werde keines natürlichen Todes sterben. In seinen Bekundungen im Ermittlungsverfahren, die zeitlich näher am Unfallgeschehen lagen und deshalb grundsätzlich als zuverlässiger anzusehen sind, hat der Zeuge B. darauf hingewiesen, der Beklagte sei ihm vor dem Unfall durch seine verantwortungslose Fahrweise aufgefallen. „Auf der Strecke Ortsende U. bis Kreuzung V. hat er mich zweimal mit einer solchen Geschwindigkeit überholt, daß ich beim zweiten Mal geglaubt habe, sein Wagen würde aus der Kurve getragen". In seiner richterlichen Vernehmung im Ermittlungsverfahren hat der Zeuge B. seine eigene Geschwindigkeit während des Überholens durch den Beklagten mit „mindestens 100 km/h" angegeben. Angesichts dessen besteht für den Senat kein Zweifel, daß der Beklagte unmittelbar vor dem Unfall mit einer wesentlich übersetzten Geschwindigkeit in Richtung Unfallstelle gefahren ist. Der Beklagte meint zwar, aus seiner Fahrweise *vor* dem Unfall folge nichts auf seine Fahrweise *während* des Unfalls. Dem kann jedoch nicht gefolgt werden. Insoweit handelt es sich um eine Frage, die der Senat in freier Beweiswürdigung nach § 286 ZPO zu entscheiden hat. Den gesamten Umständen nach bestehen keine Anhaltspunkte dafür, daß der Beklagte, der vor dem Unfall äußerst riskant und für andere Verkehrsteilnehmer auffällig schnell gefahren ist, kurz vor dem Unfall seine Geschwindigkeit abrupt abgebremst und auf 40–50 km/h gemindert hat. Diese Geschwindigkeit wäre aber notwendig gewesen, um die Unfallkurve auf der Fahrbahn des Beklagten sicher zu durchfahren, wie im Strafverfahren gutachtlich festgestellt worden ist.

Unter Berücksichtigung des gesamten Inhalts der mündlichen Verhandlungen, des Ergebnisses der erstinstanzlichen Beweisaufnahme und des Inhalts der beigezogenen Strafakten ist der Verkehrsunfall nach der sicheren Überzeugung des Senats nur dadurch zu erklären, daß der Beklagte sich schuldhaft verkehrswidrig verhalten hat. Entweder hat er – um es zu wiederholen – die Kurve in Richtung E. mit wesentlich übersetzter Geschwindigkeit durchfahren und ist aus ihr herausgetragen worden; oder er wollte unmittelbar in die Kalkstraße einfahren, wie er es sonst auch zu tun pflegte und wovon abzuweichen für ihn zur Unfallzeit kein dargelegter überzeugender Anlaß bestanden hatte. Der Fahrer Johann W. hat sich dagegen nach der Überzeugung des Senats verkehrsgerecht verhalten und seine (rechte) Fahrspur eingehalten. Bei diesem Beweisergebnis muß der Beklagte den Schaden der Klägerinnen voll ersetzen (§ 7 Abs. 2 StVG). Dementsprechend ist die landgerichtliche Entscheidung dem Grunde nach abzuändern und auf volle Haftung des Beklagten zu erkennen.

§ 51. Ein Lehrfall zum Anscheinsbeweis 1558

Der nachstehend abgedruckte Fall aus der Praxis soll verdeutlichen, wie man einen Sachverhalt gewissermaßen „einkreist", bevor man einen möglichst engen, fallgebundenen Erfahrungssatz formuliert. Darauf zu achten, wird manchmal versäumt. Arbeitet ein Gericht aber mit einem zu weit gefaßten Erfahrungssatz, dann ist das ebenso fehlerhaft, wie wenn es ihn zu eng abgrenzt. In beiden Fällen können Fehlentscheidungen die Folge sein: Der zu weit gefaßte Erfahrungssatz wird vielleicht später als Präjudiz übernommen und auf Sachverhalte angewandt, die ihm bei genauer Abgrenzung nicht zugeordnet werden dürften. Der zu eng gefaßte Erfahrungssatz kann eine dem Beweisführer günstige Entscheidung verhindern, weil der Sachverhalt fälschlich nicht darunter subsumiert wird.

Hier nun der praktische Fall:

Folgendes hatte sich *in tatsächlicher Hinsicht* ereignet: Die Beklagte, Inhaberin einer Bauunternehmung, hatte im Dezember Tiefbauarbeiten an einer verkehrsreichen Straße in einer Großstadt ausgeführt. Dabei wurde ein luftbereifter großer Bagger eingesetzt, der etwa zwei Jahre in Betrieb war. Der Raupenfahrer der Beklagten, der Zeuge H., stellte den Bagger nachmittags gegen 16.00 Uhr auf dem Gehweg einer stark befahrenen Straße ab. In kurzer Entfernung dahinter hatte der Kläger seinen Pkw, einen Mercedes, geparkt. Gegen Mitternacht fuhr der Bagger, der ein Eigengewicht von 8 t hatte und dessen Höchstgeschwindigkeit 20 km/h betrug, rückwärts und stieß gegen den abgestellten Pkw des Klägers. Die Ursache dafür, warum der Bagger sich in Bewegung gesetzt hatte, blieb streitig. Ein Sachverständiger, der den Bagger untersucht hatte, war zu dem Ergebnis gekommen, für die Fortbewegung des Fahrzeuges müsse ein Kurzschluß in der elektrischen Leitung als Ursache angenommen werden. Gestützt darauf verlangte der Kläger von der Beklagten Ersatz seines Schadens mit der Behauptung, der Unfall sei durch den betriebsunsicheren Zustand des Baggers herbeigeführt worden. Die zum Anlasser führende Kabel-Isolierung sei in die Nähe des Auspuffs geraten, abgeschmort und habe den Kurzschluß hervorgerufen. Infolgedessen sei der Anlasser betätigt und das Fahrzeug bewegt worden. Im Unfallzeitpunkt sei der Rückwärtsgang eingelegt gewesen. Dem hielt die Beklagte entgegen, der Zeuge H. habe das Fahrzeug beim Verlassen ordnungsgemäß abgesichert, die Handbremse angezogen, den Vorwärtsgang eingelegt, die Lademulde abgelegt und den mit einem Sicherheitsschloß versehenen Bagger verschlossen. Es sei technisch unmöglich, daß sich der Bagger auf Grund eines Kurzschlusses von selbst in Bewegung gesetzt habe. Als Ursache für den Schadenshergang komme nur das Eingreifen eines unbekannten Dritten in Betracht, der die Handbremse gelöst, den Anlasser kurzgeschlossen und dann die Rückwärtsbewegung des Baggers verursacht haben müsse. Selbst wenn man aber davon ausgehe, für den Unfall sei ein Kurzschluß in der elektrischen Anlage ursächlich gewesen, treffe die Beklagte daran kein Verschulden. Der Bagger habe sich in gutem Zustand befunden; er sei regelmäßig ordnungsgemäß gewartet worden.

Die Beklagte ist antragsgemäß verurteilt worden, und zwar mit folgender Begründung:

Entscheidungsgründe

I. Dem Kläger steht nach §§ 823, 249 BGB ein Anspruch auf Ersatz des Schadens zu, der ihm dadurch entstanden ist, daß das Fahrzeug des Beklagten sich nachts rückwärts in Bewegung gesetzt und den Personenkraftwagen des Klägers beschädigt hat.

Keine der Parteien hat eigene Wahrnehmungen darüber gemacht, wie es zu dem Unfall, insbesondere zu der Rückwärtsbewegung des Baggers gekommen ist. Die Darlegungs- und Beweislast des Klägers ist aber durch die Regeln über den ersten Anschein auf Grund eines typischen Geschehensablaufes erleichtert. Von folgendem Erfahrungssatz ist auszugehen:

„Wenn ein nachmittags am Straßenrand geparkter Tiefbauschlepper gegen Mitternacht fahrerlos rückwärts auf einen parkenden Personenkraftwagen auffährt, dann spricht der erste Anschein dafür, daß das Fahrzeug nicht hinreichend gesichert und verkehrssicher war."

1. Die Voraussetzungen dieses Erfahrungssatzes stehen fest.

Zwischen den Parteien ist nur umstritten, ob sich der Bagger „fahrerlos" rückwärts bewegt hat. Die Beklagte meint, daß daran ein unbekannter Dritter beteiligt gewesen sei. Nach dem Ergebnis der Beweisaufnahme kann jedoch nicht davon ausgegangen werden, daß ein unbekannter Dritter den Bagger in Bewegung gesetzt hat. Im strafrechtlichen Ermittlungsverfahren hat der in der Nähe der Unfallstelle wohnende Maschinenschlosser H.

berichtet, er habe gesehen, daß jemand an der Baumaschine gewesen sei, nicht aber, ob sie von diesem in Betrieb gesetzt worden sei. Das sei von seinem Standort nicht zu erkennen gewesen. Diese Wahrnehmung deckt sich mit der Äußerung im strafrechtlichen Ermittlungsverfahren, die der Kaufmann K. gemacht hat. Er war nämlich in der Tat an dem Bagger, weil er die Unfallfolgen bemerkt und die Polizei informiert hatte. Herr H.[1] kann also nur Herrn K. an dem Bagger gesehen haben. Daß dieser das Fahrzeug nicht in Gang gesetzt hat, ist aber unstreitig. Irgendwelche anderen Anhaltspunkte dafür, daß sich ein Dritter an dem Fahrzeug zu schaffen gemacht habe, fehlen; insbesondere sind unmittelbar nach der Überprüfung des Fahrzeuges an der Unfallstelle keine dahingehenden Beschädigungen festgestellt worden. Im Gegenteil hat der im Ermittlungsverfahren als Zeuge vernommene H. festgestellt, daß die Tür des Baggers noch verschlossen und die Handbremse noch angezogen war, als er das Fahrzeug sofort nach dem Unfall besichtigte.

Bei dieser Sach- und Beweislage kommt dem Gutachten Z. aus dem strafrechtlichen Ermittlungsverfahren besondere Bedeutung zu. Danach ist die technische Möglichkeit, das Fahrzeug durch Herbeiführen eines Kurzschlusses in Bewegung zu setzen, ohne in das Führerhaus einzudringen, nicht auszuschließen. Sie ist aber gänzlich unwahrscheinlich. Einmal könnte sie nur von einem mit der Materie vertrauten Auto-Elektriker ausgeführt werden. Zum anderen müßte der Betreffende sich dazu unter das Fahrzeug legen. Die wahrscheinlichste Bewegungsursache ist ein Kurzschluß in der elektrischen Anlage gewesen, der auf beschädigte Isolation der elektrischen Leitung in Verbindung mit nächtlichen Temperaturunterschieden und dadurch aufgetretenen Spannungen zurückzuführen ist.

Die sachverständigen Feststellungen des Gutachters Z. sind durch das zusätzlich eingeholte Gutachten des Sachverständigen S. bestätigt worden. Auch nach dessen Auffassung ist die Rückwärtsbewegung durch einen Kurzschluß entstanden, der den Bagger bis zum Entladen der Batterie in Bewegung gesetzt hat, ohne daß dabei der Motor angesprungen ist. Die angezogene Handbremse und der abgelegte Baggerlöffel vermochten diese Rückwärtsbewegung nicht zu verhindern. Das hat der Sachverständige S. durch einen Versuch mit einem gleichen Fahrzeug festgestellt. In seinem Ergänzungsgutachten hat er darauf hingewiesen, daß die Betätigung des Anlassers von außen nur durch einen Fachmann möglich ist, daß dieser sich dadurch aber in Lebensgefahr begebe, weil er, wie ein Versuch gezeigt habe, dabei zwischen den Laufrädern stehen müsse. Steht hiernach fest, daß sich der Bagger im Unfallzeitpunkt *fahrerlos* rückwärts bewegt hat, so sind damit die Voraussetzungen des Erfahrungssatzes vom Kläger bewiesen.

Die Beklagte hat demgegenüber durch Antrag auf Einholung eines Sachverständigengutachtens Beweis dafür angetreten, daß das Hauptkabel von

---

[1] Die im Strafverfahren als Zeugen vernommenen Personen sind nicht auch Zeugen im Zivilprozeß. Dies können sie nur dadurch werden, daß das Zivilgericht beschließt, sie als Zeugen zu vernehmen. Solange ihre Aussagen nur urkundenbeweislich an Hand der Strafakten gewürdigt werden, dürfen sie deshalb im Zivilprozeß korrekterweise nicht als Zeugen angeführt werden.

der Batterie über den Anlasser zum Anlaßschalter von der Anordnung und Konstruktion her nicht durch die Wärme des Auspuffs in seiner Isolierung beschädigt werden könne, jedenfalls eine solche Beschädigung nicht innerhalb eines halben Jahres bei vorher einwandfreiem Zustand eintreten könne. Diesem Beweisantrag ist nicht stattzugeben. Daß ein Kabelschaden nicht allein durch Zeitablauf, sondern beispielsweise auch durch Beschädigung eines Fahrzeuges im Raupeneinsatz entstehen kann, ist offenkundig und bedarf deshalb keines Beweises. Angesichts dessen ist der Beweisantrag unerheblich. Ob der Anlasser des Baggers zur Unfallzeit durch einen Kabelschluß in Gang gesetzt worden ist, war bereits Gegenstand zweier sachverständiger Untersuchungen. Das Gericht erachtet die Gutachten der Sachverständigen Z. und S. nicht für ungenügend, so daß eine neue Begutachtung durch einen dritten Sachverständigen ausscheidet (§ 412 Abs. 1 ZPO).

2. Nach den Ausführungen vorstehend zu Ziffer 1 der Entscheidungsgründe hat der Kläger kraft eines Anscheinsbeweises die Voraussetzungen des von ihm geltend gemachten Schadensersatzanspruches bewiesen.

Soweit die Beklagte die Geltung des vom Gericht bejahten Erfahrungssatzes bestreitet, ist dem nicht zu folgen. Entgegen der Auffassung der Beklagten handelt es sich nicht um einen individuellen Vorgang, der einem Anscheinsbeweis nicht zugänglich wäre. Die Beklagte verwechselt insoweit den konkreten Unfall, der Anlaß zu diesem Rechtsstreit gegeben hat, mit der typischen Situation, die in dem vom Gericht bejahten Erfahrungssatz abstrahierend tatbestandlich erfaßt worden ist. Die Regeln des Beweises vom ersten Anschein sollen es gerade ermöglichen, *ungeklärte* konkrete Schadensverläufe mit Hilfe von Erfahrungssätzen beweisbar zu machen, da anderenfalls der Geschädigte, der über den konkreten Ablauf aus eigener Wahrnehmung nichts sagen kann, prinzipiell beweisfällig bliebe.

Ein Gegenbeweis gegen die tatsächlichen Voraussetzungen des Erfahrungssatzes, daß nämlich der Bagger sich fahrerlos rückwärts bewegt hat, ist der Beklagten nicht gelungen, wie bereits ausgeführt worden ist. Bei dieser Beweislage kann die Beklagte sich nur dadurch entlasten, daß sie darlegt und nachweist, der Bagger sei verkehrssicher gewesen, weil er ständig und hinreichend von Fachkräften gewartet worden sei. Aber auch diesen Beweis hat die Beklagte nicht geführt. Sie hat während des gesamten Rechtsstreits keine Wartungsunterlagen und keine dazu erstellten Rechnungen vorgelegt, obgleich solche in ihrem Besitz sein müssen, wenn eine regelmäßige Wartung stattgefunden hat. Daß die Vorlage solcher Unterlagen erforderlich war, war der Beklagten bekannt, da sie vom Gerichts darauf hingewiesen worden ist.

Die Beklagte hat allerdings, anstatt die Wartungsunterlagen vorzulegen, Zeugenbeweis für die Überprüfung und Instandhaltung des Baggers angetreten. Dieser Beweis ist jedoch nicht zu erheben, da nach dem eigenen Vorbringen der Beklagten die Voraussetzungen für eine hinreichende Wartung nicht dargelegt worden sind. Die Beklagte selbst hat vorgetragen, daß in dem halben Jahr vor dem Unfall keine Wartungs- oder Reparaturarbeiten an der Maschine ausgeführt worden sind. Sie ist der Auffassung, in diesem Zeitraum seien keine Wartungsarbeiten notwendig gewesen, da die Maschine vorher generalüberholt worden sei und die Betriebsdauer unter 400

Stunden gelegen habe. Dem vermag sich das Gericht nicht anzuschließen. Den Ausführungen der Beklagten ist im Grunde nur zu entnehmen, daß der Bagger bis zum Unfall im Einsatz gewesen ist, ohne daß Betriebsmängel festgestellt worden sind. Damit räumt die Beklagte letztlich ein, daß sie lediglich darauf abgestellt hat, ob das Baggerfahrzeug einsatzfähig gewesen ist. Sie hat nicht etwa eine Überprüfung dahingehend vorgenommen, ob Gefahrenquellen entstanden sind. Daß eine solche Gefahrenquelle bestanden hat, zeigt aber der Unfallhergang, der höchstwahrscheinlich durch ein defektes Kabel verursacht worden ist. Selbst wenn man aber gegen diese Ursachenfeststellung die Bedenken der Beklagten übernimmt, folgt daraus keine sichere andere Feststellung. Zumindest ist unklar geblieben, ob sich dieser Unfall auch bei verstärkter Wartung des Fahrzeugs hätte ereignen können. Der dem Kläger günstige Anscheinsbeweis ist daher nicht erschüttert worden.

In diesem Zusammenhang ist auch darauf hinzuweisen, daß die von der Beklagten als angemessen angesehenen wartungsfreien Zeiträume von einem halben Jahr und mehr allenfalls dann gerechtfertigt sein können, wenn ein solches Baggerfahrzeug *auf dem Baugelände* abgestellt wird. Wird dagegen, wie es im Streitfall geschehen ist, ein Fahrzeug, von dem schon wegen seiner Beschaffenheit und wegen seines Gewichts wesentliche Gefahren ausgehen können, auf einer öffentlichen Straße unbewacht für längere Zeit geparkt, dann ist dies nur zu billigen, wenn auch entsprechende höhere Sorgfaltsanforderungen erfüllt worden sind. Wenn also die Beklagte es erlaubt, daß ihr Baggerfahrer einen über 8 t schweren Baggerschlepper wie einen normalen Personenkraftwagen auf einer stark befahrenen öffentlichen Straße parkt, dann darf sie die Wartungsanforderungen nicht an Maßstäben ausrichten, die allenfalls für Fahrzeuge gelten, die lediglich auf der Baustelle abgestellt werden. Es ist unter den gegebenen Umständen als unzureichend anzusehen, ein derartiges Fahrzeug sechs Monate lang ohne Wartung zu benutzen und dann in den Straßenverkehr zu bringen. Der Entlastungsbeweis der Beklagten gegen den zugunsten des Klägers eingreifende Anscheinsbeweis ist daher auch aus diesem Grunde nicht geführt.

II. Die Schadenshöhe . . .

§ 52. Zeugenaussagen und Anscheinsbeweis 1559

In diesem Beispiel greifen konkrete Beweiswürdigung und Anwendung eines Erfahrungssatzes ineinander über. Der Fall erhellt die *nachgeordnete* Bedeutung des Anscheinsbeweises: Es ist falsch, mit dem Beweis des ersten Anscheins zu arbeiten, wenn das konkrete, einmalige Geschehen aufgeklärt ist. Allerdings ist es nicht nötig, Beweis zum konkreten Hergang zu erheben, wenn der Kläger ohne Beweisaufnahme prima facie obsiegen muß. Jedoch kommt das praktisch selten vor, weil der Beklagte regelmäßig durch Beweiserbieten den konkreten Hergang aufklären möchte, um den Anscheinsbeweis zu erschüttern. Das nötigt dann wiederum den Kläger zu abwehrenden Beweisanträgen, so daß am Ende doch „über den Hergang des Unfalls" eine Beweisaufnahme stattfindet. Und diese **muß** dann gewürdigt werden, bevor auf Grund des ersten Anscheins verurteilt wird.

Da das Beispiel einen nicht ganz einfachen Rechtsfall betrifft, gebe ich zum besseren Verständnis das vollständige Urteil wieder.

Im Namen des Volkes!
Grundurteil
In dem Rechtsstreit

des Monteurs Josef R. . . .

Klägers,

Prozeßbevollmächtigte: Rechtsanwälte C., Dr. W. und Dr. K. in K. –

gegen

den Kaufmann Karl-Heinz K., . . .

Beklagten,

– Prozeßbevollmächtigte: Rechtsanwälte Dr. G. und B. in K. –
hat die 14. Zivilkammer des Landgerichts K.
auf die mündliche Verhandlung vom . . .
unter Mitwirkung des Vorsitzenden Richters am Landgericht A., des Richters am Landgericht B. und der Richterin am Landgericht C.
für Recht erkannt:

Die Klageanträge zu 1 und 2 sind dem Grunde nach gerechtfertigt.

Tatbestand

Am 26. September 1985 um 1.30 Uhr nachts stießen die Parteien mit den von ihnen gesteuerten Personenkraftwagen auf der Kreuzung Innere Kanalstraße/Neußer Straße zusammen. Der Kläger hatte mit seinem Pkw Simca von der Rheinseite her kommend die Innere Kanalstraße in Richtung Aachener Straße befahren. Der Beklagte hatte mit seinem Pkw Ford die Neußer Straße in Richtung Ebert-Platz befahren. Der Verkehr auf beiden Straßen wird durch Verkehrsampeln in der Weise reguliert, daß die Ampeln wechselseitig auf „rot-grün" schalten, so daß jeweils nur eine Straße durchgehend befahrbar ist. Beim Beklagten wurde nach dem Unfall eine Blutprobe entnommen, deren Untersuchung eine Alkoholkonzentration von 1,64 Promille ergab. Durch den Unfall wurden die Insassen der Kraftfahrzeuge verletzt und die Fahrzeuge beschädigt. Der Kläger erlitt eine Gehirnerschütterung, einen Armbruch, eine Nierenquetschung, eine Verletzung am Knie sowie Schnittwunden und Prellungen. Der Beklagte erlitt eine leichte Gehirnerschütterung, eine Platzwunde und Prellungen. Die Zeugin Geyer, die im Wagen des Beklagten mitgefahren war, erlitt vier Rippenbrüche, eine leichte Gehirnerschütterung und Prellungen. Die Fahrzeuge der Parteien gerieten in eine an der Kreuzung befindliche Aufbruchstelle. Dabei überschlug sich der Wagen des Beklagten und blieb auf dem Dach liegen. Am Wagen des Klägers wurde die rechte Vorderseite, in die der Beklagte hineingefahren war, eingedrückt. In einem gegen die Parteien eingeleiteten Strafverfahren wurde der Kläger freigesprochen, der Beklagte wegen Verkehrsübertretung unter Alkoholeinfluß verurteilt.

Beide Parteien werfen einander wechselseitig vor, bei rotem Ampellicht in die Kreuzung eingefahren zu sein.

Der Kläger behauptet: Er habe die Kreuzung Innere Kanalstraße/Neußer

Straße bei der Ampelstellung „grün“ überquert; der Beklagte dagegen habe das rote Licht der Ampel Neußer Straße nicht beachtet und dadurch den Unfall verschuldet.

Die Höhe seines Sachschadens beziffert der Kläger mit 6312,55 DM, den Schaden durch Körperverletzung beziffert er mit 5247,75 DM. Wegen der Schadensaufstellung im einzelnen wird auf die Klageschrift Bl. 2–5 d. A. Bezug genommen. Der Kläger hält ein Schmerzensgeld von 5500,– DM für angemessen. Er behauptet, daß die Unfallfolgen auch jetzt noch nicht beseitigt seien und weiterer Schaden drohe.

Der Kläger beantragt,

1. den Beklagten zu verurteilen, an den Kläger 11 560,30 DM nebst 4% Zinsen seit Zustellung der Klage zu zahlen;
2. den Beklagten zu verurteilen, an den Kläger ein angemessenes Schmerzensgeld zu zahlen;
3. festzustellen, daß der Beklagte verpflichtet ist, dem Kläger allen ihm aus dem Unfall vom 26. September 1985 noch entstehenden Schaden zu ersetzen.

Der Beklagte beantragt Klageabweisung.

Er behauptet: Als er auf die Innere Kanalstraße gefahren sei, habe die Ampel Neußer Straße „grün“ angezeigt. Demnach sei der Kläger verbotswidrig bei rotem Ampellicht in die Kreuzung eingefahren. Der Beklagte ist der Auffassung, der Unfall sei für ihn ein unabwendbares Ereignis gewesen. Die Höhe des vom Kläger geltend gemachten Schadens bestreitet er, ohne näher auf die einzelnen Schadenspositionen einzugehen.

Wegen weiterer Einzelheiten wird auf den vorgetragenen Inhalt der von den Parteien gewechselten Schriftsätze Bezug genommen. Die von den Parteien zu den Gerichtsakten eingereichten Unterlagen und Lichtbilder sowie die Strafakten waren Gegenstand der mündlichen Verhandlung. Auf ihren Inhalt wird verwiesen.

Die Kammer hat über den Hergang des Unfalls Beweis erhoben durch Vernehmung von Zeugen und durch Einholung einer amtlichen Auskunft des Tiefbauamtes – Verkehrsabteilung – der Stadt K. Wegen des Ergebnisses der Beweisaufnahme wird auf den vorgetragenen Inhalt der Vernehmungsniederschriften und auf die amtliche Auskunft Bezug genommen.

Entscheidungsgründe

Der bezifferte Schadensersatzanspruch des Klägers und sein Schmerzensgeldanspruch sind dem Grunde nach gerechtfertigt. Hinsichtlich des Feststellungsbegehrens und der Schadenshöhe ist der Rechtsstreit noch nicht zur Entscheidung reif.

I.

Dem Kläger steht nach § 823 Abs. 1 BGB ein Anspruch auf Ersatz der ihm entstandenen Sach- und Körperschäden zu.

Es ist zwischen den Parteien unstreitig, daß der Kläger durch den Unfall an Eigentum, Körper und Gesundheit verletzt worden ist. Dem Kläger ist auch der Nachweis gelungen, daß der Beklagte diesen Unfall schuldhaft verursacht hat. Zwar ist ungewiß geblieben, ob der Beklagte bei rotem Ampellicht in die Innere Kanalstraße eingefahren ist. Diese Ungewißheit geht jedoch nicht zu Lasten des Klägers, weil für diesen ein Erfahrungssatz streitet, demzufolge der erste Anschein für ein Verschulden des Beklagten spricht.

1. Es ist ungewiß geblieben, welche der Parteien verbotswidrig die Kreuzung an der Unfallstelle befahren hat.

Die Zeugin Geyer hat bekundet, der Beklagte sei bei „grün" in die Kreuzung eingefahren. Dieser Aussage mißt die Kammer keine wesentliche Bedeutung bei. Es sprechen mehrere Umstände gegen die Zuverlässigkeit dieser Zeugenaussage. Die Zeugin hatte vor dem Unfall einige Glas Bier getrunken, nach ihrer Angabe etwa vier. Dadurch ist ihre Wahrnehmungsfähigkeit gemindert worden. Auch geringe Mengen Alkohol wirken leistungshemmend auf die sensorischen Fähigkeiten ein. Zudem ist allgemein bekannt, daß der Genuß von Bier ermüdend wirkt. Mag die Beeinträchtigung der Fähigkeit, äußere Vorgänge zu erkennen und zu erfassen, bei der Zeugin auch nur gering gewesen sein, so ist dies jedoch neben anderen gegen die Zuverlässigkeit ihrer Aussage sprechenden Umständen zu berücksichtigen. So ist die Erinnerungsfähigkeit der Zeugin ebenfalls Bedenken ausgesetzt. Sie hat bei dem Unfall eine Gehirnerschütterung davongetragen und im Ermittlungsverfahren bekundet, daß sie infolge des Unfalls drei Wochen zu Bett bleiben mußte. Es läßt sich nicht ausschließen, daß durch diese Verletzung die Gedächtnisleistung lückenhaft oder geschwächt ist. In der medizinischen Wissenschaft ist ebenso wie in der psychologischen anerkannt, daß Kopfverletzungen zu Gedächtnisausfällen oder Leistungsabfällen führen können. Hierauf beruht es, daß Beteiligte eines Unfalles, die eine Gehirnerschütterung erlitten haben, oft keine Erinnerung an die Ereignisse unmittelbar vor und nach dem Unfall haben. Die Wahrnehmungs- und Erinnerungslücken infolge traumatischer Einwirkungen auf das Gehirn (heftige Erschütterungen, Aufprall, Stoß) werden dann oft unbewußt durch Fremdvorstellungen ausgefüllt, die auf Grund von Unterredungen mit anderen Personen oder hypothetischen Rekonstruktionen gewonnen worden sind. Schließlich bestehen auch subjektive Bedenken gegen die Aussageleistung der Zeugin. Sie war mit dem Beklagten näher befreundet. Für diesen war eine ihm günstige Aussage der Zeugin von wesentlicher Bedeutung. Es ist daher nicht ausgeschlossen, daß das Interesse der Zeugin an einem dem Kläger günstigen Ausgang dieses Verfahrens und des Strafverfahrens auf den Inhalt ihrer Aussage von Einfluß gewesen ist. Alle diese Bedenken stehen nach der Auffassung der Kammer der Überzeugungskraft dieser Aussage entgegen.

Die Aussage der Zeugin Heuser ist bereits inhaltlich unergiebig. Sie hat zwar bekundet, der Pkw, in dem sie sich als Insassin befunden hat, sei bei „grün" in die Kreuzung eingefahren. Über den Fahrweg des von ihr benutzten Kraftfahrzeuges und den Hergang des Unfalls vermochte sie jedoch keine Angaben zu machen. Die entscheidende Frage, welche der wechselseitig geschalteten Ampeln beim Einfahren in die Kreuzung auf „grün" gestanden hat, bleibt demnach offen.

Der Zeuge Kaspers hat bekundet, er sei etwa 350 Meter von der Kreuzung entfernt gewesen, als der Zusammenstoß stattgefunden habe. Daraufhin sei er mit einer Geschwindigkeit von etwa 100 km/h zum Unfallort gefahren und habe bei „grün“ die Innere Kanalstraße erreicht. Aus diesen Angaben läßt sich nach der Formel

$\frac{100 + 10\%}{4}$ errechnen, daß der Zeuge innerhalb der 31 Sekunden dauernden Grünzeit den Unfall bemerkt und den Unfallort erreicht hat. Das spricht dafür, daß der Beklagte ebenfalls bei „grün“ die Kreuzung befahren hat. Doch ist es einer der gefestigten Sätze der forensischen Psychologie, daß Schätzungen zu den unzuverlässigsten Wahrnehmungen gehören, weil der Mensch keinen – zumindest keinen verläßlichen – Raum- und Zeitsinn hat. Schätzen ist lediglich Übungssache. Damit wird aber die Berechnungsbasis selbst unsicher. Der Beklagte hat dann auch nach seinem Vorbringen bei privatem Abmessen ermittelt, daß die von dem Zeugen Kaspers mit etwa 350 Meter angegebene Entfernung zwischen Tankstelle Holbeinstraße und Unfallstelle tatsächlich nur 240 Meter beträgt. Eine davon ausgehende Berechnung würde die Aussage des Zeugen Kaspers in einer dem Beklagten günstigen Weise berichtigen. Der Beklagte läßt dabei jedoch außer acht, daß die Aussage des Zeugen Kaspers auch noch andere Fehlerquellen enthält. Die daraus resultierende Ungewißheit ist aber n i c h t aufklärbar und wirkt sich g e g e n den Beklagten aus. Einmal ist die Bekundung, der Zeuge sei bis zum Unfallort mit 100 km/h gefahren, sicherlich unrichtig. Denn dann hätte er einen Anhalteweg von etwa 80 Metern gehabt und wäre weit hinter der Kreuzung mit seinem Pkw zum Stehen gekommen.

Der Zeuge kann auch nicht, wie er angegeben hat, seine Geschwindigkeit merklich erhöht haben. Denn bei einem – wie der Beklagte vorträgt – Gesamtweg von 240 Metern mußte er schon bei einer Geschwindigkeit von 100 km/h in der Mitte dieser Strecke mit dem Bremsvorgang beginnen, um sein Fahrzeug an der Unfallstelle anhalten zu können. Zweifel bestehen aber weiter auch an der Geschwindigkeitsschätzung des Zeugen. Sie kann zutreffen, kann aber auch unrichtig sein. Der Zeuge hat insoweit nach Ansicht der Kammer keine echte Erinnerung wiedergegeben, sondern sich daran gehalten, wie er als Berufskraftfahrer unter den zur Unfallzeit gegebenen Umständen gewöhnlich zu fahren pflegt. Daß er bewußt den Geschwindigkeitsanzeiger abgelesen und sich dessen Stand gemerkt hat, als er ansetzte, die Unfallstelle zu erreichen, widerspricht der Lebenserfahrung, zumal auch der Zeuge damals nicht damit rechnen konnte, daß diese Angaben in einem späteren Rechtsstreit einmal von Bedeutung sein könnten. Darüber hinaus ist ungewiß, ob der Zeuge Kaspers den Zusammenstoß der Fahrzeuge der Parteien unmittelbar wahrgenommen hat oder erst auf den Unfall aufmerksam geworden ist, n a c h d e m dieser sich ereignet hatte. Es besteht daher die Möglichkeit, daß der Zeuge seine Fahrgeschwindigkeit erst erhöht hat, als das Unfallgeschehen bereits abgeschlossen war. In diesem Fall kann er die Kreuzung bei „grün“ befahren haben, obwohl der Beklagte bei rotem Ampellicht oder während der nur sechs Sekunden währenden Räumzeit (gelbes Ampellicht) auf die Innere Kanalstraße gefahren ist.

Die Kammer verkennt nicht, daß die Aussage des Zeugen Kaspers einen gewissen Anhaltspunkt für die Richtigkeit der Darstellung des Beklagten bietet. Zum vollen Beweis reicht sie jedoch für sich allein aus den dargelegten Gründen nicht hin. Dazu bedürfte es weiterer unterstützender Umstände. Solche fehlen jedoch nicht nur, sondern die Aussage des Zeugen Heuser steht einer Feststellung zugunsten des Beklagten sogar entgegen. Dieser Zeuge hat mit Bestimmtheit bekundet, die Innere Kanalstraße sei von dem Fahrzeug, in dem er sich befunden habe, zur Unfallzeit bei „grün" befahren worden. Diese Aussage gewinnt an Gewicht durch die Tatsache, daß die Innere Kanalstraße der nächste und bequemste Weg von Serviersberg nach Bergisch-Gladbach, dem Endziel des Zeugen, ist. Dafür spricht auch, daß der Zeuge Kaspers nicht beobachtet hat, daß vor ihm ein anderer Wagen gefahren ist. Jedoch ist diese Bekundung, wiewohl sie gegen den Beklagten spricht, auch nicht geeignet, den vollen Beweis für die Sachdarstellung des Klägers zu erbringen. Denn der Zeuge Heuser hat des weiteren bekundet, der an dem Unfall betroffene schuldlose Fahrer sei vor ihm gefahren. Diese Angaben stehen aber mit den Ortsangaben des Zeugen Heuser in Widerspruch. Denn wenn der Zeuge Heuser die Innere Kanalstraße befahren hat, dann ist es ausgeschlossen, daß vor ihm einer der Parteien fuhr. Der Kläger müßte dem Zeugen Heuser dann entgegengekommen sein, und der Beklagte müßte sich von links auf der Neußer Straße genähert haben. Dieser Widerspruch, der durch eine bestimmte Beschreibung der Wagentypen durch den Zeugen noch verfestigt wird, läßt sich nicht beheben. Damit entfällt die Eignung auch dieser Aussage, Grundlage einer positiven Feststellung zu sein. Der genaue Unfallhergang ist nach der Überzeugung der Kammer nicht mehr aufzuklären. Es bleibt ungewiß, wer von den Parteien die Kreuzung bei rotem Ampellicht überquert hat.

2. Gleichwohl hat die Kammer unter Anwendung der Rechtssätze vom Beweis des ersten Anscheins die Überzeugung davon erlangt, daß der Beklagte den Unfall verschuldet hat. Für den Kläger spricht nämlich ein Erfahrungssatz, kraft dessen der ihm obliegende Verschuldensbeweis geführt ist.

a) Die Ungewißheit des tatsächlichen Unfallherganges im einzelnen steht einer bestimmten Feststellung mit Hilfe des Beweises vom ersten Anschein nicht entgegen. Vielmehr gewinnt der prima facie Beweis gerade dann erst Bedeutung, wenn der konkrete Geschehensablauf in seiner individuellen Gestaltung unerkannt bleibt. Dem Kläger stehen infolgedessen zwei Wege offen, die Haftungsvoraussetzungen seines Anspruchs gegen den Beklagten darzulegen und zu beweisen, wobei jeder dieser Wege für sich allein hinreicht, die Klage zu stützen. Er kann einmal einen individuellen Hergang vortragen und die behaupteten Einzeltatsachen mit den gewöhnlichen Beweismitteln der Zivilprozeßordnung beweisen. Diese Darlegung ist hier: das Überfahren der Inneren Kanalstraße durch den Beklagten trotz roten Ampellichts. Der Nachweis dieser Darlegung ist dem Kläger nicht gelungen. Der Kläger kann zweitens zur Begründung seines Klagebegehrens einen typischen Geschehensablauf darlegen, der kraft der allgemeinen Lebenserfahrung einen dem Kläger günstigen Schluß zuläßt. In diesem zweiten Fall wird zulässigerweise der Beweisgegenstand verändert. Der Kläger, der einen Verschuldungsnachweis prima facie führt, beweist keine subsumtionsfähigen Einzeltatsachen, sondern unmittelbar den abstrakten Rechtsbegriff „Verschulden". Die Ungewißheit des tatsächlichen konkreten Ablaufes, also die Lücke in den tatsächlichen Feststellungen wird durch den Nachweis eines typischen Geschehensablaufes überbrückt, der „nach dem ersten Anschein" für ein Verschulden des in Anspruch genommenen spricht. Dieser Nachweis ist dem Kläger gelungen.

b) Die Darlegung des Klägers, der Beklagte habe den Unfall schuldhaft verursacht, wird durch einen Satz der Lebenserfahrung bestätigt. Ein allgemeiner Erfahrungssatz besagt:

> „Wenn zwei Personenkraftwagen auf einer Kreuzung zusammenstoßen und einer der Fahrer infolge übermäßigen Alkoholgenusses fahrunsicher ist, so spricht der erste Anschein dafür, daß der fahrunsichere Fahrer den Unfall verschuldet hat."

Dieser Erfahrungssatz ist zwar von der Kammer erstmals in dieser konkreten Fassung formuliert worden; er ist jedoch von der Rechtsprechung schon wiederholt angewandt worden. So hat zum Beispiel das Landgericht Mönchen-Gladbach ausgesprochen: „Wer als Kraftfahrer sich ans Steuer eines Wagens setzt, obwohl er infolge Alkoholgenusses nicht mehr fahrsicher ist, und dann einen Unfall herbeiführt, hat nach den Regeln des Beweises des ersten Anscheins diesen Unfall grobfahrlässig verursacht" (vgl. VersR 1955 S. 737; siehe ferner LG Hamburg VRS Bd. 3 S. 144). Ähnlich hat auch der Bundesgerichtshof bei Anwendung des § 3 Ziff. 5 der Allgemeinen Unfallversicherungsbedingungen entschieden (vgl. BGHZ 18, 311).

Die Voraussetzungen dieses Erfahrungssatzes sind unstreitig. Die beim Beklagten nach dem Unfall durchgeführte Blutprobe hat eine Alkoholkonzentration von 1,64 Promille ergeben. Es kann zugunsten des Beklagten von dessen Sachvortrag ausgegangen werden, daß die tatsächliche Alkoholkonzentration wegen Alkoholgenusses nach dem Zusammenstoß geringer war. Auch dann war er noch absolut fahrunsicher. Der Bundesgerichtshof nimmt in ständiger Rechtsprechung bei einer Blutalkoholkonzentration von 1,3 Promille (heute 1‰: BGHSt 37, 89) unwiderlegbare Fahrunsicherheit an. Dabei besteht kein Zweifel darüber, daß diese Prozentsätze bereits nicht mehr mit den medizinischen Erkenntnissen übereinstimmen. Von ärztlicher Seite wird vielmehr eine Fahruntüchtigkeit bei einer Alkoholkonzentration zwischen 0,5 und 1 Promille angenommen (vgl. die Nachweise in BGH VRS Bd. 24, 369; 27, 192; KG VRS Bd. 26, 117). Es ist demnach rechtlich belanglos, ob die Alkoholkonzentration des Beklagten zur Zeit des Unfalles nicht 1,64 Promille, sondern 1,3 Promille oder weniger betragen hat. Davon abgesehen hat er die Feststellungen des im Strafverfahren gehörten Sachverständigen, wonach die Alkoholkonzentration m i n d e s t e n s 1,5 Promille betragen habe, auch nicht bestritten.

Da der Tatbestand des Erfahrungssatzes feststeht, steht auch dessen Folge fest, wonach der Beklagte den Unfall schuldhaft verursacht hat.

c) Dem Beklagten steht gegen den kraft ersten Anscheins vom Kläger geführten Verschuldensnachweis die Möglichkeit des Gegenbeweises offen. Dieser setzt voraus, daß der Beklagte Tatsachen darlegt u n d n a c h w e i s t (vgl. RGZ 95, 104; BGHZ 8, 239), aus denen sich die Möglichkeit eines a t y p i s c h e n Geschehensablaufes ergibt. Solche Tatsachen hat der Beklagte behauptet, indem er vorgetragen hat, der Kläger sei bei rotem Ampellicht in die Kreuzung eingefahren. Dem Beklagten ist es jedoch nicht gelungen, diese Behauptung zu beweisen. Insoweit wirkt sich die Ungewißheit hinsichtlich des konkreten Unfallherganges gegen ihn aus. Denn für die Tatsachen, die den Anscheinsbeweis erschüttern könnten, ist der Beklagte beweispflichtig.

3. Da der Unfall durch zwei Kraftfahrzeuge verursacht worden ist, findet § 17 Abs. 1 S. 2 StVG Anwendung. Der Beklagte haftet dem Kläger aus unerlaubter Handlung und nach § 7 Abs. 1 StVG. Auch der Kläger haftet nach § 7 Abs. 1 StVG. Daß der Unfall für ihn ein unabwendbares Ereignis gemäß § 7 Abs. 2 StVG gewesen ist, steht nicht fest. Die Überzeugung der Kammer, daß der Beklagte den Unfall verschuldet hat, genügt noch nicht, um jede nur denkbare Sorgfaltsverletzung des Klägers auszuschließen. Das wäre nur möglich, wenn der konkrete Geschehensablauf im einzelnen feststünde. Dieser Nachweis ist dem Kläger jedoch nicht gelungen.

Gleichwohl entfällt die Ersatzpflicht des Klägers gegenüber dem Beklagten im Endergebnis. Denn die Abwägung nach § 17 StVG führt dazu, dem Beklagten mit dem vollen Schadensersatz aus dem Unfall zu belasten. Insoweit wirkt auch hier der prima facie geführte Verschuldensbeweis des Klägers gegen den Beklagten. Es steht danach zur Überzeugung der Kammer fest, daß der Beklagte den Unfall im Zustande der absoluten Fahrunsicherheit verschuldet hat. Dem gegenüber ist es dem Beklagten nicht gelungen, dem Kläger ein verkehrswidriges Verhalten nachzuweisen. Bei der Abwägung nach § 17 StVG muß deshalb davon ausgegangen werden, daß der Kläger sich verkehrsrichtig verhalten hat. Denn – anders als bei § 7 Abs. 2 StVG – trägt im Rahmen des § 17 StVG derjenige die Beweislast, der dem Gegner eine für die Schadensteilung erhebliche Mitverursachung vorwirft.

Die nachgewiesene verschuldete Fahruntüchtigkeit des Beklagten infolge übermäßigen Alkoholgenusses rechtfertigt es, den am Unfall als schuldlos anzusehenden Kläger von der Haftung völlig freizustellen. Die Betriebsgefahr seines Fahrzeuges fällt wegen der absoluten Fahrunsicherheit des Beklagten zur Zeit des Unfalls nicht ins Gewicht.

II.

Der Schmerzensgeldanspruch des Klägers ist dem Grunde nach aus § 847 BGB gerechtfertigt. Unter Ziffer I der Entscheidungsgründe ist bereits ausgeführt, daß der Beklagte den Kläger schuldhaft an Körper und Gesundheit verletzt hat. Bei der Schwere der bereits jetzt feststehenden Verletzungen des Klägers ist diesem auch wegen seines Nichtvermögensschadens eine billige Entschädigung in Geld zuzusprechen.

III.

Der Feststellungsanspruch des Klägers ist noch nicht entscheidungsreif. Die von ihm vorgelegten ärztlichen Zeugnisse ergeben nicht, daß noch ein Zukunftsschaden droht. Vielmehr scheint nach diesen Unterlagen der Heilungsprozeß abgeschlossen und die Erwerbsfähigkeit des Klägers wieder hergestellt zu sein. Insoweit ist dem Kläger noch Gelegenheit zu geben, sein Vorbringen zu ergänzen und Beweisanträge zu stellen.

§ 53. Ein gestellter Unfall 1560

Große Anforderungen an die Beweiswürdigung stellen Rechtsstreitigkeiten, in denen der Verdacht besteht, daß ein Unfall fingiert oder manipuliert worden ist, um auf diese Weise Versicherungsleistungen zu erschleichen. Das nachfolgende einschlägige Berufungsurteil ist unter anderem aus zwei Gründen ausgewählt worden: Einmal kann es als Vorlage für die nicht einfache Kostenentscheidung dienen, die häufig zu treffen ist, weil der mitverklagte Helfer des Klägers in einem sehr frühen Stadium aus dem Prozeß ausscheidet, meist weil er Versäumnisurteil gegen sich ergehen läßt. Weiter kann das Urteil als Simile dafür dienen, wie zu verfahren ist, wenn eine Beweisaufnahme nicht protokolliert worden ist, deren Ergebnis aber gleichwohl schriftlich niedergelegt werden muß, insbesondere weil ein Rechtsstreit revisibel ist. Es genügt dann, daß der Berichterstatter sich den Verlauf der Zeugenvernehmung notiert und diese Notizen in den Tatbestand des Urteils hineinnimmt.

Im Namen des Volkes!
Urteil
In dem Rechtsstreit

der Frau Roswitha G. in...

Klägerin und Berufungsbeklagte,

– Prozeßbevollmächtigte: Rechtsanwälte Dr. N., Dr. G und M. in M. –

gegen

1) Herrn Ralf H. in...

Beklagten zu 1),

2) die Nürnberger Allgemeine Versicherungs AG, vertreten durch den Vorstand...

Beklagte zu 2) und Berufungsklägerin,

– Prozeßbevollmächtigte: Rechtsanwälte Dr. Sch. und St. in M. –

hat der 2. Zivilsenat des Oberlandesgerichts M. auf die mündliche Verhandlung vom... durch...

für Recht erkannt:

I. Auf die Berufung der Beklagten zu 2) wird das Urteil des Landgerichts M. ... dahin abgeändert, daß die Klage abgewiesen wird.

II. Die Kosten des Rechtsstreits erster Instanz werden unter Berücksichtigung der rechtskräftigen Kostenentscheidung gegen den Beklagten zu 1) wie folgt verteilt;

a) Von den bis zum Erlaß des Teil-Versäumnisurteils erfallenen Kosten tragen:

der Beklagte zu 1) die eigenen Kosten voll, diejenigen der Klägerin zu 1/3 und 1/3 der Gerichtskosten,

die Klägerin 2/3 der eigenen Kosten, diejenigen der Beklagten zu 2) voll und 2/3 der Gerichtskosten.

b) die ab Erlaß des Teil-Versäumnisurteils – erfallenen Kosten trägt die Klägerin.

III. Die Kosten des Berufungsverfahrens werden der Klägerin auferlegt.
IV. Das Urteil ist vorläufig vollstreckbar.

Tatbestand

Die Klägerin war Eigentümerin des inzwischen verkauften, teilkaskoversicherten Pkw Mercedes 350 SE, Baujahr 1974. Sie macht Schadensersatzansprüche wegen Beschädigung dieses Pkw gegen den erstinstanzlich durch Versäumnisurteil verurteilten Beklagten zu 1) sowie dessen Haftpflichtversicherung, die Beklagte zu 2) und Berufungsklägerin, geltend.

Am 17. 12. 1974 besichtigte ein Sachverständiger der Beklagten zu 2) das Fahrzeug und stellte einen Schaden in Höhe von 20 100,– DM fest. Am 13. 1. 1975 verhandelte die Klägerin mit Sachbearbeitern der Beklagten zu 2) über die Regulierung des Schadens. Dabei stellte die Beklagte zu 2) die Zahlung von 20 100,– DM in Aussicht. Eine von der Beklagten zu 2) vorgelegte Abfindungserklärung über diese Summe unterzeichnete die Klägerin nicht. Als die Beklagte zu 2) nicht zahlte, forderte die Klägerin die Beklagte zu 2) mit Schreiben vom 28. 1. 1975 auf, bis zum 31. 1. 1975 zu zahlen. Auch dies lehnte die Beklagte zu 2) ab.

Die Klägerin hat behauptet, am 14. 12. 1974 habe der Beklagte zu 1) den auf ihrem Werksgelände in L. stehenden Pkw mit seinem Betonmischfahrzeug beschädigt. Beim Zurücksetzen habe er den bis dahin unbeschädigten Pkw gegen eine Wand gedrückt und dadurch an dem Wagen einen Schaden in Höhe von 20 100,– DM verursacht.

Die Klägerin ist der Ansicht gewesen, die Beklagte zu 2) habe ihre Schadensersatzverpflichtung anerkannt.

Durch inzwischen rechtskräftiges Versäumnisurteil vom 5. 5. 1975 hat das Landgericht Köln den Beklagten zu 1) zur Zahlung von 20 100,– DM nebst 12,5% Zinsen seit dem 13. 1. 1975 verurteilt.

Die Klägerin hat daraufhin beantragt,

> die Beklagte zu 2) als Gesamtschuldner mit dem Beklagten zu 1) zu verurteilen, an sie 20 100,– DM nebst 12,5% Zinsen seit dem 13. 1. 1975 zu zahlen.

Die Beklagte zu 2) hat beantragt,

> die Klage abzuweisen.

Sie hat behauptet, der von der Klägerin geschilderte „Unfall" sei, wenn er sich überhaupt ereignet habe, fingiert gewesen. Die Beschädigung des Pkw sei zwischen der Klägerin, deren Ehemann und dem Beklagten zu 1) abgesprochen worden. Schon in anderer Sache seien die Klägerin und deren Ehemann als Versicherungsbetrüger in Erscheinung getreten. Auch der Zeuge M. sei bereits wegen krimineller Handlungen aufgefallen. Außerdem seien nicht alle vom Sachverständigen festgestellten Schäden auf das Ereignis vom 14. 12. 1974 zurückzuführen. Die Klägerin sei vermögenslos, sie sei daher nicht in der Lage gewesen, die Unterhaltskosten für einen derart teuren Pkw auf korrektem Wege aufzubringen.

Im Jahre 1975 endeten unstreitig Zwangsvollstreckungsversuche gegen die Klägerin fruchtlos. Am 9.7.1975 hat die Klägerin die eidesstattliche Versicherung über ihre Vermögensverhältnisse abgegeben.

Das Landgericht hat Beweis erhoben durch Vernehmung des Zeugen M., des früheren Beklagten zu 1) als Zeugen sowie der Klägerin als Partei und sodann der Klage im angefochtenen Urteil stattgegeben mit der Begründung: Zwar müsse der Geschädigte, der Ansprüche aus dem StVG herleite, beweisen, daß der Schaden durch ein für ihn unvorhergesehenes, nicht gestelltes Ereignis eingetreten sei. Ihm komme jedoch die Beweiserleichterung eines Anscheinsbeweises zugute. Der Anscheinsbeweis, daß der Zusammenstoß zwischen dem Pkw der Klägerin und dem Betonmischer des Beklagten zu 1) ein zufälliges, unvorhergesehenes und damit im Schutzbereich des § 7 Abs. 1 StVG liegendes Ereignis gewesen sei, sei durch die Beweisaufnahme nicht erschüttert worden.

Die Beklagte zu 2) hat Berufung eingelegt.

Sie wiederholt ihr Vorbringen erster Instanz. Darüber hinaus behauptet sie nunmehr, der Pkw der Klägerin und der Betonmischer des Beklagten zu 1) hätten sich nicht einmal berührt. Die Klägerin habe auch ein Motiv gehabt, einen Unfall zu stellen, da sie Bargeld gebraucht habe. Sie meint, der Klägerin könne ein Anscheinsbeweis nicht zugute kommen, da sie bereits zweimal mit Schadensersatzklagen abgewiesen worden sei, weil erhebliche Zweifel an ihrer „Unfallschilderung" bestanden hätten. Die von der Klägerin benannten Zeugen G. und M. seien wegen verschiedener von ihnen begangener Straftaten unglaubwürdig.

Die Beklagte zu 2) beantragt,

die Klägerin unter Abänderung des angefochtenen Urteils mit der Klage abzuweisen.

Die Klägerin beantragt,

die Berufung zurückzuweisen.

Auch die Klägerin wiederholt ihren Vortrag und ihre Beweiserbieten erster Instanz.

Die Akten ... sind Gegenstand der mündlichen Verhandlung gewesen.

Der Senat hat die Klägerin angehört und Beweis erhoben durch Vernehmung der Zeugen G., M. und Sch.

Es haben zur Sache bekundet:

1. Der Zeuge G.

Ich habe den Unfall nicht miterlebt; damals war ich krank. M. hat den 350er mitgenommen zur Inspektion. Herr H. ist rückwärts aufgefahren. Das weiß ich nur von Herrn M. Gesehen habe ich den Wagen, als er in meine Tiefgarage gebracht worden war. Dort hat mein Chauffeur die Photoaufnahmen gemacht. Der Lkw stand noch einige Zeit auf dem Werksgelände.

Auf Frage: Ich war nicht auf dem Werksgelände.

Der Wagen ist nach Aachen an eine Fa. Kemp verkauft worden. Ob ein schriftlicher Vertrag abgeschlossen worden ist, weiß ich nicht. Ich habe jedenfalls nichts darüber in Händen. Der Wagen ist später wieder aufgearbeitet worden.

M. war früher einmal bei uns Angestellter. Zur Unfallzeit führte er eine Werkstatt auf unserem Gelände in eigener Regie, arbeitete aber nur für uns. Vor dem Unfall war der Wagen nagelneu.

2. Der Zeuge M.

Ich hatte samstags morgens den Mercedes in B. abgeholt und zur Inspektion nach Leverkusen zum Werk der Betonunion gefahren, wo die Klägerin eine Werkstatt mit freiem Platz hatte. Außerdem mußte ich an einem Lkw arbeiten; zuerst arbeitete ich am Pkw. Der Pkw stand später an der Wand vor einem Höcker; ich habe dann am Lkw gearbeitet, der einige Meter neben dem Pkw stand.

Während ich arbeitete, kam ein Betonfahrzeug. Ich hörte es krachen. Der Lkw war beim Wenden rückwärts auf den stehenden Pkw aufgefahren.

Ich war nie bei der Klägerin angestellt, sondern habe nur für sie Lkw-Arbeiten ausgeführt.

Ich habe den Pkw unbeschädigt nach L. gefahren.

Ich bin heute nicht mehr bei der Klägerin beschäftigt.

3. Der Zeuge Sch.

Ich habe den Unfallwagen ständig gefahren, zuletzt am Freitag vor dem Unfall. Montags war er kaputt, bis dahin war er einwandfrei, fast neu. Ich hörte dann von Herrn G., daß ein Mischer aufgefahren sei, und zwar auf dem Gelände des Betonwerkes in Leverkusen.

Ich weiß nicht mehr genau, ob ich den Wagen freitags auf der Straße oder in der Garage abgestellt habe.

Hinsichtlich der weiteren Einzelheiten des Sach- und Streitstandes wird auf den vorgetragenen Inhalt der in beiden Rechtszügen zwischen den Parteien gewechselten Schriftsätze, der zu den Akten gereichten Unterlagen und des angefochtenen Urteils Bezug genommen.

Entscheidungsgründe

Die Berufung ist zulässig und begründet.

Die Klägerin hat gegen die Beklagte zu 2) weder einen Anspruch aus § 7 StVG i.V.m. § 3 Nr. 1 PflVG noch aus unerlaubter Handlung. Sie hat den ihr obliegenden Beweis, daß der Betonmischer des Beklagten zu 1) am 14. 12. 1974 gegen ihren Pkw gestoßen ist und ihn im behaupteten Umfang beschädigt hat, nicht erbracht. Bezüglich dieses äußeren Tatbestandes einer Rechtsgutverletzung trägt die Klägerin aber die volle Beweislast (BGH NJW 1978, 2154, 2156).

Dieser Beweis ist nach dem Ergebnis der Beweisaufnahme nicht erbracht. Der Senat ist nicht davon überzeugt, daß der Beklagte zu 1) mit seinem Betonmischfahrzeug gegen den Pkw der Klägerin gestoßen ist und ihn beschädigt hat. Es ist im Gegenteil nicht auszuschließen, daß der Pkw auf andere Weise beschädigt worden ist.

Die Aussage des Zeugen H. ist nicht glaubhaft. Daß sich ein Zusammenstoß mit wirtschaftlich derart erheblichen Folgen so abspielt, wie der Zeuge es bekundet hat, ist höchst unwahrscheinlich.

Der Zusammenstoß soll sich auf einem Werkshof beim Rangieren eines Betonmischfahrzeuges ereignet haben. Zunächst wiederspricht es der Lebenserfahrung und jeglicher Fahrpraxis, daß die große Mercedes Limousine auf einem eng begrenzten Gebiet, dem Werkshof, übersehen worden ist. Dies gilt um so mehr, als sich der Pkw genau an der Stelle befand, an der der Beklagte zu 1) das Betonmischfahrzeug abstellen wollte, nämlich zwischen dem vom Zeugen H. gesehenen Lkw und dem Reinigungsgerät. Erfahrungsgemäß achtet jeder Fahrer gerade auf den Ort, der das Ziel seines Rangiermanövers ist. Denn nur wenn diese Stelle „frei" ist, hat das Rangiermanöver überhaupt einen Sinn. Der Zeuge H. hat keine überzeugende Erklärung dafür abgeben können, warum er den Pkw nicht gesehen habe und warum es zum Zusammenstoß gekommen sein soll. Die von ihm geäußerte Vermutung, der Mercedes sei erst während des Rangiermanövers auf die bezeichnete Stelle gefahren worden, hat sich nicht bestätigt, was wiederum gegen die Glaubhaftigkeit dieser Bekundung spricht. Nach Aussage des Zeugen M. ist der Zeuge H. erst auf dem Werkshof erschienen, nachdem M. den Wagen an der angeblichen Unfallstelle abgestellt hatte.

Gegen die Darstellung des Zeugen H., er habe den Pkw der Klägerin nicht gesehen, spricht auch, daß der Zeuge mit dem Betonmischfahrzeug ca. 20–30 m zurückgefahren sein will. Gerade dann, wenn er so weit von dem Pkw entfernt gewesen ist, hätte er den Pkw im Blickwinkel haben müssen. Denn wegen der Aufbauten des Lkw kann ein Objekt um so besser wahrgenommen werden, je weiter es vom Heck des Lkw entfernt ist.

Auch der Umfang des Schadens spricht dagegen, daß die Schäden des Pkw auf den geschilderten „Rangierunfall" zurückzuführen sind. Das Heck des Pkw (Kofferraum) ist bis zur Fahrgastzelle eingedrückt, die Front ist ebenfalls stark aufgestaucht. Bedenkt man die bei der Größe des Pkw vorhandene Stabilität, so können solch erhebliche Beschädigungen nur entstehen, wenn ein Fahrzeug mit erheblicher Wucht und Geschwindigkeit auf den Wagen auftrifft. Eine solche Geschwindigkeit und Wucht wird jedoch beim Rangieren – insbesondere beim Rückwärtsfahren – nicht erreicht. Ein Rangiermanöver wird im Gegenteil mit erhöhter Konzentration und besonderer „Bremsbereitschaft" ausgeführt, so daß ein Fahrzeug beim Berühren mit einem Hindernis schnell zum Stehen gebracht werden kann. Die dabei auftretenden Schäden sind in der Regel gering, jedenfalls erreichen sie kaum den am Pkw der Klägerin vorhanden gewesenen Schaden.

Der Zusammenstoß und der Schaden können schießlich nicht damit erklärt werden, daß der Zeuge H. seine erste Fahrt mit dem Betonmischer gemacht hat und das Fahrzeug noch nicht gut kannte. Der Zeuge besaß immerhin den Führerschein der Klasse 2, so daß ihm der Umgang mit einem Lkw nicht neu gewesen sein kann.

Gegen einen Zusammenstoß zwischen dem Betonmischer und dem Pkw der Klägerin spricht auch, daß das Betonmischfahrzeug selbst nahezu unbeschädigt war. Lediglich die Halterungen der Rückleuchten waren etwas zurückgebogen. Selbst wenn man berücksichtigt, daß solche Fahrzeuge besonders stabil gebaut sind, hätte der Lkw deutlichere Spuren eines Zusammenstoßes, bei dem eine ebenfalls stabile große Limousine ganz erheblich beschädigt worden ist, davontragen müssen. Besonders auffallend ist in diesem Zusammenhang, daß bei dem angeblichen Zusammenprall nicht einmal die Rückleuchten des Betonmischfahrzeuges beschädigt worden sind. Dies widerspricht aller Erfahrung. Denn die Rückleuchten bestehen aus einem zerbrechlichen Material, das größeren Belastungen – wie sie bei dem geschilderten Zusammenstoß auftreten – nicht standhält. Weiterhin fällt auf, daß keinerlei Lackspuren des Pkw am Betonmischfahrzeug zu erkennen sind, obwohl auch dies bei einem derartigen Zusammenstoß zu erwarten gewesen wäre.

Auch gegen die Glaubwürdigkeit des Zeugen H. bestehen Bedenken. Sein Verhalten nach dem angeblichen Zusammenstoß widerspricht ebenfalls der allgemeinen Lebenserfahrung. Er hat an der Unfallstelle sofort ein schriftliches Schuldanerkenntnis abgegeben, obwohl er damit rechnen mußte, deswegen den Versicherungsschutz zu verlieren. Als dies tatsächlich geschah, hat er auch das widerspruchslos hingenommen, obwohl ihm dadurch eine hohe Regreßschuld gegenüber der Beklagten zu 2) entstehen mußte. Diesem vorprozessualen Verhalten entspricht dasjenige des Beklagten zu 1) im Prozeß selbst. Er hat sofort Versäumnisurteil gegen sich ergehen und dieses rechtskräftig werden lassen.

Auch die Aussage des Zeugen M. kann den Senat nicht davon überzeugen, daß das Betonmischfahrzeug des Beklagten zu 1) mit dem Pkw der Klägerin zusammengestoßen ist. Zwar hat der Zeuge bekundet, er habe einen Knall gehört und anschließend gesehen, daß das Betonmischfahrzeug rückwärts gegen den Pkw der Klägerin gefahren sei und ihn gegen eine Wand gedrückt habe. Der Senat hält den Zeugen M. jedoch nicht für glaubwürdig. Daß er bereits mehrfach mit dem Gesetz in Konflikt geraten ist, mag außer Betracht bleiben. Wesentlich ist jedoch, daß er schon in vergleichbaren Rechtsstreitigkeiten der Klägerin Zeugenrollen übernommen hat. Es bestanden zumindest in einem anderen Verfahren, in dem es ebenfalls um die Beschädigung eines Kraftfahrzeuges ging, erhebliche Zweifel an der Wahrheit seiner Aussage. Es ergab sich dort der durch objektive Umstände erhärtete dringende Verdacht, daß der Zeuge M. bewußt die Unwahrheit gesagt hatte. Angesichts dessen kann das Klagevorbringen nicht durch seine Aussage bewiesen werden. Dies gilt um so mehr, als die Aussage des Zeugen auch im vorliegenden Rechtsstreit nicht widerspruchsfrei ist. Während er im strafrechtlichen Ermittlungsverfahren erklärt hat, bei der Fa. G. beschäftigt zu sein, und auch der Zeuge G. erklärt hat, der Zeuge M. sei früher einmal bei der Fa. G. angestellt gewesen, behauptete er nunmehr, nie bei der Klägerin angestellt gewesen zu sein, sondern immer selbständig für die Klägerin gearbeitet zu haben.

Die Aussage des Zeugen G. ist ebenfalls nicht geeignet, einen Zusammenstoß der beiden Fahrzeuge zu beweisen. Der Zeuge hat den Zusammenstoß nicht gesehen. Er hat sich zur fraglichen Zeit nicht auf dem Werksgelände befunden, sondern von dem „Zusammenstoß" erst durch den Zeugen M. erfahren. Seine Aussage kann daher schon vom Inhalt her nur indiziellen Wert haben. Keinesfalls reicht sie unter den gegebenen Umständen des Streitfalles zum vollen Beweis aus. Das gleiche gilt für den Telefonanruf des Zeugen G. bei der Polizei, in dem er der Polizei den Zusammenstoß mitteilte. Dabei ist zu berücksichtigen, daß der Indizwert des Telefonanrufs ohnehin gering ist. Denn der Zeuge mußte damit rechnen, daß die Polizei die Aufnahme des angeblichen Unfalles ablehnte, da sich der angebliche Zusammenstoß auf einem Privatgelände ereignet hatte, nur Sachschaden entstanden war, der Schädiger bereits ein schriftliches Schuldanerkenntnis abgegeben hatte und der Zeuge strafrechtliche Ermittlungen nicht einleiten wollte, eine polizeiliche Aufnahme des Unfalls also überflüssig war. Die Benachrichtigung der Polizei spricht unter diesen Umständen eher dafür, daß ein – scheinbarer – Beweisumstand für das Unfallgeschehen geschaffen werden sollte.

Die Aussage des Zeugen Sch. ist für die Beweisfrage unergiebig. Der Zeuge hat den Zusammenstoß ebenfalls nicht wahrgenommen. Er hat den Wagen am Freitag, dem 13. 12. 1974, zum letzten Male unbeschädigt gesehen und erst am darauf folgenden Montag von der Beschädigung erfahren. Was in der Zwischenzeit mit dem Wagen geschehen ist, wußte er nicht aus eigener Anschauung, sondern aus einem Gespräch mit dem Zeugen G.

Es ist nicht auszuschließen, daß die Klägerin selbst oder ein Dritter, von dem Schadensersatz nicht zu erlangen war, den Wagen beschädigt hat, und die Klägerin versucht, den durch die Teilkaskoversicherung nicht abgedeckten Schaden durch Behauptung eines Zusammenstoßes mit dem Betonmischfahrzeug des Beklagten zu 1) ersetzt zu erlangen. Daß ihr ein solches Vorgehen nicht völlig fremd wäre, ergibt sich aus den beigezogenen Akten. Die Klägerin war bereits zweimal in vergleichbare Haftpflichtfälle verwikkelt. In beiden Fällen bestanden erhebliche Zweifel an der von der Klägerin gegebenen „Unfallschilderung", so daß die Klagen abgewiesen wurden.

Der Anspruch der Klägerin ergibt sich auch nicht aus einem Schuldanerkenntnis der Beklagten zu 2) oder aus einem Vergleichsvertrag (§ 779 BGB)...

Die Kostenentscheidung entspricht §§ 91, 92, 100 ZPO.

§ 54. Beweiskraft des § 416 ZPO 1561

Der nachfolgende kleine Fall erhellt recht deutlich den Anwendungsbereich des § 416 ZPO. Da es sich um ein sehr kurzes Urteil handelt, gebe ich es vollständig wieder. Erläuterungen erübrigen sich dadurch.

Im Namen des Volkes!
Urteil
In dem Rechtsstreit

des Bauunternehmers H. D., ...

Klägers,

– Prozeßbevollmächtiger: Rechtsanwalt Dr. K. in O. –

gegen

den Fahrzeugmechaniker A. K. ...

Beklagten,

– Prozeßbevollmächtigter: Rechtsanwalt Dr. M. in O. –

hat das Amtsgericht O. durch den Richter am Amtsgericht R. auf die mündliche Verhandlung vom ... für Recht erkannt:

Der Beklagte wird verurteilt, an den Kläger 1594,34 DM nebst 4% Zinsen seit dem ... zu zahlen.

Die Kosten des Rechtsstreits werden dem Beklagten auferlegt.

Das Urteil ist gegen Sicherheitsleistung in Höhe von 2000,– DM vorläufig vollstreckbar. Dem Beklagten wird nachgelassen, die Zwangsvollstreckung durch Sicherheitsleistung in derselben Höhe abzuwenden, wenn nicht der Kläger vor der Vollstreckung Sicherheit leistet.

Tatbestand

Der Kläger betrieb im Oktober 1985 die Zwangsvollstreckung in ein dem Kfz-Meister Wilhelm Hertel in K.-M. gehörendes Grundstück. Die Räumlichkeiten auf diesem Grundstück benutzte der Beklagte gemeinsam mit Hertel als Werkstatt. Um die Zwangsvollstreckung abzuwenden, schloß Hertel mit dem Kläger am 2. Oktober 1985 einen Vertrag, in dem er unter anderem anerkannte, dem Kläger 2194,34 DM zu schulden. Er verpflichtete sich, diesen Betrag ab 1. November 1985 in monatlichen Raten von 100,– DM und ab 1. Juni 1986 in monatlichen Raten von 150,– DM abzuzahlen.

Für die Schuld des Kfz-Meisters Hertel übernahm der Beklagte in derselben Vertragsurkunde die selbstschuldnerische Bürgschaft ohne Einschränkungen und unterzeichnete die Urkunde mit seinem Namen.

Von dem Gesamtbetrag, den Hertel dem Kläger geschuldet hat, steht noch ein Restbetrag in Höhe von 1594,34 DM zugunsten des Klägers offen.

Der Kläger beantragt,

den Beklagten zu verurteilen, an ihn 1594,34 DM nebst 4% Zinsen seit Klagezustellung zu zahlen.

Der Beklagte beantragt,

die Klage abzuweisen.

Er bestreitet weder die Echtheit noch die Vollständigkeit der Urkunde, behauptet aber, er habe sich lediglich bereit erklärt, an den Kläger monatlich 100,– DM zu zahlen, solange er mit dem W. Hertel zusammenarbeite (Beweis: Zeugnis des Wilhelm Hertel). Da er im April 1986 seine Werkstatt nach K.-M. verlegt habe, meint der Beklagte, zu einer Zahlung nicht mehr verpflichtet zu sein.

Auf den vorgetragenen Inhalt der von den Parteien gewechselten Schriftsätze sowie auf die Vertragsurkunde vom 2. Oktober 1985, die Gegenstand der mündlichen Verhandlung war, wird Bezug genommen.

Entscheidungsgründe

Die Klage ist begründet.

Das Begehren des Klägers ist aus §§ 765, 284, 288 BGB gerechtfertigt.

Der Beklagte hat im Bürgschaftsvertrag vom 2. Oktober 1985 rechtswirksam die selbstschuldnerische Bürgschaft für die Forderung des Klägers gegen den Kfz-Meister Hertel übernommen. Wenn der Beklagte nunmehr behauptet, er habe sich lediglich zur monatlichen Zahlung von 100,– DM an den Kläger verpflichtet und auch dies nur solange, wie er die Räume des Hauptschuldners benutze, so steht diese Behauptung im Widerspruch zu der Erklärung des Beklagten in der Vertragsurkunde vom 2. Oktober 1985. Da der Beklagte weder die Echtheit der Urkunde, in der die Bürgschaftserklärung enthalten ist, noch deren Richtigkeit und Vollständigkeit bestritten hat, haftet er aus dem Bürgschaftsvertrag als selbstschuldnerischer Bürge für die Forderung des Klägers gegen den Hauptschuldner Hertel in voller Höhe.

Der unter Beweis gestellte Vortrag des Beklagten, er habe lediglich erklärt, an den Kläger monatlich 100,– DM zu zahlen, ist unerheblich. Einer Beweiserhebung über dieses Vorbringen bedarf es nicht. Nach § 416 ZPO begründen Privaturkunden, sofern sie von dem Aussteller unterschrieben sind, vollen Beweis dafür, daß die in ihnen enthaltenen Erklärungen von dem Aussteller abgegeben worden sind. Das Vorbringen des Beklagten ist nicht geeignet, diese gesetzliche Beweisregel auszuräumen. Die Rechtsfolge des § 416 ZPO entfällt lediglich dann, wenn nachgewiesen wird, daß die Privaturkunde unecht ist. Das jedoch hat der Beklagte nicht behauptet. Die Echtheit des Vertrages vom 2. Oktober 1985 und der darin enthaltenen uneingeschränkten selbstschuldnerischen Bürgschaft ist unbestritten. Der Beklagte könnte sich unter diesen Umständen lediglich damit verteidigen, daß der Inhalt seiner Bürgschaftserklärung durch nachträgliche mündliche Vereinbarungen abgeändert worden sei. Auch das hat er jedoch nicht behauptet. Er trägt vielmehr lediglich vor, die Erklärung in der Urkunde vom 2. Oktober 1985 nicht abgegeben zu haben. Damit wendet er sich jedoch gegen die Rechtsfolge der gesetzlichen Beweisregel des § 416 ZPO. Diese kraft Gesetzes bestehende Beweisvermutung kann der Beklagte jedoch nicht durch Bestreiten ausräumen.

Das Vorbringen des Beklagten kann auch nicht dahin verstanden werden, daß er die Bürgschaftserklärung in Unkenntnis ihres Inhaltes abgegeben habe. Der Wortlaut und Sinn der Verpflichtungserklärung sind eindeutig und lassen eine andere Auslegung als die uneingeschränkte Verbürgung des Beklagten für die Hauptforderung nicht zu. Einer solchen eindeutigen Willenserklärung kann die verpflichtende Wirkung nur durch wirksame Anfechtung genommen werden. Der Beklagte hat jedoch weder die Anfechtung erklärt noch irgendwelche Tatsachen vorgetragen, aus denen die Anfechtbarkeit seiner Willenserklärung hergeleitet werden könnte.

Die Nebenentscheidungen folgen aus §§ 91, 709, 711 ZPO.

Sachregister

(Die Zahlen verweisen auf die Randnummern)